철의 장막

철의 장막

동유럽 공산 체제의 형성
1944-1956

앤 애플바움 지음 | 허승철 옮김

책과함께

일러두기

• 이 책은 Anne Applebaum의 IRON CURTAIN(2012)을 우리말로 옮긴 것이다.

• 옮긴이의 설명 가운데 짧은 것은 〔 〕로 덧붙이고 긴 것은 각주로 표시했다.

• '1차 세계대전'과 '2차 세계대전'은 가독성 제고를 위해 '1차대전', '2차대전'으로 축약해 표기했다.

자유의 상실, 폭정, 탄압, 기아는 자유, 정의, 국민을 위한 선이라고 부르
도록 강요되지 않았다면 한결 참기 쉬웠을 것이다. ⋯ 근본적으로 편파
적이고 덧없는 거짓은 진실을 갈망하는 언어를 만나면 거짓으로 드러난
다. 그러나 이곳에서는 폭로하려는 모든 수단이 경찰에게 영구히 압수당
했다.

— 알렉산데르 와트Aleksander Wat, 《나의 세기My Century》

개개인은 신비화된 이 모든 것을 믿을 필요는 없지만 믿는 것처럼 행동하
거나, 최소한 침묵 속에 용인하거나, 함께 일하는 사람들과 잘 지내야 한
다. 그러나 이런 이유 때문에 그들은 거짓 속에서 살아야 한다.

— 바츨라프 하벨, 《힘없는 자들의 힘》

거짓 안에 살기를 거부한 동유럽 사람들에게 이 책을 바친다.

차례

2부 절정의 스탈린주의

약어와 두문자어에 대한 일러두기

이 책에서 다룬 시기에는 수많은 정치 조직을 가리키는 약어와 두문자어頭文字語가 널리 (소련에서는 열광적으로) 쓰였지만, 이런 용어는 일반 독자들에게 큰 혼란을 줄 수 있다. 그래서 되도록 이런 용어의 사용을 피하면서 종종 '폴란드 통합노동당'을 '공산당'으로, FDJ나 ZMP를 '공산당 청년집단'으로 지칭했다. 그러나 다른 역사책이나 회고록에서 자주 쓰는 이런 용어를 완전히 피할 수는 없다. 다음은 특히 중요한 것을 정리한 목록이다.

독일

CDU	Christlich Demokratische Union: 기독민주당
DDR	Deutsche Demokratische Republik: 독일민주공화국, GDR 또는 동독
FDJ	Freie Deutsche Jugend: 자유독일청년, 1946년 활동을 시작한 공산 청년당
FDP	Freie Demokratische Partei: 자유민주당, 때로 자유당으로 지칭됨
KPD	Kommunistische Partei Deutschlands: 독일 공산당, 1919년 창설되어 1946년 소련이 점령한 독일 지역에서 해산됨
SED	Sozialistische Einheitspartei Deutschlands: 독일 사회통합당, 1946년 사회민주당과 통합 후 독일 공산당 명칭
SMAD	Sowjetische Militäradministration in Deutschland: 독일 주둔 소련군사행정국, 독일 주둔 소련행정당국의 독일어 명칭, 1945-49년
SPD	Sozialdemokratische Partei Deutschlands: 독일 사회민주당, 1945년 재설립되었으나 1946년 소련이 점령한 독일 지역에서 해산됨
SVAG	Sovietskaia Voennaia Administratsia v Germanii: 독일 주둔 소련군사행정국, 독일 주둔 소련행정당국의 러시아어 명칭, 1945-59년

헝가리

ÁVH	Államvédelmi Hatóság: 국가보호국, 1950-56년 비밀경찰 명칭
ÁVO	Államvédelmi Osztály: 국가보안국, 1945-50년 비밀경찰 명칭
DISZ	Dolgozó Ifjúság Szövetsége: 노동청년연맹, 공산 청년운동, 1950-56년
Kalot	Katolikus Agrárifjúsági Legényegyesületek Országos Testülete: 가톨릭농업청년클럽 전국사무국, 1935-47년 가톨릭 청년 조직
Madisz	Magyar Demokratikus Ifjúsági Szövetség: 헝가리 민주청년연맹, 공산당이 지원한 청년운동 "우산" 조직, 1944-50년
MDP	Magyar Dolgozók Pártja: 헝가리 노동당, 1948-56년, 헝가리 사회민주당과

통합 후 공산당 명칭

Mefesz　Magyar Egyetemisták és Föiskolai Egyesületek Szövetsége: 헝가리 대학생
연맹, 1945-50년 존속했고 1956년 잠시 부활됨

MKP　Magyar Kommunista Párt: 헝가리 공산당, 1918-48년

MSzMP　Magyar Szocialista Munkáspárt: 헝가리 사회주의노동당, 1956-89년 공산당
명칭

Nékosz　Népi Kollégiumok Országos Szövetsége: 전국인민대학연합, 1946-49년

SZDP　Szociáldemokrata Párt: 헝가리 사회민주당, 1890년 설립되어 1948년 공산당
과 합당 후 헝가리 노동당으로 흡수됨

폴란드

KPP　Komunistyczna Partia Polski: 폴란드 공산당, 1918년 설립되었으나 1938년
스탈린에 의해 해산됨

KRN　Krajowa Rada Narodowa: 국가평의회

PKWN　Polski Komitet Wyzwolenia Narodowego: 폴란드 국가해방위원회

PPR　Polska Partia Robotnicza: 폴란드 노동당, 1942-48년 재건된 폴란드 공산당
명칭

PPS　Polska Partia Socjalistyczna: 폴란드 사회당, 1892년 설립되었으나 1948년
폴란드 통합노동당에 강제로 합병됨

PRL　Polska Rzeczpospolita Ludowa: 폴란드 인민공화국, 공산 치하 폴란드

PSL　Polskie Stronnictwo Ludowe: 폴란드 농업당, 1918년 설립되어 1944-46년
공산당에 대항했으나 나중에 정권에 가담함

PZPR　Polska Zjednoczona Partia Robotnicza: 폴란드 통합노동당, 1948년 이후 폴
란드 공산당의 공식 명칭

SB　Służba Bezpieczeństwa: 보안국, 폴란드 비밀경찰, 1956-90년

UB　Urząd Bezpieczeństwa: 보안부, 폴란드 비밀경찰, 1944-56년

WiN　Wolność i Niezawisłość: 자유와 독립, 1945년부터 1950년경까지 반공산 지
하운동

ZMP　Związek Młodzieży Polskiej: 폴란드 청년연맹, 1948-57년 공산당 청년집단

ZWM　Związek Walki Młodych: 투쟁청년동맹, 1943-48년 공산당 청년집단

기타

OUN　Orhanizatsiya Ukrayins'kykh Natsionalistiv: 우크라이나 민족기구

StB　Státní bezpečnost: 국가보안부, 체코슬로바키아 비밀경찰

UPA　Ukrayins'ka Povstans'ka Armiya: 우크라이나 저항군

1945년 동유럽

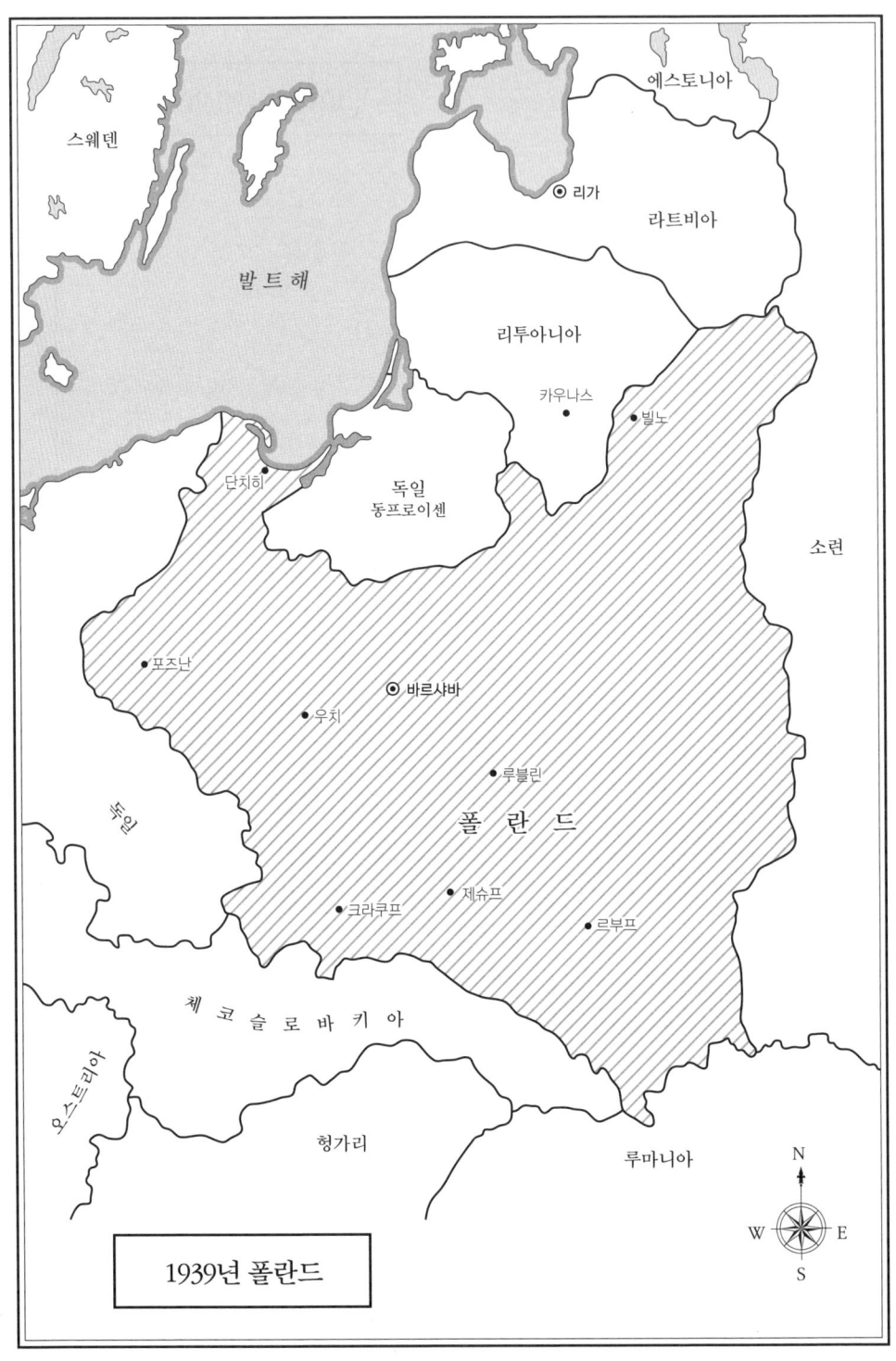

스웨덴

발트해

에스토니아

리가

라트비아

리투아니아

카우나스

빌노

단치히

독일
동프로이센

소련

포즈난

바르샤바

우치

루블린

폴 란 드

독일

크라쿠프

제슈프

르부프

체 코 슬 로 바 키 아

오스트리아

헝가리

루마니아

N
W   E
S

1939년 폴란드

1945년 폴란드

스웨덴

발트 해

카우나스

빌뉴스

단치히

폴 란 드

베를린

독일

포즈난

바르샤바

우치

루블린

소련

제슈프

크라쿠프

르비우

체코슬로바키아

오스트리아

헝가리

루마니아

들어가며

발트해의 슈테틴에서 아드리아해의 트리에스테까지 유럽 대륙을 가
로질러 철의 장막이 드리워져 있다. 이 선 너머에 중유럽과 동유럽
옛 나라들의 수도가 있다. 바르샤바, 베를린, 프라하, 빈, 부다페스
트, 베오그라드, 부쿠레슈티, 소피아, 이 모든 유명한 도시와 그 주변
의 주민들이 이른바 소련의 세력권에 있으며, 그들 모두는 어떤 식으
로든 소련의 영향뿐 아니라 점점 강화되는 모스크바의 통제를 받고
있다.

— 윈스턴 처칠, 미주리주 풀턴 연설, 1946년 3월 5일

1945년은 무엇보다도 유럽 역사상 가장 비정상적인 인구 이동이 일어
난 해였다. 유럽 대륙 전역에서 수십만 명이 소련의 유형지, 독일 강제
노동수용소, 집단수용소, 포로수용소, 숨어 있던 곳과 온갖 피난처
에서 돌아왔다. 도로, 작은 길, 시골길, 기차는 누더기 같은 옷을 입고
굶주리고 꾀죄죄한 사람들로 가득 찼다.

특히 기차역의 모습이 끔찍했다. 굶주린 어머니, 아픈 아이들, 때로
는 온 가족이 시멘트 바닥에서 며칠을 지내며 기차를 기다렸다. 전염
병과 기아가 그들을 집어삼킬 듯 위협했다. 그러나 폴란드 중부 우치
시에서 일군의 여성들은 더이상의 비극을 막아보겠다는 결단을 내렸
다. 1913년 설립된 자선·애국 단체인 폴란드 여성연맹 리가 코비에트

Liga Kobiet의 과거 회원들인 이 여성들은 작업에 착수했다. 여성연맹 활동가들은 여성과 아동을 위한 보호소를 마련하여 따뜻한 음식과 의약품, 담요를 제공했고, 자원자들과 간호사들도 이들을 도왔다.

1945년 봄, 이 여성들이 품은 동기는 1925년이나 1935년과 같았다. 그들은 사회적 비상 상황을 목격한 사람들이었다. 도움을 주기 위해 그들은 스스로를 조직했다. 아무도 그들에게 그런 일을 하도록 요청하지도, 명령하지도, 보상금을 주지도 않았다. 내가 만났을 때 80대 후반이었던 야니나 수스카-야나코프스카Janina Suska-Janakowska는 그 시기 우치에서 시도된 이런 노력은 정치와 완전히 무관한 것이었다고 회상했다. "아무도 자선 활동 대가로 돈을 받지 않았어요. … 시간이 조금이라도 있는 모든 사람이 도우러 나섰죠."[1] 초창기 우치 여성연맹은 절박한 여행자들을 돕는 것 외에는 정치적 목적이 없었다.

그로부터 5년이 흘렀다. 1950년 폴란드 여성연맹은 아주 다른 조직이 되었다. 이 단체는 바르샤바에 본부가 생겼으며 중앙집권화되고 전국적 통제 구조가 생겨서 명령에 불복하는 지방 조직을 해체할 수 있었고, 실제로 그렇게 했다. 여성연맹 총서기로 임명된 이졸다 코발스카-키릴루크Izodla Kowalska-Kiryluk는 여성연맹의 핵심 과업을 자선적이거나 애국적인 말 대신 정치적, 이념적 언어로 서술했다. "우리는 조직 활동을 심화하고 여성 활동 집단을 광범위하게 동원하여 그들을 의식 있는 사회 활동가로 교육하고 양성해야 한다. 날마다 우리는 여성들의 사회의식 수준을 높이고, 인민 폴란드를 사회주의 폴란드로 사회적으로 재건하는 위대한 과제에 동참해야 한다."

여성연맹은 전국 대회도 개최했다. 당시 여성연맹 부회장이었던 조피아 바실코프스카Zofia Wasilkowska는 이 대회에서 정치적 목표를 공개적으로 제시했다. "여성연맹의 핵심 활동은 교육적이고 계몽적인 활동으로, … 여성의 의식을 비교가 안 될 높은 수준으로 한층 끌어올리고, 6개년 계획의 목표를 가장 완벽하게 실현하기 위해 여성을 동원하는 것이다."[2]

달리 말하자면 1950년 폴란드 여성연맹은 사실상 폴란드 공산당의 여성 조직이 되었다. 이러한 권위를 가진 여성연맹은 여성들이 정치와 국제관계 문제에서 공산당 노선을 따르도록 독려했다. 이 조직은 여성들이 노동절 행진에 참여하고 서방 제국주의를 비난하는 청원에 서명하도록 했으며, 당의 메시지를 확산하는 법을 훈련받은 선동가 팀을 고용했다. 이에 반대하는 사람, 예컨대 노동절 행진이나 스탈린 생일 축하 행사 참여를 거부하는 사람들은 여성연맹에서 축출될 수 있었다. 일부 회원들은 연맹에서 탈퇴했다. 연맹에 남은 사람들은 더이상 자원자가 아니라 국가와 공산당에 봉사하는 관료들이었다.

5년이란 시간이 흘렀다. 그 5년 동안 폴란드 여성연맹과 수많은 유사 조직들이 완전히 환골탈태했다. 무슨 일이 일어난 것일까? 누가 그런 변화를 일으켰을까? 사람들은 왜 이를 따랐을까? 이 책은 이런 질문에 답하고자 한다.

나치 독일과 스탈린의 소련을 서술할 때 가장 자주 사용되는 '전체주의'라는 용어는 이탈리아 파시즘 맥락에서 처음 사용되었다. 이 용어는 베니토 무솔리니를 비판하는 사람이 만들었지만, 무솔리니는 이를 열정적으로 채택하여 연설 도중 지금까지 이 용어에 대한 최상의 정의로 간주되는 발언을 했다. "모든 것은 국가 안에 있다. 국가 밖에 있거나 국가에 반하는 것은 절대 없다."[3] 엄밀히 정의하자면 전체주의 정권은 정권이 공식적으로 승인하지 않은 기관과 제도를 일절 금지하고 단 하나의 정당, 단 하나의 교육 제도, 단 하나의 예술 교조, 단 하나의 중앙계획경제, 단 하나의 통합된 언론, 단 하나의 도덕규범만 허용한다. 전체주의국가에는 독립적 학교도, 사기업도, 풀뿌리 조직도, 비판적 사고도 존재하지 않는다. 무솔리니와 그가 가장 신뢰한 철학자 조반니 젠틸레는 '국가의 개념'에 대해 "모든 것을 포괄하는 것이다. 국가 밖에서는 어떤 인간적, 정신적 가치도 존재할 수 없고, 어떤 가치도 가질 수 없다"라고 서술했다.[4]

이탈리아어에서 나온 '전체주의'란 말은 유럽과 세계의 모든 언어로 전파되었다. 그러나 무솔리니가 몰락한 뒤 이 개념을 공개적으로 지지하는 사람은 거의 사라졌고, 이 개념을 비판하며 정의한 사람들은 대부분 20세기 최고의 사상가들이었다.[5] 프리드리히 하이에크가 쓴 《노예의 길》은 전체주의의 도전에 대한 철학적 대응이며, 칼 포퍼의 《열린사회와 그 적들》도 마찬가지다. 조지 오웰의 《1984》는 전체주의 정권이 완전히 지배하는 세계에 대한 디스토피아적 비전을 제시한다.

전체주의 정치의 가장 뛰어난 탐구자는 한나 아렌트일 것이다. 그녀는 1949년 발간된 《전체주의의 기원》에서 이 개념을 현대가 시작되면서 가능해진 "새로운 형태의 정부"로 정의했다. 그녀는 전통 사회와 삶의 방식이 파괴되면서 정체성을 전적으로 국가에 의존하는 "전체주의적 인간성"이 진화할 수 있는 조건이 조성되었다고 주장했다. 나치 독일과 소련은 둘 다 전체주의 정권이고, 다른 점보다 유사한 점이 많다는 그녀의 주장은 유명하다.[6] 칼 프리드리히와 즈비그뉴 브레진스키는 1956년에 출간된 《전체주의적 독재와 전제정Totalitarian Dictatorship and Autocracy》에서 이러한 주장을 더욱 발전시키면서 더 현실적인 정의를 모색했다. 두 사람은 전체주의 정권에는 적어도 다섯 가지 공통점이 있다고 주장했다. 그것은 지배 이데올로기, 단일 집권당, 테러를 사용하는 비밀경찰, 정보 독점, 계획경제다. 이러한 기준에 따르면 소련과 나치 정권만이 전체주의국가는 아니었다. 다른 국가들, 일례로 마오쩌둥의 중국도 전체주의국가에 해당된다.[7]

그러나 1940년대 말과 1950년대 초 전체주의는 이론적 개념에 그치지 않았다. 냉전 초기 이 용어는 구체적인 정치적 연관성도 획득했다. 트루먼 대통령은 1947년 중요한 연설을 하면서 미국인들은 "전체주의 체제를 강요하려는 공격적인 움직임에 맞서 자유로운 주민들이 자유 제도와 국가적 통합을 유지할 수 있도록 적극 도와야 한다"라고 선언했다.[8] 이 생각은 '트루먼 독트린'으로 알려졌다. 드와이트 아이젠하워 대통령도 1952년 대선 유세에서 이 용어를 쓰면서 한국에 가서 전쟁을 종식시키겠다고 선언했다. "이 전체주의적 사고방식을 어느 정도 안다. 2차대전을 거치며 나는 우리 모두를 위협하는 폭정에 맞선 자유세계의 성전에서 무거운 결단의 짐을 지게 되었다."[9]

미국의 냉전 전사들은 자주 자신들을 전체주의의 대항마로 내세웠다. 이 때문에 냉전 회의주의자들은 이 용어에 의문을 제기하면서 무슨 뜻인지 묻기 시작했다. 전체주의는 진정한 위협인가, 아니면 조지프 매카시 상원의원이 만들어낸 과장에 지나지 않는가? 1970년대와 1980년대 소련의 수정주의 역사가들은 스탈린 시기의 소련도 전혀 전체주의가 아니었다고 주장했다. 그들의 주장에 따르면 소련의 모든 결정을 모스크바에서 내리지도 않았고, 지방 경찰도 위계질서의 상층부처럼 스스로 숙청을 주도할 수 있었다. 즉, 중앙의 계획자들도 경제를 통제하려는 시도에서 늘 성공하지는 않았고, 대규모 숙청이 사회의 많은 사람들에게 '기회'를 제공한 면도 있었다고 한다.[10] 전체주의라는 용어가 조잡하고 부정확하며 지나치게 이념적이라고 말하는 사람도 일부 있었다.

실제로 전체주의에 대한 '정통' 이론가 중 상당수도 같은 주장을 했다. 전체주의가 잘 작동했다고 주장하는 사람은 거의 없다. 반면 프리드리히는 "전체주의 통치는 불가능한 것을 추구하고 인간의 인격과 운명을 좌지우지하려고 하기 때문에 단편적인 방식으로만 실현될 수 있다"라고 썼다. "전체주의적 권력 추구는 결과가 매우 모호하며 측정할 수 없고 입증하기도 어렵다. 바로 이 때문에 매우 위험하고 억압적이다. … 이러한 왜곡은 권력에 대한 성취 불가능한 열망에서 비롯된 것으로, 그러한 체제하에서의 삶을 특징지어 모든 외부인이 이해하기 매우 어렵게 만든다."[11]

최근 몇 년 동안 정치 이론가들은 이러한 수정주의적 주장을 더욱 발전시켰다. 일부는 전체주의라는 용어는 자유민주주의자들이 스스로를 정의하는 데 써먹은 부정적인 표본으로서 이론상으로만 유용하다고 주장했다.[12] 다른 사람들은 이 단어가 "서구 사회의 이론적 반대 개념" 아니면 단순히 "우리가 싫어하는 사람들"을 의미하는 용어에 지나지 않는다고 주장하며 전혀 의미가 없다고 간주한다. 전체주의는 서구 민주주의의 정당성 강화를 위해서만 사용되는 이기적 단어라는 더 악의적인 해석도 있다.[13]

대중 연설에서 '전체주의적'이라는 단어는 이기적이라기보다 과도하게 남용되는 경향이 있다. 민주적으로 선출된 정치인도 전체주의자로 묘사되며(예를 들면 "릭 샌토럼의 전체주의 본능"처럼), 정부나 기업도 마찬가지다("미국이 전체주의를 향해 가고 있다"거나 애플사가 "앱 스토어에 대한 전체주의적 접근 방식"을 가지고 있다는 기사 등).[14] 아인 랜드Ayn Rand 이후, 자유의지론자들은 이 단어를 진보적 자유주의자를 서술하는 데 사용했다. 진보적 자유주의자들은(실제로는 보수주의자들도) 이 단어를 아인 랜드를 묘사하는 데 사용해왔다.[15] 오늘날에는 이 말이 너무 많은 사람과 기관에 적용되어 때로는 무의미해 보일 수 있다.

완전한 통제라는 생각 자체가 지금은 얼토당토않고 우스꽝스럽고 과장되거나 어리석어 보일 수 있고, 단어 자체가 사람들에게 충격을 주는 힘을 잃었다고 해도, 전체주의는 잘못 정의된 모욕적 단어 이상임을 기억하는 것이 중요하다. 완전한 통제를 추구했던 정권들은 역사에 존재했다. 그런 정권들과 20세기 역사를 알고자 한다면 전체주의가 어떻게 이론과 실제에서 작동했는지를 이해해야 한다. 완전한 통제라는 개념도 완전히 과거의 것은 아니다. 스탈린 노선에 따라 세워진 북한 정권은 지난 세월 동안 거의 변하지 않았다. 오늘날에는 새로운 기술로 인해 완전한 통제를 달성은커녕 목표로 삼기도 어려운 듯 보이지만, 우리는 휴대폰, 인터넷, 위성사진이 "모든 것을 포괄하려고" 시도하는 정권의 손에서 통제의 수단이 되지 않을 것이라고 확신할 수 없다.[16] 전체주의는 여전히 유용하고 필요한 실증적 서술이며, 이미 오래전에 되살아난 현상이다.

특히 한 정권은 전체주의적 통제의 방법과 기술을 너무 잘 이해해서 그것을 성공적으로 수출했다. 2차대전 종전 후 소련군은 베를린으로 진군했고, 소련 지도부는 소련의 여러 지역에서 전체주의를 강제하려고 노력한 것과 마찬가지로, 자신들이 정복했으나 환경이 매우 다른 유럽 국가들에 전체주의 정부를 강제하려고 정말 열심히 노력했다. 그들의 노력은 치명적이었다. 스탈린과 그의 군 장교들, 비밀경찰(1934년부터 1946년까지 인민내무위원회, 이후 KGB로 알려짐)과 지역 동맹국들은 동유럽의 전체주의국가를 만들 때 아인 랜드나 진보적 자유주의자들의 말을 따르려고 한 것이 아니었다. 무솔리니의 말을 빌리자면, 그들은 모든 것이 국가 안에 있고 국가 밖에는 아무것도 없으며, 국가에 반하는 것은 아무것도 없는 사회를 만들려고 했고, 그 목표를 빨리 달성하고 싶어했다.

실제로 1945년 소련군이 점령한 8개 유럽 국가는 전체적으로든 부분적으로든 크게 다른 문화, 정치 전통, 경제구조를 가지고 있었다. 새 점령 지역에는 민주주의를 유지했던 체코슬로바키아, 파시스트 정권이 통치했던 독일뿐 아니라 왕정, 전제정, 반半봉건 국가가 포함되어 있었다. 이 지역에는 가톨릭, 정교회, 개신교, 유대교, 이슬람교를 믿는 사람들이 살았다. 그들은 슬라브어, 로망어, 피노우그리아어Finno-Ugric languages, 독일어 등을 사용했으며 러시아를 좋아하는 사람들과 혐오하는 사람들, 산업화된 보헤미아와 시골 알바니아, 국제적인 베를린과 카르파티아산맥의 작은 목조 마을들이 혼재했다. 과거 오스트리아·헝가리, 프로이센, 오스만제국, 러시아제국에 예속되었던 곳도 있었다.

그럼에도 불구하고 이 시기 미국과 서유럽에서는 공산당이 지배하지만 소련이 아닌 유럽 국가 폴란드, 헝가리, 체코슬로바키아, 동독, 루마니아, 불가리아, 알바니아, 유고슬라비아 등을 '블록'으로 인식하게 되었고, 결국 이 지역은 '동유럽'으로 알려졌다. 동유럽은 지리적 용어가 아닌 정치적, 역사적 용어다. 공산국가가 아닌 그리스 같은 '동방' 국가들은 여기에 포함되지 않는다. 역사와 문화는 동유럽과 유사하지만 이 시기에 사실상 소련에 합병된 발트 국가들이나 몰도바도 포함되지 않는다. 발트 국가들과 특히 폴란드의 경험에는 유사성이 있지만, 중요한 차별점도 있었다. 발트 주민들에게 소련화는 명목적 주권마저 상실한 것을 의미했다.

스탈린 사후, 특히 1989년 이후 동유럽 8개국은 매우 다른 길을 걸었고 애초에 공통점이 별로 없었다고 보는 것이 통념이 되었다. 이것은 절대적으로 맞는 말이다. 이 국가들은 1945년 이전에는 어떤 방식으로든 통일된 적이 없었고, 공산주의라는 공통의 역사적 기억을 제외하면 놀라울 정도로 공통점이 거의 없다. 그러나 1945년부터 1989년까지 동유럽 8개국은 많은 것을 공유했다. 따라서 이 책에서는 단순성, 친숙함, 역사적 정확성을 위해 이 국가들을 '동유럽'이라고 지칭할 것이다.[17]

아주 짧은 기간이었지만 1945년부터 1953년까지 소련은 동유럽의 다양한 국가들을 이념적·정치적으로 동질적인 지역으로 만드는 데 성공할 것처럼 보였다. 히틀러의 적국이나 동맹국들은 이 기간에 외형적으로는 동일한 정치체제를 구축했다.[18] 처칠의 표현을 빌리자면, 1950년대 초 전쟁 참화를 입은 이 지역 '고대 국가들'의 모든 잿빛 수도는 같은 종류의 경찰들이 굳은 표정으로 순찰을 돌고, 같은 사회주의 리얼리즘 건축가들에 의해 설계되고, 같은 종류의 프로파간다 포스터가 나붙었다. 소련에서 그 자체로 "임박한 공산주의 승리의 상징"으로 숭앙받는 스탈린에 대한 숭배가 이 지역 전체에서 관찰되었고, 지역 공산당 지도자들에 대해서도 매우 유사한 숭배가 이루어졌다.[19] 그리고 수백만 명이 국가가 지휘하는 행진과 공산 권력 축하 행사에 참여했다. 동시에 '철의 장막'이라는 표현은 은유 이상의 것이 되었다. 장벽, 울타리, 철조망이 말 그대로 동유럽을 서방에서 분리시켰다. 1961년 베를린 장벽이 세워졌고, 이 장벽은 영원히 존재할 듯 보였다.

이러한 변화가 일어난 속도는 지금 되돌아보면 거의 경이로울 정도였다. 소련 자체에서도 전체주의국가로 진화하는 데 20년이 걸렸고, 여러 우여곡절을 겪으며 진행되었다. 볼셰비키는 청사진을 가지고 시작하지 않았다. 러시아혁명 직후 그들은 지그재그로 걸으면서 때로는 더 엄격하다가 때로는 더 자유주의적이었고, 경제 개선을 약속했던 정책들은 잇따라 실패했다. 러시아 내전 시기 집단적인 '전시 공산주의war communism'와 '붉은 공포red terror' 정책 다음에는 민간 기업과 교역을 일부 허용한 레닌의 더 자유주의적인 신경제정책이 이어졌다. 그러나 신경제정책은 1928년 폐기되고, 결국 스탈린주의라고 알려진 5개년계획과 새로운 일련의 정책으로 대체되었다. 더 빠른 산업화, 강제 집단화, 중앙 집중적 계획, 언론·문학·예술에 대한 엄격한 통제, 굴라크Gulag[강제노동수용소] 확장 등이었다. 스탈린주의와 전체주의라는 용어는 종종 같은 의미로 쓰였고, 이는 당연한 일이었다.

그러나 1930년대 말 스탈린주의도 위기에 처했다. 생활수준은 공산당이 약속한 만큼 빠르게 향상되지 않았다. 엉터리로 계획된 투자는 역효과를 내기 시작했다. 1930년대 초반 우크라이나와 남부 러시아에서 발생한 대규모 기아는 정치적으로 정권에 다소 이로웠지만, 경외보다는 공포를 야기했다. 1937년 소련 비밀경찰은 체포, 투옥, 처형이라는 공개적인 탄압을 시작했는데 처음에는 사회 발전을 막는다고 의심되는 방해꾼, 스파이, 파괴공작자를 겨냥했지만, 결국 대상은 소련 공산당 최고위층까지 확대되었다. 대숙청은 소련에서 처음 발생한 것도, 가장 규모가 큰 것도 아니었다. 초기의 대규모 숙청은 주로 농민과 소수민족, 특히 소련 국경 지역 사람들을 겨냥했다. 그러나 당 최고위층을 겨냥한 숙청은 처음이었고, 이는 국내외 공산주의자들 사이에 깊은 불안을 조성했다. 시간이 가면서 대숙청은 진정한 환멸을 가져올 수도 있었다. 그러나 스탈린주의와 스탈린 자신은 다행히 2차대전으로 구원을 받았다. 혼란과 실책, 대량 살상과 어마어마한 파괴에도 불구하고 전쟁 승리는 체제와 지도자의 정통성을 강화하고 그들의 가치를 증명했다. 전쟁 승리로 거의 종교에 가까운 스탈린 숭배가 새로운 절정에 달했다. 프로파간다는 스탈린을 "자신들의 영웅주의, 애국주의, 그리고 사회주의 조국에 대한 헌신의 화신"으로 묘사했다.[20]

동시에 2차대전은 스탈린에게 공산주의 사회에 대한 자신만의 특이한 비전을 이웃 국가에 강요할 수 있는 전례 없는 기회를 제공했다. 첫 기회는 전쟁 초기인 1939년에 찾아왔다. 소련과 나치 독일은 몰로토프-리벤트로프 조약을 맺고 폴란드, 루마니아, 핀란드, 발트 국가들을 소련과 독일의 세력권으로 나누기로 합의했다. 9월 1일 히틀러는 서쪽에서 폴란드를 침공했다. 9월 17일에는 스탈린이 동쪽에서 폴란드를 침략했다. 몇 달 만에 소련군은 발트 국가들, 루마니아 일부, 동부 핀란드까지 점령했다. 나치 독일군이 점령했던 유럽은 결국 해방되었지만, 스탈린은 전쟁 초기 점령했던 지역을 결코 내놓지 않았다. 동부 폴란드, 동부 핀란드, 발트 국가들, 부코비나, 그리고 오늘날 몰도바로 불리는 베사라비아가 소련에 합병되었다. 동부 폴란드 지역은 오늘날 우크라이나와 벨라루스의 일부로 남았다.

소련군 장교들과 NKVD(내무인민위원회) 장교들은 점령지에서 즉시 자신들의 체제를 강요하기 시작했다. 1939년부터 그들은 지역 주민들의 '소비에트화'를 위해 지역 협력자들, 국제 공산주의 운동 멤버들, 대규모 폭력, 그리고 강제수용소로의 대규모 추방을 이용했다. 스탈린은 이 경험에서 귀중한 교훈을 얻고 소중한 동맹을 확보했다. 1939년 폴란드 동부와 발트 국가들에 대한 소련의 침공은 기꺼이 이를 반복할 NKVD 간부들을 만들어냈던 것이다. 1941년 나치의 소련 침공 직전에도 소련 당국은 동유럽의 비슷한 변화를 위한 토대를 마련하기 시작했다.

마지막 논점은 논란의 여지가 있는데, 표준화된 역사 서술에서는 이 지역의 2차대전 이후 역사가 몇 단계로 나뉘기 때문이다.[21] 그 단계란 먼저 1944-45년에 진정한 민주주의가 시작된 다음, 휴 시턴-왓슨Hugh Seton-Watson이 쓴 바와 같이 가짜 민주주의가 시작되었고, 1947-48년에 갑작스러운 정책 전환과 본격적인 점령이 이루어졌다. 정치적 테러가 강화되고, 언론 탄압이 시작되고, 선거가 조작되었다. 국가의 자율을 내세운 가식은 전부 폐기되었다.

일부 역사학자들과 정치학자들은 이후 이러한 정치 분위기 변화를 냉전의 시작과 맞물린 탓으로 돌렸다. 때로는 동유럽 스탈린주의의 시작을 서방의 냉전 전사들Western Cold Warriors 탓으로 돌려, 그들의 공격적 언행 때문에 소련 지도자 스탈린이 이 지역을 공고히 장악하게 되었다고 주장했다. 1959년, 냉전은 공산주의 확장에 의한 것이 아니라 미국이 개방된 국제시장을 밀어붙인 것에 의해 야기되었다는 윌리엄 애플먼 윌리엄스William Appleman Williams의 주장에 따라 이 일반적 수정주의 주장은 고전적 형태를 띠게 되었다. 최근에는 저명한 독일 학자가 독일 분할은 소련이 1945년 이후 동부 독일에서 전체주의정책을 추구해서가 아니라, 서방이 스탈린의 평화적 접근을 이용하는 데 실패했기 때문에 발생했다는 주장을 펴기도 했다.[22]

1944년부터 1947년까지 동유럽 전역에서 일어난 일을 자세히 조사하면서 이러한 주장의 심각한 오류가 드러났고, 이제 소련과 동유럽 문서고 자료 이용이 가능해진 덕분에 면밀한 검토가 가능해졌다.[23] 새로운 자료를 통해 역사가들은 초기 "자유로웠던" 시기가 실제로는 지금 되돌아보는 것처럼 그렇게 자유롭지 않았다는 사실을 이해할 수 있게 되었다. 사실 소련군이 국경을 넘자마자 소련 정치체제의 모든 요소가 이 지역으로 수입되지는 않았고, 실제로 스탈린이 공산주의 블록을 매우 빨리 만들 것으로 예상했다는 증거도 없다. 1944년 스탈린의 외무 장관 이반 마이스키Ivan Maiskii도 유럽 국가들 모두가 결국 공산국가가 될 테지만, 이는 30년이나 40년 후에나 가능할 것이라고 비망록에 적은 바 있다. (그는 미래의 유럽에는 소련이라는 하나의 육상 강대국과 영국이라는 하나의 해상 강대국만 존재할 것이라는 예견도 했다.) 마이스키는 소련이 그동안 동유럽에서 프롤레타리아혁명을 조장해서는 안 되며 서방 민주국가들과 좋은 관계를 유지하려고 노력해야 한다고 생각했다.[24]

이러한 장기적 시각은 스탈린이 이해한 마르크스·레닌주의 이념과 분명히 맞아떨어졌다. 그는 자본주의국가들은 영구히 서로 협력할 수 없다고 믿었다. 조만간 탐욕에 찬 제국주의로 이 국가들이 서로 충돌하면 소련이 이익을 얻게 될 것이라고 그는 예상했다. 2차대전이 끝나고 몇 달이 지나 그는 "영국과 미국 사이의 모순은 곧 드러날 것이다"라고 동료들에게 말했다. "미국의 사회적 갈등은 점점 커지고 있다. 영국 노동당은 영국 노동자들에게 사회주의에 대해 너무 많은 것을 약속했기 때문에 한 발짝도 물러서기 어려울 것이다. 그들은 곧 부르주아뿐만 아니라 미국 제국주의자들과도 갈등을 겪게 될 것이다."[25]

소련도 서두르지 않았지만, 동유럽 공산당 지도자들 중에도 자신들이 바로 권력을 잡을 것으로 기대한 사람은 거의 없었다. 1930년대에는 많은 사람들이 중도·사회주의 정당과 함께 민족전선 연정에 참여하거나, 에스파냐·프랑스 등 여러 나라에서 민족전선 연합이 성공하는 것을 지켜보았다. 역사학자 토니 젓Tony Judt은 에스파냐를 "1945년 이후 동유럽 권력 장악을 위한 연습장"이라고 표현하기도 했다.[26] 이러한 민족전선 연정은 히틀러에 맞서기 위해 만들어졌다. 전쟁 여파로 많은 사람들은 서방 자본주의에 반대하기 위해 이 연정을 재건하려고 준비했다. 스탈린은 장기적 시각을 취했다. 때가 되면 프롤레타리아혁명이 일어날 테지만, 그전에 동유럽 지역은 부르주아혁명부터 일어나야 했다. 소련의 도식적인 역사 해석에 따르면 필요한 부르주아혁명이 아직 일어나지 않았던 것이다.

그러나 이 책의 첫 부분에서 설명하겠지만 소련은 처음부터 소련군이 점령한 모든 국가에 소련 체제의 일정한 핵심 요소들을 들여왔다. 무엇보다도 소련 NKVD는 현지 공산당과 협력하여 모스크바에서 이미 훈련받은 사람들을 활용해 자체적 모양을 갖춘 비밀경찰을 즉시 창설했다. 소련군이 진주한 곳마다, 심지어 소련군이 결국 철수한 체코슬로바키아에서도 새로 조직된 비밀경찰은 미리 작성한 목록과 기준에 따라 정적을 신중하게 표적으로 삼아 선별적인 폭력을 행사하기 시작했으며, 적대적 민족 집단을 표적으로 삼기도 했다. 그들은 해당 국가의 내무부, 일부 경우 국방부까지 장악하고 즉각적인 토지 몰수와 재분배에도 참여했다.

둘째, 소련 당국은 모든 점령 지역에서 가장 신임하는 현지 공산주의자를 그 시대의 가장 강력한 대중매체인 라디오의 책임자로 임명했다. 2차대전 종전 직후 동유럽 국가 대부분에서 비공산당 신문이나 잡지 간행이 가능했고, 비공산주의자들도 여타 국가 독점 사업을 운영할 수 있었음에도 불구하고, 문맹인 농민부터 수준 높은 지식인까지 모두에게 도달할 수 있는 전국 라디오 방송국은 공산당의 확고한 통제 하에 들어왔다. 장기적으로 당국은 라디오가 다른 프로파간다와 교육 체계의 변화와 함께 주민 대다수를 공산당 진영으로 유인하는 데 큰 도움을 줄 것으로 기대했다.

셋째, 모든 곳에서 소련군, 소련 공산당원과 현지 공산당원은 오늘날 시민사회civil society라고 부르는 독립적 조직 대다수를 탄압, 처벌하고 금지했다. 그 대상은 폴란드 여성연맹, 독일의 반파시스트 그룹, 교회 그룹과 학교 등이었다. 특히 그들은 점령 초기부터 바로 청년 단체에 주의를 집중했다. 청년 사회민주당원, 청년 가톨릭 또는 개신교 조직, 보이스카우트, 걸스카우트 등이 그 대상이었다. 그들은 성인들의 독립적 정당을 금지하기 전, 심지어 교회 조직과 독립적 노동조합을 불법화하기도 전에 청년 조직을 가장 엄격한 관찰과 통제 아래 두었다.

마지막으로, 가능한 어디에서든 소련 당국은 다시 지역 공산당과 손잡고 수백만 명의 독일인, 폴란드인, 우크라이나인, 헝가리인 등을 수백 년 동안 살아온 소도시와 마을에서 쫓아내는 대규모 인종 청소ethnic cleansing 정책을 시행했다. 트럭과 기차는 사람들과 얼마 안 되는 재산을 그들이 태어난 곳에서 수백 마일 떨어진 난민수용소와 새 거처로 옮겨놓았다. 갈 곳도, 집도 잃은 난민들은 더 쉽게 조종, 통제될 수 있었다. 미국과 영국은 어느 정도 이 정책에 동조했지만(독일인들에 대한 인종 청소가 포츠담 조약에 명시되었다) 당시 소련의 인종 청소가 얼마나 광범위하고 폭력적으로 진행될지 이해하는 사람은 서방에 거의 없었다.

자본주의와 심지어 자유주의의 여타 요소들도 한동안 여전히 남아 있었다. 개인 농업, 개인 사업, 개인 무역은 1945년과 1946년 내내, 때로는 그 이상 지속되었다. 독립적인 신문과 잡지 일부가 계속 발행되었고 일부 교회도 계속 문을 열었다. 일부 지역에서는 선출된 비공산주의 정치인들과 함께 비공산주의 정당의 활동도 허용되었다. 그러나 소련 공산주의자들과 동유럽 동조자들이 자유주의 성향의 민주주의자이기 때문은 아니었다. 그들이 단기적으로는 비밀경찰, 라디오, 인종 청소, 청년 단체와 기타 시민 단체의 지배보다 이러한 것이 덜 중요하다고 생각했기 때문이었다. 야심찬 젊은 공산주의자들이 하나같이 이런 분야 중 한 곳에서 일하려고 나선 것은 우연이 아니었다. 1945년 공산당에 입당한 폴란드 공산주의 작가 빅토르 보로실스키Wiktor Woroszylski는 공산주의 청년운동, 비밀경찰, 대중매체를 다루는 선전부 등 세 가지 선택지를 받았다.[27]

1945년, 1946년 일부 국가에서 실시된 자유선거도 공산당이 베푼 관용의 신호는 아니었다. 소련과 동유럽 공산당들은 비밀경찰, 라디오 통제, 청년들에 대한 강력한 영향력으로 선거에서 이길 수 있다고 생각했기 때문에 이러한 선거를 허용한 것이었다. 모든 나라의 공산당들은 자신들의 프로파간다의 힘을 믿었고, 2차대전 종전 직후 그들은 그렇게 믿을 만한 충분한 이유가 있었다. 동유럽뿐 아니라 프랑스, 이탈리아, 영국에서도 전쟁 후 사람들은 절망, 방향감각 상실, 실용주의, 냉소주의, 이데올로기 등 여러 이유로 공산당에 가입했다. 유고슬라비아에서는 티토의 공산당이 저항군 역할을 한 덕분에 정말 인기를 끌었다. 서방의 유화 정책 덕분에 1938년 히틀러에게 점령되었던 체코슬로바키아에서는 처음에는 소련에 정말 희망을 걸었다. 체코슬로바키아 사람들은 소련이 다른 강대국보다 자국을 더 동정할 것이라고 기대했던 것이다. 소련의 동기를 강하게 의심했던 폴란드와 독일에서조차도, 전쟁의 심리적 영향이 많은 사람들의 인식을 형성했다. 1930년대에 자본주의와 자유민주주의는 비극적으로 실패했다. 대다수 사람들은 이제 뭔가 다른 것을 시도해야 할 때라고 믿었다.

때로는 이해하기 힘들지만, 공산주의자들도 자신들의 교리doctrine를 믿었다. 지금 돌아보면 잘못된 이념이었지만, 그렇다고 해서 당시 공산주의가 열정적인 믿음을 만들어내지 못할 이유는 없었다. 동유럽 공산당 지도자와 추종자 대부분은 조만간 노동계급 다수가 계급의식을 획득하고 역사적 운명을 이해하며 공산주의 정권에 투표할 것이라고 정말 생각했다.

그들의 생각은 잘못된 것이었다. 협박과 프로파간다에도 불구하고, 심지어 전쟁으로 황폐해진 일부 사람들에게 공산주의가 정말 매력이 있었음에도 불구하고 공산당은 독일, 오스트리아, 헝가리에서 진행된 초기 선거에서 큰 차이로 패배했다. 폴란드에서는 공산당이 국민투표를 통해 시험해보고 결과가 좋지 않자, 공산당 지도자들이 자유선거를 완전히 포기했다. 체코슬로바키아에서는 1946년에 실시된 초기 선거에서 공산당이 3분의 1을 득표하며 선전했다. 그러나 1948년 이후 선거에서 훨씬 더 나쁜 성적을 거둘 것이 분명해지자 공산당 지도자들은 쿠데타를 일으켰다. 따라서 1947년과 1948년 동유럽에 강제된 더 강경한 정책은 단순히 냉전에 대한 반작용으로 시행된 것만은 아니었다. 그것은 또한 자신들의 실패에 대한 반응이었다. 소련과 그 지역 동맹국들은 평화적으로 권력을 획득하는 데 실패했다. 그들은 절대적 또는 적절한 통제권을 확보하지도 못했다. 라디오와 비밀경찰에 대한 영향력에도 불구하고 그들은 인기를 얻거나 보편적인 존경을 받지 못했다. 심지어 초기에 정말 지지를 받았던 체코슬로바키아와 불가리아 같은 국가에서도 추종자 수가 급격히 줄고 있었다.[28]

그 결과 동맹국 소련의 조언을 받은 동유럽 공산당은 과거 소련에서 성공한 더 강경한 전술을 사용했다. 이 책의 2부에서는 그러한 기술들을 서술한다. 새로운 체포 물결, 강제노동수용소 확대, 언론·지식인·예술에 대한 훨씬 더 엄격한 통제 등이다. 거의 모든 곳에서 일정한 패턴이 따랐다. 먼저 우익 또는 반공 정당을 제거한 다음 비공산주의 좌파를 파괴하고, 공산당 내부의 반대파를 제거하는 조치가 취해졌다. 일부 국가에서는 공산 당국이 소련 노선을 따라 공개재판을 벌이기까지 했다. 결국 이 지역의 공산당은 남아 있는 독립적 조직의 전멸, 그 대신 국가가 운영하는 대중 조직으로 추종자들 모집, 훨씬 더 엄격한 교육 통제 확립, 가톨릭과 개신교 교회 전복을 시도하게 된다. 그들은 새롭고 포괄적인 형태의 교육 프로파간다를 만들고, 공개 행진과 강연을 후원하고, 현수막과 포스터를 걸고, 청원 서명 운동과 스포츠 행사를 조직했다.

그러나 그들은 또 실패한다. 1953년 스탈린이 사망하면서 동유럽 곳곳에서 크고 작은 봉기가 잇따라 일어났다. 1953년 동베를린 주민들은 항의 시위를 벌이다가 소련 전차에 진압되었다. 1956년에는 폴란드와 헝가리에서 대규모 봉기가 두 차례 일어났다. 이러한 봉기가 발생한 후 동유럽 공산당들은 다시 한번 전술을 수정했다. 그들의 실패와 전술 변화는 1989년 권력을 드디어 포기할 때까지 계속 이어진다.

1945년부터 1953년까지 소련은 발트해에서 아드리아해까지, 유럽 대륙의 중앙에서 남부와 동부 변방까지 전 지역을 급진적으로 변화시켰다. 그러나 이 책에서는 중유럽에 초점을 맞춘다. 체코슬로바키아, 루마니아, 불가리아와 유고슬라비아를 언급하지만 특히 헝가리, 폴란드, 동독에 초점을 맞출 것이다. 내가 이 세 나라를 선택한 이유는 서로 유사해서가 아니라 너무 다르기 때문이다.

세 나라는 무엇보다도 전쟁 경험이 달랐다. 물론 독일이 주공격을 맡은 뒤 최대 패전국이 되었다. 폴란드는 독일 점령에 맞서 격렬히 싸웠고 연합국의 일원이었지만, 승리의 열매를 나눠 갖지 못했다. 헝가리는 두 나라 중간쯤 되는 역할을 하며 권위주의를 실험하고 독일에 협력하다가 다른 편으로 가려 했지만 너무 늦었다는 것을 알게 되었다. 세 나라의 역사적 경험도 아주 달랐다. 독일은 수십 년 동안 중유럽의 지배적인 경제·정치 강국이었다. 폴란드는 17세기까지 유럽 대륙의 제국이었지만 18세기에 다른 세 제국에 의해 분할되었고, 1795년에 주권을 잃었다가 1918년에야 주권을 되찾았다. 헝가리의 힘과 영향력은 20세기 초에 정점을 찍었다. 그러나 1차대전 이후 헝가리는 영토의 3분의 2를 잃었고, 이 충격적인 경험은 오늘날까지도 헝가리 정치에 큰 영향을 미치고 있다.

세 나라 모두가 전쟁 직전까지만 해도 엄밀히 말해 민주국가는 아니었다. 하지만 세 나라는 모두 정치적 자유주의, 입헌 정부, 선거를 경험했다. 세 나라 모두에 주식시장, 외국인 투자, 유한회사, 재산권 보호법이 있었다. 또한 교회, 청년 단체, 무역 협회 등 수백 년의 역사를 가진 시민 기관과 언론, 인쇄, 출판의 오랜 전통을 가지고 있었다. 폴란드 최초의 신문은 1661년에 나왔다. 1933년 히틀러가 정권을 잡기 전까지 독일에는 서로 경쟁하는 수많은 언론이 생겨났다. 세 나라 모두 1930년대에는 소련과의 관계보다 서유럽과의 경제·문화적 유대 관계가 훨씬 강했다. 이 나라들의 역사나 문화에 전체주의 독재 정권이 될수밖에 없는 운명은 없었다. 서독은 동독과 문화가 같지만, 체코슬로바키아·헝가리와 함께 오랫동안 합스부르크제국의 일부였던 오스트리아와 마찬가지로 자유민주주의 국가가 되었다.

되돌아보면 역사는 때로 불가피하게 보이기도 한다. 공산주의가 강요된 후 몇십 년 동안 동유럽 공산 정권 수립을 사후적으로 합리화하려는 일부 시도가 있었다. 유럽 대륙의 동쪽 절반은 서쪽 절반보다 가난하고(물론 독일은 예외다), 이 지역의 국가들은 덜 개발되었거나(그리스, 에스파냐, 포르투갈에 비해 헝가리, 폴란드는 그렇지 않다는 사실을 제외하면) 덜 산업화되었다고(체코가 유럽에서 가장 산업화된 나라 중 하나였다는 것은 예외다) 여겨졌다. 그러나 1945년 당시만 해도 서부의 독일어권 국가들과 오랜 관계를 맺어온 헝가리, 치열한 반反볼셰비키 전통을 가진 폴란드, 나치 과거를 가진 동독이 거의 반세기 동안 소련의 정치적 통제하에 있게 될 것이라고 예상한 사람은 아무도 없었다.

이 나라들이 소련의 정치 통제 아래 떨어졌을 때, 무슨 일이 왜 일어났는지 동유럽 밖에서는 거의 아무도 이해하지 못했다. 지금도 많은 사람들이 냉전이라는 프리즘을 통해서만 동유럽을 바라본다. 일부 예외는 있지만 전후 동유럽을 다룬 책 대부분은 독일 분단, 나토와 바르샤바조약기구 창설 등, 동서 충돌에 초점을 맞추었다.[29] 한나 아렌트도 이 지역의 전후 역사는 흥미롭지 않다고 일축했다. "소련 통치자들이 전체주의 독재의 출현까지 10월혁명의 모든 단계를 매우 서둘러 반복한 것 같았다. 그 이야기는 말할 수 없이 끔찍하지만, 그 자체로는 큰 흥미가 없고 별반 다를 바가 없다."[30]

그러나 아렌트는 잘못 보았다. 동유럽에서 '소련 통치자들'은 10월혁명의 격렬한 단계를 따르지 않았다. 그들은 성공할 가능성이 있는 기술만 적용했고, 완전히 파괴할 필요가 있다고 생각하는 제도만 훼손했다. 그들의 이야기가 너무나 흥미진진한 이유다. 이 점은 전체주의적 사고방식, 소련의 우선순위, 소련의 사고방식에 대해 소련의 자국 역사에 대한 어떤 연구보다도 많은 것을 시사한다. 더 중요한 것은 이 지역에 대한 연구가 전체주의의 강요에 인간이 반응하는 방식에 대해 한 국가를 대상으로 한 연구보다 많은 것을 알려준다는 점이다.

최근 다양한 학자들이 이를 인정하기 시작했다. 공산주의가 붕괴하고 중유럽, 독일, 러시아 전역의 문서보관소가 개방된 후 20년 동안, 이 지역에 대한 엄청난 양의 학술 연구가 이루어졌다. 특히 영미권에서 얀 그로스Jan Gross, 티머시 스나이더, 브래들리 에이브럼스 등이 2차 대전의 물적·인적 결과와 이 지역 인종 청소의 역사를 탁월하게 분석하면서[31] 이 지역의 국제정치에 대한 이해 수준은 훨씬 더 높아졌다. 이제 모든 연구소가 냉전과 미소 갈등의 기원 연구에 온 힘을 쏟고 있다.[32] 이러한 주제를 논의하면서 나는 대부분 2차 자료에 의존해왔다.

동유럽 정치사 연구도 현지 언어로 쓴 문서고 자료를 이용하여 매우 훌륭하게 서술되었다. 나는 뛰어난 역사학자들의 작업을 복제하려 하지 않았다. 폴란드 공산당 지도부와 비밀경찰에 대해서는 안제이 파츠코프스키Andrzej Paczkowski와 크리스티나 케르스텐Krystyna Kersten의 저술이 타의 추종을 불허한다. 소련의 동독 점령에 대해서는 노먼 나이마크Norman Naimark가 결정적인 저서를 내놓았다. 헝가리 정치 공작에 대해서는 피터 케네즈Peter Kenez와 라슬로 보르히László Borhi가 탁월한 설명을 제시했다. 이 시기 체코슬로바키아에 대해서는 브래들리 에이브럼스, 메리 하이먼Mary Heimann, 카렐 카플란Karel Kaplan이 설명했다.[33] 더 명확한 특정 주제가 훌륭한 기사와 장편 저술의 초점이 되기도 했다. 동유럽 대학의 스탈린화에 대해서는 존 코널리, 공산주의자와 좌파 지식인에 대해서는 캐서린 엡스타인과 마시 쇼어Marci Shore, 공개재판에 대해서는 마리아 슈미트Mária Schmidt, 헝가리의 국가 상징주의에 대해서는 마틴 메비우스Martin Mevius, 탈스탈린화와 1956년 사건들에 대해서는 마크 크레이머 연구가 영어로 서술된 연구 중 최고로 꼽힌다.[34]

　이 지역에 대한 전반적 역사서가 훨씬 드문 것은 배경 지식의 어려움 때문에 당연하다. 9-10개는 고사하고 이 지역 언어 서너 개를 읽을 줄 아는 역사학자를 찾기도 쉽지 않다. 선집이 그 해답이 되는 경우가 많으며, 최근 출간된 선집은 적어도 두 권이 있다. 스탈린주의를 재조명한 블라디미르 티스마뇨Vladimir Tismaneau가 편집한 《스탈린주의 재검토: 동유럽 공산주의 정권의 수립과 소련 블록의 역학》과 노먼 나이마크와 레오니트 기비안스키Leonid Gibianski가 편집한 《동유럽 공산주의 정권의 수립, 1944-1949》가 그것이다. 두 책 모두 훌륭한 논문들을 담고 있지만 선집이라고 해서 반드시 패턴을 찾거나 비교하는 것은 아니다. 이 책을 작업하면서 베를린의 레지네 보스니차Regine Wosnitza와 부다페스트의 아틸라 몽Attila Mong이라는 2명의 뛰어난 연구자이자 번역가의 도움을 받았다. 내가 알고 있는 폴란드어와 러시아어에도 의지했다.

이 시기에 대해서 많은 글이 쓰였지만, 아직 이야기되지 않은 아주 많은 이야기가 남아 있다. 이 책을 쓰는 동안 바르샤바의 PN, 헝가리의 ÁBTL(헝가리 국가보안부 역사 문서고) 베를린의 BStU(슈타지 문서보관소Stasi archive) 같은 전 비밀경찰 문서보관소는 물론 정부 부처, 독일 예술 아카데미들, 헝가리 영화 연구소, 동독과 폴란드 라디오 등 여러 곳에서 작업했다. 이 시기에 관한 소련의 새롭거나 비교적 새로운 문서 컬렉션도 몇 가지 활용했다. 여기에는 1944-53년 러시아 문서보관소의 문서에서 공표한 1944-53년《동유럽의 소비에트 요인》두 권이 포함된다. 또한 러시아 편집자들이 만든 동독의 소련 점령 정책에 관한 세 권 시리즈가 모스크바에서 출판되었으며, 러시아 국가문서보관소가 같은 주제로 출판한 일곱 권 시리즈도 있다.[35] 폴란드와 우크라이나 역사가들로 구성된 공동위원회는 이제 양국의 상호 역사에 관한 주목할 만한 일련의 문서들을 집대성했다. 바르샤바의 폴란드 군사기록보관소에도 1990년대 초 러시아 문서보관소에서 복사한 방대한 문서 컬렉션이 있다. 중유럽대학 출판사에서도 1953년 독일과 1956년 헝가리에서 일어난 봉기에 관한 두 권의 훌륭한 문서 컬렉션을 출간했다. 폴란드어, 헝가리어, 독일어로도 다양한 문서가 출판되었다.

나는 문서보관소 자료를 참고하는 것 외에 폴란드, 헝가리, 독일에서 일련의 인터뷰를 진행했다. 이 시기에 실제 살았던 사람들에게 직접 배우고, 그들의 언어로 당시 사건과 감정을 설명하는 것을 듣기 위해서였다. 작업을 하며 이것이 마지막 기회가 될지 모른다고 생각했는데, 실제로 이 책을 집필하던 중 초기에 인터뷰했던 여러 사람이 세상을 떠났다. 인생의 마지막 단계에서 폭넓은 질문을 허락해준 그분들과 그들의 가족에게 정말 감사드린다.

이 연구의 목표는 다양했다. 당시 문서에서 나는 시민사회와 중소기업에 대한 의도적 파괴의 증거를 찾으려 했다. 사회적 리얼리즘 현상과 공산주의 교육을 조사했으며, 지역 비밀경찰의 창설과 초기 발전에 관한 정보를 최대한 많이 수집했다. 독서와 대화를 통해 나는 평범한 사람들이 새 정권에 대처하는 방법을 어떻게 배웠는가, 자의에서든 타의에서든 어떻게 협력했는가, 당과 다른 국가 기관에 어떻게, 왜 가입했는가, 적극적으로든 소극적으로든 어떻게 저항했는가, 오늘날 서구 사람 대부분은 결코 직면할 필요가 없는 끔찍한 선택을 어떻게 하게 되었는가를 이해하려고 노력했다. 그리고 무엇보다 진정한 전체주의, 즉 이론상의 전체주의가 아니라 실제 전체주의를 이해하고 그것이 20세기 수백만 유럽인의 삶을 어떻게 형성했는지 파악하려고 노력했다.

1부

가짜 여명

1장

0시

폐허의 광란, 뒤얽힌 전선, 뒤틀린 시체들, 죽은 말들, 폭파된 교각의 뒤집힌 다리, 말에서 찢겨 나온 피 묻은 말발굽들, 여기저기 흩어진 탄약, 요강, 녹슨 세면대, 지푸라기 조각, 피가 섞인 진흙 웅덩이에 떠다니는 말의 내장, 카메라, 부서진 차, 전차 파편, 이 모든 것이 도시의 끔찍한 피해를 목격하고 있었다.

— 타마스 로손치Tamás Lossonczy, 부다페스트, 1945[1]

거의 알아보지 못할 정도로 파괴된 위대한 수도, 더이상 존재하지 않는 한때 막강했던 국가, 지배 민족master race의 사명을 너무 맹목적으로 확신하며 잔인하고도 오만하게 정복을 자행한 사람들, … 지금 당신이 목격한, 아무런 의지나 목적, 방향도 없이 부상당하고 멍한 상태로 덜덜 떨며 굶주린 채 폐허를 헤매는 인류의 모습을 진실하면서도 정확하게 서술할 말이 있겠는가?

— 윌리엄 샤이러William Shirer, 베를린, 1945[2]

나는 시체들 위를 걷고 있는 듯했고 어느 순간에든 피의 웅덩이에 빠질 것 같았다.

— 야니나 고디츠카-츠비르코Janina Godycka-Cwirko, 바르샤바, 1945[3]

밤새도록 폭발음이 울려 퍼졌고, 낮에는 줄곧 야포 소리가 들렸다. 동유럽 곳곳에서 투하되는 폭탄, 성능 좋은 기관포, 굴러오는 전차tanks, 역겨운 엔진, 불타는 건물들이 내는 소음이 적군Red Army의 접근을 알렸다. 전선이 가까워질수록 땅이 흔들리면서 벽이 떨리고 아이들이 울음을 터뜨렸다. 그러고 나서야 모든 것이 멈췄다.

언제 어디서든 전쟁이 끝난 곳에는 갑작스럽고 기이한 침묵이 찾아왔다. 익명으로 베를린의 전쟁 종결을 기록한 사람은 "그날 밤은 너무나 조용했다"라고 썼다.[4] 1945년 4월 27일 아침, 그녀는 문을 열고 밖으로 나갔지만 아무도 볼 수 없었다. "민간인은 1명도 보이지 않았다. 러시아 병사들이 거리를 메웠다. 그러나 모든 건물 안에서 사람들은 숨 죽여 말하며 떨고 있었다. 누가 이런 세상을 상상이나 했겠는가. 대도시 한복판에서 너무 겁에 질려 여기에 숨어 있어야 하다니."

부다페스트 포위가 끝난 1945년 2월 12일 아침, 어느 헝가리 공무원도 시내 거리에서 똑같은 침묵을 겪었다. "성곽 지역으로 갔지만, 아무도 보이지 않았다. 나는 베르보치Werböczy 거리를 걸었다. 시체, 폐허, 짐수레, 짐마차 외에는 아무것도 없었다. … 나는 삼위일체광장Szentháromság Square으로 가서 누가 있는지 의회 안을 들여다보기로 했다. 황량했다. 모든 것이 뒤집혔고, 1명도 없었다."[5]

종전 당시 이미 파괴되어 있던(나치 독일군은 그해 가을 봉기를 진압하고 이 도시를 폐허로 만들었다) 바르샤바도 1945년 1월 16일 독일군이 드디어 퇴각하자 침묵에 휩싸여갔다. 도시의 폐허 속에 몇 명 안 되는 사람들과 숨어 있던 브와디스와프 슈필만Władysław Szpilman도 그 변화의 소리를 들었다. "침묵이 찾아왔다." 그는 회고록《피아니스트》에 적어 나갔다. "석 달 동안 죽은 도시였던 바르샤바 같은 곳에도 전에는 몰랐던 침묵이 감돌았다. 건물 밖 경비병의 발자국 소리도 들을 수 없었다. 나는 이해할 수 없었다." 다음날 아침 침묵은 "거대하고 요란한 소음, 내가 예상했던 마지막 소리"로 깨졌다. 소련군이 도착했고, 시끄러

운 확성기가 폴란드어로 도시가 해방되었다는 소식을 알렸다.[6]

이 순간은 때로 0시zero hour라고 불렸다. 전쟁 종결, 독일군 퇴각, 소련 도착, 전투 시간이 끝나고 삶이 다시 시작되었다. 공산 세력이 동유럽을 점령한 역사 대부분은 정확하게 이 순간에 시작되었고, 논리적으로도 그러했다.[7] 이러한 힘의 변화를 겪은 사람들에게 0시는 전환점처럼 느껴졌다. 구체적인 무언가가 끝나고, 새로운 무언가가 시작됐다. 많은 사람들은 이제부터 모든 게 달라질 것이라고 스스로에게 말했고, 실제로 그렇게 되었다.

공산 세력의 동유럽 장악 역사를 2차대전 종결과 함께 시작하는 것은 논리적이지만, 어떤 면에서는 크게 잘못된 것이다. 이 지역 주민들이 1944년이나 1945년에 마주한 상황은 백지상태가 아니었고, 그들이 처음부터 시작하는 것은 아니었다. 그들이 경험 없이 불쑥 나타나 새로 시작할 준비가 된 것도 아니었다. 그보다는 파괴된 집의 지하에서 기어 나오거나, 파르티잔으로 살아온 숲에서 걸어 나오거나, 억류됐던 강제노동수용소에서 빠져나왔고, 만일 그들이 건강하다면 고향으로 돌아오는 멀고도 힘든 여행을 시작해야 했다. 독일군이 항복했을 때 그들 모두가 전투를 그만둔 것도 아니었다.

폐허에서 기어 나왔을 때 그들은 미개척지가 아니라 파괴를 보았다. "전쟁은 터널을 지나는 통로가 끝나는 방식으로 막을 내렸다." 체코 회고록 작가 헤다 코발리Heda Kovály는 적어나갔다. "멀리서 점점 커지는 빛이 보였다. 도달하는 데 시간이 오래 걸릴수록 그 빛은 어둠 속에 웅크리고 있던 사람들에게 더욱 눈부셔 보였다. 그러나 마침내 기차가 찬란한 햇빛 속에 모습을 드러냈을 때, 사람들이 본 것은 잡초와 돌무더기, 쓰레기 더미로 가득한 황무지뿐이었다."[8]

당시 동유럽 여러 곳에서 찍은 사진은 세상 종말의 장면을 보여준다. 전쟁 잔해가 몇 에이커씩 이어지며 쑥대밭이 된 도시, 불에 탄 마을, 폐허가 된 집에서 피어오르는 연기, 뒤엉킨 철조망 잔해, 집단수용소와 강제노동수용소의 잔해, 전쟁포로수용소, 농사든 목축이든 생활의 흔적은 찾아볼 수 없고 전차가 지나간 자국만 남은 황량한 들판. 최근 파괴된 도시에서는 시체 썩는 냄새가 공기에 배어 있었다. "내가 읽은 설명에서는 항상 '달콤한 냄새'라는 말을 쓰지만, 그건 너무 모호하고 완전히 부적절한 표현이다." 어느 독일 생존자의 기록은 이러하다. "연기는 냄새가 아니라, 얼굴과 콧구멍 앞에 모이는 텁텁한 증기처럼 너무 곰팡내 나고 짙어서 숨을 쉴 수 없는, 훨씬 단단하고 더 짙은 무언가다. 마치 주먹처럼 사람을 강타한다."[9]

임시 매장지가 사방에 널려 있었다. 사람들은 묘지를 가로지르듯 길거리를 조심조심 걸어 다녔다.[10] 시신이 마당과 시내 공원에서 수습되어 대규모 묘지로 옮겨지면서 적절한 시기에 화장이 시작되었다. 장례식과 다시 매장하는 의식이 자주 거행되었지만, 바르샤바에서 한 번 중단된 일은 유명하다. 1945년 여름 장례 행렬이 천천히 바르샤바 거리를 지날 때 검은 상복을 입은 조문객들은 아주 신기한 광경을 보았다. 종전 후 처음으로 시내를 운행하는 "살아 있는 빨간 바르샤바 전차tram"였다. "보도의 행인들은 멈춰 섰고, 어떤 사람들은 전차를 따라 뛰며 손뼉을 치고 큰 소리로 환호했다. 평소와 달리 장례 행진도 멈췄다. 죽은 자를 따라가던 조문객들은 다른 사람들의 분위기에 압도되어 전차를 향해 박수를 치기 시작했다."[11]

이런 광경도 전형적인 것이었다. 때로 기이한 환호가 생존자들을 휘어잡는 것 같았다. 살아 있으니 다행이었다. 슬픔은 환희와 뒤섞였고,

상업과 교역, 재건이 바로 자발적으로 시작되었다. 1945년 여름 바르샤바는 왕성하게 북적대는 벌집 같았다. 스테판 키시엘레프스키Stefan Kisielewski는 다음과 같이 적었다. "거리의 폐허 속에 전에 없던 소동이 일어났다. 활발하게 장사가 이어지고, 여기저기서 일이 생겨나고, 도처에 유머가 넘쳤다. 군중, 분주한 생활이 거리를 휩쓸고 다녔다. 아무도 이들 모두가 엄청난 재앙의 희생자, 대재앙에서 가까스로 회복되었거나 극단의 비인간적 환경에서 살고 있는 사람들이라고 생각할 수 없었다."[12] 그 시기에 산도르 마라이는 한 소설에서 부다페스트 상황을 이렇게 묘사했다.

도시, 사회에 남아 있던 무엇이든 대단한 열정, 격분, 순전한 의지의 힘으로 생명을 되찾았고, 그런 힘과 체력과 기지로 다시 살아나 마치 아무 일도 일어나지 않은 것 같았다. … 대로에는 출입로 쪽에 갑자기 좌판대가 생겨 온갖 종류의 좋은 식품과 화려한 물품, 즉 나폴레옹 금화gold napoleons, 아편, 굳힌 돼지기름은 물론이고 의복, 신발, 상상할 수 있는 모든 것을 팔았다. 노란 별이 붙은 집에 남아 있던 유대인들은 비틀거리며 나왔고, 한두 주도 채 지나지 않아 그들이 사람과 말 시체에 둘러싸여 장사하는 모습을 볼 수 있었다. … 사람들은 잔해 속에서 찾아낸 포근한 영국제 옷, 프랑스제 향수, 네덜란드제 브랜디, 스위스제 시계의 가격을 흥정하고 있었다.[13]

일과 재건에 대한 이러한 열정은 오랜 기간 지속되었다. 영국 사회학자 아서 매릭Arthur Marwick은 국가적 실패 경험이 서독 사람들에게 재건의 자극을 주고 국가적 자존심을 되찾을 동기를 부여했다고 말했다.

그의 주장에 따르면 국가적 붕괴의 규모 자체가 전후 성장에 기여했다. 경제적, 개인적 대재앙을 겪은 독일인들이 재건에 온 힘을 쏟은 것이다.[14] 그러나 서독과 동독만이 이러한 재건과 다시 '정상'이 되려는 열정의 유일한 장소는 아니었다. 전후 시기에 대한 회고록과 대화에서 폴란드인과 헝가리인은 교육, 평범한 일자리, 지속적 폭력과 방해가 사라진 생활을 얼마나 갈망하는지를 거듭해서 말한다. 공산당은 평화에 대한 이런 갈망을 이용하기 위해 철저히 준비했다.

그러나 재산 피해는 동유럽 민주주의에 가해진 피해보다는 복구하기가 쉬웠다. 동유럽에 가해진 폭력의 규모는 서유럽의 어떤 경험보다도 컸다. 전쟁 중 동유럽은 스탈린과 히틀러 광기의 최악을 모두 경험했다. 1945년, 서쪽의 포즈난부터 동쪽의 스몰렌스크Smolensk에 이르는 모든 지역은 한 번이 아니라 두 번, 심지어 세 번 점령되었다. 1939년 몰로토프-리벤트로프 협약 후 히틀러는 서쪽에서 이 지역을 침략해 폴란드 서부를 점령했다. 스탈린은 동쪽에서 침략해 폴란드 동부, 발트 국가들, 베사라비아를 점령했다. 1941년 히틀러는 다시 한번 이 지역을 서쪽에서 침공했다. 1943년에는 전세가 바뀌어 소련군이 동쪽에서부터 이 지역을 탈환하며 진격했다.

달리 말하면 1945년까지 2개의 전체주의국가의 파괴적 군대와 사악한 비밀경찰이 이 지역을 지나가며 매번 거대한 인종적, 정치적 변화를 가져왔다. 예컨대 르부프는 소련군에 두 번, 독일군에 한 번 점령되었다. 전쟁이 끝난 뒤 이 도시는 르부프가 아니라 리비프(리보프)라고 불렸다. 이 도시는 더이상 동부 폴란드에 속하지 않았고, 소련령 우크라이나 공화국Soviet Ukraine 서부에 포함되었다. 전쟁 전 이 도시에 살았던 폴란드인과 유대인은 살해되거나 강제로 이주되고 인근 시골 지역에서 온 우크라이나인으로 대체되었다.

동유럽은 우크라이나, 발트 국가들과 함께 유럽에서 정치적 동기로 자행된 가장 참혹한 살상 현장이기도 했다. "히틀러와 스탈린은 베를린과 모스크바에서 부상했지만, 그들의 변혁의 비전은 다른 어느 곳보다 그 사이에 있는 땅과 관련되었다." 당시 대량 살상에 대한 결정적 서술인 《피에 젖은 땅Bloodlands》을 쓴 티머시 스나이더는 이렇게 지적했다.[15] 스탈린과 히틀러는 공통적으로 동유럽의 어느 민족이든 민족 주권이라는 개념을 경멸했고, 그들의 엘리트를 제거하는 데 함께 힘을 쏟았다. 독일인들은 슬라브인을 유대인보다 별로 높지 않은 하등인간으로 간주했고, 작센하우젠과 바비야르* 사이에 있는 땅에서 무차별적 길거리 사살, 대규모 공개 처형, 나치 독일군 병사 1명이 전사할 경우 마을 전체를 불태우는 복수를 태연하게 자행했다. 한편 소련은 서부 접경 지역을 자본주의적인 반反소련 보루로 생각하고, 그 존재 자체가 소련에 도전을 제기한다고 간주했다. 1939년, 그리고 1944년과 1945년에 다시 소련군과 NKVD는 새 점령지에서 나치와 부역자뿐 아니라 이론상 소련 행정에 반대할 만한 사람이면 누구든 체포했다. 사회민주주의자, 반反파시스트, 사업가, 은행가, 상인 등으로 나치가 척결 대상으로 삼았던 사람들과 겹칠 때가 많았다. 서유럽에서도 영국군과 미군이 야기한 민간인 사망과 절도, 악행, 학대가 있었지만, 앵글로색슨 군

• 독일 오라니엔부르크에 있는 작센하우젠은 1936년부터 1945년까지 나치 독일이 사용한 집단 수용소다. 유대인 가스처형실이 있었고, 2차대전 종전 직전에는 적군(소련군) 포로수용소로 사용되어 스탈린의 아들 야코프도 수용되었다가 자살했다. 소련군이 독일을 점령한 후에는 NKVD의 제7수용소가 되었다. 바비야르는 키예프 교외의 계곡으로, 1941년 9월 독일군은 3만여 명의 유대인을 이곳에서 총살한 후 매장했다. 독일군 점령 중 소련군 10만 명 이상도 이곳에서 처형된 것으로 추산된다.

대는 해방된 민족의 지도자가 될 사람들이 아니라 나치를 죽이려고 했다. 그리고 대부분의 경우 그들은 저항운동 지도자들을 의심이 아니라 존경심을 가지고 대했다.

또한 동부는 나치가 홀로코스트를 가장 적극적으로 수행한 지역으로, 나치가 설치한 대부분의 게토, 집단수용소, 킬링필드가 있었던 곳이다. 스나이더는 1933년 히틀러가 정권을 잡았을 때 유대인 인구는 독일 인구의 1퍼센트가 안 되었고 상당수가 독일을 빠져나왔다는 점을 언급한다. '유대인 없는' 유럽이라는 히틀러의 비전은 나치 독일군이 유럽 유대인 대부분이 거주하고 있던 폴란드, 체코슬로바키아, 벨라루스, 우크라이나, 발트 국가들을 침공하고, 결국 헝가리와 발칸 지역까지 장악하고 나서야 실현될 수 있었다. 홀로코스트로 사망한 540만 명의 유대인 대부분은 동유럽 거주자였다. 나머지 유대인 대부분도 이 지역으로 이송된 후 살해되었다. 동유럽인들 모두에 대한 나치의 경멸은 유럽 전역에서 유대인을 모아 그들을 처형하기 위해 동쪽으로 데려온 결정과 밀접히 관련되어 있다. 하등인간들이 사는 땅에서 비인간적 만행이 가능했던 것이다.[16]

무엇보다도 동유럽은 나치즘과 소련 공산주의가 충돌한 곳이었다. 두 세력은 동맹으로 전쟁을 시작했지만 히틀러는 항상 소련 파괴 전쟁을 벌이고 싶어했고, 히틀러의 침공 후 스탈린도 같은 약속을 했다. 따라서 소련군과 독일군 사이의 전투는 서쪽에서보다 동쪽에서 더 치열하게 전개되면서 많은 피가 흘렀다. 독일 병사들은 볼셰비키 '야만족'을 정말 무서워했고, 그들에 대한 무서운 소문을 숱하게 들었기에 전쟁 말기 그들을 상대로 유독 필사적으로 전투를 벌였다. 문명에 대한 그들의 경멸은 특히 깊었고, 지역 문화와 기반 시설에 대한 존중은 전혀 찾아볼 수 없었다. 한 독일 장군은 히틀러의 명령을 거부하고, 파리에 대한 감상적 존경심에서 파리를 그대로 두고 떠났다. 그러나 다른 독일군 장군들은 이런 생각 없이 바르샤바를 완전히 파괴하고, 부다페스트 상당 부분을 파괴했다. 서방 공군도 이 지역의 고대 건축물을 별로 신경쓰지 않고 폭격을 감행했다. 연합군 폭격기들은 수많은 사상자 발생과 파괴에도 큰 역할을 했다. 베를린과 드레스덴뿐 아니라 단치히의 쾨니히스베르크와 칼리닌그라드 등 동유럽 여러 도시를 무차별로 폭격했다.

동부 전선이 독일 본토로 가까워오면서 전투는 더욱 격렬해졌다. 소련군은 강박에 가까운 상태로 베를린 돌진에 집중했다. 전쟁 초기부터 소련군 병사들은 서로 헤어질 때 "베를린에서 만나자"라고 외쳤다. 스탈린은 다른 연합국이 다다르기 전에 먼저 베를린으로 진격하기 위해 필사적 노력을 기울였다. 이는 스탈린의 지휘관들도, 미군 지휘관들도 아는 바였다. 독일군이 베를린에서 죽도록 싸울 것을 잘 알고 있었던 아이젠하워 장군은 미국인의 생명을 구하고 싶은 생각에 스탈린의 베를린 점령을 내버려두기로 결정했다. 처칠은 이 정책에 반대하며 따져 물었다. "만일 그들(러시아인들)이 … 베를린을 점령하면, 우리의 공동 승리에 자신들이 절대적으로 기여했다는 인상이 그들 머리에 과도하게 각인되어 장차 심각하고 끔찍한 어려움을 야기할 분위기로 가지 않겠소?"[17] 그러나 미군 장군들의 생각이 결국 이겨서 미군과 영국군은 동쪽으로 천천히 진격했다. 조지 C. 마셜 장군은 "순전히 정치적 목적을 위해 미군 생명을 위태롭게 만드는 것을 혐오한다"라고 선언하기도 했다. 영국 원수 앨런 브룩은 "그 나라에 진격하는 것은 우리의 최종 경계가 어디가 될 것인가와 어느 정도 일치해야 한다"라고 주장했다.[18]

그러는 사이 소련군은 베를린을 향해 저돌적으로 진격해왔고, 그들이 지나간 자리에 파괴의 흔적을 남겨놓았다.

모든 수를 합해보면 결과가 확연히 드러난다. 전쟁으로 영국에서는 36만 명, 프랑스에서는 59만 명이 사망했다. 끔찍한 사상자들이지만, 해당 국가들 인구의 1.5퍼센트에 미치지 못한다. 대조적으로 폴란드국가기억연구소는 폴란드 주민 약 550만 명이 전사한 것으로 추계했는데, 이 중 약 300만 명이 유대인이었다. 전체적으로 폴란드 인구의 약 20퍼센트, 그러니까 5명 중 1명이 전쟁에서 살아남지 못했다. 전쟁이 덜 치열했던 국가들에서도 사망자 비율은 서방보다 높았다. 유고슬라비아는 인구의 약 10퍼센트인 150만 명가량을 잃었다. 헝가리 인구의 약 6.2퍼센트, 전쟁 전 체코슬로바키아 인구의 약 3.7퍼센트도 사망했다.[19] 독일에서도 모든 국경의 변화를 고려할 때 누구를 독일인으로 간주할 것인가에 따라 사망자는 600만~900만 명에 이르고, 이 수치는 인구의 10퍼센트에 육박한다.[20] 1945년 동유럽에서 심각한 상실을 겪지 않은 가족을 찾아내기는 어려웠다.

상황이 진정되자, 죽지 않은 사람들조차 엉뚱한 곳에 살고 있는 경우가 많다는 것이 분명해졌다. 1945년 동유럽 많은 나라의 인구, 주민 분포와 인종 구성은 1938년에 비해 아주 달라졌다. 서방에서는 아직도 이해하지 못할 정도로, 나치 독일의 동유럽 정복은 주민 강제이주와 재정착 물결의 결과 엄청난 인구 이동을 가져왔다. 독일의 '식민지 개척자들'이 밀려들어 와 폴란드와 체코슬로바키아를 점거했고, 특정 지역의 인종 구성을 변화시킨다는 의도적 목표 아래 토착민들은 추방되거나 살해되었다. 우치의 환경이 좋은 구역에 살던 폴란드인과 유대인은 이미 1939년 12월에 독일 행정가들에게 자리를 내주기 위해 자신의 집에서 쫓겨났다. 이후 몇 년 동안 20만 명의 폴란드인이 이 도시에서 추방당해 독일에서 강제노동을 해야 했고, 유대인은 우치의 게토에 몰아넣어져 대부분 그곳에서 사망했다.[21] 그들이 떠난 자리에 독일 점령 당국은 발트 국가들과 루마니아에서 온 독일인을 포함한 독일인들을 정착시켰는데, 이들 중 일부는 자신들이 버려지거나 방치된 재산을 받았다고 믿었다.[22]

이 변화의 많은 부분은 전후 다시 원점으로 돌아가 복수를 불러일으켰다. 1945년, 1946년, 1947년은 난민의 해였다. 독일인은 서쪽으로 갔고, 폴란드인과 체코슬로바키아인은 동쪽 강제노동수용소나 독일 집단수용소에서 돌아왔다. 강제이주를 당했던 사람들도 소련에서 귀환했다. 다른 전장에서 싸웠던 모든 종류의 병사들과 영국, 프랑스, 모로코로 망명했던 사람들도 돌아왔다. 이들 중 일부는 고향으로 돌아왔지만, 더이상 과거의 모습이 아닌 고향을 떠나 새로운 땅을 찾아 나선 사람들도 있었다. 얀 그로스는 1939년부터 1943년까지 약 3천만 명의 유럽인이 흩어지거나 다른 곳으로 가거나 강제이주를 당했다고 추산한다. 1943년부터 1948년까지 추가로 2천만 명이 이동했다.[23] 크리스티나 케르스텐은 1939년부터 1950년까지 폴란드인 4명 중 1명의 거주지가 바뀌었다고 말한다.[24]

이들 대부분은 아무것도 가진 게 없이 고향에 도착했다. 즉시 교회, 자선단체, 국가 등 다른 사람들에게 어떤 형태로든 도움을 청해야 했다. 전쟁 전 충분히 생활을 꾸려갈 수 있었던 가족들 전부가 정부 사무소에 줄을 서서 집이나 아파트 배정을 기다렸다. 과거에 독자적 일자리와 수입을 가지고 있었던 남자들도 배급 카드를 신청하고, 정부 관료제 안에서 일자리 찾기를 기대했다. 자신의 근거지에서 강제로 추방당한 난민의 사고방식은 더 나은 운명을 찾아 자발적으로 떠난 이민자와는 달랐다. 그가 처한 환경 자체가 전에는 절대 갖지 않았던 의타심과 무력감을 심화시켰다.

설상가상으로 동유럽의 엄청난 물적 파괴와 더불어, 똑같이 이해할 수 없을 만큼 엄청난 규모의 경제적 파괴도 일어났다. 전쟁 전에 모든 동유럽 국가가 부유하지는 않았지만, 1939년에 이 지역은 1945년만큼 서유럽에 뒤처지지는 않았었다. 전쟁 기간 동안 총과 전차에 대한 수요로 이익을 본 집단도 있었지만(몇몇 경제사학자들은 특히 보헤미아와 모라비아에서 그 기간에 산업 노동자 계급이 늘어난 것에 대해 언급했다) 전쟁 후반부는 거의 모두에게 대재앙이었다.[25] 1945년, 1946년 헝가리 국민총생산은 1939년의 절반에 그쳤다. 전쟁 마지막 시기에 헝가리의 경제 기반 시설 40퍼센트가 파괴되었다는 추산도 있다.[26] 헝가리 수도 부다페스트는 건물의 4분의 3이 파괴되었고, 그중 4퍼센트는 완파되고, 22퍼센트는 사람이 살 수 없게 되었다. 인구는 3분의 1이 줄어들었다.[27] 독일군은 후퇴하면서 헝가리의 철도 운송 수단을 가능한 한 많이 가져갔다. 소련군은 배상금이라는 명목으로 남아 있는 것의 많은 부분을 가져갔다.[28]

폴란드에서는 전반적 피해 수준이 40퍼센트로 추정되었지만, 일부 지역은 더 철저히 파괴되었다. 특히 폴란드의 교통 기반 시설이 큰 피해를 입었다. 폴란드 다리의 절반 이상이 파괴되었고 항구, 선적 시설, 철도의 5분의 2가 사라졌다. 폴란드 주요 도시 대부분이 크게 파괴되어 아파트, 가옥, 고대 건축 기념물, 예술품, 대학, 학교를 잃었다. 바르샤바 시내 중심부는 후퇴하는 독일군의 체계적인 파괴로 건물 90퍼센트가 일부 또는 완전히 파괴되었다.[29]

독일 도시들도 연합군의 공중 폭격으로 엄청난 화재가 발생했고, 거리에서 최후까지 싸우라는 히틀러의 명령 때문에도 심하게 파괴되었다. 피해가 그리 광범위하지 않고 공습이 없었던 체코슬로바키아, 불가리아, 루마니아도 피해는 여전히 심각했다. 예를 들어 루마니아는 1938년 이전까지 국가 수입의 3분의 1을 차지하던 유전이 파괴되었다.[30]

전쟁은 동유럽의 경제도 수량화하기 힘든 다른 방식으로 바꿔놓았다. 전쟁의 사회적 결과에 대해 높은 평가를 받은 두 논문에서 얀 그로스와 브래들리 에이브럼스는 헝가리, 체코슬로바키아, 폴란드, 루마니아와 독일 자체를 포함한 동유럽 많은 지역에서 사유재산의 대규모 수용이 전쟁 중 나치 정권에 의해 시작되었고, 그후 공산 정권에 의해 시작된 것이 아니라는 사실을 밝혀냈다. 중유럽에서 국가나 독일 점령 당국에 의한 유대인 재산과 사업 몰수에 이어 점령 기간 후반 더 광범위한 독일화 과정이 뒤따랐다. 때로 이런 일은 은밀히 일어났다. 체코슬로바키아에서는 독일 은행들이 현지 은행들을 통제하여 "체코슬로바키아 은행이나 회사가 건실한지 여부를 결정했고, 파산한 경우 독일 은행이나 기업이 구조 작업을 주도하여 통제권을 확보"할 수 있었다.[31] 때로 이러한 통제는 아무 제약 없이 시행되었다. 폴란드에서는 독일 경영자나 공장장이 엄밀히 따지면 여전히 폴란드인이 소유하고 있는 공장이나 사업체의 운영을 맡았다.

독일의 점령은 지역 경제도 재편했다. 독일로 수출이 1939년부터 1945년 사이 두 배, 세 배 늘어났고, 지역 산업에 대한 독일의 투자도 그만큼 늘어났다. 1930년대 초반 이후 독일 경제학자들은 동유럽에 경제 식민지를 설치해야 한다고 주장해왔다. 점령 기간 중 흔히 유대인이나 심지어 비유대인 공장과 기업을 징발하는 방식으로 독일 기업들이 그런 경제 식민지를 만들기 시작했다.[32] 동유럽 지역은 전에 없던 독자적이고도 폐쇄된 시장이 되었다.[33] 독일이 붕괴할 경우 이 지역의 국제 교역망도 역시 붕괴할 것이라는 뜻이었다. 이런 여건은 결과적으로 소련이 쉽게 독일의 자리를 차지하도록 도와주었다.

유사한 이유로 독일 붕괴는 소유권 위기 또한 가져왔다. 전쟁 말기 독일 기업가, 경영자, 투자자는 도망가거나 살해되었다. 많은 공장이 그대로 방치되어 주인이 없는 상태가 되었다. 때로 이런 사업체는 노동자위원회가 인수하기도 했고, 때로는 지역 당국이 통제했다. 방치된 재산 대부분은(모든 '독일' 자산을 합법적 배상금으로 간주한 소련으로 이미 반출되지 않았다면) 놀라울 정도로 저항 없이 국유화되었다.[34] 1945년이 되자 통치 당국이 아무 보상 없이 사유재산을 징발할 수 있다는 사고가 동유럽에 확고하게 자리잡았다. 대규모 국유화가 시작될 때도 크게 놀라는 사람은 아무도 없었다.

2차대전으로 입은 온갖 피해 중 가장 수량화하기 어려운 것은 심리적, 감정적 피해였다. 1차대전의 잔혹함이 탄생시킨 세대는 파시스트 지도자, 이상주의적 지식인, 그리고 자신들의 혼란을 전달하기 위해 인간의 형태를 비인간적인 모양과 색으로 뒤튼 표현주의 예술가로 이루어져 있었다. 그러나 2차대전은 전투뿐 아니라 점령, 추방, 민간인 대량 이주를 수반했기 때문에 일상생활에 훨씬 더 깊이 파고들었다. 수많은 방식으로 인간의 정신에 영향을 미친 지속적이고 일상적인 폭력을 모두 표현하기는 쉽지 않다.

이 점도 서방, 특히 앵글로색슨 국가들에서 일어난 것과 달랐다. 전후 유럽과 미국의 정신적 차이를 설명하려고 시도한 폴란드 시인 체스와프 미워시는 전쟁이 사물의 자연적 질서에 대한 인간의 감각을 어떻게 무너뜨렸는지에 대해 다음과 같이 썼다. "과거에는 길거리에서 시체를 우연히 발견했다면 경찰에 신고했을 것이다. 군중이 모여들고 많은 이야기와 소문이 뒤따랐을 것이다. 이제 사람들은 배수로에 누워 있는 시커먼 시체를 피하고, 불필요한 질문을 하지 않으려고 자제한다."

미워시의 글에 따르면 존경받는 시민들도 점령 기간에는 "지하운동에 도움이 된다면" 도둑질도 범죄로 여기지 않았다. 법을 잘 지키는 존경할 만한 중산층 출신 소년들도 배짱이 두둑한 범죄자가 되었다. "한 사람을 죽이는 것은 그들에게 심각한 도덕적 문제가 안 되었다." 점령 기간에는 이름이나 직업을 바꾸고, 위조된 서류로 여행하고, 위조된 경력을 암기하고, 가지고 있던 돈이 모두 하룻밤 사이에 휴지 조각이 되고, 길거리에서 사람들이 소처럼 끌려가는 모습을 보는 것이 일상이 되었다.[35]

소유물에 대한 금기는 무너졌고, 절도가 일상적인, 심지어 애국적인 행동이 되었다. 사람들은 파르티잔 집단을 유지하거나, 저항운동에 식량을 제공하거나, 아이들을 먹이기 위해 도둑질했다. 그러나 동시에 나치 독일군, 범죄자, 파르티잔들이 도둑질하는 것을 보며 분노와 원망을 품었다. 전쟁이 말기에 다다르면서 절도는 더 심각하게 확산되었다. 산도르 마라이의 소설 《결혼의 초상Portraits of a Marriage》에서 등장인물 하나는 폭격 맞은 건물을 탈탈 터는 도둑들의 투철한 직업 정신에 감탄한다. "그들은 서두르면 나치, 우리 현지 파시스트, 러시아군 또는 해외에서 귀국한 공산주의자들이 아직 훔쳐 가지 않은 것을 구할 시간이 충분하다고 생각했다. 그들은 손댈 수 있는 물건에 손대는 것이 애국적 의무라고 생각했고, 그래서 '구조' 작업에 착수했다."[36]

폴란드에서는 마르친 자렘바Marcin Zaremba가 서술한 것처럼 후퇴하는 나치 점령군 철수와 소련군의 도착 시점 사이에 루블린, 라돔, 크라쿠프, 제슈프Rzeszów에서 도둑질이 난무했다. 폴란드인들은 "무언가를 발견하거나 얻기 위해서가 아니라 독일인들의 물건을 빼앗고, 그들이 우리 것을 모두 뺏은 것처럼 독일인의 재산을 뺏기 위해" 독일인이 떠난 집과 상점을 부수고 들어갔다.[37]

종전 후 몇 달 동안 더 조직적인 약탈의 물결이 독일의 영토였다가 현재 폴란드 영토가 된 슐레지엔과 동프로이센을 휩쓸었다. 약탈자 집단은 자동차, 트럭 등을 타고 텅 빈 도시를 돌아다니며 가구, 의복, 기계, 귀중품을 쓸어 담았다. 전문 약탈자들은 브로츠와프와 그단스크에서 레스토랑이나 카페에 필요한 에스프레소 기계나 요리 장비를 약탈했다. 한 회고록 저자는 이렇게 적었다. "처음에 약탈자들은 희귀 서적의 가치를 잘 몰랐다. 그러나 이 분야에서도 곧 전문가들이 나타났다." 폴란드 곳곳에서 과거 유대인이 소유했던 재산뿐 아니라 유대인 묘지도 약탈당했다. 농민들은 거기서 매장된 귀중품이나 금이빨을 찾으려고 했다. 그러나 약탈자들은 대부분 비유대인이든 유대인이든 닥치는 대로 재산을 공격했다. 바르샤바 봉기 후에는 철저히 파괴되고 망가진 수도에서 약탈이 일어났다. 이웃, 행인, 병사 등 모든 사람이 폴란드 저항의 마지막 비극적 잔재인 반쯤 파괴된 아파트 단지, 텅 빈 상점을 약탈했다. 1946년 보물을 찾는 사람들이 트레블링카Treblinka 인근 들판을 파헤쳤고, 같은 해 9월 우치 인근에서 기차 충돌 사고가 일

어나자 구경꾼들은 사상자를 돕기 위해서가 아니라 귀중품을 찾으려고 달려들었다.[38]

약탈의 열기는 결국 폴란드와 그밖의 장소에서 가라앉았지만, 너무 일반화된 부패와 공공 재산 절도에 대한 너그러운 태도 조성에 일조했다. 폭력도 일상화되고 수년간 지속되었다. 몇 달 전이라면 분노가 퍼졌을 사건에도 사람들은 무관심해졌다. 70년 이상이 지난 후에도 한 헝가리인은 부다페스트 거리에서 벌어졌던 끔찍한 광경을 생생히 기억했다. 두 어린애를 데리고 가던 남자가 느닷없이 체포된 사건이었다. "그 아버지는 아이들을 작은 마차에 태워 지나가고 있었는데, 소련군 병사들이 거리낌 없이 아버지를 연행하고 아이들을 길 한복판에 방치했다." 행인 중에 이 사건을 이상하게 생각하는 사람은 아무도 없었다.[39] 적대 행위가 공식적으로 끝나고 나서도 독일인과 다른 민족들을 잔인하게 추방하고, 집으로 돌아오는 유대인을 공격하고, 히틀러에 맞서 싸웠던 사람들을 남녀 상관없이 체포하고, 폴란드와 발트 국가들에서 파르티잔 전투가 계속되는 등 폭력이 이어졌지만, 아무도 이상하게 여기지 않았다.

모든 폭력이 민족적 또는 정치적 이유로 자행된 것은 아니었다. 한 폴란드 시골 교사는 "마을에서는 무슨 일이든 싸움으로 끝났다"고 기억했다.[40] 무기 사용이 아직 가능했고, 살인율도 높았다. 동유럽 많은 지역에서 무장 집단들이 시골을 배회하고, 때로 저항군을 자처하며 도둑질과 살인으로 먹고살았다. 갈 곳을 잃은 제대자들이 동유럽 모든 도시를 돌아다녔고, 범죄적 폭력은 정치적 폭력으로 바뀌었다. 그래서 공적 기록도 뭐가 뭔지 명확하지 않은 것이 많다. 1945년 늦여름 2주 동안 폴란드 한 군郡의 경찰은 20건의 살인, 86건의 절도, 1084건의 불법 가택 침입, 440건의 정치적 범죄(정의되지는 않았지만)와 125건의 공권력에 맞선 저항, 92건의 방화, 45건의 성범죄를 기록했다. 경찰 보고서는 "사람들의 주된 문제는 안전"이라며 "이곳이 공격이나 절도 없이 조용하면 좋겠다"라고 설명했다.[41]

제도 붕괴는 도덕 붕괴를 가져왔다. 폴란드의 정치·사회 제도는 1939년 작동을 멈췄다. 헝가리 제도는 1944년, 독일 제도는 1945년에 멈췄다. 이러한 대재앙으로 당연히 사람들은 자신들이 자라온 사회, 교육받은 가치에 대해 깊이 냉소하게 되었다. 사회는 약했고, 가치는 너무 쉽게 전복되었다. 1939년 나치의 침략과 점령이든, 1945년 연합군의 침략과 점령이든, 아니면 둘 다에 의해서든 국가적 패배의 경험은 그것을 겪은 사람들에게 너무나 힘든 일이었다.

그후 많은 사람들은 자신의 문명 전체가 붕괴되는 것을 견디고, 어려서부터 보아온 건물과 경관이 무너지는 모습을 지켜보며, 부모와 교사들이 가르친 도덕적 세계가 이제 존재하지 않고 존경하던 국가 지도자가 실패한 것을 이해한다는 것이 어떤 느낌인지 서술하려고 애썼다. 하지만 그런 경험을 하지 않은 사람들이 이해하기는 여전히 쉽지 않다. 외국의 점령 같은 국가적 대재앙에 쓰이는 '진공', '공백' 같은 단어로는 충분하지 않다. 그런 단어는 사람들이 전쟁 전과 전시 지도자들, 실패한 정치체제, 자신의 '순진한' 애국심, 그리고 부모와 교사들의 희망적 사고에서 느낀 분노를 제대로 전달하지 못한다. 집, 가족, 학교의 상실이라는 광범위한 파괴로 수백만 명이 극도의 외로움을 느꼈다. 동유럽 여러 지역이 이러한 붕괴를 저마다 다른 시기에 겪었고, 그 경험이 모든 곳에서 같지는 않았다. 그러나 언제, 어떻게 일어났건 국가적 실패는 깊은 영향을 미쳤고, 특히 진실이라고 믿었던 모든 것이 잘

못됐다고 단순히 결론짓는 젊은이들에게 막중한 영향을 미쳤다. 많은 사람들이 정말 한나 아렌트가 말한 전체주의적 성격, 즉 "가족, 친구, 동지, 심지어 단순한 지인과도 사회적으로 연결되지 않고 자신의 존재감을 오직 운동에 소속되고 당의 일원인 것에서만 얻는 완전히 고립된 인간"과 닮아 있었다.[42]

파르티잔으로 전쟁을 보낸 폴란드 소설가 타데우시 콘위키Tadeusz Konwicki에게도 그런 일이 분명 일어났다. 당시 동부 폴란드였던 빌뉴스Vilnius 인근 애국적인 가정에서 자란 콘위키는 전쟁 중 폴란드 저항 운동의 무장 세력인 국내군Home Army에 가담했다. 처음에 그는 나치와 싸웠다. 그런 다음 그의 부대는 잠시 소련군과 싸웠다. 어느 시점에 그들의 투쟁은 무장 절도와 불필요한 폭력으로 변질되기 시작했고, 그는 왜 자신이 여전히 싸우고 있는지 고민했다. 결국 그는 숲을 떠나 폴란드로 이주했지만, 고향 집은 더이상 폴란드의 새 국경 안에 없었다. 도착하자마자 그는 가진 게 아무것도 없다는 것을 깨달았다. 19세인 그는 외투 한 벌과 작은 배낭, 몇 장의 위조 서류밖에 없었다. 가족도 친구도 없고, 교육도 제대로 받지 못했다. 이런 경험은 꽤 흔했다. 젊은 국내군 파르티잔으로 비아위스토크 인근에서 싸운 루시안 그라보프스키Lucjan Grabowski도 비슷한 시기에 무기를 버렸고, 이내 아무것도 가진 게 없음을 깨달았다. "양복 한 벌 없었다. 전쟁 전에 입던 옷은 너무 작아졌다. … 내 지갑은 텅 비었다. 누군가에게 받은 1달러 지폐와 아버지가 이웃에게 빌린 몇천 즈워티złoty〔폴란드 화폐〕뿐이었다. 그게 점령군에 맞서 싸운 4년간을 보여주는 모든 것이었다."[43]

콘위키는 과거에 진실이라고 믿었던 것 대부분을 믿지 않게 되었다. 그는 나에게 이렇게 말했다. "전쟁 중 너무 많은 살상을 보았다. 사상,

인도주의, 도덕의 세계가 전부 무너지는 것을 보았다. 폐허가 된 이 나라에서 나는 혼자였다. 무엇을 해야 하지? 어느 길로 가야 할까?"[44] 콘위키는 여러 달 방황한 끝에 서방으로 탈출하는 것을 고려했고, 노동자로 일함으로써 프롤레타리아의 뿌리를 되찾으려고 했다. 결국 그는 거의 우연히 공산주의 문학 세계와 공산당에 빠져들었다. 1939년 이전에는 결코 가능하리라고 생각하지 않았던 일이었다. 아주 잠시 그는 스탈린주의 작가가 되어 당이 요구하는 문체와 틀에 박힌 양식에 맞춰 글을 썼다.

그는 극적인 운명을 겪었지만 드문 사례는 아니었다. 폴란드 사회학자 한나 시비다-지엠바Hanna Świda-Ziemba도 자기 세대(1920년대 말, 1930년대 초에 태어난 사람들)의 전쟁 전 도덕성을 재구축하려고 노력하면서 매우 유사한 그림을 그려왔다. 그녀의 세대는 조국 폴란드에 대한 깊은 신뢰와 조국의 특별한 운명에 대한 확신을 가지고 자랐다. '폴란드'라는 개념 자체가 그녀의 세대에게 특히 중요하다고 그녀는 적었다. 현대 국가 폴란드는 1918년에야 탄생했고, 그녀의 세대가 그런 국가에서 교육받은 첫 학생들이기 때문이었다. 그들은 국가를 객관화하고, 국가에 봉사하길 갈망하고, 국가를 신념, 배신 같은 다른 범주로 연관시키는 것을 배웠다. 국가가 붕괴하자 그들에게 남은 것은 아무것도 없었다.[45] 많은 사람들은 전쟁 전 정치인들, 권위적인 우파, 그리고 전쟁 준비에 완전히 실패한 장군들에 대한 실망에 초점을 맞추었다. 또다른 폴란드 작가 타데우시 보로프스키Tadeusz Borowski는 전쟁 전 정치인들의 지나치게 감상적인 애국주의를 풍자했다. "당신들의 조국: 평화로운 안식처이자, 벽난로에서 가만히 타고 있는 장작불. 나의 조국: 불에 탄 집이자 NKVD 소환장."[46]

젊은 나치당원들은 애국주의가 아니라 독일인의 신체·정신적 우위에 대한 믿음을 교육받았기 때문에 실패 경험은 훨씬 더 종말론적이었다. 나중에 동독 공산당의 지도급 인사가 되는 한스 모드로는 1946년 콘위키와 거의 비슷한 나이였고, 마찬가지로 방향감각을 잃었다. 히틀러 유겐트〔독일 나치당이 만든 청소년 조직〕의 충성스러운 멤버였던 그는 전쟁 막바지에 소련군에 맞서 최후의 저항을 펼친 인민 민병대 Volkssturm에 가담했다. 당시 그는 볼셰비키에 대한 강렬한 증오로 가득 차 있었다. 그는 볼셰비키를 독일인보다 신체적, 도덕적으로 열등한 인간으로 보았다. 그러나 그는 1945년 5월 소련군에 체포되었고, 곧바로 깊은 환멸의 순간을 경험했다. 그를 비롯한 독일군 전쟁포로들은 트럭에 태워져 농장 노동에 투입되었다.

젊었던 나는 돕고 싶었다. 트럭 위에 서서 나는 다른 사람들의 배낭을 아래로 넘겨주고 내 배낭을 다른 사람에게 준 다음 트럭에서 뛰어내렸다. 땅에 발을 딛었을 때, 배낭은 이미 도난당한 뒤였다. 나는 그 배낭을 되찾지 못했다. 훔친 사람은 소련 병사가 아니라 우리 독일군 중 하나였다. 다음날 소련군은 우리 모두를 평등하게 바꿔놓았다. 그들은 우리 배낭을 모조리 압수해 하나도 남기지 않았고, 우리에게는 식사용 숟가락과 컵만 지급되었다. 이 사건 때문에 나는 이른바 독일군의 동지애를 다른 방식으로 생각하기 시작했다.[47]

며칠 후 그는 소련군 대위의 운전병으로 임명되었는데, 그 대위는 독일 시인 하인리히 하이네에 대해 물었다. 하이네에 대해 들은 적이 없었던 모드로는 '하등인간'이라고 생각했던 사람들이 자신보다 독일 문화를 더 아는 데 당혹감을 느꼈다. 결국 모드로는 모스크바 인근의 포로수용소로 이송되어 그곳에 있던 반파시스트 학교에 들어가 마르크스·레닌주의 훈련을 받았고, 당시 그는 그 훈련을 열성적으로 흡수했다. 독일의 실패에 너무 실망한 그는 어린 시절 내내 증오하도록 배웠던 이념을 매우 빨리 받아들였다. 시간이 지나면서 그는 고마움 같은 감정도 느꼈다. 공산당은 그가 과거에 저지른 실수, 즉 자신의 실수와 독일의 실수를 만회할 기회를 주었다. 자신이 열성적 나치였다는 것에 대한 수치심은 결국 지워질 수 있었다.

그러나 전쟁의 기억은 지울 수 없었다. 과거는 같은 수준의 파괴를 겪어보지 않은, 그리고 인류가 서로의 고통에 보여줄 수 있는 무관심을 목격하지 않은 사람들에게 쉽게 설명될 수도 없었다. "동쪽 사람은 미국인들(또는 서방 사람들)을 진지하게 받아들일 수 없다"라고 미워시는 썼다. 그들은 그런 경험을 하지 않았기 때문에 "그에 따른 그들의 상상력 부족은 끔찍하다"고 했다.[48] 미워시는 그 반대도 사실임을 첨언하는 데 소홀했다. 동유럽 사람들은 서방 이웃들에게 매우 비현실적인 기대도 가지고 있었던 것이다.

　서유럽인들과 미국인들은 전쟁 전이든 이후든 소련 공산주의에 결코 무관심하지 않았다. 새로운 볼셰비키 정권의 본질과 공산주의 전반에 대한 치열한 논쟁이 1945년 훨씬 이전부터 대부분의 서방 수도에서 전개되었다. 미국 신문들은 이미 1918년 '붉은 위협Red Peril'에 대해 생생히 보도했다. 워싱턴, 런던, 파리에서 1920년대와 1930년대 공적 토론의 상당 부분은 자유민주주의에 대한 공산주의의 위협에 집중되었다.

심지어 스탈린과 전시 동맹을 맺은 동안에도, 러시아를 직접 상대해본 영국과 미국의 정치인 다수는 스탈린의 전후 의도를 많이 의심했고, 스탈린 정권의 본질을 매우 분명히 이해했다. "맙소사, 독일의 발표는 아마 사실일 거요." 소련 비밀경찰에게 학살되어 카틴 숲에 매장된 폴란드 장교 수천 명의 유해를 나치가 발견한 후 윈스턴 처칠은 폴란드 망명 장교들에게 "볼셰비키는 정말 잔인할 수 있다"고 말했다.[49] 소련에 대한 미국의 전후 정책을 만든 미국 외교관 조지 케넌은 "공산당의 악에 대해 분석한 전문을 워싱턴의 하급 관리들에게 퍼부으며" 모스크바에서 전쟁 기간을 보냈다.[50] 당시 미 국무부 차관보, 딘 애치슨은 1944년 여름, 소련 대표단과의 협상을 "동전을 넣는 구식 슬롯머신과 상대하는 것 … 때로 기계를 흔들어 작동시킬 수 있지만, 대화해봤자 소용없는 것"에 빗대었다.[51]

그게 큰 문제는 아니었다. 회고록에서 애치슨은 그러한 협상에 대한 관측을 다음과 같이 정리했다. "그러나 미 국무부에서 이처럼 짜증나는 러시아의 개입은 시급한 더 중요한 사건들 속에 잊혔다."[52] 실제로 전시 워싱턴이나 런던에는 적어도 1945년까지 염려할 더 중요한 사건들이 거의 항상 있었다. 종전까지 소련이 동유럽에서 한 일은 늘 부차적 관심거리였다.

이는 스탈린, 루스벨트, 처칠이 유럽 전체의 운명을 놀라울 만큼 태평하게 결정한 1943년 11월 테헤란 회담과 1945년 2월 얄타 회담의 공식, 비공식 설명에서 가장 분명히 드러난다. 폴란드 국경 문제가 테헤란 3거두 회담에서 처음 제기되자 처칠은 스탈린에게 1939년 그가 집어삼킨 동부 폴란드 땅을 그대로 차지할 수 있고, 폴란드는 "두 걸음 왼쪽으로 이동하는 병사들처럼 서쪽으로 옮길" 수 있다고 말했다. 회고록에는 그가 "성냥개비 3개를 가지고 서쪽으로 이동하는 폴란드에 대한 생각을 보여주어 스탈린 원수를 기쁘게 했다"라고 기록되었다.[53] 얄타에서는 루스벨트가 깊은 생각 없이 폴란드의 동부 국경은 르부프 시와 주변 유전을 포함하도록 확장될 수 있다고 제안했다. 스탈린은 말을 잘 듣는 듯했지만 아무도 그를 압박하지 않았고, 이 발상은 곧 폐기되었다. 수십만 주민들의 국가 정체성이 그렇게 정해졌다.

이 중 아무것도 동유럽에 대한 악의를 반영하지 않았고, 다만 우선순위가 달랐을 뿐이다. 얄타에서 루스벨트의 주관심사는 새로 구성되는 국제연합의 형태였다. 그는 이 조직이 장차 전쟁을 방지할 수 있을 것이라고 예상했고, 이러한 새로운 국제체제를 구성하려면 소련의 협조가 필요했다. 그는 또한 소련이 만주 침공과 극동의 러시아 기지 사용도 도와주길 바랐다. 이러한 관심사가 그에게는 폴란드나 체코슬로바키아의 운명보다 더 중요했다. 이탈리아 왕정의 미래부터 중동 석유 문제에 이르는 중요한 현안도 있었다. 동유럽은 스탈린이 세운 전후 계획의 중심이었지만, 미국 대통령에게는 미미한 관심거리에 불과했던 것이다.[54]

한편 처칠은 영국의 약점을 뼈저리게 인식하고 있었다. 소련군이 폴란드, 헝가리, 체코슬로바키아에 들어올 경우, 그는 소련군을 몰아낼 영국의 힘에 대해 어떤 환상도 없었다. 회고록에서 처칠은 얄타 회담 직전 루스벨트에게 다음과 같이 말했다고 기억한다. "우리는 되도록 오스트리아를 많이 점령해야 합니다. '필요 이상 서유럽이 러시아인들에게 점령되는 것은 바람직하지 않기' 때문입니다." 무슨 기준으로 당시 오스트리아가 헝가리나 체코슬로바키아에 속하지 않고 서부 유럽의 일부였는지는 분명하지 않다. 그러나 처칠의 숙명론은 크고도 명료하게 다가온다. 한번 들어온 소련군은 움직이지 않을 것이라는 얘기였다.[55]

두 지도자는 전쟁이 끝나면 자국 유권자들이 남편, 형제, 아들의 귀국을 열망하리라는 것도 알고 있었다. 소련과의 새로운 충돌을 납득시키기는 매우 어려울 것이었다. 전시 프로파간다는 스탈린을 유쾌한 '엉클 조Uncle Joe', 노동자의 투박한 친구로 묘사했고, 처칠과 루스벨트도 공식 발언에서 그를 치켜세웠다. 런던에서는 스탈린 옹호자들이 소련을 위한 모금 콘서트를 열었고, 볼셰비키 지도자 레닌이 썼던 다락방 밖에 레닌 동상을 세웠다.[56] 미국에서는 사업가들이 이미 새로운 우호관계에서 얻을 이익을 기대하고 있었다. 미국 상공회의소 회장은 "전쟁이 끝나면 러시아는 가장 큰 고객은 아니더라도, 최소한 가장 열성적인 고객은 될 것이다"라고 선언했다.[57] 갑자기 태도를 바꿔 전쟁에 지친 영국인이나 미국인에게 소련과 싸우기 위해 유럽에 머물러야 한다고 말하기는 불가능하지는 않아도 정치적으로 어려운 일이 될 것이었다.

병참의 어려움도 심각했다. 소련의 베를린 점령이 못마땅했던 처칠은 1945년 봄, 실제로 군사 계획가들에게 연합군이 폴란드군과 심지어 독일군을 이용해 중유럽의 소련군을 공격할 가능성을 조사하라고 지시했다. 그러나 '상상할 수 없는 작전' 계획은 실행이 불가해 바로 폐기되었다. 군사 계획가들은 처칠에게 소련군이 영국군보다 수적으로 세 배 많고, 충돌 결과 "길고도 대가가 큰" 군사 원정이나 심지어 전면전으로 번질 수 있다고 경계했다. 처칠 자신도 군사 계획 초안 여백에 소련군에 대한 공격은 "상당히 가능성이 희박하다"라고 적었다. 그러나 상상할 수 없는 작전의 몇 가지 요소는 나중에 소련의 영국 공격에 대비하는 계획의 일부가 되었다.[58]

미워시가 불평한 대로 서방 측에는 순진한 면도 있었다. 루스벨트는 특히 말년에 스탈린의 선한 의도에 대한 믿음을 자주 표현했다. 1944년 그는 폴란드 망명정부 지도자 스타니스와프 미코와이치크에게 이렇게 말했다. "걱정 마세요. 스탈린은 폴란드에서 자유를 박탈할 생각이 없어요. 그는 미국 정부가 확고하게 당신들을 지지한다는 것을 알기 때문에 감히 그러지 못할 것입니다."[59] 약 1년 뒤 미국과 영국 협상가들은 소련이 헝가리 정부에 지시하기 전에 다른 연합국과 상의한다는 조건으로, 전후 헝가리 통치를 위해 부다페스트에 설립한 연합국 통제위원회의 지휘권을 소련에 넘기는 데 동의했다. 막상 소련은 그렇게 하는 척도 하지 않았다.[60]

나중에 일각에서는 미국 정부의 공산주의 동조자들과 워싱턴의 친소련 요소들도 전후 미국 정책에 영향을 주었다는 주장이 제기되었다.[61] 가장 악명 높은 소련 스파이 앨저 히스Alger Hiss가 미국 협상단의 일원으로 얄타 회담에 참석했지만, 그의 영향력은 별로 필요하지 않았다. 회담 기록은 처칠과 루스벨트가 아주 명확한 이해관계를 갖고 있었고, 소련을 동유럽에서 몰아내는 것은 거기에 포함되지 않았음을 명백히 보여준다.[62] 회담 참석자들은 실용주의자들이었다. 한 미군 장군은 "얄타가 한 일은 현실을 이미 존재하고, 이루어지고 있던 대로 인정하는 것이었고, 나로서는 어떤 선택도 할 수 없었다"라고 회고했다.[63]

아마 혼란스럽기는 해도 이것이 냉전 기간 내내 지속된 현실이었을 것이다. 서방은 매우 공격적으로 반소련적인 언사를 쏟아낼 때조차,

유럽에서 새로운 충돌이 벌어지지 않도록 언제나 세심한 주의를 기울였다. 미국도, 영국도 당시에든 이후에든 소련과의 전쟁을 원치 않았다. 1953년, 스탈린 사후 동베를린에서 파업과 폭동이 일어나자 서베를린의 연합국 당국들은 매우 자제하면서, 서베를린 주민들에게 파업을 지지하기 위해 국경을 넘어서는 안 된다고 경고까지 했다.[64] 1956년 헝가리혁명이 일어났을 때, 강력한 냉전 전사인 미 국무 장관 존 포스터 덜레스도 이 사건에 대한 미국의 개입을 부인하면서, 소련에 "우리는 이 나라들을 잠재적 군사동맹국으로 간주하지 않는다"라고 말했다.[65]

사실, 동유럽인들은 종종 서방 연합국보다 더 순진했다. 헝가리에서 친영국 정치인들은 조국이 영국에 의해 해방될 것이라는 믿음을 고수했다. 역사학자 라슬로 보르히Lázló Borhi에 따르면 많은 사람들이 "헝가리가 자처하는 지정학적 중요성에 대한 비합리적 믿음에 끌렸고", 1944년 영국이 발칸 지역을 침공하길 기대했다. 오스만제국에 맞선 투쟁에서 헝가리가 서방 기독교 세계의 보루였으므로 20세기에도 이 역할을 계속하리라고 생각했기 때문이었다.[66] "서방 강국들은 지리적으로 중요한 지역(헝가리)을 소련의 지배하에 둘 수 없었다." 한 헝가리 외교관은 확신을 가지고 이렇게 말했다. 폴란드의 정치적 미래는 정말 연합국 지도자들 사이에서 뜨거운 논쟁거리였지만, 폴란드인들은 영국은 원래 폴란드 때문에 독일에 선전포고했으니 폴란드를 포기하지 않을 테고, 미국은 폴란드계 미국인들의 로비 때문에 폴란드를 버릴 수 없으니 곧 3차대전이 일어날 것이라고 생각했다. 나중에 동독 주민들은 서방이 동독-서독 국경의 요새화에 동의할 것임을 믿기 어려웠다. 정말 서방이 분단된 독일을 용납할 수 있겠는가?

그러나 서방은 분할된 유럽을 받아들였던 것처럼 이러한 상황을 인정하고 받아들일 수 있었다. 워싱턴, 런던, 파리를 막론하고 서방의 누구도 소련군이 점령한 지역에서 일어날 물리적, 심리적, 정치적 변화의 규모를 예상하지 못했지만, 그들은 그런 사태를 막기 위해 거의 아무 노력도 하지 않았다.

2장

승전국

나치 치하의 마지막 몇 달 동안 우리는 거의 모두 친러시아 성향이 되었다. 우리는 동방에서 오는 빛을 기다렸다. 그러나 그 불은 너무 많은 것을 태워버렸다. 너무 많은 일이 일어나서 이해할 수 없었다. 어두운 밤거리에는 매일 밤 여인들의 처절한 비명이 울려 퍼졌다.

— 루스 안드레아스-프리드리히Ruth Andreas-Friedrich[1]

러시아인들은 … 아시아 사람들의 침공 이후 전례 없는 방식으로 토착민을 완전히 척결했다.

— 조지 케넌[2]

부다페스트에서 존 루카스John Lukacs는 "동쪽에서 밀려오는 녹회색 러시아 군인들의 물결"을 보았다.[3] 베를린 동부 외곽에서 루츠 라스코우 Lutz Raskow는 "전차, 전차, 전차, 전차", 그리고 이를 따라오는 병사들 사이에서 "금발의 아마존 전사들"을 보았다.[4] 굶주리고, 성나고, 기진맥진하고, 전투에 단련된 남녀 소련군 병사들이었다. 일부는 2년 전 스탈린그라드나 쿠르스크에서 입었던 군복 차림이었다. 끔찍한 폭력을 기억하는 그들 모두는 이제 자신들이 보고 듣고 수행한 일로 인해 잔인해졌다.

1945년 1월, 소련군이 폴란드를 가로지르는 비스와강을 건너며 소련의 최후 공세가 시작됐다. 폐허가 된 폴란드 서부와 발트 국가들을 신속히 횡단한 '이반들Ivans'[이반은 러시아에서 가장 흔한 남자 이름이다]은 2월 중순 무서운 포위 끝에 부다페스트를, 3월에는 슐레지엔을 점령했다. 동프로이센 쾨니히스베르크에 퍼부은 소련군의 공격은 4월 종료됐다. 그 시점에 거대한 제1벨라루스전선군과 제1우크라이나전선군이 베를린 교외에 이르러 최후공격을 준비했다. 히틀러는 4월 30일 자살했다. 일주일 후인 5월 7일 알프레트 요들Alfred Jodl 장군이 독일군 최고 사령부의 이름으로 연합국에 무조건 항복했다.

지금도 전쟁 마지막 다섯 달 동안 동유럽에서 일어난 일을 평가하기는 쉽지 않다. 이 잔혹했던 기간을 모든 사람이 같은 식으로 기억하지는 않기 때문이다. 소련 역사학에서는 항상 전쟁의 마지막 국면을 연이은 해방으로 분명하게 서술한다. 공식 담론에 따르면 바르샤바, 부다페스트, 프라하, 빈, 베를린이 나치 독일의 굴레에서 해방되고, 연전연승 끝에 파시스트가 격멸되고, 주민들이 환호하고, 자유가 회복됐다.

다르게 이야기하는 사람들도 있다. 수십 년 동안 독일인, 특히 베를린 주민들은 1945년 5월과 그후 사건들에 대해 거의 침묵했다. 그러나 오늘날 그들은 소련군 침공 이후 일어난 약탈, 자의적 폭력, 무엇보다도 대규모 강간을 또렷이 기억한다. 동유럽 다른 곳에서도 소련군은 독일군과 싸웠지만 공산주의자가 아닌 지역 파르티잔에 대한 공격, 뒤이어 무차별적이든 표적이 분명하든 자행한 폭력의 물결로 기억된다. 폴란드, 헝가리, 독일, 체코슬로바키아, 루마니아, 불가리아에서 소련군의 도착은 순수한 해방으로 거의 기억되지 않는다. 오히려 새로운 정복의 잔인한 시작으로 기억에 남았다.

그러나 이런 상반된 시각도 완전한 이야기를 제공하지는 않는다. 소련군이 도착하자 정말 수백만 명은 자유가 온 줄 알았다. 소련 병사들은 아우슈비츠-비르케나우, 마자네크Majdanek, 스투트호프Stuthoff, 작센하우젠, 라벤스브뤼크Ravensbrük 집단수용소의 문을 열었다. 게슈타포 감옥도 비웠다. 그들은 유대인들이 헛간이나 다락방 은신처에서 나와 평범함에 가까운 생활로 천천히 복귀하는 것을 가능케 했다. 유대인 수감자였던 제니아 조나벤드Genia Zonabend는 동독의 작은 집단노동수용소 문을 걸어 나와 처음 눈에 띈 독일인 집들을 찾아가 음식을 요청했다. 그녀는 거절당했지만, 지나가던 러시아인이 그녀의 이야기를 듣고 음식과 씻을 따뜻한 물까지 받게 해주었다.[5]

유대인만 소련군의 도움을 받은 것은 아니었다. 소련군이 도착하면서 폴란드 서부 지역의 폴란드인들은 몇 년 동안 공공장소에서 금지됐던 폴란드어를 쓸 수 있게 되었다. 독일식으로 개명된 폴란드 도시에 붙었던 "독일인 전용Nur für Deutsche"이라는 표지판도 상점, 전차, 레스토랑에서 사라졌다. 독일에서도 히틀러 반대자들은 소련군의 도착을 환영했고, 수백만 명의 체코슬로바키아인과 헝가리인도 마찬가지였다. "나는 마당으로 달려 나가 처음 보는 소련군을 끌어안았다." 한 헝가리 여자는 이렇게 말했고, 그녀만 그런 게 아니었다.[6] 헝가리의 한 남자는 소련군의 도착이 자신과 부인에게 어떤 의미였는지를 다음과 같이 서술했다.

우리는 해방되었다고 느꼈다. 이게 상투적 표현이고, 이런 말이 진정한 의미를 전달하지 못한다는 것을 안다. 그러나 우리가 해방되었다는 말 이상으로 우리 느낌을 잘 표현하기는 어렵다. 지하실에 숨어 있던 우리는 이렇게 느꼈을 뿐 아니라 울면서 서로 손을 잡았다. 거기 있던 사람

들은 모두 세상이 마침내 다른 세상으로 바뀔 것이며, 우리가 태어난 것이 가치 있다고 느꼈다.[7]

한 폴란드인도 나에게 같은 얘기를 했다. "그들에 대한 우리 감정은 애매하지 않았어요. 그들은 우리를 해방시켰죠."[8] 그러나 가장 크게 기뻐했던 사람들도 소련군이 엄청난 파괴를 남겼다는 사실은 부인하지 않았다. 당시 상황을 설명할 때 외국인 혐오로 얼룩진 언어를 써가며 전례 없는 규모의 폭력을 연상시키는 "새로운 몽골 침공"이라고 말하는 사람들이 많았다. 조지 케넌은 "아시아의 무리들"[9]을 떠올렸다. 산도르 마라이는 그들이 "납득할 수 없는 반사 신경과 반응을 지닌 완전히 다른 인류 같았다"고 기억했다.[10] 존 루카스는 "좁은 눈에 호기심이 없고 적대적인, 어두운 색의 둥근 몽골인 얼굴들"을 떠올렸다.[11]

어느 정도 소련 병사들은 동유럽 사람들에게 이질적으로 보였다. 동유럽 주민들을 너무 의심하는 것 같고, 동유럽의 물질적 풍요에 너무 충격을 받은 듯 보였기 때문이었다. 러시아혁명 이후 러시아인들은 자본주의의 곤궁, 실업, 비참함과 자신들의 우월한 체제에 대한 얘기를 들어왔다. 그러나 당시 유럽에서 가장 빈곤한 지역 중 하나인 동부 폴란드에 들어서는 순간, 그들은 일반 농민들도 몇 마리의 닭과 두어 마리의 소, 갈아입을 옷 여러 벌을 가지고 있다는 것을 알았다. 작은 시골 소도시에도 석조 교회, 포장길, 그리고 당시 러시아 대부분 지역에 도입되지 않은 자전거를 탄 주민들이 있었으며, 농장에는 견고한 헛간과 줄을 맞춰 심은 작물들이 있었다. 러시아 시골의 절망적 빈곤, 진흙탕 길, 작은 목조 농가와 대비되는 풍요로운 광경이었다.

소련 병사들은 쾨니히스베르크의 교회, 부다페스트의 아파트, 골동품 가구로 가득 찬 베를린의 가정, 상상도 못 할 사치 속에 살아가는 '파시스트' 여인들, 경이로운 수세식 화장실, 전기 기구들을 보고 충격을 받았다. "우리 병사들은 전기, 가스, 목욕탕, 멋진 정원을 갖춘 교외의 2층집들을 보았다. 우리 국민들은 부유한 베를린 부르주아들의 별장, 믿을 수 없을 만큼 사치스러운 성, 영지, 저택을 보았다. 독일에서 주변을 돌아보며 수천 명의 병사들은 분개해서 '그들은 왜 우리를 침공했는가? 대체 무엇을 원했던 것인가?' 같은 질문을 계속 던졌다."[12]

그들은 이에 대한 설명을 찾아나갔다. 한 정치장교는 모스크바에 다음과 같이 보고했다. "이것은 노동 착취를 기반으로 한 부농kulak 농업이다. 모든 것이 멋지고 부유해 보이는 이유다. 우리 소련군 병사들, 특히 프티부르주아의 사적 소유에 대한 정치적 감각이 미숙한 병사들은 자기도 모르게 집단농장을 독일 농장과 비교하게 된다. 독일 물건에 감탄하는 일부 장교들도 있다."[13] 아니면 이 모든 것은 훔친 것일지도 몰랐다. "우리가 보는 모든 것을 통해 히틀러가 피 묻은 프리츠Fritzes [일반적으로 독일인을 뜻한다]를 즐겁게 하려고 전 유럽을 강탈했다는 것이 분명해졌어요." 한 병사가 집에 보낸 편지다. "그들이 키우는 양은 러시아 최우량종 메리노merinos이고, 그들의 상점은 유럽의 모든 상점과 공장에서 온 물건으로 가득해요. 조만간 이 상품들은 우리의 노획물로 러시아 상점에 진열되겠죠."[14]

그래서 그들은 물건을 다시 훔쳤다. 술, 여성용 속옷, 가구, 그릇, 자전거, 리넨 천이 폴란드, 헝가리, 체코슬로바키아, 발트해와 발칸 국가들, 독일에서 반출되었다. 손목시계는 러시아 병사들에게 거의 신비로운 의미를 가진 것 같았다. 그들은 6개의 손목시계를 한꺼번에 차고 돌아다니기도 했다. 베를린 의사당 건물 꼭대기에 소련 깃발을 꽂는 러시아 병사의 상징적 사진은 그 젊은 영웅의 팔에서 손목시계들을 지우기 위해 수정이 불가피했다.[15] 부다페스트에서는 손목시계에 대한 집착이 지역 전승의 일부로 남아 소련군에 대한 지역민들의 인식 형성에 일조했다. 전쟁이 끝난 몇 달 후 부다페스트 영화관은 얄타 회담에 대한 뉴스 화면을 보여주었다. 루스벨트 대통령이 스탈린에게 말하면서 손을 들자, 관객 몇 명은 "시계 조심하세요!"라고 소리쳤다.[16] 폴란드에서도 상황은 같았다. 오랜 기간 폴란드 아이들은 "시계 내놔Davai chasyi"라고 소리치며 소련 병사 놀이를 했다.[17] 1960년대 말 사랑받은 폴란드 어린이 TV 시리즈에도 전쟁 중 러시아와 폴란드 병사들이 버려진 독일 건물에서 야영하며 많은 시계를 훔쳐 모으는 장면이 들어갔다.[18]

이런 절도 행각은 소련군의 도착을 열망했던 사람들이 겪을 쓰라린 환멸을 예고했다. 마라이는 "존경할 만한 가부장적 인물"인 한 노인에 대해 이야기하는데, 그 노인은 첫 소련 방문객을 정중하게 맞이하며 자신이 유대인이라고 밝혔다.

러시아 병사는 웃더니 어깨에 멘 기관총을 내려놓고 그 노인에게 다가가 러시아 관습대로 그의 오른뺨과 왼뺨에 부드럽게 입을 맞추었다. 그는 자신도 유대인이라고 말했다. 잠시 그는 묵묵히, 진심으로 노인의 손을 꼭 쥐었다. 그러고는 다시 기관총을 어깨에 메고, 그 노인에게 온 가족과 함께 구석에 서서 벽을 향해 돌아 두 손을 들라고 명령했다. … 이렇게 한 다음 러시아 병사는 천천히, 여유롭게 그들의 물건을 강탈했다.[19]

일부 소련 병사들 역시 이런 상황을 매우 불안해했다. 몇 년 후 러시아 작가 바실리 그로스만은 딸에게 소련 국경을 넘어간 후 소련군이 "나쁘게 변했다"고 말했다. 그로스만은 다른 소련 병사 몇 명과 함께 독일인 집에서 잠잤던 밤을 떠올렸다. "잘생긴 러시아 사람"인 근엄한 대령도 함께였다. 그 대령은 너무 피곤해서 곧 쓰러질 것 같았다. "밤 새도록 우리는 지친 대령이 머무는 방에서 흘러나오는 소음을 들었다. 그는 아침에 작별 인사도 없이 떠났다. 그의 방에 들어가 보니 아수라 장이었다. 그 대령이 진짜 약탈자처럼 찬장을 싹쓸이했던 것이다."[20]

홈치지 않은 것은 종종 그들에 의해 파괴됐다. 베를린과 부다페스트에서 벌어진 시가전으로 이른바 부수적 피해가 수없이 발생했지만, 소련군은 파괴 자체를 목적으로 한 무자비한 파괴도 저질렀다. 폴란드 기독교의 요람인 그니에즈노에서 소련 전차들은 전혀 군사적 가치가 없는 천 년이 된 대성당을 파괴했다. 당시 찍은(70년간 숨겨진) 사진은 전차 한 대가 시가지 광장에 서서 아무 이유 없이 그 고대 건축물에 포격하는 장면을 보여준다.[21] 브레슬라우를 점령한 후 소련군 병사들은 고대 도시 중심부에 불을 놓아 가치를 매길 수 없는 대학 도서관 희귀 소장본뿐 아니라 도시 박물관과 몇 개의 교회를 불태웠다.[22]

절도와 파괴는 여러 달 계속되면서 시간이 지날수록 더욱 정교해졌고 결국 배상금이란 공식 형태를 띠게 되었다. 그러나 비공식적인 강탈도 오랜 기간 계속되었다. 1946년에도 동독 관리들은 작센주의 소련 장교들이 개인 아파트를 차지하고, 지역 성채에 있는 작센주 소장품인 가구, 그림, 도자기를 보내라고 명령했다며 불만을 토로했다. 라이헨바흐 인근 프리젠 성Castle Friesen의 소유자는 4000제국마르크Reichsmarks(전쟁 전 화폐) 상당의 식탁, 1만 1500제국마르크 상당의 카펫 세 장, 1만 8000제국마르크 상당의 로코코 서랍장, 5000제국마르크 상당의 마

호가니 책상을 잃었다고 불평했다. 이 중 어느 것도 반환되었다는 기록은 없다.[23]

더 끔찍하고 궁극적으로 정치적 의미가 심각한 것은, 소련군이 베를린에 도착하기 훨씬 전에 시작된 민간인에 대한 잔인한 공격이었다. 민간인 공격은 소련군이 폴란드로 넘어오면서 시작되어 헝가리에서 강화되고, 독일로 들어오면서 놀라운 수준에 도달했다. 잔인해지고 분노에 찬 소련군 병사들은 맞닥뜨린 사람들이 보기에는 복수의 열망에 불타는 듯했다. 그들은 친구, 배우자, 아이들의 죽음에 화가 났고, 독일군이 러시아에 남기고 떠난 불탄 마을과 집단 매장지에 분노했다. 한번은 그로스만이 독일에서 풀려난 수백 명의 아이들이 동쪽으로 걸어가는 행렬을 보았다. 소련 병사들과 장교들은 "아이들의 얼굴을 뚫어져라 쳐다보며" 길가에 엄숙하게 서 있었다. 그 남자들은 독일로 강제로 이주된 아들딸을 찾는 아버지들이었다. "한 대령은 꼿꼿한 자세로 엄숙한 표정에 어둡고 우울한 얼굴을 하고 몇 시간 동안 서 있었다. 그는 해가 질 무렵 자신의 차로 돌아갔다. 그는 아들을 찾지 못했다."[24] 소련군은 자신의 지휘관들, 그들의 무자비한 전술, 지속된 위협과 정치적 스파이, 병력 손실에 분개했을 것이다. 수백 명의 퇴역 군인을 인터뷰한 역사학자 캐서린 메리데일Catherine Merridale은 그들이 자주 정치적 분노를 표현했을 것이라고 본다. "의식적이건 아니건 … 소련군 병사들은 수십 년에 걸친 국가의 압제와 고질적인 폭력으로 쌓인 분노를 곧 분출하게 될 것이었다."[25]

새로 점령된 지역의 여인들은 이러한 분노의 분출을 감당해야 했다. 모든 연령의 여자들이 집단강간을 당했고, 때로는 강간당한 후 살해되었다. 굴라크 기록자로 유명한 러시아 작가 알렉산드르 솔제니친도

1945년 소련군과 함께 동프로이센에 진입했다. 그가 거기서 목격한 끔찍한 광경은 훗날 로버트 콘퀘스트Robert Conquest가 번역한 시로 남았다.

벽에 가로막혀 반쯤 들리지 않는 신음.
부상당한 어머니는 아직 살아 있다.
매트리스에 누운 어린 딸은 죽었다.
얼마나 많은 놈들이 올라탄 거냐.
한 소대, 아니면 한 중대?
소녀가 여인으로 변했고,
여인은 시신으로 변했다.
이 모든 것은 간단한 말로 귀결된다.
잊지 마라! 용서하지 마라!
피에는 피! 이에는 이!26

이런 복수는 종종 정치와 관련이 없었고, 꼭 독일인이나 나치 동조자들을 향한 것도 아니었다. 그로스만은 다음과 같이 적었다. "수용소에서 해방된 소련 소녀들이 지금 많은 고통을 받고 있다. 오늘 밤 그들 중 일부가 우리 종군기자 방에 숨어 있다. 한밤중 우리는 비명 소리에 잠에서 깼다. 기자 1명이 유혹을 뿌리칠 수 없었던 것이다." 당시 소련군 소속 정치장교였던 레프 코펠레프Lev Kopelev는 독일에서 강제노동을 했지만 적으로 오인된 러시아 소녀의 운명을 회고록에서 이야기한다. 그녀는 "아름답고, 젊고, 명랑하고, 등 뒤로 금빛 머리가 흘러내렸다. 아마 술에 취한 병사 몇 명이 길을 걷다가 그녀를 본 모양이다. '헤이,

독일 년아! 헤이, 나쁜 년!' 그러고는 그녀 등에 기관총을 발사했다. 그녀는 한 시간도 살지 못했다. 계속 울먹이며 물었다. '뭣 때문에?' 그녀는 이제 막 어머니에게 집으로 갈 거라고 편지를 쓴 뒤였다."[27]

때로 희생자는 운 나쁘게 소련군과 조우한 폴란드 강제징용 노동자들이었다. "그때 미친 듯한 비명 소리가 들리더니 한 소녀가 창고로 뛰어들었다. 길게 땋은 금발머리가 산발이 되고, 옷은 가슴이 쭉 찢어진 채 그녀는 날카롭게 외쳤다. '난 폴란드인이야! 하나님 맙소사, 난 폴란드인이라고!' 전차를 타고 온 병사 둘이 그녀를 쫓아왔다. 둘 다 검은 헬멧을 쓰고 있었다. 1명은 엉망으로 취해 있었다."[28] 코펠레프가 제지하려 하자(이론상 강간이면 그 자리에서 처형될 수 있었다) 동료들은 그를 질책하며 투덜거렸다. "일부 지휘관 … 그들은 나쁜 독일 년 때문에 자기 병사들을 쏠 거야." 그는 동료 병사들이 지적 장애가 있는 노파를 스파이 혐의로 총살하는 것에 반대했을 때도 유사한 질책을 받았다. "자네는 형편없는 독일 노파 때문에 동포들에게 등을 돌릴 텐가!"[29]

현지 공산주의자들은 강간과 폭력에 경악했다. 그들은 이러한 일의 정치적 여파가 무엇일지 바로 이해하고 공식적으로는 강간을 "소련 군복을 입은 교란자들"의 소행으로 돌렸다. 그리고 비공식적으로 지역 공산주의자들은 통제할 수 있도록 도와달라고 당국에 요청했다. 한 폴란드 보안기관 장교는 1945년 2월 폴란드군 프로파간다 책임자에게 소련군 병력이 "폴란드-소련 우호 관계에 해를 끼치고, 포즈난 주민들이 해방자들에게 느끼는 고마움을 약화시키는 방식으로 폴란드인들에게 행동하고 있다. … 여성 강간이 아주 흔하고, 때로는 부모와 남편이 있는 자리에서도 일어난다. 병사들, 대개 젊은 장교들이 여성을 숙소로 (때로 부상자를 도울 것이라는 구실로) 데려가 그곳에서 여성을 범하

는 상황은 더 흔하다"라고 불만을 전달했다.[30]

당시 일어나고 있는 일을 부정하려고 애쓰는 사람들도 있었다. 당시 공산주의자였던 한 헝가리 젊은이는 강간에 대해 몰랐다고 설명했다. "우리 가족의 일원이라면 '이건 나치가 한 미친 짓이다'라고 말했을 것이다. … 당시 우리는 그들(소련군)이 새로운 사람들이라고 여전히 확신했다." 그러나 시간이 지나면서 그들은 새로운 사람들이 기대에 전혀 부합하지 않는다는 것을 알았다. 한때 그는 젊은 소련군 집단에 대한 책임을 부여받은 적이 있었다. "밤마다 (그들은) 창문에서 뛰어내려 어디에선가 술을 퍼마시거나 창녀를 만나러 갔다. 우리는 이런 일에 매우 당황했다. 정말 당황스러웠다. 그들을 비난하지는 않았지만, 우리는 그런 일에 대해 알고 있었다."[31]

개인적으로 충격받은 사람들도 있었다. 로베르트 비알레크Robert Bialek는 당시 독일 도시였던 브레슬라우의 얼마 되지 않는 지하 공산당원이었다. 공산주의자로서 그들에게 도움을 주고자 했던 그는 브레슬라우를 점령한 소련 지휘관들과 첫 연회를 가진 후 집에 돌아와 부인이 강간당한 것을 알았다. 그렇게 종말이 시작되었다. "러시아 일반 병사 2명의 잔학한 본능에 내 머리 주위로 세상이 무너져 내렸다. 나치의 고문에도, 가장 정교한 설득에도 끄떡없었건만." 그는 "차라리 나의 많은 친구들처럼 도시 잔해 아래 묻혀 있길" 바랐다고 적었다.[32]

자주, 그리고 정확히 관찰된 대로 이러한 성폭력의 물결은 독일에서든 다른 어디에서든 계획된 것이 아니었고, 그런 공격을 지시한 문서도 없었다.[33] 하지만 코펠레프나 솔제니친 같은 장교들은 직속 상관이 그런 행동을 제지하는 데 관심이 없다는 것을 알았고, 적어도 점령 초기 몇 주 동안에는 강간과 무차별 살인이 분명 용인되었다. 결정은 현지 사령관들에게 맡겨졌지만, 이런 관용은 가장 높은 단계에서부터 내려왔다. 유고슬라비아 공산주의자 밀로반 질라스가 소련군의 행동에 대해 불평하자, 스탈린은 작가인 그가 어떻게 "피와 화염, 죽음을 뚫고 수천 킬로미터를 지나온 병사가 여자와 재미를 보거나 사소한 일을 하는 것을 이해"할 수 없는지 물었던 것으로 악명이 높다.[34]

이런 종류의 '이해'는 독일인과 독일에 대한 소련의 프로파간다에 의해 고조되었다. 선전은 특히 마지막 베를린 공격 단계에서 독일인들에게 치욕을 주려는 욕구에 의해 더욱 악랄해졌다. "날짜를 세지 마라. 거리도 계산하지 마라, 오직 귀관이 죽인 독일인 수만 세라." 한 종군기자가 쓴 이 기사는 1945년 2월 이후 자주 읽히고 다시 인쇄되었다. "독일 놈을 죽여라. 네 어머니가 이렇게 기도한다. 독일 놈을 죽여라. 너의 러시아 대지가 이렇게 울부짖는다."[35]

약탈, 폭력, 강간은 정치적 계획의 일환이 아니었어도, 실제로는 소련군이 점령한 모든 지역에서 오래 지속되는 깊은 파장을 남겼다. 한편 폭력은 주민들이 소련 통치에 대해 의구심을 갖게 하고, 공산주의 프로파간다와 마르크스주의 이념을 깊이 의심하게 만들었다. 동시에 폭력, 특히 성폭력은 남녀를 막론하고 큰 공포를 안겨주었다. 소련군은 잔인하고, 강력하며, 멈출 수 없었다. 남자들은 여자들을 지켜줄 수 없었다. 여자들은 자신을 보호할 수 없었다. 남자도, 여자도 아이들이나 재산을 지킬 수 없었다. 이런 폭력이 일으킨 공포는 공개적으로 논의될 수 없었고, 공식 대응은 늘 애매했다. 헝가리에서 부다페스트국가위원회는 1945년 2월 이유를 정확히 밝히지 않고 낙태 금지를 중단했다. 1946년 1월 헝가리 사회복지부 장관은 모호한 법령을 발표했다. "전선과 그에 따른 혼란으로 가족이 돌보고 싶지 않은 많은 아이들이 태어났다. … 그래서 나는 고아담당국에 … 생일이 해방 후 9개월에서 18개월인 아기 모두를 고아로 인정할 것을 요청한다."[36]

개인적 반응도 종종 감정이 없고 형식적이었으며, 끝내 그런 상태로 남았다. 무슨 할 말이 있었겠는가? 소련의 침공 당시 어린애였던 동독의 한 목사는 말솜씨가 유창했지만, 여러 해가 흘렀는데도 당시 기억을 말할 때는 더듬거렸다. "러시아 군인들이 왔고, 강간이 일어났어요. 믿을 수 없는 일이었죠. 잊을 수 없어요. 나는 15세. … 어떤 여자들은 숨었고, 다른 여자들은 당했어요. 나의 어머니도. 너무 힘들었어요. … 끔찍했지만 동시에 도망쳐 살아남았다는 안도감도 있었어요. 내 안에 묘한 긴장감이 감돌았어요."[37]

소련이 점령한 동유럽에서 대규모 강간이 분명히, 공개적으로 논의된 것은 단 한 번뿐이었다. 1948년 11월 동독 당국은 베를린의 소련문화전당House of Soviet Culture에서 공개 토론회를 조직했다. 이 토론회를 추진한 사람은 언론인 루돌프 헤른슈타트Rudolf Hernstadt(당시 베를린 시의 신문 《베를리너 차이퉁Berliner Zeitung》 편집자이자 훗날 당 기관지 《노이에스 도이칠란트Neues Deutschland》의 편집자)였다. 그는 "러시아인에 대해 그리고 우리에 대해"라는 도발적 제목의 기사를 썼다. 이 토론이 끌어들인 군중은 나중에 《노이에스 도이칠란트》가 회의장이 "너무 작아 이 주제를 진지하게 논의할 수 없었다"고 불평할 정도로 많았다.

헤른슈타트는 며칠 전 《노이에스 도이칠란트》에 실린 자신의 주장을 도발적으로 반복하면서 토론을 시작했다. 그는 독일은 "소련의 무제한적 지원 없이는 현재의 어려움을 극복할 수 없다"고 선언하면서, 소련군에 대한 공공의 분노와 유감을 일축했다. "길에 서 있던 매형이 자전거를 도둑맞았지만, 그는 평생 공산당에 투표한 사람이었습니다."

이렇게 말하는 청중을 그는 무시했다. 소련군이 어떻게 그 남자가 공산주의자인 것을 알았겠는가? 그 남자는 왜 소련군과 함께 나치에 맞서 싸우고 있지 않았는가? 왜 독일 노동계급은 전부 길가에 서서 구출되길 기다리고 있었는가?

토론은 네 시간 동안 이어져 다음날 밤에도 계속될 예정이었다. 그러나 저녁이 되자 토론의 초점은 차츰 도둑맞은 자전거에서 벗어났다. 중요한 순간, 한 여성이 일어나 발언했다. "우리 중 많은 사람들이 소련군을 만났을 때 우리의 반응을 형성하는 일들을 겪어왔어요." 여전히 완곡한 표현을 쓰며 그녀는 군복을 입은 사람에게 다가갈 때 생기는 "두려움과 불신"에 대해 언급했다. 토론 기록을 읽으면 진짜 주제는 절도가 아니라 강간임을 모두가 바로 이해했다는 것이 이상하리만치 분명해진다.

소련군의 행동을 정당화하는 다음과 같은 주장이 하나씩 제기되었다. "독일인은 감정을 극복하기 위해 이성을 사용하는 법을 배워야 한다", "독일인은 계급투쟁을 수행해야 한다", "독일인이 전쟁을 시작했다", "독일인의 잔혹성이 러시아인이 잔혹해지도록 만들었다". 그러나 몇몇 반대 주장도 나왔다. 여성 몇몇이 반론을 제기했고, 러시아 여성이 집에서 어떤 대접을 받는지 알고 싶다는 여성들도 있었다. 그러다가 두 번째 밤, 한 러시아 장교가 일어나 토론을 사실상 끝장냈다. 그의 주장은 이러했다. "우리만큼 고통당한 사람은 없습니다. 700만 명이 사망하고, 2500만 명이 집을 잃었죠. 1945년 베를린에 온 병사는 어떤 사람이었습니까? 관광객이었습니까? 초대받고 왔습니까? 아니죠. 초토화된 소련 영토를 뒤로하고 수천 킬로미터를 행군한 병사 … 아마도 그는 납치되어 강제노동자로 징용된 자기 신부를 여기서 찾고 있었을 지도 모릅니다."

이후 공개 토론은 사실상 종결되었다. 아무도 그의 주장에 진정한 반응을 보일 수 없었다. 그의 말은 그 장소에 있던 모든 사람에게 전쟁에 대한 독일의 책임과 소련군의 뿌리 깊은 복수심뿐 아니라 그 문제에 대한 어떤 말이나 행동도 무의미하다는 것을 상기시켰다.[38]

공식적인 침묵이 뒤따랐다. 그러나 대규모 강간, 약탈, 폭력에 대한 기억은 독일, 헝가리, 폴란드 등에서 사라지지 않았다. 베를린 토론회에 나선 여성의 말마따나 "군복을 입은 사람에게 다가갈 때 느끼는 공포와 불신", 폭력이 멈추고 나서도 오래 지속된 공포가 그 기억에 더해졌다.[39] 시간이 지나 분명해진 사실은 이러한 공포, 수치, 분노, 침묵 등 감정의 강력한 혼합이 새로운 정권 출범의 심리적 토대를 닦는 데 도움이 되었다는 것이다.

폭력만이 분노의 유일한 원인은 아니었다. 전쟁이 끝나고 불과 몇 년 안에 소련은 동유럽의 신속한 산업화를 장려했지만, 그사이 스탈린은 배상을 원했다. 실제로 이는 말 그대로 동유럽의 산업 해체를 의미했고, 때로 매우 장기적인 결과를 가져왔다. 대규모 강간처럼 독일 공장들에 대한 대규모 약탈은 종종 그밖의 것과 마찬가지로 복수의 한 형태였던 것으로 보인다. 소련에서는 쓸모없었을 설비와 제품, 이상한 배관 일부, 부서진 기계들이 예술 작품, 개인 집의 가재도구, 심지어 소련 학자들만 사용하는 고대와 현대 문서고 자료(리히텐슈타인 공국, 로스차일드 가문, 독일 프리메이슨의 자료)와 함께 소련으로 반출되었다. 전문적으로 다뤄야 하는 산업 장비는 거리에서 마구잡이로 징발된 사람들이 포장한 결과 파손되었다.

시계나 자전거 절도와 달리, 소련 당국은 어떤 반발을 낳을지 알면서도 이미 1943년부터 이러한 총체적 배상을 매우 세심하게 계획했다. 전세가 바뀌자 소련 세계경제정치연구소장 예브게니 바르가Evgenii Varga(헝가리 이름 예노 바르가Jëno Varga로도 알려진 헝가리 출신 소련 경제학자)는 대규모 배상을 예상하는 논문을 쓰면서 배상이 잘못 수행되면 독일 등의 노동계급을 소외시킬 수 있다고 주장했다. 그는 은행가와 자본주의가 개입할 수 있는 현금 지급보다 현물 지급이 낫다고 생각했다. 또한 소련식 공산주의를 채택한 전前 추축국은 배상금 지급을 완전히 면제받아야 한다고 생각했다.[40] 바르가스와 소련 외무 장관 뱌체슬라프 몰로토프는 독일 밖에 있는 독일 자산 압류, 독일 내의 급진적 농업 개혁, 독일 기업과 노동력(소련으로 데려와 강제노동에 투입할 수 있는) 해체, 독일 생활수준을 소련 수준으로 하향 등 혼합된 형태의 배상을 제안하며 결론을 내렸다. 바르가스가 서술한 대로 이러한 정책은 나중에 독일의 소련 점령 지역에서 어느 정도 수행되었다.[41]

다른 연합국들도 이 계획을 알고 있었다. 테헤란 회담에서 스탈린이 처음으로 이 계획을 언급했고, 얄타 회담에서는 소련 대표단이 독일 분해(라인란트와 바이에른이 별개 국가가 됨)와 독일 산업 장비의 4분의 3 해체, 이 중 80퍼센트를 소련으로 가져가는 것을 제안하기까지 했다. 독일이 소련에 "빚졌다"고 스탈린이 말한 100억 달러라는 수치는 난데없이 튀어나왔다. 가벼운 논쟁이 벌어졌고, 처칠은 1차대전 후 독일에 부과된 가혹한 제재로 유럽에 평화가 조성되지 않은 점을 지적했다. 그러나 루스벨트는 논박하지 않으려 했다. 미국 재무 장관 헨리

모건도 주니어Henry Morgenthau Jr.도 독일의 분해와 탈산업화를 통해 독일을 완전히 농업 사회로 만드는 방안을 구상하고 있었다.[42] 이 문제는 포츠담 회담에서도 해결되지 않았다. 배상 문제는 1947년 내내 논의되었고, 소련은 나치가 소련에 입힌 피해액을 정확히 1280억 달러로 추산했지만, 이 결과가 조약으로 서명되지는 않았다.

결국, 다른 연합국들은 소련군이 그 문제로 독일 점령지나 기타 점령지에서 한 일에 아무 영향도 끼칠 수 없었기 때문에 크게 문제가 되지는 않았다. 이미 1945년 3월 독일 자산 평가를 맡은 소련 위원회가 설립되었고, 그해 여름 약 7만 명의 소련 '전문가들'이 자산과 장비 반출을 감독하기 시작했다.[43] 노먼 나이마크가 수집한 소련 외무부 자료에 따르면 128만 톤의 물자와 360만 톤의 설비가 침공부터 8월 초까지 동부 독일에서 반출되었다.[44] 이 수치는 스탈린이 말한 1280억 달러처럼 공중에서 뚝 떨어진 것 같았지만, 소련이 점령지에서 파악한 1만 7024개의 중형·대형 공장 중 4500개 이상이 분해, 반출된 것은 믿을 만한 통계로 알려졌다. 손대지 않은 대략 50-60개 회사는 소련 회사가 되었다. 동부 독일 산업 능력의 3분의 1에서 절반 정도가 1945년부터 1947년 사이에 사라졌다.[45] 정말 이것은 독일 분할의 시작이었다. 다른 연합국들도 분명 독일 과학자들과 다른 전문가들을 모집했지만, 이에 상응하는 반출 작업이 서부 독일에서 진행된 적은 없었다. 소련 배상의 결과 독일의 둘로 나뉜 경제는 바로 갈라지기 시작했다.

이러한 수치도 모든 것을 말해주지는 않는다. 공장은 셀 수 있지만, 동부 독일에서 반출된 현금, 금, 심지어 식품도 추적할 방법이 없었다. 소련 점령 구역의 독일 관료들은 기록을 남기려고 노력했다. 배상 부서의 파일에는 카드당 20-30개 항목이 담긴 약 65개의 카드가 있어 일부 기록을 형성한다. 68배럴 페인트부터 차이스 예나Zeiss Jena 광학공장의 측지 기구와 렌즈에 이르는 모든 것이 포함되어 있다. 이 기록에 따르면 1945년 10월 소련군은 라이프치히 동물원 동물들의 먹이까지 반출했다. 몇 주 후 소련군은 분명 동물도 징발해 러시아로 데려갔을 것이다.[46]

일부 회사들은 자산을 넘겨주면서 운송비까지 부담해야 했다. 제품을 가격 이하로 팔아야 하는 회사들도 있었다. 바벨스베르크의 카펫 공장 주인은 소련군을 위한 가격 인하를 강요받았다고 분개하며 불평했다. 농부들도 러시아인들에게 농산물을 시장 가격 아래로 팔거나, 농산물을 넘겨줬지만 대금을 받지 못했다고 불평했다.[47] 공장이 해체되면서 때로는 노동자들도 강제로 이주되었는데, 그들은 소련에 도착하면 새로운 근로 계약을 맺게 될 것이라는 말만 듣고 기차에 올랐다.[48] 공장 소유주들은(라이프치히 동물원장뿐 아니라) 베를린에서 반출한 것에 대한 보상을 요구했지만 아무 소용이 없었다. 청취자들은 당시 눈에 보이는 독일 정부 기관 중 하나였던 도이체 룬트풍크Deutsche Rundfunk 라디오 방송국에 편지를 보내 같은 질문을 던졌다. "독일 행정 당국은 러시아인들이 가져간 물품을 어떻게 보상할 것인가요?", "러시아인들을 위해 일하는 사람들은 언제 돈을 받게 되나요?"[49]

사유재산도 사라졌다. 때로는 나치 소유라는 이유로 탈취되었지만, 실제 그런지는 상관없었다. 러시아인들은 도시 주택, 휴가 별장, 아파트, 성을 압류해서 사용했고, 그 과정에서 당 본부, 휴가 별장, 새로운 간부들의 주거지가 필요한 독일 공산당도 같은 일을 저질렀다.[50] 개인 소유 자동차도 안전하지 않았고 가구도 마찬가지였다. 주코프 원수도 모스크바 아파트 여러 채를 자신의 전리품으로 장식한 것으로 알려졌다.

독일 노동자들은 때로 자신들의 공장을 지키기 위해 안간힘을 썼고, 공산당이 소련 당국과 함께 이런 약탈을 막아주길 기대하며 청원서도 보냈다. 1945년 작센의 공산당 지도자들은 그 지역 산업에 유리를 공급할 수 있는 단 하나뿐인 공장의 해체에 항의하는 서한을 공산당 당국에 보냈다. "해체되면 다른 많은 공장에 영향을 줄 것입니다." 이 회사는 지역 소련군 지휘관들과 지역 당 지도자들에게 호소해도 아무 소용이 없자, 마지막으로 베를린 공산당에게 편지를 써서 개입을 요청했다. 공산당 중앙위원회 경제국은 1945년과 1946년 이런 편지를 수십 통 받았다. 그러나 대부분의 경우 도움이 안 되었다.[51]

금액으로 따지면 독일이 가장 컸지만, 배상은 독일에 국한되지 않았다. 나치의 동맹국이었던 헝가리, 루마니아, 핀란드도 기름, 선박, 산업 장비, 식품, 연료의 형태로 엄청난 배상을 지불해야 했다.[52] 헝가리는 심한 인플레이션으로 가격 산정이 어려워서 배상액이 계속 수정되었다. 현재 추정치로는 3억 달러(1938년 미국 달러)를 소련에, 7천만 달러를 유고슬라비아에, 3천만 달러를 체코슬로바키아에 지불했다. 달리 말하자면 1945-46년 헝가리 국내총생산의 약 17퍼센트가 반출되었고, 1946-47년 10퍼센트가 추가로 빠져나갔다. 이후 배상 금액은 1952년 지급이 끝날 때까지 매년 GDP의 약 7퍼센트를 차지했다.[53]

소련 점령으로 다른 비용도 들었다. 자체 비용으로 소련군에 식량과 숙소를 제공하는 것은 헝가리인들에게 엄청난 부담이었다. 1945년 여름 이미 그 비용이 정부 예산의 10퍼센트를 차지했고 이 때문에 "식품점이 텅텅 빈다"는 불만이 터져 나왔다. 연합국 비군사 주재원인 소련인, 미국인, 영국인, 프랑스인 등 약 1600명에게 숙소와 음식을 제공하는 비용도 적지 않게 들어갔다. 영국과 미국 관리들은 고지식하게 헝가리 당국에 차량, 말, 클럽, 휴가, 빌라, 골프, 테니스장 영수증을 제출했다. 1946년에는 꽃가게 영수증의 세부 내역이 헝가리 공산당 신문《서버드 네프Szabad Nép(자유 인민)》에 실리면서 큰 소동이 일어났다. 영국과 미국 대표들은 헝가리에서 사귄 여자 친구들에게 엄청난 양의 꽃을 보내면서 그 비용을 헝가리 정부가 지불하길 바랐던 것이다.[54]

소련 대표단은 관리들이 영수증을 내지 않았기 때문에 이런 소동이 없었다. 대신 그들은 주변의 모든 것을 전리품으로 생각하고 식품, 의복, 교회 보물, 박물관 전시품을 압류했다. 그들은 일상적으로 사무실 금고와 잠긴 보관함을 열고 이제는 가치가 없어진 헝가리 화폐 펭괴pengö를 가져갔다. 유명한 사례로 소련 관리들이 헝가리의 항의에도 불구하고 영미계 전구 공장을 해체해 내용물을 소련으로 반출한 사건도 있었다. 이 무자비한 배상 시기에 약 100개의 다른 공장들도 분해되었다.

더 복잡한 문제는 헝가리에 있는 독일 자산이었다. 포츠담 조약에 따라 이것은 소련에 양도되어야 했다. 우선 20개의 큰 공장과 광산, 다음으로 50개 회사가 포함된 첫 반출 목록이 만들어졌지만, 헝가리의 어느 것이 독일 것이고, 어느 것이 아닌지 구별하기는 쉽지 않았다. 실제로는 오스트리아와 체코슬로바키아 회사뿐 아니라, 독일인이 다수는 아니지만 일부 주식을 보유한 회사들도 몰수되었다. 독일인들이 이전에 몰수했던 유대인 재산도 이제 러시아인들에게 몰수되었다. 러시아인들은 "이 회사들은 독일 전쟁 기계에 속했고, 소련을 파괴하는 목표에 봉사"했기 때문에 이 재산에 대한 도덕적 권리는 자신들에게 있다고 주장했다.[55] 헝가리에서의 배상 요구는 통제 불능의 인플레이션으로 헝가리의 경제 안정이 위태로워진 1946년에야 완화되었다가 결국 종결되었다.

추축국들만이 점령의 높은 대가를 지불한 것은 아니었다. 당시에는 아는 사람이 거의 없었지만 폴란드도 국제 합의에 어긋난 배상금을 지불해야 했다. 소련 군사 문서고에는 포즈난 인근 트랙터 공장 설비와 비드고슈치의 제철소, 토룬의 인쇄소 등 전쟁 전 독일이 아니라 폴란드에 있던 시설의 해체와 이송 기록이 포함되어 있다. 그런 징발의 정당화, 즉 이건 '독일' 것이었다는 주장은 매우 수상쩍다. 폴란드 내의 독일 자산 대부분은(헝가리에서와 마찬가지로) 그전에 폴란드인이나 유대인으로부터 몰수한 것이었기 때문이다.[56]

최근 드러난 기록 덕분에, 소련이 전쟁 전 폴란드의 일부였던 상부 슐레지엔(혼동하기 쉬운데 북쪽에 있는 하부 슐레지엔은 전쟁 전 독일제국에 속했다)에서 독일 자산의 해체와 철거를 치밀하게 계획했다는 사실이 이제 분명해졌다. 1945년 2월 스탈린은 소련에 가져갈 목적으로 전쟁 중 획득한 자산을 조사하고 목록을 만들도록 특별위원회에 지시했다. 이미 3월 이 위원회는 전쟁 전 폴란드 지역인 글리비체 인근과 다른 공장의 용광로와 기계 설비뿐 아니라 제강 공장과 강관 제작 공장의 해체와 이송 명령을 내렸다. 우크라이나의 한 철강 공장은 열차 32량(화물차 1591량) 분량의 장비를 전달받았다.

이후 몇 달 동안 소련군은 폴란드 남동부 구석진 제슈프처럼 독일 국경에서 먼 곳에서도 공장들을 해체해 반출했다. 거의 항상 폴란드 당국에 알리지 않고 여러 발전소가 해체되었는데, 당시 산업부 차관이었던 헨리크 루잔스키Henryk Różański는 소련이 폴란드 기차뿐 아니라 철도도 반출한 것을 훗날 기억해냈다. "기차의 표식을 칠하고 덧칠하는 일종의 게임이 시작됐다. 이 게임은 폴란드와 러시아 철도 작업자들 간의 심각한 충돌로 발전했다." 루잔스키가 카토비체에 갔을 때 현지 사람들은 소련군이 산화아연을 생산하는 공장 설비를 해체하고 있다고 말했다. 그가 예고 없이 공장을 방문했을 때는 이미 기계와 용광로가 쌓인 눈 속에 놓여 있었다.

그는 지역 소련 당국자에게 항의했다. 그 공장은 전쟁 전 폴란드였던 지역의 폴란드 공장이었다. 결코 독일이 소유한 적이 없었다. 배상 조약의 일부도 아니었다. 그러나 소련 당국자들은 그를 무시했다. 폴란드는 동맹국이었을지 몰라도, 여전히 소련의 눈에는 적이었던 것이다.[57]

1944년과 1945년 소련군의 동유럽 진입은 세심히 계획된 것이 아니었고, 뒤따른 폭력, 절도, 배상, 강간도 장기적 계획의 일환은 아니었다. 소련이 이 지역에 있게 된 것은 분명 히틀러의 소련 침공, 소련군이 스탈린그라드와 쿠르스크에서 거둔 승리, 기회가 있는데도 동쪽으로 더 진격하지 않기로 한 서방 연합국의 결정이 가져온 우연한 결과였다. 그러나 소련 지도부가 전에 이 지역의 군사적 침공을 전혀 고려하지 않았다거나, 그런 기회에 무관심했다는 전제는 잘못된 것이다. 정반대로 그들은 동유럽의 정치 질서를 전복하려고 이미 시도했었고, 한 번에 그치지도 않았다.

소련군 병사들은 동유럽의 상대적 부유함에 충격을 받았을지 몰라도, 소련 창설자들은 이 지역을 아주 잘 알고 있어서 전혀 놀라지 않았을 것이다. 레닌은 크라쿠프와 폴란드 농촌에서 몇 달을 살았다.[58]

트로츠키는 빈에서 몇 년을 보냈다. 그들 모두가 독일 정치를 가까이에서 관찰했고, 독일과 동유럽의 정치가 정말 러시아의 정치만큼이나 중요하다고 생각했다.

철학과 역사를 어느 정도 알면 그 이유를 이해하는 데 도움이 된다. 볼셰비키는 레닌과 마르크스 저작을 오늘날 읽히듯 대학 수업의 교재나 수많은 역사 이론의 하나로서가 아니라 과학적 사실로 읽었기 때문이다. 레닌의(그리고 트로츠키가 보강한) 저작에 담긴 매우 분명하고도 '과학적인' 국제관계 이론은 대략 다음과 같이 전개된다. 러시아혁명은 앞으로 있을 많은 공산혁명 중 첫 번째였다. 다른 공산혁명이 곧 동유럽, 독일, 서유럽에서 일어난 다음 전 세계적으로 일어날 터였다. 일단 공산 정권이 전 세계를 지배하면 공산주의 유토피아가 실현될 것이었다.

이러한 장밋빛 미래를 확신한 레닌은 다가올 격변을 확신 있게, 심지어 무모할 정도로 태평하게 언급했다. "지노비예프, 부하린, 그리고 나는 이탈리아에서 혁명이 곧 일어날 것이라고 생각합니다." 레닌은 1920년 7월 스탈린에게 이렇게 적어 보냈다. "개인적 의견은 헝가리를 소비에트화하고, 체코와 루마니아도 그렇게 해야 한다는 것입니다. 우리는 주의 깊게 숙고해야 합니다."[59] 1년 전 그는 "부르주아 민주주의와 부르주아 의회주의의 전 세계적 붕괴"가 임박했다고 말했었다.[60]

볼셰비키는 이런 혁명을 앉아서 기다리지 않기로 했다. 혁명의 전위대로서 그들은 프로파간다, 기만, 심지어 전쟁을 통해 혼란을 가속화하고 싶었다.[61] 1919년 봄, 그들은 코민테른으로 널리 알려진 공산주의 인터내셔널을 창설했다. 레닌의 《무엇을 할 것인가?》(사회민주주의와 좌파 다원주의에 대한 레닌의 격렬한 비난을 담아 1902년 출간된 책) 같은 저작에서 보여준 그의 청사진에 따라 자본주의 정권 전복에 공식적으로 기여하는 단체였다.[62] 리처드 파이프스가 지적한 대로 사실 코민테른은 "기존 모든 정부에 대한 전쟁 선포"로 여겨졌다.[63]

1차대전 종전 후 유럽의 혼란 속에서 기존 정부가 모두 붕괴할 가능성은 과대망상으로 보이지 않았다. 불안정한 처음 몇 년 동안에는 마르크스의 예언이 그의 조국 독일에서 먼저 실현될 것처럼 보였다. 베르사유 조약과 그에 따른 징벌적 제재는 곧바로 독일의 불만을 촉발했다. 당시 세계에서 가장 크고 정교한 공산당을 조직한 독일 동지들은 즉시 이런 상황을 유리하게 이용하려고 했다. 1919년 독일 공산주의자들은 베를린에서 일련의 봉기를 일으켰다. 몇 주 후 2명의 러시아혁명 경험자들이 뮌헨 반란이 일어나도록 도와, 잠시 존속한 바이에른 사회주의 공화국이 선포되었다. 레닌은 이런 사건을 열성적으로 환영했다. 공식 소련 대표단이 바이에른 노동자소비에트Bavarian Workers' Soviet에 파견되었지만, 그들이 도착한 직후 이 공화국은 붕괴했다.

이러한 독일 반란이 우연히 일어난 것은 아니었다. 1차대전 종결로 야기된 유사한 혼란 속에 헝가리에서도 잠시 존속한 공산 정권이 탄생했다. 헝가리는 전후 타결로 결국 영토의 3분의 2를 상실하는 가혹한 징벌을 받았다. 독일 봉기와 마찬가지로 헝가리의 짧은 마르크스주의 혁명도 소련과 깊이 관련된 것이었다. 헝가리혁명 지도자 벨러 쿤은 러시아혁명에 적극 가담한 인물로, 소련 공산당 내 첫 외국 대표단을 창설하고, 레닌과 그의 가족의 친구가 되었다. 쿤은 모스크바의 요청을 받고 1919년 헝가리로 돌아왔다. 그의 짧지만 유혈이 낭자한 반란은 많은 면에서 볼셰비키혁명을 닮았다. 여러 일이 벌어졌지만, 헝가리 소비에트 공화국이 지속된 133일 동안 가죽점퍼를 입고 레닌 소년들Lenin boys로 자처하는 깡패들이 활개를 쳤고, 경찰은 적위대Red Guard

로 바뀌었고, 학교와 공장의 국유화가 진행되었다. 벨러 쿤은 엉성한 음모자인 것만큼이나(한번은 기밀 서류가 가득 든 가방을 빈에서 택시에 두고 내린 적도 있었다) 엉성한 정치 지도자로 판명되었다. 헝가리 소비에트 공화국은 루마니아의 침공으로 흐지부지 끝나버렸고, 뒤이어 미클로시 호르티 제독이 이끄는 권위주의 정권이 들어섰다.[64]

모스크바로 돌아온 볼셰비키들은 이런 좌절을 일시적인 것으로 생각했다. 물론 그들은 노동계급의 힘이 성장하면서 반동 세력이 더 강해질 것이라고 주장했다. 제국주의자들과 자본주의자들이 파멸하지 않으려고 필사적으로 싸우는 것은 당연했다. 놀라울 정도로 유연한 마르크스·레닌주의 이론에 따르면 반혁명 세력의 성장은 혁명의 물결이 강하다는 것을 반증할 뿐이었다. 반대가 강할수록 자본주의는 실패할 가능성이 컸다. 그렇게 되어야만 했다. 마르크스가 그렇게 말했기 때문이었다. 코민테른 첫 지도자 지노비예프Zinoviev는 이러한 혁명의 물결이 1919년 반혁명을 쳐부술 것이라고 단단히 확신하며 이렇게 예언했다. "1년 후면 우리는 유럽이 공산주의 투쟁을 해야만 했다는 사실을 잊어버릴 것이다. 유럽 전체가 1년 안에 모두 공산주의가 될 것이기 때문이다."[65]

레닌도 확신에 차 있었다. 1920년 1월 러시아 내전이 끝나가자 그는 "부르주아적 자본주의" 폴란드 공격 계획을 승인했다. 이 전쟁에는 정치적, 역사적, 제국적 이유가 있었지만(폴란드와 러시아 사이의 새 국경으로 과거 차르 시대 영토가 폴란드에 반환되었고, 폴란드 군대는 우크라이나 영토를 더 차지하기 위해 이미 전투 중이었다) 진정한 교전 사유는 이념적인 것이었다. 레닌은 이 전쟁으로 폴란드에서 공산혁명이 일어나 궁극적으로 독일, 이탈리아 등에서도 혁명이 일어날 것이라고 예측했다. 그래서 그는 폴란드 정권 인수를 준비할 폴란드혁명위원회PolRevCom 설립을 명령했다. 그해 여름 모스크바에서 열린 2차 코민테른 회의에 참석한 대표들은 매일 날아오는 볼셰비키의 승전보에 환호했는데, 승리 지점은 버려진 로마노프 왕좌 옆 벽에 걸린 지도에 표시되었다.[66] 런던에서는 당시 내각 수상에서 물러나 있던 윈스턴 처칠이 "폴란드는 소비에트 권력의 공산주의 부속물이 될 것"이라는 우울한 전망을 내놓았다.[67]

놀랍게도 이 전쟁은 볼셰비키의 참패로 끝났다. 전환점은 폴란드 사람들이 여전히 "비스와강의 기적"으로 기억하는 1920년 8월 바르샤바 전투였다. 폴란드 군대는 소련군을 격퇴하고 9만 5000명의 병사들을 포로로 잡았다. 나머지 병사들은 궤멸되어 동쪽으로 도망갔다. 이 패전에서 젊은 스탈린의 역할은 미미했다. 남서부 전선의 정치장교였던 그는 폴란드의 반격이 진행되는 동안 부대 간 연락을 망쳐버렸다. 그는 소련군에게 그런 치욕을 안긴 폴란드 지주들과 백인 귀족들에 대한 분노를 품은 채 여생을 보냈다.[68]

이렇게 당혹스러운 패배를 겪고 나서야 볼셰비키는 혁명의 시간이 아직 무르익지 않았다는 결론을 내렸다. 레닌은 폴란드 노동자들과 농민들이 약탈자들에 맞서 일어나지 않고 대신 "용맹한 우리 붉은 병사들이 굶고, 기습을 당해 맞아 죽도록 했다"라고 비통하게 말했다.[69] 이러한 패배를 마르크스주의 이론으로 새롭게 해석하는 일은 레닌의 후계자 스탈린에게 맡겨졌다. 1924년 그는 큰 환호 속에 '일국 사회주의Socialism in One Country' 성취가 이제 가능하다고 선언했다. 지금은 진부하게 들리지만, 당시 이 발표는 혁명적 사고의 중대한 전환이자 스탈린이 국제주의자인 경쟁자 레온 트로츠키와 결별하는 계기가 되었다.

소련과 외부 세계의 관계도 이때부터 바뀌기 시작했다. 스탈린의 발표 후 서방 국가들은 소련과 관계를 확대하기 시작했다. 영국은 1924년 소련을 외교적으로 승인했다. 9년 후인 1933년 미국의 새로운 대통령 프랭클린 루스벨트도 소련과 외교 관계를 맺었다. 루스벨트를 설득한 사람 중 하나인 친소련 모스크바 특파원 월터 듀랜티Walter Duranty는 전년도에 발생한 우크라이나 대기근을 (알면서도) 보도하지 않은 것으로 악명이 높았다. 듀랜티는《뉴욕 타임스》에도 썼듯이 "이곳에서 '볼셰비키란 말'은 과거의 신비와 공포의 상당 부분을 잃었다"라며 루스벨트를 안심시켰다.[70] 소련은 '정상 국가'가 되고 있었다. 더 중요한 점은 소련이 자국 국경 내에 안주하는 듯 보였다는 것이다.

나중에 드러난 것처럼 국제 공산혁명은 포기된 것이 아니었다. 단지 연기됐을 뿐이었다. 1944년이 되자 소련은 다시 이것을 가동할 준비에 들어갔다.

3장

공산주의자

당신을 헐뜯고 우리들, 당과 노동계급을 비방하려는 누구든 … /
너무 어리석어 이를 이해하지 못하는 자들은 적의 희생양으로 전락
할 것이다. … / 당신은 우리 당의 정상에 서 있다.

— 발터 울브리히트를 기리며 쓴 시[1]

한때는 그들의 이름이 붉은 깃발에 나타났고, 그들의 초상화를 들고
퍼레이드가 진행되었다. 관공서 사무실 벽마다 그들의 사진이 걸렸다.
그들 없이는 국가 행사를 개최할 수 없었다. 그들은 경외감과 두려움
을 불러일으켰다. 그들의 방에 들어설 때면 가장 친한 친구들도 조심
스럽게 말했다. 그러나 때로 '작은 스탈린'으로 알려졌던 이들(동독의
발터 울브리히트, 폴란드의 볼레스와프 비에루트, 헝가리의 마차시 라코시)은
이제 그런 국가들 중 어디에서도 존경받지 못한다. 그들은 권력이 정점
에 달했을 때에도 전권을 행사하지 못했다. 그들 주변에 만들어진 숭
배는 스탈린을 위해 만들어진 숭배의 그늘에 불과했다. 스탈린의 동지
들은 자주 스탈린을 "위대한 천재, 레닌의 불멸의 이상을 계승한 사람"
이라고 찬양했다.[2] 동시에 2차대전 후 동유럽에 대한 설명은 한때 각
국 거리 어디에서나 이름과 얼굴을 볼 수 있었던 사람들을 간단히 언
급하지 않고는 완성될 수 없다.

세 사람 중 발터 울브리히트는 젊은 시절 가장 장래성이 없는 인물이었을 것이다. 가난한 재단사의 아들인 울브리히트는 일찌감치 학업을 중단하고 장롱을 만드는 목수가 되었다. 그는 음주와 카드놀이를 금하고 진지한 토론과 일요일 야외 활동을 장려하는 사회주의 클럽인 청년노동자교육협회에 가입했다. 이 클럽의 회원들은 시골길을 따라 하이킹을 할 때면 지팡이에 붉은 손수건을 묶고 마르크스주의 노래를 불렀다. 장차 공산당 서기장이 되는 울브리히트는 이러한 젊었을 때 경험으로 너무 금욕적인 성도덕과 방대하고 묵직한 책에 대한 깊은 경외심을 갖게 되었을 것이다.[3]

같은 세대의 젊은이들처럼 울브리히트도 1915년 독일군에 징집되었다. 그러나 군대를 싫어해 탈영한 1918년, 그는 라이프치히에서 목격한 짧은 노동자 혁명에 깊은 인상을 받았다. 그 무렵 그는 마르크스주의를 알게 되었다. 그의 전기 작가 한 사람은 다음과 같이 썼다. "그가 배우고 듣고 본 모든 것을 범주화하고 설명할 수 있는 단순하고 확실해 보이는 공식이 여기 있었다. 통치 계급이 계속 억압하고 사람들을 차단한다는 '진리'가 여기 있었다."[4]

울브리히트는 아주 단순하고도 매우 분명한 그 신념을 평생 지켰다. 1930년대 후반 모스크바에서 공개재판이 시작되자, 그는 스탈린이 "나치 파시즘의 트로츠키파 스파이들"을 처형하는 것을 열렬히 지지했다. 그는 그렇게 많은 독일 동지들이 강제노동수용소에 수감되었다는 사실에는 신경쓰지 않았는데, 이것은 아마 우연이 아니었을 것이다. 울브리히트는 좋은 교육을 받고 경험도 많은 수십 명의 주요 공산주의자들이 체포되면서 직접적으로 이익을 보았다. 그들이 사라지면서 그의 경력 상승이 가속화되었기 때문이다. 1938년 특히 악랄했던 일련의 체포 이후 그는 독일 공산당의 코민테른 대표가 되어 모스크바로 이주했다.

1939년 히틀러-스탈린 비밀 협약이 서명된 후에도 그는 스탈린에 대한 지지를 고수했다. 이 순간은 독일 공산주의자들 사이에 큰 위기를 촉발했다. 그들 대부분은 열정적인 진짜 반나치주의자였다. 울브리히트는 흔들리지 않은 소수 중 하나였다. 히틀러의 요청으로 스탈린이 수백 명의 독일 공산주의자들을 송환한 후에도, 울브리히트는 파시스트와의 조약 같은 뉘앙스를 허용하지 않는 원초적 반파시즘에 맞서 선동을 계속했다. 바로 이때 그는 스탈린의 신임을 얻었을 것이다.

카리스마가 있어서 그가 권좌에 오른 것은 분명 아니었다. 소련 수용소에서 그를 만난 나치 장교는 "장교들과 어울리며 잘 처신할 수 있는 공산주의자들도 있지만 … 경직된 '변증법적' 독백을 늘어놓는 울브리히트 같은 당원들은 정말 참을 수 없다"라고 회고했다.[5] 엘프리데 브뤼닝은 전쟁 전 부모가 가게 뒷방에서 조직한 당 모임에서 울브리히트를 만났다. "그는 우리와 사적인 얘기를 나누지 않고 늘 서둘렀다." 그녀는 회고록에 적어나갔다. "나의 어머니는 '그를 보면 바로 간담이 정말 서늘해진다'라고 말했다."[6] 울브리히트는 소소한 대화를 나눌 줄 몰랐고, 나중에는 "청년의 행복" 같은 주제로("기계와 트랙터 스테이션에 대한 정치부의 과제", "경제의 민주적 건설에서 노동조합원들의 과제" 같은 주제에 집중된, 나중에 여러 권으로 출간된 장황하기로 유명한 연설보다는 나았겠지만) 혼자 계속 떠들어대는 역할을 부여받았다.[7] 그러나 울브리히트가 독일에 있는 소련 측 사람이라는 것이 암묵적으로 이해되었기 때문에, 스탈린이 사망할 때까지는 아무도 울브리히트의 권력에 도전하지 못했다.

몇 년에 걸쳐 울브리히트는 소련 지도부의 신임에 보답했다. 소련의 독일 점령 초기에 울브리히트는 소련군의 강간과 약탈에 대한 어떤 논의도 용납하지 않았다. 동료 중 한 사람은 이렇게 회고했다. "울브리히트의 업무량은 적들도 놀랄 정도였다. 우리는 어떻게 울브리히트가 하루 12시간이나 14시간, 때로 16시간씩 일할 수 있는지 의아했다." 그러나 서서히 그들은 "분명 그는 소련으로부터 전반적 지시를 받아 특정 분야에 적용하는 데 능력을 발휘하기 때문에" 그 정도는 "아무것도 아니라는 것"을 깨달았다.[8] 말년으로 가면서 그의 개인적 스타일도 스탈린을 모방하게 되었다. 그의 생일 파티는 거창한 의식과 그의 영광에 헌정된 시로 축하되었다. 모방이 아첨의 가장 진지한 형태라면, 울브리히트는 정말 위대한 아첨꾼이었다.

울브리히트에 비해 볼레스와프 비에루트는 출생지조차 논란이 될 정도로 훨씬 베일에 가려진 인물이었다. 그는 1917년까지 러시아제국의 일부였던 동부 폴란드 출신으로 추정되며, 러시아어 학교를 다녔던 것으로 보인다. 스탈린의 부모처럼 비에루트의 부모도 그가 성직자가 되길 바랐다. 그러나 그는 1905년 러시아 각지에서 일어난 파업에 참여한 후 퇴학당하고 일을 해야 했다. 그가 프리메이슨에 가담했을 것이라고 추측하는 일부 자료가 있지만, 다른 자료들도 있다. 이견이 없는 사실은 그가 아주 일찍 공산당에 가입했고, 1920년대에 모스크바에 있는 코민테른의 국제레닌학교에 다녔다는 점이다. 그는 전쟁 전 폴란드 공산당에서 고위직을 차지하지 않았고, 폴란드에서 거의 알려지지 않은 인물이었다. 대신 그는 울브리히트처럼 코민테른에서 신뢰받는 요원이 되었고, 소련 공산당을 대표해 오스트리아, 체코슬로바키아, 불가리아를 여행했다. 한때 불가리아 공산당의 지도적 인사가 되기까지 했다. 다른 곳에서처럼 소피아에서도 그는 현지 공산당 지도자들이 스탈린 노선을 확고히 따르게 하는 임무를 맡았을 것이다. 그가 소련의 영향 아래 급여를 받은 요원이었다는 사실은 의심의 여지가 없다.[9]

그러나 비에루트를 둘러싼 진짜 미스터리는 2차대전 중 그의 행적이다. 그는 1939년 바르샤바에 있다가 독일군이 침공하자 소련으로 탈주했고, 1941년 5월까지 키예프에 거주했다고 알려졌다. 키예프는 당시 폴란드 공산주의자가 흔히 머무는 곳이 아니었다. 그들 대부분은 새로 소비에트화된 서부 우크라이나와 서부 벨라루스로 가서 중요한 정치·문화적 직위를 맡거나, 소련 다른 지역으로 갔다. 1941년 이후 행방은 더욱 묘연하다. 1944년 소련 공산당의 국제부가 작성한 비에루트의 비밀 경력에는 히틀러가 소련을 침공한 시점부터 "비에루트에 대한 정보 부재"라고 기록되었다.[10] 전쟁 중 바르샤바에서 비에루트를 만난 폴란드 공산당원도 "나는 그의 과거에 대해 전혀 몰랐다. 그는 갑자기 나타났다"라고 회고했다.[11]

비에루트는 1941년 6월 히틀러가 소련을 침공했을 때 아마 비아위스토크에 있었고, 그곳에서 민스크로 갔을 것이다. 그러나 그 이후 그의 행적은 끊긴다. 많은 혁명가들처럼 오래전에 첫 부인과 아이들 곁을 떠난 그는 민스크에 여자 친구와 아이가 있었다. 그는 나치의 도시 행정국에서도 일했는데 아마(꼭 그렇지 않을지 몰라도) 거기서 그는 소련 요원이었을 것이다. 비에루트가 게슈타포에 부역했고, 전쟁 중 한때 베를린에 있었다는 소문도 오랫동안 돌았다.[12] 비에루트가 경력 초기부

터 끝까지 소련 NKVD의 정직한 직원에 불과했다는 이야기도 있다.[13]

어쩌면 둘 다 사실일 것이다. 비에루트는 단지 편을 여러 번 바꿨을지도 모른다. 스탈린은 부하들을 통제할 추가적 수단을 갖고 싶어서 성격적 결함이 심각하거나 비밀이 있는 사람들을 승진시키길 좋아했다고 알려졌다. 스탈린이 폴란드 공산당을 거의 신뢰하지 않았기 때문에 울브리히트 같은 진정한 신봉자보다 비에루트처럼 부역이 가능한 인물을 선호했을 수도 있다. 누구나 공산주의에 대한 신념을 잃을 수 있지만, 협박은 영원하다.

이유야 어떻든 비에루트는 소련 지도부와 유난히 좋은 관계를 유지했을 뿐 아니라, 다른 사람들에게 개방하거나 보이지 않아도 되는 의사소통 라인이 있었다. 또한 그는 소련 시각에서 볼 때 확실히 복종하는 사람이었다. 영국 정치가 앤서니 이든은 비에루트와 스탈린의 만남을 목격하고 비에루트가 "굽실거린다"고 묘사했다. 브와디스와프 고무우카는(당 내에서 비에루트의 가장 중요한 라이벌이라 완전히 믿을 만한 증인은 아니지만) 스탈린이 비에루트에게 소리 지르는 것을 보았다고 주장한다. 1944년 10월 비에루트가 반나치 폴란드 지하 저항세력에 대한 전면적 공격이 좋은 정책이 아닐 수 있다고 말하자, 스탈린이 "너희처럼 몹쓸 공산당원이 어디 있냐"라고 소리쳤다는 것이다. 일부 폴란드 공산주의자들은 비공산주의 파르티잔과 함께 투쟁하길 원하기도 했지만, 스탈린은 그런 생각을 전혀 좋아하지 않았다. 비에루트도 마찬가지였다. 그는 전시 지하 저항세력 척결, 1949년 공산당 내부 숙청, 폴란드 장교단 제거, 그리고 폴란드 예술가와 건축가에 대한 사회주의 리얼리즘 강요 등 스탈린의 요구에 순응했다. 결국 어떤 사안이든 비에루트가 스탈린에게 저항했다는 기록은 전혀 없다.

세 번째 '작은 스탈린' 마차시 라코시는 다른 지도자들과는 시작이 다소 달랐다. 울브리히트는 노동자였고, 비에루트는 (아마도) 농민이었지만, 라코시는 영세한 유대인 상인의 아들이었다. 그는 상대적으로 교육도 잘 받았다. 자서전에 따르면 현재 세르비아가 된, 헝가리어를 쓰는 군郡에서 태어난 그는 12명의 자녀 중 넷째였다. 6세 때 그의 아버지가 파산한 후 가족은 자주 이사를 다녔다. 학교 친구들에게 가난하다고 조롱을 받은 어린 라코시는 어린 시절부터 급진 좌파에 끌렸다. 10대 시절 그가 다니던 학교의 교장은 그의 정치적 연설을 금지했다. 그는 자신의 '안 좋은 매너'에 대한 자부심도 있었다. 그는 사람들, 특히 상류층 출신이라고 생각되는 부류를 모욕하기 위해 일부러 거친 말을 쓰곤 했다.[14]

짧은 군 복무 기간과 러시아에서 정치범으로 보낸 2년이 지난 후, 라코시는 1918년 헝가리 공산당 창립을 도왔다. 1919년 그는 짧게 존속한 헝가리 소비에트 공화국의 지도자 중 한 사람이 되었다. 이 정권이 존속한 3개월간 그는 적위대Red Guard 사령관, 생산 담당 인민위원, 상업 담당 부인민위원을 맡았다. 헝가리 소비에트 공화국이 붕괴한 후에는 오스트리아 감옥을 거쳐 모스크바로 갔다. 1921년 그곳에서 그는 레닌을 잠깐 만나기도 했다. 시간이 흘러 이 사건은 라코시가 "레닌의 친구이자 협력자"였다는 신화로 발전했다.[15]

비에루트와 울브리히트처럼 라코시는 1920년대 내내 코민테른과 긴밀한 관계로 일했고, 이 조직과 소련 비밀경찰을 대표해 유럽 여러 곳을 여행했다. 1924년 그는 여간해서 보여주지 않는 유머 감각을 보이며 베니스에서 온 상인으로 위장하고 부다페스트로 돌아왔다. 그곳에서 그는 1919년 참혹한 집권기 이후 금지되었던 공산당의 재조직을 도왔다. 1925년 체포된 후에는 대대적으로 주목받은 유명한 재판의 주인공이 되었다. 국제적으로 석방 운동이 펼쳐졌지만 라코시는 이후 15년을 감옥에서 보냈고, 그곳에서 러시아어를 배우고 동료 수감자들에게 마르크스주의를 가르쳤다.

그의 소련 여행은 히틀러-스탈린 비밀 협약에 따라 헝가리 정권이 많은 공산주의 수감자들의 소련 여행을 허용한 1940년 마침내 허용되었다. 소련에 도착한 그는 영웅으로 환영받았고 그해 열린 10월혁명 기념식에서 스탈린 옆에 서기까지 했다. 그는 헝가리에서 이미 소비에트 프로파간다를 방송하고 있던 코슈트 라디오의 지도자 중 한 사람이 되었고, 코민테른 지도자들과 긴밀한 관계를 회복했다.[16] 소련에서 완전히 정착한 그는 첫 남편이 소련군 장교였던 야쿠트족 여성인 소련 검사와 결혼하기까지 했다.[17]

헝가리의 작은 스탈린으로 자리매김한 라코시의 경력은 동료 독재자들의 길을 따른 면도 있다. 라코시는 출세하고 권력의 정점에 머무는 유일한 방법은 스탈린의 칙령을 노예처럼 따르는 것임을 진즉 깨달았다. 라코시가 기꺼이 인정했듯이 전후 기간 동안 헝가리 공산당은 소련의 승인 없이는 중요한 결정을 내리지 않았다. 그는 예컨대 스탈린이 1945년 전후 첫 정부를 구성하는 협상에서 빠지도록 요구했다고 회고록에 솔직하게 적었다. 그 이유는 라코시가 1919년 정부와 너무 밀접히 연관되어 있고(달리 말하자면 너무 공산주의적이고) 유대인이어서 정적들에게 공격할 구실을 줄 것이기 때문이었다. 라코시는 두 가지 이유에 대해 아무런 이의도 제기하지 않았다.[18]

이 세 사람의 성격과 개인적 성향이 몹시 다른 것은 의심의 여지가 없다. 수다스럽고 말이 많은 라코시는 오랫동안 헝가리에서 사랑받은 공인은 아니었지만, 잘 알려져 있었다. 비에루트는 폴란드 공산당원을 포함한 대부분의 폴란드인들에게 알려지지 않은 인물이었다. 울브리히트는 독일 공산당 내에서 친숙하지만 특별히 인기 있는 인물은 아니었고, 외부에는 잘 알려지지 않았다.

하지만 그들의 전기에 드러나는 것처럼 세 사람은 공통점이 있었다. 그들 모두가 코민테른과 긴밀히 협력했다. 모두가 모스크바로 도망가거나 모스크바의 도움으로 전쟁에서 살아남았다. 훗날 유명해진 간단한 말로 표현하자면 그들은 "모스크바 공산주의자", 즉 소련에서 훈련받은 공산주의자들이었다. 자국 내에서 경력을 쌓았거나, 서유럽이나 북아메리카에서 전쟁 기간을 보낸 공산주의자들과 반대되는 집단이었다. 후자인 두 집단은 소련의 관점에서 볼 때 믿을 수 없었다. 소련 밖에 있는 동안 의심스러운 시각이나 애매한 관계를 가졌을 수 있기 때문이었다.

모스크바 공산주의자들은 유럽 전역의 전후 첫 정부 구성에 핵심 역할을 하게 된다. 체코슬로바키아의 '작은 스탈린' 클레멘트 고트발트는 코민테른 지도자였다. 유고슬라비아 파르티잔 지도자로서 유고슬라비아의 독재자가 된 요시프 티토도 마찬가지였다. 불가리아의 '작은 스탈린' 게오르기 디미트로프는 실제로 거의 10년간 코민테른의 상관 boss이었다. 전시와 전후 프랑스 공산당 지도자 모리스 토레즈, 이탈리아에서 같은 역할을 한 팔미로 톨리아티도 모스크바 공산주의자였다.

두 사람은 코민테른 업무에 밀접하게 관련되었고, 기회가 닿자 서유럽에서 스탈린이 지명한 꼭두각시 노릇을 했다. 한두 가지 예외는 있어서 전후 루마니아 공산당은 현지 공산주의자인 게오르게 게오르기우데지가 이끌었지만, 그는 가능할 때마다 스탈린에 대한 충성을 과시하려고 노력했다.

당대 플래카드와 포스터에는 작은 스탈린들의 이름과 얼굴이 가장 눈에 띄게 드러났다. 하지만 다른 모스크바 공산주의자들이 그들 대부분을 둘러싸고 그들의 견해를 강화하는 한편, 모스크바를 대신해 그들을 감시했을 것이다. 비에루트의 가장 중요한 두 측근인 야쿠프 베르만Jakub Berrman과 힐라리 민츠Hilary Minc(베르만은 이념과 프로파간다를, 민츠는 경제를 맡았다)는 결국 비에루트와 힘을 합쳐 고무우카 같은 바르샤바 또는 조국 공산주의자들에 대항했다. 헝가리에서는 라코시가 모스크바 공산주의자 3인방을 이끌었다. 다른 두 멤버는 각각 이념과 경제를 다시 맡은 요제프 레바이József Révai와 에르뇌 게뢰Ernö Gerö였다. 1948년부터 1953년까지 국방 장관을 맡은 미하이 파르카스Mihály Farkas도 중요한 측근이었다. 이들 모두가 결국 부다페스트 공산주의자들과 등지게 된다.

독일에서는 울브리히트의 가장 중요한 동료 빌헬름 피크Wilhelm Pieck가 1938년부터 1943년까지 사무총장을 역임하며 오랜 코민테른 역사를 갖게 되었다. 독일 공산주의자들은 모두 소련 점령 초기부터 베를린에 돌아왔다. 모스크바에서 바로 비행기를 타거나 소련군과 함께 도착한 그들은 항상 프랑스(프랑스 당국에게 괴롭힘을 당한 공산주의자들이 많았다), 모로코(영화 〈카사블랑카〉 배경에 그들이 잠깐 나온다), 스웨덴(브레히트가 잠시 거주했다), 멕시코(당시 공산주의자들에게 아주 관대했다), 미국으로 망명했던 독일 공산주의자들보다 높은 자리를 차지했다. 소련 지도부는 심지어 독일에 남아 나치와 싸운 독일 공산주의자들보다도 그들이 더 믿음직하다고 생각했다. 히틀러의 집단수용소에 정치범으로 수감됐던 독일 공산주의자들도 소련 점령 당국의 신임을 제대로 받지 못했다. 나치 독일에 있었다는 것 자체가 소련 눈에는 오염된 것으로 보이는 듯했다.

동유럽의 모스크바 공산주의자들은 공동의 이념뿐 아니라 세계혁명과 이후 프롤레타리아독재라는 코민테른의 장기적 목표로 단합했다. 스탈린의 '일국 사회주의' 선언으로 소련과 서유럽 국가들의 공개적 전쟁은 끝났지만, 스탈린과 그의 비밀경찰이 소련군 대신 스파이와 기만을 이용해 폭력적 변화 음모를 꾸미는 것을 막지는 못했다. 사실 W. H. 오든이 "부정직한, 수준 낮은 10년"이라고 부른 1930년대는 소련의 외교 정책에서 너무나 창조적인 속임수가 난무하던 시기였다. 영국에서 소련 요원들은 악명 높은 "케임브리지 5인방"으로 불린 가이 버지스Guy Burgess, 킴 필비Kim Philby, 도널드 매클린Donald Maclean, 앤서니 블런트Anthony Blunt, (그리고 아마도) 존 케언크로스John Cairncross를 포섭했다. 미국에서 그들은 앨저 히스, 해리 덱스터 화이트, 휘태커 체임버스Whittaker Chambers를 포섭했다.

이렇게 영국과 미국에서 포섭된 자들은 최소한 한 가지 면에서 동유럽의 모스크바 공산주의자들과 공통점이 있었다. 그들 모두가 자발적으로 소련 NKVD에 협력하는 데 열의를 보였다는 사실이다. 당시 대부분의 유럽 공산주의자도 마찬가지였다. 이런 면에서 그들은 예외가 아니었다. 그들이 소련 비밀경찰과 연계된 것은 지금 되돌아보면 미국과 유럽 공산당에 오점을 남겼지만, 당시 공산당 지도자들에게는 큰 문제가 되지 않았다. 일반적으로 세계혁명이 바람직하다고 믿는 서방 사람들은 이 과업을 소련 공산당이 이끌고, 소련 비밀경찰이 가속화해야 한다고 생각했다. 심지어 미국 공산당도 때로 코민테른을 통해 전달된 소련 자금을 받았다.[19] 당시 많은 좌익 지식인들이 정기적으로 소련 비밀경찰 요원을 만났고, 이를 당연하게 여겼다.[20] '모스크바 금 Moscow Gold'이라고 불리던 소련 자금을 받거나 나중에 KGB로 알려지는 NKVD의 지역 요원을 도와주는 것은 몇 년 후에라도 오점이 되지 않았다. 진정 헌신적인 공산주의자에게는 소련, 코민테른, 소련 스파이, 조국 공산당의 목표가 서로 바꿀 수 있는 것으로 보였을 것이다.

그러나 전후 동유럽 지도자가 될 남녀는 국제 공산주의 운동 이념뿐 아니라 독특한 문화와 엄격한 구조로도 서로 연계되었다. 출신 국가에 상관없이 유럽 공산당 대부분은 1940년대까지 볼셰비키의 엄격한 위계 조직과 명명법을 그대로 모방했다. 당서기장과 '정치국political bureau', 즉 폴리트뷰로Politburo라고 불리는 통치 집단이 이들 모두를 이끌었다. 정치국은 당 간부 집단인 당 중앙위원회를 통제했고, 이들 중 다수가 특정 사안을 전문적으로 다루었다. 중앙위원회는 지방 당세포를 감독하는 지방 당위원회를 통제했다. 하부에 있는 모든 사람이 상부에 보고했고, 상부에 있는 모든 사람은 이론상으로는 하부에서 진행되는 일을 알고 있었다.

소련에 사는 사람들이 특히 이 위계질서의 규칙에 민감했다. 찬성하는 사람들에게는 큰 보상이 주어졌다. 정치 이민자(볼셰비키 은어로 폴리트-에미그란트polit-emigrant)들은 1920년대와 1930년대에 '특권 계급'이었다.

우리는 국가 속 국가의 신민으로 우리만의 세계에 살았다. 호텔 무료 투숙, 넉넉한 월급, 무료 의복을 받았다. 우리는 공장 문화회관이나 학교에서 연설한 다음 연회를 대접받았다. 무료 극장 파티와 오락도 있었다. 파시스트 감옥과 자본주의 감옥에서 고초를 겪어 병든 폴리트-에미그란트는 흑해의 전용 병원과 요양소로 보내졌다. 이들의 특별하고 특권적인 지위 때문에 그곳에서도 러시아 소녀들이 물질적인 보상을 기대하며 폴리트-에미그란트 뒤를 쫓아 다녔다.[21]

최고위층 외국 공산주의자들(코민테른 간부들, 민족 공산당 지도자들)은 크렘린에서 멀지 않고 시설이 좋은 호텔 룩스Hotel Lux에 머물렀다. 그들의 자녀들은 특별학교에 다녔다. 장차 동독의 가장 유명한 첩보 책임자가 될 마르쿠스 볼프와 훗날 동독의 가장 고위급 망명자가 될 볼프강 레온하르트는 독일 공산주의자의 자녀를 위한 모스크바의 고등학교에 다녔다. 지위가 다소 낮은 사람들은 외국어 신문이나, 서방 감옥에서 공산주의자들을 대신해 선동하는 국제적색구호회International Red Aid society에서 일했다. 일부는 소련 여기저기에 흩어진 생산 시설이나 공장에서 일했다.

그러나 최고 지위에서 혜택을 누릴 때조차도 이러한 특권층 외국인들은 소련 주인hosts의 선의와 특히 스탈린의 기분에 전적으로 의존하고 있었다. 불가리아의 코민테른 지도자 디미트로프의 일기에는 이러한 치명적 의존이 거의 희극으로 보일 만큼 반복적으로 묘사되었다. 10년 넘게 그는 스탈린과 가졌던 회동과 대화 모두를 현학적으로 기록했는데, 한번은 전화를 걸었는데 스탈린이 디미트로프의 목소리를 알아차리자마자 전화를 끊은 적도 있었다.[22]

다른 사람들처럼 디미트로프는 자신의 특권적 지위가 오래가지 않을 수 있다는 것을 알았고, 일부 지도자는 실제로 그렇게 되었다. 1930년대 말 스탈린이 소련 공산당의 고위 간부들에게 숙청의 초점을 맞췄을 때 모스크바에 있던 국제 공산주의자들도 함께 고난을 겪었다. NKVD의 피해망상이 최고조에 이르렀을 때 소련에 있는 외국인들은 직접적인 표적이 되었다. 스탈린이 결코 신임한 적이 없는(그가 특별히 임명한 NKVD 요원 1명이 모스크바에 있는 폴란드 공산당을 관리하고 있었다) 폴란드 공산당은 거의 완전히 숙청되었다. 37명의 폴란드 공산당 중앙위원 중 최소한 30명이 모스크바에서 체포되었고, 대부분이 처형되거나 강제노동수용소에서 사망했다. 폴란드 공산당 자체가 "스파이들과 도발자들로 가득 찼다"는 이유로 해산되었다.[23]

저명한 외국 공산주의자들도 모스크바에서 다수가 체포되었는데 레온하르트의 어머니도 그들 중에 포함되었고, 누구나 다음 차례가 될까 봐 두려워했다. 마르쿠스 볼프도 신중하게 편집된 자서전에 부모가 체포될까 봐 "노심초사했다"고 적었다. "어느 날 밤 갑자기 초인종이 울리자, 평소 침착하던 아버지가 벌떡 일어나 격렬한 욕을 내뱉었다. 이웃이 무언가를 빌리러 왔을 뿐이라는 사실이 드러나자 그는 재치를 되찾았지만, 그의 손은 30분 동안이나 덜덜 떨렸다."[24] 외국인들이 머무는 호텔과 기숙사로 "폴란드의 밤", "독일의 밤", "이탈리아의 밤" 등 체포가 밀려들었다. 그 와중에 호텔 룩스의 복도에는 독일 공산주의자 마르가레테 부버-노이만의 표현에 따르면 "숨 막히는" 분위기가 이어졌다. "정치적 친구였던 사람들은 감히 서로를 방문하지 못했다. 특별 출입증이 없으면 룩스 호텔에 드나들 수 없었다. 모든 출입자의 이름과 신상이 꼼꼼히 기록되었으며 호텔의 모든 전화는 중앙교환대로부터 (비밀경찰의) 통제를 받았고, 우리는 통제 스위치가 켜지는 딸깍 소리를 정기적으로 들을 수 있었다."[25] 부버-노이만도 체포되어 1938년 강제노동수용소로 끌려갔고, 1년 후 그녀의 남편은 체포되어 처형당했다.

소련에서 그들의 생명이 경각에 달렸다면, 1930년대에 고국에 있던 헌신적인 공산주의자들도 안전하지는 않았다. 전쟁 이전 시기 내내 유럽 공산주의자들은 외국 세력의 요원이라는 의심을 각국 당국으로부터 받았다(물론 일부는 실제로 그랬다). 1920년 볼셰비키의 폴란드 침공 후 폴란드 공산당은 금지되었고, 많은 폴란드 공산당원이 폴란드 감옥에 오랜 기간 수감되었다. 당시 그들은 자신들이 다소 운이 좋은 줄 몰랐지만, 스탈린의 숙청으로부터는 안전했다. 헝가리에서도 상황은 마찬가지여서 양 대전 사이에 미클로시 호르티 제독이 이끈 전제 정권이 공산당원들을 탄압했다. 소련 요원들과 연계된 것, 1918년 실패한 공산당 쿠데타에 대한 기억, 벨러 쿤의 짧은 독재 기간에 추진한 재앙 같은 정책 등 그들을 탄압할 이유는 많았다. 불법적 지하조직에서 헝가리 공산당원들은 법망을 피해 몸을 숨겼고, 한 노장 공산당원이 "혹독하고 엄격한 위계 조직"이라고 부른, 내부의 민주주의나 반대를 조금도 인정하지 않는 것을 발전시켰다. 게다가 "이러한 조직 방법은 이상화되고 찬양되기까지" 했다.[26]

반면 독일 공산당은 1918년 이후 강력하고도 합법적인 세력이었고, 영향력이 정점에 이르렀을 때 전국 투표의 약 10퍼센트를 획득했다. 1933년 히틀러가 권력을 잡은 후 독일 공산당원들은 다른 곳에서처럼 체포되고 재산을 압류당하고 탄압을 받았다. 많은 공산당원들이 집단 수용소에서 전쟁 기간을 보냈고, 많은 수가 살아남지 못했다. 독일 공산당의 카리스마 넘치는 지도자 에른스트 텔만Ernst Thälmann은 1933년 체포되어 1944년 8월 부헨발트Buchenwald 수용소에서 총살당했다. 살아남았다면 그도 틀림없이 모스크바 공산주의자들로부터 의심의 눈초리를 받았을 것이다. 1941년 스탈린은 디미트로프에게 텔만이 "모든 진영을 위해 일하고 있다. … 그의 편지는 파시스트 이념의 영향력을 보여준다"라고 말했다. 그러나 이러한 판단도 그가 전후 동독의 영웅 순교자 중 한 사람이 되는 것을 막지는 못했다.[27]

이러한 난관에도 불구하고 국제 공산주의 운동은 1930년대 유럽 대부분 지역에서 번성했다. 이 시기에 동유럽의 많은 지식인들이 공산당에 가입하기 시작했는데, 대부분 다른 선택의 여지가 없었기 때문이었다. 동유럽에 사는 누구에게든 유럽 대륙의 서쪽 절반은 매력적으로 보이지 않았다. 그들은 히틀러와 무솔리니의 부상, 그리고 그들을 상대할 자국 지도자들의 무능력에 경악했으며, 영국과 프랑스의 취약함과 소심함에 실망했다. 두 나라 모두 경제적으로 침체했고, 파시즘에 유화적인 사람들이 이끌고 있었다. 1933년 이후 코민테른은 합법적 공산당들에게 공산주의자, 사회민주주의자, 그밖의 좌파가 연합한 '인민전선popular fronts' 운동에 가담하라고 압박했다. 당시 유럽 전역에서 집권한 우익 운동에 맞선 이 운동은 성공하는 것처럼 보였다. 인민전선 연정이 1936년부터 1938년까지 프랑스를 통치했고, 또다른 인민전선이 1936년 에스파냐 선거에서 승부를 다투었다. 이 두 인민전선은 동유럽의 인민전선 운동과 마찬가지로 소련의 지원을 받았다.

동시에 많은 사람들이 자국의 정치, 전통, 문학에 환멸을 느꼈다. 역사학자 마시 쇼어는 많은 폴란드 시인들이 예술적 아방가르드에서 정치적 좌파로, 혹은 "신은 죽었다"와 "리얼리즘은 끝났다"에서 소련 공산주의가 그 공백을 채울 것이라는 믿음으로 진화한 과정을 추적했다. 1929년, 과거 애국적 중도 좌파였던 시인 율리안 투빔은 애국주의가 통치 엘리트의 이익에 이용되는 데 깊은 환멸을 느꼈다. 그는 동포들에게 다음과 같이 촉구했다.

기관총을 길바닥에 던져버려라.

석유는 그들의 것이고, 피는 당신들의 것이다.

수도capital에서 수도로

외쳐라. …

"귀족 신사들아, 우리를 바보 취급 마라."

이 시는 마르크스주의자의 절규가 아니었다. 투빔은 자신의 시로 평화주의를 표현하려고 했다. 그러나 이 시는 마르크스주의 방향으로 향하고 있었고, 투빔이 전후 공산 정권에 어느 정도 협조한 이유를 설명해준다.[28] 전시 폴란드 공산당 지도자의 일원이었던 반다 바실렙스카야도 그 무렵 비슷한 진화를 겪었다. 그녀의 아버지는 실제로 양 대전 사이 폴란드 정부의 장관을 지냈고, 아주 젊었을 때 그녀는 주류 사회주의 집단에서 활발하게 활동했다. 폴란드의 불안정한 민주주의가 삼류 독재로 무너지고 나서야 그녀는 진정한 급진주의자가 되었다. 중도주의, 민주적 정치의 실패에 실망한 그녀는 교사 파업에 적극 참여했다가 일자리를 잃고 운동에 가담했다.[29]

이러한 경향에 대한 쇼어의 서술은 폴란드에 집중되었지만, 동유럽이든 서유럽이든 많은 유럽 국가에서 동일한 진화를 볼 수 있다. 자본주의와 민주주의 실패에 대한 실망은 1930년대 많은 유럽인들을 극좌로 내몰았다. 많은 사람들은 자신들의 선택이 한편으로는 히틀러, 다른 한편으로는 마르크스주의에 제한되었다고 느꼈고, 이러한 양극화는 양 진영 사람들에 의해 촉진되고 고무되었다. 공산주의는 허무주의자, 실존주의자, 소외된 지식인들 사이에서 아방가르드 같은 인정을 받기까지 했다. 당대 최고 지식인 장폴 사르트르는 열렬한 동반여행자 fellow travler였다.* 그러나 소련 정권의 잔학성에는 도저히 적응이 안 되었다. "당신처럼 나도 이 수용소를 참을 수 없소." 그는 소련의 강제노동 수용소에 대해 알베르 카뮈에게 이렇게 말했다. "그러나 부르주아 언론에서 매일 이걸 써먹는 것도 참을 수 없기는 마찬가지요."[30]

1939년까지는 애매모호한 좌파, 헌신적인 반파시스트들이 큰 고민 없이도 소련을 지지할 수 있었다. 그러나 그해에 소련의 외교 정책이 다시 극적으로 바뀌면서 아무 생각 없이 동반여행자가 되기는 훨씬 힘들어졌다. 8월 스탈린은 히틀러와 불가침 협정을 체결했다. 앞서 언급한 것처럼 이 협정의 비밀조항으로 두 독재자가 동유럽을 나누어 가졌다. 스탈린은 발트 국가들, 동부 폴란드와 북부 루마니아(베사라비아와 부코비나)를 차지했다. 히틀러는 서부 폴란드를 차지했고, 소련의 반대 없이 헝가리와 루마니아에 영향력을 행사할 수 있게 되었다. 이 협정 체

• 정치 결사의 공식 일원은 아니지만 지적으로 그 정치 조직의 이념에 공감하는 사람을 가리킨다. 소련 초기 역사에서 혁명가이자 소련 정치인인 아나톨리 루나차르스키가 동반여행자(poputchik)란 용어를 만들어냈고, 훗날 트로츠키가 볼셰비키 정부에 유동적인 지지를 보내는 지식인을 이렇게 불렀다. 이 용어는 스탈린 시대 소련에서는 더이상 사용되지 않았지만, 서방 세계에서는 소련과 공산주의에 동조하는 사람을 지칭하는 용어로 계속 사용했다.

결 후인 1939년 9월 1일 히틀러가 폴란드를 침공했고, 영국과 프랑스는 독일에 전쟁을 선포했다. 3주도 지나지 않은 1939년 9월 17일 스탈린도 폴란드를 침공했다. 나치 독일군과 소련군은 새로운 국경에서 만나 악수하고 평화로운 공존에 합의했다. 하룻밤 사이에 전 세계 공산당은 파시즘에 대한 비판의 수위를 낮추라는 지시를 받았다. 히틀러는 정확히 말하자면 동맹이 아니었지만, 적도 아니었다. 대신 동지들은 이 전쟁을 "자신들의 제국주의적 이익을 위해 전쟁" 중인 "자본주의국가들의 두 집단 간"의 전쟁으로 묘사했다. "자본주의 체제에서 노예들의 지위 완화에 이바지"했을 뿐인 인민전선은 완전히 폐기되어야 했다.

이러한 전술적 변화는 공산주의 연대에 큰 타격을 주었다. 독일 공산당은 철저하게 반파시스트였고, 히틀러와 타협한다는 생각을 추호도 받아들일 수 없는 당원들이 많았다. 폴란드 공산당은 소련의 폴란드 동부 침공(그들 다수에게 일자리와 기회를 만들어주는 변화)에 환호하는 당원들과 조국이 사멸했다는 사실에 경악한 당원들로 양분되었다. 유럽 나머지 지역에서는 이런 사건에 맞춰 사용해야 하는 새로운 언어로 많은 공산당원들이 큰 혼란에 빠졌다. 코민테른 자체도 선언을 만들어내느라 쩔쩔맸다. 새로운 '테제'를 작성하고 다시 작성하느라 시간을 너무 허비해, 한 정치국 위원은 "이 시간에 스탈린 동지는 책 한 권을 썼을 것이다!"라고 신랄하게 불평했다.[31] 모스크바에서는 사기를 유지하는 데 많은 노력을 기울였다. 1941년 2월 울브리히트는 모스크바의 호텔 룩스에서 열린 독일 공산당 대회에서 전쟁은 레닌주의 혁명의 물결로 끝날 것이라고 예언하며 분위기를 띄웠다. 그는 모스크바에 있는 독일 공산주의자들의 과제는 그러한 가능성에 대비하는 것이라고 말

했다.[32]

그러나 소련과 나치 독일은 22개월 동안 진정한 동맹이었다. 소련은 석유와 곡물을 독일에 판매했고, 독일은 소련에 무기를 팔았다. 소련은 독일군이 무르만스크의 잠수함 기지를 이용할 수 있게 했다. 히틀러-스탈린 협정은 심지어 수감자 교환으로까지 이어졌다. 1940년 수백 명의 독일 공산당원들이 강제노동수용소에서 나와 국경으로 이송되었다. 마르가레테 부버-노이만도 그들 중에 있었다. 그녀의 서술에 따르면 국경에서 이 골수 독일 공산당원들은 과거 적이었던 자들에게 환심을 사려고 애썼다. "친위대와 게슈타포는 팔을 높이 쳐들고 히틀러식 경례를 했고, '동맹을 위한 독일, 독일'을 노래하기 시작했다. 우리 수감자들도 신속히 이를 따라 했다. 팔을 올리고 노래하지 않는 사람은 거의 없었다. 이렇게 한 사람들 중에 헝가리에서 온 유대인도 있었다."[33] 이렇게 충성스러운 공산당원들은 대부분 나치 감옥과 수용소에 들어가게 되었다. 부버-노이만은 국경에서 라벤스브뤼크Ravensbrück 집단수용소로 이송되어 그곳에서 남은 전쟁 기간을 보냈다. 그렇게 그녀는 소련의 강제노동수용소와 나치 수용소의 이중 희생자가 되었다. 이런 식의 이야기는 서유럽에서 금방 잊혔다. 그곳에서 '전쟁'은 독일과 싸우는 전쟁이었다. 그러나 동유럽에서는 이런 모든 이야기가 너무나 또렷이 기억되었다.

역설적으로 1941년 6월 히틀러의 소련 침공은 국제 공산주의 운동에 새로운 전기를 마련해주었다. 스탈린이 이제 히틀러의 숙적이 되면서 동유럽(서유럽도) 공산당들은 다시 한번 소련과 공동의 목표를 갖게 되었다. 소련에서는 외국 공산주의자들에 대한 열광도 되살아났고(이제 그들은 나치가 점령한 유럽에서 제5열의 동맹이 될 수 있었다) 스탈린의 전술은 새로운 상황에 맞춰 바뀌었다. 다시 한번 국제 공산주의 운동은 사회민주주의자들, 중도주의자들, 그리고 이번에는 히틀러를 패퇴시킬 '민족전선national fronts'을 만들기 위해 부르주아 자본가들과도 손잡으라는 지시를 받았다.

충성스러운 공산당원들을 고국으로 돌려보내는 계획이 세워졌지만, 초기 노력 모두가 큰 성공을 거두지는 못했다. 1941년 말 소련군은 모스크바 공산주의자 첫 집단이 나치가 점령한 폴란드로 진입하는 것을 도왔다. 그들은 NKVD가 제공한 무전기와 접촉자 명단을 가지고 들어가 1942년 2월 새로운 폴란드 노동당Polska Partia Robotnicza, PPR을 설립했다.[34] 매우 빨리 그들은 자신들끼리, 그리고 나머지 저항세력과 다투었고, 아마 폴란드 무장 저항세력인 폴란드 국내군을 상대로 한 독일군의 작전에 적어도 한 번은 부역했을 것이다. 한 요원은 복잡하기로 악명 높은 사건에서 다른 요원을 살해했다. 결국 그들은 모스크바와 무선 연락이 차단되었다.[35] 연락이 차단된 이 기간 중 그들은 브와디스와프 고무우카를 자신들의 새로운 지도자로 선출했지만, 그는 당시는 물론 이후에도 모스크바의 신임을 받지 못했다. 소련은 염려하며 다른 지도자를 들여보냈다. 낙하산을 타고 폴란드로 뛰어내리다 부상당한 그는 자결하고 말았다. 그렇게 해서 고무우카는 1943년 말 비에루트가 폴란드에 입국할 때까지 폴란드 노동당의 사실상 전시 지도자로 남았다.

이제 소련은 새로운 당 간부들을 시급히 훈련시킬 필요가 있었다.

이 때문에 갑자기 코민테른이 다시 중요한 조직이 되었다. 안전 문제로 코민테른 본부는 멀리 떨어진 중앙아시아 바시코르토스탄의 수도 우파Ufa로 이전했다. 이곳에서 새로운 세대의 코민테른 요원들은 폭격이나 공격을 당할 염려 없이 훈련을 받을 수 있었다. 전선으로부터 멀리 떨어진 후방에서 소련은 그들을 전후 세계에 대비시키기 시작했다. 코민테른이 그러한 과업을 처음 맡은 것은 아니었다. 모스크바에서 스탈린을 포함한 정치국의 특별위원회가 1925년 첫 코민테른 훈련센터 조직을 감독했었다. 첫 교육 참가자들에게는 높은 기준이 적용되었다. 그들은 영어, 독일어 또는 프랑스어를 알아야 했고 마르크스, 엥겔스, 플레하노프의 주요 저작을 읽어야 했다. 코민테른이 관리하는 시험과 매우 철저한 신원 조회도 통과해야 했다. "이건 매우 중요하다. 적절한 유형이 선발되지 않으면 대학의 모든 가치가 사라지기 때문이다." 당시 코민테른 관리들이 남긴 기록이다.[36]

아주 초기부터 수업 과목은 변증법적 유물론, 정치경제학, 러시아 공산당의 역사 등 마르크스주의에 비중을 두었다. 실용적 훈련도 시도했지만, 때로는 우스운 결과를 가져왔다. 학생들에게 소련 공장 생활을 가르치려는(그들이 내부에서 프롤레타리아독재를 배울 수 있도록) 시도는 결과가 좋지 않았다. 대부분 러시아어를 못하는 데다 훈련되지 않은 학생들이 실습 장소로 지정된 야금 공장에서 할 수 있는 일은 없었다. 그 결과 그들은 노동자들에게 조롱거리이자 훼방꾼이 되었다.[37] 더 나쁜 것은 거의 모든 민족 공산당에 갈등과 분열이 있고, 조국의 현지 상황이 소련 노선 추종을 불가능하게 만든다고 주장하는 사람이 항상 있다는 사실이었다. 1930년대부터 코민테른 내부 기록은 이런 비난과 반격으로 가득 차 있다. 일부 학생들은 "과거에 숨겨진 면"이나 부르주아 배경이 있어서 "노동자 운동을 이끌기에 부적절한 사람"이 되었다. 실망스럽게도 교과서적 혁명가로 보이는 사람은 극소수였다.[38]

1941년, 코민테른에는 더 많은 경험이 쌓여 있었고, 독일의 소련 침공 후 신입생 모집은 몇 가지 분명한 패턴을 따랐다. 모스크바에 있는 외국 공산당 지도자들은 즉시 은신처, 피난민 수용소, 소련 수용소와 감옥에서 동료들을 찾아내는 복잡한 과정에 들어갔다. 체포되었거나 몇 년을 강제노동수용소에서 보낸 사람들은 살아 있다는 것만 확인되면 아무것도 묻지 않고 즉시 복권되는 경우가 많았다.

독일 공산당 지도자 울브리히트와 피크는 소련 강제수용소 안팎에 흩어진 과거 동지들을 열심히 찾아 나섰다. 그들이 찾은 사람들 중에는 전쟁 초기 모스크바의 많은 독일 거주자들과 함께 카자흐스탄 카라간다Karaganda로 추방되어 기아선상에서 허덕이던 젊은 볼프강 레온하르트도 있었다. 1942년 7월 갑자기 편지 한 통이 날아와 아무 설명도 없이 그를 우파로 소환했다. 그때부터 전시 코민테른과 그의 첫 만남은 거의 모든 측면이 베일에 가려졌다. 그가 도착한 본부 건물 입구에는 거대한 기둥이 늘어서 있었지만, 문에는 아무 표식도 없었다. "이 건물이 코민테른 본부임을 암시하는 것은 아무것도 없었다." 들어가자마자 그는 바로 식사를 제공받았다. 그곳에 도착한 많은 동지들은 여러 날 동안 굶은 것 같았다. 그는 침묵을 지키며 음식을 게걸스럽게 먹어치웠다. 그런 다음 잠시 면담한 간부 책임자는 여전히 아무 설명도 없이 더 멀리 여행해야 한다고 말했다. "내가 당신의 목적지를 알려주겠소."

이후 며칠 동안 그는 옛 친구들을 많이 만났다. 대부분 그처럼 독일 공산당원의 자녀로, 모스크바 학교와 공산당 청년동맹인 콤소몰

Komsomol 모임에서 만났던 친구들이었다. 아무도 최근 있었던 일이나 미래 계획을 말하지 않았고, 심지어 그가 알고 있는 본명도 사용하지 않았다. "여기서는 다른 기준들이 지배적이라는 것을 점차 알았다. 사람들이 말하지 않는 것은 훨씬 넓은 영역을 감추고 있는 것이 분명했다." 며칠 후 다시 그는 떠날 때가 되었다는 통보를 느닷없이 받았다. 여전히 아무 설명도 없이 그는 보트에 태워져 강을 올라간 후 트럭에 탔고, 마지막에는 차에서 내려 걸어갔다. 그는 오래된 농장 건물에 도착했고, 드디어 코민테른 학교에 온 것을 알았다. 철저한 비밀 속에 그는 훈련을 받기 시작했다.[39]

이후 몇 달 동안 레온하르트와 동료 학생들은 마르크스주의와 변증법적, 역사적 유물론 같은 기본 강의에 각국 공산당 역사와 코민테른 역사가 강조된 수업을 들었다. 그들은 소련의 다른 사람들은 접근할 수 없는 비밀 보고서와 문서를 볼 수 있었다. 장차 고위직을 맡을 것이기 때문에 학생들은 전에 보거나 들을 수 없었던 나치와 파시스트 문헌도 공부했다. 레온하르트가 회고했듯이, 그들은 이런 수업을 통해 적을 더 잘 이해할 수 있었다. "종종 우리 중 한 사람은 학생들에게 나치 이념의 다양한 교리를 설명해야 했고, 다른 학생들은 나치 주장을 공격하고 반박하는 역할을 맡았다. 설명을 맡은 학생은 나치 주장을 가능한 한 분명하게, 설득력 있게 제시해야 했고, 나치의 견해를 우호적으로 전개할수록 높은 평가를 받았다."[40]

나치 문헌은 읽도록 허용되었지만, 그들은 반체제 인사나 반스탈린 공산주의자들의 저작에는 접근할 수 없었다. "다른 세미나는 모두 상당한 수준의 토론에 이를 수 있었지만, 트로츠키주의에 대한 세미나는 격렬한 편파적 비난만 할 수 있었다."[41]

전쟁 중에는 공산당원을 위한 학교뿐 아니라 소련군 내에서 폴란드어를 사용하는 코시치우슈코 사단에 징집된 폴란드 장교들을 위한 학교, 포로가 된 독일 장교들의 재교육을 위한 학교도 있었다. 전후 공산국가에서 중요한 역할을 하게 될 정치인 상당수가 그런 학교에서 공부했거나, 그들의 자녀들이 그런 교육을 받았다. 예를 들어 티토의 아들 자르코Zarko는 레온하르트의 동료였고, 에스파냐 내전 당시 유명한 연설가로 라 파시오나리아La Pasionaria라는 필명으로 잘 알려진 에스파냐 공산주의자 돌로레스 이바루리의 딸인 아마야 이바루리Amaya Ibárruri도 그들과 함께 공부했다.

코민테른 학교의 일부 교수도 장차 대단한 경력을 갖게 될 터였다. 훗날 폴란드의 보안, 이념, 프로파간다의 책임자가 될 야쿠프 베르만은 1942년부터 우파에서 폴란드 공산당원들을 가르쳤다. 그때나 이후에나 베르만은 열심히 당 노선을 따라갔다. 무엇보다도 그는 악명 높은 소련 비밀경찰 창설자 펠릭스 제르진스키(그도 폴란드인이었다)의 폴란드 부인 조피아 제르진스카야Zofia Dzerzhhinskaia와 밀접한 관계를 유지했다. 그녀는 소련에 있는 폴란드 공산당원들의 대모代母 같은 역할을 했고, 베르만은 그녀에게 보낸 편지의 사본을 소중히 보관했다. 이 편지들은 딱딱하게 서술된 데다 정보도 많지 않지만, 전쟁 중 우파 생활이 어땠는지를 조금은 알 수 있게 해준다. 베르만은 종종 독일에서 온 피크, 이탈리아에서 온 토글리아티, 에스파냐에서 온 라 파시오나리아 등 다른 강사들의 강의를 들으러 간다고 제르진스카야에게 적어 보냈다. 그는 바르샤바에서 일어나는 일에 세심한 주의를 기울였다("우리는 조국에서 벌어지는 영웅적 전투 소식을 아주 열렬히 따라가고 있었다"). 소련 창설 25주년 기념식 때 그가 제르진스카야에게 보낸 엄숙한 편지에는 소련은 "미래에 우리 조국에서 동일한 형태의 삶을 조직하는 법을 보여줄 최고의 본보기"라고 적혀 있었다.[42]

베르만이 제르진스카야에게 보낸 편지에는 그가 "폴란드 역사 및 폴란드 노동 운동의 역사"를 강의할 뿐 아니라, 젊은 폴란드 공산주의자들에게 현대 정치를 가르치고 있다는 내용도 담겼다. 스탈린이 1938년 폴란드 공산당을 해체하고 당 지도자 다수를 죽인 점을 감안하면, 이런 수업은 쉽지 않았을 것이다. (훗날 공식 당 역사에는 폴란드 공산당이 "마르크스·레닌주의를 바탕으로 창설되었지만, 파벌적 경향을 타파하지 못했다"라고 서술된다.)[43] 이 당을 대신한 고무우카의 폴란드 노동당은 1942년에야 창당되어 아직은 규모가 매우 작았다. 동지인 레온 카스만Leon Kasman에게 쓴 편지에서 베르만은 폴란드 공산주의의 역사를 가르치는 사람에게 이러한 사실이 주는 어려움을 솔직히 털어놓았다. 폴란드 공산당 해체에서 스탈린이 한 역할을 언급하는 것은 불가능했고, 폴란드에 대한 스탈린의 적대감을 언급하는 것은 더욱 불가능했다. 이 때문에 분명 1930년대는 아주 조심스럽게 논의되어야 했다.[44]

이런 상황에서도 베르만은 최선을 다해 폴란드 젊은이들에게 교조를 주입하고 소련을 방어하는 법을 가르치려고 노력했다. 한번은 그가 학생들에게 폴란드 저항운동 세력인 국내군의 반나치, 반공산주의 방송을 듣고 그들의 주장을 반박하게 시켰다고 제르진스카야에게 쓴 적도 있었다. 볼프나 레온하르트 같은 독일 공산당원들이 나치 프로파간다에 반격하도록 교육받았다면, 폴란드 공산당원들은 주류 폴란드 저항운동 지도자들에 맞서 전개할 이념적 투쟁에 대비하고 있었다. 제르진스카야에게 쓴 편지에서 베르만은 "건전한 요소", 다시 말해 미래의 협력자들을 농민 지도자들이나 심지어 극우 민족민주주의자들 중에서 찾을 수 있을지 모르겠다고 했다. "이런 이유 때문에 통일전선 전술을 계속 쓰는 것이 절대적으로 필요하다고 믿습니다." 그는 제르진스카야에게 이렇게 설명했다. 폴란드 공산당은 너무 일찍 본색을 드러내서는 안 되었다. 우선 동맹과 협력자들을 찾아야 했고, 그후에야 소련 스타일의 개혁을 추진할 수 있었다.

그가 이러한 노선에 따라 혼자 계획을 세운 것은 아니었다. 비슷한 시기에 소련 지도자들도 해방 직후 동유럽 전역을 바로 통치할 수 있는 연정인 '통일전선united fronts'의 추진을 다시 한번 준비하고 있었다. 1944년 몰로토프에게 보낸 긴 편지에서 소련 외무 장관 이반 마이스키는 프롤레타리아혁명이 30-40년 후에 일어날 것으로 예측했다. 그러나 그동안 그는 폴란드와 헝가리를 약한 상태로 유지하고, 아마 독일을 분할해야 할 테고(장기적으로 독일을 약화시키는 데 기여할 것이었다) 마지막으로, 현지 공산당원들이 다른 세력과 발맞춰 가게 해야 한다고 주장했다. 그는 전후 정부들이 "민족전선 이념의 정신에 따라 광범위한 민주주의 원칙을 기반으로 하는 것이 소련의 이익이 될 것"이라고 결론지었다.[45]

마이스키가 "민족전선의 정신으로" 창설된 이런 정부들은 어떤 식으로건 사회주의에 적대하는 정당들의 존재를 인정할 수 없다는 점을 분명히 했기 때문에, 여기서 '민주주의'란 말은 당연히 액면 그대로 받아들여서는 안 된다. 실제로 이는 일부 국가(그는 독일, 헝가리, 폴란드를 언급한다)에서 그런 정당들의 집권을 막기 위해 '다양한 방식'의 외부 영향력을 행사해야 한다는 것을 의미했다. 그는 그런 방식이 무엇인지는 설명하지 않았다.

동유럽과 서유럽, 양쪽에서 탄압받으며 유럽 공산주의자들은 음모, 기밀, 배타성의 문화를 습득했다. 그들은 저마다 조국에서 세포를 조직해 일하고, 서로 가명을 사용하고, 암호와 기밀 수신 장소를 이용해 연락했다. 소련에서 그들은 자신의 생각을 숨기고, 당에 대한 비판을 자제하고, 자신의 숙소를 뒤져 비밀 도청 마이크를 찾았다.[46] 어디에 있든 그들은 작가 아서 케스틀러가 소설과 회고록에서 아름답게 서술한 '엄격한 에티켓'을 준수했다. 많은 픽션과 논픽션에서 공산주의와 자신의 관계를 서술한 케스틀러는 1930년대에 독일 공산당에 가담했는데 비밀, 공작, 음모에 어느 정도 매력을 느꼈기 때문이었다. "피상적인 접촉으로도 순진한 외부인들은 당원들이 사회에서 분리되어 신비, 위험, 부단한 희생 속에 살 것이라고 느낀다. 이런 비밀 세계와 접촉하는 스릴은 어른에게든 낭만적이지 않은 사람들에게든 대단한 것이다. 어느 정도 신뢰받고 있고, 그렇게 부단한 위험 속에 살며 탄압받는 사람에게 작은 봉사를 하도록 허락받은 데 대한 으쓱한 효과는 더욱 강렬하다."[47]

특권과 특권적 정보에 대한 접근권으로 완성되는 엘리트로 존재하고픈 유혹은 수십 년 동안 공산주의가 가진 매력의 중요한 일부였다. 특수 코민테른 학교에서 볼프강 레온하르트는 처음으로 당 간부들에게 회람되는 고급 전보들을 읽고, 대중에게 주입되는 프로파간다보다 얼마나 많은 것이 거기에 담겼는지를 깨달았다. "처음으로 기밀 정보 전문을 내 손에 쥐었을 때의 느낌을 너무나 또렷이 기억한다. 나를 신뢰하는 것에 대한 고마움, 다른 관점의 지식으로 신뢰받는 정치적으로 충분히 성숙한 관리들 중 한 사람이 되었다는 자부심을 느꼈다."[48]

테러(급속한 전술 변경에 수반된 대량 체포와 숙청)의 경험은 유럽 공산주의자들에게도 깊은 영향을 미쳤다. 우파에 있는 코민테른 학교에서 레온하르트는 터무니없는 공개적 자아비판을 하도록 강요받는 굴욕을 당했다. 그는 이 경험과 다른 동지들, 특히 나중에 마르쿠스 볼프의 부인이 되는 엠미Emmi라는 이름의 독일 여성의 의기양양한 행동을 반추하면서 갑자기 이런 의문이 들었다. "학교에서 우리가 맺은 관계가 당원들 사이의 관계여야 할까? 숙청 초기에 내가 가졌던 다른 비판적 사고와 비판적 대화들이 생각났고, 나는 두려웠다. 이런 비판적 생각을 이미 표현했다면, 어떤 결말을 맞았을까? 나는 앞으로 말할 때 훨씬 더 조심하고, 필요한 최소한만 말하기로 마음먹었다."[49]

이런 경험 때문에 결국 레온하르트는 동독에서 도망쳤고, 공산당을 완전히 떠났다. 그러나 비슷한 모욕을 당한 다른 사람들은 도망가거나 떠나지 않았다. 그들은 트라우마를 남긴 경험으로 더 부드러워지거나 동정심이 더 많아지지도 않았다. 당에 남은 공산주의자들은 히틀러의 수용소에서든, 서방 감옥에서든 전쟁 중 겪은 고통으로 겸손해지기는 커녕 더욱 교조에 헌신했고, 그 반대가 되지는 않았다.

소련에서 벌어진 숙청에서 물리적으로 살아남은, 그리고 지적인 능력으로 정책 변화에서 살아남은 사람들은 전쟁에서 종족의 충성심뿐 아니라 소련에 대한 의존감도 커졌다. 1930년대의 체포, 종잡을 수 없는 전술 변화, 혼란을 겪고도 충직한 당원으로 남은 사람들은 종종 진짜 광신자가 되어 나타났다. 그들은 스탈린에게 전적으로 충성하고, 어느 방향이건 소련의 지도를 맹종하며, 목표에 부합하기만 하면 모든 명령에 복종했다.[50]

결정적 순간

1. 베를린에서 142킬로미터 떨어진 폴란드 서부 지역에 진격한 소련군. 1945년 3월.

2. 독일제국 의사당. 1945년 4월.

3. 독일 민간인들에게 식량을 배급하는 소련군 병사들. 1945년 5월.

4. 부다페스트 세체니 체인 브리지. 1945년 여름.

5. 바르샤바 폐허에서 점심을 먹는 폴란드 가족…

6. …그리고 거리 모퉁이에서 빵을 파는 여인. 1945년 여름.

인종 청소

7. 수데텐란트에서 추방되어 강제 이주를 기다리는 독일인들.

8. 헝가리를 떠나는 독일 슈바벤 농민들.

무장 저항

9. 지하 국민무장군(NSZ)의 폴란드 파르티잔들. 1944년 봄. 독일군과 싸웠던 그들은 이제 소련군과 싸울 준비를 하고 있다. 폴란드 남중부에서 이 사진을 찍고 몇 주 후 모두 전사했다.

10. 사면을 받은 폴란드 파르티잔이 소지했던 무기를 내놓고 있다.

선거

11. 마차시 라코시가 부다페스트 군중에게 연설하고 있다. 1946년.

12. 폴란드 우치에서 공산당이 서방 제국주의와 윈스턴 처칠에 맞서 시위하고 있다. 1946년.

13. 부다페스트 어느 벽에 휘갈긴 선거 구호. "암시장 장사꾼들을 감옥으로! 공산당의 승리는 더 많은 빵과 더 많은 식품을 뜻한다!" 1945년.

14. 폴란드 시골의 투표 장면. 1947년.

15. 승리한 공산당. 헝가리 엘리트들이 레닌, 스탈린, 라코시 초상 아래 모였다. 1949년.

4장

비밀경찰

국가보안부 직원들은 대체로 다음과 같은 태도를 갖게 되었다. '우리는 특별히 선택되었다. 우리는 특히 좋은 동지다. 우리는 이른바 일류 동지다.'

— 빌헬름 자이저Wilhelm Zaisser, 동독 국가보안부 장관[1]

피비린내 나는 전쟁이 막을 내리자, 스탈린은 동유럽 피후견인들protégés에게 자신을 증명할 기회를 주었다. 모스크바 공산주의자들의 조국이 연이어 해방되자 스탈린은 소련군과 함께 그들을 귀국시켰다. 그들은 모두 자신들이 수적으로 매우 열악하다는 것을 알고 있었다. 그래서 다른 비공산주의 정당들과 연정을 형성하거나, 그런 연정에 참여하겠다는 의사를 공개적으로 밝혔다. 볼레스와프 비에루트는 1943년 12월 바르샤바에 도착하자마자 새로 형성된 국가평의회의 의장으로 지명되었다. 인민전선을 형성하려는 이 첫 시도는 브와디스와프 고무우카가 이끄는 아직 작은 규모의 폴란드 노동당과, 주류 저항운동에 참여하지 않은 몇 안 되는 주변적 사회민주주의자들밖에 끌어들이지 못했다. 그러나 몇 달 후 국가평의회는 더 큰 폴란드민족해방위원회Polski Komitet Wyzwolenia Narodowego, PKWN를 만드는 데 도움을 주었다. 폴란드민족해방위원회라는 명칭은 스탈린이 의도적으로 드골의 프랑스민족해방위원회를 따라 한 것이었다.[2] 루블린에 자리한 이 조직에는 비공산주의 정치인 몇 명이 포함되었지만, 누가 폴란드민족해방위원회를 후원하고 있는지는 분명했다. 1944년 7월 22일에는 다음과 같이 약속하는 매우 자유주의적인 강령이 발표되었다. "모든 민주적 자유가 인종, 종교, 민족을 불문하고 모든 시민에게 회복될 것이다. 정치·직업 분야의 결사의 자유, 언론과 정보의 자유, 양심의 자유도 보장된다."[3] 그러나 이 문서는 폴란드가 아니라 모스크바에서 발표되었고, 바로 소련 라디오를 통해 방송되었다.

민족해방위원회가 창설되자마자 런던 망명정부는 딜레마에 빠졌다. 전쟁 중 외국에서 폴란드를 대표했던 런던 망명정부는 여전히 폴란드 국내군, 주류 저항세력과 밀접한 관계를 맺고 있었다. 그들은 폴란드의 국제적 목소리를 내기 위해 고군분투했지만 싸움에서 패배했다. 때가 되자 민족해방위원회는 국가통합임시정부("루블린 폴란드인"으로 알려진 집단)로 바뀌었고, 연합국 모두는 결국 런던 망명정부(런던 폴란드인) 대신 이 집단을 폴란드의 적법한 통치자로 인정하게 되었다. 임시정부는 1945년 초부터 폴란드를 운영했고, 항구적 정부를 선출하는 선거를 주관할 예정이었다. 스탈린은 임시정부의 정당성을 높이려 했기 때문에, 기술적으로 공산당이 아니라 사회당 일원인 에드바르드 오수프카-모라프스키Edward Osóbka-Morawski가 임시정부의 전후 첫 총리가 되는 데 동의했다(비에루트는 1947년에야 공식 정부 직책을 얻게 된다). 더 중요한 것은 망명정부 총리 스타니스와프 미코와이치크를 폴란드로 돌아오게 해 농업장관 겸 부총리를 맡겼다는 사실이다. 짧은 기간 동안이나마 미코와이치크의 폴란드 농업당Polskie Stronnictwo Ludowe, PSL은 진정한 반공산주의 야당으로 기능하도록 허용되었다. 공식적으로 폴란드에는 소련이나 연합국의 합법적인 당국이 없었다. 그러나 실제로는 NKVD 장군인 이반 세로프가 새 정부와 새 폴란드 보안군의 고위 소련 자문관으로 일했다. 곧 그의 영향력은 무소불위인 것으로 드러났다.[4]

비에루트가 폴란드에 돌아온 후 얼마 되지 않아 상황은 급변했고, 헝가리에서도 새로운 당국이 구성되었다. 1944년 11월 초 모스크바 공산주의자 3인방인 미하이 파르카스, 에르뇌 게뢰, 임레 너지가 소련 비행기를 타고 해방된 동부 도시 세게드에 도착했다. 곧바로 그들이 소집한 볼셰비키혁명 기념 대중 집회에서 게뢰는 "헝가리 재탄생"을 호소했다.[5] 마차시 라코시는 1월 데브레첸이 해방된 후 역시 비행기를 타고 모스크바에서 날아왔다. 그가 받은 명령은 그곳에 헝가리 임시정부를 수립하고 소련군의 부다페스트 점령을 준비하라는 것이었다. 그는 은신처에서 나오거나 외국에서 돌아온 다른 헝가리 정치인들과 함께 이 작업을 수행했다. 그들이 함께 세운 임시국회에서 임시정부가 구성되었다. 이 정부가 폴란드에서와 마찬가지로 선거가 치러질 때까지 헝가리를 통치하게 된다.

폴란드처럼 헝가리의 첫 임시정부도 연정이었다. 공산당MKP, 사회민주당SZDP, 농업당, 자영농당Smallholders' Party 등 4개의 합법적 정당이 이 정부에 가담했다. 전쟁 전 중소기업가와 자영농 정당이었던 자영농당은 재빨리 반공산주의 야당이 되어 폭넓은 지지를 끌어들였다. 그럼에도 이 당은 새로 구성된 임시국회나 새 임시정부를 주도하지 못했다. 헝가리 공산당은 당시 당원이 몇백 명밖에 안 되었지만 임시국회 의석 3분의 1 이상을 배정받았고, 내무부를 비롯한 몇 개의 핵심 장관직도 차지했다. 게뢰조차도 이런 불균형을 시인했다. "공산당원들의 비율이 다소 높다. 그 이유는 성급함 때문이기도 하고, 현지 동지들의 지나친 열정 탓이기도 하다."⁶ 1945년 1월 모스크바에서 서명된 헝가리 휴전 협정 조건에 따라 이 과도기 헝가리 정부도 연합국통제위원회가 관할 하게 되었다. 이 위원회는 기술적으로 미국과 영국 대표도 포함했지만 실제로는 소련군 고위 지휘관 클리멘트 보로실로프Kliment Voroshilov가 장악했고, 그는 어떤 사안에 대해서도 다른 연합국 대표들과 상의하 지 않았다.⁷

마지막으로 1945년 4월 27일 소련군은 울브리히트가 이끄는 수십 명의 공산주의자들인 '울브리히트 그룹'을 비행기로 이동시켜 베를린 인근 제1벨라루스집단군에 합류시켰다. 이곳에서 그들은 베를린으로 진입할 예정이었다. 볼프강 레온하르트도 그들과 함께 갔다. 며칠 후 또다른 수십 명의 공산주의자로 구성된 '아케르만 그룹'이 제1우크라 이나집단군과 함께 남쪽에서 베를린으로 진입할 태세를 갖추었다. 폴 란드, 헝가리와 달리 동부 독일에는 임시정부가 없었다. 그 대신 소련 군사행정국이 1949년 독일민주공화국 창설 때까지 독일 점령 지역을 통치했다. 그러나 소련 행정가들은 소련 산하 국가의 통치를 돕기 위 해 서서히 독일 관료제를 만들어나갔다.⁸ 1947년 6월, 당시 소련 당국 의 통제를 받는 그림자 정부였던 이 관료 조직은 독일경제위원회라는 무미건조한 이름으로 명명되었다. 많은 독일 공산주의자, 특히 모스크 바 공산주의자들이 여기에서 중요한 역할을 맡았다. 결국 독일경제위 원회는 1949년 독일민주공화국이 국가로 출범하면서 동독 정부의 기 초가 되었다.

소련은 다른 곳에서와 마찬가지로 독일에서도 도시 선거와 지방 선 거를 감독했다. 소련은 독일 점령 지역에서 사회민주당, 기독민주당, 자유민주당의 재건을 적극 장려했지만, 공산당원들을 노동조합, 문화

협회, 기타 조직의 핵심 위치에 앉혔다.[9] 가능한 한 어디에서든 공산당원이 배후에서 핵심 지위를 차지하고 비공산주의자들에게 공직을 맡겼다. 폴란드와 헝가리의 시온주의, 분트Bundist 단체 등 다른 종류의 정치·반¼정치 집단도 여러 곳에서 재건되었고, 이 중 일부는 처음에는 어느 정도 정말 독자성을 가진 것처럼 보였다.

동유럽의 모든 공산당은 소련 모델을 따르면서 저마다 자체 내부 조직을 유지했다. 그들은 소련 스타일의 위계질서를 유지했다. 맨 위에 정치국, 그 아래에 중앙위원회, 그다음으로 지방·지역 조직이 있었다. 이 구조는 1989년까지 정부 조직과 평행하지만 분리된 상태로 유지되었다. 때로 정치국 사람들이 정부 각료를 맡았지만 그렇지 않은 경우도 있었고, 중앙위원회 사람들이 정부 조직에서 역할을 맡기도 했지만 그렇지 않은 때도 있었다. 현안에 대한 최종 결정권이 당과 정부 중 어느 쪽에 있느냐는, 권력을 쥔 사람들에게도 언제나 분명하지는 않았다.

이 모든 것이 복잡하게 느껴진다면 그 이유는 그렇게 설계되었기 때문이다. 소련이 점령한 유럽의 정치는 불투명하게 디자인되었다. 전쟁이 끝나자 동유럽 공산당은 분명 이 지역에서 가장 영향력이 강한 정치 집단이 되었지만, 그들의 숫자 때문이 아니라 소련 자문관인 NKVD와 소련군 덕분이었다. 동시에 그들은 소련과의 연계를 위장하거나 부정하고, 평범한 민주적 정당처럼 행동하고, 연정을 만들고, 비공산주의 정당에서 파트너를 찾으라는 엄중한 지시를 받았다. 소련 점령 당국이 곧바로 통제권을 잡은 독일은 예외로 하고, 소련의 영향력은 세심하게 위장되었다.

1945년과 1946년 내내 동유럽 임시정부들은 다른 정치인들과 협력하며 경제정책을 만들려고 어느 정도 노력했다. 교회, 일부 독립적 신문, 일부 민간 기업을 어느 정도 허용했고, 이 모든 것은 자발적으로, 특이하게 발전해갔다. 하지만 그런 관용에는 확연한 예외가 하나 있었다. 소련군이 진주한 곳마다 소련은 소련 모델을 따른 형태와 성격을 가진 새 기구를 만들었다. 단도직입적으로 말하면 새 비밀경찰의 구조는 우연, 환경, 현지 정치인들의 결정에 맡겨지지 않았다. 시점과 스타일에 일부 차이가 있었지만 새로운 비밀경찰 세력의 창설은 동유럽 전역에서 놀라울 정도로 유사한 패턴을 따랐다. 조직, 방법, 사고방식에서 폴란드의 보안부UB, 헝가리의 국가보안부ÁVO, 동독의 국가안전부Stasi 등 동유럽의 모든 비밀경찰은 소련 비밀경찰의 정확한 복제판이었다.[10] 체코슬로바키아의 국가보안부StB도 마찬가지였다. 체코슬로바키아 공산당 지도자 클레멘트 고트발트의 말마따나 체코슬로바키아 비밀경찰은 "소련의 경험을 가장 잘 활용하기 위한" 조직이었다. 동유럽 모든 국가의 비밀경찰도 마찬가지였다.[11]

동유럽 공산당 역사와 마찬가지로 동유럽의 '작은 KGB' 역사는 전쟁 종결 훨씬 이전에 시작된다. 폴란드 비밀경찰은 소련의 동부 폴란드 침공 직후인 1939년 조직되기 시작했다. 오늘날 서부 우크라이나, 서부 벨라루스라고 불리는 지역에 평정 임무를 띠고 들어온 소련군 장교들은 믿을 만한 현지 부역자들을 찾는 데 어려움을 겪었다. 더 전문적이고 신뢰할 만한 파트너의 필요성을 인식한 NKVD는 1940년 가을 스몰렌스크 인근에 특별한 훈련센터를 만들었다. 새 점령지에서 온 약

200명의 폴란드인, 우크라이나인, 벨라루스인이 이 학교에 초대되었다. 첫 학생들은 수업 과정을 1941년 3월에 마쳤고, 그후 일부 신입생들은 추가 학습을 하러 고리키Gorky 시로 보내졌다. 이 첫 세대 졸업생 중 최소한 3명, 즉 콘라트 슈비에틀리크Konrad Świetlik, 유제프 차프리츠키Józef Czaplicki, 미에치스와프 모차르Mieczysław Moczar가 1950년대와 1960년대 내내 소련 비밀경찰의 영향력 있는 지도자가 되었다.[12]

1941년 6월 독소 전쟁이 발발하면서 이 훈련 프로그램은 갑자기 중단되었다. 그러나 소련이 독일 침공의 충격에서 벗어난 몇 달 후 훈련이 재개되었다. 스탈린그라드 전투 후 승전 가능성이 갑자기 커지자, 새로운 요원 모집이 강화되었다. 처음에는 폴란드어를 사용하며 대개 폴란드 동부에 거주했던 소련군으로 구성된 코시치우슈코 사단에서 선발했는데, 선발된 이들에게는 그 과정이 마치 수수께끼처럼 보였다. 유제프 로바튜크Józef Lobatiuk의 경우 1944년 1월 몹시 추운 오후 지휘관이 다가와 사령부에 와서 몇몇 서류를 작성하라고 명령했지만 설명은 전혀 없었다. 한 달 후 그는 2주 분량의 전투 식량을 챙겨 전선에서 멀리 떨어진 러시아 도시 쿠이비셰프(지금의 사마라)로 가서 특별 훈련을 위해 보고하라는 지시를 받았다. 이번에도 설명은 일절 없었다.[13]

로바튜크는 쿠이비셰프에 도착하고 나서야 NKVD 장교 훈련소에 온 것을 알았다. 그는 무척 기뻤다. 몇 년 후 그는 폴란드 비밀경찰 내부 역사가들에게 자신의 경험을 얘기하며 "누군가의 집에 온 손님" 같은 대접을 받았다고 회고했다. 전선의 열악한 환경에 비해 이 학교는 호화로워 보였다. 학생들은 주말에 외출이 허용되었고, 보초를 설 필요도 없었다. 음식도 충분했다. 그들은 정중한 대우를 받았다. 식당에서는 웨이터들이 레스토랑에서처럼 음식을 가져왔고, 큰 그릇에서 수

프를 떠주기까지 했다.[14]

실제 훈련은 곧바로 시작되지 않았다. 어떤 정보도 전달되기 전에 신입생들은 며칠 동안 NKVD 장교위원회의 심문을 받았다. 그들은 과거 경력, 가족 배경, 정치적 관점에 대한 질문을 받았다. 그들은 살아온 과정을 여러 번 반복해서 말해야 했다. 일부 신입생은 이 시험을 통과하지 못해 부대로 복귀했지만, 그 이유는 알 수 없었다. 최종 통과자는 약 200명이었다. 이들은 소련에서 교육받은 첫 폴란드 비밀경찰 장교 졸업반인 쿠이비셰비아치Kujbyszewiacy(나중에 쿠이비셰프 집단으로 알려진다)가 될 사람들이었다. 즉시 그들은 NKVD의 감독 아래 작전 수행을 준비하기 시작했다.

전쟁 중이던 1944년 봄에는 런던 망명정부와 이에 연계된 지하 국가 외에 아직 폴란드 정부가 없었고, 나치가 점령한 폴란드 현지에 공개적 행정 조직도 없었다. 전후 폴란드에 대한 어떤 국제적 합의도 이루어지지 않은 상태였다. 테헤란 회담에서는 폴란드 국경에 대한 최종 결정에 도달하지 못했고, 루스벨트와 처칠이 폴란드를 사실상 소련 통치에 넘겨준 얄타 회담은 아직 수개월이 남은 상태였다. 그러나 NKVD는 이미 쿠이비셰프에서 폴란드 장교들을 소련 범주에서 사고하도록, 그래서 때가 되면 소련 명령에 따라 움직이도록 가르치고 있었다.

첫 과정은 아주 철저했다. 마르크스·레닌주의, 볼셰비키 당 역사, 폴란드 노동자 운동의 역사는 이론 수업이었다. 첩보와 방첩 테크닉, 기만 공작, 심문처럼 실용적인 수업도 있었다. 날씨가 좋으면 볼가강의 사격장에서 사격 훈련을 했다. 모든 과목을 러시아어로 배우는 것은 문제였다(폴란드어로 말하는 강사는 1명뿐이었다). 특히 기초 교육 이상 배운 학생이 몇 안 되었기 때문에 문제가 심각했다. 교과서도 없어서 학생들은 수업 외 시간에 자주 모여 노트를 서로 비교했다. 러시아어를 이해하는 학생들은 가능하면 러시아어를 모르는 학생들에게 자료를 번역해주었다. 강의와 세미나는 하루에 10시간, 토요일에는 6시간 진행되었다.

그러나 새로운 지식을 숙고할 시간은 많지 않았다. 이러한 첫 과정은 1944년 7월 소련군이 폴란드의 새로운 동쪽 국경인 부크강을 건너면서 갑자기 끝났다. 새로 양성된 보안 장교들이 즉시 전선에 배치되었다. 200명 중 대부분은 이제 막 폴란드민족해방위원회가 설립되고 임시정부가 구성될 루블린 시로 일단 파견되었다. 마룻바닥에서 잠을 자고, 배낭을 베개로 쓸 만큼 현장 상황은 힘들었다. 그러나 그들은 따뜻한 환영을 받았다. 폴란드의 첫 보안장관이 된 스타니스와프 라디키에비치Stanisław Radkiewicz는 소련 자문관과 함께 이들을 환영하는 만찬을 베풀었다. 두 사람은 새 요원들에게 군복에 부착할 별을 나눠주었다.

처음에는 제슈프, 비아위스토크로, 다음에는 크라쿠프, 바르샤바로 소련군이 진격하면서 쿠이비셰프 집단은 그들을 따라갔고, 소련 자문관들이 항상 그들과 동행했다. 일부 지역에서 그들은 처음으로 소련군과 함께 파르티잔으로서 전투를 치렀다. 전쟁 중인 이 시점에 폴란드 동부와 소련 서부에는 수십 개의 파르티잔 집단이 있었는데 일부는 폴란드 국내군과, 일부는 우크라이나 독립 운동과 연계가 있었고 홀로코스트에서 도망친 유대인들로 구성되거나, 범죄자들이 포함된 파르티잔 집단도 있었다.[15] 그러나 쿠이비셰프 집단은 민족을 떠나 소련을 위해서만 싸웠다. 그리고 새로 해방된 지역에 도착하자마자 늘 정해진 계획에 따랐다. 그들은 지방·지역 경찰을 조직하고, 적을 찾아내고, NKVD에 정보를 전달하고, 협력자들을 모집했다. "우리 쿠이비셰프 집단은 새로운 세력의 근간이 되고, 앞으로 간부가 될 사람들의 교사가 될 사명을 띠었다." 한 요원은 자랑스럽게 회고했다.[16]

그들 모두가 성공한 것은 아니었다. 일부는 절도와 무능력으로 쫓겨났다. 몇 명은 출신 지역인 벨라루스와 우크라이나에서 유사한 임무를 수행하기 위해 소련으로 돌아간 것으로 추정된다. 최소한 1명은 반역하여 반공산주의 운동에 가담했다. 그러나 많은 사람이 보안기관의 고위직에 올랐고, 또다른 사람들은 새로운 간부 세대 양성에 힘썼다.

로바튜크는 전후 '도적떼 소탕 전투'에 잠시 투입되었다. 이 말은 그가 루블린 인근 숲에서 여전히 암약 중이던 폴란드 국내군 잔류 세력과 우크라이나 파르티잔에 대항하는 조직적 군사 행동에 가담했다는 사실을 완곡히 표현한 것이다. 1945년 4월 그는 우치 시에 파견되어 또 한 번 놀라운 일을 겪는다. 새로운 폴란드 비밀경찰 장교학교의 교관으로 일하라는 명령을 받은 것이다. 이 임무에 선발된 그와 쿠이비셰프 동지들은 누가 어느 과목을 가장 잘 기억하는지를 논의하여 여러 과목을 나누어 맡았다. 소련을 떠나면서 쿠이비셰프 노트를 제출하고 왔지만, 그들은 기억을 되살렸다. 결국 그들은 NKVD에서 배운 것을 바탕으로 교과서를 만들어냈다. 이 교과서는 이후 몇 년 동안 사용되었고, 이렇게 해서 폴란드 비밀경찰 한 세대 전체가 소련 방식으로 훈련되었다.[17]

이후 몇 년 동안 비밀경찰은 기하급수적으로 늘어났다. 1944년 12월에는 약 2500명의 요원이 있었는데 1945년 11월에 2만 3700명이 되었고, 1953년에는 3만 3200명으로 늘어났다.[18] 이 새로운 요원들 중 훗날 공산화된 폴란드에서 고정관념이 된 악마같이 잘 훈련되고 광적이며, 고도의 교육을 받았고, 아마도 유대인인 전형적인 폴란드 비밀경찰 요원은 거의 없었다. 실상을 보면 전후 폴란드 비밀경찰은 폴란드인이 압도적인 다수였고, 대부분 가톨릭교도였다. 1947년, 폴란드 비밀경찰의 99.5퍼센트는 가톨릭을 믿는 폴란드인이었다. 유대인은 실제로 전체의 1퍼센트도 안 되었고, 벨라루스인보다 많은 정도였다.[19] 루블린 지역 비밀경찰 창설자 18명 중 단 한 사람만이 유대인이었다. 나머지는 폴란드인, 우크라이나인, 벨라루스인이었다.[20]

이 새로운 요원들은 악마처럼 고도로 훈련되기는커녕 절대다수가 교육도 제대로 못 받은 사람들이었다. 1945년, 초등학교 이상 교육을 받은 요원은 20퍼센트도 안 되었다. 1953년에도 요원의 절반 정도만이 초등학교 6학년 과정을 마쳤다. 이 시기 새로 모집된 요원의 절대다수는 폴란드 노동자와 농민의 자식들이었다. 아주 적은 수만이 부르주아로 분류되는 가족 출신이었고, 지식인이라고 할 만한 사람은 거의 없었다.[21] 요원 대부분이 1947년까지 공산당에 가입했지만, 그전에 어떤 종류로든 정치 운동에 가담한 사람은 거의 없었다.

아마 이념보다는 빠른 사회 진출의 가능성이 그들의 동기를 자극했을 것이다. 이는 폴란드의 악명 높은 비밀경찰 체스와프 키슈차크 Czesław Kiszczak의 사례에 잘 나타난다. 키슈차크는 한참 후 폴란드 내무장관이 되어 1981년 계엄령을 선포하게 되지만, 1925년 남부 폴란드 곤궁한 지역의 가난한 가정에서 태어났다. 그의 아버지는 공장 노동자였지만 1930년대 내내 실업자 신세를 면치 못했다. 나치가 폴란드를 점령했을 때 10대였던 그는 노동수용소로 보내졌지만, 여러 번의 모험 끝에 오스트리아에서 노예노동자slave laborer가 되었다. 그의 설명에 따르면 그는 1943년부터 1945년까지 빈의 노동자 숙소에서 살았는데, 다수가 공산주의자인 크로아티아인, 세르비아인, 기타 민족 사이에서 유일한 폴란드인이었다고 한다. 소련군이 오스트리아 동부를 해방한 1945년 4월 7일까지 그는 오스트리아 철도 부문에서 일했다. 그는 얼마 후 소련군이 "나를 데려와 전차에 앉혔고, 거리를 잘 아는 내가 그들에게 빈 일대를 보여주었다"고 회고했다. 그는 통역사로 일할 만큼 러시아어와 독일어를 할 줄 알았다. 기초 교육밖에 받지 못한 20세의 나이로 그는 소련군의 일종의 마스코트가 되어 소련군 전차를 타고 패전 도시 빈을 누비고 다녔다.[22]

결국 그는 오스트리아 공산당의 일원이었음을 입증하는 서류를 얻어 폴란드로 돌아왔다. 그는 바로 폴란드 공산당에 가입했고, 당은 그를 우치의 비밀경찰 훈련센터로 보냈다. 그는 그러고 나서 교육을 더 받기 위해 바르샤바로 보내졌다고 회고했다. 그곳에서 새로운 폴란드군에 들어간 그는 소련군이 전적으로 운영하다가 나중에 폴란드인 몇 명이 가담한 폴란드 군사 정보국에 들어갔다. 그가 직접 말하지는 않았지만, 많은 사람들은 그가 소련 군사 정보부와 모종의 관계를 발전시켰을 것으로 추측한다.

그 직후인 1946년 그는 런던에 파견되었다. 21세밖에 안 된 젊은이에게 다시 찾아온 대단한 기회였다. 이 첩보 활동에 대해 스스로 내린 평가는 긍정적이다. "우리는 당시 런던에 남아 있던 폴란드군의 잔존 세력이 무기와 병사들과 함께 폴란드로 귀국하길 바랐다. 그러면 공산화된 폴란드에 좋은 제스처가 될 것이었다. … 처음에는 협력하려는 마음이 많아서 정부는 교회를 지지하고, 교회는 정부를 지지했다. … 폴란드는 모든 사람에게 친절한 듯했다. 농민들에게 농지를 주고, 더 높은 수준의 교육과 새로운 학교를 약속했다." 그는 그밖에 런던에서 영국군 정보 수집, 런던의 폴란드인 정보 수집, 특히 전쟁 중 영국 공군이나 다른 영국 부대와 함께 싸운 수천 명의 폴란드 군인 정보 수집 등 "평범한 정보활동"을 맡았다고 말한다.

키슈차크는 내무 장관 재직 시에 자신과 관련된 정보 파일을 찾아내 없애거나 파괴했던 것으로 보인다. 이 때문에 그의 경력 정보는 대부분 입증하기 어렵다. 그러나 1947년 7월 그가 런던에서 고국으로 보낸 한두 개의 파일이 다른 사람의 파일 속에 섞여 남아 있었다. 문법에 안 맞는 폴란드어로 그 보고서는 고국에 돌아가길 희망하는 영국군에 속한 폴란드인들을 폴란드대사관이 어떻게 등록하고 감시하는지를 서술하고 있다. 그중 많은 사람들이 1939년 이후 참전했지만, 문서에는 키슈차크가 이런 사람들에게 느끼도록 교육받은 경멸감이 확연히 드러난다.

등록은 책상 5개, 의자 5개, 영사관 서류가 든 캐비닛 2개가 비치된 가로 4미터, 세로 3미터쯤 되는 작은 방에서 진행된다. 10시나 11시에 등록이 시작되지만, 때로는 오후 2시 30분에야 시작된다. 영국이 우리에게 일부러 까다로운 조건을 내세우고, 이런 경우 일부러 병사들을 늦게 보내기 때문이다. … 이 사람들 대부분은 폴란드에서 좋은 생활수준을 보장하는 한 무엇이든 동의할 것이다. 물질적 이유로 돌아가지 않고 영국에 머물고 있는 사람들 역시 아마 돈만 주면 특정한 일도 기꺼이 맡을 것이다. 그들은 (전쟁 전) 폴란드가 만들어낸 전형적인 사람들, 즉 깊은 감정도, 야망이나 명예심도 없는 사람들이기 때문이다.[23]

보고서 나머지 부분에서 이제 22세가 된 키슈차크는 대사관의 늙은 외교관들, 첩보에 관심이 부족해 보이는 무관, 키슈차크와 다른 사람들의 사기를 꺾으려고 하는 대령을 비난했다. 남아 있는 다른 보고서에서는 더 단도직입적으로 동료들에 대해 보고하고 있다. 한 영사는 항상 폴란드에서 일어나는 정치적 폭력에 대해 익명의 정보원으로부터 얻은 정보에 대해 얘기하고, 다른 영사들은 열띤 정책 토론을 하면서 서로를 위협한다는 보고였다.

이 젊은이는 의기양양해하며 업무를 수행했지만, 얼마 후 런던을 떠난다. 한 인터뷰에서 그는 외롭고 향수에 시달렸기 때문이었다고 말했다. "영국 소시지에 신물이 났거든요." 그보다는 이 이유가 정확할 텐데, 고국에서 훨씬 좋은 기회를 잡을 수 있다는 말에 혹해서 내린 결정일 수도 있다. 전후 폴란드의 혼란과 빈곤 속에서 비밀경찰은 아무리 출신이 비천해도 상대적인 부와 권력을 누릴 수 있었다. 그리고 그것을 남용하더라도 다른 국가 기관이 그들을 체포할 수 없었다.

동유럽에서 비밀경찰이 되려는 사람들은 소련 연줄을 이용해야 한다는 것을 처음부터 알았다. 그러나 진짜 소련 연줄을 알아내기는 쉽지 않았다. 헝가리에는 국가보안부의 전신前身이 2개였고, 각 조직은 소련 친구들과 멘토들을 가진 1명의 헝가리인이 이끌었다.

데브레첸에 생겨난 한 갈래는 1944년 12월 임시정부와 함께 위에서부터 만들어졌다. 이론상 임시정부는 여러 정당이 참여한 연정이었다. 새로 임명된 내무 장관 페렌츠 에르데이Ferenc Erdei는 엄밀히 따지면 공산당원이 아니었지만, 비밀리에 공산당에 충성했다. 새 보안기관에 대한 그의 첫 언급을 기록한 문서는 그가 바람이 불어오는 방향을 잘 알고 있었다는 것을 보여준다. 12월 28일, 에르데이는 헝가리의 소련 군사 정보 책임자 F. I. 쿠즈네초프 장군과 가진 생산적인 회동을 동료들에게 보고하며, "우리가 제대로 제복을 입은 신뢰할 만한 경찰을 가질 때까지 러시아 경비병들이 우리를 도울 것"이므로 안전을 염려할 필요가 없다고 장담했다.[24] 그러나 그는 쿠즈네초프 장군이 해방된 헝가리 절반 지역에서 범죄와 파괴 행위를 막는 데 별로 관심이 없다고 걱정했다. "우리는 정치경찰에 대해 훨씬 많이 얘기했고, 이에 대해 그는 일반적 조언과 많은 제안을 해주었다."[25]

이 제안 중 하나의 결과로 언드라시 툄페András Tömpe가 새로운 보안 조직을 이끌게 되었다. 에스파냐 내전에 참전했던 툄페는 국제 공산주의 운동과 오랜 인연이 있었고, 자신만이 새로운 헝가리 비밀경찰의 수장이 될 수 있다고 확신하는 사람이었다. 그는 즉시 새로운 세력을 조직하기 시작했고, 소련군에게 직접 요청해 무기를 받았다. 이렇게 준비를 마친 그는 데브레첸을 출발해 부다페스트로 갔고, 1945년 1월 28일 서부 외곽에서 전투가 계속되는 와중에 부다페스트 동부에 진입했다.

불행하게도 툄페에게는 이미 경쟁자가 있었다. 바로 며칠 전에 헝가리 공산당 부다페스트 지부가 정치경찰국을 구성했던 것이다. 이 조직의 지도자는 1931년부터 불법화된 헝가리 공산당의 당원이었고 이후 모스크바를 자주 방문한 가보르 페테르였다. 1930년대 내내 페테르는 벨러 쿤 등 1919년 혁명 주도자들과 모스크바에서 계속 만났고, 라코시와도 만났다. 그의 부인 욜란 시몬Jolán Simon은 결국 라코시의 개인 비서가 된다.

페테르는 NKVD와도 오랜 연줄이 있었다. 전쟁 전에 그는 빈과 부다페스트에서 지하 보급을 전담하면서 수감된 공산당원들과 가족의 접촉을 도왔다. 조금 과장된 페테르의 주장에 따르면 그는 전후 비밀 경찰을 이끌 계획을 오랫동안 가지고 있었고 분명 그 자리를 약속받았다고 생각했다. 그의 이런 생각에는 어느 정도 근거가 있었을 것이다. 튐페가 데브레첸에 주둔한 소련 군사 정보 당국의 지원을 받았다면, 페테르는 그들의 정치적 상관들의 지지를 받았던 것으로 보인다. 1945년 1월 중순, 튐페가 데브레첸에 도착하기 전이자 부다페스트 포위가 끝나기 전에 페테르가 부다페스트 동부 외곽에 있는 소련군 사령부를 방문해 지인들을 다시 만난 것은 분명 사실이었다.[26] 2월 헝가리 공산당 고위 당원들에게 발표하며 그는 자신이 이미 많은 것을 통제하고 있다는 인상을 주려고 노력했다. 그는 자기 밑에서 98명의 요원(87명은 노동자, 11명은 지식인)이 일한다고 말했고, 이미 많은 파시스트를 체포했다고 주장했다. 헝가리 공산당 문서고에는 그 보고서 원본에 러시아어 버전이 첨부되어 있는데, 이는 러시아어를 사용하는 사람들이 자신의 보고를 읽을 것이라고 그가 기대했음을 보여준다.[27]

전쟁이 끝나고 몇 주가 지나지 않아 튐페와 페테르는 충돌했다. 튐페는 페테르가 이념적으로 정교하지 못하다고 의심했고, 페테르는 튐페가 자신에게 충분한 사무실 집기를 주지 않았다고 비난했다. 튐페는 언론인들이 참석한 모임에 초청받지 못한 데 화가 났다.[28] 훗날 두 사람은 저마다 자신이 전쟁 후반부 헝가리 파시스트 경찰의 본부였던 언드라시가Andrássy Street 60번지의 어두침침한 건물에 사령부를 먼저 설치했다고 주장했다. 그러나 이 결정은 헝가리 공산당의 오점으로 남았다. (파시스트와 공산주의 경찰이 둘 다 지하 창고를 감옥으로 썼다는 사실은 나치와 소비에트 정권 사이의 지속성을 암시하는 불편한 인상을 남겼다.)[29] 2년도 지나지 않아 이 웃긴 분쟁은 페테르의 승리로 끝났다. 1945년 11월 선거 후 내무부는 공식적으로 공산당 통제 아래 들어왔고, 중립적 비밀경찰이라는 허구는 끝이 났다. 1946년 묌페는 외교관으로 '은퇴'했다. 그는 남은 경력 대부분을 라틴아메리카에서 보냈다.[30]

돌아보면 사소한 것 같아도 권력 투쟁에서 거둔 페테르의 승리는 헝가리 정치적 다원주의가 초기에 당한 중요한 패배였다. 우선 새로운 비밀경찰의 성격에 대한 중요한 논의는 전적으로 공산당 내부에서만 진행되었고, 부다페스트에 와 있는 소련 관리들의 영향을 크게 받았다. 당시 합법적이었을지라도 비공산주의 정치인들은 당시뿐 아니라 이후에도 비밀경찰의 내부 업무에 아무 영향을 미칠 수 없었다. 승리한 집단인 페테르와 그의 부다페스트 경찰의 성격도 문제가 되었다. 부다페스트 경찰 세력은 사실상 내무부나 정부가 아니라 공산당이 단독으로 통제하는 초법적 조직이었기 때문이다. 달리 말하자면 1945년부터 정치경찰은 임시 연정 정부를 가볍게 우회하여 당 지도부에 직접 보고했다.

비밀경찰 세력의 특별한 지위는 그 조직을 위해 일하는 사람들에게 너무나 분명했다. 페테르의 조직에는 사회민주당과 자영농당의 대표도 있었지만 그는 그들의 조언을 들은 척도 안 했고, 보안부 내의 어느 누구도 그들을 신경쓰지 않았다. 훗날 한 하위 장교는 비공산주의 대표들이 "완전히 고립되었다"고 회상했다. "그들의 방이 도청된다는 것은 누구나 알고 있었어요. 그래서 나는 그들과 접촉할 때 각별히 조심해서 말해야 했습니다."[31] 미하이의 아들 블라디미르 파르카스Vladimir Farkas는 1946년 국가보안부로 일하러 갔을 때 페테르의 두 비공산주의 대표와 말하지 말라는 지시를 명시적으로 받았다. "그들 중 1명으로부터 직접 지시를 받았지만, 내가 하는 일에 대한 정보를 그들에게 줄 수는 없었다."[32]

비공산주의 정치인들이 경찰의 행동에 대해 불만을 표해도 경찰은 아랑곳하지 않았다. 1945년 8월 법무부 차관은 정치경찰이 "나의 사전 동의 없이 검사, 판사를 체포 ⋯ 이런 일은 법률 체계의 권위를 심각하게 훼손한다"라고 항의하는 편지를 내무부에 보냈다. 국가보안국은 묵묵부답이었다. 1년 뒤 의회 의원도 유사한 불평을 했지만, 이 편지가 의회 토론에 붙여지는 시점에는 이미 헝가리를 탈출한 상태였다. 1946년에 이르자 이런 불평은 결코 안전하지 않은 것으로 간주되었다.[33] 폴란드에서와 마찬가지로 헝가리 정치경찰은 자신들 외에는 아무에게도 견제를 받지 않았다. 1946년 2월 부다페스트의 페테르의 조직에는 848명의 직원이 있었다. 1953년 국가보호국Államvédelmi Hatóság, ÁVH으로 명칭이 바뀐 이 조직은 본부에 5751명의 직원이 있었고, 훨씬 많은 정보원이 있었다.[34]

처음부터 소련 자문관들이 이 조직에 상주했다. 헝가리 내무부 관리 한 사람이 "민간인 복장을 한" NKVD 장교라고 묘사한 오를로프 고문은 1945년 2월 언드라시가 60번지에 자리를 잡았고, 정복을 입은 3명의 무장한 NKVD 장교가 그를 상시 보좌했다.[35] 3월, 완전한 명령 체계가 확립되었다. 최고위층에는 표도르 비엘킨Fyodor Byelkin 장군이 있었다. 그는 공식적으로는 연합국통제위원회의 일원이지만, 실제로는 빈 외곽 바덴에 자리잡은 NKVD 동유럽 정보사령부의 수장이었다. 1947년부터 NKVD는 크렘노프Kremnov 또는 카메노비치Kamenovic 중위라고 알려진 상임 대표를 부다페스트에 추가로 두었다. 그는 훗날 헝가리 정치 쇼 재판을 조직하는 데 필수적인 도움을 주었다. 그들 밑에서는 반‡상근 자문관들이 일했다. 1952년 11월에도 33명의 소련 비밀경찰 장교와 그들의 가족 13명이 여전히 헝가리 국가보호국에서 공식 급여를 받고 있었다. 그들은 상대적으로 높은 급여 외에도 가구가 비치된 아파트, 여행비, 수영장·체스·도미노·탁구대 등 무료 체육 시설, 집안일을 돕는 급사를 제공받았다. 주말에는 사냥을 즐겼다. 전 내무부 장관의 회고에 따르면 이 소련 자문관들은 날마다 정보 보고를 받았고, 헝가리 요원들과 수시로 회동했다. (소련 자문관들의 조언은 수용되었지만, 그들이 선택한 국가의 충성심을 확신하지는 않았던 것으로 보인다. 1956년 10월 29일 밤, 잠시나마 헝가리혁명이 소련군의 헝가리 철수로 끝날 것 같은 때 그들 모두는 폭도의 복수를 두려워하며 비행기를 타고 모스크바로 도주했다.)[36]

헝가리 비밀경찰 지도자들은 소련 멘토들과 긴밀한 접촉을 유지했다. 파르카스의 증언에 따르면 페테르는 오를로프와 매일 연락을 주고받았다.[37] 부다페스트에서 러시아인들은 소련에서 태어났거나 대부분의 삶을 그곳에서 살았던 소련인 또는 소련화된 헝가리인으로 이루어진, 작고 대부분 은폐되었지만 강력한 집단을 통해서도 영향력을 유지했다. 그중 한 사람인 야노시 코바치János Kovács는 헝가리 출신 NKVD 대령으로 1945년 1월부터 1948년 사망할 때까지 페테르 밑에서 부국장을 맡았다. 훨씬 중요한 역할은 루돌프 가라신Rudolf Garasin이 맡았다. 공식 전기는 훗날 그가 끼친 영향력을 제대로 담지 못했지만, 그의 인생 스토리는 비밀경찰 권력층으로 올라가는 숨겨진 길이 헝가리인들에게 있었다는 것을 보여준다.

가라신은 헝가리에서 태어났지만, 1차대전 후 10대의 나이로 러시아에서 정치범이 되었다. 이 경험으로 급진화되어 볼셰비키에 가담하고, 적군에 입대하고, 러시아혁명과 러시아 내전에 참전했다. 그후 그는 짧게 지속된 벨러 쿤의 혁명이 이미 지나가 버린 헝가리로 돌아가지 않고, 소련에 정착했다.[38] 가라신 자신의 말에 따르면 이후 소련에서 그가 쌓은 경력은 눈에 띌 만한 것이 없었다. 그가 헝가리 공산당역사가에게 쓴 메모에 따르면 그는 소련 내 헝가리 망명 공동체에서 활발하게 활동했고, 기계공학을 공부한 후 소련 경공업부에서 일했다. 2차대전 중에 장교로 소련군에 복무했지만, 부상을 당한 후 전선 후방에서 복무하게 되었다. 그는 1944년 봄 갑자기 모스크바로 소환되어 소련군 정치장교를 만났다고 적었다. "차를 마시는 동안 파란 모자를 쓴 내무부 중위가 나타나 아무 말 없이 나를 차에 태워 마르크스-엥겔스광장으로 데려갔다. 그곳에서 기다리고 있던 또다른 중위가 문 하나를 가리켰다. 그 안으로 들어가니 나 혼자 남았다. 로비에는 아무도 없었다." 마침내 어둠 속에서 두 사람이 나타나면서 의문이 풀렸다. 라코시와 미하이 파르카스는 팔을 벌려 그를 맞이했다.

가라신이 기억하는 바로는, 라코시 동지가 오랫동안 사라졌던 가라신을 유쾌하게 꾸짖은 다음 ("그들이 나를 찾는 데 반년이 걸렸다") 도움을 청했다. 그는 가라신이 소련의 '반파시스트 학교' 중 한 곳에서 자원자들을 골라내길 바랐다. 소련군과 함께 폴란드에 들어간 쿠이비셰프 집단처럼, 소련군과 함께 헝가리에 들어갈 파르티잔 부대를 조직하기 위해서였다. 반파시스트 학교라고 완곡하게 표현했지만 이 학교들은 소련군에 포로가 된 헝가리 장교와 병사들이 공산주의자가 되도록 교육받는 포로 재교육 수용소였다. 가리신은 들은 대로 했다. 그는 코민테른 사령부가 명칭을 바꾼 '101학교'에서 헝가리인들에게 소개되었다. 때가 되자 그는 크라스노고르스크의 반파시스트 학교를 방문했고, 후보자들의 열정에 깊은 인상을 받았다. 그들은 대부분이 헝가리로 돌아가 과거 헝가리 동맹이었던 독일군과 싸우고 싶어서 주저 없이 자원병으로 지원했다고 그는 기록했다. 가라신은 학교에서 교사들도 만났는데, 그들 중 다수가 훗날 헝가리 공산당 정부의 간부들이 된다.

파르티잔 부대를 구성하려는 가라신의 노력은 다소 느리게 진행되었다. 헝가리와 헝가리 파르티잔은 1944년 여름 소련군의 우선순위 과제가 아니었기 때문이다. 자원자들은 훈련이 시작될 전선 너머 우크라이나로 들어가는 것이 어렵다는 것을 알았다. 부대 훈련은 늦게 시작되었고, 군복과 장비가 뒤섞였으며, 우크라이나의 현지 지휘관들은 그들을 맞을 준비가 안 되어 있었다. 그러나 그들은 결국 훈련을 시작하여 폭발물 사용법을 배우고, 모의 전투에서 서로 대결해 싸우는 훈련을 받았다.

가끔 그들은 상부의 누군가가 그들의 훈련 진전에 관심이 있다는 말을 들었다. 하루는 소련 항공기가 머리 위를 선회하며 착륙하려고 시도했다. 이 모습을 본 훈련병들은 소들을 쫓아내고 활주로를 확보했다. 비행기 엔진 소리가 요란하게 들리더니 헝가리 공산당 이념가로 잘 알려진 졸탄 버스Zoltán Vas가 조종실에서 내렸고, 아수라장 같은 혼란 속에서 바로 안경을 잃어버렸다. 개의치 않고 버스는 상당히 상세하고 긴 연설을 하며 유리한 전선 상황을 설명하고 훈련병들에게 열심히 싸우라고 독려했다. 그가 모스크바로 다시 날아갈 준비를 할 때, 가라신은 버스에게 앞으로는 오기 전에 미리 알려달라고 농담했다. "그래야 우리가 비행기에 사격 연습을 할 수 있죠!" 우크라이나 전선에서나 할 수 있는 농담이었다.

전선이 이동하면서 파르티잔들은 여러 번 거점을 옮겼고, 다양한 모험이 잇따랐다. 출간되지 않은 회고록에서 가라신은 안나라는 여인과 사랑에 빠졌다고 고백했다. 그는 고질적인 식량 공급 문제는 농민들의 강한 반발을 무릅쓰고 현지 방앗간을 압류해 곡물을 빼앗는 방식으로 해결했다고 회고했다. 또다른 난관은 라코시와의 회동 때 찾아왔다. 그는 가라신이 "완전히 유대인 부대"를 구성했다고 비판했다. 가라신은 "너무 충격을 받아 그 자리에 돌처럼 서 있었다. 믿을 수가 없었다"라고 했다. 그는 이 예상 밖의 분노를 곰곰이 생각했고, 훗날 유대인인 라코시에게 자신이 큰 실수를 했다고 말했다. 그가 숫자를 세어보니 부대에는 6명의 유대인만 있었다.

드디어 해방의 순간이 왔다. 1945년 2월 초 가라신과 그의 병력은 카르파티아산맥을 넘었다. 그렇게 그는 30년 만에 헝가리로 들어갔다. 2월 12일 그들은 임시 수도가 된 헝가리의 동부 도시 데브레첸에 도달하며 모험은 끝났다. 소련 국민인 가라신은 즉시 연합국통제위원회에서 일하게 되었다. 그는 파르티잔과 연락을 끊고 프로파간다와 인쇄 작업에 집중하다가, 공식 설명에 따르면 소련으로 돌아갔다.[39]

자신의 생에 대한 가라신의 설명은 뜻밖에도 헝가리 공산주의자 파르티잔들에 대한 흥미롭고 진실한 그림을 보여준다. 훗날 그들은 공산당 지도자들로부터 전쟁 영웅으로 칭송받았지만, 당시 소련군은 그들을 나중에 신경 쓸 대상으로 생각했다. 가라신의 이야기에 언급되지 않은 부분도 매우 중요하다. 사실 우리는 그가 1920년대와 1930년대에 무엇을 하고 있었는지 또는 전쟁 직후 수년간 어디에 있었는지 모른다. 오랫동안 많은 사람들은 그가 NKVD의 고위 장교였을 것이라고 의심했다.[40] 나중에 가라신은 소련의 강제노동수용소 기술을 헝가리에 들여온 사람으로 알려졌다.

가라신의 인생 스토리는 동유럽, 특히 헝가리에서 비밀경찰 요원들이 수행한 중요한 역할도 보여준다. 그들은 쿠이비셰프 집단 같은 현지 부역자나 징집자가 아니라 소련 국민이었고, 아마 처음부터 소련 비밀경찰이었을 것이다. 가라신은 헝가리 태생이었지만, 그 자신이 설명한 대로 완전히 소련 생활에 통합되었다. 러시아인 아내가 있었고, 러시아 교육을 받았으며, 1915년부터 1945년까지 소련에서 살았다. 가라신은 단순히 소련에 호의적인 것이 아니라 소련 그 자체였다. 1950년대 초기에 그가 헝가리의 강제노동수용소 책임자가 된 것은 놀라운 일이 아니었다. 그는 매우 의도적으로 소련 방식에 따라 헝가리의 강제노동수용소를 조직했다.[41]

앞서 본 것처럼 NKVD는 베를린에 입성하기 전에 이미 독일 공산주의자들 중에서 신뢰할 만한 간부들을 조직했다. 그들을 이끌 가장 경험 많은 장교도 이미 선발해놓았다. 1945년 4월 바르샤바를 떠나 독일로 온 세로프 장군은 즉시 베를린과 소련군이 점령한 도시들을 작전 구역으로 나누었다. 그러나 독일 경찰들에게 곧바로 실제적 권력을 주지는 않았다. 소련 장교들은 독일인들이(심지어 독일 공산당원이라도) 다른 동유럽 사람들보다 훨씬 많은 지도가 필요하다고 보았다. 일반 독일 경찰은 1946년 1월까지 무기 소지가 금지되었다. 독일 당국이 민간 경찰 통제권을 인수한 다음에도 모든 인사 결정은 소련군사행정국의 동의를 받아야 했다.[42] 1948년 3월에야 동부 점령 지역의 소련 내무부 책임자는 체포할 인물을 독일 공산당 지도부에 알리는 데 동의했다.

1947년 소련행정당국은 조심스럽게, 처음에는 아주 소규모로 독일 정치경찰을 구성하기 시작했다. 이때에도 모든 사람이 이 아이디어에 동의한 것은 아니었다. 모스크바에서 소련 내무 장관 빅토르 아바쿠모프Viktor Abakumov는 새로운 경찰 병력은 서방 프로파간다의 목표물이 되고, "새로운 게슈타포"로 보일 위험이 있다고 주장했다. 더 중요한 것은 그가 "철저히 검증된 독일 요원들이 부족하다"고 불평하며 독일인들을 여전히 불신했다는 점이다. 그 이유는 노먼 나이마크가 추정한 대로 NKVD 장교들이 독일어와 독일을 잘 이해하지 못해 분통을 터뜨리고 있는 것을 NKVD가 드디어 이해했기 때문일 테지만, 이러한 반대를 무릅쓰고 요원 모집이 시작되었다. 그럼에도 K5나 때로 K국으로 알려진 이 새로운 부서가 권력을 얻기까지는 다소 시간이 걸렸다. 독일 경찰을 감시하기 위해 신설된 이 부서는 초기 지방·중앙 정부 구조를 우회해 소련 내무부 관리들로부터 직접 명령을 받았다.[43] 살아남은 몇 개 안 되는 문서 중 하나에는(대부분 KGB에 의해 제거되었거나 1989년 또는 그전에 파괴되었을 것이다) 이 부서의 훈련 회동이 언급되었고, 참석자 명단이 실려 있다. 소련군 자문관들은 그 명단의 맨 위에 있다.[44]

이런 면에서 K5는 동유럽 다른 국가들의 정치경찰과 유사했다. 헝가리, 폴란드, 소련에서와 마찬가지로 새로운 정치경찰 병력은 애초부터 정부를 초월한 조직으로, 법의 테두리를 벗어나 활동했다. 1950년이 되어서야 새로운 동독 정부가 국가보안부를 만드는, 제대로 된 "국가보안부 구성에 대한 법률"을 통과시켰다.[45] 심지어 그때에도 슈타지Stasi의 소련 자문관들은 세심한 주의를 기울였다. 그들은 에리히 밀케를 초대 책임자로 임명했다가(전쟁 중 한때 프랑스에서 지낸 의심스러운 점이 있었다) 자신들이 추천한 빌헬름 자이저Wilhelm Zaisser를 새 기관의 책

임자로 앉혔다.[46]

폴란드의 보안부나 헝가리의 국가보안부처럼 슈타지는 NKVD(전후 새로운 명칭을 채택해 결국 KGB가 되었다) 모델을 따랐고, 세 나라 조직의 부서 구성은 KGB를 그대로 흉내 냈다. 그러나 슈타지는 KGB를 놀라울 정도로 베꼈다. 독일 비밀경찰은 1954년까지 소련의 암호 작성과 해독 방법을 사용했고, 모스크바 KGB 직원들처럼 경찰 파일을 실로 꿰매는 방법까지 배웠다.[47] 비밀 잉크 사용과 초소형 사진 촬영 같은 수법도 소련의 자문을 받았다.[48] 더 중요한 것은 슈타지 요원들이 스스로를 1918년 설립된 첫 볼셰비키 비밀경찰의 이름에서 따온 '체키스트Chekist'(첫 명칭인 체카Cheka의 요원이란 뜻)라고 불렀다는 점이다. 또한 이들이 사용한 상징은 KGB의 상징인 칼과 방패와 아주 비슷했고, 이들은 자체 문헌에서 소련 '친구들'에게 복종할 것을 자주 언급했다.[49] 한 슈타지 내부 편람에는 "레닌과 소련 공산당의 지도를 받는 체키스트들이 사회주의국가 보안기관의 기본 모델을 만들었다"라고 적시했다. 이 편람은 모든 동독인이 "소련으로부터 배우는 것은 승리하는 법을 배우는 것"임을 알고 있다고 설명했다. 보안기관 요원들은 "소련 체키스트로부터 배우는 것은 가장 정교한 적의 무장도 해제시키는 법을 배우는 것"임을 안다는 설명이 여기에 덧붙여졌다.[50]

처음에 슈타지는 기존 K5 조직과 공산당 간부 중에서만 요원을 모집했다. 그리고도 첫 후보자의 88퍼센트가 서방에 친척이 있거나, 외국에서 시간을 보냈거나, 수용할 수 없는 정치 경력을 가졌다는 이유로 탈락했다. 동유럽 다른 곳에서와 마찬가지로 요원 모집관들은 소련의 조언에 따라 전쟁 전 경험이 있는 나이가 든 공산주의자보다 교육을 못 받았고 경험도 없는 젊은이를 선호했다.[51] 일부는 소련 포로수용소에 세워진 훈련·세뇌 프로그램의 졸업생이었지만, 처음에 모집된 사람들은 대부분 종전 당시 10대 청년으로 아무 경험이 없었다. 초기 슈타지 신병은 동료들을 "제3제국과 관련이 없지만, 전쟁으로 형성된 사람들"로 서술했다.[52] 많은 요원들이 비특권층 또는 프롤레타리아 출신이었고, 교육을 받았다면 대부분 이념 교육을 받은 사람들이었다. 1953년, 요원의 92퍼센트가 동독 공산당원이었다. 실제로 그들에게는 오랜 기간 소련 훈련관과 운영자들이 필요했다.[53]

1951년 슈타지를 위해 일하게 된 젊은 법학도 볼프강 슈바니츠 Wolfgang Schwanitz는 이런 면에서 전형적인 신입 요원이었다. 50여 년 후 그는 "보안기관에 대해 아무것도 몰랐다. 듣거나 읽은 적도 없었다. 그래서 나에게 무엇을 기대하는지 궁금했다. … 나는 죄를 짓기 전의 처녀 같았다"라고 회고했다. "독일민주공화국을 지켜야 한다"고 확신한 그는 이 직업을 택하는 데 동의했다.[54] 이후 여러 달 동안 그는 집중적 훈련을 받았다. 훈련관들은 하나같이 소련 비밀경찰이었다. "그들은 정말 우리 손을 잡고 낮 동안 내가 할 일을 가르쳐주었다. 저녁에는 내가 수행한 일에 대해 귀를 기울였다. 그는 무엇이 잘못되었거나 제대로 되었는지를 알려주었다." 그들은 정보원을 모집하는 법, 안가safe apartment를 만드는 법, 용의자를 관찰하는 법, 조사를 수행하는 법 등 실용적 기술뿐 아니라, 마르크스·레닌주의 이론과 공산당 역사도 배웠다. 훈련을 덜 받은 요원들도 있었다. 또다른 초기 요원은 "이 일에 던져졌다"고 회상했다. 두세 명이 한 방을 썼고, 15명이 한 대의 오토바이를 공유하면서 밖으로 나가 여러 도시에 슈타지 세포를 만들라는 지시를 받았다. 나중에 이 세포들은 "스스로 복제"할 것이었다.[55]

슈바니츠는 많은 요원들처럼 이 모든 집중적 관심에 마음이 들떴다.

전쟁이 끝날 무렵 가족이 슐레지엔을 떠나야 했던 젊은 경찰 귄터 치르슈비츠Günter Tschirschwitz는 1951년 면담하러 "베를린으로 오라"는 통보를 받았을 때 겨우 21세였다. 그곳에서 그는 슈타지 장교들을 만나고 있다는 사실을 알았다. 그의 모집책들은 전쟁 전부터 공산주의자였던 나이가 많은 남자들이었다. "그들은 반파시스트였던 시절의 이야기를 들려주었다"고 그는 말했다. 지역 당 세포에게 추천받은 그는 어깨가 으쓱했다. 그는 이 추천서를 수십 년 동안 보관했다. 추천서가 서술하는 젊은이는 확실히 장래가 촉망되는 것으로 보인다. "정치에 대한 그의 지식은 보통 이상이다. 그는 틈틈이 공부하여 지식을 넓히려고 노력한다. 독일 공산당 공부를 성실히 한다. 계급의식이 투철한 사람이다. 소련과 독일민주공화국에 대해 늘 긍정적인 태도를 갖고 있다. 제5당세포의 지도부 일원으로 당의 과업에 적극 기여하며, 벽보에 글을 쓰고 있다."[56]

이 추천서는 그를 "신뢰할 만하며" "동지답다"고 서술했고, 결국 슈타지는 그를 받아들였다. 그의 말에 따르면 한때 그는 심문관이 되려고 생각했지만, 비밀경찰에서 가장 무난한 직책인 경호원이 되었다. 그는 "실내에서 일하고 싶지 않았기 때문에" 이 일에 만족했다.

여러 해가 지나서도 치르슈비츠는 동독을 만드는 데 슈타지가 한 역할을 깊이 이해하지 못했고, 소련 훈련에 대한 긍정적인 느낌도 변하지 않았다. 보안기관에서 일한 시절을 한참 이야기하며 그는 주로 여행을 떠올렸다. 프라하에서는 뛰어난 보헤미아 음식을 맛보았고, 빈에서는 경비로 200실링을 받았고, 부다페스트에서는 헝가리 경호원들이 친절했다. 1949년 이후 동독 총리 오토 그로테볼, 빌헬름 피크와 모스크바행 기차를 탔던 시절, 1970년대 본을 방문했을 때 서독 보안 경비원들과 누린 뛰어난 협력은 그가 좋아하는 이야깃거리였다. 그는 슈타지에서 일한 경력이 사회적 출세와 물질적 안락, 교육을 가져다주었고, 이 모든 것은 소련의 형제 같은 동지들 덕분이라고 말했다.[57]

동독 비밀경찰 조직에 모집된 요원들은 첩보 테크닉, 전투 기술, 감시 방법을 NKVD, 나중에는 KGB로부터 배웠다. 소련 비밀경찰처럼 생각하는 법도 러시아 멘토들에게 배웠다. 아무도 없는 듯한 곳에서조차 적을 식별하는 법을 배웠다. 소련 비밀경찰은 적들이 자신을 숨기기 위해 사용하는 방법을 알고 있기 때문이었다. 소련 비밀경찰은 중립성을 믿지 않기 때문에, 그들은 정치적으로 중립이라고 주장하는 개인이나 집단의 독립성에 의문을 갖도록 배웠다.

또한 그들은 장기적으로 생각하고, 정권에 대한 실제 반대자뿐 아니라 잠재적인 적을 찾아내도록 훈련되었다. 이는 볼셰비키의 뿌리 깊은 피해망상이었다. 1922년 3월 레닌 자신이 이렇게 선언했다. "반동 성직자, 반동 부르주아의 대표는 많이 처형할수록 … 좋다. 우리는 이 사람들에게 지금 당장 교훈을 가르쳐주어야 한다. 그래야 그들이 수십 년 동안 어떤 저항도 감히 생각하지 못할 것이다." [58] 미래의 슈타지 요원들을 위해 쓴 글에서 한 슈타지 역사가는 이 조직을 다음과 같이 설명했다. "처음부터 적의 공격을 방어하는 것에 제한될 수 없었다. 모든 수단을 동원해 사회주의 반대자들에 맞서 공격적 전투를 해야 하는 기관이었고, 현재도 그렇다."[59]

동시에 동유럽 비밀경찰은 소련이 반대하는 사람들에 대한 소련의 조롱과 증오를 느끼도록 배웠다. 1930년대 후반부터 스탈린은 한 역사학자가 '생물학적·위생학적 용어'라고 부른 방식으로 소련의 적들을 공개적으로 지칭하기 시작했다. 그는 그들을 해충, 오염, 지속적으로 정화되어야 하는 오물, 독초라고 비난했다.[60] 그러한 독설의 일부는 앞에 인용한 젊은 체스와프 키슈차크가 런던에서 발송한 보고서에도 가득하다. "물질적 이유로 돌아가지 않고 영국에 머물고 있는 사람들 역시 아마 돈만 주면 특정한 일도 기꺼이 맡을 것이다. 그들은 (전쟁 전) 폴란드가 만들어낸 전형적인 사람들, 즉 깊은 감정도, 야망이나 명예심도 없는 사람들이기 때문이다."[61]

마지막으로 소련 훈련관들은 피후견인들에게 공산주의자가 아닌 누구든 당연히 외국 스파이로 의심해야 한다고 가르쳤다. 냉전이 시작되자 평화를 사랑하는 동방이 전쟁광인 서방과 계속 싸우고 있다는 흑백논리식 프로파간다로 뒷받침되면서, 이러한 생각은 동유럽 모든 곳에서 아주 확고해졌다. 특히 동독에서 이러한 확신은 빠르게 강박관념이 되었다. 1940년대와 1950년대 서독의 인접, 그리고 베를린의 상대적 개방은 새로운 국가 동독이 정말 많은 서방인들에게 포위되고 침투되었다는 것을 의미했다. 슈타지의 사고방식은 그 시기의 경험으로 영구히 고착되어, 나중에 슈타지 요원들은 스파이와 일반적인 반체제 인사를 구별할 수 없을 정도가 되었다. 한 슈타지 내부 역사학자는 전후 시기를 서독 정당뿐 아니라 이른바 '자유법조인위원회', '비인간성에 맞선 전투 집단Kampfgruppe gegen Unmenschlichkeit, KGU', 그리고 당시 서베를린에서 활동한 다른 인권 단체들에 맞선 투쟁의 시기로 묘사했다. 슈타지의 집단적인 기억 속에서 이 집단들은 언론 자유나 민주주의를 고양하기 위해서가 아니라 동독을 국제적으로 고립시키고, 동독을 훼손하기 위해 만들어진 조직이었다. 자본주의적 생산 형태와 파시스트적 사고가 지속된 덕분에 그들은 동독에 강력한 사회적 기반을 가지고 있었고, 그래서 큰 노력을 기울여 그들과 그들의 비방 유인물에 맞서 싸워야 했다.[62]

강력하고 정체가 드러나지 않으며 세심하게 위장된 외국을 대표하는 사람들과의 이러한 투쟁은 여러 형태를 띠었다. 외국인과 접촉했거나, 외국에 친척이 있거나, 과거에 외국을 여행했던 사람이라면 누구든 처음부터 밀착해서 감시해야 했다. 동독 당국은 서방 언론, 특히 미국 점령 당국의 지원을 받으며 방송되는 미국지구라디오Rundfunk im amerikanischen Sektor, RIAS와 접촉하는 사람들의 명단을 보유했다. 정보원과 스파이를 항시 활동하게 하는 특별한 노력도 기울였다.[63]

헝가리 상황도 마찬가지여서 외국인과 접촉하는 헝가리인은 모두 스파이로 의심받았다. 헝가리 부부인 일로나Ilona와 엔드레 마르톤Endre Marton은 1948년 에이피Assciated Press, AP와 유피United Press, UP의 미국 특파원으로 임명된 후 밤낮없이 경찰과 정보원의 미행을 받았고, 두 사람의 딸인 카티Kati도 이후 모든 행적이 기록되었다. 카페에 가든, 동료와 사귀든, 오후에 스키를 타든 헝가리 국가보안부는 이 모든 행적을 1950년까지 1600쪽에 달하는 파일로 기록했다. 그들은 스파이가 아니었지만(반대로 일부 미국 외교관들이 그들을 매우 경계했다) 1955년 마르톤 부부는 결국 체포되었다. '마르톤 여사 심문 계획'에는 "1945년 이후 그녀가 만난 사람들과 그녀가 그들과 형성한 연줄"뿐 아니라 "미국인들과의 접촉과 스파이 행각", "서방 생활 방식 선호"에 대한 논의가 포함되어 있었다.[64]

적들과 투쟁하며, 새로운 보안경찰들은 처음부터 친구와 정보원을 포섭하는 정교한 기술을 숙달해야 했다. 적은 정체를 감추고 있기 때문에 아군과 적진에서 속임수를 쓰고 비밀 동맹과 신중히 협력해야만 색출할 수 있었다. 초기 슈타지 훈련 교본은 이런 종류의 포섭이 얼마나 중요한지를 매우 정확히 설명하고 있다.

음모를 꾸미는 방법으로 모든 분야에서 적을 색출하고 파괴하는 것이 (국가보안부의) 특별한 임무기 때문에, 우리 공화국 시민들과 적진의 애국자들은 비공식적으로 협력해야 한다. 이런 종류의 협력에 관여하는 시민들은 특히 슈타지에 대해 높은 수준의 신뢰를 표명하고 있다. 이런 형태의 협력이 우리 과업에 가장 중요하기 때문에 슈타지의 모든 요원들은 이러한 중요한 임무에 애정을 갖도록 훈련되고, 보이지 않는 전선에서 싸우는 전사들과 애국자들을 존경하고 높이 평가하도록 훈련되어야 한다.[65]

실제로 이 말은 비밀경찰 요원들이 설득, 뇌물, 협박, 위협의 기술을 훈련받아야 한다는 것을 의미했다. 그들은 아내가 남편을 감시하고 아이들이 부모에 대한 정보를 제공하도록 설득해야 했다. 예를 들면 그들은 1950년 슈타지를 위해 막스 쿤츠Max Kunz라는 가명으로 비밀리에 일하기 시작한 브루노 쿤켈Bruno Kunkel 같은 사람들을 색출하고 감시하는 법을 배워야 했다. 잘 보존된 그의 파일에는 비밀경찰이 가장 가까운 협력자들, 음모 공작을 돕는 사람들을 얼마나 많이 알아야 했는가를 적나라하게 보여준다. 쿤켈의 파일에는 그의 모든 정치적·직업적 연계(공산당 청년집단, 자동차 수리 견습)뿐 아니라 모든 가족 구성원들의 직업적·정치적 연계가 나열되어 있다.[66] 동료들과 상관들이 작성한 심리 프로필도 있는데, 좋은 평가만 있지는 않다("K는 의지가 약하다. 그는 가벼운 성격에다 피상적이다. … 그의 계급의식은 약한 정도로만 발달했다. 그러나 소련과 반파시스트 민주 질서에 호의적이다"). 그는 채용될 때까지 철저한 검증을 받았지만, 그러고도 끔찍한 맹세를 해야 했다.

나, 브루노 쿤켈은 독일민주공화국의 국가 보안기관을 위해 일할 것을 분명히 선서한다. 나는 독일민주공화국이나 소련에 맞서 활동하는 사람들을 색출하고 즉각 보고할 의무가 있다. 나는 상관이 하달하는 명령을 정확히 수행할 것을 맹세한다. 국가 보안기관에 대한 나의 의무는 비밀로 남아야 하고, 이에 대해 가족을 포함한 아무에게도 발설하지 말아야 한다는 설명을 들었다. 이 모든 것을 비밀로 지키기 위해 나는 쿤츠라는 암호명으로 제출하는 보고서에 서명할 것이다. 내가 서명한 이 선언을 퍼뜨릴 경우 엄한 벌을 받을 것이다.[67]

그는 '브루노 쿤켈'과 '막스 쿤츠'라는 이름으로 서명했고, 충직한 슈타지 요원이 되었던 것으로 보인다. 얼마 안 가 그는 음모 활동을 멈추고 슈타지를 위해 풀타임으로 일했기 때문이다.

이후 수년간 동유럽 곳곳에서 수만 명이 유사한 양식에 서명을 해야만 했다. 일단 서명하면 그들은 정말 기밀을 지키고, 그들이 보고하는 모든 정보가 신뢰할 만하다는 것을 증명하기 위해 세밀한 감시를 받아야 했다. 정보원들은 대중을 감시했지만, 비밀경찰은 정보원을 감시하는 법을 배워야 했다. 결국 동유럽 비밀경찰은 국내외, 당 안팎, 자신의 조직 내외에서 알려지지 않은 적과 정체가 드러나지 않은 적에 맞서 거의 불가능한 수준의 경계 태세를 유지하려고 분투했다. 이는 민주적 협력에 도움이 되는 사고방식은 아니었다.

5장

폭력

민주적으로 보여야 하지만, 우리가 모든 것을 통제해야 한다는 것은 너무나 분명하다.

— 발터 울브리히트, 1945[1]

처음부터 소련과 동유럽 공산당은 폭력을 써가며 목표를 추구했다. 그들은 모든 나라에서 내무부, 국방부 같은 권력 부처를 장악했고, 경찰 병력과 초기 군대를 유리하게 배치했다. 종전 후 이러한 폭력은 소련군이 베를린 진격 중에 저지른 대규모의 무차별적인 것이 아니라 체포, 구타, 처형, 집단수용소 등 선별적으로 세심하게 목표가 정해진 형태를 띠었다. 이 모든 것은 소련과 공산당의 실재하거나, 추정되거나, 상상되거나, 장차 직면할 비교적 소수의 적들을 향했다. 물리적으로 그들을 파괴하면서 어떤 무장 저항도 소용없다는 인식을 만들어내기 위해서였다.[2]

물론 그들이 대놓고 이렇게 말하지는 않았다. 적어도 처음에는 NKVD와 새로 조직된 비밀경찰이 파시즘의 잔재에 대한 전쟁을 목소리 높여 선언했고, 소련 관리들과 현지 공산당은 나치 협력자들과 부역자들에게 강력한 프로파간다를 전개했다. 이런 면에서 그들은 프랑스, 네덜란드, 그리고 과거에 점령되었던 유럽 나머지 지역의 재건된 민족 정부와 다르지 않았다.³ 그러나 소련군이 점령한 모든 나라에서 '파시스트'의 정의는 점점 확장되고 확대되어 나치 부역자뿐 아니라 소련 점령 당국과 소련의 현지 동맹 세력이 싫어하는 사람들을 포함하게 되었다. 시간이 지나면서 파시스트는 이른바 조지 오웰 방식으로, 반공산주의자이기도 한 반파시스트를 표현하는 데 사용되었다. 정의가 이렇게 확장될 때마다 체포가 뒤따랐다.

이러한 파시스트 중 일부는 미리 정해졌다. 역사학자 아미르 와이너 Amir Weiner는 NKVD가 수년간 동유럽, 특히 폴란드와 발트 국가들에서 잠재적인 '적들'의 명단을 수집한 점을 지적했다(그러나 와이너는 폴란드에 대한 NKVD의 뛰어난 '지식'과 NKVD의 빈약한 문화적, 역사적 이해를 구분한다).⁴ 그들은 신문, 스파이, 외교관들로부터 명단을 모았다. 이름을 확보하지 못했을 때는 체포할 사람들의 유형 목록을 준비했다. 1941년 5월 스탈린 자신이 폴란드 동부의 새로 점령한 지역에서 그런 명단을 제공했다. 그는 폴란드 반혁명 조직 멤버뿐 아니라 그들의 가족과 과거 폴란드군 장교, 전직 경찰, 전직 공무원의 체포와 추방을 요구했다.⁵

모든 체포가 단번에 진행되지는 않았다. 많은 경우 스탈린은 동유럽 공산주의자들에게 새로운 사회질서를 확립하는 동안 신중하게 일을 추진하라고 명령했다. 당시 작은 규모였던 폴란드 공산당은 1944년 봄 모스크바로부터 당 간부들은 모든 민주 세력과 함께 일하고('모든'에 밑줄이 그어져 있었다), 더 많은 반동 정당의 일반 당원들에게 프로파간다를 전개하라는 메시지를 받았다.⁶ 스탈린의 초기 정책은 조심스럽게 나아가되 연합국을 화나게 하지 말고, 설득이나 잠행潛行으로 민심을 얻는 것이었다. 헝가리에서 자유선거가 치러지고, 다른 곳에서 일부 독립 정당들이 용인되고, 1948년까지도 스탈린이 동독 공산당에게

"직진이 아니라 지그재그로 우회하는 길을 통한 사회주의로의 이행"을 함의한 '기회주의적 정책'을 취하라고 말한 이유다. 놀랍게도 그는 심지어 나치 전범도 당원으로 받아들이는 것을 고려해보라고 제안하기까지 했다.[7] '민족전선' 모델이 모스크바에서 비행기로 날아오거나, 소련군과 함께 도보로 도착한 모든 지역 공산당원들에게 주입되었다. 공산당 구호를 사용하지 말고, 프롤레타리아독재를 발설하지 말고, 연정·동맹·민주주의에 대한 이야기를 하라는 지시였다.

　이러한 온건한 의도에도 불구하고, 항상 의도적이지는 않았지만 폭력이 바로 강화되곤 했다. 천천히 움직이라는 명령은 시행될 수 없는 경우가 많았다. 소련군 병사들과 관리들이 그러한 정책을 실행할 지적, 심리적 준비가 되지 않았기 때문이었다. 볼셰비키 학교에서 교육받고 적군이나 NKVD에서 훈련받은 소련군 장교에게, 공산당 외에 어떠한 정치 집단에든 적극 참여한 사람은 정의상 의심스러운 인물이거나 아마 파괴공작자 또는 스파이였다. 모스크바의 정치국원들은 이론적으로 사회주의적 민주주의 창설에 대해 말할 수 있어도, 현지에 있는 소련 행정가들은 전체주의국가 외에 어떤 것도 용인할 수 없는 경우가 많았다. 해방된 시민들이 새 정권이 수사적으로 약속했을 언론·출판의 자유를 행사하기 시작하면 이들은 본능적인 두려움으로 반응했다.

　새로운 소련군 행정당국과 현지 공산당의 기대가 너무 빨리 무너진 것도 폭력이 가속화된 이유였다. 승리한 소련군이 유럽을 지나 행진한 후, 현지 공산당원들은 노동계급이 혁명에 가담하길 기대했다. 그런 상황이 전개되지 않자, 한 바르샤바 당 간부가 표현한 대로 그들은 동포들의 "이해할 수 없는 저항 정신과 완전한 무지"에 분통을 터뜨렸다.[8] 소련과 동유럽 문화의 엄청난 충돌과 맞물린 이들의 좌절감은 정치 폭력에도 직접적으로 영향을 주었다.

일부 국가에서는 점령 초기 '자유'의 순간이 없었다. 폴란드에서 소련은 폴란드 국내군과 특히 폴란드 동부의 파르티잔 부대들을 종전 훨씬 전부터 강렬한 적대감을 가지고 대했다. 1939년 소련군이 처음 폴란드 동부를 침공하여 점령하면서 폴란드 상인, 정치인, 공무원, 성직자의 대량 체포와 강제이주가 단행되었다. 폭력은 서부 러시아 숲에서 최소 2만 1000명의 폴란드 장교들을 죽인 악명 높은 대학살로 절정에 달했다. 집단 매장지가 카틴 마을에서 처음 발견되어 카틴 대학살로 알려진 비극이었다. 카틴 희생자의 다수는 의사, 변호사, 대학 강사로 민간 생활을 하던 폴란드군 예비역 장교들, 다시 말하면 폴란드의 애국적, 지적 엘리트들이었다. 폴란드 국내군, 망명자, 지하운동 지도자들은 이 비극을 잘 알고 있었다. 1941년 나치 독일군이 카틴 숲에서 집단 매장지 중 하나를 발견하자 폴란드 망명정부는 소련과 외교 관계를 완전히 단절했다.

　1944년 소련의 2차 침공 때도 폴란드 국내군은 기본적으로 반反공산 조직이 아니었다. 규정짓자면 폴란드 국내군은 1942년 주류 폴란드 저항운동인 폴란드 지하국가의 무장 집단으로 형성된 반나치, 반파시스트였다. 반파시즘은 폴란드 국내군 병사들을 결합시키는 거의 유일한 정치적 정서였다. 실상을 보면 그들 중에는 사회주의자, 사회민주주의자, 민족주의자, 농업당 소속이 포함되어 있었다. 절정기에는 약 30만 명의 무장한 파르티잔이 가담해 폴란드 국내군은 적어도 노르망

디 상륙작전 이후 프랑스 레지스탕스가 세력을 확대할 때까지는 유럽에서 유고슬라비아 파르티잔 다음가는 저항세력이었다. 폴란드 국내군은 법적으로 런던에 망명 중인 폴란드 헌정 정부에 소속되어, 폴란드 내의 어떤 소규모 저항운동도 주장할 수 없는 전쟁 전 폴란드의 정통성과 지속성을 모두 확보하고 있었다.[9]

프랑스의 샤를 드골 추종자들처럼 폴란드 국내군은 지도자들이 전후 임시정부 형성에 큰 역할을 맡는다는 전제하에 활동했다. 폴란드 국내군 병사들은 스스로를 영국, 프랑스, 소련과 함께 싸우는 연합군으로 생각했고, 이 판단은 맞았다. 소련군이 곧 진입할 것을 기대한 폴란드 국내군은 후퇴하는 독일군에 맞서 군대를 동원해 소련군과 전술적 협력을 할 작정이었다. 1943년 10월 폴란드 국내군 지휘관들은 런던 망명정부에 이 문제에 대해 "역사적으로 투명한" 결정을 내려달라고 요청했고, 그후 폴란드 국내군 부대들은 소련군에 대항해 싸우지 말라는, 직접 받은 명령에 따라 움직였다.[10] 폴란드 국내군 파르티잔 지도자들은 소련군에게 자신들의 정체를 알리고, 독일군과 싸우는 소련군 병사들을 최대한 지원하라는 지시를 받았다.[11] 또한 그들은 나중에 정치적 이점을 선점하기 위해 도시 해방에 노력을 집중해야 했다.[12]

초기 조우 중 일부는 순조로웠다. 1944년 3월, 소련군의 전방 정찰부대 장교들은 볼히니아Volhynia 제27보병사단 장교들과 만나 오늘날 우크라이나 서부에 있는 전쟁 전 폴란드에 속했던 코벨Kovel을 해방시키는 데 협력하기로 합의했다. 폴란드 병사들은 전투 중 소련군의 작전 지휘를 받는 데 동의했고, 소련군은 폴란드 병사들에게 탄약을 제공하고 그들의 정치적 독립을 인정하는 데 동의했다. 3주 동안 폴란드 병사들과 소련군 병사들은 협력하여 전투를 치르며 몇 개의 마을을 점

령했고, 그 과정에서 많은 사상자를 냈다.[13]

만일 소련의 정치적 목표가 달랐다면, 협력의 모델이 될 수 있었을 것이다. 그러나 안 좋은 결과로 끝나버렸다. 7월 폴란드 사단장은 소련군과 계속 협력하고 싶다는 의사를 밝히면서도, 루블린에 새로 구성된 공산당이 이끄는 폴란드민족해방위원회와는 협력하지 않겠다고 선언했다. 협력은 그렇게 끝났다. 폴란드 국내군 사단은 바로 소련군 병력에 포위되어 무장 해제되었다. 부대원 중 일부는 강제노동수용소로 보내졌고, 나머지 병사들은 체포되었다.[14] 이후 소련군과 폴란드 국내군의 조우는 협력, 배신, 무장해제, 체포의 패턴을 정확히 따랐다.[15]

1944년 봄여름, 소련군의 2차 폴란드 침공이 진행되면서 소련 지도부는 소련군과 폴란드 국내군의 상호작용에 지대한 관심을 보였다. 잔인하고 이중적인 NKVD 수장 라브렌티 베리아Lavrentii Beria는 날마다 경계심을 자극하는 언어를 써가며 폴란드 상황을 세세히 스탈린에게 보고했다. 예를 들면 1944년 6월 29일 베리아는 스탈린에게 당시 서부 벨라루스(과거 폴란드 동부였지만, 1939년 이후 소련에 점령된 땅)에서 작전을 준비 중인 '폴란드 도당Polish bands' 명단을 제출했다(도당이란 단어는 모호하게 범죄 집단을 의미한다). 그는 이 도당이 "전쟁 전 폴란드(자본주의적이고 귀족적이며, 소련에 적대적이었다)에서와 같은 원칙으로 조직되었다"라고 보고서에 적었다. 그는 이들이 "영국의 폴란드 정부 군사 집단과 직접적 연계"를 유지하고 있다고 악의적으로 적고, 나중에 보고할 때는 이들이 때로 런던에서 온 사절과 만났다고 적시했다(이 말은 이들이 서방 영향력의 도구임이 틀림없다는 뜻이었다). 그는 그 지역에 1만–2만 명의 무장 집단이 있다고 추정하면서 그들 모두를 몹시 수상쩍어했다.[16]

베리아는 도당이 독일군에 맞서 주요 공세를 준비 중인 것으로 보인다는 내용도 적었는데, 이는 사실이었다. 1944년 6월 말 폴란드 옛 영토에 있던 폴란드 국내군 병사들은 실제로 소련군이 도착하기 전에 폴란드 도시들을 나치 점령에서 해방시키는 것을 목표로 한 일련의 반란인 '광풍 작전Operation Tempest'을 준비하고 있었다. 이 중 바르샤바 봉기가 가장 유명하지만, 작은 반란도 빌뉴스와 르비우(폴란드인들은 여전히 빌노, 르부프라고 불렀다)에서 계획되었다. 폴란드 국내군 지도자들이 런던과 접촉하고 있을 것이라는 베리아의 추정도 정확했다. 폴란드 국내군은 외부와의 통신이 원시적이고 불규칙했지만, 동쪽 숲에서 싸우는 파르티잔 부대들은 자신들을 런던 망명정부의 지휘 아래 싸우는 정식 군대의 일부라고 여겼다. 이들은 전쟁이 끝나면 1939년 소련이 점령한 폴란드 영토가 폴란드 주권에 귀속되고, 전쟁 전 국경이 복구될 것이라고 전제했다.

결국 베리아의 보고는 더 나아갔다. 그는 폴란드 국내군이 귀족적 자본주의 세력이라고 악의적으로 보고했을 뿐 아니라, 그 지도자들이 독일에 부역하고 있다고 암시했다. 첩보에서 나온 용어를 빌려 그는 스탈린에게 바르샤바와 빌뉴스의 폴란드 국내군 중앙 부대는 모두 "독일인들을 위해 암약하고, (독일) 돈으로 무장하고, 볼셰비키·(공산주의) 파르티잔·집단농장에 대항하는 선동을 수행하며 서부 벨라루스에 남은 공산주의자들을 살해하고 있다"라고 보고했다.[17] 베리아는 그때나 이후에나 빌크wilk(늑대)라는 가명으로 잘 알려진 동부 폴란드의 현지 지휘관 알렉산더 크지자노프스키Aleksander Krzyzanowski의 동기를 깊이 의심했다. 7월 베리아는 빌크 장군이 독일군 점령 기간 중 바르샤바에서 불법적으로 현지에 들어온 정체불명의 인물이라고 적었다. 설상가상으로 빌크의 부하 1명이 소련군에게 이미 정체를 밝히고 소련군 지휘관들에게 빌뉴스 해방에 협력할 것을 요청했다. "폴란드인들이 빌뉴스를 점령할 권리가 있다고 생각하다니!" 베리아는 이 요구가 터무니없다고 생각하며 "이 폴란드 군대는 주민들을 혼란스럽게 한다"고 불평했다. 그는 이 지역 주민들은 폴란드가 아니라 소련 덕분에 해방되었다는 인상을 받아야 한다고 설명했다.[18]

빌크 장군에 대한 베리아의 참소 중 몇 가지는 진짜처럼 들린다. 빌뉴스 주변과 서부 벨라루스, 서부 우크라이나 지역의 많은 폴란드 파르티잔 집단들은 확연히 공산주의자들을 의심했고, 충분히 그럴 이유가 있었다. 이 지역은 1939년부터 1941년까지 소련이 점령하고 테러를 자행한 곳이자, 50만 명의 폴란드인이 소련으로 강제이주를 당하거나 집단수용소에 수감된 곳이었다. 생존자들은 분노에 차 있었다. 그들은 카틴 숲 대학살에 대해 알고 있었고, 수백 년 동안 폴란드 도시였고 당시에도 폴란드인이 다수 살고 있는 빌뉴스를 되찾을 권리가 있다고 분명히 생각했다. 그들은 소련군이 진격해 오기 전 자신들의 나라를 해방시키는 데 도움이 된다면 후퇴하는 독일군이 남기고 간 무기를 사용해도 전혀 부끄럽지 않다고 생각했다.

그러나 폴란드 국내군 대대들이 "독일군에게 봉사하고 있다"는 것은 터무니없는 보고였다. 1939년부터 독일군과 싸워온 빌크 장군은 결코 파시스트가 아니었다. 그는 당시에든 이후에든 소련군에 저항하라고 명령할 만한 높은 지위에 있지도 않았다. 베리아가 빌크 같은 사람들을 혐오한 것은 이념적 이유에서였고, 아마 독선적인 이유도 있었을 것이다. 그는 건방진 비공산주의 폴란드인이 소련 장교들에게 도전한다는 생각 자체를 혐오했다.

이러한 태도는 지휘 계통에 그대로 반영되었다. 7월 사령부에 올린 보고서에서 제1벨라루스집단군 사령관은 한 폴란드 '파르티잔'(베리아처럼 그도 이 단어에 인용 부호를 넣었다)을 만났는데 놀랍게도 그가 자신과 동등한 것처럼 행동했다고 보고했다. 그는 이 폴란드인이 사단의 지휘관이라고 주장하면서 무기와 지원을 요청했다고 기록했다. 며칠 후 야전에서 올라온 보고는 쓰러진 미군 조종사들을 발견한 또다른 폴란드 파르티잔 부대를 만났다는 내용이었다. 이 폴란드인들은 미군 조종사들을 소련군에 넘기라는 명령을 거부했다. "이들은 파르티잔이 아닙니다. 런던의 폴란드 정부에 충성하는 폴란드 사단이라고요!" 야전에 있던 대령은 이렇게 불평했다.[19] 사실 그들은 둘 다에 해당되었다. 그러나 그 대령은 소련 파르티잔이 아닌 파르티잔을 떠올릴 만큼 정신적 지평을 확장할 수 없었다.

한여름, 협력하는 척하던 가식은 모두 사라지고 소련군은 폴란드 국내군을 대놓고 적대 세력으로 취급하기 시작했다. 1944년 7월 중순 베리아는 비밀경찰 방법을 동원한 "체키스트 조치를 취하느라" 1만 2000명의 NKVD 병력을 파견했노라고 스탈린에게 보고했다. 숲에 남은 폴란드 국내군 잔존 세력을 뿌리 뽑고 그들에게 음식과 숙소를 제공한 주민들을 평정하기 위해서였다.[20] 앞서 언급한 대로 베리아는 그들을 지휘할 세로프 장군도 파견했다. 세로프는 이미 1939~41년 동부 폴란드와 발트 국가들에서 위험 요소들의 강제이주 작업을 감독하고, 1944년 크림반도에서 크림타타르를 강제로 이주시키는 잔혹한 작업을 지휘한 경력이 있었다. 소수민족 '평정'은 그의 장기였다.[21]

세로프는 신속하게 행동했다. 7월 17일 그의 명령에 따라 소련군 지휘관들이 빌크 장군에게 만나자고 제안했다. 빌크는 회동 장소에 도착하자마자 무장해제를 당하고 체포되었다. 이후 이틀 동안 그의 많은 부하들도 소환당해 무장을 해제당하고 체포되었다. 7월 20일까지 소련군은 650명의 장교를 포함한 6000명의 폴란드 국내군 파르티잔을 체포해 무장해제를 시켰다.[22] 그들 대부분은 더 나은 무기와 지원 약속에 유인되어 불시에 체포되었다. 예컨대 7월 14일 젊은 파르티잔 전사 헨리크 사발라Henryk Sawala는 자신이 소속된 부대가 새로 편성된 폴란드–소련군 사단에 편입된다는 말을 들었다. 그의 지휘관은 그들이 6주간 훈련을 받을 것이라고 설명했다. 그러고 나서 소련군 야포와 전차의 지원을 받으며 소련군과 함께 진격할 것이라는 얘기였다. 기쁜 마음으로 사발라는 7월 18일 새로 편성된 사단으로 자신을 데려갈 소련군 장교에게 출두했다. 그러고는 바로 체포되었다.

"우리는 50명의 (NKVD) 병사 집단을 만나 무장해제가 되었어요." 훗날 그는 당시 기억을 되새겼다. 동료 파르티잔 중 일부는 체포에 저항하면서 명예로운 죽음을 택했다. 그러나 수적으로 크게 열세인 것을 자각한 대부분의 파르티잔은 불필요한 대학살을 피하기로 결심하고 즉시 무기를 내려놓았다. 그다음 사발라를 비롯한 그들 모두는 무장한 병사들의 감시 속에 식량도 없이 행군하여 빌뉴스에서 약 40킬로미터 떨어진 수용소까지 걸어갔다. 서쪽에서는 전투가 벌어지고 있었지만, 후퇴하는 독일군과 기꺼이 싸웠을 이 훈련받은 파르티잔들은 아무 일도 못 하고 비좁은 환경에서 며칠을 보내야 했다. "우리는 통조림 속 정어리처럼 다닥다닥 붙어서 잤어요." 그는 당시를 떠올리며 "먹은 건 빵과 청어뿐"이었다고 했다.[23]

드디어 회의 자리에 불려간 그들은 거래를 제안받았다. 폴란드 군복을 입은 병사 하나가(사발라의 기억에 따르면 그는 폴란드어보다 러시아어를 많이 써서 말을 알아듣기가 힘들었다) 그들에게 소련군 예하 폴란드 사단에 가담하고 배신자 같은 런던 정부를 거부할 것을 촉구했다. 그러고 나서 폴란드 공산주의 작가 예지 푸트라멘트Jerzy Putrament가 일어나 같은 메시지를 반복했다. 이에 대한 반응은 긍정적이지 않았다. 파르티잔들은 푸트라멘트 얼굴에 진흙을 던지며 자신들의 지휘관이 복귀할 것을 요구했다. 엉터리 폴란드 말을 하던 선동자는 점잖은 태도를 버리고, 그들 모두가 당장 소련군에 가담하지 않으면 어딘가에서 바위를 쪼개다가 죽을 것이라고 소리쳤다. 격분한 대부분의 파르티잔은 이 제안을 거부했다. 그들은 동쪽 먼 곳의 강제노동수용소로 이송되었고, 일부는 더 멀리 떨어진 강제노동수용소로 보내졌다. 사발라는 모스크바 남서부 칼루가에 있는 수용소로 보내졌다.[24] 가족을 비롯해 폴란드 국내군의 고난을 동정하는 사람들도 공격을 당했다. 1944년부터 1947년 사이 NKVD는 과거에 폴란드 동부였던 지역에서 총 3만 5000~4만 5000명의 주민을 체포했다.[25]

소련조차 폴란드 영토로 인정한 지역으로 진주하면서 소련군 지휘관들은 폴란드 국내군에 대한 경계를 늦추지 않았고, 그 지도자들에 대한 의심도 거두지 않았다. 소련군은 폴란드로 깊숙이 진격할수록 더 잔인해지고, 단호해지고, 무자비해졌다. 서부 폴란드의 포즈난에 이르러 그들은 일주일 만에 수십 명의 폴란드 국내군 파르티잔을 체포해 수감한 다음 잔인한 심문과 고문을 가했다. 그런 다음 NKVD는 시 외곽 숲에서 주민 수천 명에 대한 집단처형을 단행했다.[26] 폴란드 국내군도 진격해 오는 소련군을 더이상 잠재적 동맹으로 간주하지 않았다. 폴란드 국내군 파르티잔들은 새로운 이 침략자들에게 자신의 정체를 드러내는 일을 멈추었다. 일부는 무기를 버리고 민간인들 사이로 들어갔다. 다른 파르티잔들은 숲으로 들어가 앞으로 벌어질 일을 관망했다.

동부 폴란드에서 일어난 일에 대한 소문은 빠르게 바르샤바로 전해졌다. 바르샤바에 있던 폴란드 국내군 지도자들은 간헐적으로만 런던 망명정부와 접촉했고, 남은 전쟁의 진전 상황을 거의 모르고 있었다. 하지만 그들은 소련군이 동지들을 체포해 무장해제한다는 것을 알고 있었다. 혼란과 공포가 만연한 가운데 그들은 8월 1일, 용감했지만 재앙으로 끝나게 되는 바르샤바 봉기를 일으킨다. 소련군이 바르샤바 시내에 들어오기 전에 나치 독일군을 몰아내고 바르샤바를 해방시키려는 시도였다. 독일군은 잔인하게 반격을 가했다. 주로 폴란드와 남아프리카 조종사들이 모는 영국과 미국 항공기들이 반군에게 식량과 탄약을 공수했지만 전세를 역전시키기에는 부족했다. 그 시점에 비스와강 너머까지 진격한 소련군은 동부 외곽에 머물며 아무것도 하지 않았다. 스탈린은 반군에게 지원 물자를 수송하는 연합군 비행기들의 소련 영토 착륙을 허락하지 않았다.[27]

스탈린은 훗날 이 봉기에 대해 아무것도 몰랐던 것으로 가장했지만, 소련군 정보요원들은 바르샤바 전투 상황을 세심히 관찰하면서 주민들의 동향을 주시했다. 10월 초, 봉기가 비극적이고 잔인한 종말로 끝나자 소련군 대령은 모스크바로 보내는 수많은 상세한 보고서 중 하나에 현지 상황을 서술했다. 수십만 명의 바르샤바 주민이 사망하고, 도시 자체가 더이상 존재하지 않았지만(봉기가 끝나자 독일군은 남아 있는 건물에 체계적으로 폭발물을 장치해 파괴하고, 생존자들을 전부 강제노동수용소로 보냈다) 그의 주된 관심사는 폴란드 국내군 잔존 세력과 이보다 훨씬 수가 적은 공산당 무장 집단인 인민적위대Gwardia Ludowa의 관계였다. 그는 폴란드 국내군이 인민적위대와 무기를 공유하지 않았다고 불평했다. 더 나쁜 것은 폴란드 국내군 지도자들이 다음과 같이 소련에 대한 부정적인 프로파간다를 퍼뜨리고 있다는 보고였다.

그들의 회보를 보면, 소련 공수 물자에서 얻은 시원찮은 지원을 강조하면서 동시에 영·미의 노력을 찬양하고 있다. 따라서 이 조직은 소련군에 맞선 행동을 준비하고 있는 것이 분명하다. … 폴란드군(소련군 지휘하에 있는 폴란드 병력)은 폴란드의 국가 이익과 아무 상관이 없는 소련 스파이라는 소문도 퍼졌다.[28]

봉기가 끝난 후, 즉 바르샤바가 불타 폐허가 되고 폴란드 지하국가 지도자들이 처형되거나 독일 수용소로 끌려가고, 약 20만 명의 주민이 사망한 후 야전 지휘관들이 사령부에 보내는 보고와 스탈린에게 올리는 베리아의 보고의 어조는 더욱 가혹해졌다. 11월 1일 베리아는 폴란드 국내군 지도부를 뜻하는 "백군white-폴란드군-민족 도당 혁명 조직의 반소련 활동"에 대한 보고서를 스탈린에게 제출했다.[29] 그달 후반 소련 야전군 사령관은 무장한 폴란드 국내군 요원 모두에 대한 탄압적 조치 강화를 건의했다. 소련군 병력이 전선에서 투입되고, 더 많은 NKVD 병력이 배치되고, 드디어 새로운 폴란드 비밀경찰도 폴란드 저항세력과의 실제 전투에 투입되었다.[30] 특히 NKVD 병력 증강 덕분에 1944년 11월 셋째 주까지 3692명의 폴란드 국내군 전투원이 체포되었다. 12월 1일 이 숫자는 5069명으로 늘어났다.[31]

바르샤바에서 벌어진 참혹한 전투로 폴란드 대중은 급진화되었다. 전쟁에 승리하는 낭만적 종결을 기대했던 많은 사람들은 이제 허무주의에 빠졌다. 훗날 바르샤바 봉기는 폴란드 독립을 위한 최후의 영웅적 저항으로 기억되었고, 그 지도자들은 처음에는 반공산주의 지하 저항세력의 영웅이었다가 나중에는 탈공산국가의 영웅이 된다. 현재 바르샤바에는 이 봉기에 대한 여러 기념비가 세워져 있고, 바르샤바 거리와 광장은 봉기 지도자들과 전사들의 이름을 따서 명명되었다. 그러나 1944-45년 겨울, 바르샤바의 파괴가 현실로 다가오고 소련군의 만행이 늘어나면서 이 봉기는 재앙 같은 끔찍한 실수로 널리 간주되었다. 애국심이 강한 음악가이자 작곡가인 안제이 파누프니크Andrzej Panufnik는 바르샤바 봉기가 일어났을 때 와병 중인 모친을 돌보느라 바르샤바 외곽에 있었다. 아버지가 시내에서 돌아와 "남성, 여성, 아이들의 용감한 희생"에 대해 이야기하기 시작하자, 파누프니크는 "이 봉기는 소련군이 구해주러 올 것이라는 잘못된 희망에 기초한 무서운 실책이라고 확신"했다.[32] 소련군 휘하 폴란드인 사단인 코시치우슈코 사단에 소속되었던 시몬 보이코Szymon Bojko는 봉기 막바지에 도착해 강 건너에서 불타는 바르샤바를 바라보았다. "내 안에 재앙이 일어난 것 같은 느낌이었다." 그는 훗날 이렇게 회고했다. "정치적인 사건은 아니었다. 불길한 예감만 들었다."[33] 역사학자 안제이 프리스케Andrzej Friszke의 말에 따르면 이 실패는 "깊은 우울, 믿었던 서방에 대해 갖게 된 위기감, 그리고 이 나라가 러시아에 의존하고 있다는 통렬한 자각"을 가져왔다.[34]

몇 달 후 얄타 회담 소식이 폴란드에 전해지면서 근심은 더욱 깊어졌다. 폴란드인들은 얄타 회담 결정의 애매한 문구, 특히 감시나 강요를 당할 수 없는 "자유롭고 제약 없는 선거"의 의미를 놓고 고심했다. 얄타는 당시뿐만 아니라 이후에도 서방의 배신으로 간주되었다. 마침내 현실이 닥쳤다. 서방 연합국은 폴란드를 돕지 않을 것이었다. 소련

군은 동부에서 권력을 장악하고 눌러앉을 터였다.[35]

알타 회담 후 폴란드 국내군 지도자들은 더이상 예전 같은 권위를 갖지 못했다. 바르샤바 봉기 후 폴란드 국내군은 레오폴드 오쿨리츠키 Leopold Okulicki 장군 지도 아래 조직을 재건했다. 그러나 서방의 지원도 없고, 바르샤바에서 수십만 명의 젊은 전사들이 사라진 상태에서 폴란드인들은 소련과 싸울 자신들의 능력을 믿지 못했다. 오쿨리츠키 장군은 자신이 정통성을 잃은 것을 깨닫고 1945년 1월 폴란드 국내군을 해산했다. 감동적인 마지막 연설에서 그는 병사들에게 신념을 지키라고 당부했다.

국가의 길잡이, 독립국 폴란드의 창설자가 되도록 노력하라. 이런 활동에서 우리는 스스로 사령관이 되어야 한다. 귀관들이 이 명령에 복종하고, 폴란드에만 충성하며, 귀관들의 미래 과업을 쉽게 만들 것을 확신하며, 폴란드 공화국 대통령의 재가를 받아 나는 귀관들을 충성 서약에서 풀어주고 (폴란드 국내군) 병력을 해산한다.[36]

동포들에게 저항군에서 빠져나가도록 촉구한 오쿨리츠키는 더 깊은 지하활동 속으로 물러났다. 폴란드 국내군 지도자들도 정체를 숨긴 채 더 나은 미래를 기다리기로 했다. 그러나 그 미래는 오지 않았다. 1945년 2월 말, 오쿨리츠키와 그의 지휘관들을 접촉한 NKVD는 그들을 바르샤바 교외에서 가질 세로프 장군과의 회동에 초청했다. 정체가 소련 비밀경찰에 노출된 것을 안 그들은 알타 조약으로 소련이 새로운 폴란드 정부에 비공산주의자를 일부 포함하기로 했을 것이라고 믿고 더 나은 결과를 기대하며 회동 장소로 갔다.

그러나 돌아온 사람은 아무도 없었다. 먼저 붙잡힌 빌크 장군처럼 16명이 체포되어 모스크바로 압송되었고, 루비얀카Lubyanka 감옥(소련에서 가장 악명 높은 감옥)에 수감되었다. 그들은 "독일군과 연합해 소련에 맞서 무장봉기를 준비"했다는 죄로 기소되었다. 달리 말하자면 그들은 '파시스트' 동조 혐의로 기소되었다. 대부분이 장기형을 선고받았고, 오쿨리츠키를 포함한 3명은 결국 감옥에서 사망했다.

폴란드 지하 저항세력에게 교훈을 주고, 소련의 의도를 외부 세계에 알리기 위한 체포였다. 폴란드 공산당원들에게도 메시지를 전달한 셈이었다. 그들 중 일부는 합법적으로 폴란드 국내군의 지원을 받길 기대하고 있었다. 야쿠프 베르만은 이 체포가 동지들에게 "충격을 주고 우려하게 만들었다"라고 적었다. 이들은 폴란드 국내군 지도자들을 서로 싸우게 해서 오쿨리츠키와 나머지 지도자들의 인기가 떨어지도록 만드는 '분할 지배divide and rule' 정책을 통해 폴란드 국내군을 약화시키려고 계획했었다. 하지만 16명의 체포는 폴란드 사회의 상당수가 공산당에 맞서 단합하도록 만들었다.[37]

폴란드 지하 저항세력 지도자들의 난데없는 체포는 소련과 영·미 연합국 세력 간에 심각한 첫 분열을 가져왔다. 처칠은 루스벨트에게 보낸 편지에서 이 체포가 전환점이 되었다고 말했다. "이 사건은 민주주의, 주권, 독립, 대의 정부, 제약 없는 자유로운 선거 같은 용어에 첨부된 의미에 대한 우리와 러시아인 사이의 실험 사례라 할 것입니다."[38] 처칠은 뒤따르는 사건들이 얄타 회담 합의에 사용된 어휘에 대한 러시아인들의 해석을 보여줄 것이라며 의문을 제기했다. 그 표현들은 곧 애매한 정도가 아니라 무의미해 보이게 된다.

폴란드 국내군 지도부가 체포된 후, 폴란드 주민 일부는 소련식 정권 아래 사는 법을 배우기로 결심했다. 그러나 반대의 결론을 내린 주민들은 투쟁할 수밖에 없다고 결론지었다. 1945년 봄, 반나치·반공산주의 파르티잔의 대규모 집단이자, 주류 지하 저항운동에서 우익 민족주의 집단인 국민무장군Narodowe Siły Zbrojne, NSZ이 이 노선을 택했다. 이들의 지도부는 투쟁을 끝내라는 폴란드 국내군의 명령을 따르는 대신, 계속 싸우기로 결정했다. 소련군 주력이 독일을 향해 서쪽으로 진군하자 그들은 동부 폴란드 숲, 특히 루블린과 제슈프 인근에서 부대를 재편하고 새로운 투쟁에 헌신하기로 했다.[39] 목표는 폴란드 비밀경찰 문서에 비교적 정확히 드러나 있듯이 "조용한 실종(익사, 납치, 고문)이나 공개적 사격을 이용해 보안부 종사자들을 제거"하는 것이었다.[40]

폴란드 국내군이 와해되어 공백이 생기자 새로운 집단들이 형성되기 시작했다. 가장 유명한 집단은 대개 WiN으로 알려진 '자유와 독립Wolność i Niezawisłość'이었다. 이 집단의 지도자 얀 제페츠키Jan Rzepecki는 폴란드 국내군 장교였다. 주류 폴란드 국내군과 달리 그와 동료들은 바르샤바 봉기 실패 후 지하에 남기로 했다. 그들은 정체를 숨기고 공작 원칙을 이어가며 비밀 코드와 암호로 통신을 주고받았다. 그들은 온갖 무장 파르티잔과 접촉하면서도 민간 조직으로 남으려 했다. 이들이 1946년 10월까지 지원한 《독립 폴란드》라는 신문의 편집장은 현상유지를 '소비에트 테러'라고 규정지으며 폴란드인들이 이런 유혹에 빠져서는 안 된다고 주장했다.[41] 얼마 지나지 않은 1945년 11월 NKVD는 제페츠키의 정체를 알아내 체포했다. 그는 심문을 받으며 동료들의 이름을 밝히도록 강요나 설득을 당했다. 그는 남은 지하세력의 정체를 드러낸다는 조건으로 석방되었고, 그들 중 일부는 정체를 밝혔다.

WiN은 백지상태에서 다시 조직되었다. 이 집단의 제2집행부는 1945년 12월 다시 활동을 시작했고, 알아볼 수 없는 전문을 여러 주에 걸쳐 전달한 배달원과 메신저의 긴 사슬을 통해 외부 세계와 교신하며 거의 1년 동안 존속했다. 결국 WiN을 위해 일하던 한 여성이 암호화된 전문을 지닌 채 국경 지역에서 체포되면서 연락망이 드러났고, 조직 지도자들도 다시 체포되어 가담자들의 이름을 댈 때까지 고문을 받았다. 이후 제3, 제4집행부가 구성되었는데, 아마 소련의 계획에 따른 것일 테지만(볼셰비키는 1920년대에 외국 스파이들을 끌어들이기 위해 가짜 러시아 반대파를 만든 적도 있다) 처음부터 폴란드 비밀경찰이 두 조직에 침투했다. 제4집행부가 해산되자 비밀경찰은 가짜 WiN을 만들어 외국인들과 이 비밀 조직이 경찰 작전이라는 것을 모를 정도로 순진한 폴란드인들을 끌어들였다. WiN은 이런 한심한 상태로 1952년까지 존재했지만, 이 조직에서 일했던 몇 명은 은신해 오랜 기간 살아남기도 했다.

WiN 이야기는 종전 직후 무의미한 반공산 저항운동의 사례로 자주 언급되며, 당시에는 분명히 그런 식으로 인식되었다. 그러나 WiN의 슬픈 역사를 폴란드인들의 저항 욕구의 증거로 볼 수도 있다. 약 1만 명의 조직원들이 체포되고 고문당하고 투옥되었으며, 그중 수백 명이 처형되었다. 이 집단은 엄청난 압박을 받았고 조직원들은 집요한 추적을 당했지만, WiN은 전성기에 2만-3만 명의 조직원을 보유하고 있었다.[42]

전후 폴란드 저항 집단 중 WiN은 이례적으로 규모가 컸고 폴란드 국내군의 명령 계통과 일부 이론적 연계를 유지하고 있었다. 다른 집단은 대부분 규모가 매우 작았고, 폴란드 국내군을 모델로 젊은이들이 만든 경우가 많았다. 그들은 폴란드 국내군에 가담하기에는 너무 어렸고, 국민무장군이 무엇이고 무엇을 위해 활동하는지도 모르면서 스스로를 그렇게 불렀다. 일례로 스스로를 '청년 폴란드 국내군'이라고 부르는 13명의 파르티잔 집단이 1945년 크라쿠프 남부 숲에서 무기를 쌓아두기 시작했고, 비밀리에 무기 다루는 연습을 하다가 1950년 모두 체포되었다.[43]

소련군이 베를린에 마지막 공격을 가하려고 서쪽으로 이동하면서 상황은 한층 더 복잡해졌다. 소련군 상당수가 폴란드 지역을 떠나면서 민족무장세력, 전직 폴란드 국내군 병사들, 우크라이나의 독립을 위해 싸우는 우크라이나 파르티잔 등 온갖 정치적 성향의 파르티잔 집단이 다시 모여들었다. 이들은 모두 소련군과 폴란드 동조 세력에 대항하여 싸우는 것이 목적이었지만, 때로는 서로 싸웠다. 이런 혼란에도 불구하고 일부 집단은 과거 지하 저항운동의 이상을 고수했다. 절도에 의존해 명맥을 이어가다 반￢범죄 집단으로 전락한 집단들도 있었다. 종종 그들 사이, 특히 폴란드인과 우크라이나인 사이에서 치열한 싸움이 벌어졌다.

소련은 1944년 여름 폴란드 동부를 평정했지만, 다음해 봄 이 지역은 내전을 방불케 하는 상황에 빠져들었다. 공산주의자들과 그들의 동맹 세력에게 루블린 인근 마을과 숲은 더이상 안전하지 않았고, 루블린 시 자체도 잠시 위험한 지역이 되었다. 1945년 5월 작성된 한 보고서에 따르면 이 지역에서 모든 당과 정부 기관들의 작업이 중지되었고, 4개 지역의 경찰이 더이상 존재하지 않았다. 파르티잔에게 무장 해제나 살해를 당했던 것이다.[44] 얼마 후 독일 항복을 축하하고 있던 스탈린은 "폴란드 모든 곳에서 반국가 지하세력이 계속 활동하고 있다"[45]는 매우 놀라운 보고를 받았다. NKVD 연대 5개와 기동대 1개가 어려움에 처한 폴란드 비밀경찰을 돕기 위해 다시 한번 파견되었다.[46]

1945년 8월 공안부 장관 스타니스와프 라디키에비치는 루블린에서 열린 보안부 지역 회의에 참석하여 냉엄한 현실을 경청했다. 현지 장교 하나는 새로운 정권을 지지하는 폴란드 주민이 20퍼센트밖에 안 된다고 보고했다. 또다른 장교는 "그들이 협력을 원치 않아서" 현지 무장 반공 파르티잔 세력에 요원을 전혀 심을 수 없었다고 설명했다. 한편 상황이 나아질 것이라고 생각하는 장교들도 있었는데, 그 이유는 일부 파르티잔이 농작물을 훔치는 바람에 농민들이 파르티잔을 지원하는 데 지쳤기 때문이라고 했다. 그러나 회의 참석자들은 모두 도당이 핵심 문제라는 데 동의했다. 일부는 숲에 은신해 있고, 일부는 낮에 농장에서 일하지만 "합의된 신호를 받으면 함께 모여 범죄적 공격을 수행"했다.[47] 이들은 수시로 보안경찰, 당 관료, 그리고 그들과 협력하는 사람들을 공격했다.

투쟁을 계속하면서도 저항운동 세력은 비극적인 처지를 인식하는 듯했다. 저항운동 가담자들은 독일군과 오래 싸우느라 기진맥진했다. 이미 5-6년을 숲에서 보낸 사람도 많았다. 그들은 항복이 폴란드 독립의 꿈을 접는 것임을 알았지만, 형체가 더 뚜렷하지 않은 새로운 적과 싸우고 있다는 것도 알고 있었다. 그들은 임무를 수행하면서 독일 점령군뿐 아니라 폴란드 공산주의자와 폴란드 경찰을 살해하도록 요구받았다. 일부 대원은 이러한 행동을 형제 살인으로 보고 조직을 이탈했다. 남은 사람들은 이탈자들에게 분노했다. 1946년에는 한 무장 도당이 전에 폴란드 국내군 전사였던 교사 2명을 폭행했는데, 그들이 일상생활로 돌아가 적에게 부역을 한다는 이유였다.[48] 수만 명이 여러 번에 걸친 사면에 참여하여 무기를 내려놓고 민간 생활로 돌아갔다.

많은 사람들이 이러한 경험에 비통해했다. 비아위스토크 지역 출신인 루시안 그라보프스키Lucjan Grabowski는 동지를 반역죄로 살해하라는 명령을 받을 때까지 폴란드 국내군의 일원으로 싸웠다. 동지의 죄가 없다고 생각한 그는 명령을 거부했다. "끔찍한 시간이었다. 어떤 이유로든 형제가 형제를 죽였다. 그때까지 내가 주의를 기울이지 않았고, 많이 생각하지 않았다는 사실을 깨닫기 시작했다. 과거 파르티잔이었던 많은 친구들이 서방으로 탈출했다. 다른 친구들은 대학 공부를 시작하거나, 고등학교 과정을 마치고 일했다. 나는 5년을 계속 싸우고 있었다." 그라보프스키는 대부분 WiN 출신이었던 동료들과 함께 무기를 내려놓았다. 모두가 눈물을 흘렸다. "우리는 무기 없이 비밀경찰 건물을 떠났고, 더이상 몇 시간 전의 우리가 아니었다."[49]

다른 요원들은 계속 투쟁했다. 10-20명 정도만이 수년간 숲에 남아 있었다. 국가 저항세력의 작은 집단 하나는 볼레스와프 비에루트가 사망한 후인 1956년 무기를 내려놓았다. 외로운 전사 미하일 크루파Michał Krupa는 계속 은신해 있다가 1959년 추적을 당해 체포되었다.[50] 그러나 투쟁을 계속한 사람 대부분은 희망이 없다는 것을 알고 있었다.

그들 중 메바Mewa라는 가명으로 알려진 지하운동 지도자가 있었다. 그의 움직임을 추적한 폴란드 비밀경찰에 따르면 전쟁 중 폴란드 국내군에 소속되어 싸웠던 메바는 1945년 절박감과 환멸을 느끼며 무장투쟁에 복귀했다. 심리분석 파일에 "그는 죽기를 원한다"고 기록된 것처럼 그는 자살하고 싶어했다. 일부는 전직 폴란드 국내군 전사, 일부는 소련군의 폴란드인 사단 이탈자가 포함된 그의 조직원 300명 중 다수가 같은 심리 상태였다. 대부분이 폴란드 남동부 출신으로 사기가 저하되어 있었다. 1945년 5월 그들은 옥외 미사를 진행하며 런던의 폴란드 망명정부에 충성을 맹세했다. 그 자리에 있는 모두가 잘 알고 있듯이 런던 망명정부는 더이상 연합국이나 다른 누구로부터도 합법성을 인정받지 못했다.

그때부터 메바의 집단은 서서히 축소되었다. 이후 몇 달 동안 메바 집단의 다수는 가족 농장으로 돌아가거나, 새 삶을 시작하기 위해 활동 지역을 떠나 이제 서부 폴란드가 된 과거 독일 영토로 갔다. 남은 요원 중 일부는 아직 폴란드 남동부의 다수 주민인 우크라이나 주민들을 상대로 절도를 하기 시작했다. 그들은 여러 번 우크라이나 마을을 불태웠다. 이러한 행적을 담은 문서고는 그들의 절망에 대해 많은 것을 말해준다. 1945년 1월 그들은 폴란드 공산당원인 공장장을 살해하고, 폴란드 돈 100즈워티를 훔쳤다. 4월에는 말 2마리를 훔쳤다. 7월에는 우크라이나 농민 1명을 죽여 시신을 강에 던졌다. 1945년 말, 현지 경찰이 그들을 체포하기 위해 많은 노력을 기울였지만 효과가 없었다. 경찰은 2명의 요원을 집단에 잠입시켰지만, 한 사람이 배신하고 다른 사람이 발각되어 살해되었다는 사실만 알게 되었다. 그의 시신도 강에 던져졌다. 1년 반 넘게 활동하며 이 집단은 205번 공격을 감행했고, 다수의 현지 공산당 관리들을 살해했다. 1947년 7월 결국 메바가 체포되었다. 그는 스스로 예상했듯이 사형을 선고받았다.[51]

10년 후, 이 시기의 혼란은 안제이 바이다의 고전 영화 〈재와 다이아몬드〉에 완벽하게 담겼다. 이 영화는 딜레마에 빠진 한 파르티잔의 이야기를 그린다. 그는 이제 막 만난 소녀와 수행 명령이 떨어진 정치적 암살 중 하나를 선택해야 한다. 그는 암살을 택하지만, 명령을 수행한 후 자신을 쏜다. 마지막 장면에서 달려가다 비틀거리던 그는 결국 쓰레기 더미 위에서 죽는다. 이 장면이 폴란드 관객에게 주는 은유는 분명했다. 저항에 가담한 젊은이들의 목숨은 역사의 쓰레기 더미 위에 던져진 것이다.

정확히 산정하기는 어렵지만, NKVD는 1945년 1월부터 4월까지 폴란드에서 21만 5540명을 체포했다. 이 중 13만 8000명은 독일인이거나 독일인의 후손이라고 주장하는 폴크스도이체Volksdeutsche, 즉 민족 독일인이었다. 이 4개월 동안 약 3만 8000명의 폴란드인도 체포되어 모두 소련의 수용소로 이송되었다. 약 5000명은 작전과 심문 과정에서 사망했다.[52] 패배할 줄 알고도 끝까지 싸운 수천 명의 메바 집단 전사들도 분명 그들 중에 있었을 것이다.

전쟁이 끝난 후 소련의 동부 독일 점령에 대한 지속적인 투쟁이나 무장투쟁은 없었다. 히틀러가 바랐던 것과는 다른 상황이었다. 자살하기 전 그는 독일인들에게 죽을 때까지 싸우고, 도시를 불태우고, 격렬한 마지막 투쟁으로 모든 것을 희생하라고 독려했던 것이다. 그는 자신이 죽은 후 소련군과 파르티잔 전투를 벌일 청년 대대를 구성하라는 지시도 독일국방군에 내렸다.

이 청년 대대는 나치와 연합국 프로파간다에 크게 부각되었지만, '늑대인간Werewolves'이라는 그 명칭이 함의하듯 실제로는 다소 신화적이었다. 히틀러가 죽고 독일이 패배하면서 그들은 바로 사라졌다. 마법이 깨진 것이다. 훗날 저명한 동독 소설가가 된 에리히 뢰스트Erich Loest

는 늑대인간 운동에 처음 차출되었을 때 25세의 히틀러 청년 지도자이자 독일군 하급 장교였다. 그는 전쟁 마지막 몇 주 동안 새로운 역할에 대한 얘기를 들었고, 소련군 점령에 대비한 파르티잔 투쟁 교육도 조금 받았다. 그러나 소련군이 그의 고향인 작센주 미트바이다Mittweida에 진군하자, 지하투쟁은 그의 마음에서 가장 멀리 떨어진 것이 되었다. 소련군과 싸우기는커녕 그는 가족의 도움으로 훨씬 서쪽에 있는 숙모의 농장으로 탈출해 그곳에서 미군에 항복했다.

전쟁 직후 뢰스트는 늑대인간 훈련을 절대 발설하지 않아 체포되지 않았다. "나는 바보가 아니니까요." 그는 내게 이렇게 말했다. 다른 젊은이들은 운이 좋지 않았다. 전쟁 말기 나치 친위대는 미트바이다의 모든 젊은이들에게 늑대인간 강의에 참석하라고 명령했다. 훈련도 받지 않고 어떤 맹세도 안 했지만 참석자 명단이 나돌았고, 종전 후 소련 당국이 이 명단을 입수했다. "이 강연 외에 아무 일도 없었지만, 모두 체포되어 1년간 구금되었다"고 뢰스트는 설명했다.[53]

이러한 체포의 법적 근거는 1945년 4월 18일 하달된 소련군사행정국 명령 00315호였다. "스파이, 파괴공작자, 테러리스트, 나치당 활동가"뿐 아니라 불법 인쇄물과 방송 장비를 가진 사람, 무기를 소지한 사람, 독일 민간 행정부 소속이었던 사람을 사전 조사 없이 즉시 체포하라는 명령이었다. 이 명령은 다른 연합군 점령 지역에 시행된 규정과 비슷했다. 그곳에서도 활동 중인 나치당원들이 대규모로 조사를 받았다.[54] 그러나 소련군 점령 지역과 다른 지역의 차이는 정도의 문제였다. 실제로 소련의 명령은 나치건 아니건, 당국에서 일한 사람은 지위를 막론하고 거의 모두를 체포할 수 있도록 만들었다. 경찰, 소도시 시장, 사업가, 부농 모두가 부역을 안 했다면 그렇게 성공하지 못했을 것이라는 이유로 체포 대상이 되었다.

8월 초 포츠담 회담이 열리면서 체포 대상에 대한 정의는 더 확대되었다. 푸른 공원에 둘러싸인 흉측한 호엔촐레른가의 궁전에서 연합국, 즉 스탈린 그리고 해리 트루먼과 클레멘트 애틀리(루스벨트가 죽고 처칠이 선거에 패한 후 새 지도자가 된 인물)가 새로운 선언을 발표했다. "나치 지도자들, 영향력이 있는 나치 지지자들, 나치 조직과 제도의 고위 관리들, 그리고 점령이나 그 목적에 위험한 누구든 체포되거나 구금될 것이다."[55] 소련에게는 아주 좋은 규정이었다. "점령이나 그 목적에 위험한 누구든"이란 정의는 정말 너무 광범위해서, NKVD는 맘에 들지 않으면 아무 이유나 붙여 그 범주에 집어넣을 수 있었다.

소련군은 변호사나 증인이 없는 군사재판소, 법정을 정식으로 설치해 몇 년 동안 운영했다. 이런 기구는 연합국이 고위 나치 지도자들을 단죄하기 위해 공동으로 만든 뉘른베르크 재판과 완전히 별개였고, 국제법과도 아무 상관이 없었다. 때로는 소련에서 정치범 체포를 위해 마련된 것으로 독일 법과 아무 관련이 없는 소련 형법 58조에 근거하여 기소가 진행되었다. 형량 선고는 때로 독일어로 통역되기도 했지만, 키릴 문자로 작성되어 기소된 사람이 읽을 수 없었다. 수감자들은 심한 구타와 그밖의 고문을 받은 후 무슨 뜻인지 모르는 자백서에 서명하도록 강요받았다. 15세였던 볼프강 레만은 트럭 두 대를 부쉈다는 문서에 서명하고도 당시 그 사실을 알지 못했다. 다른 재판들은 모스크바에서 소련 판사들에 의해 궐석재판으로 진행되었다. 수감자들은 몇 주 후에야 자신이 재판을 받았다는 사실을 알았다.[56]

체포된 사람들 중 일부는 진짜 나치였지만, 중요한 나치 인물이 아닌 경우도 많았다. 그러나 진짜 범죄자를 하찮은 관리나 기회주의자와 구분하려는 시도는 거의 없었다. 곧이어 나치뿐 아니라 나치가 되기에는 너무 어렸던 수천 명(만프레트 팝스도르프Manfred Papsdorf는 13세의 나이로 체포되었다) 또는 미트바이다의 10대들처럼 잘못된 시간에 잘못된 곳에 있었던 것밖에 죄가 없는 많은 사람들이 체포되었다.[57] 몇 명은 해방에 대한 열정이 너무 크다는 이유로 체포되었다. 1945년 15세였던 기젤라 그나이스트Gisela Gneist는 미군 라디오에서 자주 들은 민주주의라는 말에 큰 충격을 받았다. 비텐베르크에 살고 있던 그나이스트는 자신이 사는 아파트 건물 꼭대기 층에 유곽을 설치한 소련 병사들을 혐오했다. 그녀는 더 나은 상황을 바라며 10대 소녀들과 함께 아마추어적 암호를 가진 정당을 만들었다. 그들은 위험할 수 있다는 생각은 하지 못했고 이념도 대단하지 않았다. "자유에 대한 내 생각은 사람들이 자유롭게 말할 수 있는 것이었어요. 나는 공산주의가 무엇인지 몰랐고 들은 바도 없었죠." 그녀가 회고하며 한 말이다.[58]

그나이스트는 1945년 12월 전부 10대인 20여 명의 동료 당원들과 함께 체포되었다. 그녀는 학교 친구들을 비롯한 20명의 소녀들과 창문이 없는 감방에 수감되었다. 화장실은 우유병이 대신했다. 사방에 벌레와 이가 들끓었다. 소련군 장교가 간신히 소통할 수 있는 통역사를 옆에 두고 러시아어로 며칠에 걸쳐 그녀를 심문했다. 그는 피가 날 때까지 등과 다리를 구타했다. 아직 16세도 안 되었던 그나이스트는 결국 반혁명 조직의 일부라고 자백했다. 군사재판소는 1946년 1월 유죄를 선고하고 그녀를 진짜 정치범처럼 작센하우젠 수용소에 수감했다.[59]

역사의 이상한 반전에 익숙하지 않은 사람들에게는 놀랍겠지만 나치의 악명 높은 집단수용소였던 작센하우젠은 종전 후 운명이 바뀌어 다른 용도로 쓰이게 되었고, 부헨발트에 있던 악명 높은 집단수용소도 같은 운명을 겪었다. 1945년 4월 부헨발트 수용소를 해방시킨 미군은 바이마르의 주요 인사들에게 수용소 건물 주변을 거닐며 굶주린 생존자들, 집단무덤, 장작더미처럼 쌓인 시신들을 보게 했다. 넉 달 후, 바이마르 지역을 통제하게 된 소련군은 다시 한번 죄수들을 같은 수용소 건물에 수감했고, 결국 그들을 비슷한 집단무덤에 매장했다. 그들은 많은 곳에서 같은 일을 자행했다. 아우슈비츠도 종전 후 어떤 식으로든 재사용된 폴란드의 많은 강제노동수용소 중 하나가 되었다.[60]

소련군은 부헨발트 수용소를 제2특별수용소로, 작센하우젠 수용소를 제7특별수용소로 개명했다.[61] 소련군이 점령한 독일에는 이런 수용소 10개가 건설되거나 재건되었고, 다른 감옥과 덜 공식적인 수감 장소도 몇 곳 있었다. 이 수용소들은 독일 공산당의 수용소라기보다 소련의 수용소였다. NKVD의 중앙 강제노동수용소 통제 당국이 모스크바에서 직접 이 모든 수용소를 통제했고, 아주 상세한 지시를 하달하기도 했다. 일례로 NKVD는 독일의 수용소에서 노동절을 축하하는 방법을 하달했고, 경비병들의 정치적 사기 상태를 세심하게 관찰했다.[62] 독일 관리도 더러 있었지만 수용소의 고위 관리들은 모두 소련 관리였고, 수용소 구조도 소련식 설계를 따랐다. 콜리마 또는 보르쿠타 주민이 곧바로 본국인 듯 느낄 정도였다.

독일 특별수용소는 NKVD가 소련에서 운영하던 것과 같은 강제노동수용소가 아니었다. 이 수용소들은 소련 수용소처럼 공장이나 건설 프로젝트에 연결되지 않았고, 수감자들은 노동하러 나가지 않았다. 오히려 생존자들의 묘사를 보면 종종 노동 금지, 막사 이탈 금지, 보행이나 이동 금지로 인한 견딜 수 없는 지루함을 호소하고 있다. 케첸도르프Ketschendorf 수용소에서는 수감자들이 어떤 식의 활동이든(음식을 더 얻으려는 목적도 있었다) 취사장에서 일하게 해달라고 애걸했다.[63] 작센하우젠 수용소에서는 두 구역으로 나누고 한 구역에서만 노동을 허용했다. 수감자들은 이 구역을 훨씬 선호했다.[64]

특별수용소는 나치가 만든 것과 같은 죽음의 수용소는 아니었다. 가스처형실도 없었고, 작센하우젠 수용소에 수감된 사람들이 곧바로 처형되지도 않았다. 그럼에도 불구하고 이 수용소들은 치명적이었다. 1945년부터 1953년까지 독일 동부의 NKVD 수용소에 수감된 약 15만 명(12만 명은 독일인, 3만 명은 소련 시민이었다) 중 약 3분의 1이 기아와 질병으로 사망했다.[65] 수감자들은 축축한 검은 빵과 형편없는 양배추 수프를 먹어야 해서, 나중에 소련 강제노동수용소로 보내진 레만 Lehmann은 "시베리아에서 더 나은 음식이 더 규칙적으로 제공되었다"고 회상했다.[66] 병을 치료할 약도, 의사도 없었으며 이와 해충이 들끓어 전염병이 금세 확산되었다. 1945-46년 겨울은 너무 추워 작센하우젠 수용소 여자 막사의 수감자들은 보온을 위해 침대의 나뭇조각마저 불태웠다.[67] 소련의 많은 교정 시설에서와 마찬가지로 수감자들은 처형되어 죽은 것이 아니라, 방치되고 무시되고 때로는 말 그대로 잊혀서 죽었다.

동부 독일에 있던 소련 특별수용소의 명백한 목적은 노동이나 처형이 아니라 고립이었다. 즉 특별수용소는 최소한 소련 점령 당국이 방향을 잡을 때까지 불온한 사람들을 사회에서 격리하는 시설이었다. 징벌보다는 예방을 위한 시설로, 범죄자를 수감하는 것이 아니라 체제에 반대할지 모르는 사람들을 격리하기 위해 고안되었다. 소련 강제노동수용소에서는 외부 세계와 어느 정도 접촉이 가능했고, 수감자는 때로 면회자도 만날 수 있었다. 반면 전후 독일 수용소는 첫 3년 동안 편지를 보내거나 받을 수도 없었고, 외부 세계로부터 어떤 소식도 접할 수 없었다. 많은 경우 가족들은 수감자들에게 무슨 일이 일어났는지, 그들이 어디에 있는지 알지 못했다. 그들은 갑자기 사라졌던 것이다.

시간이 갈수록 상황이 호전된 것은 어느 정도는 외부 압력 덕분이었다. 많은 젊은이들이 갑자기 사라지자 불안해진 가족들은 행방을 묻는 청원을 당국에 빗발치듯 보냈다. 독일 당국은 대체로 도움이 안 되었다. 1947년 튀링겐에서는 현지 관리가 가족들에게 "바이마르의 소련 검사로부터 더 많은 것을 알 수 있을 것"이라고 조언해주었다.[68] 소련 관리들은 이런 청원이 들어오면 명령 계통을 따라 올려 보냈기 때문에 전반적인 혼란 속에 사람들이 행방불명 처리되었다. 1945년 사라진 독일 학생을 1952년에야 부모가 찾은 경우도 있었다.[69] 독일의 소련군사행정국이 가족들에게 수감자의 위치를 알려준다고 약속한 지 4년이 지난 시점이었다.[70] 그해 NKVD는 수용소의 식량 보급량도 늘렸는데 이 조치는 높은 사망률을 낮추고, 소련 당국에 변화를 청원하는 동독 지도자들을 무마하기 위해서였다.[71]

소련에 장기 억류된 독일군 병사들(일부는 1950년대까지 소련에 남았다) 문제와 함께, 이러한 체포는 대중과 새 당국 간에 갈등을 빚는 주요 원인이 되었다. 그러나 대중의 새로운 행동 기준을 만드는 데 일조하기도 했다. 새로 해방된 독일인 대부분은 공산주의자가 아니었기 때문에 소련 점령군으로부터 무엇을 기대해야 할지 몰랐다. 어떤 형태로건 반소련 정치 성향을 조금이라도 보인 수천 명의 젊은이들이 체포, 수감되면서 즉시 사람들을 통제하는 분위기가 조성되었다. 많은 사람들이 스스로 검열할 필요를 느낀 첫 번째 교훈이었다. 기젤라 그나이스트 같은 10대 소녀가 민주주의를 얘기했다는 이유로 체포되었다면, 더 심각한 정치 사건에 대한 징벌 수위는 훨씬 높을 것이 분명했다.

수감자들과 그들의 가족은 공포가 더 컸다. 석방된 후에도 그들은 무슨 일이 일어났는지 좀처럼 얘기하지 않았다. 독일의 케첸도르프 수용소뿐 아니라 소련 강제노동수용소에도 수감되었던 레만은 자신이 겪은 일을 1989년까지 아내에게도 일절 말하지 않았다.[72] 선별적 폭력 행사와 정권의 잠재적인 적을 가두는 수용소 설치는 더 넓은 소련 정책의 일환이었다. 소련군과 NKVD는 전후 동유럽 국가들 같은 불확실하고 불안정한 사회에서 대량 체포는 역효과를 가져올 수 있다는 것을 잘 알았다. 그러나 거침없이 말한 사람들을 세심히 목표로 삼은 체포는 더 큰 반향을 일으킬 수 있었다. 그런 사람을 1명 체포하면 열 사람 이상이 겁먹게 되기 때문이었다.

1945년 1월 부다페스트에 도착한 소련군은 이제 막 정복한 나라에 대해 거의 알지 못했다. 그들 대부분은 주민들이 전부 나치 부역자였던 나라에(독일군이 소련을 침공했을 때 헝가리는 독일의 동맹국이었다) 도착했다고 생각했고, 때로는 자신들이 해방자로 대우받는 것에도 회의적이었다. 독일에서처럼 소련군은 파시스트로 의심되는 사람은 모조리 체포하라는 명령을 받았다. 그러나 독일에서는 늑대인간, 폴란드에서는 폴란드 국내군이 표적이었지만, 헝가리에서는 어떻게 파시스트를 정확히 식별할지 확신하지 못했던 것으로 보인다.

그 결과 헝가리에서 초기 체포는 종종 자의적이었다. 남자들은 길거리에서 멈춰 '사소한 업무'(러시아어로 말렌카야 라보타malenkaya rabota, 헝가리에 와서는 말렌키 로보트málenkii robot로 차용된 말)를 위해 연행되어 줄을 맞춰 걸어갔다. 그러고 나면 그들은 소련으로 깊숙이 사라져 오랫동안 못 돌아올 수도 있었다. 처음에는 거의 모두가 연행 대상 같았다. 동부 헝가리 출신의 한 목격자는 소련군 병사들이 마을에 들어온 지 며칠 만에 사람들을 모으기 시작했던 기억을 떠올렸다. "어른들은 물론이고 아이들, 16-17세, 심지어 13세 아이까지 잡아갔다. 우리가 아무리 울면서 하소연해도 아랑곳하지 않고 총을 들이대며 옷도, 음식도 없이 그대로 집에서 나오라고 했다. … 우리는 그들이 어디로 끌려가는지 알 수 없었다. 병사들은 '말렌키 로보트, 말렌키 로보트'라고 말할 뿐이었다."[73]

일부는 부자 같아 보여서, 아니면 책을 갖고 있다는 이유로 의심을 받았다. 당시 16세였던 게오르게 비엔George Bien은 단파 라디오를 갖고 있다는 이유로 아버지와 함께 체포되었다. 그는 스파이로 의심받아 심문을 당하며 고백을 강요당한 끝에 한 글자도 모르는 30쪽에 달하는 러시아어 문서에 서명해야 했다. 비엔은 결국 소련 북부 콜리마의 수용소에 보내졌고, 1955년에야 귀향할 수 있었다.[74]

소련군은 독일인이 상당히 많을 것이라는 정보를 입수하고 수색 명령을 받은 것으로 보였다. 실제로 이 때문에 독일어로 들리는(과거 합스부르크제국 영역에서는 아주 흔한) 이름을 가진 사람들은 곧바로 전범 취급을 받았다. 가장 중요한 헝가리 공산당원의 일원이 된 요제프 레바이는 라코시에게 1월 초 소련군 병사들이 채워야 할 고정된 할당량을 배정받은 것으로 보인다며 "독일어를 한마디도 못하는 사람, 반反파시스트로 밝혀진 사람들을 독일인으로 잡아간다"고 불평했다.[75] 이 정책의 결과 1945년 이후 14만-20만 명의 헝가리인이 체포되어 소련으로 압송되었다. 그들 대부분은 강제노동수용소에 수감되는 운명을 맞았다.[76]

헝가리에 남은 사람들도 많았다. 재판 없이 구금하는 것은 1930년대 후반 헝가리에서 흔한 일이었지만, 이제 더욱 확대되었다. 나치 부역자들을 기소해 형량을 선고하고 일부를 처형하기 위한 공개재판소가 만들어졌다. 몇몇 재판은 헝가리인들에게 과거에 저지른 죄를 교육시킨다는 목적으로 주요 공개 행사로 진행되었다. 당시에도 많은 사람들이 이런 행태는 헝가리 일반인들 사이에서 대부분 '승자의 정의'로 폄하된다고 언급했다. 몇 년 후, 일부 판결은 징벌의 보복적 성격을 버릴 때가 되었다는 이유로 번복되었다.[77]

이러한 행태가 공정한 것으로 생각되지도 않았다. 수감과 재판 결정은 겉으로는 헝가리가 통제하는 듯 보였지만, NKVD가 법원에 영향력을 미치고 있다는 것은 일반화된 사실이었다. 헝가리의 보안 문제를 담당한 소련 관리 벨랴노프A. M. Belyanov는 한번은 재판이 느리게 진행된다는 이유로 헝가리 정치인을 질책했다. "그는 공개재판 때 협상이 이루어지고 말이 너무 많다고 비판하면서 더 빨리 진행할 것을 촉구했다. 그는 구형 후 곧바로 평결이 선언되길 원했다. 나는 우리도 소련의 사법 체계를 연구했고, 그곳에서도 정치범의 경우 법정에서 공개적으로 증언을 듣는다고 그에게 말했다. 그는 마지못해 웃으며 호랑이 이빨 같은 누런 치아를 드러냈다."[78] 소련군은 빈 인근의 우아한 휴양도시 바덴에서도 재판을 진행했다. 그곳에서는 헝가리 주권을 조금도 존중하지 않았다. 독일에서처럼 소련 군사재판은 소련 형법 58조에 의거해 헝가리인들을 정치범죄로 단죄했다.[79]

기소된 사람은 엄청나게 많았고, 기소 내용도 광범위했다. 연이어 마련된 비밀 규정에 따라 헝가리 경찰이 많은 사람들을 체포했는데, 그중에는 전쟁 막바지인 1944년 10월부터 1945년 3월까지 헝가리를 통치했던 파시스트 화살십자대Arrow Cross 등 극우 당원이었던 사람들도 있었다. 1920년부터 화살십자대의 집권 시기까지 전간기 권위적 지도자 호르티 제독 아래에서 일했던 군 장교들뿐 아니라 술집 주인, 담뱃가게 주인, 이발사, 그리고 "대중과 주기적으로 접촉하며 파시스트 프로파간다를 전파했던" 한없이 넓은 규정에 적용되는 모든 사람이 대상이었다. 실제로 전쟁 전 정부에서 일했거나 정부를 찬양했던 사람, 당 지도자들, 정치인들은 모두 체포될 위험에 처했다. NKVD와 새로운 보안경찰은 호르티 제독이 구성한 준군사 청년 조직인 레벤테levente 회원 명단을 입수하여, 독일에서 히틀러 유겐트와 늑대인간을 추적했던 것처럼 그들을 추적했다. 헝가리와 소련 보안경찰은 1945년부터 1949년까지 총 4만 명의 헝가리인을 수감했다. 새 정권은 부다페스트 인근에만 2만 3000명을 수감할 수 있는 16개의 수감 시설을 지었다.[80]

체포된 모든 사람이 나치에 부역한 것은 아니었다. 오히려 소련군이 헝가리에 입성한 때부터 헝가리의 새로운 비밀경찰이(물론 헝가리 공산당과 소련 지도자들의 지원을 받았다) 여러 종류의 파시스트 색출에 열을 올리기 시작했다. 헝가리의 전시 지하 저항세력은 폴란드에서만큼 규모가 크거나 잘 조직되지는 않았지만, 사회 최상층에도 반反독일 세포가 있었다. 전쟁이 끝나자마자(헝가리 연대기가 기록한 것보다 훨씬 이전에) NKVD와 헝가리 비밀경찰은 이 반파시스트들을 표적으로 삼았다. 그들은 너무 독립적이고, 민족 주권을 신봉하며, 비밀 조직을 만들 줄 알았다. 이들 중에는 임시정부에서 큰 역할을 하고 1945년 선거에서 승리한 자영농당을 지지하는 사람들이 많았다.

만약 전후 진정한 민주주의가 동유럽에 실현되었다면 그들은 폴란드 국내군처럼 정치 엘리트가 될 사람들이었다. 그러나 헝가리 정부가 공산당의 완전한 통제에 들어가기 전에도 과거 반독일 저항운동에 참여했던 사람들은 자신들이 감시받고 있다는 것을 알았다. 이러한 비밀 조직의 일원이었던 이슈트반 센트-미클로시István Szent-Miklósy는 종전 직후 자신과 친구들이 "추적당하고 있다고 느꼈지만, 분명한 이유는 알 수 없었다"라고 훗날 기록했다. 폴란드 저항세력과 달리 이들은 무장한 파르티잔이 아니었다. 센트-미클로시 집단은 "공식 조직, 명단, 선서, 상징이나 신분증도 없었고, 분명한 규칙도, 전체를 아우르는 철학도 없었다." 그가 남긴 기록이다.[81] 많은 사람들이 반파시스트(반유대주의도 표방하는) 비밀 결사인 '헝가리 공동체'나 제대로 된 저항 조직이라기보다는 반독일 토론회 성격이 강한 '헝가리 독립운동' 같은 더 일찍 만들어진 집단의 일원이었다. 이 집단의 일부 사람들이 전후 자영농당의 창설 멤버가 되었고, 그런 방식으로 민주주의가 될 것으로 기대한 정권에 협력하려고 노력했다. 결국 그들은 서로 찾아가 걱정을 나누는 애매한 반소련 친구 집단 정도에 그쳤다.

그들은 뭔가를 했기 때문이 아니라 비밀경찰이 그들의 전시 저항운동을 요약한 문서를 입수하면서 표적이 되었다. 그런 다음 그들은 센트-미클로시가 다음과 같이 서술한 대로 더 집중적인 감시를 받았다.

(1946년) 초가을, 나의 이웃이 내 거실과 가까운 방을 군사 정치부에 세를 주었다. 그곳에서 그들은 벽에 구멍을 뚫고 마이크를 설치했다. 그 구멍은 육중한 나의 네덜란드 식민지 소파 뒤에 있어서 방에서 나오는

소리를 분명하게 잡지 못했다. 그러자 나의 전화기가 음성을 전달하도록 변형되었고, 또다른 마이크가 현관 넓은 홀에 설치되었다. 그곳에는 이웃집 10대 소녀가 구혼자와 앉는 비더마이어 양식의 소파가 있었는데, 그 남자는 대학생으로 가장한 군사경찰 요원이었다.[82]

센트-미클로시는 1946년 12월 체포되었다. 그는 언드라시가에 있는 비밀경찰 사령부로 연행되어 고문을 받았는데, 이마를 벽에 비스듬히 대고 팔을 벌린 채 몇 시간이고 서서 "나는 내 아내와 어머니의 살인자다"라고 소리치라고 강요받았다. 이후 두 사람도 이미 체포되었다는 말을 들었다. 그는 대규모 음모 집단과 함께 재판에 회부되었는데, 이들 모두가 민주국가를 전복하는 선동을 했다는 죄로 기소되어 10년간 수감되었다. 재판 중에 센트-미클로시는 저지르지 않은 범죄를 길게 자백했다. 그의 체포는 당시 전형적인 선제공격이었다. 그와 친구들이 의미 있는 일은 전혀 하지 않았는데도, 당국은 그들이 그렇게 할까봐 두려워했던 것이다.

곧이어 독립적인 성직자들에 대한 유사한 선제공격이 뒤따랐다. 첫 희생자는 카리스마가 강하고 활기가 넘치는 프란시스코회 사제 샬레즈 키스Szaléz Kiss였다. 키스 사제는 부다페스트에서 동쪽으로 50마일 떨어진 죈죄시 인근에서 케딤Kedim이라는 성공적인 대규모 기독교 청년집단을 운영하고 있었다. 1945년 내내 헝가리의 새로운 비밀경찰은 죈죄시에 특별한 관심을 갖기 시작했다. 이 지역 선거에서 헝가리 공산당이 특히 저조한 성적을 거두고, 농민들이 지지하는 자영농당이 굉장히 좋은 결과를 얻었기 때문이었다.

1945년 9월 초 정체불명의 총잡이들이 이 지역에 주둔한 소련군 몇 명을 살해하자, 헝가리 비밀경찰의 소련 멘토들은 한층 더 관심을 갖게 되었다. 뭔가 해야 한다는 압박하에 헝가리의 새로운 비밀경찰은 대규모 조사를 처음으로 실시했다. 그들은 고등학생 나이인 케딤 회원 등 60여 명을 체포해 오랫동안 심문했다. 그들은 케딤과 자영농당, 자영농당과 영미 강국, 미국 대사관과 키스 사제, 그리고 소련 병사들을 살해한 젊은이들과 키스 사제 사이의 거미줄처럼 치밀한 연계 구축을 목표로 삼았다. 그리고 모든 것을 합치면 이 연계는 최소한 비밀경찰의 상상 속에서는 과거 정권을 다시 세우려고 시도하는 '파시스트 테러 음모 집단'을 노출시킬 것이라고 말했다.

부다페스트 문서고에 깔끔하게 보관된 이러한 심문 기록은 읽기가 쉽지 않다. 핵심 혐의자 중 하나인 요제프 언틸Jószef Antal이라는 이름의 젊은 법학도는 처음에는 모든 것을 부인했다. 나중에는 왜곡된 자백을 장황하게 늘어놓았는데, 아마도 고문을 받고 나서였을 것이다. 언틸은 "독일 점령에 맞선 저항에 참여"했다고 한 친구에 의해 고발당하면서 이 거미줄의 핵심 연계가 되었다. 그가 현지 자영농당 본부에서 일한 데다, 키스 사제와도 알고 지냈기 때문이었다. 횡설수설 자백하며 그는 소련과 앵글로색슨 강국들 사이에 다가올 전쟁에 대해 자영농당 정치인과 나눈 대화를 기억해냈다. 그리고 그가 이미 키스 사제와 협력하여 무장 항쟁을 조직하기 시작했다는 인상을 주었다. 자영농당 본부에 보관된 총과 수류탄, 키스 사제가 알고 있는 성안의 무기 창고에 대해서도 암시했다.[83]

즉시 언틸은 이 자백을 철회했다. 그러나 17세의 케딤 회원으로 소련군 병사 하나를 살해했다고 자백한 오토 키즈만Otto Kizmann의 왜곡된 자백이 확보되었다. 마찬가지로 고문을 받았을 키즈만은 훨씬 더 많이 자백했다. 그는 키스 사제가 "우리에게 무기를 가져다줄 영향력 있는 사람들의 명함을 보여주었고", 사제가 "외국 화물이 배에 실려 오면 무기를 갖게 될 것"이라고 말했으며, "소련 병사를 죽이는 것은 죄가 아니다"라고 선언했다고 진술했다. 비슷하게 황당무계한 자백이 키즈만의 친구인 17세의 라슬로 본다르László Bodnár에게서도 나왔다. 그는 키스 사제가 비행기로 헝가리를 탈출하도록 도와주겠다고 그들에게 약속했다고 주장했다.[84]

키스 사제는 말도 안 되는 이 죄에 대해 어떤 자백도 하지 않았다. 오히려 그는 심문자들에게 말했다. "나는 젊은이들이 무기를 숨기고 살인을 저지르지 않도록 최선을 다했습니다. 살인은 가장 끔찍한 범죄니까요." 그의 진술에 따르면 미 대사관 직원을 만나 미국 신문들을 조금 받은 적은 있었다. 미국 무기는 받지도, 받으려고 노력하지도 않았다. 그러나 그는 키즈만, 본다르, 그리고 다른 16세 소년과 함께 사형 선고를 받았다. 이 선고는 1946년 12월 집행되었다. 음모에 가담한 다른 일당은 감옥에 수감되거나, 몇몇 경우 소련의 수용소 감옥으로 이송되었다.

독일의 기젤라 그나이스트, 폴란드 국내군 지도자 16명의 체포처럼 키스 사제의 음모는 앞으로 닥칠 일에 대한 전령이 되었다. 이 사건은 나중에 벌어지는 많은 조사와 마찬가지로 소련 군사 당국이 조사를 주도했다. 소련 조사에서는 흔한 일이지만, 여러 조직(케딤, 자영농당, 교회, 미 대사관) 간의 연계가 우연한 만남, 먼 친분 또는 심문관의 상상에 기초해 만들어졌다. 이 망에 걸린 모든 사람에게 파시즘의 그늘이 덮였다. 희생자 대부분은 10대, 20대 젊은이였고, 이 연령 집단은 이후 몇 년간 동유럽 곳곳에서 비밀경찰의 지대한 관심을 받게 된다.

선고가 내려진 1946년 봄, 이 사건은 언론에 대대적으로 실렸다. 5월 4일 헝가리 공산당 기관지 《서버드 네프》에는 "파시스트 음모자들이 살인을 자백하고 유죄를 인정했다"는 제하의 기사 아래 수갑이 채워진 키스 사제의 사진이 실렸다. 옆에 실린 논설 제목은 단순히 "그들을 교수형에 처하라"였다.[85] 이 사건은 비공산당 계열 신문에도 보도되었지만, 훨씬 조심스럽게 다루어졌다. 당시 헝가리 의회에서 최대 다수당인 자영농당의 기관지 《키스 우시샤그Kis Újág》(작은 신문Little Gazette)는 일단 경찰의 공식 보도 자료를 그대로 실었다. 다음날에는 자영농당 지도자이자 총리인 페렌츠 너지의 말을 보도했다. 그는 "공식 경찰 보도문에 발표된 정보가 일부라도 사실이라면 우리는 더 철저한 조사와 죄인들에 대한 가장 가혹한 형벌을 요구한다"라고 했다.[86] 며칠 후 그는 이 사건을 덜 양면적으로 '파시스트 음모'라고 지칭했다. 수년간 아무도 이 이야기가 사실이 아니라는 말을 대놓고 하지 못했다.

뒤따른 사례에서도 똑같이 충격적인 사진과 함께 애매한 증거가 제시되었다. 1945년 이후 체포의 물결이 끊임없이 이어졌다. 처음에는 전범, 파시스트, 파시스트로 간주될 수 있는 사람, 다음으로 호르티 정권에서 일했던 군인과 민간인, 그다음으로 합법적 정당, 특히 자영농당의 당원들, 다음으로 사회민주주의자, 그다음으로 공산당원의 체포가 이어졌다. '국가의 적'에 대한 정의는 시간이 지나면서 변했지만, 이러한 적을 다루는 기제는 처음부터 제대로 작동했다.[87]

이론상 1946년 헝가리는 당시 체코슬로바키아나 동부 독일처럼 민주주의였다. 정부를 운영하는 다수당인 자영농당의 당원들은 공산주의자가 아니었다. 그들은 공산주의자, 사회민주주의자 등과 연정을 이루었다. 그러나 헝가리 국가가 아니라 헝가리 공산당이 보안기관을 통제했다. 체코슬로바키아 공산당이 자국의 보안기관을 통제하고, 독일 공산당이 동독 보안기관을 통제하고, 폴란드 공산당이 자국의 보안기관을 통제한 것과 마찬가지였다. 동유럽 모든 곳에서 비밀경찰 통제권을 확보한 공산당은 정치 사건에 막대한 영향력을 미쳤다. 선별적인 테러를 통해 그들은 반대자들과 일반 대중에게, 어떤 종류의 행동과 어떤 사람들이 새 정권에서 더이상 수용될 수 없는지를 알리는 분명한 메시지를 전달할 수 있었다.

6장

인종 청소

볼셰비키 당은 진정한 국제 노동계급 당이다. 만들어진 날부터 볼셰
비키 당은 모든 형태의 민족주의와 싸워왔다.

— 1950년 모스크바에서 출간된 교육용 팸플릿

나는 1965년 처음으로 고향에 돌아왔다. 예전에 나는 거기 있는 오
솔길과 굽은 나무를 전부 알고 있었다. 몇 분 동안 내가 무엇을 보고
있는지 알 수 없었다. 눈에 눈물이 가득 찼다. 한참 동안 한마디도 할
수 없었다. 그들은 우리의 아름다운 니에트레바Nietreba 땅을 갈아엎
고, 숲을 만들어버렸다.

— 이반 비슈코Ivan Bishko, 1946년 고향에서 강제이주된 우크라이나인[1]

국제 공산주의 운동이 스스로를 선전한 신화 중 하나는 민족과 인종
구별에 무관심하다는 신화였다. 공산주의자들은 민족으로 나뉘지 않
는 "단일한 국제 군대의 병사들"로, 정의상 국제주의자들이었다. 호
전적인 영국 공산주의자의 아들로 나중에 당원이 된 래피얼 새뮤얼
Raphael Samuel은 자신의 어린 시절 공산주의를 보편적인 것으로 서술
했다.

민족적 특성의 존재를 허용하기는 하지만(우리는 그것을 절반만 믿었다),

우리는 자본주의에서 사회주의로의 이행 내용이 모든 곳에서 "동일하다"고 생각했다. 공산주의는 중세 기독교처럼 분리할 수 없는 하나의 국제적 신앙 공동체였다.[2]

사실 민족 투쟁을 스탈린만큼 조장하고 부추긴 전시 지도자는 없었다. 물론 히틀러는 예외다. 레닌은 1917년 스탈린을 민족문제 담당 인민위원으로 임명했고, 스탈린은 이후 얻은 이 문제에 대한 전문성과 관심을 절대 잃지 않았다. 1930년대 이후 그는 소련에 거주하는 소수 민족에 대한 숙청terror의 물결을 직접 감독했다. 폴란드인, 체첸인, 크림타타르, 볼가 독일인, 그리고 그가 죽기 전 마지막 기간에는 유대인이 숙청의 대상이었다. 그는 또한 1941년 나치 독일군이 침공하자 국제주의자인 러시아 시민들이 독일군과 맞서 싸우게 독려하는 데 전통적 군복, 정교회 등 러시아 민족주의와 민족주의 상징에 크게 의존했다. 그는 민족주의의 정치적 효용성을 잘 알고 있었다. 조국 수호에 대한 감정적 호소는 어떤 마르크스주의·국제주의 언어보다도 큰 영감을 소련군 병사들에게 주었다.

인종적 충돌은 1945년 7월 세 연합국 지도자들의 합의에도 명시되었다. 한 세대 후 유럽 지도자들은 인종 청소 개념에 경악하는 반응을 보였을 것이다. 그러나 스탈린, 트루먼, 애틀리는 주민의 대량 이주를 긍정적으로 장려했다. 그들이 맺은 포츠담 합의는 거리낌 없이 "폴란드, 체코슬로바키아, 헝가리에 남아 있는 … 독일인의 독일 이주"를 요구했고, 이 문장은 수백만 명의 운명을 좌우했다.[3] 폴란드 국경을 소련 국경과 함께 서쪽으로 이동시키면서 그들은 우크라이나에 있는 수백만 명의 폴란드인과 폴란드에 있는 수백만 명의 우크라이나인의 이주를 암묵적으로 받아들였다. 체코슬로바키아에 있는 헝가리인과 헝가리에 있는 슬로바키아인의 이주는 포츠담 합의에 없었지만, 이런 일이 일어났을 때 국제 공동체의 누구도 크게 반대하지 않았다. 소련은 포츠담 합의가 서명되기 6개월 전인 1945년 1월 이미 루마니아에 있던 약 7만 명의 독일인을 소련으로 대거 이주시켰다.[4]

포츠담에서 유일하게 추가된 문구는 "어떤 이송이든 질서 있고 인간적인 방법으로 수행되어야 한다"였다. 그러나 이 조약이 서명된 시점에 '질서 있고 인간적인' 인구 이동은 이미 무질서하고 잔인한 대규모 이주로 전락해 있었다. 동유럽 많은 나라에서 여러 인종 간에 일어난 뿌리 깊고 잔인하며 폭력적인 분규는 히틀러가 남긴 유산이었다. 이 때문에 1945년 이후 서부 폴란드, 수데텐란트, 헝가리, 루마니아에서 일어난 독일인 추방은 그 이전 5년간 일어난 일을 회고하는 데서 시작해야 한다. 다시 말하자면 독일의 폴란드 점령 목표는 폴란드 문명을 파괴하고, 폴란드인들을 문맹의 노동력으로 만들고, 폴란드의 교육받은 계층을 파괴하는 것이었다. 폴란드인들은 포즈난과 우치 같은 역사적 폴란드 도시에서 추방당했고, 1920년 폴란드 국가가 새로 건설한 항구 도시 그디니아에서도 쫓겨났다. 그들은 식민지 정착민인 독일인들로 대체되었다. 폴란드인들은 2등 국민이 되었고, 일부 지역에서는 거리에서 폴란드 말을 하거나 자녀를 폴란드어 학교에 보내는 것이 금지되었다. 수천 명의 폴란드인이 독일에서 징용노동자가 되거나 독일이 폴란드 영토 내에 건설한 10여 개의 노예노동수용소에 수감되었다.

독일군의 체코슬로바키아 점령은 그보다 온건했지만, 매우 치욕적이었다. 체코슬로바키아 전역에서 역사적 기념비와 동상이 제거되고, 지역 지도자들이 살해되고, 민족이라는 개념 자체가 조롱을 받았다. 전쟁 말기 독일군의 헝가리 점령은 짧게 지속되었지만, 역시 매우 잔인했다. 불안정한 헝가리-독일, 루마니아-독일 협력 기간이 있었지만 너무나 빨리 독일인들의 지배로 바뀌었기 때문에 헝가리인, 루마니아인에게는 굴욕적이었다. 모든 곳에서 홀로코스트는 유대인과 비유대인 모두에게 죄책감과 증오라는 무서운 유산을 남겼다.

전후 긴장은 독일인이 나치의 권력 유지를 도왔던 지역에서 더 심했다. 나치당은 비밀리에 수데텐독일이라는 파시스트 당을 만들었는데, 이 당은 1938년 체코슬로바키아 선거에서 85퍼센트를 득표했다. 이에 고마움을 느낀 수데텐 독일인들은 그해 말 뮌헨 협정에 따라 체코슬로바키아가 분할되자 새로운 나치 통치자들을 열렬히 환영했지만, 이 지역 체코인들은 크게 분노했다.[5] 전쟁 전 전체 주민의 약 5분의 1을 차지한 폴란드 도시 비드고슈치의 독일인 거주자 중 일부는 1939년 나치가 사제, 교사, 심지어 보이스카우트 등 주요 시민을 대학살하는 데 적극적으로 협조했다. 이 때문에 종전 후 그들도 분노의 대상이 되었다.[6]

이러한 최근 역사의 결과 독일 주민에 대한 동유럽 사람들의 복수심은 납득할 만했고 심지어 정당화될 수도 있었다. 그러나 이러한 복수가 항상 공의롭지는 않았다. 모든 독일인이 나치였던 것은 아니었고, 모든 독일인이 이웃을 해친 것도 아니었다. 그들 중 많은 사람은 체코인이나 헝가리인 곁에서 평화롭게 살았고, 수백 년간 체코슬로바키아와 헝가리의 좋은 시민이었다. 전쟁 전 분명히 독일 땅이었지만 이제 폴란드에 귀속된 하부 슐레지엔과 동프로이센의 주민처럼 수백 년간 독일의 일부였던 소도시와 마을에 거주한 독일인들도 있었다.

집, 가구, 가축, 가보를 잃은 것은 개개인에게 돌이킬 수 없는 비극이었다. 그러나 독일 인종은 개인으로 취급되지 않았다. 그들은 독일인으로 취급되었다. 게르하르트 그루슈카Gerhard Gruschka는 사제 보조라는 자신의 임무와 배치된다는 이유로 히틀러 청년당 가입을 거부한 젊은 슐레지아인이었지만, 카토비체 인근 노동수용소에 수감되었다. 거기서 그는 폴란드 장교들의 조롱을 받으며 나치 친위대Horst Wessel 노래를 불러야 했다.[7] 전쟁이 끝날 무렵 억지로 독일국방군에 입대했던 헝가리의 독일인들도 1943년 자발적으로 독일 친위대에 가담한 사람들과 마찬가지로 자의적인 추방 명령을 받았다.[8] 수데텐란트에 살았던 독일 공산주의자의 딸 헤르타 쿠흐리그Herta Kuhrig도 독일 파시스트의 딸처럼 집에서 쫓겨났다.[9] 현지 주민들과 함께 차별받기도 했던 신념이 강한 반파시스트와 명백한 부역자 사이에는 아무런 구별도 없었다.

추방이 시작되기 훨씬 전부터 독일인들은 서둘러 동유럽을 떠났다. 자신들에 대한 증오가 어느 정도인지 알고 있기 때문이었다. 수백만 명이 움직이는 이러한 대규모 이동은 전혀 조직되지 않았다. 많은 사람이 공포에 질려 집을 버리고 나왔지만, 바로 전투에 휩쓸리거나 추위와 기아에 직면했다. 발트해를 건너 탈출하려던 수만 명은 연합군 항공기에 배가 침몰해 익사했다. 우치에 거주하던 독일인 10만 명은 최근 그곳에 정착한 사람들이 대부분이었는데, 1945년 1월 16일 아침 도보로 또는 말을 타고 눈 덮인 길과 들판을 지나 도시에서 뛰쳐나오기 시작했다. 그날 시작된 소련군 포격으로 많은 사람이 희생되었다.[10] 며칠 후 마리온 된호프Marion Dönhoff 남작부인이 동프로이센에 있는 유서 깊은 집안 영지에서 떠날 준비를 시작했다. 이웃도 대부분 떠나지 못했다. 기다리고 있던 나치의 철수 명령이 떨어지지 않았던 것이다. 된호프의 회고에 따르면, 예상치 못한 속도로 소련군이 진격해 오자 동프로이센 주민들은 소지품을 마차에 싣고 프로이센의 홀란트

Preußisch Holland(현재 파스웽크Pasłęk) 거리로 쏟아져 나왔다. "도시는 사람들로 빽빽한 회전반 같았다. 마차들이 두 방향에서 쏟아져 들어왔고 모두가 뒤엉켜 앞으로 나갈 수도 뒤로 갈 수도 없었다." 그녀가 꾸린 짐은 세면도구, 붕대, 낡은 에스파냐 십자가상뿐이었다. 그녀는 마지막 식사를 하고 일어나 음식과 식기를 식탁에 그대로 둔 채 집을 빠져나왔다. 문도 잠그지 않았다. 그녀는 다시는 돌아오지 못했다.[11]

몇 달 뒤 시작된 본격적인 독일인 추방도 뒤죽박죽이기는 마찬가지였다. 체코인들은 1945년 봄을 "광란의 추방 시기"라고 말하지만, 이 단어는 이러한 대규모 추방을 둘러싼 감정의 깊이를 제대로 함축하지 못했다. 전쟁 전 체코슬로바키아 대통령 에드바르드 베네시는 1938년 런던으로 망명한 후 줄곧 자국에서 독일인을 추방할 것을 주장해왔다. 7년 동안 그는 이 생각을 전하려고 모스크바, 런던, 워싱턴을 돌아다녔다. 그는 헝가리에서 독일인을 추방하는 것도 옹호했다(자국에서 추방하려는 헝가리인들의 거주 공간을 마련하려는 의도도 있었다). 그러나 이러한 고위급 논의와 사전 준비에도 불구하고, 또한 포츠담 회담에서 결정된 "질서 있고 인도적으로" 하라는 지시에도 불구하고 수데텐란트로부터의 첫 추방 물결은 분노, 복수, 민족주의, 대중적인 격노의 엄청난 소용돌이 속에서 진행되었다.

나치가 항복한 직후인 1945년 5월 12일 베네시는 브르노에서 라디오 연설로 독일인들은 전쟁 중 인간처럼 행동하지 않았고, 하나의 민족으로서 "크고 엄한 징벌을 받아 이 모든 사태에 대한 대가를 치러야 하므로 … 우리는 독일인 문제를 완전히 청산해야 한다"라고 선포했다. 이 연설 후 체코인들은 독일 부역자들을 경찰에 넘길 것을 요구하며 브르노 중심부에서 폭동을 일으켰다. 며칠 후 새로 구성된 브르노민족위원회가 2만 명 이상의 남성, 여성, 아이들을 집에서 추방하고 소지품을 챙겨 오스트리아 국경까지 도보로 행진하게 했다.[12] 결국 수백 명이 목적지에 도달하기 전에 사망했다. 체코슬로바키아 통계에 따르면 1946년에만 5558명의 독일인이 자살했다.[13]

그 무렵 서부 폴란드 포즈난 인근에서는 주택 부족과 복수심에서 촉발된 추방이 시작되었다. 아직 많은 독일인이 살고 있던 그곳으로 점점 많은 폴란드인이 귀향했지만, 주택은 폐허 상태였다. 포즈난 인근 비엘코폴스키에 현장에 처음 나타난 지역 행정가들은 공산당 비밀경찰 장교들이었다. 그들은 추방할 독일인을 선별해 트럭에 태워 급조한 임시수용소로 보낸 후 독일로 보내는 운송편이 준비될 때까지 그곳에 수감했다. 더 좋은 감정을 느낄 순간이 아니었다. 하지만 폴란드 병사들과 비밀경찰은 이 조치를 축하하라는 지시를 받았다. "독일 제5열을 폴란드 땅에서 추방한다. … 모든 장교와 병사들은 여러 세대가 기다려온 역사적 사명을 오늘 완수한다는 사실을 알고 있어야 한다"는 지시였다.[14]

감정이 격앙되었던 이러한 초기에 지역 주민들은 독일인들이 강제했던 것과 똑같은 식의 법과 제재를 행사하는 방식으로 복수했다. 1945년 여름 체코인들은 독일인들에게 N자(체코어로 독일인을 뜻하는 Nemec)가 써진 흰색 완장을 차고 등에 나치 십자가를 그리게 하고, 공원 벤치에 앉거나 거리를 걷거나 영화관과 식당에 들어가는 것을 금지했다.[15] 부다페스트에서는 유대인 생존자 군중이 전범재판소를 오가는 파시스트 전직 관리들을 공격하고 때리는 사건이 벌어졌고, 거의 죽음에 이르게 한 사건도 두 번이나 일어났다.[16]

폴란드인들은 나치 점령기에 당했던 대로 독일인들에게 강제노동을 부과했고, 나치의 집단수용소였던 곳이 그 현장이 되기도 했다. 죄수였던 사람이 경비원이었던 사람을 통제하고, 폭행과 고문을 당한 대로 그들을 폭행하고 고문한 몇몇 사례도 있었다. 전시 수용소를 사용한 것은 지금 우리에게 충격적이지만, 한 폴란드 역사학자는 당시 아무 문제가 없었다고 기록했다. 쓸 만한 시설이 거의 없던 시기였지만 수용소들은 거의 파괴되지 않았던 것이다. 실제로 수용소는 금세 여러 용도로 사용되는 경우가 많았다.[17] 일례로 1945년 1월까지 비드고슈치 인근 포툴리체Potulice 마을의 작은 수용소에는 1만 1000명 이상이 수감되어 있었는데, 수백 명의 아이들을 비롯해 대부분 폴란드인이었고 소련 수감자들도 더러 있었다. 해방 직후 러시아 병사들은 이 수용소를 점령해 막사뿐 아니라 전시에 수감자들이 군화를 수리하다가 남긴 가죽도 사용했다. 몇 주 후, 이 수용소의 첫 폴란드 사령관 에우게니우스 바실레프스키Eugeniusz Wasilewski가 2월 이 시설을 접수했을 때 소련군 병사 몇 명이 여전히 거주하고 있는 것을 발견했다. 그는 그들에게 막 체포한 독일인과 나치 부역자들(그들 중에는 전 독일군 경비병들과 포툴리체 지휘관들도 포함되어 있었다)을 위해 공간을 내놓을 것을 요구했다.

7월까지 이 수용소를 맡은 바실레프스키는 전쟁 전 상선단에서 일했던 사람으로, 열성적 공산당원은 아니었던 것으로 보인다. 그의 부하 대부분은 과거 수감자들로, 상당수는 복수에 열을 올렸다. 자료를 종합해보면 바실레프스키는 포툴리체에서 벌어지는 가장 악랄한 학대를 막으려고 노력했고, 한 과거 수감자는 그가 너무 관대하다고 불평했다. "내가 수감되었을 때는 훨씬 가혹했다." 그러나 그가 소장을 맡은 7개월 동안 수감자는 181명에서 3387명으로 늘어났고, 수감 환경도 악화될 수밖에 없었다.[18] 11월 바실레프스키가 떠난 후 발진티푸스 전염병이 발생했고, 이후 몇 년 동안 근무자들은 사기, 직무 태만, 알코올 중독으로 고발되었다.[19] 이 수용소가 존재한 5년 동안 거의 3000명의 독일인이 기아와 질병으로 사망했다.

포툴리체에서 자행된 학대에 대한 기록은 남아 있지 않지만, 경비원이나 수감자였던 사람들은 인터뷰와 회고록을 통해 그곳과 다른 수용소에서 독일 강제이주자들에게 자행한 고문과 학대를 증언해왔다. 독일인들은 굶주리고, 구타당하고, 배설물을 머리에 뒤집어쓰고, 금니가 강제로 뽑히고, 머리카락에 불이 붙었다. 또한 "나는 독일 돼지다"라고 거듭 말해야 했고, 최근 살해된 폴란드나 소련 수감자의 시신을 불태워야 했다. 글리비체Gliwice 수용소의 감독관으로 아우슈비츠 수용소에서 살아남았지만 어머니와 형제자매, 어린 아들 등 가족 대부분을 잃은 유대인 여성 롤라 포토크Lola Potok는 나치 연관성에 대해 독일인들을 심문했다. 그녀는 그들이 자백할 때든 안 할 때든 채찍으로 때렸다. 부역을 부인하는 것은 거짓말이라는 이유였다. 본인 말에 따르면 그녀는 몇 달 후 회복되어 냉정을 되찾고 독일인들을 인간으로 대하기 시작했다. 그들을 용서해서가 아니라 그들처럼 되고 싶지 않았기 때문이라고 그녀는 말했다.[20]

시간이 지나면서 폴란드, 헝가리, 체코슬로바키아에서의 독일인 추방과 체코슬로바키아에서의 헝가리인 추방은 더 질서가 잡혔다. 체코슬로바키아 대통령은 베네시 규정을 발표하여 자의적인 추방에 법적 포장을 해주었다. 체코슬로바키아 내 독일인과 헝가리인 재산 몰수, 독일인과 헝가리인 거주자 추방, 독일과 헝가리 땅에 체코인과 슬로바키아인 정착, 독일인과 헝가리인의 체코슬로바키아 국적 박탈을 합법화하는 규정이었다. 이 규정이 법률의 지위를 얻자 운송이 더 규칙적으로 되고, 식량이 지급되고, 추방자들은 가구와 옷 취득이 허용되었다. 재산이나 신분에 대한 복잡한 문제를 다루는 위원회도 설립되었다. 신분 문제는 인종이 뒤섞인 폴란드에서 더욱 첨예했다. 폴란드인 아내를 가진 폴란드화한 독일인들은 계속 폴란드에 남기를 원했고, 나치에 의해 독일인으로 간주된 카슈비아인Kaszubians과 마주리아인Mazurians 등 많은 소수민족도 마찬가지였다.

나치는 그들이 점령한 유럽에 거주하는 사람들 중에 독일 주민은 아니더라도 독일 혈통으로 추정되는 사람들을 민족독일인이라는 범주에 포함시켰는데, 전쟁 중 자신이 이 범주에 속한다고 선언한 사람들의 경우 혼란은 극대화되었다. 이들은 성姓이 독일어처럼 들리거나 아마도 독일 가문에 뿌리를 두었을 루마니아인, 헝가리인, 체코인, 폴란드인 등이었다. 이들은 독일어로 말하지 못해도 되었고, 대부분 독일에 가본 적도 없었다. 나치 당국이 민족독일인 명단에 서명하라고 요구했을 때, 그들은 아마도 인종적 자부심으로 그랬을 수도 있지만 두려워서, 아니면 단순히 더 나은 대접을 받고 싶어서 그랬을 수도 있다. 위협당한 사람들도 있었다. 1946년 11월 폴란드에서 한 위원회는 민족독일인을 '복원'해 다시 폴란드인이 되는 것을 허용하기로 결정했지만, 그들이 협박을 받고 민족독일인 리스트에 서명했음을 입증할 수 있고, 전쟁 중 폴란드 기원에 걸맞은 방식으로 행동한 경우에만 이를 허용했다. 그런 상황에서도 보안경찰은 때로는 민족독일인을 체포해 진짜 독일인들과 함께 강제노동수용소에서 일하게 만들기도 했다.[21]

독일어처럼 들리는 성을 가진 사람이 많은 헝가리에서 누가 민족독일인 명단에 서명했는지 알 수 있는 유일한 기관은 인구조사국이었다. 처음에 인구조사국 책임자는 명단 제출을 거부했다. 1945년 4월 헝가리 비밀경찰의 방문을 받은 뒤에도 인구조사국 직원들은 자료 제출을 거부했다. 형사 범죄 조사를 위해서도, 전쟁 중에도, 1944년 독일 점령 당국이 유대인 색출에 혈안이 되었을 때도 조사국은 자료를 내놓지 않았다. 조사국은 10명의 직원이 비밀경찰에 체포되고, 현지 소련 당국이 관여하고, 기꺼이 추가적 체포를 단행할 수 있다는 것을 알고 나서야 마지못해 자료 제출에 동의했다.[22]

이 작업이 끝났을 때 동유럽 독일인들의 정착은 유럽 역사에서 전례를 찾기 힘든 대규모 이동이었다. 1947년 말에 인종적 독일인, 민족독일인, 최근 정착민 등 약 760만 명의 독일인이 강제이주나 탈출을 통해 폴란드를 떠났다. 그중 약 40만 명이 독일로 가는 길에 기아나 질병 때문에, 또는 다가오는 전선의 교차 사격에 갇혀 사망했다.[23] 약 250만 명이 체코슬로바키아를 떠났고, 추가로 20만 명이 헝가리에서 추방되었다.[24] 우크라이나, 발트 국가들, 루마니아, 유고슬라비아의 독일 주민도 강제이주되거나 아니면 자발적으로 떠났다. 전부 합하면 2차대전 후 약 1200만 명의 독일이 동유럽을 떠나 동독과 서독에 정착했다.

일단 국경을 넘으면 독일 난민들은 거의 환영받지 못했다. 독일의 서방 점령 지역, 동방 점령 지역 어디를 가든 그들은 바로 하위계층이 되었다. 그들은 동유럽 사투리를 썼고, 생활방식과 습관이 다른 데다 당연히 재산이나 자금도 없었다. 1945년에는 그들을 위한 시설을 만들 시간이 없었고, 많은 사람들이 먹을 것을 찾아 정처 없이 돌아다녔다. 추방된 주민들을 발진티푸스와 이질이 덮쳤고, 다른 주민들에게도 전염되었다. 이 문제는 소련 점령 지역에서 너무 심각해서 당국은 지방 지도자들에게 최소한 추방자들을 한곳에 모아두고 "이 사람들이 더 돌아다니지 못하도록" 하라고 지시했다. 영국과 미국 점령 지역도 추

방을 멈추거나 최소한 속도를 완화할 것을 호소했다.[25]

되돌아보면 초기 혼란과 수많은 인명 희생에 대한 책임은 독일인들을 추방한 정부에 돌아가는 경우가 많았다. 그러나 책임은 더 널리 공유되어야 한다. 물론 전쟁이 일어나지 않았고, 독일이 이 지역을 침공하지 않았고, 독일이 동유럽 주민들을 잔인하게 다루지 않았다면 이런 추방은 일어나지 않았을 것이다. 너무 많은 독일의 식민지 정착민이 전쟁 중 그 지역으로 이주했기 때문에 추방된 사람 수는 너무 많았고, 1945년 추방 대상이 된 많은 독일인들은 그 지역에 아무런 가족이나 연고가 없었다. 폴란드에서 추방된 독일인들은 폴란드인이나 유대인 소유주가 살해되거나 추방된 후 그들의 집과 농장을 차지한 인종적 독일인들(독일 출신도 있었고, 유럽 다른 지역 출신도 있었다)이었다. 나치가 점령한 유럽 지역에서 특권을 누렸던 독일 관리들과 독일 사업가들, 그들의 가족도 추방되었다. 그들은 폴란드 농지나 재산에 대한 도덕적 소유권이 전혀 없었지만, 그들 중 일부는 나중에 자신을 '추방된 사람', 그러므로 '희생자'라고 생각했다. 나중에 발언권이 크고 소란한 추방자 조직인 추방자연맹Bund der Vertriebenen의 지도자가 된 에리카 슈타인바흐Erika Steinbach는 헤세Hesse 출신 독일군 부사관의 딸이었다. 그녀의 가족은 전쟁 중 루미아Rumia라는 폴란드 소도시에 주둔하게 되었다. 그들은 점령군이었기 때문에 전쟁 후 추방되어(아니면 도망쳐) 헤세로 돌아갔고, 슈타인바흐는 그곳에서 성장했다.[26]

추방 정책은 서방 연합국 모두의 진지한 동의를 받은 것이었다. 연합국은 포츠담 회담 전에도 독일인 추방에 대해 많은 생각을 했었다. 1944년 처칠은 하원에서 "(독일인) 추방은 현재 예상할 수 있는 바로는 장차 평화를 이루는 데 가장 만족할 만하고 지속적인 방법"이라고 주장했다. 루스벨트도 인종 청소 정책을 승인하며, 1921-22년 튀르키예와 그리스 간의 인구 교환을 선례로 들었다.[27]

그러나 독일인 추방에는 소련의 전적인 지원이 있었다. 스탈린은 전쟁 중 비공식 석상에서 체코슬로바키아 지도부에 "(수데텐 독일인들을) 몰아내라. 이제 그들은 다른 사람들을 지배하는 것이 무슨 뜻인지 알게 될 것이다"라고 조언했다. 폴란드인들에게는 "탈출하고 싶은 여건을 독일인들에게 만들어주라"고 조언했다.[28] 더 중요한 것은 독일인 추방을 조직한 폴란드, 체코슬로바키아, 루마니아, 헝가리 경찰이 모두 기술적으로 소련군 점령 지역에서 소련의 지원을 받으며 이 작업을 수행했다는 점이다. 스탈린은 폴란드인과 체코슬로바키아인이 종전 이전부터 독일인 추방을 얘기했던 것을 알고 있었고, 이미 루마니아인들을 지원했었다. 그러나 소련이 차지한 폴란드 동부 지역을 서쪽의 과거 독일 땅으로 대체하는 폴란드 국경 재조정은 폴란드인들이 독일인 추방 외에 다른 선택의 여지가 없고, 아무도 상상하지 못한 엄청난 규모로 해야 한다는 것을 의미했다. 결국 독일인 추방은 소련의 도움이 있어야만 가능했다.

소련군은 루마니아와 헝가리로부터의 독일인 축출, 추방에도 직접적 책임이 있었다. 헝가리 내 독일인 압제는 1944년 12월 22일 소련군의 명령에 의해 시작되었다. 헝가리 내 모든 독일인을 강제노동자로 전선에 보고하라는 명령이었다. 전면적 강제이주 준비는 1945년 2월 시작되었다. 이때 연합국 통제위원회 소련 대표부가 헝가리 내무부에 "헝가리에 거주하는 모든 독일인 명단을 준비"할 것을 명령했다(이 명령은 헝가리 인구조사국과 분쟁을 일으키고, 직원 체포를 촉발했다).[29] 그 시점에 NKVD는 이미 루마니아에서의 독일인 추방도 감독하고 있었다.[30]

동시에 독일인 추방은 그 작업이 진행된 모든 나라에서 분명 인기가 있었다. 그래서 가능한 곳에서는 현지 공산당이 재빨리 이 작업을 감독하고 나중에 자신들의 공으로 돌렸다. 폴란드 공산당은 추방을 이끈 공으로 몹시 필요했던 신뢰를 얻었고, '동질적homogeneous' 폴란드 국가 창설을 오랫동안 주장해왔던 우익의 일부 인사로부터도 조심스러운 찬사를 받았다. 당시 동질성은 유럽 모든 곳에서 수용될 수 있는 정치적 목표였다.[31] 역사학자 스테판 보토니Stepan Bottoni도 루마니아 내 소수민족에 대한 루마니아 공산당의 이중적 정책(독일인에 대한 가혹한 대우는 헝가리인, 슬라브인, 유대인 공동체를 통합하려는 노력과 결합되었다)이 합법성을 얻는 데 도움이 되었을 거라고 주장한 바 있다.[32]

체코슬로바키아 공산당이 추방에 관여한 것은 훨씬 인기가 있고 어쩌면 더 중요했을 수도 있다. 독일인 추방이 공산당을 주류로 보이게 했기 때문이다. 체코슬로바키아 경찰은 대단한 열정을 가지고 정부의 인기 많은 정책을 지원하고 있었다. 체코슬로바키아 공산당 서기장 클레멘트 고트발트는 최근 전쟁뿐 아니라 1620년 보헤미아가 신성로마제국과 독일 동맹군에게 패배했던 백산 전투Battle of the White Mountain에 대한 복수를 할 것을 민족에게 촉구했다. "체코 땅이 체코인들 품에 다시 돌아오도록 하려면, 여러분은 백산 전투에 대한 최후의 보복을 준비해야 합니다. 우리는 이방인인 독일 귀족의 후손을 모두 영구히 추방할 것입니다."[33] 슬로바키아 공산당 지역 신문도 헝가리 소수민족에 대해 이와 유사한 민족주의적 수사를 사용하면서, 때로 마르크스주의적 색채를 더했다. "헝가리 봉건 영주들이 슬로바키아인들을 산악지대로 쫓아내고 차지한 남부 슬로바키아의 풍요로운 생산 지대는 슬로바키아 인민들에게 반환되어야 한다."[34]

독일인 추방을 진행하기 위해 설립된 모든 임시 기구들은 금세 다른 용도로도 유용하다는 것이 입증되었다. 폴란드에서는 추방할 독일인을 수용하려고 만들거나 수리한 많은 시설이 결국 체제 반대자들을 가두는 수용소나 감옥으로 바뀌었다. 체코슬로바키아에서 공산당이 독일인 추방을 돕기 위해 만든 준軍사 조직은 1948년 공산당이 쿠데타를 수행하는 데 도움을 주었다.[35] 문자 그대로 추방은 1-2년 뒤 공포 정치를 수행하는 제도적 기반을 만들어주었다.

공산당이 통제하는 경찰이 독일인 추방을 조직했기 때문에 공산당은 독일인 재산을 재분배하는 유리한 입장에 처했다. 아파트, 가구, 다른 재화가 바로 그들 수중에 들어왔고, 이 모든 것은 공산당 지지자들에게 분배될 수 있었다. 독일인들이 남겨놓고 떠난 농장과 공장은 바로 국유화되어 대중의 지지를 받았고, 폴란드 관리나 체코 관리들이 운영하게 되었다. 이러한 대규모 재산 몰수는 더 광범위한 국유화를 대중이 수용하는 데 필요한 심리적 기반 형성에 도움을 주었다. 많은 사람이 독일인들이 집과 사업체를 잃는 것을 만족스럽게 지켜보았고, 민족의 적으로부터 재산을 압류하는 것을 '공정'하다고 느꼈다. 그렇다면 노동계급의 적들로부터 재산을 압류하는 것도 공정하지 않을 이유가 있겠는가?

추방당한 독일인들은 여러 조직을 만들어 큰 목소리를 내며 강력한 활동을 벌여나갔다. 덕분에 독일인 추방은 전후 유럽의 인종 청소 중 가장 잘 알려진 사례로 최근 가장 자주 논의되었다. 그러나 독일인 추방은 전후 자행된 수많은 인종 청소 프로젝트 중 하나에 불과했다.

독일인들이 슐레지엔과 수데텐란트에서 추방당하던 바로 그 무렵 폴란드-우크라이나 국경에서는 또다른 인구 교환이 진행되었다. 흥미롭게도 이 합의(전후 두 번째로 큰 강제추방이었다)는 폴란드와 소련 사이가 아니라, 폴란드와 당시 주권이 없고 특히 국제관계에서 주권국이 아니었던 우크라이나 소비에트 공화국 사이에 체결되었다. 한 우크라이나 역사학자는 국제적 배경이 있었다고 설명한다. 만일 다른 연합국이 인구 교환에 반대하면, 또는 수반된 폭력을 통제할 수 없게 되면 스탈린은 "우리가 아니라, 우크라이나인이 한 것"이라며 언제든 법적 책임을 부인할 수 있었다는 것이다.[36]

스탈린도 잘 알다시피 당시 폴란드 남동부와 우크라이나 서부에서는 전면적인 인종 전쟁이 벌어지고 있었다. 이 충돌의 옳고 그름을 충분히 논할 자리는 아니므로, 여기서는 이 충돌이 오랜 경제·종교·정치 경쟁에 뿌리를 두고 있으며 나치 점령과 1939년, 1943-4년 두 번의 소련 침공으로 발화, 왜곡되었다고 말하는 것으로 충분할 것이다. 동부 폴란드와 서부 우크라이나에서 평화와 인종적 화해라는 대의는 폴란드인, 유대인, 우크라이나인, 소련 인민 등 많은 민족의 지지자들 그리고 당시 권력을 다투던 많은 정치적 신념의 지지자들의 도움을 받지도 못했다. 폭력은 과거 폴란드 땅이었지만 이제 우크라이나 영토가 된 볼히니아에서 1943년 공포와 비극의 절정에 달했다. 이때 우크라이나 저항군Ukrayins'ka Povstans'ka Armiya, UPA에 동조하는 우크라이나 파르티잔은 독일군이 패배하고 있고 소련군이 다가오고 있다는 것을 알게 되었다. 그들은 자신들의 국가를 세울 때가 다가오고 있다고 생각했다. 현지의 지도자 미콜라 레베드Mikola Lebed는 동료들에게 "혁명의 땅에서 폴란드 인구를 전부 쓸어내자"라고 촉구했다. 1943년 여름, 그를 따르는 사람들(다수가 1939년 소련의 폴란드인 강제이주와 홀로코스트 동안 유대인 학살을 목격했거나 참여했던 사람들이었다)은 약 5만 명의 폴란드인을 살해하여 거의 모든 민간인을 제거하고, 남은 수만 명을 볼히니아에서 추방했다.[37]

그해 여름 대학살을 자행한 사람들은 나치와 소련의 교훈 모두를 참고했다. 이는 마을에서 벌어진 대학살에 대한 10대 소녀의 서술에 잘 나타나 있다. 그녀와 여동생, 2명의 남동생, 이웃들은 볼히니아 마을 밖 숲으로 끌려가 움직이지 말라는 명령을 들었다. 그후 벌어진 일은 불과 몇 달 전 같은 지역에서 일어났던 많은 대학살과 비극적으로 유사했다.

나는 잠을 자려는 듯 누웠다. 갖고 있던 큰 스카프로 머리를 덮었다. 아무것도 안 보기 위해서였다. 사격 소리가 다가왔고, 나는 죽음을 기다렸다. 그러나 사격 소리는 점점 멀어졌고 나는 무사했다. … (여동생과 나는) 자리에서 일어났다. 9세, 13세인 남동생들을 보니 머리에 총상을 입은 상태였다. 나는 그 애들에게 모자를 벗으라고 말한 것 때문에 지금까지도 엄청난 양심의 가책을 느낀다. 모자를 썼다면 살아남았을지도 모르는데 … (그러나 이제) 어디로 가야 하지? 우리는 덤불을 지나 루보르말Lubomal 쪽으로 걸어갔다. 도중에 어린 소녀를 데리고 있는 나이든 우크라이나 여인을 만났다. 여동생이 우리를 그녀 집으로 데려가 달라고 부탁했지만, 그녀는 그러고 싶어하지 않았다. … 운 좋게도 가장 가까운 집이 잠긴 채 비어 있었다. 우리는 여물통에서 물을 마시고 계속 길을 갔다. 나의 방랑자 생활이 시작된 것이다.[38]

폴란드인들은 복수에 들어갔다. 폴란드 파르티잔, 발데마르 로트니크Waldemar Lotnik는 그해 여름 벌어진 복수 공격을 이렇게 회고했다. "그들은 이미 이틀 밤에 걸쳐 남자 7명을 살해했다. 그날 밤에는 8세 남학생을 포함해 16명을 죽였다. … 우리 300명은 아무 저항도 받지 않고 아무런 피해도 입지 않았다. 우리 대부분은 모드린Modryn 사람 다수를 알고 있어서 누가 나치 부역자고 누가 우크라이나 민족주의자인지 알았다. 우리는 그들을 골라냈다." 일주일 후 우크라이나인들이 복수하며 마을을 불태우고, 모든 여성을 강간하고, 탈출하지 못한 사람을 모조리 죽였다. 폴란드인들은 다시 복수했다. 이번에 복수에 나선 남자들은 "우크라이나인들의 공격으로 가족을 전부 잃은 뒤 증오에 가득 차서 눈에는 눈, 이에는 이로 맞서겠다고 맹세했고, 그 말을 그대로 지켰다"고 한다.[39]

이러한 최근 역사가 있었고, 국경 변화가 현실로 자리잡기까지는 시간이 걸렸다. 이 점을 고려할 때 폴란드인들과 우크라이나인들이 강제 이주에 저항한 것은 놀라운 일이 아니다. 처음에 소련과 폴란드, 양측은 철저히 자발적으로 인구 교환이 이루어질 것이라는 데 동의했고, 일부 주민은 1944년 여름 국경을 건너기 위해 자발적으로 기차에 올라탔다. 그러나 겨울이 오고, 대규모 소련군이 베를린 점령을 위한 마지막 전투를 벌이자 자원자들은 줄어들기 시작했다. 폴란드 국내군 파르티잔은 조만간 소련이 과거 폴란드 영토를 폴란드에 반환해야 할 것이라고(분명 3차대전이 일어날 것 같았다) 믿고 1945년 내내 서부 우크라이나에서 계속 암약했다. "서부 우크라이나 땅은 소련이 계속 차지하지 못한다. 그건 폴란드 땅이었고, 앞으로도 그럴 것이다." 한 폴란드 주민이 NKVD 정보원에게 말했다. "미국은 소련이 그렇게 하도록 두지 않을 것이다. 전쟁 초반에 미국은 폴란드가 1939년과 같아질 것이라고 선언했기 때문이다. 그러니 (폴란드로) 이주할 필요가 없다."[40]

이러한 이주 거부에 직면한 데다, 계속되는 인종 분쟁을 알고 있던 스탈린은 이제 우크라이나 소비에트 공화국이 된 과거 폴란드 지역에서 폴란드인을 더 가혹하게 다룰 정책을 만들었다. 우크라이나 공산당 제1서기인 니키타 흐루쇼프는 1944년 9월 스탈린에게 서부 우크라이나의 모든 폴란드 학교와 대학을 폐쇄하고, 폴란드 교과서 사용을 금지하고, 폴란드인들을 소련 다른 지역의 산업 프로젝트에 투입할 것을 건의했다.[41] 이 정책의 결과(게다가 미국이 구하러 오지도 않았고, 3차대전도 일어나지 않아서) 폴란드인들은 서쪽으로 향하는 기차에 올라타기 시작했다. NKVD는 1946년 2월까지도 '백군 폴란드인White Polish' 조직원들을 색출해 체포했는데, 이들은 공개적 저항의 마지막 세포였던 것으로 보인다.[42] 소련 문서에 따르면 1946년 10월 기준 81만 2668명의 폴란드인이 소련령 우크라이나를 떠나 폴란드로 갔다.[43] 우크라이나뿐 아니라 리투아니아, 벨라루스에 있던 총 149만 6000명의 폴란드인이 소련을 떠나 폴란드로 이주했다.[44]

이렇게 해서 중요한 문화적 변화가 일어났다. 리투아니아, 서부 벨라루스, 서부 우크라이나를 떠나는 폴란드인들은 수백 년간 폴란드어를 사용하던 소도시와 도시를 버리고 많은 사람이 수백 년간 독일어를 사용해온 소도시와 도시로 이주해 갔다. 이제 르비우L'viv로 불리는 르부프Lwów의 유서 깊은 얀 카지미에시 대학교는 학교 건물을 남겨두고 장서와 교수들을 브레슬라우(현재 브로츠와프)로 옮겨 이 도시의 유서 깊은 대학 자리로 이주했다. 우크라이나의 유명한 흑토 지역에서 농사짓던 농민들은 모래가 훨씬 많아서 복잡한 장비와 다른 영농법을 써야 하는 슐레지엔 흙에 적응하느라 애를 먹었다. 재정착한 폴란드인들은 때로 주전자가 아직 난로 위에 있거나, 된호프 남작 부인 같은 전 주인들이 마지막 식사 후 식기를 치우지 않고 떠난 독일인들의 집으로 걸어 들어갔다.

적절한 때에 폴란드 정부는 이 '회복된 땅'(폴란드어로 약속의 땅ziemia obiecana과 발음이 매우 유사한 ziemie odzyskane)과 중세 시대 이곳을 통치했던 슬라브 왕들에 대한 정교한 신화를 만들어냈다. 그러나 실제 상황을 보면 회복된 땅에 온 사람 중 상당수는 무단침입자처럼 느꼈다. 그들은 새로운 환경에 익숙지 않아 첫 수확에 실패했다. 그리고 독일인들이 돌아올까 봐 두려워 그들은 투자를 하지 않았다. 1945년과 1946년 독일인이 살던 도시로 폴란드인들이 이주해 독일인이 남긴 무엇이든 훔쳤다는 사실은 시사하는 바가 크다. 사람들은 그곳을 자기 집처럼 대하지 않았던 것이다.

새 국경을 기준으로 서부, 폴란드 쪽에 정착하게 된 우크라이나인들은 더 분노하며 이주에 완강히 저항했다. 스탈린이 우크라이나 민족주의를 말살하려고 조장한 1932-33년 우크라이나 대기근 이야기를 들은 사람들은 대부분 소련 정권에 대한 환상이 전혀 없었다. 그들은 소련령 우크라이나로 가고 싶지 않았고, 그곳으로 갔더라도 일부 사람들은 곧 돌아오려고 했다. 1945년과 1946년 내내 우크라이나 저항군과 우크라이나 민족기구Orhanizatsiya Ukrayins'kykh Natsionalistiv, OUN 출신 파르티잔들은 강제이주 관청을 공격하고, 이주민들이 이동할 도로와 철도를 파괴하고, 폴란드인들이 정착한 마을을 불태웠다.[45]

폴란드 공산당도 반격을 시작했다 1945년 4월에 민병대, 경찰, 비밀경찰, 폴란드군으로 구성된 제슈프의 특별작전 집단은 5개 폴란드

군郡에서 우크라이나인들을 '청소'하기 위한 강제이주 계획을 집행했다. 그들의 노력은 당황스럽게도 실패로 끝났다. 우크라이나 저항군과 우크라이나 민족기구에 대한 지역 주민들의 지지가 너무 강해서 한때 제슈프 지도자들은 비밀경찰에 정찰 비행기 추가를 요청했다. 지상에서 우크라이나인들을 찾을 수 없으니 공중에서라도 찾는 게 낫겠다고 생각했던 것이다.[46]

　1947년, 폴란드 정부는 해당 지역의 인종 청소에 더이상 관심을 기울이지 않았다. 그들은 더 근본적인 위기에 봉착했다. 남동부 폴란드에서 자신들의 권력을 지켜내야 했던 것이다. 지역 행정은 불가능했고, 몇 곳에서는 우크라이나 파르티잔들이 폴란드 독립운동인 WiN 잔당과 결합했다.[47] 3월 우크라이나 파르티잔들은 대포와 기관총으로 무장한 약 150명의 파르티잔과 전투를 벌인 폴란드 국방 차관 카롤 시비에르체프스키Karol Świerczewski를 살해하면서 위기를 조장했다. 그후 폴란드 공산당 신문들은 우크라이나인들을 '교수형 집행자', '도적', '백정', '외국 용병'이라고 부르고, 그들이 파시스트 총알로 폴란드 민족의 용맹한 아들을 살해했다고 비난하면서 비국제적인 인종 혐오를 노골적으로 드러냈다.[48] (그러나 시비에르체프스키는 소련군 장교 생활을 오래 했고, 그의 죽음에 대한 내부 통신 중 하나에는 "모스크바에 있는 그의 가족에게 통보할 것"이 언급되어 있었다.)[49]

　살해 사건 후 폴란드 정권은 행동에 나서 우크라이나인들을 또 문제를 일으킬지 모르는 소련이 아니라 북부, 서부 폴란드의 과거 독일 지역으로 보내기로 했다. 폴란드 동부에 '안전'을 가져오는 것이 목표(폴란드인 대다수가 분명히 찬성한 목표였다)라고 선전하며 폴란드 정부는 4월 말 비스와 작전Akcja Wisła에 착수했다. 5개 사단의 병력 1만 7000명, 민병대 500명, 공병, 조종사, 내무부 병력이 동원된 중요한 군사 작전이었다. 무장 NKVD 사단과 체코슬로바키아 군대는 국경 지역에서 지원군을 제공했다.⁵⁰ 7월 말, 이 거대한 병력이 14만 명의 우크라이나인을 집에서 쫓아내 더러운 화물차에 실어 폴란드 북부와 서부로 보내는 데 성공했다. 3년 전 볼히니아에서 벌어진 사건만큼이나 유혈이 낭자하고 분노를 자아내는 과정이었다. 당시 어린이였던 한 우크라이나인은 사촌 결혼식에 들이닥친 폴란드 병사들을 떠올렸다.

결혼식이 열리고 있던 건물을 갑자기 병사들이 포위하고, 불이 붙은 포탄으로 불을 질렀다. 그들은 탈출하지 못한 신랑과 하객 몇 명을 살해하고, 피 묻은 시체를 자그로드Zagrod에서 이미 시체를 싣고 온 마차에 던져 넣었다. 그들이 막 떠나려 할 때 면사포를 쓰고 하얀 드레스를 입은 신부가 갑자기 나타났다. 그녀는 남편, 이반의 시신을 남겨달라고 애걸했다. 병사들은 웃음을 터뜨리더니 그녀를 밧줄로 손을 결박해 마차에 묶고 출발했다. 그녀는 처음에는 뛰다가 넘어졌고, 먼지 속에 질질 끌려갔다. 병사들은 그녀에게 총을 쏘았다. 그러고는 밧줄을 잘라 사망한 그녀를 길에 내버려 두었다.⁵¹

우크라이나 농민들 사이에는 파르티잔들을 지원할 네트워크가 없었다. 이 때문에 우크라이나 파르티잔들은 더이상 저항을 계속할 수 없었다. 살해되지 않은 파르티잔들은 체포되어 심문을 받고, 그때까지 독일인들을 수용했던 과거 나치 수용소 야보주노(많은 나치 수용소처럼 오래 사용되면서 여러 기능을 수행했다)에서 고문을 받았다. 우크라이나인들은 폴란드 전역으로 흩어졌다. 1990년대에 나는 마주리아 호수Mazurian lake 지역 에우크 인근에 살고 있는 그들의 후손 집단을 만났다. 그들은 더이상 우크라이나어로 말하지 않았다. 폴란드 당국은 자국 내 어느 지역에서도 우크라이나인의 비율이 10퍼센트가 넘지 않도록 통치했기 때문에 그들은 서서히 자신들의 언어, 문화, 고유성을 잃고 말았다.

비스와 작전이 끝난 몇 주 후, 소련 당국도 소련령 우크라이나에서 유사하게 잔혹한 작전에 착수했다. 1947년 10월 며칠 사이에 소련 비밀경찰은 서부 우크라이나에서 7만 6192명의 우크라이나인을 체포해 강제노동수용소로 보냈다.[52] 몇몇 역사학자는 두 작전이 연관되었을 것이라고 추정해왔다. 두 작전의 목표는 맹렬한 자부심으로 단단히 결집되어 폴란드인들과 러시아인들에게 엄청나게 저항했던 서부 우크라이나인 공동체를 완전히 파괴하는 것이었다. 비스와 작전은 체포를 피한 소련 국적의 우크라이나인이 폴란드를 더이상 안전한 은신처로 삼지 못하게 만드는 확실한 조치였다.[53] 두 작전은 모두 인기가 있었다. 우크라이나 파르티잔들에 의해 고난을 당한 폴란드 농민들은 그들이 사라지자 기뻐했고, 그들을 흩어지게 한 소련군과 폴란드군에게 감사했다.

비스와 작전은 한 나라 안에서 인구 교환이 유독 잔인하게 일어난 경우지만, 유일한 사례는 아니었다. 체코슬로바키아 정부는 헝가리인을 슬로바키아에서 강제이주하려 했으나 포츠담 회담과 뒤이은 파리 평화회의에서 연합국의 승인을 못 받자, 유사한 해결책을 시도했다. 문서상으로는 헝가리인을 슬로바키아에서 강제로 추방하는 것은 없었고, '자발적' 주민 교환만 있었다. 이러한 자발적 출발을 고무하기 위해 슬로바키아의 헝가리인들은 시민권을 박탈당하고, 공식 석상에서 자

신들의 언어를 쓸 권리, 헝가리어로 진행되는 교회 예배에 참석할 권리
도 박탈당했다. 1945년부터 1948년까지 약 8만 9000명의 헝가리인들
이 슬로바키아를 떠나 독일인이 떠난 수데텐란트 아니면 국경을 넘어
헝가리로 이주하도록 설득되었다. 그들이 떠난 자리는 헝가리에서 온
약 7만 명의 슬로바키아인들로 채워졌다.[54]

　이 지역 밖에서는 불만을 제기하는 소리가 전혀 들리지 않았다. 한
헝가리 역사학자는 "헝가리 소수민족의 운명에 아무도 관심을 갖지
않았기 때문"이라고 선언했다.[55] 그러나 사실, 어떤 소수민족의 운명도
관심을 받지 못했다. 세계는 비스와 작전은 물론이고 폴란드와 우크라
이나 사이에 벌어진 인종 전쟁에 거의 신경쓰지 않았다. 루마니아를
탈출하거나 추방된 10만 명의 헝가리인, 체코슬로바키아를 떠나 우크
라이나로 간 5만 명의 우크라이나인, 전후 우크라이나에서 체코슬로
바키아로 귀환한 4만 2000명의 체코인과 슬로바키아인에도 주목하지
않았다.[56]

　1950년쯤에는 다민족 동유럽이 거의 남지 않았다. 다만 우크라
이나, 폴란드, 헝가리, 독일 등 이전 거주지에 대한 향수만 남았다.
1991년 나는 서부 우크라이나의 소도시 자블로츠코Zablocko 인근의 아
주 작은 마을을 찾아갔다. 그곳에는 1945년 밤마다 온갖 파르티잔이
찾아오는 바람에 마음을 졸였고, 전투에 겁먹고 전쟁에 지친 우크라
이나인 부부가 살고 있었다. 평화를 갈망하며 그들은 동부 폴란드 산
San강변의 고향 마을을 뒤로하고 떠나는 데 동의했다. 그들은 모든 가
재도구를 마차에 싣고 동쪽으로 떠났다. 결국 그들은 최근까지 폴란드
가족이 쓰던 언덕 위 목조 가옥을 발견하고 그곳에 머물렀다. 반세기
후, 폴란드를 전혀 보지 못한 그들의 손녀는 여전히 폴란드를 그리워했

다. 그녀는 사람들이 말하는 것처럼 폴란드가 "그렇게 풍요롭고 아름다운지" 알고 싶어했다.

결국 추방된 대부분의 독일인은 독일로, 폴란드인은 폴란드로, 우크라이나인은 소련령 우크라이나로 갈 수 있었다. 그러나 동유럽 유대인들은 이미 은신처, 집단수용소, 망명으로 흩어져 1945년에 돌아갈 수 있는 분명한 고향이 없었다. 만일 전에 살던 곳으로 돌아갔다면 그들은 물리적 파괴, 심리적 황폐, 그리고 더 나쁜 일을 겪었을 것이다. 실제로 전후 유대인의 운명은 그들이 돌아간 도시와 마을이 인종적, 정치적, 범죄적 폭력에 휩싸여 있었다는 사실을 이해하지 않고는 납득이 안 간다. 해방 후 평화가 찾아왔다는 생각에 익숙한 서유럽인 중에 이런 상황을 쉽게 이해하는 사람은 거의 없다. 전후 동유럽 유대인의 경험이라는 주제를 둘러싼 신화와 감정을 구별하기도 쉽지 않다. 과거를 이용해 현재에 영향을 주려는 당대 정치인들이 전후 모든 인종 분쟁에 종종 불을 붙인 것도 사실이다. 추방당했던 독일인들이 구성한 협회는 1970년대와 1980년대, 그리고 1989년의 결정적 순간을 비롯한 때에도 폴란드-독일 국경 변경과 과거 살던 곳으로의 귀환을 선동하며 때로 불편하지만 큰 역할을 수행했다. 폴란드인과 우크라이나인은 우크라이나혁명군에 대한 기억을 놓고 가끔 논쟁을 벌인다. 폴란드인은 이들을 살인자로 보는 반면, 우크라이나인은 그들을 자유 전사로 존경하기 때문이다. 2008년 슬로바키아와 헝가리의 긴장은 슬로바키아에서 헝가리 활동가들이 체포된 것을 둘러싸고 양국 국경 몇 곳이 폐쇄되는 사태로 발전했다.

하지만 전후 동유럽 유대인, 특히 전후 폴란드 유대인의 역사보다 큰 감정적 지뢰밭은 거의 없을 것이다. 동유럽 유대인과 동유럽 공산주의의 얽히고설킨 관계가 큰 부분을 차지하는데, 일부 유대인은 전후 동유럽 몇몇 공산당에서 눈에 띄는 역할을 해서 새로운 정권의 수혜자로 간주된 반면, 다른 유대인들은 같은 정권에 의해 고통을 받았다. 때로 동유럽 사람들과 동유럽 유대인들은 경쟁적인 순교자 설화에 몰입했다. 동유럽 사람들은 세계가 홀로코스트는 알지만, 자신들이 나치와 소련에게 받은 고통에 대해서는 잘 모른다는 사실에 분개한다. 때로 유대인들은 전시에 다른 사람들이 받은 고통을 논하는 것은 자신들만이 겪은 유일무이한 비극적 경험을 폄하하는 것이라고 생각해왔다. 돈, 재산, 죄, 책임에 대한 논쟁이 계속 이어져왔다.

1990년대에 이런 감정이 어떻게 펼쳐졌는지를 보여주는 사례가 하나 있다. 폴란드 국가기억연구소의 한 검사가 폴란드 유대인이자 공산주의 파르티잔이었던(모두 동의하는 사실이었다) 살로몬 모렐Salomon Morel을 기소한 특이한 사건이 발생했다. 1945년 2월부터 9월까지 모렐은 상부 슐레지엔의 시비엥토흐워비체Świętochłowice에 있는, 한때 아우슈비츠 수용소의 보조 수용소였던 독일인 강제노동수용소 즈고다Zgoda의 소장이었다. 그후 그는 폴란드 비밀경찰 직원으로 일했고, 나중에 대령이 되어 카토비체의 수용소장이 되었다. 모렐은 1990년대 초 이스라엘로 이주했다.

모렐에 대한 거의 모든 것이 논쟁 대상이 되었다. 폴란드 조사관들과 검사들에 따르면 모렐은 종전 직후 폴란드 비밀경찰에 가담했다. 처음에 그는 루블린 성의 감옥에서 일하면서 폴란드 국내군 지도자들을 심문하는 것을 도왔다. 그러고 나서 즈고다로 전근했다. 그곳에 재직하는 동안 그는 여성과 아이들을 비롯해 대부분 독일인인 수감자들에게 잔혹하기로 악명이 높았다. 그는 수감자들에게 음식을 주지 않고, 위생이 악화되도록 방치하고, 자신의 쾌락을 위해 그들을 고문하고, 때로 구타하여 죽음에 이르게 했다. 열악한 환경의 결과 여름에는 장티푸스가 발생해 약 1800명의 수감자가 사망했다. 문서고 자료에 따르면 내무부는 이 역병 발생의 책임을 물어 모렐을 3일간 가택연금하고 급여 일부를 박탈했다.

2005년 폴란드 검사는 모렐을 전쟁 범죄자로 결정짓고 범죄인 인도 요청서를 당시 모렐이 살고 있던 이스라엘로 보냈다. 그 검사는 이스라엘 법무부의 격분에 찬 답신을 받았다. 이스라엘의 답신은 모렐이 전범이 아니라 전쟁 희생자 중 한 사람이라고 주장했다. 그는 자신의 부모와 형제, 처제가 전쟁 중 폴란드 경찰 장교 손에 죽는 모습을 목격했다. 그의 형은 이스라엘의 답신이 '폴란드 파시스트'라고 부른 사람에게 살해당했다. 이스라엘 법무부 관리에 따르면 모렐이 소장을 맡은 시비엥토흐위비체 수용소는 과거에 나치였던 600명도 되지 않는 죄수를 수감하고 있었다. 위생 여건은 만족할 만했다. 이스라엘 관리의 판단은 사실이 아니라 감정에 좌우된 것이었다. 그는 모렐이 "나치와 폴란드인 부역자들이 저지른 인종 말살 범죄"로 고통을 받았고, 그를 기소한 것은 폴란드의 반유대주의로 촉발된 것이며, 따라서 그를 인도하지 않을 것이라고 선언했다.[57]

이 서신 교환은 양측에 상당한 악감정을 불러일으켰다. 폴란드인들은 이스라엘이 전형적인 공산주의 범죄자를 숨기고 있다고 생각했다. 이스라엘 측은 폴란드인들이 전형적인 유대인 희생자를 공격한다고 느꼈다. 그러나 모렐의 이야기는 결코 전형적이지 않다. 그의 인생 스토리는 폴란드인이나 유대인에게 불공정의 상징이 아니라, 예외로 취급되어야 했다.

우선 모렐의 이야기는 대부분의 동유럽 유대인과 달리 그가 홀로코스트에서 살아남았다는 점에서 특이하다. 이런 사례가 얼마나 드문지 정확히 말하기는 쉽지 않다. 생존자 수를 정확히 알 수 없기 때문이다. 전후 동유럽에서 유대인 모두가 등록한 것도 아니고, 모든 유대인이 유대인 조직과 접촉하고 싶어했던 것도 아니다. 많은 유대인들이 아리안인으로 통과되려고 이름을 바꾸었다. 가장 뛰어난 추정에 따르면 전쟁 전 폴란드 안에 살았던 350만 명의 유대인 중 10퍼센트 미만이 살아남았으며, 아마도 8만 명의 유대인이 나치가 점령한 폴란드에서 생존했다. 나머지 유대인은 소련이 점령한 지역에 있다가 전쟁이 끝나자 귀향했다. 1946년 6월 전후 폴란드 영내에는 22만 명의 유대인이 있었다. 이는 당시 약 2400만 명이었던 폴란드 인구의 1퍼센트도 안 되는 수치다.[58]

헝가리에서는 유대인 생존자 추정이 더욱 어렵다. 유대인 동화assimilation, 인종 간 결혼, 개종의 오랜 전통이 있기 때문이다. 그 결과 1945년 헝가리 거주 유대인 수는 14만 3000명에서 26만 명에 이르기까지 다양하지만, 역시 헝가리 인구 900만 명에서 아주 작은 비율이다. 그러나 악명 높은 아우슈비츠행 대규모 이송을 비롯해 전쟁 후반부 나치가 단행한 추방은 주로 지방 거주 유대인에게 영향을 미쳤기 때문에 헝가리 유대인 생존자 대부분은 부다페스트에 살았다.[59] 당시 주민이 약 90만 명이었던 부다페스트 안에서 유대인은 너무나 눈에 띄고 발언권이 큰 소수민족이었다. 가족과 직업 네트워크가 파괴되지 않은 유대인들은 바로 공공 생활에서 중요한 역할을 하기 시작했다. 폴란드와 독일에서는 상황이 달랐다. 전후 독일의 소련 점령 구역에는 유대인 생존자가 약 4500명밖에 안 되었고, 이는 전체 인구 1800만 명 중 극히 적은 일부였다. 그들은 거의 눈에 띄지 않게 남아 있었다.[60]

살로몬 모렐은 전후 동유럽에 남았다는 점에서도 전형에서 벗어났다. 전후 고향에 돌아간 유대인 대다수는 친척이 살아 있는지, 재산이 얼마나 남았는지 확인할 정도의 기간만 머물렀다. 대부분은 남은 것이 거의 없음을 알고 엄청난 충격을 받았다. 1946년 작성된 메모를 보면 폴란드 유대인 당국은 많은 유대인이 폴란드를 떠나는 주된 이유가 "가족, 친척, 친구들의 집단 묘지가 된" 곳에서 살 수 없어서라고 설명했다.[61] 일부는 해외에 친척이 있어서 떠났다. 때로 그들은 살아 있는 유일한 친척이었다. 다른 유대인들, 특히 소련에서 전쟁을 겪은 유대인들이 떠난 이유는 공산주의를 증오하고, 유대인 사업가와 상인은 공산국가에서 아무런 미래가 없다는 점이 끔찍했기 때문이었다.

그러나 다른 유대인들이 떠난 이유는 두려움 때문이었다. 폴란드, 헝가리, 체코슬로바키아, 동독은 다른 동유럽 지역과 마찬가지로 전후 폭력이 난무하는 곳이었다. 공산당 관리도, 반공주의자도, 독일인도, 우크라이나 마을에 사는 폴란드인도, 폴란드 마을에 사는 우크라이나인도 위험했다. 유대인 역시 위험할 수 있었다. 일부 유대인들은 전후 고향에서 환영을 받았고, 공정하고 우호적인 대접을 받았다. 소련군에 입대했던 한 폴란드 유대인은 고향으로 돌아와 이웃의 환영을 받았다.

그들은 그에게 먹을 것을 주고, 공산주의자를 쫓고 있던 폴란드 국내군으로부터 그를 보호해주었다. 공산당과 연줄이 있는 다른 폴란드 유대인들은 비유대인 폴란드 국내군 파르티잔들을 NKVD로부터 구출하는 것을 도왔다. 1944년 폴란드 임시정부의 유대인 담당 장관이 된다는 조건으로 소련 강제노동수용소에서 풀려난 에밀 솜머슈타인Emil Sommerstein은 폴란드 국내군 연락병들을 정통 유대인으로 위장시켜 런던으로 보내는 비밀 음모를 꾸몄다.[62]

종전 직후 체코슬로바키아, 루마니아에서와 마찬가지로 헝가리와 폴란드에서 일어난 유대인에 대한 잔인하고 치명적인 공격에 대한 일화도, 문서 증거도 있지만, 그 규모에 대한 서술은 일치하지 않는다. 이 시기 폴란드에서 발생한 유대인 사망자 수는 400명부터 2500명까지 다양하다.[63] 얼마나 많은 유대인이 전쟁에서 살아남았는지는 합의되지 않았다. 이 점을 감안하면 이러한 통계 불일치는 놀라운 일이 아니지만, 더 깊은 여러 불확실성을 반영한다. 몇 가지 중요한 예외가 있지만 이 공격은 폴란드의 독일인 공격이나 슬로바키아의 헝가리인 공격과 달리 고립되어 발생했고, 정부 공식 정책의 일부도 아니었다. 일부 공격은 다른 사람이 차지한 집에 유대인이 돌아오면서 발생했고, 일부 공격은 정치적 분쟁으로 발생했으며, 뭐가 뭔지 늘 분명하지는 않았다. 집에 대한 소유권을 주장하러 돌아온 유대인들은 재산 때문에 살해되었는가, 아니면 유대인이란 이유로 그렇게 되었는가? 보안기관에 가담한 유대인은 공산주의자란 이유로 살해되었는가, 아니면 유대인이기 때문에 그렇게 되었는가? 유대인을 대상으로 한 절도 행각은 반유대주의 때문인가, 아니면 일반 범죄인가?

적어도 이렇게 좁은 의미에서 덜 혼란스러운 사건은 이 시기에 발생한 포그롬pogrom이라고도 불리는 반유대인 폭동이다. 1945년 이후 반유대인 폭동이 폴란드의 제슈프·크라쿠프·타르누프·칼리시·루블린·콜부쇼바Kolbuszowa·미엘레츠, 슬로바키아의 콜바소프Kolbasov·스빈나Svinna·코마르노Komarno·테플리차니Teplicany, 헝가리의 우즈드Ózd·쿤마다라스Kunmadaras에서 발생했다.[64] 가장 악명 높은 두 폭동은 1946년 7월 4일 폴란드의 키엘체, 그리고 몇 주 후인 7월 30일-8월 1일 헝가리의 미슈콜츠에서 일어났다.

20세기에 그런 일이 가능하리라고 믿기 어렵지만, 키엘체에서 발생한 사건의 외양적 원인은 피의 의식에 대한 모함 때문이었다. 집에 늦게 돌아온 한 폴란드 어린이가 벌을 받지 않으려고 부모에게 유대인 의식의 제물로 삼으려는 유대인들에게 납치됐었다고 둘러댔다. 아이는 당시 수십 명의 전쟁 생존 유대인이 머물고 있는 일종의 공동 숙소이자 공동체 센터인 키엘체의 유대인위원회 건물 지하에 갇혔었다고 말했다. 술에 취한 그의 아버지가 이 사건을 신고하자, 지역 경찰은 엄중히 조사하기 시작했다. 그 건물에 살고 있던 유대인들은 아이를 가둘 지하실이 없다고 경찰에 설명했지만, 이 소문은 도시로 퍼져나가기 시작했다.

군중이 유대인위원회 건물 밖으로 모여들었다. 내무부 보안군단 소속 40명의 병사로 구성된 군부대도 도착했다. 건물 내부에 있던 유대인 지도자들이 경악하게도, 병사들은 위협하는 군중이 아니라 유대인들에게 발포하기 시작했다. 그들은 군중을 해산시키기는커녕 경찰, 시민 민병대와 함께 군중에 가담했다. 교대 근무가 끝나자 지역 공장의 노동자들도 여기에 가담했다. 낮 동안 유대인들은 도시 주변 여러 곳에서 살해당했다. 기차를 타고 온 유대인도 키엘체에 도착해 비극적 불운을 맞았다. 날이 어두워질 때까지 최소 42명이 사망하고, 수십 명이 부상을 입었다. 오늘날까지 이 사건은 전후 동유럽에서 벌어진 최악의 반유대인 폭력으로 기록되고 있다.[65]

미슈콜츠에서는 폭동이 일어나기 며칠 전부터 유혈 유언비어가 돌았고, 쿤마다라스와 테플리차니에서도 유대인과 기독교 아이들에 대한 이야기가 폭력을 촉발했지만 실제로 미슈콜츠 사태는 3명의 암시장 장사꾼 체포가 원인이었고, 그중 2명이 유대인이었다. 이들의 체포 소식은 아마도 경찰에 의해 도시에 금방 퍼졌고, 군중은 7월 31일 아침 경찰서에서 감옥으로 이송되는 그들을 기다렸다. 군중은 이미 "유대인에게 죽음을", "암시장 장사꾼에게 죽음을" 같은 팻말을 들고 있었다. 죄수들이 나타나자 군중이 몰려들어 그들 중 1명을 죽였고, 다른 1명은 중상을 입고 병원에 이송되었다. 유대인이 아닌 세 번째 죄수는 간신히 도망쳤다.

그날 오후, 이 폭동 중 모습을 보이지 않았던 경찰이 공공 폭력 혐의로 16명을 체포하자 체포에 격분한 또다른 군중이 다음날 경찰서를 습격하여 점거했다. 이번에는 유대인 경찰이 살해되었다.

이 두 사건에 뒤따른 엄청난 충격과 분노는 전국적으로 많은 관심을 불러일으켰고, 키엘체 사건의 경우 국제적 관심을 불러일으켰다. 포그롬은 유대인의 새로운 이주 물결을 일으켰다. 당시 우치에 살았던 한 유대인은 이렇게 설명했다. "우리 존재가 헤어나기 힘든 위기에 처했다는 것을 감지했지만, 우리는 이런 감정이 우리 생각에 영향을 미치게 하지 않았다. 우리는 인간으로서 생활을 재건하고 싶었다. 키엘체 포그롬은 환상에서 깨어나게 만들었다. 이곳에 단 한 순간도 머무를 수 없었다."[66]

비유대인도 마찬가지로 격분했다. 온갖 성향의 폴란드·헝가리 지식인들과 정치인들은 홀로코스트의 기억이 아직 사라지지 않은 곳에서 너무 역겨운 일이 벌어졌다며, 이러한 반유대주의의 잔재를 비통하게 한탄하는 비난 글을 써댔다. 폴란드 정부는 법률적 조사를 거쳐 일부 도발자들을 재판에 넘겨 최종 9명에게 사형을 선고했다. 헝가리에서 공산당 중앙위원회는 미슈콜츠 사건이 일어난 다음날 처음이자 마지막으로 반유대주의를 공개적으로 토론했다.[67] 그러나 이어진 경찰 수사와 내부 조사는 아무도 만족시키지 못했다.

두 사건의 경우 정부 관련 기관도 일부 책임이 있었다. 키엘체에서 경찰과 보안기관은 폭동을 막지 못했을 뿐 아니라 실제로 군대와 함께 폭도에 합세했다. 경찰이 가담하면서 군중의 폭력이 촉발되었다. 미슈콜츠 사건 당시 경찰은 미리 군중에게 범죄자들이 시내 중심에 있다는 것을 알리고, 폭동이 시작되자 사라져버렸다. 더 중요한 것은 유대인 라코시가 이 사건 발생 일주일 전인 7월 23일 미슈콜츠에 왔다는 사실이다. 이날 그는 대중 집회에서 투기꾼들을 비난하는 연설을 했다. "우리 민주주의의 경제적 기반을 해치며 포린트〔헝가리 화폐〕를 가지고 투기하는 자들은 교수형에 처해야 합니다." 거의 같은 시점에 헝가리 공산당은 유대인처럼 보이는 투기꾼들 캐리커처가 담긴 포스터와 소책자를 배포했다.[68] 당국은 초인플레이션과 열악한 경제 상황에 대한 대중의 분노를 '유대인 투기꾼들'에게 전가해 공산당으로 향하는 관심을 돌리려 했던 것으로 보인다.[69]

일부 사람들이 주장하듯이 두 사건에 국제적 조율은 물론, 더 세심한 사전 계획이 있었다는 문서 증거는 없다. 소련 요원들과 자문관들이 두 도시에 있었고 NKVD 장교도 키엘체 폭동 현장에 있었지만, 이 포그롬들이 같은 시기에 일어났다는 사실에도 불구하고 소련이 두 폭동에 직접 연루됐음을 추적하는 것은 불가능하다.[70] 소련 공산당원들이나 지역 공산당원들이 자신들에게 이 폭동이 이롭다고 생각했는지도 분명치 않다. 헝가리 당국과 폴란드 당국은 반공산주의 운동과 교회에 비난을 퍼부었고 이런 흠집 내기는 당시 효과가 있는 것처럼 보였지만, 내부 토론에서 그들은 이런 폭동을 자신들의 취약성을 드러내는 신호로 인식했다. 키엘체에서는 보안기관의 여러 지부가 서로 논쟁을 벌이며 명령에 복종하지 않았고, 7월 4일 폭도 통제에 실패해 결국 무능력을 여실히 보여주었다. 이 폭동의 결과 몇 명의 지역 당 지도자들이 해임되었다.[71] 헝가리 공산당도 미슈콜츠 사건으로 동요했다. 라코시는 "파시스트가 우리 당으로 침투"했기 때문에 이 폭동이 일어났다고 비난하면서 확산을 막겠다고 약속했다.[72]

두 폭동이 어느 정도 대중의 지지를 받은 것도 부인할 수 없다. 마치 중세 시대인 듯 유대인들이 기독교 아동을 살해하고 유대인 투기꾼들이 기독교 농민 돈을 강탈한다는 소문이 동유럽 몇몇 시골 소도시에 퍼졌고, 그 나라 사람들은 공포의 눈으로 사태를 지켜봤다. 일부 견해는 이런 광기의 순간이 일어난 이유를 경제에서 찾는다. 폴란드 역사학자 얀 그로스는 전쟁 중 유대인 대학살이 만들어낸 "사회적 공백은 토박이 폴란드인 프티부르주아에 의해 재빨리 메워졌다"고 지적했다.[73] 그로스는 지위가 불안하고, 막 얻은 것을 잃을까 봐 두려우며, 새로운 공산 정권에게 위협을 받은 이러한 사회 계층이 귀환하는 유대인들에게 분노를 돌렸을 것이라고 추측한다. 이는 상당히 근거가 있는 지적이며, 다른 나라에서도 많은 사람들이 같은 현상을 목격했다. 유대인 집단수용소 생존자 헤다 코발리Heda Kovály는 1945년 가족이 살던 체코슬로바키아 시골집으로 돌아왔다. "초인종을 눌렀더니 잠시 후 뚱뚱하고 면도하지 않은 남자가 문을 열고 잠시 나를 빤히 쳐다봤다. 그러고는 '그래, 네가 돌아왔구나! 오, 안 돼! 우리에게 필요한 건 그게 다야!'라고 소리쳤다. 나는 발걸음을 돌려 숲으로 갔다. 프라하로 돌아갈 다음 기차가 올 때까지 나는 전나무 아래 이끼가 낀 땅을 밟고 새소리를 들으며 세 시간을 보냈다."[74] 대중의 부정적 반응을 우려한 헝가리 공산당은 실제로 유대인의 재산 반환을 지지하지 않았다. 1945년 3월 《서버드 네프》는 유대인들에게 이제 비유대인이 유대인들의 아파트를 차지한 것을 '양해'하고 설령 그 비유대인이 파시스트 정권 부역자라도 개의치 말라고 조언했다. 부다페스트 당 관료들은 귀환한 유대인들이 자기 집에 거주하는 사람들과 합의할 것도 제안했지만, 당시 상황에서는 불가능한 일이었다.[75]

다른 학자들은 경제적 경쟁보다 더 깊은 것이 분명 적대감 기저에 있었을 것이라고 본다. 폴란드 역사학자 다리우스 스톨라Dariusz Stola가 지적한 바에 따르면 폴란드인들은 체코슬로바키아인, 헝가리인, 루마니아인, 리투아니아인과 마찬가지로 독일을 비롯한 서유럽에서는 상상할 수 없는 수준으로 홀로코스트를 보고, 듣고, 심지어 냄새까지 맡았다.

이러한 경험에 대한 심리적 반응은 복잡하고 완전히 비합리적이다. 기억은 일종의 경련이 된다. 관련된 감정은 강렬하고, 통제할 수 없으며, 가장 중요한 것은 이런 감정이 반드시 연민이나 동정은 아니라는 점이다. … 심리학자는 아니지만 내가 이 이론을 주장하는 이유는, 일례로 유대인 아이들이 머무는 고아원에 누군가 수류탄을 던지는 것과 같은

끔찍한 행태에 대해서는 다른 어떤 설명도 불가하기 때문이다.[76]

여기서 스톨라는 악명 높은 사건을 언급하고 있다. 1945년 8월 12일 밤 정체불명의 공격자가 실제로 라브카Rabka 마을의 고아원에 수류탄을 던진 뒤 두 시간 동안 사격을 했다. 놀랍게도 죽은 사람은 없었으나 그 고아원은 곧 폐쇄되었고, 고아들은 다른 곳으로 옮겨 갔다.[77]

스톨라의 설명은 2005년에 나왔지만, 당시 많은 폴란드 지식인들의 시각과 크게 다르지 않았다. 1947년 존경받는 철학자이자 사회학자 스타니스와프 오소프스키Stanisław Ossowski도 같은 결론에 도달했다. "공감이 다른 사람들이 겪은 고통에 대해 상상할 수 있는 유일한 반응은 아니다. … 멸절될 운명에 처한 사람들은 다른 사람들에게 역겹게 보이고, 인간관계의 도리를 넘어 제거될 수 있다." 그는 또한 이후 다른 학자들처럼 유대인의 파괴로 어떤 식으로든 물질적 이익을 본 사람들은 불안하거나 죄책감에 시달리고, 그래서 자신들의 행동이 합법적으로 보이게 하려고 노력한다고 말했다. "만일 한 사람에게 일어난 재앙이 다른 사람에게 이익이 된다면, 그 재앙이 도덕적으로 정당하다고 자신과 다른 사람들을 설득하려는 욕구가 생기기 마련이다."[78]

이유가 무엇이었든 지속적인 적대는 유대인들이 동유럽을 떠나 아메리카, 서유럽, 그리고 무엇보다 팔레스타인으로 이주하게 만들었다. 키엘체 폭동 후 3개월 동안 약 7만 명의 유대인이 폴란드를 떠나 팔레스타인으로 갔다. 그들은 이런 목적으로 구성된 팔레스타인이나 미국 집단들이 설립하거나 지원한 몇몇 시온주의 조직의 도움과 격려를 받았다. 이러한 합의에 따라 폴란드 유대인들은 합의된 슐레지엔의 경계선을 지나 폴란드를 떠났고 그다음에는 걷거나 화물 트럭을 타고 체코슬로바키아를 통과한 후, 최종적으로 지중해 항구에 도착하여 팔레스타인으로 가는 배에 올랐다(일부 배는 이탈해 다른 나라로 향하기도 했다).[79]

결국 이러한 대규모 이주는 폴란드 당국을 당혹스럽게 만들기 시작했는데 영 연방령 팔레스타인으로의 이주는 여전히 불법이었고, 관련 기사가 영국 언론에 실리기 시작했다. 그래서 이주가 잠시 중단되었다. 그러나 이스라엘 국가 수립 후 유대인들은 다시 한번 이주가 허용되었는데, 이는 당시 경제적 중앙집권화를 시행 중이던 폴란드 정권이 유대인 공동체의 소규모 사업가들을 기꺼이 제거하려고 했기 때문이었다. 이민을 장려하기 위해 이스라엘 새 정부는 폴란드에 확실히 외화가 유입되도록 폴란드 정부에 유리한 무역 거래를 협상했다. 루마니아 정부도 이스라엘과 유사한 거래를 했고, 소련이 두 합의를 적극적으로 인정했을 가능성이 크다.[80] 헝가리에서는 주요 시오니스트 자선 단체인 미국-유대인 합동구제위원회가 이 무렵 헝가리 정부에 백만 달러를 지급했다. 그 대가로 3000명의 헝가리 유대인이 즉시 이스라엘로 떠날 수 있었다.[81]

막후에서 몇몇 동유럽 국가들은 훗날 지도자들이 시인한 것보다 훨씬 적극적으로 유대인 이주를 지지했다. 유고슬라비아를 제외하고 동유럽 국가는 모두 1947년 팔레스타인 분할 투표에 찬성했다. 이때 소련은 이스라엘 국가 탄생을 지지했는데, 그 대략적인 이유는 이스라엘이 금방 공산주의 진영에 합류할 거라고 스탈린이 믿었기 때문이었다. 이스라엘에 대한 기대는 동유럽에서도 높아서 1947년 후반에 폴란드, 체코슬로바키아, 헝가리 정부가 모두 훗날 이스라엘 국방군의 핵심이 될 준※군사 조직 하가나흐Haganah를 위한 훈련 캠프를 열 정도였다. 헝가리의 군대와 비밀경찰은 약 1500명의 헝가리 유대인을 훈련시켰다. 그러는 동안 약 7000명의 폴란드 유대인은 슐레지엔의 작은 도시 볼쿠프Bolkóv로 이동해 소련군과 폴란드군 병사들로부터 훈련을 받고, 나중에는 하가나흐 전사들에게 훈련을 받았다. 이 프로그램은 국가와 지방의 지원을 모두 받았다. 1948년 6월 폴란드 공산당 중앙위원회는 이 집단에 "일정한 양의 무기와 군사 훈련 장소"를 할당했다. 볼쿠프에서 훈련은 공개적으로 진행되었고, 지원병들은 군가를 부르며 도시를 지나 행군했다. 훈련병이었던 사람의 회고에 따르면, 신병들이 프라하와 마르세유를 거쳐 팔레스타인으로 떠날 때면 "꽃과 격려 깃발이 보였고, 폴란드인들도 그들의 자유를 위한 투쟁에 많이 공감했다"고 한다. 이 프로그램은 1949년 초까지 지속되었고, 장기적 이익을 가져올 것으로 기대되었다. 폴란드 비밀경찰은 훈련 과정에 참석한 사람들의 명단을 보관했다. 공산당원인 훈련병들은 이스라엘로 떠난 후에도 정보원으로서 협력에 동의하라는 요청을 받았다.[82]

이스라엘이 국가 승인을 받은 후 모든 여행은 더이상 비밀리에 진행되지 않았다. 1948년 폴란드 국영 여행사 오르비스Orbis는 체코슬로바키아, 오스트리아, 이탈리아로 이어지는 첫 정기 운송 열차를 편성했다. 한두 번의 성공적 여행 후(유대인들이 "시베리아가 아니라 정말 팔레스타인으로 간다"고 확신한 후), 해외 이주 신청이 다시 증가하기 시작했다.[83] 이민자 수는 1950년대 초반 다시 감소했는데, 소련의 압박 때문이었을 것이다. 이스라엘에 대한 스탈린의 초기 지지는 그 무렵 의심과 피해망상으로 바뀌었다. 그럼에도 불구하고 1955년 폴란드에는 8만 명의 유대인만 남아 있었다. 2차대전 생존자의 3분의 2 이상이 폴란드를 떠난 셈이다. 이러한 숫자는 동유럽 다른 국가에서도 유사했다. 1945년부터 1957년까지 루마니아 유대인의 절반, 체코슬로바키아 유대인의 58퍼센트, 불가리아 유대인의 90퍼센트가 나라를 떠났다. 헝가리 유대인의 4분의 1에서 3분의 1도 헝가리를 떠났다.[84]

남은 사람 중 많은 수는 공산당원이기 때문에, 공산 정권에 대한 기대치가 높기 때문에, 또는 공산국가 관료 체계에서 일자리를 얻었기 때문에 남기로 결정한 사람들이었다. 이는 당연하다. 모든 종류의 반공산주의자들이 체포되거나 처형된 시기에 반공 유대인들은 동유럽을 떠날 수밖에 없었다. 이 점에서 살로몬 모렐은 특이한 마지막 사례다. 그는 남았을 뿐 아니라 비밀경찰에 가담한 유대인이기 때문에 예외에 속했다. 대중적 동유럽 신화와는 정반대로 폴란드 유대인 대부분은 비밀경찰에 가담하지 않았다. 그들이 어떻게 그럴 수 있었겠는가? 그들 대부분은 폴란드를 떠났거나 떠날 계획을 가지고 있었다.

소수 유대인이 폴란드 공산당과 공산당 보안기관에서 고위직을 차지한 것은 사실이다. 그들 중에는 볼레스와프 비에루트의 이념과 경제 보좌관을 맡은 야쿠프 베르만과 힐라리 민츠, 가톨릭교회 침투 담당 비밀경찰 부서를 맡은 율리아 브리스티거Julia Brystiger, 사악한 비밀경찰 심문관 유제프 루잔스키Józef Różański와 그의 직속 부하 아담 후메르Adam Humer도 있었다. 루잔스키의 남동생인 작가 예지 보레이사Jerzy Borejsza는 결국 전후 출판 산업 대부분을 통제하게 되었다. 고위 비밀경찰 유제프 시비아트워Józef Światło는 나중에 망명했다. 이러한 악명 높은 집단이 다수파가 된 적은 없었다. 역사학자 안제이 파츠코프스키의 추산에 따르면 종전 직후 비밀경찰 지도부의 약 30퍼센트가 유대인이었다. 1948년 이후 그들의 수는 더 줄어들었다. 의문의 여지가 없이, 그들은 어쨌든 과도한 반공주의적 불만을 촉발했다.[85]

헝가리에서는 라코시, 게뢰, 레바이 등 지도적 헝가리 공산주의자 모두가 유대인이어서 상황이 달랐다. 가보르 페테르를 비롯해 정치경찰과 내무부를 창설한 많은 사람도 유대인이었다. 그러나 헝가리에서조차 유대인이 공산 정권을 지지했는지는 전혀 분명하지 않다. 1945년 선거에서는 유대인 4분의 1만이 공산당에 투표했다. 종전 직후 눈에 띄는 유대인 당 지도자들이 고위직에 남아 있었지만, 국가 관료 체계에서 유대인 수는 1948년 이후 감소하기 시작했다. 그 이유는 동독 공산당과 루마니아 공산당처럼 헝가리 공산당도 당시 상황에서 대중의 인기를 더 끌고 '엘리트'나 '이방인' 또는 '유대인'이라는 공산당원의 전형적 유형에서 탈피하고자 전쟁 전 정권에서 일한 하위급 당원, 특히 경찰을 적극적으로 모집했기 때문이었다. (라코시는 한 미국 기자에게 과거 파시스트 당원들에 대해 이렇게 말했다. "그들은 나쁜 친구들이 아니다. 정말 그렇다. 그들은 결코 거기서 적극적으로 활동하지 않았다. 그들이 해야 할 일은 입당 원서에 서명하는 일이고, 우리는 그들을 받아들일 것이다.")[86]

더 중요한 것은 동유럽 공산당에서 지도적 위치를 차지한 유대인들의 존재가 어느 곳에서도 '친유대적' 정책을 만들어내지는 않았다는 점이다. 오히려 유대인 공산당원을 비롯한 공산당원들은 홀로코스트가 전개되는 상황에서도 유대인 역사와 유대인 정체성에 대해 유독 애매한 태도를 취했다. 1942년 모스크바에 있던 야쿠프 베르만은 바르샤바 유대인들에게 일어나고 있는 일에 대한 끔찍한 이야기를 전해 들었다. 시간이 흘러 그의 형제 중 하나가 트레블링카 수용소 가스실에서 처형되었다. 그러나 그는 진정한 공산당원은 자신들의 정치를 나치가 정의하도록 허용할 수 없다며, 마음을 단단히 먹고 동정하지 않았다. 역시 유대인인 친구 레온 카스만에게 보낸 편지에서 그는 현재 벌어지는 비극 때문에 일탈하거나 산만해져서는 안 된다고 조언했다. "폴란드 유대인 상황은 처절하다. 그러나 네가 이 문제에 너무 많은 노력을 쏟을 수는 없을 것이다. … 점령자에 맞선 적극적 투쟁에 폴란드 유대인 대중을 동원하는 문제가 중요하고 정당할지라도 … 다른 일들이 우리 관심의 중심에 있어야 한다."[87]

종전 후 이러한 양면성은 더 커졌다. 1945년과 1946년 라코시는 너무 많은 반파시스트 재판이 "유대인에게 무언가를 한 사람들"에게 집중되어 별로 인기가 없는 점을 우려했다.[88] 라코시는 대화 도중 반유대 발언을 하는 것으로 악명이 높았다. 한번은 의회에서 연설하던 벨러 바르가Béla Varga를 너무 언짢게 해서 바르가에게 "당신 어머니는 유대인이오. 당신 어머니를 부정하지 마시오"라는 비아냥을 들은 적도 있었다. 그는 전면적 부정을 하기도 했다. 자영농당 소속 총리 페렌츠 너지가 내각 회의에서 전후 헝가리 정치인 중 유대인이 많다는 사실을 지적하자, 라코시는 침착하게 공산당은 이런 문제가 없다고 말했다. "다행히 우리 지도자들은 모두 가톨릭 신자입니다."[89] 유대인 공동체가 거의 없는 동독에서도, 대개 공산당원을 뜻하는 "파시즘에 맞선 전사들"과 대부분 집시와 유대인을 뜻하는 "파시즘의 희생자"에게 부여되는 명예는 초기부터 구별되었다. 제프리 헤르프Jeffrey Herf는 "유대인이 자본가이자 수동적 약자라는 오래된 전형이 동독 반파시즘의 거친 공산당원 대화에서도 계속 나타났다"고 지적한 바 있다.[90]

동유럽 공산당과 동유럽 유대인 사이의 이러한 불편한 관계는 개인의 반유대주의, 심지어 유대인 개인의 반유대주의에 기인한 것일 수 있다. 그중 일부는 스탈린 자신의 반유대주의에 기인했다. 스탈린의 반유대주의는 시간이 갈수록 강화되어 그가 사망하기 직전 소련 고위직의 유대인 숙청으로 절정을 이루었다. 그러나 깊이 들여다보면, 유대인과 유대인다운 것에 대한 그들의 불편함은 공산당이 인기 없는 데 대한 불안을 반영한 것이었다. 너무 많은 국민들에게 비합법적 존재로 인식되는 것을 알기에, 더 정확히 말하자면 소련 요원으로 간주되는 것을 알기에 그들은 지지를 얻기 위해 전통적 민족, 종교, 인종적 상징을 활용했다. 특히 공산당이 선거를 통해 집권할 가능성이 있다고 생각한 1945년과 1946년에 그러했다. 라코시가 반反암시장, 반反유대 수사를 쏟아내는 동안, 헝가리 공산당은 1848년 부르주아 혁명의 연례 행사를 옹호하면서, 늙은 일부 당원들에게 실망스럽게도 추종자들로 하여금 붉은 공산당 깃발과 함께 헝가리 국기를 들게 하자고 주장했다. 라코시는 다음과 같이 주장하며 이를 합리화했다. "우리의 애국적 성격에 대한 문제가 여전히 있다. 많은 동지들은 우리가 마르크스주의 노선에서 벗어날까 봐 우려한다. 우리가 붉은 깃발과 국기를 선택한 것 … 국기는 헝가리 민주주의의 깃발이라는 것을 드러내어 강조해야 한다."91

독일 공산당도 같은 일을 벌였다. 전쟁이 진행되는 동안에도 그들은 과거 병사였던 사람들을 자신들의 이상에 끌어들이기 위해 독일제국의 국기를 복원했다. 또한 전통적인 독일 영웅을 기렸다. 일례로 그들은 1949년 바이마르에서 괴테의 해를 기념하고 라이프치히에서 4년마다 열리는 바흐 콩쿠르를 실시했다. 폴란드인들도 1949년 쇼팽의 해를 조직했다. 심지어 루블린 임시정부 지도자 에드바르트 오숍카-모라프스키Edward Osóbka-Morawski는 1944년 8월 확연히 반러시아적 국경일이 된, 1920년 폴란드인들이 바르샤바 교외에서 볼셰비키 군대를 격파한 '비스와강의 기적'을 기념하는 대중 미사를 거행했다. 당시 소련 점령위원회 인민위원이자 훗날 소련 수상이 될 니콜라이 불가닌Nikolai Bulganin 장군이 참석하면서 이 이상한 행사는 한층 더 이상해졌다.[92]

공산당이 반유대주의를 방관한 것도 같은 사고방식의 일환이었다. 많은 사람들은 반유대주의를 무시하거나 심지어 동조함으로써 공산당이 더 민족적이고 애국적이며, 덜 소비에트적이고 덜 이국적이자 더 합법적으로 보이길 기대했다. 폴란드 공산당의 저조한 인기가 너무 많은 유대인 때문이라는 명제는 공산당 자체에서 나온 것이었다. 소련의 눈 밖에 난 1948년, 전시 폴란드 공산당 지도자이자 비에루트의 거물급 라이벌인 브와디스와프 고무우카는 스탈린에게 긴 편지를 쓰면서 공산당 내 유대인들 때문에 당이 기반 확장에 어려움을 겪고 있다고 주장했다. "일부 유대인 동지들은 폴란드 국가나 폴란드 노동계급과 아무런 연계도 느끼지 않습니다. … 아니면 그들은 '민족적 허무주의'라 할 수 있는 입장을 유지하고 있습니다." 그가 내린 결론은 다음과 같았다. "저는 국가와 당 조직 내에서 유대인 비율의 증가를 멈추는 것뿐 아니라, 특히 당 조직 최고위층에서 그 비율을 서서히 낮추는 것이 절대적으로 필요하다고 생각합니다."[93]

수데텐란트의 반독일 정서와 마찬가지로 폴란드 내의 반우크라이나 정서, 슬로바키아 내의 반헝가리 정서, 반유대주의는 결국 공산당 무기고의 또 하나의 도구이자 무기가 되었다. 이런 의미에서 전후 유대인 역사는 더 적극적인 인종 청소와 같은 장章에 속한다. 대중의 인기를 얻으려는 시도의 일환으로 공산당은 독일인, 헝가리인, 우크라이나인에 대한 증오를 증폭시켰고, 심지어 홀로코스트로 가장 큰 피해를 입은 동유럽 지역에서 반유대주의를 부추겼다. 폴란드 공산당은 나중에 이 주제로 다시 돌아와 1968년 유대인 당원 대부분을 축출했다.

그렇다면 살로몬 모렐은? 결국 그는 단 한 가지 의미에서만 이 시대의 '전형적' 인물이었다. 전쟁의 공포와 전후 혼란을 겪고 살아온 많은 사람들과 마찬가지로 그는 다른 시기, 다른 민족적 담론에서 다른 역할을 수행했다. 그는 홀로코스트 희생자이자 공산당 범죄자였고, 전 가족을 나치에 잃은 사람이자, 독일인과 폴란드인에 대한 가학적 광기에 휩싸인 사람이었다. 이런 광기는 희생자 경험에서 나왔을지 모르나 아닐 수도 있고, 공산주의와 연결되었을 수 있지만 아닐 수도 있었다. 그는 깊은 복수심에 불타서 잔인한 폭력을 휘둘렀다. 그는 폴란드 공산 정부로부터 훈장을 받았고, 전후 폴란드 정부에 의해 기소되었으며, 종전 후 반세기 동안 이스라엘로 이주하는 데 관심이 없었고, 그제야 기소에 대한 공포를 가졌지만 결국 이스라엘 국가의 방어를 받았다. 최종적으로 그의 인생 스토리는 유대인이나 폴란드인에 대해 아무것도 증명하지 않는다. 다만 20세기의 가장 잔혹한 시기에 유럽의 가장 큰 피해를 입은 지역에 살았던 사람들을 판단하는 것이 얼마나 어려운 일인가를 보여줄 뿐이다.

7장

청년

너희 반파시스트 행동 집단은 즉시 해체해야 한다! … 너희들은 당
중앙위원회의 지시를 기다려야 한다!

— 발터 울브리히트, 1945[1]

청년을 소유하는 사람들이 미래를 소유한다.

— 독일청년개척단German Young Pioneers의 구호

1947년 원로 공산주의자이고 폴란드 정치국 일원이자 정부 각료인 스
테판 옝드리초프스키Stefan Jędrychowski는 자신의 마음에 와 닿는 주제를
동료들에게 메모로 남겼다. "앵글로색슨 프로파간다에 대한 노트"라
는 다소 거창한 제목의 이 문서는 무엇보다 영국과 미국 뉴스 서비스
가 소련과 폴란드 것보다 폴란드에서 더 영향력이 크고, 미국 영화가
더 좋은 반응을 얻으며, 미국 패션이 더 애용된다고 지적했다. 그는 소
련 패션을 더 눈에 띄게 진열하고 광고할 것, 폴란드에서 영어를 교육
하는 영국위원회에 엄격한 제약을 가할 것, 서방 대사관들의 활동을
더 철저히 감시할 것을 강력히 주장했다.

그러나 무엇보다도 옝드리초프스키는 기독청년연맹YMCA의 폴란
드 지부로, 1923년 바르샤바에 설립되었지만 히틀러가 해산한 폴란드

YMCA의 분명한 영향력을 우려했다. 1945년 4월 폴란드 YMCA는 제네바에 있는 국제 YMCA 본부의 약간의 지원과 폴란드 현지의 열정에 힘입어 활동을 재개했다. YMCA는 명백히 비정치적인 단체였다. 폴란드에서 이 단체의 임무는 외국 원조품인 의복, 서적, 식품을 나눠주고, 청년들을 위한 활동과 수업을 제공하는 것이었다. 그러나 엥드리초프스키는 이 단체의 숨겨진 동기를 의심했다. 그는 YMCA의 프로파간다가 "정치를 직접 강조하지 않기 위해 … 세심하게" 구성되었고, 그래서 이 단체가 더 위험하다고 적었다. 그는 국가안전 장관 스타니스와프 라디키에비치 동지에게 이 단체의 재정을 감사하고, 어떤 출간물이 활용되고 어떤 수업이 진행되는지 면밀히 감시할 것을 촉구했다.[2]

우려한 사람은 그뿐이 아니었다. 이 무렵 교육부도 당시 투쟁청년동맹Związek Walki Młodych, ZWM이라고 알려진 단체로 엥드리초프스키보다 YMCA를 더 혐오하는 공산당 청년운동의 지도자들로부터 보고를 받았다. 청년 공산당원들은 YMCA의 영어 수업, 클럽, 당구 게임을 곱게 보지 않았다. 그들은 그단스크에서 YMCA가 기숙사와 식당을 후원하고 중고 의류를 나누어준다며 불평했다. 크라쿠프에서 YMCA는 한 건물을 75년 기한으로 임대했다. 그들이 시인하지는 않았지만, 이 모든 것은 그들이 할 수 있는 정도를 훨씬 능가한 것이었다.[3]

더 심각한 우려가 있었을 수도 있다. 볼셰비키혁명 직후 폴 듀크스라는 이름의 영국 첩보원은 크게 성공하지는 못한 자신의 첩보 활동을 위장하는 데 모스크바의 YMCA를 이용했다.[4] 그러나 폴란드 공산당은 이런 역사를 몰라도 바르샤바 YMCA가 성가시다는 것을 알아챘다. 전후 바르샤바에 유행fashion 같은 것이라고 말할 만한 게 있었다면, YMCA는 유행의 첨단을 걷고 있었다. 바로 이 점 때문에 그들은

YMCA를 싫어했다. 일례로 바르샤바 YMCA에는 소설가이자 기자, 한량이면서 폴란드 최초의 가장 위대한 재즈 비평가인 레오폴트 티르만트Leopold Tyrmand가 머물고 있었다. 티르만트는 훗날 "2.5미터×3.5미터 크기로 달리 말해 구멍 같았지만 아늑했다"고 쓴 대로, 전후 반쯤 부서진 건물의 방 하나를 임대했다. 주변에는 진흙탕, 먼지, 바르샤바의 폐허밖에 없었다. 홀몸인 남자들의 기숙사에 불과했지만 이 방은 화려한 호텔이나 마찬가지였다. 대단한 장소는 아니었지만, 깨끗하고 조용했다.⁵

저녁이면 티르만트는 밝은 색 양말에 YMCA에 살고 있는 재단사가 그를 위해 특별히 만든 통이 좁은 바지를 입고, 아래층에서 열리는 재즈 콘서트를 보러 갔다. 그곳에서는 "카페, 독서실, 수영장 사이에서 가장 멋진 소녀들이 당시 유행하던 스윙 댄스 스타일로 여유롭게 움직였다"고 한다. 바르샤바 YMCA 지부와 우치 YMCA 지부는 이런 콘서트로 유명했다. 한 팬은 YMCA 콘서트 티켓을 얻는 것이 "꿈이었다. … 문화적이고, 우아하고, 엄청 재미있고, 술도 마시지 않았다"고 회고했다. 무엇보다도 이것은 여흥이었다. "우리는 카틴 숲에 대해서나, 자유국가에서 사람들이 어떻게 사는지에 대해 아무것도 몰랐다. 여권도 없고, 새로운 책이나 영화도 없었다. 하지만 우리는 자연스레 여흥과 재미를 찾을 필요가 있었는데 … 재즈가 우리에게 그런 것을 주었다." 티르만트도 훗날 YMCA는 "사람들이 쥐구멍처럼 비좁은 곳에서 살던 황폐한 바르샤바 한복판의 진정한 문명이었다. 무엇보다도 우리는 친밀한 분위기, 화려함, 유머를 소중히 여겼다"라고 적었다.⁶

그러나 옝드리초프스키와 투쟁청년동맹 같은 적이 있는 상태에서 YMCA는 오래 지속될 수 없었다. 1949년 공산당 당국은 YMCA가 "부르주아 파시즘의 도구"라고 선언하고 이 단체를 해산했다. 조지 오웰식 광기를 띤 공산당 청년 활동가들은 해머를 들고 클럽으로 내려가 재즈 레코드를 모조리 박살냈다. 이 건물은 '병사들의 친구연맹League of Soldiers' Friends'이라는 단체에 넘겨졌다. 거주자들은 처음에는 이른 아침 소음으로, 나중에는 거주자들을 내쫓기 위한 단전, 단수로 핍박을 받았다. 마지막으로 젊은 공산당원들은 모든 사람의 소지품을 건물 창밖으로 던져버리고, 그들이 쓰던 침대를 치워버렸다.

그러나 모두 떠나지는 않았는데, 대략 그 이유는 갈 곳이 없기 때문이었다. 티르만트도 그곳에 남았다. 새로운 사람들이 들어왔고, 때로는 부인과 아이들을 데리고 입주했다. 1954년, 이 장소는 소란하고 지저분해졌다. 복도에 빨래가 널리고 요리 냄새가 공기를 메웠으며, 온 가족이 작은 방에서 잤다. 이 건물은 파리의 슬럼처럼 되었다고 티르만트는 적었다. "과거 YMCA의 유쾌한 안락은 이제 전원적인 선사시대의 먼 기억일 뿐이다."7

종전 직후 폴란드 YMCA의 재건은 오늘날 '시민사회'라고 불리는, 과거에는 다른 이름들로 불렸던 현상의 고전적 사례였다.8 18세기에 에드먼드 버크는 공공의 정신이 탄생하는 원천이라고 믿는(그리고 프랑스혁명으로 위협받았다고 그가 생각했던) 작은 사회 조직인 '작은 분대little platoons'에 대해 감탄하는 글을 썼다. 19세기에 알렉시 드 토크빌도 "모든 연령, 상황, 기질의 미국인들이 계속 만들어내는 협회associations"에 열광하며 글을 써나갔다. 그는 그런 조직들이 독재를 물리치는 데 도움이 된다고 결론지었다. "사람들이 문명인으로 남거나 그렇게 되려면 함께 어울리는 기술이 성장하고 향상되어야 한다." 더 최근에는 정치학자 로버트 퍼트넘이 같은 현상을 '사회적 자본social capital'으로 재정의하고, 자발적 조직이 우리가 공동체라고 부르는 것의 핵심에 있다고 결론지었다.

1945년, 볼셰비키도 시민사회에 대한 이론을 발전시켰는데 이 이론은 전적으로 부정적인 것이었다. 버크, 토크빌, 러시아 지식인들과 대조적으로 볼셰비키는 역사학자 스튜어트 핀켈Stuart Finkel의 말에 따르면 "사회주의 사회의 공적인 영역은 단일해야 하며, 하나의 목소리를 내야 한다"고 믿었다. 그들은 부르주아식 '열린 토론' 개념을 비판했고, 사회 내의 분리주의 또는 카스트[계급] 분열로 간주하는 독립적인 협회, 노동조합, 모든 종류의 길드를 혐오했다. 부르주아 정당의 경우 이런 것은 아무 의미가 없었다. (레닌은 "유럽과 러시아에서 정당 명칭은 종종 선전 목적으로 선택된다. 정당의 프로그램은 대중을 기만하기 위한 목적으로만 서술되는 경우가 많다"라고 썼다.⁹) 합법적으로 존재할 수 있는 단체는 공산당의 연장인 조직들뿐이었다. 혁명이 완전히 승리할 때까지는 심지어 완전히 비정치적인 단체도 금지되어야 했다. 비정치적 단체 같은 것은 존재할 수 없었다. 모든 것이 정치적이었다. 공개적으로 정치적이 아닌 경우라면, 그 단체는 비밀리에 정치적 목적을 가지고 있었다.

이러한 전제로부터 어떤 조직된 집단도 의심을 피할 수 없었다. 축구나 체스에 관심이 있다고 주장하는 협회도 더 사악한 무언가의 '전선front'일 수 있었다. 훗날 러시아에서 가장 존경받는 문학 평론가가 될 상트페테르부르크 학자 드미트리 리하초프Dmitri Likhachev는 회원들이 고대 그리스어로 인사하는 철학 토론 클럽에 가입했다는 이유로

1928년 체포되었다. 감옥에서 리하초프는 훗날 동유럽에서도 많은 의심을 받게 될 페트로그라드 소년스카우트의 책임자를 만났다.[10]

시민사회에 대한 이토록 강한 의심은 볼셰비키 사고의 중심이었는데, 그 정도는 일반적으로 인정된 것보다 훨씬 심각했다. 핀켈은 소련 지도부가 1920년대에 경제 자유를 겪는 동안(레닌의 신경제정책 기간 중)에도 문학, 철학, 영적 사회에 대한 체계적인 파괴가 약화되지 않은 점을 지적한다.[11] 정통 마르크스주의자들에게도 자유 교역이 비정치적인 스포츠, 문화 집단 등 자유 결사보다 선호되었다. 레닌 통치, 스탈린 통치, 흐루쇼프 통치, 브레즈네프 통치하에서 그러했다. 다른 많은 것이 바뀌어도 시민사회 탄압은 스탈린 사후 1970년대, 1980년대까지 지속되었다.

동유럽 공산당은 이런 피해망상을 이어받았다. 소련을 자주 방문하면서 관찰하고 습득했기 때문일 수도 있고, 비밀경찰 내의 동료들이 훈련 중에 배웠을 수도 있고, 일부 경우 자국에 주둔하는 소련 장군들과 대사들이 전쟁이 끝나자 그들에게 이런 피해망상을 대놓고 가르쳤을 수도 있다. 몇몇 경우 동유럽 국가의 소련 당국이 지역 공산당에게 특정 조직이나 조직 형태를 금지하도록 직접 명령하기도 했다.

혁명 전 러시아에서처럼 동유럽 시민 활동가들에 대한 정치적 탄압은 실제 정치인 탄압보다 앞서 진행되었을 뿐 아니라, 다른 소련 목표나 공산당 목표보다 우선시되었다. 헝가리의 선거가 이론적으로 자유롭고 폴란드에 아직 합법적 야당이 있던 1945년부터 1948년 사이에도, 일부 시민 조직은 이미 위협받고 있었다. 독일에서 소련군 지휘관들은 점령 초기 몇 달간 종교 예배나 종교 행사를 금지하려 하지 않았지만, 식당이나 다른 공공장소에서 이루어지는 교회 밖 종교 모임, 종교 저녁 행사, 심지어 조직된 종교·자선 협회에 대해서는 종종 강하게 반대했다.[12] "기초가 상부 구조를 결정한다", 즉 경제가 정치와 문화를 결정한다는 마르크스의 믿음에도 불구하고, 시민 단체에 대한 공격이 동유럽 지역의 가장 급진적 경제 변화보다 먼저 수행되었다. 소련이 점령한 동유럽 모든 국가에서 정확히 같은 시점에 이런 탄압이 시작되지는 않았지만, 그 양상은 매우 유사했다. 많은 곳에서 사적 교역이 아직 합법이었지만 가톨릭 청년 단체 가입은 불법이었다.

이 지역 청년운동의 역사에서보다 시민사회가 신생 공산당에 더 확실히 중요했던 곳은 없다. 아마 공산당이 더 중요하게 여기는 사회집단이 없었기 때문일 것이다. 이는 파시스트 적들이 청년을 중시했고, 청년을 조직하는 데 크게 성공했던 데서도 기인한다. 이미 1932년 독일 공산당 당수 에른스트 텔만은 동지들에게 나치처럼 "스포츠, 규율, 동지애, 스카우트 운동, 행진"을 중시하도록 촉구했다. "왜 우리는 젊은 노동자들의 낭만적·혁명적 감정을 이용하지 않는가? 왜 우리는 과업 수행이 그토록 건조하고 재미가 없는가? … 우리는 프롤레타리아 청년들을 끌어들일 자석을 만들어야 한다."[13]

청년에 대한 집착은 1940년대 공산당 서클(그리고 유럽 좌익 서클)에 널리 퍼져 있던 인간 변화에 대한 깊은 믿음을 반영한 것이기도 했다. 유전학에 대한 스탈린의 유명한 의심은 프로파간다와 공산주의 교육이 인간의 본성을, 그것도 영구히 바꿀 수 있다는 확신에서 나왔다. 그는 반유전주의자 트로핌 리센코 같은 돌팔이 과학자를 옹호했다. 리센코는 획득 형질도 유전될 수 있다고 주장했고, 이를 입증하기 위해 실험을 조작한 사람이었다. 리센코의 이론을 인정하지 않는 과학자는 스탈린이 살아 있는 동안 소련에서 탄압받을 위험을 감수해야 했다.[14] 스탈린의 사고는 명쾌했다. 즉 청년이 교육과 프로파간다로 영향을 받고 형성될 수 있다면, 그리고 이렇게 획득된 행동을 자손들에게 물려줄 수 있다면 공산주의 인간(호모 소비에티쿠스Homo sovieticus, 나중에 상세히 다룰 것이다)이라는 새로운 종을 만들어낼 수 있다는 생각이었다.

폴란드 YMCA는 전쟁의 폐허 속에 다시 일어난 많은 청년집단 중 하나에 불과했다. TV와 소셜 미디어가 출현하기 전, 그리고 라디오, 신문, 책, 음악, 극장이 부족하던 시기에 청년집단은 10대와 젊은 성인에게 오늘날 상상하기 어려울 정도로 중요성을 가지고 있었다. 청년집단은 파티, 콘서트, 캠프, 클럽, 스포츠, 그리고 다른 곳에서는 찾을 수 없는 일종의 토론 그룹을 조직했다.

특히 히틀러 유겐트와 여성 집단인 독일소녀연맹이 사라진 독일에서는 그 공백이 컸다. 2차대전이 끝날 때까지 독일 청년의 거의 절반이 저녁에 히틀러 유겐트와 독일소녀연맹 모임에 참석했다. 청년 대부분은 여름과 주말에도 조직된 캠프에서 시간을 보냈다. 그러한 조직들은 오늘날 완전히 불명예를 안았지만 실제적 필요를 충족해주었고, 전쟁이 중단되자마자 나치 청년집단의 과거 회원들과 그 반대자들은 동독과 서독 전역의 도시와 소도시에서 자발적으로 반파시스트 조직을 형성하기 시작했다.

이러한 첫 집단들은 소비에트가 아니라 독일 집단이었고, 청년들 스스로 조직한 집단이었다. 그들 주변의 어른들은 모두 절망에 빠졌다. 독일 학생 5명 중 1명이 아버지를 잃었다. 10명 중 1명은 아버지가 전쟁

포로로 잡혔고. 누군가가 사회 재조직을 시작해야만 했고, 어른들이 없는 상황에서 매우 기운 넘치는 몇 명의 청년이 이 역할을 맡았다. 베를린 서부의 노이쾰른Neukölln에서는 휴전 전날인 5월 8일 반파시스트 청년 조직이 결성되었다. 5월 20일 600명의 회원을 확보한 이 조직은 이미 5개의 고아원을 세우고 2개의 스타디움 잔해를 청소했다. 5월 23일 이 집단은 소련 군 장교들과 일반 대중이 참석한 노이쾰른 극장에서 공연을 했다. [15]

그때 발터 울브리히트의 비행기를 타고 베를린에 도착한 볼프강 레온하르트는 노이쾰른 집단의 회원 몇 명을 만났다. 이들은 그가 처음 만난 비소비에트 정치 활동가들이었다. "건강한 리얼리즘과 결합된 열정의 진정성을 느낄 수 있었다. 지시를 기다리지 않고, (그 집단의) 회원들은 먼저 할 일이 주민들에게 가장 시급한 식량과 물 공급을 조직하는 것임을 바로 깨달았다." 그는 그들의 효율적이고 실질적인 논의에 경탄했다. "내가 소련에서 했던 끝없는 논의보다 더 많은 것이 30분 만에 이루어졌다."[16] 유사한 집단들이 휴전 후 처음 몇 달간 전적으로 소련군 통제하에 있던 베를린 전역의 식품 배급과 폐허 청소를 조직하기 시작했다. 7월 서방 연합군이 도착하고 나서야 베를린은 점령 지역으로 나누어졌다. 그 무렵 베를린 치안판사magistrate는 도시 전역에서 1만 명의 10대가 이미 자발적으로 반파시스트 집단에 가담한 것으로 추정했다.[17]

그러나 이 집단들은 활동을 시작하자마자 독일에 있는 소련 당국의 주의와 의심을 유발했다. 7월 31일 소련군사행정국은 시장들의 지휘 아래 반파시스트 집단이 구성되는 것을 허용하는 선언을 발표했지만, "공식 요청과 관련해서만"이라는 단서를 붙였다. 즉 분명한 허가를 받지 않으면 모든 청년 조직, 연맹, 스포츠 클럽은 사회주의 조직이라 할지라도 금지되었다. 또다른 선언은 모든 청년집단이 소련과의 우호 증진에 노력할 것을 권고했다. 자발적으로 존재했던 3개월 후, 스스로 조직된 이 청년집단들은 이미 국가 통제 아래 들어오고 있었다.

자발적인 시민사회를 난생처음 경험했던 레온하르트는 그것을 파괴하는 사람 중 하나가 되었다. 베를린에 도착한 얼마 후, 울브리히트는 허가 없이 생겨난 "반파시스트 위원회나 반나치 집단 또는 사회주의 사무실이나 민족 위원회와 유사 조직"에 주의를 기울였다. 레온하르트는 처음에 자신은 울브리히트가 노이쾰른 반파시스트들과의 만남에 강한 인상을 받고 이런 집단에 관심을 갖는 것을 환영했고, "울브리히트가 그들과 접촉하고 그들의 활동을 지원하도록 일을 맡길 것이라고 당연하게 생각했다"고 적었다. 그의 생각은 틀렸다. 울브리히트는 이런 조직은 모두 나치가 만든 것이라고 그에게 말했다. 대부분이 위장 조직이라는 얘기였다. 그는 레온하르트에게 그 조직들은 진정한 민주주의 발전을 막기 위해 만들어졌다고 말하고, 다음과 같은 명령을 내렸다. "그 조직들은 해산되어야 한다. 당장." 레온하르트는 무거운 마음으로 그 과업을 수행하는 데 동의했다. 시간이 지난 후에야 그는 그 이유를 이해하게 되었다.

스탈린주의가 아래로부터 독자적으로 생겨난 반파시스트, 사회주의 또는 공산주의 운동이나 조직을 허용하는 것은 불가능했다. 그러한 조직은 통제를 벗어나고 위에서 내려오는 지시에 저항할 상시적 위험이 있기 때문이었다. … 이것은 당 조직이 독일의 반파시스트, 좌익 계층의 독자적 선동을 꺾은 첫 승리였다.[18]

울브리히트와 소련 동료들은 자발적으로 생겨난 위원회를 원하지 않았지만, 청년들이 소련 당국에 적절히 등록된 허가받은 집단에 가담하길 바랐다. 독일은 부르주아 민주주의로 간주되었고, 비공산주의 정당이 여전히 존재하는 것이 허용되었기 때문에, 그들은 비공산주의 청년집단이 완전한 규제를 받는다는 조건으로 스스로 등록하는 것을 허용했다. 중도 우익 기독민주당도 7월 공식 청년 조직을 등록하는 것이 허용되었다. 1946년 소련행정당국은 일정한 예술, 문화 집단의 구성도 허용하는 지침을 발표했다.[19]

공산당은 청년국을 만들면 많은 독일 청년들이 가담하고 싶어할 것이라고 낙관적으로 예상했다. 그러나 청년들은 그러지 않았고, 아니면 적어도 기대했던 수만큼 가담하지 않았다. 1945년 10월 공산당 지도부에 제출한 보고서에서 신뢰받는(울브리히트와 함께 모스크바에서 첫 비행기로 도착한 사람이었다) 내부 요원인 젊은(혹은 당시 33세로 다소 젊은) 에리히 호네커는 상관들에게 진척이 느린 상황을 알렸다. 그는 독일인 청년들이 "정치를 과거 나치당의 활동과 동일시한다"고 우려하면서, 많은 청년들이 "자기 문제를 개인적으로 풀려고" 하거나 "쾌락과 암시장 거래에 중독"되어가는 점을 두려워했다.[20]

다른 사람들도 독일 청년들이 충분히 정치적이지 않은 것을 알아챘다. 이제 브레슬라우를 떠나 부인을 강간한 소련군 병사들에 대한 환멸에서 잠시 회복한 로베르트 비알레크도 독일 청년들이 여전히 나치의 어휘로 생각하고 말한다며 불평했다. 비알레크는 작센 지방의 공산당 청년국 지도자로 임명되었다. 그곳에서 그는 공산 청년 조직의 호소력을 강화하기 위해 히틀러 유겐트 멤버였던 사람들을 새 조직에 받아들일 것을 주장했다. 이들은 독일의 자연적 지도자들이라고 그는 선언했다. "우리는 히틀러 유겐트 운동 지도자였던 사람들을 추방할 수 있지만, 주코프 원수의 명령이라 하더라도 이 지도자들이 누리던 권위를 제거할 수는 없다."21

그러나 공산당 청년집단이 고전하는 동안 다른 집단, 특히 기독민주당 청년집단의 세력과 호소력은 확연히 커지고 있었다. 포스트-나치 post-Nazi 독일의 도덕적 황폐 속에서 교회는 영적, 윤리적 오아시스로 보였다. 훗날 법학자, 판사가 되고 최종적으로 서독 헌법재판소장이 되는 에른스트 벤다Ernst Benda는 바로 그 시기에 동독 기독민주당 청년집단에 가담했다. 집단의 교조가 '단순한 진리'에서 나온 것이라고 믿었기 때문이었다. "완전히 정직하라, 거짓말하지 마라, 진실한 사람이 되어라, 정적에게도 공평하게 대하라, 공정하라는 것은 사회적 정의를 의미한다."22

소련 집단수용소에 있는 동안 집중적 포섭 대상이었던 청년 만프레드 클라인Manfred Klein도 1945년 가을 다시 교회로 전향했다. 전쟁이 끝나자마자 베를린으로 돌아온 그는 처음에는 호네커가 공산당 청년운동을 조직하는 것을 도왔지만, 곧 불편한 감정을 느꼈다. "고작 20세밖에 안 된 우리는 이 체계의 폐쇄성과 완전하고 부정할 수 없는 것처럼 보이는 논리 앞에서 할 수 있는 일이 없었다." 그는 회고록에 적어나갔다. "가톨릭 신앙 속에 양육되고 가톨릭 청년 과업과 함께 성장한 나는 여전히 의구심이 많았다." 결국 그는 기독민주당 청년집단에 가담했다. 공산당 동료였던 사람들은 이 일로 격분했지만, 그를 잘 써먹을 수 있다는 것을 깨달았다. 호네커는 만면에 미소를 띠고 그에게 말했다. "자네는 내가 생각한 것보다 영리하군." 소련 동지들도 그의 결정을 승인했다. 이제 그들은 그가 기독민주당 내 요원이 되어 자신들

을 위해 일하길 기대했다.[23]

1945년 12월, 젊은 공산당원들은 전술을 바꿔야 한다는 것을 깨달았다. 그들은 다른 청년집단과 같은 수의 청년들을 끌어들이는 데 실패하고 있었고, 그래서 게임의 규칙을 바꾸기로 결정했다. 호네커는 비알레크에게 통일된 독일 청년운동을 위한 자발적인 대중운동을 은밀히 조직하기 시작하라고 지시했다. 하나의 우산 아래 모든 독일 청년집단을 통합하는 시도는 작센에서 시작되었고 청원, 회합, 연설의 형태로 진행되었다. 청년 지도자들은 소련 당국에 단일하고 비정파적인 청년집단 구성을 요구하는 편지도 보냈다. 일단 소련군 지도자들이 이 계획에 동의하면, '부르주아' 청년 지도자들은 이 결정을 따를 수밖에 없었다. 그렇게 되면 모든 청년이 이 새로운 집단에 소속될 테고, 공산당 청년집단의 상대적 취약성은 그리 눈에 띄지 않게 될 것이었다.[24]

이것은 실패에서 나온 발상이었다. 공산당이 청년을 놓고 벌어지는 경쟁에서 이길 수 없었기 때문에 공산당 지도자들은 경쟁을 제거하기로 결정한 것이다. 이 계획은 독일인의 생각에서 비롯되었지만(호네커의 아이디어였던 것으로 보인다) 소련 지휘관들에게 호응을 빨리 얻었다. 1946년 1월 당시 독일 공산당 중앙위원회 의장이었던 빌헬름 피크는 베를린의 소련군 사령부가 있는 칼스호르스트Karlshorst에서 토론 자료를 만들었다. "통합된 반파시스트 조직의 창설에 동의하지만, 모스크바에서 결정되어야 한다." 울브리히트는 다음 모스크바 출장 때 이 주제를 제기했고, 2월 초 모스크바의 승인을 얻고 귀국했다. 그렇게 자유독일청년Freie Deutsche Jugend, FDJ이 탄생했다.

비알레크의 '자발적' 청년 통합 요구는 다른 청년 지도자들을 깜짝 놀라게 했다. 이 문제를 논의하기 위해 소집된 회의에서 호네커는 많은 집단들이 통합된 자유독일청년운동을 요구하고 있다고 주장했다. 기독민주당과 사회민주당 청년 지도자들이 그런 요구를 들어본 적이 없다고 말하자, 그들에게 수백 통의 편지가 담긴 몇 개의 바구니를 보여주었다. 클라인은 "이 깜짝쇼는 성공이었다. 우리는 당시 그런 제안을 상상하지 못했다"고 회고했다. 통합 집단 창립총회가 조직되었고 기독민주당, 사회민주당, 공산당 등 다양한 정파의 청년들이 회의 참석에 동의했다. 가톨릭과 루터교 청년 지도자들은 조심스러운 태도를 보였지만 동의했다. 클라인과 이 문제를 논의한 당시 베를린 기독민주당 지도자 야코프 카이저Jakob Kaiser는 참석에 동의했지만, 조심하라고 조언했다. "이게 얼마나 오래갈지 아무도 모르잖소."[25]

이 첫 회의는 1946년 4월 브란덴부르크에서 낙관적 분위기로 출발했다. 노래(자유 청년 발라드The Ballad of Free Youth) 제창과 클라인, 호네커, 비알레크가 포함된 최고회의의 만장일치 선출로 회의가 시작되었다. 여러 환영 연설이 이어졌다. 소련 점령 당국의 문화 인민위원 세르게이 툴파노프Sergei Tulpanov 대령은 청년들에게 "히틀러의 이념은 독일 청년들의 의식에 큰 흔적을 남겨놓았다"며, 거기에서 벗어난 장소에 모인 사람들을 다독거리듯이 칭찬했다. "우리는 여러분이 그런 이념을 몰아내려고 얼마나 힘들게 노력했는지 잘 알고 있습니다."[26] 환영 연설 다음에는 청년들의 성취, 여성 포용의 중요성, 산업 국유화 필요성, 서방의 배신에 대한 연설이 이어졌다. 많은 연사들이 그 홀에 모인 사람들을 '동지'라고 부르며 연설했다. 한두 명의 가톨릭 대표도 일어나 연설했다. 우리는 단합을 원한다며 한 사람은 "독일에 대한 사랑으로 단합하자"고 말했다.[27]

회의장 분위기는 화기애애했지만, 복도 분위기는 그 정도는 아니었다가 셋째 날 험악해졌다. 그날 아침 급진적인 공산주의자 몇 명이 별도의 방에서 회동하던 중, 한 사람이 교회 집단 지도자들에 대한 불만을 털어놓았다. 그는 그들을 쫓아내야 한다고 생각했다. 비알레크는 그에게 걱정하지 말라며, 종교 집단 청년들은 통제 아래 놓일 것이라고 말했다. "우리는 교회가 바닥에 쓰러질 때까지 하루에 열 번씩 타격을 가할 것이다. 그들이 다시 우리에게 필요해지면, 우리는 그들의 상처가 나을 때까지 조금 다독일 것이다."[28]

불행히도 이 말을 엿듣던 가톨릭 청년 지도자가 대화 내용을 적어 동료들에게 전했다. 클라인과 여러 가톨릭 지도자들은 새로운 조직에 참여하지 않겠다는 의사를 밝혔다. 양측 사이에 격한 소리가 오간 뒤 소련군 장교가 중재에 나섰다. 베일린Beylin 소장은 가톨릭 지도자들에게 그들이 조직에 남으면 조직 내에서 자율성을 유지하게 해주겠다고 약속했다. 1946년 소련군 점령자들은 여전히 자신들의 점령 구역이 민주적이고 다면적으로 보이도록 애쓰고 있었던 것이다.

그러한 바람은 오래가지 않았다. 결국 이 회의는 조직의 중앙위원회에 62명의 위원을 선출했지만, 그중 50명 이상이 공산주의자이거나 사회주의자였다. 이와 별도로 중요한 직책은 모두 공산주의자들에게 할당되었다. 맹목적으로 헌신한 공산주의자 호네커는 자유독일청년 지도자가 되어, 청년 시기가 지나고 나서까지 이 직책을 유지했다(그는 43세였던 1955년에야 이 직책을 사임했다). 자유독일청년 훈련학교는 신속히 보겐제Bogensee에 개설되었다. 클라인은 이곳에서 "호네커와 그의 동지들의 진짜 의도가 아주 빨리 드러났다. … 소년 소녀들은 마르크스주의-레닌주의-스탈린주의 이념을 교육받았고, 기업과 국가에서 사회주의가 승리하도록 돕기 위해 무엇을 해야 하는가에 대한 정확한

지시를 받았다"고 회고했다.[29]

소련 동지들의 의도도 더욱 분명해졌다. 1946년 8월 작센주에서 지역 교회가 자체 청년 휴양소와 여름 캠프를 조직하자 당국은 경보를 발했다. 소련군이 당국을 도우러 들어왔다. 숲으로 행군한 소련군은 당시 상황을 기록한 파일에 따르면 "아이들을 귀가"시켰다.[30] 10월 서베를린에서 열린 대규모 기독민주당 청년 집회 때는 불길한 정전이 발생했다. 모든 참석자는 당시 베를린의 전기가 소련이 통제하는 베를린 동부의 발전소에서 공급된다는 사실을 알고 있었다. 항의의 뜻으로 촛불을 켜고 집회가 계속되었다.[31]

다른 집단들은 맥없이 해산했다. 1946년 봄 소련 당국은 미등록 복음주의 청년집단 '크리스천 노력Entschieden für Christus'이 작센에서 성경 토론과 기도회를 개최하며 활발히 활동하는 것을 적발했다. "이로써 독일 조직들의 활동에 대한 통제가 약하다는 사실이 입증되었다." 작센 당국은 이렇게 선언하고 즉시 이 조직을 불법화했다.[32] 라이프치히에서 자유독일청년연맹의 독립적 세포를 구성한 다른 집단도 비슷한 운명을 만났다. 이 집단의 지도자들은 회원들이 주류 자유독일청년의 노동자들보다 더 지적인 경향을 추구하다 보니 독자적 조직이 필요했다고 항변했지만, 이 조직도 바로 해체되었다.[33] 소련 당국의 한 보고서는 종교와 연계된 많은 집단이 "종교의 틀을 훨씬 벗어나 활동하면서 청년들과 문화·정치 과업을 수행"하고 있다고 불평했는데, 물론 그런 과업은 교회 청년집단들이 늘 해오던 일이었다.

1946년 겨울, 칼스호르스트의 소련 당국은 새로 조직된 독일 문화 행정국(소련 정책 수행을 위해 수립된 독일 관료 체제의 일부)에 어린이, 청년, 성인 등 대상에 상관없이 모든 종류의 예술·문화 집단은 자유독일청년, 공식 노동조합 또는 공식 문화연맹인 쿨투르분트Kulturbund 같은 대중 조직과 연계되지 않으면 불법이라고 통보했다. "안 그러면 통제할 수 없다"는 이유에서였다. 이 시기 결사의 상황을 파악하기 위해 파견된 독일 조사관은 그런 많은 집단이 대중 조직과 연계되어 있지 않은 것을 발견했다. 그녀는 특히 많은 수의 독립적 체스 클럽에 놀랐던 것으로 보인다. 그녀는 소련과 독일 문화 당국에 체스 클럽, 스포츠 클럽, 노래 클럽 등을 제거하길 요청했으나, 그 작업은 1948-49년까지 완료되지 않았다. 다른 비정치적 조직들도 바로 금지되었다. 일례로 등산 클럽이 엄격히 금지되었는데 그 이유는 히틀러 유겐트가 등산을 특히 선호했기 때문이었다(19세기 말에 설립된 유명한 독일 등산·자연 클럽인 반데르포겔Wandervogel에는 한때 좌익뿐 아니라 원초적 나치 동조자들proto-Nazi sympathies도 있었다).[34]

클라인은 시스템 안에서 활동을 계속했다. 그는 자유독일청년 내 '형식적 기독교인token Christian'이라는 자신의 역할에 불만이 컸지만, 다른 형식적 기독교인들을 하나의 투표 블록으로 조직하는 데 많은 시간을 보냈다. 그는 자유독일청년을 다양한 젊은이들에게 개방하도록 계속 로비를 벌였지만 아무 소용이 없었다. 이 짧은 소련·독일 비정파적 청년 정책 실험은 설립 후 정확히 1년이 지났을 때 막을 내렸다. 1947년 3월 13일 NKVD는 다른 15명의 청년 기독민주당 지도자들과 함께 클라인을 체포했다. 소련 군사 법정은 그에게 소련 강제노동수용소 복역을 선고했다. 그는 9년 동안 그곳에 수감되었다.

1946년 6월 19일 헝가리 공산당 기관지 《서버드 네프》는 충격적인 사건을 보도했다. 러시아 장교 1명이 부다페스트 중심부의 교통이 번잡한 8거리 옥토곤Oktogon에서 살해되었다는 얘기였다. 총격전으로 다른 소련군 병사도 "헝가리 노동계급 소녀"라고 기술된 여성과 함께 사망했다. 《서버드 네프》는 이슈트반 펜제스István Pénzes라는 이름의 청년이 이 사건의 살인자로, 지방 가톨릭 청년집단인 칼로트Kalot의 멤버이므로 "우리 경제 재건과 자유를 가로막는 적"이라고 설명했다. 뒤이은 수사에서 그을린 그의 시체가 광장이 내려다보이는 다락방에서 발견되었고, 그는 더 큰 음모의 일부였다는 결론이 내려졌다. "농지를 잃은 반역자들은 근면하게 노동하는 헝가리 인민의 기생충으로, 평화 조약과 화폐 개혁을 예상하며 우리 국가 생활이 불가능하도록 모든 시도를 할 것이다."[35]

옥토곤 살인으로 신속하게 알려진 사건에 대한 추가 결론은 지체 없이 내려졌다. 다음날 아침 《서버드 네프》는 앞면 전체를 "청년과 민주주의"라는 제하의 논설로 채웠다. "오도誤導된 우리 청년들 손에서 무기와 수류탄을 빼앗을 때가 되었다. … 월요일 공격 이후 우리는 파시스트에 맞선 싸움은 국가적 투쟁이자 국가적 임무라고 민주주의의 우익에게 말해야 한다."[36] 다음날 치러진 두 소련군 병사의 장례식도 대단한 언론 조명을 받았다. 《서버드 네프》에 따르면 수십만 명이 병사들의 장례식에 참석했다. 헝가리와 소련 관리들이 앞장선 가운데 장례식 참석자들은 "반역자에게 죽음을", "파시스트 살인자 척결" 같은 구호가 적힌 깃발을 들고 행진했다. 한 신문 편집자는 잘못 인도된 청년들을 더 엄격히 다루어야 한다는 주장을 반복했다. "반동적 비판은 모두 멈추자. … 일부 교회 서클이 우리 청년들에게 살인하는 법을 가르치는 것을 막아야 한다."[37]

얼마 전 헝가리에 도착한 연합국 통제위원회 의장 블라디미르 스비리도프Vladimir Sviridov도 추도 연설을 했다. 그는 "소련군은 헝가리 인민들에게 민주적 원칙에 따라 새로운 생활을 확립할 가능성을 주었다"며 "미친개 같은 일부 반동 세력이 헝가리 인민의 가장 위대한 수호자, 소련군을 공격했다"고 주장했다. 스비리도프는 헝가리 정치인들을 비난했다. "당신들이 소련의 친구라고 부르는 이 나라에서 파시스트 범죄자들이 소련 인민을 공격하기 위해 매복하고 있다. 당신들은 소련군이 흘린 피의 모든 대가를 총알로 치르고 있다."[38]

모두 인정하는 막후의 진실은 옥토곤 살인자의 진정한 동기도, 정말 그가 살인자인지 여부도 미스터리로 남았다는 것이다. 당시 총리였던 자영농당 지도자 페렌츠 너지는 회고록에서 펜제스가 가톨릭 집단 칼로트가 아니라 사회민주당 청년집단의 일원이었고, 질투심에서 범죄를 저질렀다고 주장했다. 소련군 병사는 그의 여자 친구와 만나고 있었던 것으로 추정된다.[39] 당시 또다른 정치인도 이 사건을 단순한 삼각관계로 생각했는데, 그렇게 보면 왜 가난한 학생 펜제스가 나중에 자살했는지가 설명된다. 사랑하는 여인을 죽인 것에 대한 가책이 그토록 컸던 것이다. 이 이야기에 대한 다른 버전에는 살인자가 아예 없다. 두 소련군 병사는 서로에게 사격을 가했고, 펜제스는 자신들의 범죄를 은폐하려고 그의 시신을 불태운 비밀경찰에게 살해되었다는 얘기다. 수사가 지연된 데다 능숙하지 못했고 정치화되었다는 데에는 모든 사람이 동의한다.[40]

결국 정말 무슨 일이 일어났는지는 중요하지 않았다. 사제 키스에 대한 선고(그는 러시아 병사들의 살인을 조직한 것으로 기소되었다)에 바로 뒤따른 옥토곤 살인 사건의 책임은 칼로트에 돌아갔다. 칼로트가 잘나간다는 것이 그 이유였다. 더 큰 문제는 칼로트가 공산당이 조직한 헝가리 민주청년연맹Magyar Demokratikus Ifjúsági Szövetség, 즉 마디스Madisz 보다 훨씬 잘나간다는 데 있었다. 지난 18개월 동안 칼로트와 헝가리 민주청년연맹의 갈등은 심각했다. 가톨릭농업청년클럽 전국사무국Katolikus Agrárifjúsági Legényegyesületek Országos Testülete, 줄여서 칼로트Kalot 는 마디스보다 10년 먼저 설립되었다. 1935년 두 열정적인 예수회 사제인 퇴회텀 너지Töhötöm Nagy와 야노스 케르카이János Kerkai가 설립한 칼로트는 전쟁 중에도 토지 개혁, 농민 교육, 온건한 형태의 사회주의화를 지지함으로써 가톨릭 성격과 농촌에서의 신뢰를 유지하며 활동을 계속했다. 칼로트는 폴란드 YMCA의 도시적 성격이나 전후 독일의 첫 반파시스트 집단 같은 분노의 열정은 없었다. 전쟁 중 일부 지도자가 반유대주의 행동으로 비난을 받기도 했다.[41] 그러나 칼로트는 진정성이 있었고, 농민 생활 향상을 위해 노력했으며, 이전 권위주의 정권과 파시스트 정권으로부터 충분한 독립성을 유지해 그 정권들의 몰락으로 타격을 받지 않았다. 무엇보다도 이 단체는 대중적 인기가 높았다. 1944년 말 칼로트는 4500개의 지방 조직에 약 50만 명의 회원을 보유하고 있었다.

반면 마디스는 마차시 라코시의 최측근인 에르뇌 게뢰가 설립한 새로운 조직이었다. 게뢰의 의도는 독일 호네커의 의도와 유사했다. 그는 보편적이고 비정파적인 깃발 아래 노동자, 농민, 학생을 통합하는 조직을 만들고 싶어했다. 또한 그는 다른 정당들이 자체 청년집단을 형성하는 것을 막으려고 했다.⁴² 이 계획은 거의 즉시 실패했다. 1945년 1월 부다페스트에서 열린 첫 회합에서 이미 한 마디스 지도자는 "모두가 마디스는 공산당 위장 조직이라고 생각한다"고 불평했다. 그는 동지들에게 이러한 이미지 타파를 위해 투쟁할 것을 촉구했다. "우리는 비공산주의자들이 아직 가담하지 않았기 때문에 당장은 공산주의 성격을 띠고 있다고 사람들에게 말해야 한다. 우리는 교회 조직, 스카우트, 사회민주주의 운동에서 사람들을 끌어와야 한다." 젊은 사람들은 자신들 앞에 놓인 선택의 선명함을 알면 가담할 것이었다. "우리와 함께하지 않는 자들은 우리에게 반대하는 것이다. … 우리를 반대하는 자들은 파시스트다."⁴³

또다른 청년 지도자 언드라시 헤게뒤시도 마디스가 젊은 사람들을 끌어들이기 위해 더 섬세한 수단을 쓰길 바랐다. 그는 "대중은 문화를 필요로 한다. 우리는 문화를 통해 그들을 붙잡아야 한다"고 주장했다. "우리 앞에는 황금의 기회가 있다. 현재 영화도 없고, 대중에게 다른 문화적 기회를 제공할 사람도 없기 때문이다. 나중에는 더 어려워질 것이다." 1956년 잠시 총리가 되는 헤게뒤시가 문화에 관심을 가진 이유는 문화 그 자체를 위해서가 아니라, "사람들을 운동으로 끌어모으기 위해 … 폐허를 치우는 것만으로는 안 되고 충분히 즐겁지 않기 때문"이었다.⁴⁴

마디스는 초기에 특히 부다페스트에서 어느 정도 성공을 거두었다. 소련군과의 좋은 연계 덕분에 회원들에게 식품을 조달하고, 강제이주를 막을 수 있는 신분증을 제공했기 때문이었다. 그러나 대중적 집회를 조직하려는 이 집단의 시도는 거의 항상 실패했다. 1월 집회에 단 40명이 모이자 지도부는 "잘못된 프로파간다"에 책임을 돌렸다.⁴⁵ 6개월 후 젊은이들을 집회로 끌어모으기가 여전히 어려운 것이 드러나자, 지도부는 라코시처럼 조직 내, 특히 일부 구역에 "너무 많은 유대인"이 있지 않은지 의심했다. 얼마 전 노동절 행진 때 "시온주의자들이 우리와 함께 행진하도록" 허용한 것을 실책이라고 생각하는 사람들도 있었다. 그 때문에 잘못된 인상을 주었을 것이라는 비판이었다.[46]

부다페스트 이외 지역에서 마디스의 자연적 지도력을 인정받기는 더 힘들었다. 농촌 청년들에게는 칼로트가 확연히 우위를 차지했다. 그런 상황이 너무 분명해서 한번은 마디스가 거래를 시도한 적도 있었다. 마디스가 칼로트의 문화와 스포츠 활동을 운영하고, 칼로트가 교회와 종교 활동을 관장할 수 있게 해주겠다는 제안이었다. 칼로트 지도자들은 당연히 이를 거부했다.

칼로트와 기존 청년 조직이 마디스에 가담하지 않는 것을 본 헝가리의 다른 합법 정당들, 특히 사회민주당과 자영농당은 자체 청년 조직을 조직하기 시작했다. 대학교와 고등학교 학생들도 자체 청년 조직인 헝가리 대학생연맹Magyar Egyetemisták és Föiskolai Egyesületek Szövetsége, Mafesz을 만들었다. 이런 집단들이 우후죽순처럼 생겨나고, 프로파간다와 설득도 이들을 마디스의 주도 아래 모을 수 없다는 것이 분명해지자, 마디스의 전술은 더 공격적으로 변했다. 위협도 더 잦아졌다. 1945년 6월 마디스는 자영농당 청년집단 지도자들에게 편지를 보내 "앞으로 이 규칙들을 준수하기 바란다"고 요구하며 "그러지 않으면 우리는 가장 급진적 방법을 쓸 것이기 때문"이라고 으름장을 놓았다(이 편지의 서명에는 "민주적 존중을 담아"라는 문구가 들어갔다).[47]

헝가리 전역에 걸쳐 마디스 회원들은 때로 공산당 지도자와 경찰의 도움을 받아 칼로트의 재산을 몰수하고 칼로트의 집회 개최를 막으려고 시도했다. 가톨릭교회는 지방 당국이 칼로트 집단을 금지하려고 시도한 27번의 사례와 수십 건의 다른 탄압 사례를 기록했다. 칼로트는 이러한 위협에 대응하여 청년 지도자들에게 지침을 제시했다. 회원 모집에 너무 공을 들이지 말고, 기존 회원들에게 너무 압박을 가하지 말라는 경고였다. "탈퇴하려는 회원은 탈퇴를 허용하고, 아무 설명 없이 탈퇴하도록 하며, 가입하려는 사람은 환영하되 다른 조직이 회원 모집에 어려움을 겪는다는 말을 해서는 안 된다."[48]

그래도 적대감은 계속 증폭되었다. 1945년 8월 이미 마디스 지도자들은 자기들끼리 칼로트 제거 계획을 논의했다. 마디스 신문의 기사는 연이어 칼로트를 비판하고 전시 활동, 특히 전간기 준군사 청년운동인 레벤테Levente와의 협력을 문제 삼았다. 레벤테는 특별히 이념적이지는 않았지만 전쟁 말기 소련군과 싸우는 데 동원되었고, 그 지도자는 사형을 선고받은 상태였다. 칼로트는 비난에 답하는 소책자(가톨릭교회는 칼로트와 함께 레벤테에 반대했었다)를 만들었지만 이 인쇄물은 반소련 프로파간다를 담고 있다는 이유로 비밀경찰에 압수되었다.[49]

회원들의 안전을 염려한 일부 칼로트 지도자들은 타협을 시도했다. 1946년 1월 칼로트 공동 설립자의 한 사람인 케르카이 사제는 소련 관리에게 칼로트 지도자들이 소련을 방문하여 소련 체제를 알 수 있게 해달라고 청원했다. 석 달 후 칼로트는 교회 지도부의 반대에도 불구하고 또다른 새로운 청년집단인 헝가리국가청년위원회에 가입하는 데 동의했다. 젊은 공산당원들로 구성된 이 집단은 모든 사람이 수용할 수 있는 상위umbrella 조직을 표방하고 있었다.

막 헝가리 수석대주교가 된 요제프 민드센티József Mindszenty는 앞으로 유명해질 반공산주의 명성을 서서히 얻고 있었다. 그는 새로운 연맹에 가입하려는 칼로트의 결정에 반대했다. "당신들은 비정치적 운동을 상시적인 정치의 늪으로 밀어 넣고 있다"며 사제 케르카이에게 불만을 표했다. 이에 답하며 케르카이는 헝가리는 오랜 기간 강대국 소련 주변에서 사는 법을 배워야 할 것이고, 어떤 식으로건 타협점을 찾아야 한다고 지적했다.[50] 칼로트의 다른 지도자인 사제 너지는 이 문제에 대한 민드센티의 간섭에 반대하는 바티칸의 지지를 얻기 위해 로마를 방문하기까지 했다.[51]

옥토곤 살인 사건 여파로 어떤 타협점도 찾을 수 없다는 것이 바로 분명해졌다. 7월 2일 스비리도프 장군은 연합국 점령위원회 회의에서 공개적으로 반동적 청년운동 해체를 요구했다. 그들이 "회원들을 파시스트 정신으로 교육한다"는 이유였다. 비공식 석상에서 그는 헝가리에서 반동 서클이 강화되는 것에 대해 모스크바에 불평하고, 헝가리 정부에 단도직입적으로 이러한 합법 정당과 청년운동 뒤에 숨은 지하 파시스트 조직에 조치를 취할 것을 촉구했다.

공산주의자인 내무 장관 라슬로 러이크Rázsló Rajk는 정부 전체의 동의를 기다리지 않고 스비리도프의 제안을 받아들였다. 7월 18일부터 23일까지 러이크는 1500개 이상의 조직을 금지했다. 청년집단 범위를 넘어선 금지였다. 첫 해산 물결에서 그는 무엇보다 헝가리 운동클럽(가장 고도로, 예리하게 반민주적인 서클의 배타적인 스포츠 협회라고 《서버드 네프》에 소개되었다), 프로하스카Prohaszka 주교가 공동체 운동으로 조직한 프로하스카 노동공동체, 대학생연합, 몇몇 기독 노동조합(과거에 파업 저지 활동으로 잘 알려졌다), 미국의 KKK 방식의 의식을 치르는 에메리카나 기사단Grand Order Emericana이라고 불리는 집단을 해산했다. 다음으로 헝가리해상연합, 몇 개의 지방 사냥클럽, 세체니 백작 참전용사 연합, 기독민주 담배노동자연합을 해산했다. 해산된 집단 중에는 "자본주의적 이익을 위해" 일한다는 혐의가 씌워진 전문직 협회와 길드뿐 아니라 반동적 사회 조직, 가톨릭과 개신교 조직, 비공산주의 노동조합도 있었다. 많은 집단들이 은밀히 파시스트나 외국 이익을 위해 일하고 있다는 혐의를 받았다. 마지막으로 러이크는 칼로트의 지방 조직을 모조리 해산했다.[52]

이러한 금지 조치 후 일부 칼로트 회원들은 공산당의 후원 아래 집단을 재조직하려고 시도했지만, 이들의 노력은 아무 결실을 거두지 못했다. 1947년 사제 너지는 헝가리를 빠져나와 아르헨티나로 갔다. 1949년 헝가리 보안경찰은 사제 케르카이를 체포해 강제노동수용소 수감을 선고했다. 10년이 흘러 1959년 풀려난 그는 눈이 반쯤 멀고 너무 병약해서 젊은이들이 '반동'이 되도록 더이상 영향력을 발휘할 수 없었다.[53] 1950년 헝가리의 모든 청년 조직은 강제로 통합되어 단일 조직인 노동청년연맹Dolgozó Ifjúság Szövetsége, DISZ을 구성했다. 이로써 너무나 많았던 청년집단 약어略語와 다원주의는 막을 내리게 되었다.

시간이 흐를수록 시민사회에 대한 공산당의 공격은 변화하면서 더욱 정교해졌다. 진짜 시민사회를 위한 경쟁을 만들어내겠다며 공산 정권은 대리적인 '공식' 시민 집단, 즉 독립적으로 보일 때도 있지만 실제로는 국가가 통제하는 조직들을 만들었다.

공산 정권은 시민사회의 가장 강력한 기관들 중 일부도 파괴하기 시작했다. 공개적인 해산이 아니라 핵심 지도자들을 공산 정권에 충성하는 사람으로 교체하거나, 느슨한 조직 내에서 확고한 공산당 세포를 이용하는 등 기만이나 전복을 통한 파괴였다. 결국 이런 방법은 동유럽 전역 교회와 사제 집단에 사용되고, 1970년대와 1980년대에는 반체제 인사들을 탄압하는 데도 사용된다. 그러나 이런 방법은 가장 저항이 강한 청년집단, 특히 폴란드 스카우트 운동과 헝가리 인민대학에 먼저 시도되었다.

스카우트 운동은 동유럽, 특히 1차대전 후 국경이 새로 만들어진 나라에서 놀랄 정도로 깊은 뿌리를 가지고 있었다. 신생 국가인 폴란드, 체코슬로바키아, 헝가리의 지도자들은 젊은이들이 국가 활성화와 재건 프로젝트에 참여하길 간절히 바랐다. 건강, 노동, 공동체 봉사에 초점을 둔 베이든 파월의 현대 스카우트 운동이 그 길을 보여주는 듯했다. 1924년 발행된 소책자에서 폴란드의 열성적인 참여자는 스카우트 운동이 젊은 폴란드인들에게 '인성character'이라는 모호한 개념을 정의해주었을 뿐 아니라 이를 획득할 구체적인 수단을 제공했다고 적었다.[54]

폴란드에서 스카우트 운동은 2차대전 중 감정적이고도 정치적인 의미가 더해졌다. 1939년 9월 폴란드가 침공당한 후 스카우트 지도자들은 지하로 내려가 저항운동에 가담하기로 하는 중대한 결정을 내렸다. 회색 군대Szare Szeregi라는 명칭 아래 스카우트 대원들은 전령, 연락장교, 무전기 조작자, 간호사, 그리고 폴란드 국내군의 파르티잔 전사가 되었다. 10세나 12세인 어린 스카우트 대원들도 바르샤바 봉기 중 싸우다가 사망했다. 봉기가 실패하고 폴란드 국내군이 패배한 뒤 너덜너덜한 회색 유니폼을 여전히 입은 젊은 남녀 청소년들이 소련 강제노동수용소에 나타났다.[55] "오늘날과 다른 스카우트 운동이었다. 우리는

폴란드 정신으로 훈육되었다"라고 한 대원은 기록했다.[56]

지하 회색 군대는 전쟁이 끝나자 폴란드 국내군 잔존 세력과 함께 해산되었다. 그러나 전쟁이 끝나기 전부터 스카우트 병력은 해방된 영토인 비아위스토크와 다른 동부 도시에서 공개적으로 재조직되기 시작했다. 크라쿠프가 해방되자마자 그곳에서도 몇 명의 잘 알려진 전쟁 전 스카우트 지도자들이 병력을 조직하기 시작했다. 그들은 루블린의 임시정부에 이를 통보하지 않았다. 그들이 통보할 이유가 있겠는가? 그들은 전쟁 전에도 자신들의 활동을 누구에게도 통보하지 않았었다. 1946년 말, 이 운동은 젊은 남녀로 이루어진 23만 7749명의 대원을 확보했다. 한 스카우트 회원의 회고에 따르면 대원들의 열정도 높았다. "독립 첫 몇 달 동안 스카우트 운동은 강력한 폭탄처럼 폭발했다. 스카우트 대원들과 지도자들은 난데없이 나타난 것처럼 보였다. 매일 밤 캠프파이어가 피어올랐고, 스카우트 노래가 수많은 마당에서 제창되었다. 젊은이들은 굉장히 열정적이었고 에너지로 충만했다."[57] 다른 스카우트 대원은 1946년 7월 참가했던 여름 스카우트 캠프를 다음과 같이 회고했다.

캠핑장에 피운 전통적 캠프파이어의 매력과 특별한 분위기가 기억난다. 계획되지 않은 활발한 토론을 하며 사람들은 간단한 어휘로 자신의 근황과 장래 계획, 인생의 의미, 우정에 대해 이야기했다. … 불이 꺼져가고 석탄에서 연기가 피어오르는 옆에서 서로 손을 잡고 전통적인 스카우트 기도를 올릴 때면 우리 얼굴은 사려 깊고 진지했지만, 행복감으로 빛나고 있었다.[58]

폴란드 스카우트의 시작은 비정치적이었다. 국가를 재건하는 시기에 그들의 소망은 쓸모 있는 자원이 되는 것뿐이었다. 걸스카우트 대원이었던 한 사람은 주중에는 고아원에서 일하고, 주말에는 그녀의 부대가 마주리아 호수 인근 독일 영토였던 곳을 찾아가 학교 도서관, 역사적 기념비 목록을 만드는 작업을 돕고, 독일식 지명과 거리 이름을 폴란드어로 바꾸는 언어변경위원회에 참여까지 했다고 회고했다.[59] 그러나 당국이 못마땅해한다는 신호는 바로 나타났다. 1944년 말과 1945년 초 루블린의 폴란드 당국은 스카우트 활동을 감독할 임시 스카우트 위원회를 만들었다. 이 위원회는 전쟁 전 스카우트 지도자 일부가 포함되기는 했지만, 스카우트 서약문 몇 곳을 미묘하게 고쳐 스카우트 대원들이 '민주적 폴란드'에 봉사한다는 말을 넣고, '신에 봉사한다'는 문구는 지웠다. 또한 폴란드스카우트연맹Związek Harcerstwa Polskiego, ZHP이라는 상위 조직을 만들어, 이론상 모든 부대가 그 아래로 들어가게 했다. 공산 당국에 복종하는 자발적 집단 형성이 목적이었지만, 뜻대로 되지는 않았다.[60]

1945년 말, 이 운동을 통제하고 감독하려는 정부 관리들(그들은 서약을 다시 한번 고쳐 스카우트가 "더 나은 세상"을 위해 일한다는 내용을 넣었다)과 풀뿌리 스카우트 운동 집단 간에 분명한 긴장이 나타났다. 풀뿌리 스카우트 운동 집단들이 자신들의 활동을 바르샤바가 지배하는 연맹에 보고하지 않았던 것이다. 잘 알려진 회색 군대 지도자들이 대거 이 운동의 지도부에 들어왔고, 그들은 공식적으로는 비정치적 태도를 유지했지만 몇 가지 정치적 사건이 일어났다. 1945년 비드고슈치에서 행진 중 지역 비밀경찰 본부를 지나가던 스카우트 대원들은 창문에서 두 발의 총소리를 듣고 깜짝 놀랐다. 2명의 스카우트 대원이 사망했지만 아무도 살인 혐의로 처벌을 받지 않았다.[61] 1946년 슈체친의 청년 대회에서는 스카우트 대원들과 청년 공산당원들 사이에 오가던 고함 소리가 난투극으로 변했다. 적어도 2명의 걸스카우트가 심하게 구타를 당했다.[62] 폴란드 전역에서 스카우트 대원들은 폴란드의 전통적 헌법의 날인 5월 3일 시위에 참가한 후 체포되었다.

1947년 여러 번 폴란드 당국은 스카우트 운동의 전면 금지를 고려했다. 그러나 그들은 이러한 금지가 수천 명의 젊은이를 지하로 내려가거나 파르티잔과 함께 숲으로 들어가게 만들지 않을까 우려했다.[63] 그래서 그들은 기다렸다. 결국 그들은 앞서 언급한 대로 동유럽에서 공산당 무기고의 표준적 도구가 된 방법을 썼다. 스카우트 운동을 내부에서부터 파괴하기로 결정한 것이다. 헝가리 공산당도 그 무렵 똑같이 문제가 많은 자국 스카우트에 대해 유사한 결정을 내렸다.

헝가리와 독일의 경우처럼 폴란드 청년집단은 1948년 2월 폴란드 청년연맹Związek Młodzieży Polskiej, ZMP이라는 단일 조직으로 통합되었다. 그다음 표적은 스카우트 운동이었다. 교육부는 민족 운동의 재조직을 시작하여 보이스카우트와 걸스카우트를 통합하고, 연로한 지도자들을 제거하고 더 젊고 경험이 부족하며 이념적으로 조종하기 쉬운 지도자들로 대체했다. 이러한 변화는 단계적으로 실시되었다. 일단 최상부의 누군가를 교체했고, 다음으로 그 또는 그녀가 새로운 부책임자를 임명했다. 그런 다음 부책임자가 새로운 지역 책임자를 임명하는 식이었다. 새로운 스카우트 전국 지도자들은 스카우트의 활동을 교묘하게 변경하기 시작했다. 전통적인 스카우트 활동인 등산, 캠핑, 생존 기술 외에 대원들은 이제 "국가의 일상생활에 참여"해야 했다. 그들은 나무를 심고, 전화선 설치를 돕고, 유치원에 일하러 파견되었다. 한 관리가 표현한 대로 그들은 하나의 건설 현장에서 다음 현장으로 이동하는 미숙련 노동 집단인 '폴란드 봉사Służba Polska'의 젊은 표본이 되어야 했다. 일부는 장사를 배우기 위해 공장이나 공방으로 파견되기까지 했다.[64]

스카우트는 더이상 여러 세대를 아우르는 조직이 아니었다. 과거에 폴란드 스카우트 대원들은 10대 후반과 20대 남녀를 포함했지만, 이제 16세 이상의 스카우트 대원은 폴란드 청년연맹으로 승격해서 스카우트는 아동의 활동이 되었다. 조직과 재정에서 스카우트는 결국 분리된 조직이 아니라 폴란드 청년연맹의 하위 조직이 되었다. 주요 과업은 아동의 정치 교육이었다. 실제로 그들은 청소년 조직인 소련 개척단Soviet Pioneers처럼 보였고, 그렇게 행동하기 시작했다. 심지어 소련과 유사한 흰색 셔츠와 붉은 타이를 착용하기까지 했다.[65] 1950년 스카우트 서약은 세 번째로 바뀌었다. 새로운 서약은 인민 폴란드People's Poland에 대한 약속을 선서하고, "평화와 국가들의 자유"를 증진할 것을 약속했다.

스카우트 대원들은 무슨 일이 일어나고 있는지 이해하고 있었다. 한 지도자는 이렇게 회고했다. "매달 새로운 사람들이 점차 스카우트 운동에 침투하기 시작했다. 코신스키Kosiński라는 인물이 스카우트 지도자가 되었다. 그가 스카우트 지도자가 된 것은 내가 발레 무용수가 된 것과 마찬가지였다. 그는 (비밀경찰) 장교로 지독한 사람이었다."[66] 스카우트 운동을 사랑하는 사람들은 점차 조직을 떠나 다른 활동으로 흘러들어 갔다. 너무 어려서 이 조직이 한때 어땠는지 기억하지 못하는 사람들은 불평하지 않을 것이었고, 부모들은 아이들이 순응하고 문제에 휩싸이지 않길 바라며 아무 말도 하지 않았다.

대안적 조직을 형성하길 원하는 사람들은 큰 대가를 치를 수 있었다.[67] 일부 부대는 지하로 가서 무기를 들고(당시만 해도 무기는 많았다) 스스로 전투를 위한 훈련을 시작했다. 비밀경찰은 1947년 소도시 크로토신에서 이런 조직을 적발했다. 이 집단은 기사도를 은유하는 자비사Zawisza라고 스스로를 불렀다. 18세였던 이 조직의 지도자는 체포되는 순간 자결했다. 15세 대원도 포함된 다른 대원들은 체포되어 징역형을 선고받았다. 스카우트 대원이었던 사람들로 이루어진 다른 집단도 1947년 라지민스크Radzyminsk에서 척결되었다. 비밀경찰은 그들이 소지한 폴란드스카우트연맹 회원증을 경고의 표시로 교육부 장관에게 보냈다. 젊은이들이 엄격하게, 세심히, 적극적으로 통제되지 않으면 무슨 일이 일어날 수 있는지 보여주는 경고였다.[68] 그러나 무장하지 않은 반대자들도 중형을 선고받았다. 1950년 17세의 루블린 출신 폴란드 소녀가 과거 스카우트 대원들에게 비공식적으로 만나 학교에서 토의할 수 없는 것을 토의하자고 제안했다. 그녀와 7명의 친구들은 1951년 체포되었고, 전원이 2-5년 형을 선고받았다. 진정한 스카우트 부대처럼 보이는 조직은 무엇이든 파괴되고 스카우트 대리 조직이 그 자리를 차지해야 했다.[69]

헝가리 인민대학People's Colleges 운동은 스카우트 운동이 제기한 것보다 더 복잡한 도전을 폴란드 공산당에 제기했다. 스카우트 운동은 전쟁 전 애국주의와 정치 스펙트럼에서 반동(즉 중도) 정파와 연계된 반면, 인민대학은 명백하게 대중적인 좌익 프로젝트였다. 원래 인민대학은 전쟁 전 낭만적이고 개혁 의지가 강한 시인들과 작가들이 설립했다. 농민 자녀를 교육할 목적으로 만들어진 인민대학은 학교, 클럽, 그리고 농촌에서 올라온 학생들의 생활공간 역할을 하게 되어 있었으며, 평범한 학교가 아니라 키부츠 성격을 가진 조직으로 공동생활과 민주적 집단 의사결정, 포크 댄싱과 노래를 강조하는 곳이었다. 사회주의 성향이 강하고 많은 지도자들이 전쟁 중 공산당에 가입했지만, 소련이나 공산당의 기관은 아니었다.

전쟁 후, 최초의 인민대학인 죄르피대학Györffy College의 프로그램을 1945년 6월 재개하려던 설립자들은 같은 정신으로 대학을 운영할 수 있을 것이라고 느꼈다. 1944년 12월, 전쟁 전 학생들과 교수들 중 일부는 부다페스트의 해방된 지역에 있는 오래된 독일어 학교 건물에서 정기적 모임을 가졌다. 임시정부는 이러한 열정을 격려하고 바로 죄르피대학에 새 건물, 과실수가 있는 정원, 벌러톤 호수Lake Balaton의 휴양소를 제공했다. 개교 기념행사에서 전쟁 전 대학 지도자였던 러요시 호르바트Lajos Horváth는 상당수 공산당원이 포함된 그 자리에 모인 사람들에게 "대학의 자치를 위해 싸우고, 학교를 당과 국가로부터 보호할 것"을 촉구했다. 이후 몇 달 동안 그를 비롯한 사람들은 전국인민대학연합인 네코시Nékosz의 설립을 도왔고, 결국 이 조직은 헝가리 여러 곳에 10여 개의 비슷한 교육기관을 설립했다.[70]

그러나 네코시의 '자치'는 처음부터 소멸될 운명이었다. 죄르피대학이든 다른 대학이든 스스로 재정을 감당할 능력이 없었다. 성곽, 오래된 병영, 압류된 저택 등 그들이 사용하는 건물은 정부에서 받은 것이었고, 학생들은 정부 보조금을 받았다.[71] 국가의 영향력은 국가 재정으로부터 나왔고, 공산당 지도자들은 인민대학 지도자들과 다른 목표를 가지고 있었다. 처음에는 이러한 갈등이 감추어졌다. 지도적 공산주의자들은 공개적으로는 대학 운동을 지지했다. 내무부 장관 러이크와 문화부 장관 레바이는 대학에서 정기적으로 강연을 했고, 러이크는 부다페스트에 페퇴피대학Petöfi College이 설립되는 것을 도왔다. 첫 학생 세대는 대학에 다니는 것만으로도 가슴이 벅찼다. 훗날 영화감독이 된 네코시 졸업생(영화계에 들어간 몇몇 인민대학의 졸업생 중 1명)인 미클로시 얀초Miklós Jancsó는 1968년 제작한 영화 〈맑은 바람Fényes Szelek〉[영어 제목은 〈대결The Confrontation〉]에서 인민대학 운동의 열정과 흥분을 묘사했는데,[72] 이 제목은 네코시의 교가에서 따온 것이다.

헤이, 우리 깃발이 맑은 바람에 나부낀다!
헤이, 그 깃발에는 이렇게 쓰여 있지, 자유 만세!
헤이 바람아, 불어라! 맑은 바람아, 불어라, 우리가 온 세상을 바꿀 내일을 향해!

나중에 얀초는 일군의 대학생으로부터 영화 첫 절반에 대화보다 노래가 많을 정도로 왜 그렇게 많은 노래를 넣었느냐는 질문을 받았다. 그는 당시 현실이 그랬다고 대답했다. "전후에는 젊은이들이 거리에서 다 함께 노래 부르는 일이 다반사였다." 인민대학의 또다른 졸업생 이반 비타니Iván Vitányi도 "농민의 아들딸인 우리는 온종일 노래를 불렀다"고 회상했다.[73]

이러한 열정은 첫 학생들이 경험한 기회의 감각에서 일부 나온 것이었다. 인민대학은 전에 전혀 기회가 없었던 학생들에게 교육을 제공했다. 일부는 가족 중 처음으로 읽고 쓰는 것을 배운 사람들이었다. 1948년 3월, 158개의 인민대학에 8298명의 학생이 등록했는데 35-40퍼센트는 시골이나 농민 출신이었고, 18-25퍼센트는 노동계급이었다. 대부분 남학생이었지만, 일부 여성 졸업생은 나중에 출세한 여배우 등 아주 유명한 사람이 되었다. 일부 대학은 고등학교 교육을 제공했고, 일부는 교사 자격증을 제공했으며, 일부는 더 높은 수준의 교육을 제공했다. 교과과정은 종종 좌익 성향을 띠었지만 반드시 마르크스주의를 따르지는 않았다. 첫해에 죄르피대학은 1848년 혁명과 음악사에 대한 세미나를 조직했다. 영어, 프랑스어, 독일어, 러시아어 수업이 있었고 헝가리 리얼리즘과 헝가리 산업의 역사를 공부할 기회도 제공되었다. 학생들은 무료 극장 티켓을 받았고, 자유 시간에 읽을 책 목록도 주어졌다.[74] 다른 대학 중 하나인 버스버리 아카데미Vasvari Academy는 학생들에게 반년 동안 외국에 나가 공부할 것을 권장했다.[75]

간섭을 받지 않았다면 인민대학은 새로운 세대의 진보적 인텔리겐치아 배출에 만족했을 것이다. 그러나 헝가리 공산당은 협소한 목표를 가지고 있었다. 그들은 대학들이 가장 시급한 두 문제, 즉 시골 지역에서의 매우 낮은 지지와 농촌 당원 부족 문제 해결에 도움이 되길 바랐다. 1945년 2월 게뢰는 라코시에게 헝가리는 "당 간부, 특히 지도자의 부족"을 겪고 있다고 썼다. 그리고 더 정곡을 찔러 "가장 큰 문제는 간부 상당수가 유대인 출신"이라고 했다. 앞서 말한 대로 게뢰와 라코시도 유대인이었지만, 둘 다 공산당이 너무 유대인적이면 헝가리 농민들이 공산당에 반대할 것을 우려했다. 인민대학은 이에 대한 해답을 제공할 수 있는 듯 보였다. 즉 인민대학은 농민들을 '인민' 공산주의자(여기서 인민은 비유대인을 완곡히 표현한 말이다)가 되도록 훈련시켜 공산당을 헝가리화할 수 있었다.[76]

대학의 변형은 처음에는 소수의 공산주의자가 포함된 지도부 내에서 시작되었다. 그들은 통제권을 장악하기 시작했다. 공산당이 지원한 청년운동인 마디스의 창설자이기도 했던 인민대학 학생 언드라시 헤게뒤시는 몇 년 후 인터뷰에서 죄르피대학의 공산당 세포는 "다소 군사적이라 어느 정도는 나머지 사람들을 공포에 떨게 했다"고 인정했다. 공산당원이었던 다른 학생은 "조직된 작은 집단이 자신들의 의지를 더 큰 다양한 집단에 강요할 수 있는 것이 일반 법칙"이었다는 데 동의했다.[77] 대학 내에서 공산당원들은 서서히 민주적 자치 조직을 장악해나갔다. 영향력을 행사할 수 있는 이런 위치에서 그들은 정치적 요소를 학생 생활에 더 들여왔다. 그들은 학생들이 농촌에서 토지 개혁과 협동 생산을 옹호하는 일을 하도록 조직했고, 1945년과 1947년 선거에 앞서 공산당 대중 집회에 참석하도록 만들었다. 그들은 교과 과정에도 영향을 미쳐 공산당 노선을 더 긴밀히 따르도록 만들었다. 1946년 죄르피대학 입학 설문지는 지원자들에게 분명히 왜곡된 몇 가지 질문에 답하도록 만들었다. "당신의 마을에서 교회 출석자는 비출석자보다 나은 사람인가? 당신은 반동적 사제에 대해 서술할 수 있는가? 당신 마을의 젊은이들은 종교적인가?"[78] 비판과 자아비판이 저녁 모임과 대학 내 수업의 주요한 부분이 되었다. 이 시기 공산당의 상투 어구를 사용하던(그는 "세계의 민주적인 젊은이들과 우호적인 관계를 맺는 것"에 대해 이야기했다) 죄르피대학의 지도자 라슬로 커르도스László Kardos가 이전에는 거의 무정부적이고 비계급적인 느슨한 기관이었던 대학에서 훨씬 지배적인 역할을 수행하기 시작했다.[79] 그러나 향수를 가진 과거 학생들이 가장 가슴 아프게 기억하는 변화는 언론의 공격이었다. 이 공격은 점점 거세져서 학생들은 불충분한 충성심, 비전문성, 그리고 역설적으로 반유대주의에 대한 비난을 받았다. 교내 학생들의 법정은 정치적 올바름에 대한 급진적 기준에 부합하지 않는 학생들을 퇴학시키기 시작했다. 모든 학생은 자신과 다른 사람들의 이념적 오류를 경계하고, 이제 나쁜 현상으로 간주되는 '농민 낭만주의' 증거를 찾도록 지시받았다. 당시 한 대학의 강사였던 얼러요스 코바치Alajos Kovács는 "우리는 충격을 받았다. 그들이 왜 우리를 공격하는지 알 수 없었고, 무슨 일이 일어났는지 이해할 수 없었다. 이런 몰이해로 인해 우리는 자학적이고 자기 비판적 방법으로 무엇이 잘못되었는지, 무슨 잘못을 했는지를 이해하려고 노력하기 시작했다"고 회고했다.[80] 이런 재판 중 하나가 영화 〈맑은 바람〉의 극적인 결말을 장식했다.

이상주의자들은 결국 반격을 시작했고, 네코시 조직 내에서 수많은 권력 투쟁이 일어났다. 그러나 1949년 공산 정권의 인내는 끝이 났다. 인민대학은 갑자기 완전 국유화되었다. 대학이 더 전문적이 되어야 한다는 것이 그 근거였다. 인민대학은 국립대학 체계에 흡수되었고, 대학 건물은 다른 기관들이 접수했다. 특별한 도서 목록과 연극 관람도 중단되었고, 제대로 작동한 적이 없는 이상적인 자치 기구도 해체되었다. 이러한 결정은 마르크스 이론을 인용하여 정당화되었다. 이는 라코시의 말에 잘 나타나 있다. "나는 유명한 오래된 책에서 사회주의에 대한 모든 것을 배웠다. 나는 대중 조직, 청년 연합, 여성 조직, 노동조합에 대해 배웠다. … 인민대학은 그런 책에 한마디도 언급되지 않았고, 나도 필요하다고 생각하지 않는다."[81]

달리 말해 인민대학은 마르크스, 레닌, 스탈린이 알지 못한 조직이었고, 비슷한 것도 소련에 존재하지 않았다. 그래서 인민대학은 마르크스, 레닌, 스탈린이 전혀 언급하지 않은 다른 많은 기관과 함께 철폐되었다. 폴란드 스카우트, 헝가리 인민대학, 독일 기독민주 청년 단체 그리고 사격 클럽과 펜싱 팀부터 민속무용단, 가톨릭 자선 단체에 이르기까지 주류와 비주류, 정치와 비정치 등 다양한 기관의 운명도 마찬가지였다. 초기 전체주의국가들은 시민들의 열정, 재능, 자유 시간에 대한 어떠한 경쟁도 용납할 수 없었다.

8장

라디오

추운 어느 겨울날, 나는 바보 같은 방송 원고를 작성했다. "한랭전선이 러시아에서 다가오고 있다." 아나운서는 이 문장을 크게 낭독했다. … 아침에 나는 전화를 받았다. "가서 방송국장을 만나시오." 나는 방송국장을 만나러 갔고, 바로 그의 방으로 인도되었다. "잘레프스키, 나는 자네가 더 똑똑한 줄 알았네. 이제부터 동쪽에서는 따뜻하고 좋은 것만 온다는 것을 명심하게." 당시에는 우스워 보이지 않는 상황이었다.

— 안제이 잘레프스키Andrzej Zalewski, 전 폴란드 라디오 방송국 직원[1]

"여기는 베를린 방송입니다." 이 말과 함께 베를린 방송이 재개되었다. 그날은 1945년 5월 13일이었다. 라디오는 5월 1일 되니츠Doenitz 제독이 히틀러의 사망을 알린 후 거의 2주간 침묵을 지켰었다. 이제 베를린 항복은 완료되었고, 소련 군사 당국이 베를린 서부에 있는 마수렌날레Masulenalle 거리의 제국방송국 건물을 접수했다. 라디오 방송을 위해 특별히 설계되고 유럽 최첨단 현대식 녹음 시설을 갖춘 이 건물은 중심부에서 벗어나 있어 파괴를 면했고, 무엇보다도 소련군이 이 건물을 의도적으로 보호한 덕에 그렇게 되었다. 베를린 나머지 지역이 폐허로 변했지만 방송국 장비 대부분은 손상되지 않았고, 방송국 직원 다수도 살아남았다.[2] 그런 면에서 방송국은 베를린의 많은 조직 중 거의 독보적이었다.

첫 방송은 겨우 한 시간 지속되었다. 방송은 소련, 미국, 영국, 프랑스 각국의 국가로 시작되었고, 스탈린 원수의 연설이 이어졌다. 다음으로 청취자들은 무조건 항복이라는 말이 큰 소리로 낭독되는 것을 들었고, 처칠과 루스벨트의 말에 이어 다시 스탈린의 말을 들었다. 뒤이어 소련 군가가 흘러나오는 가운데 힘러Himmler 체포, 전범 재판 소식 등 세계 뉴스가 방송되었다. 방송 마지막 부분에서는 모스크바에서 진행된 승전 행사를 보도했다.

수백만 명의 모스크바 시민이 숨죽이고 스피커로 달려갔다. 첫 방송 신호음이 시작되자 점점 더 많은 사람들이 붉은 광장으로, 크렘린으로 모여들었고, 레닌 묘소 앞에서 빅뉴스를 기다렸다. 드디어 히틀러의 독일이 무조건적으로 항복했다는 소식을 들으면서 축하 행사가 시작되었다. 행복에 겨운 경쾌한 음성이 이렇게 외쳤다. "위대한 스탈린을 세 번 외칩시다!" 이 외침이 광장 전체로 퍼져나갔다.[3]

라디오는 어두운 아파트에서 방송을 듣는 모스크바 시민들에게 중요했다. 소련군은 독일인들에게도 라디오 방송이 중요할 것이라고 제대로 판단했다. 소련군은 베를린에 도착한 순간부터 새로운 라디오 방송국의 프로그램과 방송 장비에 크게 투자했다. 첫 방송이 나간 후 베를린 라디오 방송국은 놀라운 속도로 프로그램을 확대해나갔다. 5월 18일, 도이치 오페라 오케스트라는 베토벤의 곡(독일을 대표하는 음악)과 차이코프스키의 곡(러시아를 대표하는 음악)을 대형 녹음 스튜디오에서 연주해 녹음했다. 이틀 후 독일 방송Deutschland Rundfunk은 다시 베토

벤과 차이코프스키를 방송하고, 스트라우스와 보로딘 음악도 방송했다.[4] 5월 23일 라디오는 첫 어린이 프로그램을 방송했다.[5] 청취자들은 정기 뉴스 방송도 들을 수 있었다.

이 모든 활동은 새로운 방송국을 운영하면서 첫 검열자로 일한 소련 장교 집단의 감독을 받았다. 그들은 울브리히트 집단의 최소 3명을 포함한 독일인 집단을 차례로 통제했다. 오랜 공산주의자 한스 말레Hans Mahle는 나중에 동독 TV를 설립했고, 독일군 장교였던 마토우스 클라인Matthäus Klein은 독일 병사를 재교육하는 소련 캠프에서 전향했으며, 당시 24세인 볼프강 레온하르트는 청년 당원이었다. 얼마 후 22세인 마르쿠스 볼프가 합류했다. 코민테른에서 레온하르트의 동료였던 그는 나중에 독일 정보 책임자가 된다.

동독 비밀경찰 요원과 마찬가지로 새로운 독일 라디오 방송국도 이미 1945년 이전 역사가 있었다. 소련은 그렇게 뛰어난 방송 장비를 바로 사용할 수 있을 것으로 예상하지 못했지만, 그들은 새로운 방송인들을 사전에 훈련시켰다. 클라인과 말레는 소련군 정치 프로파간다 장교들과 함께 몇 년간 같이 일했는데, 이들 중 상당수가 나중에 독일의 첫 소련 문화 장교로 발탁되었다. 1941년에 이미 독일어를 할 줄 아는 소련군 장교와 독일 공산주의자들은 공동으로 독일 방어선 후방 지역에 투하할 전단을 만들었다. 그해 11월 그들은 독일 전쟁포로를 겨냥한 몇 개의 신문도 발간하기 시작했다.

스탈린그라드 전투 후인 1943년 7월 모스크바의 독일인 공산주의자들은 자유독일국가위원회National Committee for a Free Germany를 설립했다. 소련의 이상을 지지하며 전향한 몇 명의 독일군 포로가 그들과 합류했다. 두 집단이 공동으로 발행한(훗날 저명한 동독 신문 편집인이 될 루돌프 헤른슈타트가 이 신문을 편집했다) 이 신문은 소련군이 점령한 독일 영토뿐 아니라 독일군 전쟁포로수용소에도 배포되었다. 그들은 적극적인 라디오 방송도 시작했다. 여러 시기에 다양한 독일어 방송이 모스크바로부터 온 뉴스를 전하고, 독일군 병사들에게 무기를 내려놓고 히틀러를 전복하라는 선동을 계속했다. 말레는 가짜 정보를 퍼뜨리기 위해 나치 방송으로 위장한 방송을 포함해 여러 방송에서 활동했다.[6] 볼프는 아나운서 겸 평론가로 일했는데, 이로 인해 울브리히트와 밀접히 일했다. 레온하르트로 하여금 치욕적인 공개 자백을 하게 만든 말레의 부인 엠미Emmi는 확성기를 들고 전선을 오가며 독일군 병사들에게 항복하라고 선동했다.[7]

자유독일국가위원회는 소련의 전위 조직이었지만, 이 조직의 지도자들은 너무 공산주의자처럼 보이지 않으려고 매우 조심했다. 특히 쿠데타가 히틀러 정권을 전복하기를 기대한 1943년과 1944년 전반에는 더욱 그랬다. 앞서 언급한 대로 이 멤버들은 바이마르 공화국 색이나 소련 색이 아닌 독일제국의 검정색, 흰색, 붉은색 깃발을 사용했다. 그리고 별도의 독일군 장교연맹League of German Officers이 조직되어 이 위원회와 함께 독일 공산주의자와 직접 협력할 용기가 없는 전직 독일군 장교들의 참여를 독려했다.[8]

이러한 계책의 일부가 1945년 봄 새로운 베를린 라디오 방송국을 오염시켰다. 많은 독일군 포로를 만난 클라인과 말레는 대부분의 독일인들이 급진적이거나 너무 소비에트적인 것에 거부 반응을 보인다는 것을 알고 있었다. 표면적으로 그들은 독일 라디오 방송의 다소 심각한 스타일과 진지한 문화, 고전 음악 프로그램 등을 많이 유지했다. 그들은 나치 시기의 제작진과 많은 방송인을 유지하면서 가장 극렬한 나치 선전과 관련된 사람들만 퇴출했다. 그해 6월 볼프는 부모에게 이런 편지를 보냈다. "우리 사람 6명과 장교 하나, 그리고 600명의 '그들'이 있어요. … 많은 사람이 필요하기 때문에 쭉정이를 골라내는 것은 조금밖에 못 해요."[9] 그럼에도 방송국의 근본적인 정치적 지향에 대해서는 질문의 여지가 없었다. 방송국 지도자들 중에 자신들의 정치적 견해가 결국 승리할 것을 의심하는 사람은 없었다. 말레는 자신의 임무가 대중이 민주적 자기 이해를 발전시키는 동안 대중에게 '거울'을 제공하는 것임을 이해했다. 이 과정에서 나오는 다양한 목소리와 공개적인 논쟁을 당연히 언론이 표현해야 한다는 생각이었다. "이러한 논쟁을 공개적으로 수행함으로써 대중의 의식이 형성되고 민주적 자의식이 강화될 것"이기 때문이었다.[10]

이러한 초기에 모든 언론 매체가 그런 명확한 지침을 따른 것은 아니었고, 특히 신문은 다양한 관점을 많이 제공했다. 1945년 9월 경제적 자유주의 신문인 《일간 타게스슈피겔Der Tagesspiegel》이 베를린에서 미국의 후원 아래 발행되기 시작했지만, 이 신문은 1946년 서독의 영국령에서 발간되기 시작한 보수적인 《디 벨트Die Welt》처럼 1948년까지 베를린 도처에서 자유롭게 읽을 수 있었다. 소련 점령 구역 내에서도 사회민주당, 기독민주당, 자유민주당 등 모든 합법적 정당은 처음에는 일정한 소련 물자를 받는다는 조건으로 자체 신문을 발행하는 것이 허용되었다.[11] 이 신문들과 다른 신문들은 소련이 지원하는 가장 중요한 신문인 소련군 기관지 《매일 전망Tägliche Rundschau》, 헤른슈타트와 소련군 대령이 공동으로 운영하는 《베를리너 차이퉁》과 경쟁을 벌였다.[12] 나중에 독립적 신문들은 난관에 부딪혔다. 기독민주당의 《새 신문Neue Zeit》은 정치적 부적절성에 대한 징벌로 발행 부수가 축소되었다(당국이 종이 배급을 모두 통제하고 있었다). 사회민주당 신문인 《국민Das Volk》은 공산당 신문인 《독일국민신문Deutsche Volkszeitung》과 합병되어 《노이에스 도이칠란트》로 바뀌었다. 1946년부터 동독이 사라질 때까지 동독 공산당 기관지였던 이 신문도 초기에는 헤른슈타트가 편집을 맡았다.

그러나 라디오는 항상 달랐다. 비록 그 편향성이 미묘했고 "다양한 견해"에 대한 태도가 훗날의 경우보다 관대했더라도, 동독 라디오는 처음부터 친공산주의적이고 친소련적인 독점 체제였다. 훗날 말레의 회고에 따르면 "당 중앙위원회는 라디오가 독일 생활 변혁에 직접적이고 가동 가능하며, 조직적인 역할을 수행해야 한다고 생각했고" 1945년과 1946년 라디오는 가장 접근이 쉬운 언론 매체였다.[13] 노동자, 농민, 그리고 모든 계층의 주민이 라디오를 청취했고, 특히 종이가 부족하고 신문 배포가 어려운 시기에 공산당은 라디오를 자신들의 이익을 위해 써먹으려고 했다.

처음에 이러한 노력은 성공을 거두었다. 베를린에서 라디오는 독일어로 명확하게 말하는 유일한 대중의 목소리로서 도시의 유일한 독일적 권위처럼 보이는 특별한 지위를 바로 차지했고, 동독 전체에서도 마찬가지였다. 라디오의 위상이 워낙 높았기 때문에 독일인들은 라디오 개국 첫해에 러시아 외교 정책부터 감자 가격까지 모든 것을 묻는 수천 통의 편지를 방송국에 보냈다. 고전음악은 일부 청취자들이 더 듣길 원했지만, 줄여달라고 요구하는 사람들도 있었다. 찬사가 쏟아졌지만(한 청취자는 횔덜린에 대한 프로그램이 좋다고 편지에 썼고, 동화 프로그램이 좋다는 청취자도 있었다) 불평도 있었다. 종종 "친애하는 라디오"라는 인사말로 시작되는 이런 긴 사연들은 잔인할 정도로 솔직했다. 수십 명의 청취자가 언제 아들, 남편, 형제가 소련 포로수용소에서 돌아올지를 물었다. 바로 그 주제에 대한 프로그램이 방송된 후 수십 명의 청취자는 라디오가 포로들에 대해 너무 장밋빛 묘사를 했다며, 포로 대부분은 "비참하고 병든 상태로 러시아에서 돌아왔다"고 불평했다.[14]

소련식 관행에 따라 라디오 방송국은 모든 편지를 면밀히 조사했다. 특정 주제에 얼마나 많은 편지가 답지했는지를 세고(일례로 1947년 7월 식량 부족을 염려하는 편지는 232통이었다), 부정적 편지가 증가하는지 감소하는지 세심히 살폈다.[15] 최소한 첫 두 해 동안 방송은 청취자들의 가장 시급한 관심에 답하면서, 공산당이 이끄는 미래는 더 나을 것임을 확신하게 만들려고 노력했다.

청취자 대중에게 공산주의를 부드럽게 선전하려는 시도 중 가장 잘 알려진 것은 마르쿠스 볼프의 대표적 프로그램 〈당신이 물으면 우리가 대답해드립니다〉였다. 1945년 시작하여 몇 달 동안 볼프는 독일 청취자들이 보낸 편지에 방송으로 대답했다. 그가 받은 질문은 광범위한 주제에 걸쳐 있었고 많은 경우 사실적 답을 요했지만("베를린 동물원은 어떻게 될까요?"), 그는 거의 항상 우파Ufa 코민테른 학교에서 학습한 대로 이념적 변형을 가미했다. 일례로 6월 7일 방송 중에는 "러시아에서는 성취한 사람들이 높은 평가를 받지 못한다고 우리는 늘 배웠다"며, 소련군의 활력과 용기에 큰 인상을 받았다는 청취자의 사연에 열정적으로 답했다. 볼프는 "소련을 내리깎는 거짓말을 믿는 모든 사람은 괴벨스 프로파간다의 희생자들이다"라고 선언하고, 노동자의 창의성을 존중하는 소련 체제를 찬양했다.

또다른 청취자는 배급된 식량 외에 독일에서 무엇을 곧 먹을 수 있는지 궁금해했다. 볼프는 일단 그녀에게 "(독일인들은 운 좋게도) 굶지 않을 것입니다"라고 상기시킨 다음 "소련군의 도움으로 어려움을 극복할 것이다"라고 말하고, 마지막으로 "시의회의 영양과에서 채소, 샐러드 등을 베를린으로 수입하기 위해 최선을 다하고 있다"며 안심시켰다. 그는 동물원에 대한 질문도 히틀러의 마지막 시기에 얼마나 많은 것이 망가졌는지를 지적하고, 더 좋은 날이 곧 올 것이라고 강조하는 기회로 삼았다. 동물원에는 "코끼리 1마리, 원숭이 18마리, 하이에나 2마리, 어린 사자 2마리, 코뿔소 1마리, 수소 4마리, 너구리 7마리" 등 아직 92마리의 동물이 있다는 말도 덧붙였다.[16]

볼프의 대답은 대놓고 공산주의를 찬양하는 법이 거의 없었고, 마르크스주의 용어도 사용하지 않았다. 그러나 그의 대답 거의 모두는 소련군과 소련 체제를 찬양하면서 그 두 가지를 독일과 대비시켰다. 모든 언급은 나치 치하와 전쟁 말기 견디기 힘들었던 생활이 아주 빠르게 향상될 것이라는 약속을 분명히 담고 있었다.

다른 프로그램의 양상도 비슷했다. 1945년 말, 한 방송인이 지역의 청년 지위를 조사하기 위해 작센을 방문했다가 가슴이 뭉클한 여러 발전 사례를 발견했다. 과거 히틀러 유겐트 멤버들은 "지도자들에게 나치 인사를 하지 않게 되어 기쁘다"고 말했다. 모두가 전쟁이 끝난 것에 감사를 표했다. 학교는 아직 다시 개교하지 않았고 많은 어려움이 있었지만, 기자는 "우리 청년들에게 자유롭고 아름다운 미래"가 펼쳐질 것이라고 예언했다. '공산주의'란 말은 언급되지 않았다.[17] 또다른 기자는 작센하우젠 집단수용소를 방문해 수용소 마지막 날의 정말 끔찍한 상황을 보도했다. 수용소를 해방시킨 소련군이 깊은 감사를 받았지만, 이 방송에도 특별히 이념적인 것은 없었다.[18]

그러나 시간이 지나면서 라디오 방송국의 태도가 바뀌었다. 1946년 베를린 시의회 선거(동독 공산당에 처음으로 큰 타격을 주었다) 후 프로파간다는 더 공격적이 되었고, 아나운서의 공산주의 편향은 분명해졌다. 청취자들은 이러한 변화를 바로 알아차리고 편지에 드러냈다. 1947년 한 청취자는 이렇게 적었다. "친애하는 라디오, 서서히 지루해지기 시작했어요. 저녁 프로그램은 반복되기 시작했고요." 다른 청취자는 방송 언어의 공격성에 불만을 표현했다. "꼭 모스크바 라디오를 듣는 것 같아요."

방송국 직원들과 함께 일하는 소련 장교들도 새로운 기조에 부분적으로 영향을 끼쳤다. 1949년까지 그들은 방송이 나가기 전 방송 원고를 읽고(동시에 검열하고), 초기에 큰 보조를 받은 방송국의 재정을 관리했다. 1945년과 1946년 라디오 운영진은 직원 채용 결정, 재정 지출 결정, 신문과의 뉴스 정책 조율을 소련 관리들과 협의했다.[19] 이러한 관여에는 숨길 것이 없었다. 행사 때면 말레는 소련 동료들에게 공식적인 경의를 표했다. 라디오 방송국을 위해 열린 연회에서는 "그들, 특히 주코프 원수에게 감사를 표하게 되어 영광입니다"라고 말했다. 그는 또한 소련 측에 라디오가 "소련 구역에서 가장 큰 문화적 기관"인 점을 상기시키고, 라디오는 "친구들, 강력한 후원자들과의 잦은 회합이 필요하니" 가능한 한 밀접하게 관여해달라고 요청했다.[20]

그러나 공산당이 독일인 전반, 특히 베를린 주민들에게 인기가 없는 상황은 말레와 그의 독일 동료들에게 우려를 자아냈다. 1946년 동독 라디오 방송국은 미국 점령 지역의 라디오Rundfunk im amerikanischen Sektor, RIAS와 직접 경쟁하는 상황에 놓였다. 이 방송의 뉴스 프로그램은 생생했고, 더 중요한 것은 양질의 음악을 내보낸다는 점이었다. 동독 라디오가 서방 라디오와의 경쟁에서 밀린다는 것을 깨달으면서, 그리고 생활 여건이 독일 서부에서 더 신속하게 개선되고 있다는 것을 동독 공산당이 알게 되면서, 방송국 운영자들은 이후 오래 지속될 내부 토론을 시작했다. 어떻게 대중의 마음을 사로잡을 것인가? 그것이 문제였다.

일부 직원은 라디오 방송국이 너무 엘리트주의적이고, 공산당과의 연계를 잃고 대중이 정말 듣고 싶어하는 것을 거의 이해하지 못하는 것을 우려했다. "우리는 대중에게 우리 방송을 들으라고 요구하고 있지만, 우리는 그들의 소리를 듣고 있는가?" 한 당원은 내부 토론 중 일침을 가하며 라디오는 '인민의 마이크'가 되어야 한다고 선언했다. 많은 직원들이 라디오에서 평범한 목소리가 늘고 당 연설은 훨씬 줄어야 한다고 생각했다. 그들은 편지를 쓴 사람들이 방송을 지루해한다는 것도 알았고, 그것이 사실이어서 우려스러웠다. 1948년 공산당의 첫 2개년 계획의 홍보 방법을 놓고, 일부 방송가들은 이 문제에 대한 울브리히트의 연설을 방송하는 것만으로는 충분하지 않다고 주장했다. "청취자들이 지루하지 않도록 라디오는 이 계획을 생생히 전할 방법을 찾아내야 한다." 가장 뛰어난 기자들이 이 임무를 맡고, 밖으로 나가 이 계획이 어떻게 실행되고 있는지에 대해 사람들과 인터뷰해야 한다는 의견이 나왔다. 이후 무대공연 방송에 대한 토론 중 방송 감독관들은 "작가들은 종종 아주 건조한 소재로부터 생생하고 진실한 장면을 만들어낼 수 있어야 하고", "그런 작가들을 더욱더 훈련시키는 것이 라디오의 특별한 임무"이므로 예술적 기교를 이념과 결합하는 법을 작가들이 배워야 한다는 데 동의했다.[21]

다른 관계자들은 이에 동의하지 않았다. 공산당의 인기가 계속 하락하자 방송국, 공산당, 특히 칼스호르스트의 소련군 사령부의 일부 간부는 다른 견해를 내놓기 시작했다. 소련군 문화 담당 장교들은 문화 주간 편성 방송 중 사람들은 음악에 귀를 기울이지만 강좌는 무시한다며, 이념과 문화의 결합이 항상 좋은 효과를 내지는 않는다고 말했다.[22] 그들은 이념을 가볍게 하려는 시도는 단순히 물로 희석시키는 정도에 그칠 것이라며 의심을 더해갔다. 그러나 다른 사람들은 아무리 지루하더라도 긴 연설 방송이 방송국 프로그램에 남아야 한다고 주장했다. 안 그러면 인민들이 어떻게 지도자에 대해 알겠는가? 그들이 내린 결론은 라디오와 그밖의 모든 매체에 더 많은 이념이 필요하다는 것이었다.

폴란드에는 점령할 라디오 방송국이 없었기 때문에 소련군의 라디오 방송국 장악이 일어나지 않았다. 전쟁이 끝날 무렵 폴란드 전역에 남은 방송 장비는 거의 없었다. 대부분의 방송 장비는 나치가 이미 징발해 간 상태였다. 폴란드 라디오는 1939년 9월 〈피아니스트〉의 작가 브와디스와프 슈필만이 연주한 쇼팽의 녹턴 C샤프 단조를 내보내며 방송을 끝냈다. 방송은 바르샤바 봉기 발발 이후인 1944년 8월 8일 잠시 재개되었다. 두 달 동안 폴란드 국내군의 번개라디오Radio Błyskawice는 영웅적으로 매일 네 번 소식을 전했다. 군사 상황뿐 아니라 문학과 문화 주제도 포함된 방송이었다. 그러나 폴란드 국내군이 항복한 10월 첫 주에는 이 방송도 잠잠해졌다.

폴란드 방송은 소련의 후원과 소련 병사들의 도움으로 재개되었다. 꿀벌라디오Radio Pszczółka는 1944년 8월 11일 루블린 인근 열차 칸에서 소련 장비로 방송 송출을 시작했고, 소련군과 함께 루블린 시로 진입했다. 루블린에 들어온 방송국은 쇼팽 거리의 개인 아파트에 장비를 설치했다. 스튜디오는 거실에 설치되었고, 다른 한 방은 낮에는 접견실, 밤에는 아나운서의 침실로 사용되었다. 모두 생방송으로 진행된 첫 방송은 군대 지휘관과 라디오를 소지한 파르티잔을 위한 군사 발표문, 상황 업데이트로 구성되었다. 해방된 루블린, 제슈프, 비아위스토크에서 라디오 방송국 직원들은 야외 확성기 시스템인 라디오벵즈위 radiowęzły를 설치해 도시 사람들이 광장이나 공공장소에 모여 매일 몇 번씩 방송을 들을 수 있게 했다. 그 시점에 라디오는 바르샤바 봉기 실패 후 이 도시로 들어온 많은 예술가 피난민들이 연주하는 음악을 생방송하기 시작했다.[23]

동독에서와 마찬가지로 이 첫 폴란드 방송 운영자들 중 일부는 공산주의자였다. 그들은 베를린에서 새로운 라디오 방송국을 운영하는 사람들만큼 유명하거나 소련에 알려진 사람들은 아니었다. 당시 폴란드 현지에는 신뢰할 만한 저명한 공산주의자가 별로 없었다. 폴란드 라디오 방송국 첫 국장 빌헬름 빌리그Wilhelm Billig는 전쟁 전 공산당원이자 기술자였다. 이후 그는 폴란드 핵연구소의 수장이 되었다(훨씬 후에는 반공산주의 자유노조Solidarity trade union 운동을 지원했다).[24] 첫 폴란드 라디오 뉴스는 모두 루블린 임시정부의 프로파간다 관리들이 작성한 후 라디오 방송국에 넘겨져 낭독되었다.

초기 방송국 직원 일부는 우연히 방송국에서 일하게 되었다. 훗날 유명한 여배우이자 작가가 되는 스테파니아 그로지엔스카Stefania Grodzieńska는 1944년 9월 2일 난생처음 마이크를 본 뒤 9월 3일 폴란드 라디오 아나운서가 되었다. 그녀는 임시방편으로 만들어진 루블린 방송국의 초기 몇 주를 회고록에 남겼다.

쇼팽 거리에는 아나운서 외에 몇 명의 기술자가 있었다. 가장 인기 있는 사람은 루블린 교외 마을에 살면서 일하러 멀리서 오는 니에로비에치 Nierobiec 씨였다. 그는 밀주가 가득 찬 술통을 들고 왔다. 술통 윗부분에는 노트와 펜, 술잔이 달려 있었다. 한잔하고 싶은 사람은 예를 들면 "시키리츠키Sikirycki 반 잔" 같은 식으로 노트에 자기 이름과 마신 술의 양을 적었다. 월급날 니에로비에치는 노트를 들고 경리 옆에 서서 우리 술값을 받았다.[25]

공산주의 시기 설명이 으레 그렇듯, 이후 몇 달은 폴란드 라디오에 영웅적 시기였다. 훗날 한 기자는 "나라가 해방될 때 전선 뒤를 바짝 따라가 남은 장비를 어떻게든 구하려 했던 폴란드 라디오 기술자들"은 용감하게 송출기를 다시 만들고 소련군과 기꺼이 협력했다고 적었다. 1945년 말 빌리그는 "소련의 고귀하고 사심 없는 도움"만으로 라디오가 성공했다고 공개적으로 선언했다.

방송 재건 속도에 대한 빌리그의 서술은 정확했다. 3년 내에 폴란드 라디오 기술자들은 12개의 방송국과 10개의 송출탑을 건설했다. 그가 소련에 감사한 것은 어느 정도는 당연했다. 1945년 소련은 바르샤바 외곽인 라신Raszyn의 송출탑 건설 비용을 댔는데 이 송출기는 폴란드 전역에 전파를 송출할 수 있었고, 소련 기술자들이 건설을 도왔다. 빌리그의 말에 따르면 스탈린이 직접 라신 송출탑 건설을 승인했고, 그를 의심할 이유나 소련이 폴란드 라디오 재건을 바랐다는 것을 의심할 이유는 없다. 그러나 현장에서 소련군은 종종 모호한 지시를 받았다. 이론적으로 소련은 공산주의 라디오를 고무했지만, 현장에서 NKVD는 폴란드인들이 경쟁 세력인 폴란드 국내군의 라디오 방송국을 만들거나, 자신들의 라디오를 이용해 런던으로부터 적의 전파를 받지 않을까 우려했다.

원칙적으로 소련군 장교들은 폴란드 라디오 재건을 지원했지만, 현장에서는 송출 장비를 만들거나 다시 가져가려는 사람을 의심했다. 1945년 6월 슐레지엔의 도시 자브제에서 중앙 라디오 사무국으로 보낸 편지는 라디오 방송국의 전前 직원들이 현지 소련 지휘관에 의해 방송 송출을 금지당했었다고 불평했다. 이 편지를 쓴 사람은 외교적 수사를 사용했다. "우리는 이건 오해의 결과이고, 폴란드·소련 우호의 기반 위에 긍정적으로 문제가 해결될 것으로 믿습니다." 이 무렵 글리비체에서 현지 관리들이 라디오 방송국을 만들려고 하자 소련군은 총을 들이대며 위협했다. 하부 슐레지엔 당국자들도 소련 지휘관들을 설득해 라디오와 송출 장비를 넘겨받는 데 어려움을 겪었다. 그들이 가까스로 얻은 일부 장비는 바로 폴란드 비밀경찰에 압수되었다.[26]

아주 초창기에 소련 당국은 나치가 압수했던 라디오를 재분배하는 작업조차도 조심스럽게 처리했다. 꿀벌라디오가 방송을 시작한 직후인 1944년 8월 소련군 지휘관들은 해방된 지역의 모든 폴란드인은 "유형과 사용법에 관계없이" 소지하고 있는 라디오 송신 또는 수신 장비를 폴란드 국가해방위원회에 제출하라는 명령을 내렸다. 이 명령을 거부하는 사람은 적의 요원으로 간주될 것이었다.[27] 몇 달 후 위원회는 더 극적인 명령을 내렸다. 볼레스와프 비에루트가 10월 30일부터 허가 없이 라디오를 소지한 사람은 사형에 처해질 수 있다고 선언한 것이다. 최소한 한 건의 그런 판결이 이행되었다. 1945년 5월 1일 포즈난의 스타니스와프 마린첸코Stanisław Marinczenko는 필립스 라디오 불법 소지 죄로 처형되었다.[28]

이 시기 신문, 정기간행물, 출판에 대한 당국의 태도는 일정하지도 않았다. 임시정부는 이론적으로는 언론의 자유를 지지했다. 모든 합법적 정당은 자체 신문을 발행할 수 있었다. 공산당은 나중에 《트리부나 루두Trybuna Ludu(인민의 호민관)》라고 불릴 자체 신문을 1944년 발행하기 시작했지만, 다른 신문도 몇 개 있었다. 1944년 내내 폴란드 국내군과 다른 저항 집단은 10여 개의 작은 신문과 간행물을 발행했는데, 한두 개의 신문은 기자들의 주도로 탄생했다. 가장 눈에 띄는 것은 《바르샤바 생활Zycie Warszawy》이었다. 그러나 종이는 극도로 부족했다. 제지공장 70퍼센트가 파괴되었고, 전쟁 전에 비해 종이 생산량은 5분의 1밖에 되지 않았다. 1944년 12월 제지공장의 국유화 덕분에 신문 인쇄소 대부분은 정부 통제하에 들어왔고, 대부분의 인쇄는 치텔니크 Czytelnik라는 단일 회사 손에 들어왔다.[29] 인쇄 산업에서 개인 소유를 제한하는 법안이 1945년 6월 통과되었고, 1946년에는 정권에 호의적이지 않은 신문들이 인쇄 시설 이용에 어려움을 겪었다. 그러나 합법적 신문 중에 가장 자유롭게 의사를 표현하는 신문이자, 거침없이 말하는 정당인 농업당의 기관지 《인민 신문Gazeta Ludowa》은 과감하게 정부에 대한 공개적 비판을 이어나갔다. 프로파간다를 담당한 관리들도 당 언론을 반드시 통제하지는 않았다. 일부 공산당원 기자들은 당 위계질서에서 자신들이 더 높다고 생각해서 프로파간다 관료들의 말을 듣지 않았고, 당 기관지도 상부 지시를 늘 따르지는 않았다.[30]

폴란드 라디오는 처음에 그리 전문적이지 못했지만 그렇게 대담하지도 않았다. 1945년 내내 전쟁이 뉴스 프로그램뿐 아니라 다른 모든 것도 지배했다. 방송인들은 자신들의 경험을 회고하며 다른 사람들도 그렇게 하도록 만들고, 실종된 가족의 긴 명단을 방송에서 읽었다. 일부 프로그램은 어린이들을 위한 전쟁 스토리를 낭독했다. 1945년 2월 2일 방송은 바르샤바 주민들에게 전시 통금 시간을 준수하라고 경고했다. 전선이 서쪽으로 이동했지만 '히틀러파 야만인들'이 아직 항복하지 않았다는 이유였다. 다른 통상적 방송 주제는 공장과 학교를 재건하는 것과 외국에서 돌아오는 병사들을 환영하는 데 집중했다.[31]

당시 폴란드의 다른 모든 새로운 국가 기관과 마찬가지로 라디오는 원래 기능 외에 다른 기능도 수행했다. 일례로 1945년 6월 비드고슈치의 스튜디오는 방송 장비가 없어서 프로그램을 거의 방송하지 못했지만, 요리사를 고용해 매일 100명의 주민들에게 점심 식사를 제공했다.[32] 폴란드 전역의 방송국 책임자들은 특히 대부분 기아선상에 있는 음악가들을 위해 지원금을 늘려달라고 계속 요청했다. 또한 그들이 바르샤바에 보낸 편지에 따르면 라디오 방송국 직원들은 결핵, 류머티즘, 눈병, 피부병 등을 앓았다.[33]

한편 주민들이 바르샤바 전차의 첫 등장을 환영했듯이 폴란드 라디오의 재개는 국가 재생의 신호로 환영받았고, 라디오는 곧 재능 있는 예술가들을 끌어모았다. 첫 라이브 공연으로 브와디스와프 슈필만은 감개무량하게도 1939년 라디오 방송이 끊기기 직전에 자신이 연주했던 쇼팽의 녹턴 C샤프 단조를 연주했다. 슈필만은 온 가족을 트레블링카와 바르샤바 게토에서 잃었지만 작곡을 계속했다. 그는 1963년까지 라디오를 위한 활동을 이어갔다.[34]

라디오는 전 국민의 목소리를 대변하는 것처럼 보였지만, 가혹해지고 편협해지는 바르샤바의 정치적 견해에 따라야 한다는 내부 압력이 갈수록 커졌다. 비드고슈치 라디오 방송국이 5월 9일 소련의 전승 기념행사를 방송하지 못하자 방송국 책임자는 그 이유를 설명해야 했다. 그는 빌리그에게 보낸 편지에서 장비가 "형편없고 중고라서" 당일 작동하지 못한 것뿐이라고 해명했다. 그러나 현지 소련군 지휘관과 비밀경찰은 그 이야기를 받아들이지 않았다. 그들은 "불순한 기술 인력" 때문에 방송이 나가지 않았다고 주장하면서, 라신에서 소련 기술자를 보내 문제를 조사하게 했다.[35] 일반적 폭력의 위험과 함께 그런 종류의 압박은 폴란드 방송이 시간이 갈수록 확연히 폴란드 정권에 우호적이된 이유를 설명해준다. 협력하는 방송국이 받는 식당 사용과 질병 치료 같은 물질적 혜택도 있었다. 바르샤바 상관들의 말을 거역하는 사람은 해직되고 배급 카드마저 잃었다.

많은 방송인들은 처음부터 공산당원은 아니었다 해도, 1945년 말까지 최소한 공산당 언어를 쓰는 법을 배웠다. 5월 9일 불충성 혐의에 대해 자신을 방어했던 비드고슈치 라디오 책임자는 한 달 후 자신이 매달 최소한 세 번은 지방 정부의 새로운 프로파간다 담당 부서 사람을 만나고 있다는 편지를 보냈다. 9월 그는 자동차 한 대와 확성기 하나를 보내달라고 요청해 받았다. 덕분에 방송국 직원들은 전파가 닿지 않는 곳까지 가서 확성기를 통해 구호를 외치는 방식으로 주민들에게 방송할 수 있었다.[36] 가을, 카토비체에 있는 라디오 방송국은 노동의 세계와 노동계급을 다루는 프로그램을 더 많이 방송하고 있다고 바르샤바 당국을 안심시켰다. 비슷한 시기에 바르샤바 방송인들은 10월혁명을 기념하고 중앙계획의 장점을 설명하는 프로그램을 기획하기 시작했다. 11월 라디오 핵심 당국자들이 장래 방송 계획을 논의하기 위해 모였을 때 한 운영자는 정치경찰과 민병대의 역할을 찬양하는 프로그램을 더 만들어야 한다고 주장했다. "언론으로부터 우리는 '도당들'의 점점 많아지는 절도와 살인 보도를 접하고 있다. 희생자는 대개 민주주의 활동가들로, 폴란드가 가장 필요로 하는 사람들이다."

이 회의에서 방송인들은 당시 폴란드에 유일하게 남은 독립적 세력인 농업당이 곧 개최할 전당대회를 논의했다. 대부분은 전당대회 소식이 방송되어야 한다고 생각했지만, 일부는 "농업당에 대한 태도에 대해 말하자면 우리는 조심해야 한다"고 주장했다. 농업당이 "부정적 요소에서 해방되었고 민주 진영에 가담했는지"가 아직 분명하지 않다는 이유였다. 당시 농업당은 여전히 합법적인 정당이었다. 그러나 방송인들이 보기에는 그렇다고 농업당의 메시지를 라디오로 전달할 권리가 자동으로 부여되는 것은 아니었다.

그해 말, 라디오의 임무는 적어도 최고 책임자들에게는 분명해졌다. 1945년 12월 빌리그는 소련의 "고귀하고 사심 없는" 도움을 찬양한 바로 그 연설에서 방송국 직원들에게 라디오의 장래에 대한 비전을 밝혔다. 그는 더 많은 라디오 수신기의 필요성을 역설했다. "우리는 농민들, 노동자들, 노동하는 지식인들이 라디오 듣기를 원한다." 그리고 새로운 공장 두 곳에서 다음해 약 1만 5000개의 수신기를 생산할 예정이라고 말했다. 그는 폴란드 라디오에 '말'이 너무 많다는 불평을 무시했다. 전쟁 전 라디오가 엘리트의 여흥에 초점을 맞춘 반면, 그는 새로운 라디오는 "프로파간다 담당자로서 엄청난 역할을 수행할 수 있다. 놀라운 무기다"라고 동료들에게 강조했다. 그리고 그것은 모든 사람에게 도달할 수 있는 무기였다.

빌리그는 라디오는 "폴란드에 탄생할 새로운 유형의 사람을 만드는 데 도움을 줄 수 있다. … 라디오의 핵심 목표는 역사가 우리 앞에 제시한 기본 과업, 즉 국가 재건, 민주주의 강화, 국가 통합을 사회가 수행하도록 동원하는 것이다"라고 주장했다.[37] 이 연설 후 몇 년 동안 폴란드 라디오는 폴란드 공산당이 했던 것과 똑같은 방식으로 국가가 재건, 민주주의, 통합이라는 말을 분명히 정의하는 데 노력을 집중했다.

동독 라디오는 모스크바에서 훈련받은 공산주의자들과 함께 시작되었으며, 폴란드 라디오는 소련의 방송 장비로 시작되었다. 헝가리 라디오는 러시아어로 쓰고 임시정부 출범 다음날인 1945년 1월 20일 부다페스트 임시정부가 발표한 명령서로 시작되었다. 이 명령서에 따라 헝가리 국가 방송국인 마자르라디오뿐 아니라 헝가리 통신사도 재창설했다. 두 기관의 책임자로는 줄러 오르투타이Gyula Ortutay가 임명되었다. 일단 그는 전쟁 말기에 창고로 쓰였던 부다페스트 방송국 본부로 걸어 들어갔다. 장비는 박살났고, 죽은 말의 썩은 시체 하나가 입구 옆에 놓여 있었으며, 마당에는 포탄 구멍이 나 있었다. 오르투타이는 무너진 건물 입구에 테이프로 다음 문구를 붙여놓았다. "라디오 직원들에게. 우리는 21일 승강기 맞은편 방공호에서 아직 살아 있는 사람들을 기다릴 것이다."[38]

소련의 시각으로 보면 오르투타이는 이 과업에 이상적인 인물이었다. 저명한 인류학자이자 문학 비평가로, 전쟁 전 마자르라디오에서 일했던 사회주의 지식인 오르투타이는 공산당 비밀 당원으로 헝가리 정치에서 당시 적극 활동하던 몇 명 중 한 사람이었다. 오르투타이는 공개적으로는 전후 합법적으로 존재한 네 정당 중 하나인 자영농당의 당원이라는 신분을 내세웠고, 1945년과 1946년 내내 자영농당의 지도적 정치인들과 밀접한 관계를 유지했다. 동시에 비공식적으로는 헝가리 공산당 지도부로부터 비밀 지령을 받았다. 공산당은 1945년 3월 비밀 행사에서 그에게 위조된 이름으로 당원증을 수여했다.

오르투타이가 비밀리에 공산당에 충성하고 있는 것은 당연히 헝가리의 소련군 사령관도 알고 있었다. 휴전 협정에 따라 공식적으로 헝가리 언론 통제의 책임을 맡은 연합국위원회는 전쟁이 끝나자 합법적인 각 정당의 신문 발행을 허용했다. 헝가리 공산당은 기관지 《서버드 네프》를 설립했지만 사회민주당, 자영농당, 농업당도 저마다 신문을 발행할 수 있었다. 얼마 지나지 않아 자영농당의 신문 《키스 우이샤그 Kis Újság》가 헝가리에서 가장 인기 있는 신문이 되었다.[39] 그러나 동유럽 다른 곳에서와 마찬가지로 헝가리 공산당은 라디오에 더 관심을 가졌고, 오르투타이의 위상으로 인해 방송에 더 큰 영향을 끼치게 되었다. 헝가리 라디오는 아주 빠르게 소련 장비, 송출기, 기술자와 소련 자문관들에게 절대적으로 의존하게 되었다. 곧 헝가리 라디오는 소련식 세계관을 명확히 반영하는 방송을 했다.

이러한 사실은 일반 대중도, 오르투타이의 공지문을 읽고 방송국에 복귀한 직원들도 전혀 모르고 있었다. 부다페스트의 폐허 속에서 직원들은 엄청난 열정으로 헝가리 라디오 재건을 계획하기 시작했다. 여건은 만만치 않았다. 마자르라디오 업무 일지에는 5월 "스튜디오가 너무 추워 피아니스트 러요시 헤르나디Lajos Hernádi가 7분 휴식을 청했다"는 기록이 남았다.[40] 라디오 방송국 직원들의 초기 임금은 하루 수프 한 그릇이었지만, 다른 특혜가 있었다. 그들은 러시아어와 헝가리어로 발행된 신분증을 발급받아 길거리에서 자행된 체포와 강제이송 물결을 피할 수 있었다.[41] 하지만 대중교통이 없는 도시에서 일터로 가기는 쉽지 않았다. 어느 아침에는 방송이 시작될 시간에 아무도 방송국에

오지 않아 청소부 아주머니가 레코드를 올려놓고 직원들이 올 때까지 방송했다는 전설도 있다.[42]

　폴란드, 독일에서와 마찬가지로 많은 기술자들이 전쟁 전 방송국에서 일했고, 일부는 우연히 방송국에서 일하게 되었다. 1946년 여름 고등학교를 마치고 방송국에 들어온 아론 토비아스Áron Tóbiás는 돈을 벌어 대학에 가고 싶어했다. 그가 맡은 일은 일요일 오후 배우들이 낭독할 헝가리의 유명한 단편소설을 고르는 것이었고, 이런 업무는 18세였던 그에게 아주 매력적으로 보였다. 그는 대학에 가지 못하고 1955년까지 라디오 저널리스트로 남았다.[43] 그러나 다른 사람들은 방송국으로 파견되었다. 그들 중 1930년대부터 공산당원이었던 줄러 쇠플린Gyula Schöpflin은 첫 프로그램의 감독이 되었다. 1949년 헝가리를 떠나 망명한 그는 회고록에서 1945년 헝가리는 이론적으로는 다당제 민주주의였지만, 오르투타이의 직원 관련 결정은 비밀 공산당원이라는 그의 배경의 영향을 받았다고 밝혔다. "직원 채용과 해고는 전적으로 정치적 성격을 띠었다." 오르투타이는 프로그램에 정치적 지침도 만들었다. "강대국들 간의 조화와 합의를 방해할 어떤 것도 피하라. 당의 정치를 의식하라. 반파시스트 국제정치를 홍보하고 선전하라. 민주 정부, 재건, 토지 개혁 프로그램을 선전하라. 헝가리와 국제 진보 전통을 항상 강조하라." 쇠플린도 자신의 방송을 위한 지침과 상세한 당의 노선을 요청하기 위해 최소한 일주일에 한 번 헝가리 공산당 본부를 방문했다. 그러나 라디오는 이미 연합국위원회와 소련의 직접 통제 아래 들어갔기 때문에 당으로부터 많은 도움을 받지는 못했다. 헝가리 공산당은 어쨌든 라디오가 소련 통제하에 있다고 생각했기 때문에 라디오에 별로 신경쓰지 않았다.[44]

헝가리 동지들이 라디오의 중요성을 바로 파악하지 못한 반면, 소련 점령 당국은 이를 재빨리 간파했다. 그들은 새로운 방송국 소유를 1945년 말까지 인정하지 않았지만, 새로 방송국 허가증을 발급하고 소련 장교를 항구적 자문(핵심 검열자)으로 지정한 다음, 방송국이 방송할 준비를 하도록 허용했다.[45] 1945년 5월 1일 방송 준비가 완료되었다. 그날 정오 부다페스트 여러 곳에 전략적으로 설치된 확성기가 새 방송 신호로 19세기 반합스부르크 혁명 노래 중 몇 줄을 내보내고 프로그램이 시작되었다. 4개 합법 정당의 지도자들이 차례로 말하고, 뉴스가 낭독되고, 음악이 연주되었다. 주요 헝가리 음악 몇 곡(버르토크의 작품 하나, 그다음 헝가리 오페라 한 곡)에 이어 러시아 오페라 〈보리스 고두노프〉가 방송되었다. 그리고 나서 소련군 병사들을 위한 러시아어 방송이 한 시간 동안 확성기로 나왔다.[46]

토지 개혁, 헝가리·소련 우호협회, 새로운 노동조합 설립, 전범 재판, 공산당 파르티잔의 역사 같은 주제로 판단하건대, 1945년 거의 내내 라디오 방송은 오르투타이가 정한 경계 내에 머물렀다. 그러나 방송인들은 여전히 부르주아(즉, 비공산당원) 작가들의 작품을 큰 소리로 낭독했고, 귀에 익은 음악을 방송했다.[47] 소련의 직접적 간섭은 러시아어 프로그램(예를 들면 러시아어 노래 배우기)이 많아진 것을 설명해주며, 언어가 그토록 어려운 나라를 소련군이 점령하면서 겪은 좌절도 아마 반영할 것이다. 그해 말, 새로 구성된 헝가리 비밀경찰이 방송국에 모습을 드러냈다. 비밀경찰 장교들은 "정치적으로 관심이 가는" 방송 원고의 사본을 요구했다. 비밀경찰 장교들은 방송국을 경비하며(라디오의 정치적 중요성을 보여주는 또다른 신호였다) 방송국을 드나드는 사람들을 체크했다. 결국 별도의 비밀경찰팀이 파견되어 기술 장비를 경비했는데, 추정컨대 과거 방송국에 근무했던 많은 기술자들을 정치적으로 신뢰할 수 없기 때문이었을 것이다.[48]

그러나 대부분의 경우 마자르라디오의 소련 감독자들은 프로그램의 방향을 제대로 잡기 위해 방송국 공산당 직원들의 직감에 의존했다. 그들은 코민테른 훈련을 받지 않았지만, 다수가 당 노선을 숙지하고 그러한 근거에 따라 판단했다. 한 가지 사례로 마차시 라코시는 쇠플린에게 라슬로 바르도시László Bárdossy의 재판을 생방송하라는 명령을 내렸다. 그는 전쟁 중 총리를 맡았다가 헝가리가 독일과 동맹을 맺는 치명적 결정을 내리고 소련에 전쟁을 선포한 사람이었다. 헝가리의 첫 선거 며칠 전에 열린 이 재판은 쇠플린이 회고한 바에 따르면 방송 재앙이 되었다. "바르도시는 신사처럼 행동했다. 무식하게 소리치는 판사 앞에서 그는 용감하게, 품위를 유지하며, 감정에 휘둘리지 않고 대답했다. … 나는 그가 유죄라는 것을 확신했지만, 여론을 바꾸려는 우리 시도는 역효과를 냈다." 부다페스트의 공산당원 중에 교조적인 축에 들지 않았던 쇠플린은 재판 중에 생방송 중계를 끊었다. 바르도시는 너무나 호소력이 강했고, 그의 발언은 공산당 목표에 타격을 주었다. 그후 쇠플린은 재판의 녹화방송만을 내보냈다.[49]

당분간 오르투타이는 적어도 정치적 다양성의 외양은 그럭저럭 유지했다. 1945년까지 마자르라디오는 정부를 대신해 뉴스를 방송하는 민간 지주회사가 소유하고 있었다. 같은 회사가 언론 에이전시, 광고 에이전시, 인쇄 시설, 그리고 작은 은행 몇 개도 소유했다. 전간기 중 호르티 정권과 연계가 있을 것이라고 대중이 생각하는 이 소유주들은 전쟁 후 자신들의 자산을 되찾으려고 애썼다. 그들은 자영농당의 지원을 조금 받았는데, 자영농당은 보상을 원하면서도 새 방송국의 지분

대부분은 정부에 속한다고 주장했다.

오르투타이는 이 두 가지 의견에 맞서 싸운 끝에 승리했다. 여름이 끝나갈 무렵 전前 소유주들은 소유권을 잃어 자산이 몰수되었고, 라디오는 MKH Rt라고 불리는 정부 소유 회사로 완전히 넘어갔다.[50] 이 회사는 아직 다양한 정치인이 포함되어 있던 정부가 아니라, 주요 헝가리 정치 세력으로 구성된 이사회에 의해 운영되었다. 4개의 합법 정당인 공산당, 사회당, 농업당, 자영농당이 각각 2명씩 내보낸 이사들과 노동조합에서 나온 2명의 이사가 이사회를 구성했다.

외양은 공평하게 보였지만, 실제로 두 노동조합 이사는 공산당원이어서 공산당이 4명의 이사를 가진 셈이었다. 나머지 이사들도 각각의 정당에서 극좌익에 속한 사람들이라 공산당 편을 들었다. 오르투타이처럼 비밀리에 공산당과 연계된 사람들도 있었다. 전쟁이 끝난 지 불과 1년이 지난 1946년 초, 헝가리 공산당은 사실상 라디오 직원들과 이사회를 통제하고 그 결과 라디오 내용까지 통제했지만, 대중이나 정치계급은 그 내막을 전혀 듣지 못했다. 1년 후 공산당이 라디오에 대한 이념적 통제를 강화하기로 결정했을 때 아무도 막을 수 없었다.

9장

정치

유럽의 질서 확립과 국가 경제 생활의 재건은 해방된 주민들이 나치
즘과 파시즘의 마지막 잔재를 청산하고, 자신들이 선택한 민주적 제
도를 만들 수 있게 하는 과정으로 성취되어야 한다. … 이 선거에서
모든 민주 정당과 반나치 정당은 참여할 권리와 후보자를 내세울 권
리를 가질 것이다.

— 얄타 회담 협정문, 1945년 2월 13일

"연합국의 승리로 너무 늦게 빛을 찾은 전경에 어둠이 깔렸다. … 동
유럽 모든 국가에서 매우 작은 공산당이 자신들의 수를 훨씬 넘어서
는 위상과 권력을 가졌고, 모든 곳에서 전체주의적 통제력을 확보하
려 하고 있다."

— 윈스턴 처칠, 미주리주 풀턴에서 한 연설, 1946년 3월 5일

동유럽 자유선거 실시를 약속한 얄타 회담 협정문 서명부터, 전체주
의 부상을 예언한 윈스턴 처칠의 '철의 장막' 연설까지 1년이 흘렀다.
그동안 엄청 많은 변화가 일어났다. 소련군은 모스크바에서 훈련받은
비밀경찰을 모든 피점령국으로 데려왔고, 국영 라디오 방송국 통제에
현지 공산주의자들을 투입하고 청년집단과 기타 시민 조직을 해체하
기 시작했다. 그들은 반소련 인물로 간주되는 사람들을 체포하고, 살
해하고, 강제이주시켰고, 인종 청소 정책을 무자비하게 수행했다.

이러한 변화는 전혀 비밀이 아니라 외부 세계에 은폐되지 않았다. 영국 처칠 총리가 '철의 장막'이라는 문구를 처음 사용한 것은 유명한 풀턴 연설에서가 아니라, 불과 얄타 회담 3개월 후이자 전쟁이 끝나가던 1945년 5월이었다. 처칠은 트루먼에게 보내는 편지에 이렇게 썼던 것이다. "그들의 전선에 철의 장막이 드리워졌습니다. 우리는 그 뒤에서 무슨 일이 일어나는지 모릅니다."[1] 처칠이 멋진 말을 좋아하다 보니 진실이 가려졌다. 폴란드 제보자들이 상황을 전해주며 우려를 증폭시키고 있었기 때문에, 그는 "철의 장막 뒤"에서 일어나는 일을 잘 알고 있었다.

사실 앵글로색슨 강국들과 소련의 우호적 관계는 훨씬 전부터 금이 가고 있었다. "우리와 자본주의자들의 민주 정파 사이의 동맹이 성공한 것은 후자가 히틀러의 지배를 막는 데 관심을 가졌기 때문이었소." 스탈린은 종전 이전에 게오르기 디미트로프[코민테른 의장]에게 이렇게 말했다. "앞으로 우리는 자본주의자들의 정파와도 싸우게 될 것이오." 전쟁이 막바지로 치달으면서 긴장이 악화되었다. 1945년 4월 엘베강에서 미군과 소련군이 처음 만나 서로 악수하고 승리를 축하했지만, 독일이 어디에서 그리고 누구에게 항복해야 하는가를 둘러싼 사소한 논쟁이 뒤따랐다(결국 항복 기념식이 두 번 진행되었다). 그리고 미국은 전쟁 중 소련의 미국 제품 구매를 재정적으로 지원했던 무기대여Lend-Lease 프로그램을 갑자기 종결해버렸다.[2] 그해 8월 첫 원자폭탄 투하로 소련의 또다른 피해망상 물결이 촉발되었다. 8월 말 미군과 소련군은 베를린에서 자주 야간 교전을 벌였다.[3]

그러나 얼마 후 냉전으로 알려진 더 깊은 상호 불신의 진정한 도화선은 동유럽, 특히 폴란드에서 일어난 사건들이었다. 1944년 가을 이미 조지 케넌은 민주주의를 위한 투쟁을 계속하는 망명 폴란드 정치인들에 대해 이렇게 결론지었다. "내 눈에는 망해가는 정권의 망해가는 대표들로 보이지만, 잔인하게 이런 말을 해줄 사람은 아무도 없을 것이다."4 6개월 후인 1945년 5월 루스벨트의 최측근 보좌관 해리 홉킨스는 모스크바로 가서 스탈린을 만나 "폴란드에 대한 얄타 합의를 실현시키지 못하는 우리의 무능"에 대한 트루먼 대통령의 우려를 전달했다. 이에 대한 답변으로 스탈린은 무기대여 프로그램 중지 결정을 강력하게 비난하고 소련은 자국 국경에 "우호적인", 즉 친소비에트 폴란드가 필요하다고 선언했다.5

그러나 스탈린은 얄타 합의문에 동의했고, 묘한 상황에서도 선거는 치러졌다. 소련 점령 초기와 동유럽 연정 통치 시기인 대략 1945년부터 1947년까지는 모두는 아니더라도 일부 비공산 정당들은 여전히 활동할 법적 권리를 가지고 있었다. 일부 비공산 신문도 발행되었고, 정치 활동도 전개될 수 있었다. 정치 자유의 수준은 나라마다 달랐고 선거가 조종되거나 조작되는 수준도 달랐다. 그러나 최소한 초기에 소련은 민주적 선택의 외양을 최소한 지키고 현실을 어느 정도 유지하려고 했다.

그런 정책은 이익을 가져올 것으로 예상되었다. 내가 이미 지적한 대로 소련과 동유럽의 동맹 세력들은 민주주의가 자신들에게 유리하게 작동될 것으로 생각했다. 이 점은 자주 간과되지만 반복해서 지적할 가치가 있는 중요한 사안이다. 이 기대의 진정성은 나라마다 달랐지만, 동유럽의 정당 대부분은 전쟁이 끝나자마자 선거를 치렀다. 자신들이 승리할 것으로 생각했고, 그렇게 믿을 만한 충분한 이유가 있기 때문이었다. 2차대전 종결 직후 동유럽에서 활동하던 거의 모든 정당은 현대적 기준으로 보면 매우 좌익적인 정책을 옹호했다. 서독의 중도우파 정당인 기독민주당과 영국의 보수당도 1940년대 후반에는 일부 산업의 국유화 등 정부가 경제에서 막중한 역할을 담당하는 것을 받아들일 준비가 되어 있었다. 유럽 대륙 전역에서 거의 모든 사람이 포괄적인 복지국가 창설을 옹호했다. 공산당은 과거 유럽 선거에서 좋은 결과를 얻었고, 다시 그렇게 될 것처럼 보였다. 프랑스 공산당은 1945년 총선에서 가장 많은 득표를 했다. 이런 일이 더 동쪽에서 일어나지 않을 이유가 있겠는가?

유럽 공산주의자들은 승리를 확신할 이념적 이유도 있었다. 마르크스 이론에 따르면 노동계급은 조만간 자기 운명을 의식하고 공산당을 신뢰하게 될 터였다. 일단 이런 일이 일어나면 공산당은 노동계급 다수 득표로 자연히 정권을 잡을 수 있었다. 폴란드 공산당 지도자 레온 카스만은 훗날 인터뷰에서 이렇게 설명했다.

우리는 전쟁 전 공산당이 소수 주민의 지지를 받았다는 사실을 잘 알고 있었지만, 이들이 민족적 진보로 이끌 계몽된 소수라고 믿었다. 우리는 또한 권력을 잡고 정치를 제대로 하면 우리를 신뢰하지 않거나 믿지 않거나 우리에게 반대하는 사람들의 마음도 얻을 것임을 알고 있었다.[6]

울브리히트도 1946년 초 공산당원들에게 한 연설에서 유사한 낙관주의를 보였다.

우리는 이런 질문을 받아왔다. 당신들은 소련 구역에서도 선거를 치를 것인가? 우리는 이렇게 말할 것이다. 그렇다, 정말이다. 당신들은 우리가 어떻게 그 선거를 조직하는지 보게 될 것이다. 우리는 그런 선거를 치르는 데 필요한 책임감을 가지고 선거를 조직할 것이고, 모든 도시와 마을에서 노동계급이 다수를 차지하는 것을 보장하는 방식으로 선거를 조직할 것이다.[7]

적어도 공개적으로 울브리히트는 선거 결과가 노동계급 다수 지배로 이어지지 않을 가능성을 전혀 생각하지 않았다.

스탈린은 더 냉소적이었거나, 아마도 유럽인들이 말하는 민주주의와 자유선거가 의미하는 것이 무엇인지를 제대로 파악하지 못했을 것이다. 전쟁 중 그는 당시 폴란드 망명정부 수장 스타니스와프 미코와이치크가 런던에서 이끌고 온 폴란드 대표단에게 "우리가 폴란드 정치에서 허용할 수 있는 사람들(좌익과 우익)이 있다"라고 말했다. 미코와이치크는 민주주의에서는 누가 정치에 참여하고 누가 참여할 수 없는지를 강요할 수 없다고 지적했다. 그 대답으로 "스탈린은 나를 마치 … 정신병자인 것처럼 바라보더니 회의를 끝내버렸다"고 그는 회고했다.[8]

얼마간 시간이 지난 1944년 8월 스탈린은 폴란드 망명 지도자들에게 소련은 폴란드의 민주적 정당들의 연정 형성을 호의적으로 볼 것이고, 이 문제는 "당연히 폴란드인들 스스로 해결해야 한다"고 대수롭지 않게 말했다. 스탈린이 말한 '연정'은 여러 당의 당원들이 서로 경쟁하지 않는 선거 전 연합pre-election coalition을 의미했으며, 그의 '민주적'이란 말은 친소련을 의미했다.[9] 분명 그는 어떠한 경쟁도 벌어지지 않는 종류의 선거를 선호했다. 그런 여건에서라면 폴란드 공산당도 승리할 가능성이 컸다. 스탈린이 1945년 브와디스와프 고무우카에게 "성공적인 선동과 적절한 태도로 당신들은 상당한 표를 얻을 수 있을 것이다"라

고 말했듯이 말이다.[10]

몇몇 국가가 강압적으로 스탈린의 공식에 따라 경쟁 없는 선거를 치렀다. 유고슬라비아는 1945년 11월 정확히 그런 방식의 선거(티토는 소련의 설득 없이도 자신의 정적들을 제거했다)를 치렀다. 선거 용지에 인쇄된 유일한 정당인 유고슬라비아 인민전선이 90퍼센트를 득표했다는 공식 선거 결과가 발표되었다. 베오그라드 주재 소련 대사는 티토의 노력을 과장해서 칭찬하며 소련 외무 장관 뱌체슬라프 몰로토프에게 이 선거가 유고슬라비아를 "강하게 만들었다"고 보고했다. 그는 선거를 대단한 성공작으로 평가했다.[11] 불가리아에서는 공산당이 몇 개의 좌익 정당을 조국전선Fatherland Front이라 불리는 연정으로 구성해서 1945년 11월 선거를 치렀다.[12] 두 나라에서 진짜 야당(연정에 참여하지 않은 중도파와 중도우파 정당들)은 유권자들에게 선거 거부를 요청했고, 많은 유권자가 그렇게 했다. 공산당은 이에 아랑곳하지 않고 선거 승리를 선언했다.

NKVD와 지역 공산당의 거센 노력에도 불구하고 동유럽의 모든 정치인들이 통합된 선거 연정에 참여하지는 않았고, 모든 노동계급이 신속하게 의식화되지도 않았다. 1945년과 1946년 동유럽 경제는 여전히 혼란에서 벗어나지 못했다. 정치 폭력으로 소련에 대한 증오와 분노가 촉발되었다. 그 결과 첫 자유 또는 반半자유 선거는 마르크스의 예상을 확인하는 대신, 동유럽 대부분 지역에서 공산당에게 재앙이 되었다. 그 과정에서 공산당의 전술은 더욱 잔혹해졌다.

폴란드에서 스탈린은 처음에는 최소한 선거와 관련해서는 조심스럽게 움직였다. 그가 파견한 사람들은 유고슬라비아나 불가리아에서와 같이 바로 폴란드 정치계급을 위협해 1당 선거로 몰아가지 않았다. 16명의 폴란드 국내군 지도자들의 체포와 강제노동형으로 인해 서방 국가들은 폴란드 정치를 더 세심히 관찰하고 있었고, 아마 스탈린도 연정 임시정부라는 허구를 유지하는 것이 중요하다고 생각했을 것이다. 이러한 고려를 염두에 두고 스탈린은 폴란드의 마지막 비공산당 지도자 스타니스와프 미코와이치크(민주주의에 대해 스탈린과 논쟁하려 했던 정치인)에게 1945년 봄 폴란드로 돌아가 합법적으로 활동하도록 허용했다.

2차대전 이전 폴란드 선거 정치에 참여했던 폴란드 어느 공산주의자와도 달리, 미코와이치크는 일반 대중에게 널리 알려져 있었다. 1939년 이전 그는 농촌을 기반으로 사회민주주의적 강령과 진정한 정통성을 가진 폴란드 농업당의 당수였다. 1939년 9월 독일과 소련의 양면 침공을 받은 후 미코와이치크는 런던으로 가서 폴란드 망명정부에 가담했다. 1943년 브와디스와프 시코르스키 장군이 지브롤터에서 충격적인 비행기 사고로 사망한 후 미코와이치크는 망명정부 총리가 되었다. 이 자격으로 그는 2차대전 말 스탈린, 루스벨트, 처칠과 폴란드의 지위에 대해 협상을 벌였지만, 협상이 힘들어질수록 화가 나고 기분이 상했다. 1944년 10월 모스크바에서 스탈린, 처칠과 만난 미코와이치크는 루스벨트의 보장에도 불구하고 연합국이 이미 테헤란 회담(폴란드는 "병사들이 두 걸음 좌측으로 움직이듯이" 서쪽으로 이동할 수 있다고 처칠이 제안한 회담)에서 동부 폴란드를 소련에 할양하기로 결정했다는 것을 우연히 알게 되었다. 그는 처칠에게 소리치면서 정책 변경을 요구했다. 처칠 총리는 맞받아 이렇게 외쳤다. "우린 계속 주장하는 당신들이 지겹다고!"[13]

1945년 3월 16명의 폴란드 국내군 지도자가 체포된 후, 미코와이치크는 폴란드에서 민주주의가 실현될 가능성을 거의 믿지 않게 되었다. 어찌 됐든 그는 폴란드로 돌아가기로 결정했다. 크리스티나 케르스텐의 언급에 따르면 미코와이치크는 "스탈린이 자신의 목표는 공산주의 폴란드가 아니라 소련에 우호적인 민주적 폴란드라고 선언한 것이 진심이라는 환상"을 가지고 있었다.[14] 이 때문에 그는 런던과 폴란드 양쪽에서 많은 폴란드인들의 비난을 받았다. 그들은 미코와이치크의 귀국이 이미 사실상 소련 통치하에 있는 정부에 거짓 정통성을 부여할 뿐이라고 생각했던 것이다. 한 망명 신문은 어두운 예측을 내놓았다. "역사가 우리에게 가르쳐주는 것은 최대한 타협에 이르더라도 독재적 전체주의를 멈출 사람은 없다는 사실이다. … 구원을 받는 유일한 길은 시기적절하게 세계 여론이 우리에게 유리하도록 바뀌는 것이다."[15] 미코와이치크는 얄타 협정이 "보통선거와 비밀투표에 기초해 자유롭고 구속받지 않는 선거를 가능한 한 빨리 치를 것"을 보장했다는 사실을 지적했다. 그는 이 약속을 있는 그대로 믿기로 작정했다.[16]

1945년 6월 미코와이치크는 모스크바를 방문해 폴란드 임시정부 창설로 이어지는 협의에 참여했다. 이 회동에는 루블린 폴란드인(비에루트, 고무우카, 그리고 폴란드민족해방위원회에 가담한 다른 친소련 정치인들)뿐 아니라 폴란드 농업당 지도자들도 참석했다. 이 합의로 앞서 말했듯이 선거를 치를 때까지 국가통합임시정부가 폴란드를 통치한다는 결정이 내려졌다. 폴란드 농업당은 조직 구성원의 3분의 1을 차지했다. 농업당은 내각의 몇 장관직과 신문 발행을 시작할 수 있는 종이도 배당받았다. 미코와이치크는 훗날 망명해서 쓴 애달픈 회고록에서 이 합의가 "폴란드 다수에게 환멸을 가져왔지만 … 우리가 그 협정에 명시된 권리에 기꺼이 만족할 날이 올 것이었다. 결국 (폴란드 농업당은) 지분을 3분의 1도 갖지 못했다. 아무것도 얻지 못했다"라고 회고했다.[17]

아주 잠시나마 그의 지지자들은 더 많은 것을 기대할 이유가 있었다. 미코와이치크의 첫 폴란드 방문은 대단한 반향을 일으켰다. 그가 탄 비행기가 1945년 6월 바르샤바에 착륙하자 수천 명의 주민이 그를 환영했다. 군중은 도시를 가로지르는 그의 차량 행렬을 따라갔고, 바르샤바 남쪽에 마련된 임시정부 청사에 모여 그를 환영해주었다. 며칠 후 그가 크라쿠프를 방문하자, 흥분한 지지자들은 그가 탄 차를 번쩍 들어 올려 거리를 통과하게 했다. 나중에 군중은 미코와이치크를 어깨에 지고 갔다. 그러나 이러한 환호에도 어두운 그림자가 드리웠다. 그가 크라쿠프에 도착한 날 저녁, 지역 농업당 지도자들과 첫 회동을 하고 건물에서 나올 때 기관총 소리가 울렸다. 그를 살해하려는 의도는 아니었다. 그를 겁주려고 그렇게 한 것이었다. 나중에야 그는 자신이 떠난 후 회의장에 있던 모든 사람들이 체포된 것을 알게 되었다.[18]

이후 몇 달 동안 미코와이치크와 그의 헌신적인 추종자들은 지금 되돌아보면 대단히 용감하고 놀랍도록 직설적인 정치 캠페인을 벌였다. 그와 그의 당은 처음에는 공개적으로 반대 정책을 실행할 권리를 위해 싸웠다. 그런 다음 첫 선거에서 존재감을 드러냈고, 마지막으로 전후 첫 의회 선거에서 의석을 확보했다. 1947년 그들은 이 세 전투 모두에서 패배했지만, 자신들의 힘과 지지 기반을 무기로 폴란드 공산당과 소련 자문관들 앞에서 겁먹지 않았다.

애초부터 폴란드 공산당은 미코와이치크와 농업당을 고립시키기 위해 최선을 다했다. 스탈린이 미코와이치크에게 대수롭지 않게 제안한 선거 연정이 바로 형성되었다. 친소련적인 이 정파에는 공산주의자들,

다소 주저하는 사회민주당, 그리고 혼란스럽게도 두 위성 정당, 즉 공산당이 조종하고 유권자들 사이에 혼란을 야기하려는 목적을 가진 대용 '농업당', 같은 의도를 가진 '민주당'이 참여했다. 진짜 폴란드 농업당은 의도적으로 뒤죽박죽이 된 이 연정 참여를 거부해, 유일한 연정밖 합법 정당으로 남았다. 그 결과 미코와이치크는 온건한 사회주의자부터 가장 급진적인 민족주의자에 이르기까지 폴란드 내 모든 반反공산주의자들의 지지를 끌어모았다.

그러나 몇 달 되지 않아 공산주의자들은 자신들의 실책을 깨달았다. 1946년 겨울 공산당 중앙위원회 회의에서 고무우카는 처음으로 폴란드 농업당을 공개적으로 공격하는 연설을 했다. 그는 농업당 지도부를 서방 제국주의자들과 연계된 새로운 반동의 적으로 묘사했다. 그는 폴란드 농업당이 여전히 숲 지역에서 암약하고 있는 반공산주의 파르티잔보다 더 위험할 것이라고 암시했다.[19] 당시 젊은 공산당 경제학자 브워지미에시 브루스Włodzimierz Brus도 그 회의에 참석했다.

많은 사람들이 이 메시지의 강렬함에 놀랐다. 무엇보다도 그들은 국내 (자신들의) 지지 기반이 강하지 않다고 느꼈기 때문에 전투보다는 일종의 휴전을 원했다. 두 번째로 그들은 이토록 오랜 전쟁과 희생, 손실, 희생자에 지쳤다. … 나 자신도 이러한 공격의 강도에 다소 놀랐다고 생각한다.

그러나 브루스가 관찰한 대로 다른 참석자들은 어느 정도 만족하며 고무우카의 메시지를 환영했다. 드디어 당은 반동 세력 척결에 나선다.[20]

미코와이치크는 자신의 당에 가해지는 언어적, 물리적 공격을 계속 주시하고 있었다. 그의 당은 이론상 처음부터 합법적인데도, 심각한 탄압(경찰 폭력, 고문, 살해 등)이 가해졌다. 1945년 11월 이미 그는 "타르노브제크에서 폴란드 농업당원들을 대규모 체포하고 귀중품을 압수"했다며, 이후 길게 이어질 공식 항의의 첫 서한을 폴란드 비밀경찰 사령부로 보냈다. 그달 경찰 요원들과 공산당 관리들은 트세브니체Trzebenice에서 열리는 폴란드 농업당 집회에 사람들이 참석하는 것을 물리적으로 막았다. 그들은 올레시니차 인근 마을 주민들에게 집회에 참여하려면 체포를 각오하라고 경고했고, 워비치 인근 당 사무실에서는 서류를 훔쳤다. 1946년 1월 9일 미코와이치크는 브로츠와프 시에서 체포된 당 활동가 18명의 명단을 작성했다. 그달 말 그가 기록한 우치에서 체포된 사람들의 명단은 80명에 이르렀다.[21]

폴란드 농업당원들은 종종 지하 무장 활동 혐의로 체포되었다. 일례로 1946년 3월 지역 공산주의자들은 크라쿠프 남동쪽에 있는 소도시 와파누프Łapanów에서 정치 집회를 조직했는데, 여기에 폴란드 농업당은 초대되지 않았다. 집으로 돌아가던 몇 명의 공산당 정치인과 비밀경찰이 기관총으로 무장한 파르티잔의 매복 공격을 받았다. 교전 중 7명이 사망하고 3명이 부상을 입었다. 다음날 경찰은 농업당원들을 마구잡이로 체포했다. 집회에 참석하지 않았으니 이 사건에 책임이 있다는 이유였다. 그들은 또한 지역 농업당 지도자 집에 불을 질러 집과 헛간을 모조리 태웠다. 미코와이치크는 경찰 요원들이 "저항을 거의 못 하게 행동했고 조사도, 범인을 찾으려는 시도도 하지 않았다. … 명백한 직권 남용이다"라고 항의했다.[22]

이런 혼란의 와중에 폴란드 농업당은 《인민 신문》을 발행하기 시작했는데, 나름대로 대단한 성취였다. 신문 발행인들은 종이를 구하기 어려웠고, 우편으로 배포할 수도 없었다. 신문이 늘 모자랐기 때문에 발행인들은 주기적으로 독자들에게 신문을 한 부씩만(친구들을 위한 추가 구입도 허용되지 않았다) 사도록 촉구했다. 미코와이치크도 이렇게 회고했다. "우리는 《인민 신문》을 날마다 50만 부 찍을 정도의 구독 요청을 받았지만, 신문 용지를 7만 부 이상 받지 못했다. 배포 시설과 서비스 과정에서 우리 신문의 수백 부가 공산주의자들의 방해를 받았고, 개별 구독자들은 구독을 취소하지 않으면 일자리에서 해고될 것이라는 위협을 받았다."[23] 라디오와 달리 분명 《인민 신문》은 많은 폴란드인에게 전달될 수 없었다. 그러나 "가면이 벗겨지고 있다", "UB(비밀경찰)가 폴란드인을 고문한다" 같은 솔직한 헤드라인 아래 실린 기사는 신문을 손에 넣은 사람들에게 현실을 생생히 전달했다. 《인민 신문》은 체포된 사람의 이름, 날짜, 상세한 상황을 전달했고, 기자들은 국회에서 미코와이치크가 받은 대우에 불만을 토로했다. 미코와이치크의 농업당은 의석의 3분의 1을 차지한다고 선전되었지만, 그가 발언할 때마다 혹은 농업당 소속 의원이 발언할 때도, 시끄러운 야유가 쏟아져 나와서 한마디도 들을 수 없게 만들었다.[24]

이런 공격이 폴란드 농업당을 제거하지는 못했다. 오히려 살해된 농업당원들의 장례식에 반항적인 군중이 대거 몰려오기 시작했다. 그때까지 의견을 자유롭게 말할 수 있었던 사제들은 정부에 대항하는 설교를 공개적으로 하기 시작했다. 한 교구 교회에서는 사제가 이렇게 선언했다고 알려졌다. "이른바 반동이 누구냐고 누군가 묻는다면, 우리는 우리 기독교인들이 반동이고 우리가 마르크스주의와 싸워 이길 것이라고 분명히 말해야 합니다." 당 중앙위원회의 한 위원은 동료들에게 조심스럽게 "블록(좌파 연합)의 아이디어는 대중에게 인기가 별로 없소"라고 말했다. 보통 약하고 겁이 많은 사회민주당도 비밀경찰이 농업당을 너무 가혹하게 다루고 있다고 불평하기 시작했다.[25]

폴란드 공산당은 지지를 잃고 있다는 것을 알고 지연 전술을 시도했다. 당 이념 담당자인 야쿠프 베르만은 선거를 헝가리, 불가리아, 유고슬라비아처럼 1945년 가을에 실시하지 말고 1946년 초여름에 실시해야 한다고 비에루트를 설득했다. 몇 년이 지나 그는 여론을 조사하고, 알곡과 쭉정이를 분리하고, 사람들이 미코와이치크에 찬성하느냐 반대하느냐를 단순히 선택하도록 만드는 것이 핵심이었다고 말했다.[26] 주민들에게 주어진 질문은 긍정적 답이 나오도록 만들어졌다. 질문은 세 가지였다. 상원(거의 기능하지 못했던 전쟁 전 기구) 철폐를 지지하는가? 토지 개혁과 개인 소유권은 유지하되, 대규모 산업을 국유화하는 것을 지지하는가? 폴란드의 새 영토와 새로운 서부 국경을 유지하기를 바라는가?

이 세 질문 모두에 맞는 답은 "예"였다. 이렇게 해서 공산당의 선거 운동은 "세 가지 모두에 찬성!"이라는 단순한 구호를 갖게 되었다. 미코와이치크는 이에 도전해 지지자들에게 뒤의 두 질문에만 찬성하도록 지시했다. 베르만이 알고 있었듯이 미코와이치크가 서부 국경에 반대하기는 어려웠고, "사적 소유를 유지하면서"라는 상반된 문구가 질문에 포함되었기 때문에 당시 국유화와 토지 개혁은 인기가 높았다.[27] 그러나 미코와이치크는 지지자들에게 상원에 대한 의미 없는 질문에는 "한 번은 반대Once No"에 투표하도록 지시했다.

사실, 폴란드가 두 번째 입법부를 가져야 하는가 말아야 하는가에 조금이라도 관심 있는 사람은 아무도 없었다. 그 대신 이 질문은 공산당이냐, 미코와이치크의 농업당이냐에 대한 대리 질문이 되었고, 공산당은 승리하기 위해 온 힘을 기울였다. 폴란드에 그런 선거 운동은 아마 그전에도 이후에도 없었을 것이다. 공산당은 종이가 부족한 당시 상황에서 대단한 양의 프로파간다인 840만 장의 포스터, 전단, 소책자를 찍었다. 폴란드 전역의 벽과 담벼락에 "셋 다 찬성!"이라는 구호를 쓰라는 명령이 떨어졌다. 라디오와 대중 집회에서도 지지를 호소했고 여성, 농민, 노동자, 지식인 등 모든 인구를 대상으로 선전이 전개되었다. "독일인에게는 셋 다 찬성을 호소하지 않는다", "찬성은 당신이 폴란드인이라는 증표다"처럼 때로는 선전에 민족주의를 대충 내세웠다. 대중에 영합하거나 감상적인 선전도 있었다. 폴란드인들은 "지주가 돌아오길 바라지 않는다면 셋 다 찬성하라"거나 "우리 아이들의 번영과 행복을 위해 셋 다 찬성"에 투표하라는 말도 들었다.[28]

선전운동이 절정에 이르면서 위협이 프로파간다를 뒤따르기 시작했다. 쿠이비셰프에서 훈련받은 우치의 비밀경찰 책임자 미에치스와프 모차르는 지역 농업당 지도자에게 감히 "한 번은 반대"라는 구호 아래 선거운동을 하는 사람은 모두 체포할 것이라고 말했다. 정권은 선거운동이 폴란드 국내군 지도자들의 재판을 대대적으로 알릴 좋은 기회라고 판단했고, 이 재판 중 검사들은 파르티잔 지하 그룹과 폴란드 농업당의 연계를 암암리에 시사했다. 물론 무장했건 안 했건 정권의 모든 반대자들은 실제로 농업당을 지지했고(농업당이 잔존하는 파르티잔들과 거리를 두었을지라도) 이들 중 일부는 은밀히 "두 번 반대"나 심지어 "셋 다 반대" 투표를 독려했다. 이제 정권은 경각심을 가졌다. 선거일이 다가오자 군사 조직과 준¾군사 조직(군대, 국경 경비대, 인민 의용군, 비밀경찰)이 집회와 시위를 조직하기 위해 파견되었다. '잘못된' 투표를 지지

한다고 의심받는 사람은 체포, 심문이나 더 나쁜 일을 당할 수 있었다.

그러나 프로파간다는 역효과를 가져왔다. 투표 전날 밤, 약 2만 명의 팬들이 폴란드와 유고슬라비아 축구 경기를 보려고 바르샤바에 모였다. 전쟁 후 처음 열린 국제 경기 중 하나였다. 하프타임 때 소수의 공산당 정치인들이 앞으로 나와 관람자 모두에게 투표를 독려했다. 중립적인 일이 또 정치적 이벤트가 되려는 순간, 관중은 한 발언자의 지루하고 부자연스러운 연설에 화가 나서 박수를 치고, 폴란드에서 반대의 표시인 휘파람을 불기 시작했다. 미코와이치크가 스타디움에 와 있다는 소문이 퍼지자 군중은 그의 이름을 연호하기 시작했다. 유고슬라비아 팀은 한 관중의 말마따나 크게 놀란 듯 보였지만 경기는 계속되었다(폴란드 팀이 패했다). 경기가 끝날 무렵 트럭 두 대에 나누어 탄 투쟁청년연맹의 젊은 활동가들이 갑자기 스타디움 밖에 나타났다. 관중이 경기장을 떠날 때 이들은 "인민 폴란드 만세, 군대 만세"를 외치기 시작했지만 야유밖에 받지 못했다.[29]

다음날인 1946년 6월 30일 아침 유권자의 85.3퍼센트에 해당하는 1100만 명 이상이 투표장에 나타나, 대단한 투표율을 보였다. 처음에 공산당은 기뻐하며 높은 투표율은 폴란드인들이 공산당 지지로 돌아선 것을 의미한다고 생각했다. 젊은 경제학자 브루스는 당직을 서며 지방에서 올라오는 투표 결과 보고를 받았다. 그는 동료들이 투표 숫자를 듣자 "조심스러운 태도에서 극도로 열성적인 태도로" 바뀐 것을 기억했다. 일부가 두려워한 선거 거부는 없었다. 노동계급과 농민이 투표에 참여한다면, 좋은 소식이 틀림없었다. 즉시 당 지도자들은 의회 선거를 조기에 치르는 것을 얘기하기 시작했다.[30]

환희는 곧 사라졌다. 수백만 명이 투표에 참가했지만, 대다수가 미코와이치크의 조언을 따랐다. 투표 결과는 참담했다. 이제 공개된 문서고 자료에 따르면 투표자의 4분의 1만이 "셋 다 찬성" 표를 던졌다. 투표자 절대다수가 최소한 질문 한 가지에 반대 표를 던진 것이다.[31] 공산당은 이 실망스러운 결과를 놓고 열흘을 고심했다. 결국 그들은 정반대 결과를 보여주는 완전히 날조된 자료를 발표했다. 폴란드 농업당은 명백한 선거 결과 조작에 항의했다. 그들은 실제 수에 접근할 수는 없었지만, 비공식 출구 조사를 통해 분명 투표자 다수가 "셋 다 찬성"에 투표하지 않았다는 것을 알고 있었다. 공산당은 날조된 결과를 냉정하게 고수했다. 더 지저분한 의회 선거를 위한 무대가 마련되었는데, 이 선거는 바로 치러지지 않고 6개월 후로 연기되었다.

무슨 일이 일어난 것인가? 실패한 국민투표 운동에 대한 사후 점검에서 공산당은 전단 대량 살포가 역효과를 가져왔고, 구호의 대량 인쇄가 사람들을 화나게 만들었다는 씁쓸한 결론을 내렸다. 프로파간다가 너무 강하고 적나라했다. 새로운 선전부의 한 감독관은 내부 보고서에 다음과 같이 썼다.

국민투표 공지 후 가장 중요한 일은 하늘의 태양처럼 명백하고 분명한 세 가지 찬성을 지지하되 절제와 주의를 유지하는 것이었다. '찬성'을 얻기 위한 통제 불능의 선전은 다른 무언가가 분명 있을 것이라는 의심을 불러일으켰다.[32]

대중이 가장 자주 토로하는 불만은 두 가지였다. 왜 폴란드 동부 영토를 빼앗겼는가? 왜 소련군 병사들이 여전히 폴란드 땅에 있는가? 공산당은 앞으로 선동가들이 이 두 가지에 답하기 위한 훈련을 더 받아야 한다고 서로 이야기했다. 무능한 선동가들은 즉각 해임되어야 했다. 이제부터는 포스터나 전단을 이용할 게 아니라 대화를 해야 했다.[33]

공산당은 프로파간다 활동가들의 실책을 인정하더라도, 왜 노동자들과 농민들이 그렇게 대거 공산당을 거부했는지를 이해하기 힘들었다. 자신들에게 승리를 가져올 것으로 예상한 이념, 즉 노동자들은 결국 노동자들의 국가를 지지할 것이라는 낙관에 깊이 몰입된 그들은 동포들을 이해하기 어려웠다. 새로 획득한 서부 지방에 거주하는 폴란드인들도 이 병합에 반대표를 던졌다.[34] 바르샤바 당 간부 하나는 동포들이 엄청난 규모로 "혼란된 사고"에 오염되었다고 결론지었다.

이것은 일종의 이해할 수 없는 저항 정신과 완전한 무지와 관련되며, 민주적 통치가 하나의 축복이었던 사람들 중 일부에게도 해당된다. 예를 들면 왜 라돔Radom에서 노동자가 가장 많은 지역들이 셋 다 반대표를 던진 경우가 많은가? 왜 이우자Iłża와 제슈프의 농민들은 대부분 반대표를 던졌는가? 군대와 경찰조차 부정적 답을 한 경우가 많은 것은 어떻게 설명할 수 있는가?[35]

국민투표는 뒤이어 치러진 의회 선거보다도 훨씬 중요한 변곡점이 되었다. 이후 오랜 기간 사라지지 않을, 프로파간다는 한계가 있다는 인식의 시작이었다. 폴란드 공산당뿐 아니라 모든 종류의 공산당들은 결국 더 많은 선전이 더 나은 결과를 가져오지는 않는다는 결론을 내렸다. 더 중요한 것으로 폴란드 공산당은 이제 자신들이 어떤 선거에서도 '깨끗한' 승리를 거둘 가능성이 없다는 것을 알았다. 그들은 미코와이치크를 지지하는 사람들을 위협하고 겁박하거나 선거 결과를 전면 날조해야만 했다.

결국 그들은 둘 다 했다. 실패한 국민투표와 1947년 1월 치러진 의회 선거 사이 6개월 동안, 비밀경찰은 폴란드 농업당의 크라쿠프 지도부를 모두 체포했다. 바르샤바의 농업당 본부를 수색, 압류했고, 농업당 선전부 전체를 심문하고 체포했다. 바르샤바 주재 미국 대사는 외교 전문으로 "농업당이 주선한 폴란드·소련 우호를 위한 회합조차도 분쇄되었다"라고 보고했다.[36] 모든 공공 선거 집회는 군대가 직접 조직했다. 브루스가 말했듯이 "민간인 복장을 한 선전가들보다 군복이 훨씬 효과적"이기 때문이었다.[37] 안전을 증진한다는 위장된 명목 아래 선전 안전 집단이 무장한 파르티잔으로부터 대중을 보호하기 위해 전국에 파견되었다.

의회 선거가 다가오면서 정권의 전술은 더욱 대담해졌다. 선거 일주일 전 농업당 후보는 52선거구 중 10곳에서 제거되었다. 대부분 농업당이 전통적 강세를 보였던 동남부 시골 지역이었다. 선거 전날 밤 공산당은 수천 통의 허위 전보를 농업당 관리들에게 보냈다. 하나같이 "미코와이치크가 어젯밤 비행기 사고로 사망했다"는 내용이었다. 미코와이치크는 회고록에서 선거일인 1947년 1월 17일을 "폴란드 역사의 검은 날"로 기록했다.

투표에 참여하라는 명령을 받은 수백만 명이 공장, 사무실, 기타 정해진 장소에 공개적으로 집결한 후 밴드 음악에 맞춰 무장 경비대의 호위를 받으며 투표소로 행진했다. … 그들은 줄을 서서 기다리는 동안 경비병들이 볼 수 있도록 모두 3번(공산당의 번호)에 기표한 투표용지를 머리 위 높게 들라는 명령을 받았다.

그러나 모두 복종하지는 않았다고 그는 회고했다. "수십만 명의 용감한 사람들이 농업당에 기표한 투표용지를 숨기고, 투표함에 다가가서는 3번이 기표된 투표용지를 구겨버리고 자신들이 기표한 용지를 투표함에 넣었다."[38] 줄에서 빠져나와 병사들이 사라진 다음 돌아온 투표자들도 있었다. 그래도 소용없었다. 공식 발표에 따르면 폴란드 투표자의 80퍼센트가 '민주 블록'에 투표했다. 폴란드 농업당의 득표는 10퍼센트밖에 안 되었다. 미코와이치크는 항의의 뜻으로 내각에서 사임했다. 의회는 비에루트를 폴란드 대통령으로 선출했고, 자신의 사회민주당을 공산당과 통합하기를 원하는 유제프 치란키에비치를 총리로 선출했다. 영국 대사와 미국 대사는 공식 항의를 제기하고 의회 개원식에 참여하지 않았지만, 아무 소용도 없었다.[39]

9개월 후인 1947년 10월 미코와이치크는 폴란드를 빠져나와 독일의 영국 점령 지역으로 간 다음 영국으로 망명했다. 그는 즉각 체포될 위험에 처했다는 은밀한 경고를 받았다고 말했다. 영국 당국은 그를 다소 예민한 사람으로 대우한 것 같은데, 아마 그의 말은 맞았을 것이다. 그의 불가리아 상대 격인 농업당 당수 니콜라 펫코프Nikola Petkov는 1947년 여름 체포되어 재판을 받고 처형되었다. 헝가리 야당인 자영농업당의 당수 페렌츠 너지는 그 무렵 위협을 받고 망명했다. 폴란드 농업당은 이름만 남았고, 가짜 유사shadow 정당이 1947년 선거를 위해 만들어졌지만, 실제 정치에서는 더이상 아무 역할도 하지 못했다. 농업당이 몰락한 후 30년 넘게 폴란드에는 공산당에 대항할 진정한 합법적 야당이 없게 된다.[40]

사실 폴란드 공산당의 선거 실패는 적어도 모스크바에서는 전혀 예상 밖은 아니었다. 스탈린은 폴란드인들의 정치적 충성에 대한 환상이 거의 없었다. 그러나 소련은 다른 곳의 선거에서는 공산당의 호소가 먹힐 것이라고 단단히 믿었다. 스탈린은 소련군이 여전히 주둔하고 있는 동부 오스트리아에서 치러질 가을 선거에 공산당이 선전할 것으로 기대했고, 루마니아에 대해서도 크게 기대했다. 그러나 헝가리만큼 기대치가 높은 곳은 없었다.

실제로 헝가리 공산당은 전후 첫 전국 선거에서 승리할 거라고 절대적으로 확신했다. 이 선거는 헝가리 역사상 최초로 자유롭고 공정하게 치러졌다. 여성, 농민, 교육받지 않은 사람도 최초로 투표권을 얻었다.[41] 선거운동은 언론과 대중을 상대로 공개적으로 진행되었다. 앞서 언급했듯이 사회학과 철학 면에서 폴란드 노동당과 아주 유사한 자영 농당, 그리고 사회민주당, 공산당, 3개의 군소 정당, 이렇게 6개 정당이 독자적으로 후보자를 냈다.

마차시 라코시는 개인적으로 큰 승리를 기대했다. 심한 실업과 불만으로 분노한 군중이 공격적인 소리를 내며 거리로 쏟아져 나오기 쉬웠고, 공산당도 가능한 한 자주 그런 행동을 했다. 전국 곳곳에서 공산당 지도자들은 대중 시위를 조직하고, 구호를 외치고, 포스터를 붙였다. 부다페스트 거리에서 그들의 존재감은 너무 압도적이어서, 라코시는 전국 의회 선거 몇 주 전에 치러질 부다페스트 시의회 선거에서도 좌익 연정(공산당과 사회민주당)의 승리를 자신 있게 예언했다. 그는 당 중앙위원회에서 두 좌익 정당은 "아마도 70퍼센트, 어쩌면 그 이상"

을 득표할 것이라고 말했다. 당시 헝가리 주둔 소련군 고위 장군이자 연합국 통제위원장 보로실로프는 라코시가 과장한다고 생각하고, 대중 시위에 너무 의존한다고 몰로토프에게 불평했다.[42] 사실 라코시는 30만 명의 군중을 거리에 나오게 할 수 있었지만 "당원들 사이에 철저한 교육 작업을 시작하지도 않았다"는 비판이었다. 보로실로프는 라코시가 경제에 충분히 집중하지 않는 점도 지적했는데, 이 얘기는 라코시의 경제정책이 이미 실패하기 시작했다는 것을 완곡히 표현한 말이었다.[43]

공산당 내에서 감히 라코시의 주장에 반론을 제기하는 사람은 드물었다. 당시 공산당 선전부에서 일하고 있던(1956년에는 공산당 통치에 반기를 든) 예뇌 셀Jenö Széll은 헝가리 서부 파파Pápa 지역의 선거운동 책임을 맡고 있었다. 투표에 앞서 셀은 선거운동 진행 상황을 보고하는 지역 회의에 초대되었다. 대중의 지지에 대한 들뜬 보고를 연달아 듣던 그는 걱정되기 시작했다. "모든 사람이 공산당이 크게 앞서고 있고, 두 노동자 정당이 절대 다수를 득표할 것이라고 보고했다. … 나는 속으로 '불쌍한 셀, 너는 군중에 합류해 거짓말을 하거나, 진실을 말하고 곤란을 겪어야겠구나' 하고 중얼거렸다."[44]

셀은 용기를 내서 솔직하게 대답했다. 그는 그 자리에 모인 활동가들에게 좌익 연정은 파파에서 별로 지지를 받고 있지 못하다고 말했다. 그곳에서는 자영농당이 아주 강했고, 압승을 거둘 수도 있었다(실제로 그렇게 되었다). 라코시는 이 보고를 무시하고 셀 동지가 잘못 알고 있으며, 그는 반동분자들만 만났을 뿐이고, 파파에서 프로파간다가 강화되면 대중이 태도를 바꿀 것이라고 장담했다. 결국 셀 동지가 모든 게 잘되는 상황을 보게 될 것이라는 얘기였다.

그러나 모든 게 잘되지는 않았다. 첫 충격은 부다페스트 시의회 선거일인 1945년 10월 7일 밤에 닥쳤다. 선거 결과가 발표되면서 공산당은 자영농당이 50퍼센트 이상 득표했다는 사실을 알았다. 라코시는 "시신처럼 창백한 표정으로 한마디도 말하지 않고 자기 의자에 앉았다"고 한다. 11월 4일 치러진 전국 선거도 좋은 결과를 내지 못했다. 선거 결과가 당 본부에 들어왔을 때, 셀은 한 당 간부의 안색이 "하얗게 질렸다가 파랗게 변했다가 녹색이 되고, 그의 입술이 회색이 되는 모습"을 보았다. 그 사람은 방을 뛰쳐나가며 반혁명이 닥칠 거라고 소리쳤다. "백색 테러가 뒤따를 것이다."[45] 라코시는 아마 이번에는 준비를 더 잘한 듯, 강한 확신을 가지고 대응했다. 셀은 그가 방에 들어와 "활짝 웃으며 '동지들, 무슨 소식이 들어왔나?' 했던 것을 떠올렸다.

우리는 우울하게 그에게 소식을 전하고 결과를 보여주었다. "진정해, 동지들." 그는 말했다. "이건 불과 몇 선거구, 몇 개의 썩어빠진 반동적 선거구의 결과다. 이 결과에 당황하지 마시오." … 나는 그때 그가 대단한 정치인이라는 것을 깨달았다. … 참패했다는 사실을 다 알고도 그는 자신의 역할을 완벽하게 수행했다. 그는 집으로 가서 잠을 잘 거라며, "동지들은 내일 아침 6시까지 선거 결과에 대한 종합적 보고를 준비하시오"라고 했다. 그는 일을 잘 했다고 말하고 행복한 기분인 것처럼 보이며 자리를 떴다. … 확신컨대, 지도부는 실수를 만회할 방법을 논의하기 위해 즉각 회의를 열었을 것이다.[46]

자영농당은 57퍼센트를 득표해 낙승을 거두었고, 17.4퍼센트를 득표한 사회민주당이 2위에 올랐다. 공산당은 16.9퍼센트를 득표해 실망스럽게도 3위에 그쳤다.

라코시의 낙관주의가 과장되었다고 의심했었지만, 부다페스트의 소련 당국은 선거 참패에 충격을 받고 희생양을 찾았다. 소련군 정치부의 투가레프Tugarev 대령은 모스크바에 보낸 보고서에서 인플레이션, 석탄 부족 등 이 나라의 경제 상황뿐 아니라 어떻게든 공산당의 이번 실패에 책임을 지게 한 우익 지도자들을 비난했다. 그는 자영농당이 반소련 구호와 폭력을 쓴 것을 비난하고, 헝가리 가톨릭교회 수석대주교인 민드센티 추기경의 배신적 행위를 다소 장황하게 비난했다. 분명 투가레프는 소련군이 비난을 받고(절도, 강간, 주민 강제이주가 그 대가를 치른 셈이었다) 자신도 책임 추궁을 당할 것을 두려워했다. 그는 헝가리인들이 소련군 병사들이 비행을 저지르도록 도발한 것이라고 주장했다. 주민들이 병사들에게 술을 주고 집을 약탈하도록 병사들을 보낸 다음, 음식을 주고 술도 더 주는 대가로 약탈한 물건을 가졌다는 주장이었다. 소련과 밀접한 관계가 있는 공산당의 책임도 있었다.[47]

보로실로프는 더 직접적으로 동맹국들에 화살을 돌렸다. 스탈린에게 그는 "범죄적 요소들, 출세를 중시하는 사람들, 모험가들, 과거에 파시즘을 지지했거나 파시스트 조직의 일원이었던 사람들"이 헝가리 공산당에 침투했다고 주장했다. 더 핵심으로 들어가, 그는 다소 완곡하게 설명했다. "공산당 지도자들이 헝가리 출신이 아닌 점이 당에 해로운 결과를 가져왔습니다." 물론 이 말은 당내에 유대인이 너무 많다는 뜻이었다.[48] 몇 년 안에 라코시는 보로실로프 보고서에 적시된 희생양들을 정확히 겨냥한 테러를 단행했다. 자영농당, 민드센티, 교회, 유대인 공산당원들, 또는 그들 중 적어도 일부가 그 대상이었다.

잠시나마 자영농당은 선거 승리에서 이익을 찾으려고 했다. 자영농당 지도자 졸탄 틸디와 이제 의회 의장이 된 페렌츠 너지는 라코시에게 자영농당은 새 내각 절반의 의석을 원하며(자영농당이 과반 득표를 했기 때문에 합리적인 요구였다), 나머지 절반은 다른 당들에게 나눠주어야 한다고 말했다. 그들은 또한 내무부를 공산당에서 떼어내 최소한 그 기능의 일부나마 통제하려고 시도했다.

그들은 두 주장을 관철하지 못했다. 모스크바의 몰로토프 지시에 따라 움직이는 보로실로프는 라코시에게 공산당은 17퍼센트밖에 득표하지 못했지만, 그 17퍼센트는 "나라에서 가장 적극적 세력"인 노동계급을 대표한다고 틸디와 너지에게 말하라고 지시했다. "경제 재건이라는 무거운 짐이 노동계급의 어깨 위에 있어서" 노동계급은 정부에서 훨씬 큰 역할을 맡아야 한다고도 했다. 별도로 그는 "헝가리가 특수한 상황에 있으며, 패전국이지만 헝가리는 소련의 관용 덕분에 민주적 기반 위에 신속하게 재건할 수 있는 기회를 부여받은" 점을 틸디와 너지가 이해할 필요가 있다고 설명했다. 새로운 의회에서 강력한 노동계급의 존재는 "소련에 대한 헝가리의 의무 이행을 보장"하는 것이었다.[49]

평범한 상황이라면 민주적으로 선출된 정당은 그런 위협적 난센스에 아무 주의도 기울이지 않았을 것이다. 그러나 1945년 11월이 되자 사제 키스가 체포되었다. 소련군의 대량 체포 기억이 아직 생생할 때였다. 경찰이 이미 청년집단을 제거하기 시작했고, 공산당 프로파간다가 라디오에 침투했다. 소련 자문관들이 격노했고, 틸디는 뒤로 물러났다. 곧 공산당이 내무부를 접수했고(공산당 스타 중 하나인 라슬로 러이크가 내무 장관이 되었다) 라코시는 부총리가 되었다. 틸디는 총리가 되었지만, 1946년 2월까지만 직책을 유지하고 너지로 교체되었다.

그후 자영농당은 놀라운 속도로 해체되기 시작했다. 지속적인 압박을 받은 당 지도부는 실수를 남발했다. 이후 몇 달간 공산당은 다른 당들과 임시 연정을 수립했다. 그러고는 먼저 자영농당 정치인이나 정파 하나를 공격하고, 대중 시위와 신문·라디오상의 거친 언어를 이용해 다음 정적을 공격했다. 3월 초 좌익 연정은 언론 선전과 대규모 시위를 조직하여 자영농당에서 반동적인 요소를 척결할 것을 요구했다. 이틀 후 너지는 굴복하여 군중을 달래기 위해 이러한 반동분자들을 쫓아냈다. 얼마 후 데죄 술료크Dezsö Sulyok가 이끄는 또다른 자영농당 정파가 당에서 떨어져 나와 헝가리독립당으로 당명을 바꾸었다. 술료크는 동료들을 틸디, 너지로부터 멀리 떼어놓고 싶었다. 틸디와 너지는 이제 좌파 언론에서 증오의 대상이 되었지만 자영농당 동료들에게는 약자로 여겨지고 있었다. 1946년 내내 과거 반파시스트 저항세력과 청년 지도자들을 비롯한 자영농당 동조자들에 대한 체포가 가속화되었다.

가을이 되자 경찰 조사가 임박했다는 애매한 소문이 돌기 시작했다. 처음에는 은밀하게, 다음에는 공개적으로 신문, 정치인, 그리고 마지막으로 헝가리의 소련 당국이 자영농당의 서기장이자 너지의 가까운 친구인 벨러 코바치가 쿠데타를 꾸미고 있다고 비난했다. 소련 대사가 공개적으로 코바치를 음모자라고 지적한 뒤, 라코시가 너지에게 그를 파면하라고 조언했다. 그러나 코바치는 시골로 '휴가'를 떠났고, 헝가리 경찰은 그를 체포하는 데 시간을 끌었다. 그래서 1947년 2월 26일 소련군 군사 당국이 들이닥쳐 코바치를 직접 체포했다. "그의 집에서 그들은 그에게 군사령관의 체포 명령을 낭독했다. 그들은 집을 수색하고, 서류를 압수한 다음 그를 연행했다."[50] 코바치는 소련 감옥에 8년 수감되었다.

훗날 '살라미 전술'이라고 알려진 전술로 자영농당은 조금씩 잘려나 갔다. 코바치가 사라진 후 다른 당원들도 자발적으로 당을 떠나기 시작했다. 자영농당과 다른 두 합법 비공산주의 정당 지도자들은 하나하나 헝가리를 빠져나갔다. 1947년 5월, 정말 헝가리를 떠날 작정이었는지는 결코 분명하지 않았지만, 너지도 그들에 합류했다. 다소 신기하게도 그는 자신의 당이 분해되고 동료들이 망명하는 정치적으로 긴장된 순간을 택해 휴가를 떠났다. 아내를 데려가고 어린 아들은 남겨놓은 것도 이상했다. 너지는 자신이 자리를 비운 사이에 새로운 국유화 입법은 없을 것이라는 모호한 약속을 라코시로부터 받아냈다. 그러고는 스위스의 영농 방법을 조사한다는 명목으로 차를 몰고 스위스로 떠났다(그는 회고록에서 "멋진 휴양소에서 빈둥거릴 계획은 아니었다"고 설명했다).

헝가리를 떠나자마자 너지는 부다페스트에서 계속 전화를 받았다. 처음에는 귀국하라는 명령이었다가 나중에는 귀국하지 말라는 경고 전화였다. 그의 비서는 체포되었다. 그는 음모에 가담한 혐의로 조사 중이었다. 그는 돌아가려 해도 부다페스트까지 못 갈지도 몰랐다. 아마 국경에서 도중에 불행한 일이 벌어질 가능성도 있었다. 너지가 음모 혐의를 더러운 날조라고 비난하자, 라코시는 "상황을 너무 가볍게 여기지 마시오"라고 경고했다. 며칠을 고민한 끝에 너지는 망명을 선택했다. 그는 아들과 교환하는 조건으로 제출할 사직서를 썼다. "결국 우리 애를 내 팔로 안고 나는 공산당 사절에게 사직서를 건넸다. 그건 그들이 쿠데타를 '합법'으로 만들기 위해 그렇게 나쁜 방법을 써서라도 갖고 싶어하는 서류였다."[51]

너지가 떠난, 그리고 더 많은 정치인들이 그의 뒤를 따라 달아난 상황에서 1947년 선거는 이미 결론이 난 것이나 마찬가지였다. 그런데도 공산당은 만전을 기했다. 선거 전에 공산당은 수천 명을 투표자 명단에서 제외했다. 적뿐만 아니라 적의 친구와 친척, 포로수용소에서 돌아온 사람들도 그 대상이었다. 7월 선거운동 중 한 지도적 활동가는 당의 의도를 적나라하게 설명했다. 전체적으로 그는 대략 70만 명이나 80만 명의 투표자를 배제하길 바랐다. "동지들, 너무 법 준수를 신경 쓸 필요 없소. … 우리는 조용한 선전으로 사회민주당이 선거 후 공산당과 합당할 것이라는 말을 퍼뜨려야 하오. 공산당이 다수표를 얻는 마을은 정부로부터 경제 지원을 더 받을 것이라는 소문도 퍼뜨려야 하오."[52]

활동가들이 일부 투표자에게 등록서류 지급을 "잊어야" 한다고 제안하는 사람들도 있었다. 예뇌 셀은 자신의 선거구에서 믿을 만한 여인에게 중립적으로 선택하는 척하며, 모자에서 공산당 이름을 골라달라고 부탁해(그 카드는 다르게 접혀 있었다) 공산당이 1위를 차지하게 했다. 다른 활동가들은 깡패 집단을 동원해 다른 당의 집회를 방해했다. 헝가리 독립당 당수가 된 데죄 술료크는 공개 집회에서 연설하려고 할 때 일어났던 일을 떠올렸다.

큰 고함이 시작됐다. "그를 창밖으로 던져! 때려죽여! 그를 교수형에 처하자! 반역자!" … 드디어 내 차례가 되자 군중의 공격은 더 거세졌다. 그런 소음 속에서 나는 한 마디도 할 수 없어서 … 우리는 일어나 교황의 찬송가를 부르기 시작했다. 일부 군중은 욕하기 시작했고, 다른 일부는 〈인터내셔널가〉를 불렀다. 우리가 도망칠 기회였다. 군중이 일어서서 〈인터내셔널가〉를 부를 때 우리는 재빨리 연단을 빠져나갔다. … 그러나 군중은 우리를 발견하고 다시 한번 소리치기 시작했다. "내보내지 마, 저놈들을 막아! 창밖으로 던져버려!"

나중에 그는 내무 장관 러이크에게 불평했지만, 그는 동조하지 않았다. 러이크는 그에게 이렇게 말했다. "공산주의자로서 말하는데, 나에게 달린 일이었다면 당신들은 모두 죽었을 것이오."53 술료크도 곧 헝가리를 탈출했다.

투표일인 1947년 8월 31일, 전체 유권자의 약 8.5퍼센트에 해당되는 50만 명가량이 투표 명단에서 제거됐다. 투표장에 나타나지 않은 30만 명도 있었는데, 너무 겁에 질렸기 때문이었을 것이다. 분명한 결과를 얻기 위해 공산당은 마지막 사기극을 벌였다. 그들은 추가로 만든 수만 장의 파란색 투표용지를 특별투표팀(추정컨대 이들은 '휴가 중'이라 자신의 지역구에 없는 투표자들이었을 것이다)에 나눠주어 여러 마을을 돌아다니며 표를 던지게 했다. 특별투표팀은 이 일을 비밀로 하지 않았다. 이들은 헝가리 군 트럭이나 소련군 자동차까지 타고 다니며, 이런 익살극에 참여해서 기쁜 듯 웃고 노래하며 이 마을 저 마을을 돌아다녔다.54

부정 선거에 항의하는 사람은 헝가리 내에 몇 명밖에 없었다. 그중 한 사람인 사라 커리그Sára Karig는 1943년부터 사회민주당원이었고, 1944년 이후 반나치 저항운동가였다. 스웨덴 외교관 라울 발렌베르그 Raoul Wallenberg의 친구이자 동료로서 커리그는 수백 명의 헝가리 거주 유대인이 게토를 탈출하고 가짜 신분증을 얻도록 돕고, 유대인 아이들을 고아원에 숨겨주었다가 헝가리를 떠나게 도와주었다. 그녀는 헝가리 공산주의자들이 가짜 신분증 얻는 것도 도와주었다. (한 사람의 회고에 따르면 그녀의 부다페스트 아파트는 '가짜 출생증명서 공장'이었다.) 전후 정치 활동을 활발히 벌이던 그녀는 1947년 여전히 사회민주당원으로서 부다페스트 중앙 지역구 중 한 곳의 선거관리위원장으로 임명되었다. 그 자격으로 그녀는 선거구 내에 비공식 전화 연결망을 갖추고, 얼마나 많은 사람이 투표하는지 확인했다. 그날이 저물 무렵 그녀는 선거 부정이 있었다는 것을 알았다. 그녀는 이중 투표의 여러 사례를 경찰에 신고했다. 부정을 저지른 사람들(모두 공산당원)은 체포되었지만 바로 풀려났다.

다음날 커리그 자신이 체포되었다. 거리를 걷고 있던 그녀는 아무 경고 없이 체포되어 검은 소련제 리무진에 태워져 즉시 빈 인근 바덴의 소련군 사령부로 이송되었다. 그녀는 석 달 동안 심문과 고문을 받고, 스파이 혐의로 기소되었다. 공식 기소가 없었음에도 불구하고 그녀는 "헝가리의 민주적 과정의 장애물"로 헝가리에서 추방되었다. 그녀는 결국 소련의 강제노동수용소 중 가장 오지인 보르쿠타로 이송되었다. 부다페스트에서 그녀의 친구, 가족, 당 동료들은 그녀에 대한 아무 정보도 얻지 못했다. 라코시와 러이크도 그녀의 소재를 모른다고 잡아뗐다. 부다페스트의 소련 당국도 그녀가 혹시 서방으로 망명한 것이 아니냐며, 아무것도 모른다고 말했다.

커리그는 스탈린이 죽은 1953년에야 집으로 돌아왔다.[55] 그러는 동안 커리그의 항의는 성공적으로 진압됐다. 1년도 되지 않아 헝가리 정부는 의회 민주주의의 모든 가식을 벗어버렸다. 헝가리 공산당이 단독으로 통치하게 된 것이다.

동유럽 블록의 다른 나라들처럼 동독의 울브리히트와 그의 일당도 좌익이 독일 선거에서 승리할 수 있고, 실제로 승리할 것이라고 믿었다. 1945년 9월 빌헬름 피크는 독일 노동자들은 "히틀러가 재앙을 가져온 것을 이해"할 뿐 아니라 소련이 독일의 강력한 성장과 전망을 보장할 것임을 안다고 확신 있게 썼다. 그래서 그들은 소련에 가까운 정치인들을 선호할 것이었다. 몇 달 후 피크는 선거가 프롤레타리아 정권의 승리를 확실히 만들어낼 것이라고 주장했다.[56]

독일 공산당은 한 부문에서는 조심스럽게 행동했다. 헝가리 공산당과 폴란드 공산당처럼 그들은 독일 사회민주당과 연정으로 선거에 참여하는 것을 선호했다. 만일 그들이 온건 좌익과 강경 좌익 사이의 경계선을 흐리게 만들면, 거뜬히 독일 노동자들의 지지를 받을 것이라고 스스로 믿었다. 결국 중유럽의 사회민주당은 모두 공산당 속으로 녹아 들어갈 수밖에 없을 것이었다. 그러나 좌파의 첫 번째 자발적 통일(공산주의와 별개의, 다른 것으로서 사회민주주의를 폐지하는 일)이 동독에서 일어났다.

쉬운 과정은 아니었다. 사회민주당은 독일과 동유럽에서 오랜 기간 존경을 받은 역사를 가졌고, 많은 사회민주당원들은 소련과 공산주의에 대한 반감이 깊었다. 독일 공산주의자들도 사회민주당원들을 오랫동안 경멸해왔었다.[57] 20세기 초 레닌도 독일 사회민주당 창시자 카를 카우츠키와 유명한 논쟁을 벌였다. 카우츠키는 혁명에 반대하며 선거를 통해 집권해야 한다는 만용을 부리고 있었다. 레닌은 1918년 쓴 《프롤레타리아혁명과 변절자 카우츠키》라는 유명한 소책자에서 카우츠키를 헛소리를 지껄이며 부르주아 민주주의 허구성의 "불합리를 선전하는 허풍쟁이라고 비난했다.[58] 동유럽 그밖의 곳에서 사회민주당은 전반적으로 공산주의보다 덜 급진적인 프로그램을 가지고 있었다. 그들은 프롤레타리아독재가 아닌 오늘날 우리가 복지국가라고 말하는 것을 옹호했고, 혁명이 아니라 진보를 원했다. 그러나 무엇보다도 공산당이 사회민주당을 증오한 이유는 전쟁 전과 전쟁 후 그들이 더 인기가 많았기 때문이었다.

그러나 신망을 받아온 독일 사회민주당은 나치당의 손아귀에서 겪은 정치적 실패와 패배의 경험으로 사기가 떨어져 있었다. 바이마르 독일에서 좌파는 분열되었고, 우파는 그러한 분열로 이익을 얻었다. 이제 많은 사람은 좌익의 통합 실패가 히틀러를 권좌에 올려놓았다고 믿었다. 오랜 기간 사회민주당원이었던 오토 부흐비츠Otto Buchwitz는 1946년 3월 사회민주당과 공산당 통합 지지를 선언했다. 그는 개혁은 실패했다고 썼다. 이제 그는 자신의 당이 공산당과 연합하여 '혁명적 사회주의'를 수용할 때가 왔다고 선언했다.

소련의 영향력도 한몫했다. 독일 동부 점령 지역의 사회민주당 지도자 오토 그로테볼은 1945년 8월 자신의 당은 독립할 권리가 있고, 공산당과 통합된 후보자 명단을 내지 않을 것이라고 선언했다. 그는 10월 서부 점령 지역 사회민주당 지도자 쿠르트 슈마허에게도 같은 말을 했다. 두 달 후인 12월 그는 사회민주당-공산당 연석회의에서 통합에 반대하는 열 가지 이유를 열거했다. 그는 무엇보다도 "우리 당원들 사이에는 공산주의 형제 당에 대한 깊은 불신이 있다"고 선언했다.[59]

그는 아주 빠르게 태도를 바꾸었다. 1946년 2월 그는 한 영국 관리에게 자신이 심각한 우려를 하고 있다고 말했다. 개인적으로 엄청난 압박을 받고 있고(그는 "소련군 총검에 살살 찔리는 것"에 대해 말했다) 그의 당도 난관에 봉착해서 당의 "지방 조직이 완전히 훼손되었다"고 말했다. 공산당과의 합당에 저항하는 것은 아무 의미가 없었다.[60] 그로테볼의 견해가 달라진 이유는 1945년 가을, 소련 군사 당국의 전술처럼 공산당의 전술이 바뀌었기 때문이었다. 헝가리 공산당의 선거 패배, 오스트리아 공산당의 실망스러운 결과(큰 기대에도 불구하고 11월 선거로 의회에서 단지 4석밖에 얻지 못했다), 독일 서부 점령 지역에서의 사회민주당의 인기로 처음에는 동독 공산당이, 다음에는 소련 당국이 좌익을 통합할 때가 왔다고 확신하게 되었다. 1946년 초 소련군 지휘관들은 지역 수준에서 두 좌익 정당의 통합을 강제하라는 명령을 받았다. 이후 몇 달 동안 약 2만 명의 사회민주당원들이 통합에 반대할 경우 탄압, 투옥, 심지어 살해를 당했다.[61] 베를린 시당 위원장인 신념이 강한 사회민주당원 루스 안드레아스-프리드리히Ruth Andreas-Friedrich는 일기에 의구심을 쏟아내며 "세계 강국의 압력에 맞설 우리는 누구인가? 동부 점령 지역에서 합병 과정은 꾸준히, 무자비하게 진행되고 있다"라고 적었다.[62]

폴란드 사회민주당 지도자 치란키에비치처럼, 그로테볼도 합병에 순응하면 최고위직을 얻을 가능성이 크다는 것을 알았다(실제로 그는 결국 그렇게 되었다. 1949년부터 1964년 사망할 때까지 그는 동독 총리를 맡았다). 두려움 또는 기회주의에 고무되었든 둘 다 작용했든, 그는 통합에 찬성했다. 1946년 4월 21일과 22일에 열린 특별한 통합 전당대회에서 독일 사회통합당Sozialistische Einheitspartei Deutschlands, SED이 탄생했다. 공산당 기관지 《노이에스 도이칠란트》는 "일당 체제가 아니라 통합된 반파시스트 민주 전선의 강화"라고 평가했다. "수백만 명을 대표하는 이 당 옆에는 장기적으로 어떤 분파 정당도 나올 수 없을 것이다." 안드레아스-프리드리히는 일기를 쓰며 이 성명을 날카롭게 비꼬았다. "일당 체제는 아니지만, 다른 어떤 정당을 위한 여지도 없다."[63]

그로테볼은 압박에 굴복했지만, 사회민주당원 모두가 그를 뒤따르지는 않았다. 격렬한 논쟁이 오간 베를린 사회민주당원 회의 중 그로테볼은 "종놈Lackey!" 또는 "우리는 강제 통합을 원치 않는다! 우리는 강간당하지 않겠다" 등등의 고함을 들으며 침묵했다.

항의는 격렬해진다. 그들은 점점 더 분노 속에 격앙된다. 연사의 말은 밀물 같은 소란 속에 묻힌다. "배신자 … 사기 … 사퇴 … 중지하라." 누군가 노래를 부르기 시작한다. "형제들아 빛과 자유를 향해 전진하자." 그의 입술이 자동적으로 가사를 나타낸다. 동지들도 자동적으로 따라 부른다. 모든 사람의 얼굴이 자부심과 흥분으로 빛나고 있다. "이번에 우리는 굴욕을 참지 않았다. 13년 만에 처음으로 우리는 우리의 자유를 지켰다."[64]

베를린 사회민주당원의 80퍼센트 이상이 공산당과의 합당에 반대표를 던졌다. 두 당을 매우 곤란하게 만든 투표였다. 사회민주당은 동독 대부분 지역에 더이상 존재하지 않았지만, 베를린에서는 여전히 주요 정치 세력이었다. 그뿐 아니라 베를린 사회민주당은 급진적인 반공 세력이 되어, 똑같이 반공 노선을 취한 서독 사회민주당과 밀접한 연계를 유지했다. 쿠르트 슈마허는 소련의 압박을 받는 동독 사회민주당을 위해 동방 사무소Ostbüro를 설치했다. 울브리히트는 긴 연설에서 슈마허를 분열 정책을 추진하는 반동 세력이라며 욕설을 퍼부었다.[65]

이런 상황에 맞서, 1946년 9월 시작된 전후 첫 독일 선거운동은 신기한 장면을 연출했다. 처음부터 소련군 행정당국과 튤파노프Tyulpanov 대령이 이끄는 선전부는 굉장히 정확성을 기하며 선거운동을 계획했다. "사회민주당의 모든 결정은 소련군사행정국 지도부의 동의를 받아야 한다"라고 튤파노프는 선언했다. 튤파노프는 고위 관리들에게 독일의 배상 절차를 일시적으로 중단하고, 점령 지역에 원자재 공급을 늘리고 아동, 영아, 임신부에 대한 식량 배급도 늘리도록 설득했다.[66]

처음에는 독일 동맹 세력의 정치적 자질에 회의적이었지만, 늦여름이 되자 소련군사행정국은 승리를 더욱 확신하기 시작했다. 종이를 무한정 사용할 수 있었던 독일 공산당은 폴란드 공산당처럼 수십만 장의 포스터와 백만 장 이상의 전단을 인쇄했다. 다른 정당들은 조금이라도 종이를 얻으려고 무척 애를 써야 했다. 사회민주당은 의도적으로 "통합, 평화, 사회주의!" 또는 "통일된 독일: 우리의 미래 보장!"과 같은 온건한 구호를 내걸고 공산주의란 말과 소련 언급을 피했다. 러시아 점령 지역인 다섯 지방에서 소련 관리들도 사회민주당을 대신해 선거운동을 공개적으로 벌였다. 일부 지역에서는 현지 지휘관들이 특정 후보를 지원하거나 거부할 수 있는 권한과 선거 운동을 승인하거나 거부할 수 있는 권한을 보유했다.[67]

그럼에도 선거 결과는 장담할 수 없었다. 사회민주당은 지역 수준에서 다수를 차지하지 못했고, 부르주아인 기독민주당, 자유민주당과 권력을 공유해야 했다. 사회민주당이 독일 사회통합당과 별도로 선거운동을 벌인, 그리고 선거가 시의 동부 지역과 서부 지역에서 동시에 치러진 베를린의 선거 결과는 참담했다. 사회민주당이 소련 점령 지역에서 43퍼센트를 득표했고, 전체적으로는 49퍼센트를 득표했다. 독일 사

회통합당은 전체적으로 19.8퍼센트를 득표하여 22.2퍼센트를 득표한 기독민주당에도 뒤졌다.[68]

공산당은 선거 결과에 긍정적 의미를 부여하려고 했다.《노이에스 도이칠란트》에는 "지역에서 독일 사회통합당의 위대한 선거 승리"가 헤드라인으로 들어갔다. 그러나 막후에서 지도부는 실망했고, 소련 당국도 격분했다. 모스크바에서 소련 지도부는 정책 변화를 논의하며 튤파노프 해임을 거론했다. 칼스호르스트의 소련군 사령부에는 심지어 민주주의가 "총검으로만 만들어질" 수 있다는 데 회의를 표하며 더 자유로운 정책을 옹호하는 사람들도 있었다.[69]

그러나 자유화는커녕 소련군사행정국은 탄압을 강화했다. 그런 압박을 느낀 사람 중에 에른스트 벤다Ernst Benda가 있었다. 1946년 벤다는 동베를린 훔볼트대학교의 법과대학생이자, 기독민주당Christlich Demokratische Union, CDU 학생협회장이었다. 기독민주당은 당시 그에게 당연한 선택인 것 같았다. "나치 정권을 겪어본 후 우리는 정치에 적극적으로 참여하며 개개인의 종교적 확신을 정치에 도입하고, 우리가 믿는 것에 따라 정치를 형성할 필요가 있었다."[70]

기독민주당은 대학에 가까운 예거슈트라세Jägerstraße 거리에 벤다를 위한 작은 사무실을 마련해주었고, 그곳에서 그는 당 지도자들의 내부 토론에 귀를 기울일 수 있었다. 당시 기독민주당은 서부의 콘라트 아데나워가 이끄는 친서방적이며 소련에 반대하는 정파와, 동부의 야코프 카이저가 이끄는 정파로 나뉘어 있었다. 후자의 당원들은 동부와 서부의 타협점을 여전히 찾을 수 있고, 따라서 독일의 항구적 분할을 막을 수 있다고 믿었다. 현대적 의미의 보수적 성향은 두 정파에 없었다. 벤다는 2008년 "오늘날 (동베를린 기독민주당의) 강령을 본다면, 좌파 중의 좌파로 보일 것이다"라고 설명했다.

그러나 벤다의 좌파 기독민주주의(당시 그는 복지국가 설립, 그리고 민간 사업, 민간 기업과 공존하는 경제의 일부 중앙집권화를 옹호했다)는 대학의 공산주의자들과 충돌했다. 그는 1947년 공산당 대회에서 대학 건물이 붉은 깃발로 덮이는 데 반대했고, 다른 활동과 함께 자신들이 훔볼트대학교와 공산당 고급학교 중 어디에서 공부해야 하는지 묻는 전단을 배포했다. 학생회 간부 대부분은 대大베를린 지역의 학생들처럼 지지하는 정당에 따라 갈라져 있었는데, 이들은 벤다와 그의 기독민주당 친구들과 협력했다. "여러분이 어느 당에 투표할지는 중요하지 않습니다. 어느 당에 투표하지 않을 것인가가 중요합니다." 벤다가 당시 대학 선거 집회에서 한 말이다. "내가 무슨 말을 하는지 모두 이해했을 것입니다. … 여러분은 공산당에 찬성하거나 반대했습니다. 공산당에 반대했다면 여러분이 사회민주당원인지, 기독민주당원인지, 기타 정당을 지지하는지는 중요하지 않습니다."

1947년에서 1948년으로 넘어가면서 이러한 항의 시위가 점점 잦아졌다. 그들은 더 큰 탄압을 받았다. 자유독일청년 지도자들과 협력을 꾀했던 기독민주당 지도자 만프레드 클라인은 1947년 봄 이미 체포되었다. 로스토크, 예나, 라이프치히의 대학에서 벌어진 시위로 더 많은 학생들이 체포되었다. 또다른 학생 지도자 아르노 에쉬Arno Esch는 결국 소련 군법회의에 의해 사형을 선고받았다.[71] 이러한 탄압은 동베를린에서 시행되기까지 좀더 시간이 걸렸지만(베를린은 서방 당국이 여전히 세심히 관찰하고 있었다) 결국 탄압이 시작되었다. 오랜 기간 공산주의자였던 훔볼트대학 총장 파울 반델Paul Wandel은 3명의 지도자급 학생 운동가를 퇴학시켰다. 아직 비공산주의자가 다수인 학생회는 투표로 동맹

휴업을 결정했다.

벤다와 동부 기독민주당의 종말이 곧 다가왔다.

1948년 3월 어느 날 나는 기독민주당 학생인 내 친구 하나가 프리드리히슈트라세Friedrichstraße(서베를린으로 연결되는 지하철 역)에서 체포되었다는 소식을 들었다. … 너무나 또렷이 기억하건대 나는 바로 기독민주당 본부로 달려가 우리 학생 그룹의 간부인 친구에게 전화를 걸었다. 그는 미국 점령 지역인 달렘 어디엔가 있었다. 내가 들은 소식을 전화로 그에게 전하고 "우리 어떻게 하지?"라고 물었다. 이 말을 하자마자 밖에서 누군가가 우리 대화에 끼어들어 … 짤막하게 말했다. "조심하시오." 나는 바로 알아차렸다. 전화 대화를 도청하는 누군가가 이 기회를 이용해 개인적 경고를 한 것이었다.

벤다는 전화를 끊고 사무실을 나서서 바로 지하철역으로 갔다. 친구가 체포된 프리드리히슈트라세 역이 아니라 서쪽으로 넘어가는 다른 역인 코흐슈트라세Kochstraße 역으로 갔다. 몇 분 후 그는 미국 점령 지역으로 들어갔다. 그는 이후 40년 동안 동베를린으로 돌아오지 않았다.[72]

1947년 말, 미코와이치크는 폴란드를 탈출해 영국으로 왔다. 너지도 미국으로 가는 길에 망명했다. 야코프 카이저는 독일의 소련 점령 지역에서 기독민주당의 당수 자리에서 물러나 벤다를 비롯한 많은 동료와 함께 곧 서베를린으로 떠났다. 전쟁이 끝난 지 3년이 채 지나지 않았지만, 공산당 정권에 대항하는 거의 모든 조직적·합법적 반대 세력이 제거되었다. 베를린 봉쇄가 시작된 1948년은 흔히 냉전의 시작일 뿐 아니라 중유럽에서 '스탈린주의'가 시작된 해로 이야기된다. 그러나 동유럽의 스탈린주의화(소련화, 전체주의화)는 1948년이 시작되기 훨씬 전에 이미 시작되었다.

1947년 가을 스탈린은 얄타 합의를 준수하는 척 외부 세계에 보이려는 노력을 중단했다. 전쟁 중 그는 서방 연합국에 대한 선의의 제스처로 코민테른을 폐쇄했다. 이제 그는 서방 연합국에 대한 공세의 제스처로 새로운 조직인 공산당 정보국, 즉 코민포름을 창설했다.

국제적 '혁명' 공산당 재창설에 대한 막연한 이야기는 있었지만, 코민포름 창설의 직접적 동인은 트루먼 대통령과 마셜 국무 장관이 대규모 투자와 차관 제공으로 유럽 경제 재건을 원조하는 계획을 시작하고 있다는 소식이었다. 1947년 트루먼 독트린 연설에서 트루먼은 "전체주의 정권의 씨앗은 빈곤과 궁핍을 먹고 자란다"고 선언했다. 그러한 사고의 최종 결과물이 유럽 재건에 넉넉한 자금을 제공하는 마셜 플랜이었다. 1947년 6월 제안된 마셜 플랜은 유럽 경제를 재건하고(관점에 따라 다르지만) 공산혁명의 위협을 막거나 서방 자본주의를 공고히 하는 것을 지원하려고 했다. 당시 한 미국 지지자는 이렇게 선언했다. "이 계획은 민주적 과정과 경제 번영의 성장과 발전에 유리한 경제 환경을 유럽에 만들어줄 것이다." 더 중요한 것은 이 계획이 유럽의 정치·경제 구조가 와해되는 것을 막을 수 있어, 당시 정말 위협으로 느껴졌던 공산혁명이 서유럽에서 일어날 가능성을 낮출 수 있다는 점이었다.[73]

처음에 소련은 마셜 플랜에 굉장히 당황했다. 이 프로그램이 발표되자 폴란드 정부는 여기에 가담하고 싶어서 바로 모스크바의 안내를 요청했다. 몰로토프는 아직 이 사안에 대해 아무 정보도 없다고 답했다.[74] 유고슬라비아는 거부해야 한다고 직감했지만, 모스크바에 조언을 요청하는 서한을 보냈다.[75] 체코슬로바키아 정부는 자신들에게 선택권이 있다는 생각으로 이 제안을 받아들이기로 투표하고, 파리의 마셜 원조회의에 참석하기로 결정했다. 스탈린은 체코슬로바키아 공산당 서기장 클레멘트 고트발트와 비공산주의자인 외무 장관 얀 마사리크를 모스크바로 소환했다. 스탈린은 그들에게 미국이 "서방 블록을 형성해 소련을 고립시키려 한다"며 거기에 참여할 수 없다고 말했다. 단도직입적으로 스탈린은 회의 참석을 취소하라고 명령했다. "오늘, 1947년 6월 10일 파리 회의 참가를 취소해야 하오." 그들은 그 말을 따랐다.[76]

코민포름은 트루먼의 도전에 대한 스탈린의 응답이었다. 상징적으로 이 조직은 그의 블록을 강화하고, 회원국들이 앞으로 서방으로부터 오는 프로파간다에 더 잘 대응할 수 있게 해줄 터였다. 이 조직이 설립되면서 고유한 폴란드 또는 독일, 체코슬로바키아, 헝가리의 공산주의 노선은 제거되어야 했다. 세계의 중요한 공산당들은 모두 동유럽과 서방에서 단일 노선을 택해야 했다. 10개국 공산당이 코민포름에 가입하도록 초청되었다. 불가리아, 체코슬로바키아, 헝가리, 폴란드, 루마니아, 소련, 유고슬라비아가 가입했고, 서방에서는 프랑스, 이탈리아, 트리에스테 자유 영토Free Territory of Trieste(당시에는 분쟁 영토였다가 결국 이탈리아와 유고슬라비아 사이에서 분할되었다) 공산당도 가입했다.

1947년 9월 폴란드의 산악 휴양지 슈클라르스카 포렝바Szklarska Poręba에서 열린 첫 회의에 참석한 모든 사람이 코민포름의 목적을 잘 이해한 것은 아니었다. 포럼의 폴란드 주최 격인 고무우카는 첫 연설에서 회의의 비공식성을 강조하고, 순진하게도 "공산당들 간에 경험을 주고받을 가능성"에 대해 말했다. 그러나 경험의 교환 같은 것은 없었다. 그 대신 소련 대표단이 회의를 주도하고 의제를 정했다. 스탈린의 문화 담당 서기인 안드레이 즈다노프Andrei Zhdanov는 "세력들의 새로운 연합", "두 진영의 형성", "유럽을 노예화하려는 미국의 계획"을 이야기하며 열변을 토했다. 최종적으로 그는 완전히 양분된 유럽을 묘사한 결의안 초안을 제시했다. 유럽의 한편에는 소련의 정책과 그 동맹국들이 있고 이들은 "제국주의 약화, 민주주의 강화를 목표로 하며", 다른 편에는 "제국주의 강화, 민주주의 말살을 목적으로 한 미국과 영국의 정책"이 있다는 주장이었다.[77]

코민테른 창설은 소련의 기습적인 권력 장악으로 모든 참석자의 운명을 결정지은 매복으로 묘사되기도 한다. 다르게 보는 사람들은 소련이 동구권 다원주의에 대한 관용을 버린 전환점이라고 불러왔다. 냉전사에 대한 수정주의적 해석에서는 때로 슈클라르스카 포렝바 회의를 서방의 공격, 특히 마셜 플랜이라는 적나라한 제국주의 공세에 대한 공포에 질린 대응으로 표현한다.

그러나 이 회의에 참가한 대표들이 제출한 보고서를 자세히 읽어보면 다른 그림이 나온다. 그 회의에 참석한 공산당 대표들 거의 모두는 이미 권력을 완전히 장악했다고 자부하고 있었다. 고무우카는 정부의 연정 성격에도 불구하고 폴란드 공산당원들이 "안전부, 국가방위부의 가장 높은 직책부터 가장 낮은 주도 기관까지, 그리고 보안기관의 간부와 일반 직원"의 모든 자리를 차지하고 있다고 자랑했다. 그는 또한 공산당이 폴란드 사회당원들을 제거한 것을 장황하게 언급하고, 미코와이치크의 폴란드 농업당의 패배를 떠벌리며 그 당을 대체한 무력화된 새로운 친정권 '농업당'을 자랑했다.[78]

헝가리 의회 의장 요제프 레바이도 이에 못지않게 우쭐했다. 그는 다른 대표들에게 "지난 25년 동안 우리는 기본적으로 작은 지하 단체였지만, 지난 선거 결과 우리는 주도적 당이 되었다"고 말했다. 그는 페렌츠 너지를 제거한 것과 미국과 영국 제국주의가 희망을 걸었던 자영농당을 해체한 것을 자랑했다. 루마니아 공산당도 민주적 발전 과정의 강화와 적의 제거를 가능케 한 "민주 정당들의 블록" 성공을 자랑했다. 체코슬로바키아 공산당 지도자인 루돌프 슬란스키Rudolf Slánsky는 자신의 당이 아직 완전히 통제하지는 못해도(몇 달 뒤에 그렇게 되기는 하지만), 이미 체코슬로바키아에 "인민민주주의 정권"이 수립되었다고 자랑했다.[79]

코민포름은 항구적이거나 특별히 영향력 있는 조직이 되지 못했다. 이 조직은 공산 블록의 조정 역할을 제대로 한 적이 없다가 1956년 해체되었다. 1948년 설립된 상호경제원조위원회인 코메콘Comecon이 더 오래 존속하면서 지속적인 폐해를 가져왔다. 수십 년 동안 동유럽 블록 내의 교역을 왜곡했기 때문이다. 그러나 코민포름 창설은 한 시대의 종결을 고했다. 슈클라르스카 포렝바 회의 결과 동유럽 공산당은 반대 세력마저 허구로 일축하며 제거해버렸다.

이는 실제적인 면에서 사회민주주의의 모든 잔재의 청산을 의미했다. 독일 사회민주당은 이미 패배했다. 1948년 폴란드 사회민주당도 폴란드 공산당과 강제로 합병되었다. 통합된 당은 폴란드 통합노동당PZPR이란 명칭을 가졌지만, 당시에도 이후에도 흔히 공산당으로 불렸다. 헝가리 공산당도 1948년 헝가리 사회민주당을 집어삼켰다. 새로운 당의 명칭인 헝가리 노동당MDP은 모스크바에서 골라준 것이었다. 헝가리 측에서는 헝가리 노동자-농민당이라는 명칭을 제안했지만, 소련 측은 '농민'이란 단어가 포함되는 데 반대했다. 헝가리 노동당은 당연히 헝가리 사회민주당의 신문 등 모든 자산을 흡수했고, 열성이 부족한 당원들을 축출했다.[80] 이 당의 당원들도 흔히 공산당원이라고 불렸다.

이러한 변화는 다른 조직에도 반영되었다. 공산당 지도자 라코시와 사회민주당 지도자 아르파드 서커시치Árpád Szakasits는 두 당의 합당에 앞서 생방송 인터뷰를 하러 헝가리 라디오 방송국에 갔다. 방송국에 도착한 두 사람은 방에 들어가 한 시간 동안 숙의를 했다. 그들은 방송 시작 2분 전에 방에서 나와 라디오 기자에게 질문 리스트뿐 아니라 예상 답변도 주었다. 기자의 상관은 인터뷰 기자의 귀에 대고 속삭였다. "이 일을 망치지 마라. 그러면 자네는 500포린트의 보너스를 받을 것이다."[81] 민주적 경쟁인 척하던 허울은 사라졌다. 그 와중에 자유 언론의 허울도 함께 사라졌다.

동유럽 블록 다른 곳의 정치도 유사한 양상을 띠었다. 다른 형제 당들처럼 체코슬로바키아 공산당은 자당에 대한 지지가 떨어지는 것을 알고 있었다. 1946년 선거에서 공산당은 38퍼센트를 득표했다. 그러나 1947년 선거에서(마셜 플랜에 불참하기로 한 인기 없는 결정이 부분적인 이유였다) 공산당은 자당 후보들이 20퍼센트만 득표해도 다행이라고 생각했다. '작은 스탈린' 동료들처럼 고트발트는 비민주적 방법으로 권력을 잡기로 결정했다. 그는 1948년 2월 헌법 쿠데타를 일으켜 남아 있던 반대 세력을 제거했다.[82]

불가리아에서도 같은 일이 일어났다. 좌익인 불가리아 조국전선 연정이 승리한 후 불가리아 공산당은 연정에 참여한 비공산주의 정당들을 해체했다(스탈린은 디미트로프에게 "선거는 끝났고 자네는 반대파를 지옥으로 보낼 수 있다"고 말했다). 그리고 1946년 불가리아 선거에서 테러와 선거 부정을 극복하고 전체 표의 3분의 1을 득표했던, 그들의 유일한 실제 정적 니콜라 펫코프를 살해했다.[83]

일부 국가에서는 '블록 정당들' 또는 '연정 정당들'의 일부가 일종의 민주적 허울로서 기능하도록 허용되었다. 폴란드는 거세된 농업당을 계속 유지했다. 동독은 공식적으로 인정되었지만 껍데기뿐인 기독민주당과 자유민주당을 용인했다. 그러나 이 정당의 지도자들조차도 자신의 역할이 완전히 허구는 아니지만 확연히 제한된다는 것을 알고 있었다. 그들은 정권을 지지하는 신문과 잡지를 발행하고, 한직을 얻고, 정부의 특혜를 받고, 공산당의 패권에 절대 도전하지 않았다. 1948년 말, 정치는 인민민주주의의 끝에 다다르지 못했다. 그러나 정치는 몇몇 정당 사이가 아니라 단일 정당 내에서 일어나는 일이 되었다. 그리고 계속 그렇게 유지되었다.

10장

경제

새로운 사회주의 인간은 레닌처럼 생각하고, 스탈린처럼 행동하며, 스타하노프처럼 일해야 한다.

— 발터 울브리히트

사회주의에 대한 정의: 다른 어떤 체제에도 존재하지 않는 어려움과의 끊임없는 투쟁.

— 1950년대 헝가리 농담

고전 마르크스주의 이론에서는 하부구조가 상부구조를 결정한다. 달리 말하자면 전통적인 마르크스주의자들은 사회의 경제구조(노동 분화, 생산 수단, 자본 분배)가 정치, 문화, 예술, 종교를 결정한다고 믿었다. 이런 사고방식에 따르면 어느 나라도 경제체제를 먼저 변화시키지 않고는 정치체제를 바꿀 수 없다.

그것은 이론에 불과했다. 사실 동유럽의 새 공산당 지도자들은 닭이 먼저냐 달걀이 먼저냐의 문제를 안고 있었다. 그들은 공산주의 사회를 만들려면 경제를 바꿔야 한다고 믿었다. 동시에 그들은 대중의 저항에 당면한 상태로는 경제를 바꿀 수 없다는 것도 알았다. 그래서 전쟁 종결 직후 첫 몇 달간 공산당의 우선순위는 정치였다. 즉 경찰이 자리를 잡고, 민간 사회가 압제를 받고, 대중매체가 길들여졌다. 그 결과 1945년 동유럽에는 어떤 경제 혁명도 일어나지 않았다. 대신 제도 혁명이 일어났고, 그다음으로 국가는 경제를 조금씩 장악하기 시작했다. 새 정권들은 가장 잘 수용될 것으로 생각한 개혁부터 시작했다.

제일 먼저 착수한 가장 쉬운 변화는 토지 개혁이었다. 동유럽 전역에 걸쳐 방대한 영지가 텅 비고 주인이 없었다. 유대인 소유지는 나치가 징발했고, 주인이 죽거나 이주한 후 방치된 독일인 소유지는 이제 휴경 상태였다. 동부 독일의 최대 지주들은 대부분 소련군이 진격해 오기 전에 서부 지역으로 탈출했다. 당시 이 농지 대부분은 주인 없는 땅으로 보였기 때문에, 국가가 차지해도 반대가 거의 없었다.

1945년 토지 개혁이란 개념은 모든 사람에게 꼭 '공산주의' 정책으로 보이지는 않았고, 필연적으로 소련과 연관되지도 않았다. 헝가리에서 농지 재분배는 전쟁 전 많은 자유주의 개혁가들의 중요한 목표였고, 집단농장의 강제적 설립과 아주 별개의 것으로 간주되었다. 폴란드에서는 공산주의자들과 비공산주의자들을 막론하고 '토지 개혁'이란 구호가 인기가 있을 것으로 기대했다. '집단화'란 금기어를 언급하지는 않았지만, 공산주의자들이 주민투표에 토지 개혁을 포함시킨 이유다. 첫 토지 개혁은 진지한 경제 변화의 전령이기보다는 볼셰비키혁명 당시 첫 구호가 "평화, 토지, 빵!"이었던 소련에서와 마찬가지로 가난한 농민들의 지지를 얻기 위한 적나라한 구호였다. 소련군은 동유럽에 도착한 순간부터 같은 정책을 강제하기 위해 적극 노력을 기울여 부유한 지주들로부터 농지를 빼앗아 가난한 농민들에게 나눠주었다.[1] 그러나 동유럽에서는 이 단순한 공식이 소련군 장교들이 기대했거나 그들의 공산당 동료들이 희망했던 효과를 가져오지 못했다.

독일의 토지 개혁은 궁극적으로는 모든 사람에게 영향을 미쳤지만,

처음에는 과거 프로이센 대귀족이었던 융커들이 소유한 대농지에 집중되었다. "융커의 농지를 농민의 손에Junkerland in Bauernhand"라는 각운이 잘 맞는 문구가 빌헬름 피크의 토지 개혁 구호였다. 1945년 9월 3일 소련 점령 당국은 프로이센 지방인 작센에서 100에이커 이상의 농지를 가진 사람과 나치당에 적극적으로 관련된 사람의 농지를 징발하라는 명령을 내려 약 7000개의 농지가 징발되었다. 그다음 농지는 작은 구획으로 나뉘어 재분배되었다. 농지의 3분의 2는 50만 명의 땅이 없는 농장 노동자, 실업 상태의 소도시 주민, 동쪽에서 온 피난민들에게 돌아갔다. 나머지 농지는 국가 소유로 남았다.[2]

이러한 프로그램의 수혜자 일부는 당연히 기뻐하며 정책을 시행한 소련군 장교들에게 감사했다. 마을 회관이 깃발과 꽃으로 장식되고, 농민들은 노래를 부르며 공산당을 찬양했다. 그러나 이런 식의 환영은 드물었다. 이러한 과정에는 종종 불평등과 부조화가 따랐다. 농지 재분배를 감독하기 위해 만들어진 위원회 중 일부는 전직 나치당원들이 주도했다. 다른 위원회들은 토지 재분배를 과거 원한을 갚는 방식으로 진행하거나, 위원들에게 유리한 방향으로 진행하기까지 했다. 일부 지역에서 토지 개혁은 영지의 축소가 아니라 확대를 가져왔다. 일부 '새 농민들'은 농지를 받았지만 농사 도구나 영농 가축, 씨앗은 받지 못했다. 그들은 바로 굶주리기 시작했다.

융커의 대형 소유지라 할지라도, 농지를 잃은 사람들이 모두 도도한 귀족이라는 고정관념에 부합하지는 않았다. 너무나 많은 가장이 사망하거나 포로수용소에 있어서 농지위원회는 몹시 빈곤한 여성이나 아동의 땅을 징발하는 경우도 많았다. 당시 작센 농장에서 일했던 에리히 뢰스트는 친절하고 나이 지긋한 두 귀족 누이가 작센 영지를 어떻게 빼앗겼는지를 훗날 서술했다. 그들은 영지에서 추방되면서, 특히 이제 막 받은 아름다운 저택에 아무 관심도 없는 일군의 슐레지엔 피난민으로 대체되면서 많은 동정을 받았다. "노래하는 합창단도 없고, 연주하는 밴드도 없었다." 뢰스트는 적어나갔다. "아무에게도 화환을 걸어주지 않았다. 화가들이 훗날 의뢰받은 작품에 그리거나 작가들이 써놓은 것과는 완전히 다른 상황이었다." 슐레지엔 사람들은 떠나온 고향을 그리워했고, 자기 농장으로 돌아가고 싶어했다.[3] 이처럼 애매한 상황이 많았기 때문에 시골 지역에서 공산당 가입은 기대한 만큼 빠르게 늘지 않았다.[4]

토지 개혁은 폴란드에서 더 큰 의심을 받았고, 집단화는 특히 부정적 함의를 가졌다. 폴란드 동부에는 국경 너머 소련령 우크라이나에 가족과 친구가 있는 사람들이 많았다. 소련령 우크라이나의 농민들은 처음에 토지 개혁, 다음에 농업 집단화, 그다음으로 대기근을 겪었다. 이러한 시나리오에 대한 공포가 너무 커서 많은 폴란드 농민들은 개인적으로 이익을 얻을 수 있다는 것을 알았지만, 부분적인 토지 재분배에 반대했다. 토지 개혁은 모든 농지 집단화의 서막이 될 수 있다는 것이 그 근거였다(많은 곳에서 실제로 그렇게 되었다). 이론적인 발상이라도 토지 개혁은 폴란드에서는 다른 곳에서처럼 인기가 없었다. 1920년대와 1930년대에 시도되었던 몇 번의 토지 개혁 시도도 실패했는데, 그 부분적인 이유는 대농지는 전반적으로 잘 운영되었고 많은 개혁가들이 소규모 농장은 생산성이 떨어진다고 생각했기 때문이었다.[5] 또한 폴란드에서 가장 큰 영지 대부분은 어쨌든 이제는 소련 영토가 된 폴란드 동부에 있었다.

이러한 사실을 잘 알고 있는 폴란드 공산당은 조심스럽게 일을 추진했고, 소규모와 중간 규모의 농토는 일단 제외했다. 그 대신 1944년 농지개혁령은 폴란드 국민이 아닌 제3제국 시민과 독일 주민임을 주장하는 폴란드 시민(민족독일인), 그리고 반역자(편의상 만든 모호한 범주)가 소유한 농지와 100헥타르 이상 되는 농지의 즉각 징발을 명령했다.[6] 전체적으로 1만여 개의 농지가 징발되었고, 추가로 1만 3000여 개 농지의 규모가 축소되었다.[7] 전체 농지의 약 20퍼센트가 영향을 받았다.

그러나 부유한 농민, 독일인, 부역자를 직접 겨냥한 정책조차도 일부가 기대했던 것만큼 인기가 있지는 않았다. 1945년 5월 고무우카는 모스크바에서 열린 회의에서 이 점을 상당 부분 인정했다. "이 과업에서 우리는 충분한 선동 작업을 하지 않았다." 그는 조심스럽게 설명했다. 고무우카는 토지 개혁으로 농민들은 정권에 감사하고 있지만 그들은 아직 조심스럽고, 반동 세력의 말에 귀를 기울이고 있다고 말했다. 그는 이 문제를 해결하기 위해 폴란드 공산당은 농업 집단화에 큰 소리로, 분명히 반대하기로 결정했다고 말했다. "이 단계에서는 폴란드에서 집단농장에 대해 생각하는 것조차 이치에 맞지 않는다. 우리는 우리 당이 집단농장에 반대하며, 인민의 뜻에 반하지 않을 것이라고 농민들에게 직접 말한다." 그는 이렇게 선언했다. 코민테른 책임자 디미트로프는 이런 상황에 짜증을 냈다. 그는 만일 일부 농민들이 집단화를 원한다면 어떻게 할 것인지 물었다. "우리에게는 그런 상황이 벌어지지 않았다"라고 고무우카는 대답했다.[8]

토지 개혁은 농촌 경제가 여전히 봉건제에 가까운 헝가리에서는 인기가 높을 가능성이 컸다. 1939년 기준으로 지주의 0.1퍼센트 정도가 헝가리 농지의 약 30퍼센트를 차지하고 있었고, 그들 상당수는 거대한 영지의 고색창연한 성에 거주하고 있었다. 농민의 경작지는 대부분

작았고, 대다수 농민은 몹시 가난했다. 전간기 헝가리에는 대중에 영합하려는 토지 개혁가들이 많았지만, 이들은 대개 소련 스타일의 농업 집단화에 반대하면서 방대한 귀족적 영지를 대체할 민간 협동조합 창설을 요구했다.[9]

2차대전 후 대부분의 헝가리 정치인들은 토지 개혁의 필요성에 대해 불안정한 공감대를 형성했지만, 그 규모나 시기에 대해서는 합의에 이르지 못했다. 두 문제는 소련 점령자들에 의해 해결되었다. 1945년 봄, 소련 점령 당국은 토지 개혁을 즉시 수행할 것을 임시정부에 요구했다. 재산을 재분배하면 아직 소련군에 대항해 싸우고 있는 헝가리 농민들이 무기를 내려놓고 귀향할 것이라는 이유였다. 소련 점령 당국은 토지 개혁의 규모를 신속하게 결정하여, 아주 광범위하고 매우 잔학한 토지 개혁을 결정했다. 1945년 3월 발표된 토지개혁령은 570헥타르 이상인 모든 사유지(토지, 가축, 농기계)와 독일인, 반역자, 부역자에게 속한 모든 사유지의 징발을 명령했다. 교회 소유지도 징발에서 제외되지 않았다.[10]

징발된 농지는 약 75만 명의 농민과 농장 노동자에게 재분배되었다. 농민이나 다른 어느 누구도 큰 사유지를 다시 만들지 못하도록 10년간 농지 거래가 중지되었다. 1948년에는 토지 개혁이 확대되었다. 부유한 농민이 다른 농민으로부터 농지를 임차하는 것도 금지되었다. 그 대신 미경작 농지는 농장 노동자나 집단농장에 아주 낮은 임대료로 임대되어야 했다.[11]

많은 농민들은 새 농지를 얻게 해준 공산당에 감사했다. 그러나 성직자들이 종종 반대 설교를 했기 때문에 많은 사람들이 다른 사람의 재산을 받는다는 사실에 불안해했다. 헝가리 시골 주민들은 1919년 벨러 쿤의 공산주의 혁명에 대한 나쁜 기억을 여전히 가지고 있었고, 폴란드인들과 마찬가지로 우크라이나에서 일어난 일에 대해 잘 알고 있었다. 역동적인 젊은 마디스의 지도자 언드라시 헤게뒤시는 시골로 파견되어 개혁을 지지하는 선동 활동을 펼치며, 고마움부터 적대감까지 다양한 반응에 직면했다. 일부 마을에서 그는 아무도 농지를 원하지 않는다는 말을 들었는데, 그 경우 "우리는 그 마을에 반동적 사제가 있다고 확신했다"고 했다. 때로 그는 무력을 써야만 했다. 한 지방에서 헤게뒤시는 "비행기를 타고 데브레첸으로 온 동지"(사실 그는 마차시 라코시와 함께 모스크바에서 비행기를 타고 오지는 않았다)라고 계속 잘못 소개되었는데, 이곳에서는 귀족인 한 지역 행정가가 협조하지 않겠다고 그에게 말했다. 헤게뒤시는 "나는 소련군 사령관에게 이 사실을 보고해야 했다"고 회고했다. "나와 함께 마을로 돌아온 소련군 사령관은 그 사람에게 24시간 안에 요청을 수락하지 않으면 그를 벽에 세워 총살할 것이라고 말했다." 때로 그는 위협을 받았고, 교수형을 당할 뻔한 적도 있었다. 당시에도 그는 "당 지도부가 농지 재분배가 농민들에게 미치는 정치적 효과를 과대평가했다"는 것을 알고 있었다.[12] 헝가리 대부분 지역에서 토지 개혁은 공산당이 아니라 자영농당에 대한 지지를 높였다. 자영농당의 농촌적 감성이 새로운 계급인 소규모 자영농들에게 더 큰 인기를 얻었던 것이다. 토지 개혁에 힘입어 농민들은 자신의 당과 교회에 끌렸고, 더 도시적인 공산당은 토지 개혁을 밀어붙이고도 별로 지지를 받지 못했다.[13]

1945년과 1946년에 농업 집단화가 언급되지는 않았지만, 헝가리 공산당과 독일 공산당은 각각 1948년과 1956년 다른 동유럽인들처럼 이이념으로 되돌아왔다. 그러나 폴란드인들은 그러지 않았다. 헝가리 공산당은 농촌 지역의 파산 물결을 이용하여 자발적 집단화 프로그램을 시작했다. 1950년부터 1953년 사이 헝가리 공산당은 복수심으로 쿨라크kulak, 즉 부농들을 추적해 매우 많은 토지세와 보험료를 요구하며 농산물에 대한 낮은 가격을 받아들이도록 강요했다. 러시아어에서 차용한 쿨라크라는 단어는 "부유한 농민"을 뜻하지만, 헝가리에서는 어색하고 인위적으로 느껴졌다. 그러나 트로츠키파나 파시스트처럼 이 말은 빠르게 정치적 용어가 되어 "공산당이 싫어하는 사람"을 뜻하는 데에도 쓰일 수 있었다. 동독도 1956년 이후 자발적 집단화를 택해, 수천 명의 동독 농민들이 서방으로 도주하도록 만들었다. 그 시기에 다른 많은 경제적 난민도 같은 선택을 했다.[14]

울리히 페스트Ulrich Fest는 2차대전이 끝났을 때 겨우 10세였다. 그의 아버지는 전쟁 중 실종되었다. 그의 가족이 몇 세대에 걸쳐 식품점을 운영하던 소도시 비텐베르크는 이제 소련 점령 지역 안에 들어갔다. 페스트는 다음과 같이 기억했다.

이곳의 모든 것이 파괴되었다. 가게 창문은 산산조각이 났고, 사람들은 가게에서 식료품을 모조리 훔쳤다. 아무것도 남지 않았다. … 문을 잠 갔지만 사람들은 창문을 타고 올라와 가게로 들어왔다. 우리는 나무 조 각들로 앞을 막고, 유리판을 떼어내어 … 2미터×1.5미터 크기의 들여 다보는 구멍 같은 것을 만들었다. 그게 가게 창문이 되었다.[15]

이 재앙에 직면한 그의 어머니와 할아버지는 어떻게 할지 고민하지 않았다. 그들은 가게를 다시 열고 장사를 재개했다. 그들만 그런 것이 아니었다.

전간기 중 동유럽은 서유럽처럼 부유하지도, 산업화되지도 않았다.[16] 사업은 소규모로 운영되고, 교역이 제한되고, 기반 시설도 열악했다. 이 지역의 많은 국가, 특히 나치 독일은 국가가 사업의 큰 역할을 맡는 일종의 협동조합주의로 운영되었다. 그럼에도 불구하고 폴란드, 헝가리, 체코슬로바키아 등 동유럽 국가들은 가장 기본적인 수준에서는 자본주의 사회로 볼 수 있었다. 작은 작업장, 작은 공장, 소매점은 모두 개인이 소유했었다. 일부 도매 거래는 서유럽이나 미국처럼 상인들이 자신들의 이익을 위해 조직한 협동조합을 통해 이루어졌다. 모든 국가가 상법, 기업법, 계약법을 수립했고, 주식 시장이 운영되었고, 소유권이 인정되었다.

2차대전 후 페스트와 같은 소상인들은 처음에는 영업을 계속하도록 허용되었다. 새로운 당국이 소규모 상업을 좋아하거나 존중해서는 아니었다. 레닌 스스로가 건전한 자유시장 경제에서 중소기업이 갖는 중요성을 알아차리고 이렇게 쓴 적도 있었다. "불행하게도 소규모 생산은 여전히 전 세계에 널리 퍼져 있고, 자본주의와 부르주아를 낳는다."[17] 대부분의 공산당 지도자들은 공개적으로 꼭 그렇게 말하지는 않았지만, 소규모 기업에 대한 레닌의 혐오를 공유했다. 일례로 동독 공산당은 1946년 10월 열린 당 중앙위원회에서 개인 상점을 국가 통제하에 둘 것인가의 여부가 아니라, 언제 그렇게 할 것인가를 논의했다. 그 회의에 참석한 사람들은 빨리 추진하는 것에 반대했다. 이 분야를 너무 신속하게 해체하면 혼란을 촉발할 수 있고, 사람들을 반동 세력 품 안에 들어가게 할 수 있다는 주장이었다. 위험한 자유경제 사상이 중소기업가들에게 자리잡고 있다는 이유로, 더 빨리 추진하자는 주장도 나왔다. "우리는 소매상들에게 계획경제가 인민 경제의 더 수준 높은 형태라는 것을 입증해야 합니다."[18]

회의 참석자는 모두 그렇게 보일까 봐 걱정했지만 민간 사업에 분명 적대적이었다. 대중은 모든 사업의 갑작스러운 국유화에 강하게 반발할 것이었다. 더 중요한 것은 회의 참석자 모두가 다른 방법이 없기 때문에 민간 사업이 여전히 필요하다는 것을 잘 알고 있다는 사실이었다. 폐허가 된 동유럽 도시들에서 굶주린 사람들의 상거래를 막을 방법은 없었고, 식량을 배분할 대체 수단도 정말 없었다. 동유럽에서 가장 피해가 큰 지역에서는 배급을 조직하는 것조차 어려웠다. 아우슈비츠에서 풀려난 이탈리아 작가 프리모 레비는 가장 가까운 도시로 터덜터덜 걸어갔다.

전선이 이동하자마자 (크라쿠프) 시장이 자연히 생겨나, 며칠 만에 교외 전역으로 퍼졌다. 모든 것이 판매되는 그곳은 도시 전체의 중심이 되었다. 도시 사람들은 가구, 책, 그림, 옷, 은제품을 팔았다. 매트리스처럼 옷을 둘러 입은 농민 여인들은 육류, 가금류, 달걀, 치즈를 내놓았다. 찬바람에 코가 빨개진 소년들과 소녀들은 배급 카드를 사기 위해 담배 중독자를 찾아다녔다.[19]

그러나 동유럽 여러 국가의 점령 당국이 배급제, 조세법, 규정을 강제하기 시작하면서, 그런 종류의 시장은 악평을 받아 암시장으로 알려졌다. 그곳에서 일하는 사람은 더이상 상인이 아니라 암시장 상인이었다. (자신들의 눈에) 어지럽고 통제되지 않은 자본주의의 광장과 공간을 제거하기 위해 공산 당국은 당장 동유럽 거의 모든 국가에서 소매업과 도매업의 국유화에 착수했다. 일례로 동독에서 소련 당국은 전쟁 전 협동조합인 콘줌Konsum을 재건해 정확히 국영 기업처럼 조직했다. 콘줌은 나치가 철폐하기 전처럼 회원들에게 봉사하는 대신 도매 상품 공급 특혜를 받았고, 그 상품을 누구에게 팔지를 선택할 수 있었다.[20]

1945년과 1946년 동유럽 소규모 자본가들의 사업은 엄밀히 따지면 합법적이었지만, 처음부터 이들은 적대적 환경에서 장사하고 있다는 것을 알았다. 페스트가 다시 풀어놓은 가족 이야기에서 그 시기에 가게를 다시 열기로 한 할아버지의 결정은 일종의 영웅적 투쟁의 성격을 띤다. 전쟁 직후 페스트 가족은 정부 배급 사무소로부터 밀가루와 설탕 배급을 받기 위해 분투를 벌여야 했다. 정부 배급 사무소는 신속하게 모든 기본 생필품 분배를 떠맡았고, 이 모든 것은 결국 배급 카드에 의해 배급되었다. "우리는 손님들이 사려고 하는 만큼 충분한 상품을 조달할 수 없었다"고 페스트는 회고했다. 그래서 그와 그의 가족은 손님들의 배급 카드를 모아 콘줌으로 가져가서 그 카드들을 이용해 자신들이 살 수 없었던 물품을 구했다. 그들은 돈이 되지 않는 이런 활동을 손님들에 대한 서비스로 보았다. 그렇게 해서 단골이 늘고, 계속 가게를 운영할 수 있길 기대했던 것이다.[21]

페스트 가게가 있는 거리 아래쪽, 울리히 슈나이더 가족의 직물·의류 가게도 유사한 변화를 겪었다. 슈나이더 가게도 몇 세대 동안 가족이 운영해왔고, 큰 희망과 두려움의 장소가 되었다. 전쟁 말기 그의 아버지는 코트, 드레스, 옷감 뭉치 같은 상품을 친구들의 집과 헛간에 숨겼지만, 가게에 남은 물품은 1945년 5월 소련군에게 털렸다. 그런 다음 소련군은 가족이 살던 집을 지역 사령부로 사용하고, 관에 넣은 시신을 가게 진열장 창문에 쌓아놓았다. 슈나이더 가족은 상점 위층에 있는 아파트로 옮겨 갔다. 나치당에 들어가지 않았고, 간신히 체포와 강제이주를 피한 그의 아버지는 8월에 점령 당국으로부터 장사를 다시 해도 된다는 허락을 받았다.

페스트 가족처럼 슈나이더 가족도 창문에 널빤지를 박고, 작은 구멍 몇 개만 남겨놓아 그곳에 광이나 지하에 남아 있던 물건들을 내놓고 장사를 했다. 그들은 숨겨두었던 재봉틀 몇 대를 꺼내와 옷을 수선하고 천으로 인형을 만들었다. "할 수 있는 다른 일이 없었다"고 슈나이더는 회고했다.

몇 주 후 슈나이더의 아버지는 직물업의 요람인 독일 ·체코 국경의 산악 지역인 에르츠게비르게로 정기적인 출장을 다니기 시작했다. 이 지역은 수백 킬로미터나 떨어져 있었지만, 그는 말이 끄는 마차를 타고 그곳을 다녀왔다. "곳곳에 검문소가 있고, 소련군이 있는 곳에서는 항상 제지를 받았기 때문에 아주 힘든 여행이었다." 그러나 물품을 구할 다른 곳이 없었기 때문에 그는 선택의 여지가 없었다. 그러나 무엇을 구해 오든 판매는 확실했다.[22]

상황이 나아질 것이라는 희망으로 페스트 가족, 슈나이더 가족, 다른 소상인들은 1945년과 1946년 가게를 운영했다. 그러나 1947년이 되자 상황이 나아지지 않을 것임이 분명해졌다. 그해에 전후 처음으로 다시 열린 라이프치히 상품전시회는 큰 실망으로 끝났고, 슈나이더 같은 직물 상인들에게는 전환점이 되었다. 중세 이후 독일 상업 활동의 대표적 상징이었던 이 상품전시회는 대단한 소동과 프로파간다로 사람들을 불러 모았지만, 살 수 있는 직물이나 천은 없었다. 과거에는

"그곳에서 다른 회사 사람들을 만나거나 새로운 상품을 발견했고, 거기 있는 것은 새로운 상품이었다"고 슈나이더는 설명했다. 그러나 이제 상품전시회는 프로파간다 행사가 되었고, 실제 사업 정보를 교환하는 곳이 아니었다.

1947년은 폴란드에도 전환점이 되었다. 1월 의회 선거에서 승리한 공산주의자들은 장차 자신들을 지지할 것으로 예상되는 산업 노동자의 수를 늘리고, 자신들을 지지하지 않는 민간 산업과 소매업을 줄이기 위해 일련의 개혁을 시작했다. 바로 경제장관 힐라리 민츠가 시작한 악명 높은 '상업 전쟁'이었다. 스탈린이 직접 임명한 그는 전쟁 전 공산주의자로, 마르크스주의 경제 용어에 탁월한 재능을 보였다. 그는 4월 열린 당 중앙위원회 전체 회의에서 "시장을 정복하기 위한 투쟁은 시장-자본주의 요소의 제거를 의미하지는 않는다"라고 주장했다. "인민민주주의국가가 이러한 요소들을 통제하기 위한 투쟁을 의미할 뿐이다."[23] 달리 말하자면 자유시장이 존재할 수 있지만 확고한 정부 통제 아래 들어와야 한다는 주장으로, 당연히 이 시장이 자유롭지 않다는 것을 의미했다.

실제로 민츠는 말은 안 했지만 민간 기업을 완전히 제거하기 위해 노력했다. 상업 전쟁은 서류를 제대로 제출하지 않으면 범죄 행위로 간주되는 엄격한 가격 통제와 고율의 세금뿐 아니라 거대한 인허가 제도의 형태를 띠었다. 모든 사업가들은 전후 혼란 속에서 무엇을 의미하든 전문 자격을 갖추었다는 것을 증명하는 사업허가서를 받아야 했다. 한 사업가가 고용할 수 있는 사람 수와 국내외, 심지어 바르샤바 내외로 반입, 반출할 수 있는 상품의 양이 제한되었다. 독일에서처럼 폴란드에서도 소매업은 사실상 국유화되었다. 민간 사업은 식품을 포함한 특정 물품을 도매가로 사고파는 것이 금지되었다.

공식적으로 공산당 언론은 상업 전쟁을 대단한 성공으로 선전했고, 공식 폴란드 역사학도 1980년대까지 그런 입장을 고수했다. 그러나 경제학자 안데르스 오슬룬드Anders Åslund는 이 성공이 짧게 지속되었다고 지적한다. "그런 환호에 동참하기는 어렵다. '상업 전쟁'이 상업 전체에 엄청난 타격을 입혔기 때문이다." 1947년부터 1949년까지 민간 상업과 분배는 절반으로 줄었지만, 정부 부문이 이를 대체하지는 못했다. 도매업이 사멸한 탓에 민간 상점과 사업, 특히 소도시에서는 어떤 물품도 합법적으로 조달할 수 없었다.[24] 이러한 새 규칙의 적용은 예측하지 못한 것이었다. "하루하루 특정 경제 활동들은 법적 존재 기반을 상실했다"고 한 경제학자는 회고했다.[25] 그러나 결과는 뻔했다. 암시장(이제는 은밀한)이 빠르게 성장했고, 상품 분배의 혼란과 상시적 상품 부족 현상이 일어났다. 시골 협동조합 회계감사관(정부가 관리하는 도매업자에 붙인 그럴듯한 이름)으로 일했던 한 사람은 자기 구역의 상품 부족이 절도의 결과인지 무능 때문인지 알기 어려웠다고 기억한다. 그녀는 업무 중 하나로, 담당한 회사의 지역 분점 회계장부를 검사했는데 온갖 오류가 가득했다. "나는 돈이 빠진 이유를 언제나 알 수는 없었다. … 모든 여종업원은 교육을 받지 못해서 덧셈도, 측정도 할 줄 몰랐다." 1950년 협동조합은 전쟁 전부터 있던 "귀하게 타고난 blue-blooded" 경영을 모두 척결하고, 신뢰할 만한 노동계급으로 그들을 대체했고, 어떤 곳에서는 미용사가 이 일을 떠맡았다. 당연히 상황은 전혀 나아지지 않았다.[26]

법치는 하룻밤 사이에 사라졌다. 많은 사람들에게 장사를 계속하는 유일한 길은 법을 위반하는 것이었기 때문이다. 소상인들은 더이상 존경할 만한 사람이 아니라 투기꾼prywaciarze, 반半무법자가 되어버렸다. 이 시기에 아주 작은 제조업을 했던 재능 있는 기술자의 딸은 친구들에게 아버지의 생업을 얘기했다가 당황했던 기억을 갖고 있다.[27] 일부 사업가들은 가족들을 고용하는 방법으로 직원 수를 제한하는 법망을 빠져나가거나, 가족들을 '소유자들'로 등록해 사업 규모를 제한하는 법을 피해나갔다. 민간 사업가들은 세무당국의 관심을 끌 수 있는 큰 투자를 피하고, 시작했다가 바로 중단할 수 있는 사업 계획에 집중할 줄도 알았다. 법 상황이 자꾸 바뀌었기 때문이다. 장기적 계획을 세우는 것은 불가능했다.

시간이 지나면서 사업가들은 함께 일하는 법도 배웠다. 많은 사업가들이 자본가라는 낙인 없이 작은 사업체와 공방을 유지할 수 있는 장인으로 직업을 바꾸었다. 때로 그들은 회원들의 이익을 위해 움직이는 국가 제도인 길드를 조직했다. 길드는 민간 상점들을 위해 국가에서 통제하는 공식적인 가격으로 원자재를 구입하려고 노력했다. 그들은 또한 자동차 수리공, 배관공과 기타 기술자들이 장인으로 등록할 수 있게 등록 규정을 바꾸었다. 길드 책임자(엄밀히 말하면 국가 고용인)를 맡았던 한 사람은 조만간 전체 시스템이 개선되길 기대하며 한 번 이상 규정을 완화했다고 회고한다. "나는 사람들이 더 연구하고 배울수록 변화되어 더 지적인 체제가 될 것으로 생각했다." 그러나 아쉽게도 그렇게 되지는 않았다.[28]

헝가리에서는 소매업의 국유화가 더 천천히 진행되었다. 1945년과 1946년 공산당이 처음에는 경제정책의 모든 부분을 통제하고 엄격한 규칙과 세금을 적용할 만큼 의회 다수석을 차지하지 못했기 때문이었다. 그러나 공산당은 규제가 아니라 프로파간다 조직과 경찰을 통해 어떻게든 '상업 전쟁'을 수행했다. 1945년 여름 소기업인, 영세상인, 비공식적인 거리 장사꾼에 대한 비방은 훨씬 거세져서 거의 파시스트에 대한 공격만큼이나 격렬해졌다. 7월 부다페스트 경찰 책임자는 "부다페스트 노동자들을 암시장 하이에나들로부터 해방시키겠다"고 선언했다. 9월에는 약 600명의 경찰이 600명의 소련군과 300명의 형사들을 대동하고, 대형 부다페스트 거리 시장을 두 차례 습격해 1500명의 '암시장 장사꾼'을 체포했다.

반反기업 프로파간다 운동은 재래시장 너머로 빠르게 퍼져나갔다. 7월 말《서버드 네프》는 노동자들이 전차 철로를 설치하는 동안 인근 카페에 사람들이 앉아 커피를 마시는, 다시 말해 노동계급이 일하는 동안 사람들이 여유를 즐기는 일련의 사진을 게재했다. 경찰은 곧 부다페스트의 카페, 바, 식당을 급습했다. 경찰은 전쟁 전 인기 있던 뉴욕카페도 폐쇄하고, 창고에서 발견된 식품을 압수해 귀환한 전쟁포로들에게 배분했다고 떠벌렸다.[29]

뇌물과 연줄을 이용해 일부 식당은 영업을 계속했다. 그러나 1년 뒤 또다른 선전 운동과 또 한 번의 공격이 개시되었다. 1946년 6월《서버드 네프》는 "판매가 금지된 가장 비싼 고기를 소수의 필요를 충족하기 위해 제공함으로써 사회 평화와 공공의 안녕을 위태롭게 했다"는 이유로 10개의 호화 레스토랑을 폐쇄했다고 보도했다. 그 기사는 사실일 수도 있다. 공산당의 선전은 대중적 인기를 끌기 위한 것이었고, 아마 일부 사람들에게 효과가 있었을 것이다. 물품 부족, 인플레이션, 실제 기아가 난무한 시기에 잘 먹을 수 있는 사람들에 대한 분노는 매우 높이 치솟았을 것이다.[30]

다른 기사들은 민간 레스토랑이 비도덕적일 뿐만 아니라 웃음거리임을 보여주려고 노력했다. 일부는 팁을 주는 관행을 부르주아적이라고 비판했고, 다른 기사는 부다페스트 웨이터들의 관행적 복장인 연미복을 조롱했다.

이런 시대착오적인 복장이 아직 널리 착용되고 있어서 웨이터들은 마치 구시대의 하인 정신을 보이듯이 여전히 그런 옷을 입고 있다. … 조만간 노동조합이 웨이터들이 입는 연미복을 없애버릴 것이다. … 이런 건강에 안 좋고 불편한 옷은 사라지고 더 나은 옷, 더 적절하고 편하며 고상한 옷에 자리를 내주어야 한다.

비밀경찰은 뒤이어 민간 사업에서 모든 사기와 배임의 형태를 조사했다. 고급스러운 지역의 제과점 주인은 그달 400킬로그램의 소금을 배급받고도 빵에 소금을 조금도 넣지 않은 것이 발각되어 구금되었다.[31] 그는 소금을 암시장에 내다 팔았다는 의심을 받았다. 또다른 공격 대상은 비윤리적 심미안을 가졌다고 간주된 바그다드카페 주인이었다. "레스토랑 입구에서 방문객은 이브닝드레스를 입고 허벅지를 드러낸 채 선정적인 자세를 취한 여성들을 묘사한 그림 옆, 거울이 달린 옷장으로 안내된다." 경찰 보고서가 드러낸 불만은 이러했다. 더 나쁜 것은 "2명의 흑인이 직원으로 일한다"는 사실이었다. 이 마지막 관찰은 인종차별주의뿐 아니라 그런 외국인 직원을 둘 수 있는 특권층에 대한 깊은 의심을 드러냈다.[32]

영업을 계속하길 희망하며 레스토랑들은 살아남기 위한 여러 전략을 썼다. 카페 주인인 한 여성은 스스로 거리 판매원으로 변신했다. 다른 주인들은 정치적 의심을 해결해줄 것이라는 희망을 품고 공산당에 입당했다. 결국 많은 카페 주인들이 국유화에 자발적으로 나섰다. 자기 사업체의 관리자가 되는 것이 낫겠다고 생각해서였다. 라슬로네 괴틀러Lászlóné Göttler 부인이 1949년 제출한 청원서는 자신의 레스토랑 매각 광고처럼 읽힌다.

본인은 1923년부터 베니에키Benierky 거리 19, 서셜롬Sashalom에서 운영 중인 제 식당을 인수하고 저를 매니저로 계속 고용해줄 것을 국가 회사 경영진Management of the National Company에게 요청합니다. ⋯ 모퉁이 집으로 겨울에 운영하는 술집과 별도의 방, 개방형 베란다, 테라스, 뷔페, 그리고 정원 매점이 있습니다. 지금까지 미납 세금 없이 통조림 공장에 가까운 좋은 수입을 올리던 곳이었습니다.[33]

그들 중 일부는 뜻을 이루었다. 부다페스트의 가장 번화한 쇼핑 거리인 바치 우트차Váci Utca에서 1934년부터 클라라살롱을 운영해온 클라라 로스차일드Klára Rothchild는 상점이 국유화된 다음에도 자신의 상점을 계속 운영할 수 있었다. 그녀가 공산당 지도자 부인들 사이에서 인기가 많았던 것도 한 이유가 되었다. 로스차일드는 파리 패션을 도입해 부다페스트 취향에 맞게 변형했다. 높은 지위 덕분에 그녀는 프랑스 유행을 알아보기 위해 파리로 여행하는 것도 허용되었다.[34]

시간이 지나면서 부다페스트의 거의 모든 민간 레스토랑은 인민 카페나 국가 소유 프롤레타리아 술집이 되었다. 명칭도 바뀌었다. 그들은 뉴욕카페 같은 이름 대신 짧고 헝가리어처럼 들리는 이름(아담의 뷔페 또는 퀵 카페)이나 간단히 숫자 하나를 썼다. 웨이터와 팁은 사라졌다. 좋은 서비스 대신 줄이 생겼다. 수십 년 동안 에스프레소와 크림 케이크를 먹던 도시에서 이런 일은 정말 혁명적인 변화였다.

토지 개혁이 먼저 시행된 이유는 인기가 좋을 것이라고 생각되었기 때문이다. 소매업 제거는 인기가 없다는 것을 공산당도 알았기 때문에 더 늦게 시행되었다. 그러나 산업, 특히 중공업은 가장 중요한 국유화 대상이었다. 공산당은 항상 농업 같은 뒤떨어진 부문과 소매업 같은 무관한 부문보다 산업에 관심이 있었다. 마르크스주의자들의 세계관에서는 제조업이 미래였다. 제철소, 제분소, 기계 공구 공장이 구식 사고방식을 제거하고 국가를 현대화할 터였다. 산업화의 목표는 궁극적으로 정치적이었다. 모든 사람이 산업 노동자가 되면 모두가 공산당을 지지할 거라는 것이 공산당의 이론이었다. 그 사이 재산 소유 계급을 파괴하면 반대파에게서 강력한 동맹을 제거할 것이었다.

가장 근본적인 변화는 소련의 배상과 일반화된 절도가 끝날 때까지 기다려야 했다. 형편없는 선거 결과 때문에 소련은 1946년 헝가리에 대한 배상금 징수를 늦추는 데 동의했고, 1948년에는 배상금 요구가 50퍼센트 감소했다.[35] 독일의 대규모 배상도 1948년 끝났다. 배상이 공산당의 평판에 미치는 영향을 인지한 울브리히트와 다른 지도자들의 간청에 크게 힘입은 결과였다.[36] 폴란드와 체코슬로바키아에서는 공식적인 배상 인정이 없었기 때문에 배상이 끝났다는 공식적인 인정도 없었다. 그럼에도 불구하고 1947-48년이 되자 눈에 띄는 형태의 소련과 소련군의 절도는 중단되었다.

그러나 피해는 이미 상당했다. 전후 기간 모든 것이 탈취 대상이었고 신성불가침한 재산은 하나도 없었다. 그런 분위기 속에서 대규모 국유화의 첫 물결은 일부 대중의 지지를 받았다. 많은 사람들이 대량 징발에 더이상 충격을 받지 않았다. 다른 사람들은 국가 소유만이 경제 혼란에 질서를 가져올 수 있다고 생각했다. 일례로 1945년 10월 폴란드 임시정부는 갑자기 주택과 공장을 비롯한 바르샤바 시 경계 내의 모든 토지를 국유화했다.[37] 이러한 조치는 1939년 이전이었다면 도저히 불가능했고, 지금도 생각할 수 없는 것이다. 그러나 1945년 대부분 폐허가 된 도시 지역 토지의 국유화는 많은 폴란드인들에게 합당한 일로만 보였다.[38] 1946년 1월 발령된 폴란드 전역에서 50명 이상의 노동자를 가진 공장을 국유화하는 임시정부의 조치도 큰 저항을 받지 않았다. 이런 공장의 상당수가 주인이 없었고 이전 경영자들은 사망하거나 떠난 상태였다. 이러한 사업체들이 국가 재산이 되자 상황은 사실상 안정되었고, 최소한 소유권이 분명해졌다.[39]

독일에서는 새로 통합된 공산당이 처음에는 주요 산업의 국유화를 경제정책이 아니라 반파시스트 정치의 일환으로 묘사했다. 꼭 융커처럼 독일 산업가들은 나치즘에 협력했다는 비난을 받았다. 그들이 전쟁 전에 중요한 것을 소유했다면 그것을 잃는 게 당연했다. 예방책으로 공산당은 산업 국유화가 반파시스트 블록의 정책이라고 발표했고, 어떤 합법 정당도 이에 반대하는 것이 허용되지 않았다. 처음에는 동독 기독민주당 지도자 야코프 카이저가 반대했다. 그는 원칙적으로는 찬성했지만(나중에 그는 서독에서의 국유화를 지지하게 된다), 소련 점령 지역에서 국유화가 시행되면 독일이 2개의 다른 경제 단위로 갈라질까봐 우려했고, 실제로 그렇게 되었다. 그러나 소련 군사 점령 당국의 압박하에 카이저는 마침내 국유화에 동의했다. 공산당은 마지막 프로파간다 공세로 1946년 국유화에 대한 주민투표를 실시하기로 결정했다. 폴란드에서처럼 주민투표에서 실수하지 않기 위해 그들은 작센주에서만 주민투표를 실시했고, 투표용지에는 한 가지 질문만 넣었다. 투표자들은 "전쟁 범죄자들과 나치 범죄자들의 공장을 인민의 수중에" 넣기를 원하는가를 묻는 질문이었고, 주민투표는 통과되었다.[40]

이와 동시에 헝가리의 국유화가 단계적으로 실시되었다. 먼저 탄광, 그다음으로 최대 산업집단들, 마지막으로 은행 순이었다. 1948년 3월 헝가리 정부는 노동자가 100명이 넘는 모든 공장을 국유화하여 중공업의 90퍼센트, 경공업의 75퍼센트를 정부 통제에 넣었다. 1948년 헝가리에는 주요 민간 기업이 거의 남아 있지 않았다.[41]

이러한 성공은 헝가리와 그밖의 모든 곳에서 정치적 대가를 치르게 했다. 실제로 국유화는 일반 노동자의 일상생활에 영향을 거의 미치지 않았다. 그들은 같은 임금을 받고 같은 일을 하면서 같은 불만을 가졌다. 상사가 자본가 밑에서 일하건 산업부를 위해 일하건 무슨 차이가 있겠는가? 대의명분의 정당성을 의식한, 결국 인민의 고용인인 국가 관리자는 민간 소유주보다 더 오만할 수도 있었다. 국유화는 공산당의 인기를 높이기보다는 노동자들이 더 경계하게 만들었고, 일부 지역에서는 파업을 촉발하기까지 했다. 역사학자 패드레익 케니Padraic Kenney는 면방직 도시 우치에서 일어난 일을 다음과 같이 서술했다.

야리시Jarisch 공장에서 파업 노동자들은 (공장장의) 행동이 노동자뿐만 아니라 국가에 해악을 끼쳤다며 훌륭한 주장을 펼쳤다. 노동자나 기계의 능력을 무시하고 부주의하게 생산 기준을 너무 높게 책정한 그는 많은 노동자들이 보너스(종종 임금의 대부분을 차지하는)를 받지 못하게 만

들었다. 그는 또한 노동자들이 말 대신 마차를 끌게 하여 노동자들의 자존심에 모욕을 주었다.[42]

우치 지역의 갈등은 무려 도시 노동자의 40퍼센트가 파업에 참여한 1947년 9월 최고조에 달했다. 폴란드의 모든 공장이 같은 패턴을 따르지는 않았다. 또한 케니는 과거 독일 도시였다가 거의 피난민들로 주민이 채워진 브로츠와프에서는 사회적 유대가 훨씬 약해서 파업이 훨씬 적었다고 언급했다. 하지만 우치가 하나의 예외는 아니었다. 광부들과 공장 노동자들은 1946년 슐레지엔에서 파업을 일으켰다. 그해 항구 도시 그단스크와 그디니아에서 일어난 파업으로 남자 2명이 사망했다.[43]

이런 일은 흔했다. 국유화는 거의 모든 곳의 평범한 작업장에서 일어나는 갈등을 정치화했다. 공장 노동자들은 국유 공장의 임금이나 근로 환경에 화가 나면 바로 국가에 항의했다. 1947년 부다페스트의 노동계급 지역인 체펠에서 파업이 일어났을 때 노동자들은 20대의 트럭을 탈취해 시내 중심부로 몰고 가서 정부에 임금 인상을 요구했다. 그날 오후 내무 장관 라슬로 러이크는 정부의 공식 노동조합 책임자를 대동하고 체펠로 갔다. 둘 다 노동자들로부터 거센 야유를 받았다. 이에 대한 보복은 신속했다. 정치경찰이 파업 중인 공장으로 바로 진입해 350명을 체포했다. 위험을 방치하지 않기로 한 경찰은 그후 정보원들을 활용해 다른 공장들도 '청소'하기 시작했다. 경찰은 불만의 증거를 기록했는데, 경찰 파일을 보면 한 노동자는 "우리는 이른바 민주주의 시기라는 지금보다 반동 시기에 더 나은 대접을 받았을 것이다"라고 불평했다. 또한 문제를 일으키는 노동자들을 찾아내 해고하기 시작했다. 1948년 디오스죄르Diósgyör의 철강 공장에서는 5월과 6월에만 113건의 정치적 교화 과정이 진행되었다. 1949년 이후 파업 행동에 대한 어떤 논의든 국가에 맞선 반민주적 범죄로 간주되었고, 노동자들은 그런 제안을 하는 것만으로도 당에서 추방될 수 있었다.[44]

장기적으로 경제 국유화는 전쟁이 야기한 물품 부족과 경제적 왜곡을 연장시켰다. 중앙 계획과 고정 가격이 시장을 왜곡해 개인 간, 기업 간 거래를 어렵게 만들었다. 이런 문제는 약하거나, 존재하지 않거나, 경쟁하는 국가 통화로 악화되었다. 1944년과 1945년에는 점령국 폴란드 즈워티zloty, 소련 루블, 나치 제국마르크가 모두 폴란드에서 통용되고 있었다. 효모와 알코올도 일부 지역에서는 통화 역할을 했다.[45] 독일 점령 지역에서는 소련 관리들이 1945년 8월까지 모든 은행을 폐쇄하고 계좌를 압류했다. 잔고가 3000제국마르크 이하인 경우에만 계좌 소유주가 돈을 찾을 수 있었다. 이런 조치와 함께 그들은 점령 지역 내의 가장 부유한 독일인들을 척결하고, 민간 경제의 자본을 압류하고, 모든 부문에서 파산을 촉진했다.

영국·프랑스·미국 군사 당국처럼 베를린의 소련 군사 당국도 자국 독일 점령 지역의 새 화폐를 발행했다. 그들이 'M마르크m-mark'라고 부른 이 화폐는 제국마르크와 1대 1 비율로 교환될 수 있었고, 병사들 급여와 상품 구매에 사용되었다. 공개적으로 시인하지는 않았지만 소련 점령 당국은 M마르크를 가능한 한 신속히 찍어내 2월부터 4월까지 175조 마르크를 찍어냈다. 다른 연합국은 결국 초인플레이션을 피

하기 위해 1946년에 화폐 개혁을 해야 했다.[46]

헝가리에서는 새로 나도는 화폐, 임박한 국유화 위협, 높은 배상 비용, 전반적 경제 불안정이 결합되어 약 1년 반 동안 어디에서도, 어느 시점에도 볼 수 없었던 가장 극단적인 초인플레이션이 발생했다. 그 절정에 이른 1946년 여름, 헝가리 화폐 펭괴는 수천억 단위로 계산되었다. 펭괴의 가치는 매일 절반으로 줄었고, 가격은 매시간 바뀌었다. 부다페스트 화가 터마시 로손치Tamás Lossonczy는 당시 일기에 이렇게 기록했다.

문화부는 박물관에 전시하기 위해 내 그림 하나를 구입했다. 어제 아침 10시에 나는 그 돈을 받으러 문화부로 갔다. 그림 값은 금 10그램이었다. 나는 가는 길에 금은방에 들러 금값을 물어보았다. 오전에 금 1그램 값은 1900억~2000억 펭괴였다. 1달러는 1700억 펭괴였다.

로손치는 2조 펭괴를 받았다. 그러나 그가 그림 값을 받았을 때는 이미 오후가 되었다.

오후 2시가 되자 금값은 2800억 펭괴로 올랐고, 1달러는 2600억 펭괴가 되었다. 나는 이 돈으로 화실 창문 유리를 갈아 끼우고 싶었다. 그 비용은 11달러로, 어제 정오 기준으로 계산하면 2조 8600억 펭괴였다. 결국 나는 8600억 펭괴를 잃은 셈이었다.[47]

불가피하게 물물교환이 현금을 대신했다. 며칠 후 로손치는 자신의 그림 하나를 밀가루 20킬로그램에 팔았다고 기록했다. 8월 정부는 결

국 화폐 개혁을 단행했다. 새로운 화폐 단위인 1포린트는 4해 펭괴 가치가 있었다.[48]

모든 왜곡이 인플레이션에 반영되지는 않았다. 격렬한 프로파간다, 경찰의 행동, 압박에도 불구하고 반╪합법적인 암시장이 계속 확대되어 프리모 레비가 크라쿠프에서 봤던 것과 같은 거리의 원시적인 노점상부터 정교한 밀수 조직까지 온갖 형태로 발전했다. 종전 직후 몇 달간 동부 독일 주민 대부분은 하루에 몇 시간을 암시장에서 일하며(또는 쇼핑하며) 보냈다. 그러고는 동베를린 주민들은 주말을 시골에서 식량을 구하거나, 구매를 하거나, 물물교환을 하며 보냈다.[49] 생필품은 거의 모든 곳에서 배급되었다. 이는 기본적 생존을 보장하고 사람들이 살아가도록 만들었지만, 암시장이나 자유시장 가격이 천정부지로 솟아 더 큰 불만을 촉발한다는 것을 의미했다. 한 폴란드 프로파간다 담당 관리는 이렇게 기록했다. "상품 부족과 비효율적인 배급 제도는 많은 불평분자를 만들어낸다. 우치의 노동자들은 자식들이 케이크를 멀리서 바라볼 수만 있다는 사실을 받아들일 수 없다. 그리고 자신과 같이 열심히 노동하는 사람이 그렇게 적은 돈을 받는 반면, 일부 기생충 같은 인간들이 자유시장에서 엄청난 돈을 버는데도 국가가 그들로부터 아무것도 거두어들이지 못하는 상황을 불만스러워한다."[50]

국유화가 진행되면서 물자 부족이 악화되어 쇼핑객뿐 아니라 공장에도 어려움을 야기했다. 절박한 상황에 처한 동독의 로이나Leuna 화학 공장은 비료와 식량을 맞교환했다.

할덴슬레벤Haldensleben 지역에서 불법적으로 반출되려던 화물차 14량 분량의 감자와 채소가 다시 돌아갔다. 로이나 공장이 노르트게르메르슬레벤Nordge(r)mersleben과 그로스산테르슬레벤Gro(ß S)antersleben 마을의 농부들과 농산품을 교환하기 위해 열차 전체에 비료를 가득 실어 보내는 것을 이상하게 생각한 관리는 없었다. 그러나 이 마을의 농민들은 감자와 채소 할당량을 채우지 못했다.[51]

이 이야기는 1947년 상황이지만, 1967년이나 1987년에도 일어날 수 있는 일이었다. 물자 품귀와 불균형은 처음부터 인민민주주의를 오염시켰고 끝까지 지속되었다. 동유럽 경제는 아무것도 없는 상태에서 시작했기 때문에(말 그대로 제로 상태에서 시작되었다) 전쟁 후 성장했지만, 빠르게 서유럽 경제에 뒤처졌다. 동유럽 경제는 서유럽 경제를 결코 따라잡지 못했다.

이상하게 들릴지 모르지만, 당 경제 전문가들은 무엇이 잘못되었는지 너무나 잘 알고 있었다. 민츠가 장악한 폴란드 상업산업부의 문서고에는 폴란드 전역에서 상황을 제대로 파악한 관료들이 보낸 많은 편지가 보관되어 있다. 이 편지들은 늘어난 국가 통제의 부정적 효과를 끈기 있게 설명하고 있다. 민간 사업체가 국유 사업체보다 더 생산적이라고 많은 관료들이 주장했다. 대기업과 중소기업의 성급한 국유화는 경제 상황을 악화시키고 있었다. 1947년 봄 중앙기술투자국이란 기관에서 장관에게 보낸 편지는 민간 기업이 "국영 기업보다 규모가 작아서 … 더 신속하고 효과적으로 주문을 수행할 수 있고, 대개 국영 기업보다 낮은 가격으로 생산한다. 이는 민간 기업과 협동조합 기업이 이익과 신속

한 자본 회전에 직접 관심을 보인다는 사실의 결과다"라고 지적했다.[52]

사실상 민간 기업에 대한 관용을 요구한 이 편지에는 펌프, 온도계, 기계 부품, 저울, 건축 자재 등 민간 기업이 생산하는 물품 목록이 담겨 있다. 기술투자국의 결론은 이러했다. "요컨대 민간 기업과 협동조합 기업이 다양한 물품을 우리에게 제공한다는 것을 확인한 입장에서, 우리는 비용 절감 면에서 가장 효과적인 생산을 수행하는 방식으로 더 좋고 더 빠르게 방향을 잡아야 한다."

개별 기업도 국유화에 반대하는 주장을 펼쳐, 때로는 정부 내에서 자신들의 입장에 대한 지원을 받기도 했다. 1946년 6월, 고품질 화보 책 인쇄 전문으로, 같은 가족이 70년간 소유해온 크라쿠프의 안치츠 Anczyc 인쇄회사 운영자들은 교육부에 편지를 썼다. 그들은 회사의 민주적 성격, 노동자들에 대한 좋은 대우, 모방할 수 없는 화보 기술을 고려하여 이 회사를 국유화 대상에서 제외해달라고 요청했다. "우리가 폴란드의 문화와 예술을 재건하고 있는 지금 … 소유주의 개인적 영향력을 제거하면 우리의 과학적이고 예술적인 화보 인쇄술이 위태로워질 것입니다."[53] 안치츠 소유주들은 크라쿠프 애서가협회, 야겔로니아 대학교Jagellonian University뿐 아니라 인쇄소 노동자들에게 받은 지지 편지를 청원에 첨부했다. 인쇄소 노동자들은 국유화에 원칙적으로 찬성하지만, "사적 소유가 우리들의 물질적 상황에 해를 끼치지 않을 것"을 확신한다고 증언했다. 이러한 지지의 물결에 교육부는 설득당해서 인쇄소의 청원을 여러 다른 기관에 회람했다. 이 모든 지원에도 불구하고 노력은 실패로 돌아갔다. 정보선전부의 한 관료는 이렇게 못을 박았다. "인쇄 산업과 높은 품질의 작업을 지향한다는 구실을 내세우며 이 회사는 … 이익을 창출하는 회사로 남으면서 기술직 노동자들과 직원들의 초과 노동을 착취하고 싶어한다." 이 인쇄회사는 1949년 국유화되었고 소유주의 재산은 압류되었다.[54]

민간 기업이 이익도 내고 노동자들에게 인기도 있을 수 있다는 증거는 독일 공산당에게 당혹감을 안겨주었다. 공산당은 1950년 민간 부문을 조사한 결과를 당 중앙위원회 경제국에 전달했다. 이 보고서를 읽은 당 간부들은 낙담할 수밖에 없었다. 당 검열관들은 민간 기업의 생산성이 더 높고, 노동자들은 민간 기업에서 더 만족스러워 보이며, 민간 소유주들이 여전히 인기가 많다는 것을 알았다. 한 회사의 소유주는 크리스마스에 1만 2500마르크를 직원들에게 주었고, 직원들에게 2주 분의 추가 임금과 버터, 설탕 등 명절 식품 선물을 지급한 회사도 있었다.

이 중 일부 공장에는 공산당 세포 조직이 있었지만, 이 보고서는 민간 공장 내에서 계급투쟁 문제는 거의 논의되지 않았고 노동자들은 계몽되지 않았다고 지적했다. 한 보고서에는 공장 소유주가 착취자가 아니라 기업가라는 충격적인 선언이 담겼다. 다른 보고서는 만일 회사가 국유화되면 "우리는 돈을 덜 벌게 되고 크리스마스 축하 행사도 없을 것"이라고 언급했다. 이에 대한 관료들의 대응은 철저히 이념적이었다. 당 중앙위원회 위원들은 "민간 기업의 교육·선전 작업이 체계적으로 향상되어야 한다"고 결론지었다. 노동조합 작업도 한층 강화되어야 했다.[55]

민간 소매업의 상대적 성공에 대한 관료들의 반응도 다르지 않았다. 1948년 한 경제학자는 독일의 소련 점령 지역에 "상업은 없고 배급만 있다"고 불평했다. 그러나 더 나은 상업 조건을 만드는 대신(이는 가격을 자유화하고 민간 소매와 도매업자들을 허용하는 것을 의미했다) 정부는 대체할 제도를 만들기로 결정했다. 국가가 관리하는 자유 상점 체인 Handelsorganization이었다. 이 'HO' 상점에서 사람들은 배급 카드 없이, 다른 곳에서 살 수 없는 상품과 식품을 이른바 시장 가격으로 산정된 값에 살 수 있었다.

당이 조사한 바에 따르면 주민들은 이를 양가적 감정으로 받아들였다. 한 여성은 "이제 우리는 일상생활에 필요한 중요한 물품을 살 수 있다"며 환영했다. 다른 사람들은 "자유 상점은 아주 좋지만 이런 가격으로는 아니다"라며 "노동자들은 자신이 버는 돈으로 거기서 아무것도 살 수 없다"거나 "돈이 아주 많은 사람들만을 위한 상점이다"라고 불평했다.[56]

이런 자유 상점도 민간 부문과 경쟁할 수 없다는 것은 금세 분명해졌고, 이는 공산당 경제학자들을 계속 당혹스럽게 하는 문제였다. 몇 년 후 당 중앙위원회 경제국 회의에서 전문가 집단이 통계를 분석했다. 민간 부문의 취업자 수는 급감했고, 이는 민간 소유주들에게 가한 재정적, 정치적 압박을 고려하면 놀라운 일이 아니었다. 하지만 민간 부문의 매출은 늘어나고 있었다. 관료들은 민간 소매업이 민간 산업과 유지하고 있는 사업적 연줄이 정부 부문으로부터 통제되지 않은 상품을 공급받는 데 도움이 될 것이라고 의심했다. 민간 부문은 더 유연해 보였고, 더 안정적인 소비자 기반을 가지고 있었다.

이로부터 다음과 같은 결론이 내려졌다. "위원회를 만들어야 하며, 민간 도매업체 설립 허가는 더 줄여야 한다. 이익에 매기는 세금을 올려야 하고, 상업 공단은 민간 기업가들에게 임대하지 말아야 한다." 이 위원회는 민간 소매업은 "매출을 10퍼센트 줄여야 한다"고 결론지었다. 만일 현실이 이념에 부합하지 않으면, 그렇게 되도록 만들어야 했다.[57] 1949년 동독 정치국은 모든 주의 회사에 경제 지도부에 더해 정치를 책임지는 부책임자를 두는 규정을 발령하기까지 했다. 이 책임자는 규율과 부단한 경계의 모범을 보이며 노동자들이 모든 국가 행사를 알고 소련에 대한 정보를 듣도록 해야 했다. "직원들은 소련의 지원이 있어야만 독일의 진보적 민주 세력이 승리할 수 있다는 것을 확신해야 한다."[58]

당국의 대응은 다른 부문이나 다른 동유럽 국가들과 다르지 않았다. 파업자들의 요구, 대중의 불만, 형편없는 경제 실적 때문에 공산당은 체제를 느슨하게 풀어줄 수 없었다. 이념에서 후퇴하기는커녕 공산당은 프로파간다를 강화하고, 개혁 속도를 가속화하며, 동포들이 새로운 체제의 규칙에 순응하게 할 새로운 방법을 찾아 나섰다. 정치 분야에서와 마찬가지로 경제 분야의 실패는 더 큰 급진주의를 낳았다.

동유럽 공산당들은 통제를 줄일 게 아니라 늘려야 파업을 중지시키고, 물품 부족을 해결하고, 생활수준을 서방 수준으로 올릴 수 있다고 생각했다. 그래서 동유럽 정부들은 차례로 소련식의 복잡한 다년 중앙 경제 계획을 만들어 도로 건설부터 신발 생산에 이르기까지 모든 것에 목표 생산량을 정했다. 헝가리는 1947년 8월 3개년 계획을 시작한 뒤 1950년 5개년 계획을 발표하게 된다. 폴란드도 1947년 3개년 계획을 세우고 1950년 6개년 계획을 발표한다. 동독은 1949년 1월 2년 계획을 시작한 다음 1951-55년 5개년 계획을 만들었다.

이러한 첫 계획에서 설정한 목표들은 최소한으로 지적하더라도 종종 근거 없이 세워졌고, 가격 메커니즘에 대한 이해도 정교하지 않았다. 폴란드의 초기 경제 관료 중 한 사람은 모든 상품의 올바른 가격을 정하는 데 도움을 줄 것이라는 생각으로 1차 경제 계획 시행 전에 석탄과 빵 가격을 추적하려고 노력했다. 공산주의 경제에는 인플레이션이 없을 것이기 때문에 그는 이 가격들이 당연히 변하지 않을 것으로 생각했다. 폴란드 관료들은 소련이 이미 적절한 가격을 매기는 비밀을 발견했다고 생각하며 폴란드의 생필품 가격을 소련과 동일하게 책정해야 하는지 논쟁한 적도 있었다.[59]

미시 경제 수준에서도 숫자는 이에 못지않게 자의적이었다. 1948년 브라티슬라바의 수출 기업에서 근무 중이던, 저명한 슬로바키아 공산당원의 부인 조 랑게르Jo Langer는 처음부터 계획이 강제되는 것을 목격했다.

첫 충격은 12월 계획부의 책임자가 나에게 얼마나 많은 칫솔(솔의 종류, 칫솔 색 등)을 다음해 상반기 중 스위스, 영국, 몰타, 마다가스카르 등지에 보내려고 계획 중인지 정확히 표로 만들어달라고 했을 때 찾아왔다. 나는 아마 알 수 없을 거라고 말했다. 여러 장소에 있는 우리 요원들은 평범한 사람으로 질병이나 죽음을 피할 수 없으므로 … 나의 반대는 무시되었고, 나는 지체하지 말고 예상량을 계획하라는 말을 들었다.

랑게르는 "양심의 가책을 느끼며" 가공의 통계를 만들어냈다고 썼다. 그녀의 상관은 만족했다.

그의 보좌진은 다른 부서에서 받은 유사한 자료를 요약해 깔끔한 표를 만드느라 바빴다. 프라하에서 이 표는 더 인위적으로 만든 표와 합쳐져 높은 곳으로 보고되었다. 위로 올라가면서 이 표는 다른 경제 부처에서 만든 유사한 표와 합쳐져 결국 대문자 P로 쓰인 계획, 즉 우리 국가 경제의 최종 기초가 되었다.[60]

이러한 계획은 공상적인 성격에도 불구하고 공산당의 절대적인 신뢰를 받으며 거대한 국가적 프로파간다 운동의 초점이 되었다. 거대한 표지판이 건물과 공장에 걸려 "계획 완수", "계획을 위해 일하자" 또는 "이 계획으로 사회주의의 승리를 쟁취하자" 같은 구호로 사람들을 독려했다. 건설 또는 확충을 뜻하는 아우프바우Aufbau가 포스터, 표지판, 소책자에 자주, 긍정적으로 사용되었다. 라디오 방송국은 집착할 정도로 이 계획을 논의했다. 1948년 동독 라디오 방송 작가들은 계획에 들어 있는 네 숫자를 반복적으로 언급하라는 말을 들었다. 바로 생산 35퍼센트 증가, 생산성 30퍼센트 향상, 임금 15퍼센트 증가, 예산 7퍼센트 감축이었다.

청취자들이 지루하지 않도록(아니면 방송 당국이 더 섬세하게 표현했듯이 '무관심을 촉발'하지 않도록), 방송 작가들은 인터뷰와 현장 보도에서 이 네 숫자를 반복하라는 지시를 받았다. 생산 계획을 초과한 기업의 프로필을 보도하고, 지연에 대한 긍정적 비판을 하라는 말도 들었다. 성공은 실패(물론, 극복할 수 있는 실패)와 대비되어 방송 프로그램을 더 흥미롭게 만들어야 했다.[61] 폴란드 라디오 사무실에서 6개년 계획 논의는 1950년부터 1956년까지 스포츠부터 문화, 정치에 이르기까지 모든 프로그램에서 최우선의 정치적 과제였다.

이와 동시에 계획은 수많은 문제를 해결하는 방법으로 선전되었다.

동독 라디오는 1948년 청취자들에게, 당시 동독을 동요시키고 있던 서독의 화폐 개혁을 우려하지 말라고 말했다. "계획의 달성이나 초과 달성은 어렵지만 필연적인 화폐 문제를 극복하게 해줄 것"이라고 라디오는 강조했다.[62] 산업에만 국한된 것은 아니었다. 한 동독 신문은 "우리가 예술가들로부터 필요로 하는 것은 5개년 계획 달성을 위한 우리의 매일의 투쟁을 돕는 예술 작업"이라고 강조했다.[63] 동독의 문화 담당 관료들은 연간 및 분기별 계획을 만들고, 계획 달성에 대한 연간 및 분기별 보고서도 발행했다. 이 보고서에는 보편적 목표, 예를 들면 "소련의 경제·문화 발전에 대한 선전"뿐 아니라 구체적 목표도 담겨 있었다. 1948년 계획은 동독 내 모든 박물관이 신속하게 2개년 계획을 서술하고 설명하는 전시실을 만들 것을 요구했다.[64]

폴란드에서는 바르샤바 재건이 1950년 1월 시작된 6개년 계획의 중심적 초점 중 하나가 되었다. 이를 기념하기 위해 볼레스와프 비에루트가 직접 저자가 된 화려한 350쪽 분량의 사진 책자가 발간되었다. 이 앨범에는 바르샤바의 현 상태를 그대로 담은 사진(잔해 더미, 폐허를 헤집는 아이들, 무너진 발코니에 빨랫감을 너는 여인들 등)이 들어갔고, 근엄한 사회주의 리얼리즘을 보여주는 마천루, 인상적인 정부 건물, 넓은 대로 등 앞으로 재건될 바르샤바의 그림도 담겼다. 대규모 모임과 집회를 위한 공간, 대형 실내체육관과 공원도 들어 있었다.[65]

그러나 폴란드의 6개년 계획은 6년이 되기도 전에 추동력을 잃었다. 1953년 스탈린이 사망하자 계획이 중단되었고, 계획했던 많은 것이 완료되지 않았다. 도시 재건은 계속되었지만 바르샤바 앨범 속 많은 건물들이 건설되지 않았고, 다른 건물들은 극적으로 모습이 수정되었다. 후세대 바르샤바 시민들은 이에 감사했다.

모스크바 공산주의자들: 헝가리, 동독, 폴란드

16. 왼쪽부터 이슈트반 도비, 마차시 라코시, 에르뇌 게뢰, 미하이 파르카스, 요제프 레바이.

17. 왼쪽부터 빌헬름 피크, 발터 울브리히트, 오토 그로테볼.

18. 60세 생일 축하를 받고 있는 비에루트(가운데).

교회

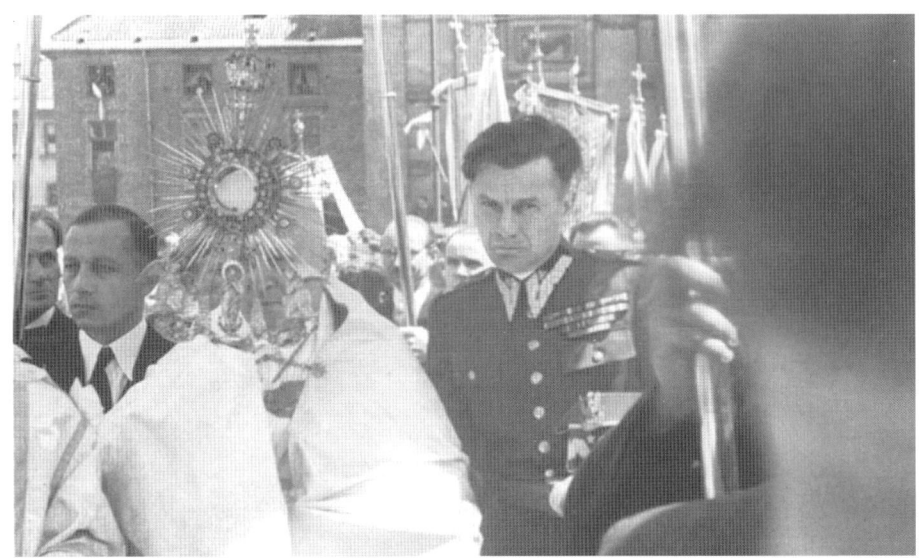

19. 공산당은 처음에는 교회에 양보했다. 그리스도 축일 행진에서 국방 차관 야로셰비치가 수석대주교 아우구스트 흘론드와 함께 행진하고 있다. 1947년.

20. 헝가리에서 교회 탄압이 시작되었다. 부다페스트에서 요제프 민드센티 추기경이 군인들에게 둘러싸여 연행되고 있다. 1947년.

언론

21. 독일 동부 지역에서 신문을 배포하는 소련군 병사들. 1945년.

22. 마을 라디오 주변에 모여든 헝가리 농민들. 1951년.

청년

23. 아이들의 정신교육을 지원하는 자유독일청년단.

24. 여름방학 연수 프로그램에 참가한 자유독일청년단.

25. 바르샤바를 재건하는 폴란드 청년연맹.

26. 체조 시범을 보이는 폴란드 청년연맹.

노동

27. 그단스크에서 목표를 초과 달성한 폴란드 노동자들이 일일 생산량을 기록하고 있다.

28. 세심하게 포즈를 잡은 교육용 사진. 조피아 테반과 율리어 콜라르가 스탈린바로시의 건축 공사장에서 카메라를 보며 포즈를 취하고 있다.

29. 개인 생산 목표량의 287퍼센트에 달하는 석탄을 채굴한 독일 탄광 노동자 아돌프 헤네케가 드릴을 잡은 모습의 자신의 초상화 아래 앉았다.

30. 개인 생산 목표량의 1470퍼센트를 달성한 헝가리 공장 노동자 이그나크 피오커. 나아가 그는 개인 5개년 목표량을 4년 앞당겨 달성했다.

31. 스탈린이 바르샤바에 선사한 문화대궁전.

2부

절정의 스탈린주의

11장

반동적인 적들

우리는 카이사르의 것은 카이사르에게, 하나님의 것은 하나님께 바치는 것이 옳다고 가르친다. 그러나 카이사르가 스스로 제단에 앉을 때 우리는 냉랭하게 대응한다. 그는 그러지 않겠지만.

— 스테판 비신스키 추기경, 1953

1948년 말, 이미 동유럽 공산당과 소련 동맹 세력은 새로운 인민민주주의에 엄청난 변화를 실행했다. 그들은 가장 능력 있는 잠재적 적들을 제거했다. 자신들이 가장 중요하다고 생각하는 제도의 통제권도 확보했다. 그들은 백지상태에서 정치경찰을 만들었다. 폴란드에서는 무장 반대 세력이 파괴되고 합법적 반대 세력도 와해되었다. 헝가리와 동독에서 자발적인 반파시스트 운동은 더이상 존재하지 않았고, 진정한 야당들은 제거되었다. 체코슬로바키아에서는 성공적인 쿠데타로 공산주의자들이 절대 권력을 갖게 되었다. 충성스럽고 친소련적인 공산당이 이제 불가리아, 루마니아, 알바니아를 통치했다. 사회민주주의는 이 지역에 뿌리가 깊은데도 불구하고 정치 무대에서 사라졌고, 대규모 민간 기업과 많은 독립적 조직들도 함께 사라졌다.

그러나 사회주의의 낙원은 아직 멀리 있었다. 새 정권들은 일부 부역자들과 진정한 추종자들을 얻었고, 더 많은 사람을 교육시키려고 시도하고 있었다. 수만 명이 당은 물론이고 청년운동, 여성 조직, 공식 노동조합 등 당과 연관된 대중 조직에 가입했다. 그러나 공산당은 인기가 없었고, 가장 신뢰받는 기관에서도 여전히 지지가 흔들리고 있었다. 수백만 명의 동유럽인들은 공산주의 이념을 이질적인 것으로 간주했고, 공산당이 외국 세력을 대표한다고 생각했다. 동유럽 공산당은 선거를 통해 합법성을 얻지 못했고, 경제정책을 통해서도 합법성을 얻지 못했다. 이미 동유럽 경제는 서유럽에 뒤처지고 있었다. 동독 사람들, 특히 동베를린 주민들은 1948년 서독의 화폐 개혁 이후 이를 가장 분명히 보았다. 그러나 서방에 친척이 있거나 서방 라디오에 접근할 수 있는 사람들도 아는 사실이었다.

스탈린조차도 동유럽의 추종자들을 믿지 못했고, 그래서 그는 그들이 정권을 계속 유지하려면 더 가혹한 조치가 필요하다는 결론을 내렸다. 이후 5년이나 그 이상 기간 동안 동유럽 국가들은 반대자들을 완전히 제거하고, 더 높은 경제 성장을 이루고, 프로파간다와 대중 교육으로 확고한 지지자 세대를 양성한다는 희망으로 소련의 국내, 국제 정책을 직접 흉내 냈다. 1953년 스탈린이 사망할 때까지 동유럽의 모든 공산당은 똑같은 전술로 같은 목표를 추구했다. 이것이 절정의 스탈린주의High Stalinism 시대였다.

절정의 스탈린주의라는 말은 늘 대단히 확신에 찬 듯 들렸지만, 이 시기는 위기로 시작되었다. 1949년 3월, 폴란드 공산당의 절대적 지도자가 된 볼레스와프 비에루트는 뱌체슬라프 몰로토프에게 쓴 편지에서 자신이 당면한 문제를 설명했고, 이 편지는 스탈린에게 전달되었다. 비에루트는 먼저 1945년과 1946년 "적의 공격을 격퇴한" 폴란드 비밀경찰을 찬양했다. 소련에서 훈련받은 폴란드 비밀경찰 장교들은 지하

조직과 미코와이치크의 폴란드 농업당을 분쇄했을 뿐만 아니라, 계급의 적과 외국 간첩의 침투에 맞선 전투에서 인민의 힘의 날카로운 도구가 되었다. 그러나 그는 만족할 수 없었다. 비밀경찰은 많은 성과에도 불구하고 적의 활동에 맞선 전투를 더 성공적으로 수행하기 위해 그 업무를 결정적으로 재조직하지 못했다. 비에루트는 이러한 적들로 지하운동뿐 아니라 사제들, 폴란드 사회민주주의자, 전직 폴란드 국내군 요원들, 심지어 당에서 배제된 전직 공산당원까지 열거했다.[1]

그런 다음 비에루트는 폴란드 비밀경찰의 여러 부족함을 열거한 후 해결책을 제안했다. 여기에는 서부 지역과 북부 해안 국경의 완전한 차단, 잠재적인 적 집단의 침투 차단, 공장과 당 사무실 보안 강화, 강압적 방법부터 일부 경우 중립화에 이르는 모든 수단으로 사제 집단에 세심하게 펼칠 전술적 작업이 포함되었다. 비에루트의 편지는 스파이, 영국·미국 요원, 다양한 적을 여러 번 지칭하며 깊은 피해망상의 어조를 띠었다.

최근 몇 달 동안 자기만족, 조직망을 재건하는 적의 능력의 과소평가, 적의 활동에 대한 부족한 감시, 현 상황에 분명 충분하지 않은 낡은 투쟁 방법을 기계적으로 채택하는 경향 … 의 조짐을 관측할 수 있었습니다.[2]

비에루트의 피해망상은 어느 면에서는 정당했다. 많은 폴란드 사제와 전직 폴란드 국내군, 전직 공산주의자, 전직 사회민주주의자 집단에 실제로 큰 불만이 있었다. 폴란드 사회의 많은 부분은 분명 소련보다 미국에 우호적이었고, 소련군 장교들의 지배를 받는 새로운 폴란드 군대보다 해산된 폴란드 국내군의 대의에 깊은 애착을 느끼는 사람들이 확연히 많았다.

비에루트의 피해망상은 스탈린의 피해망상에 의해 확실히 증폭되었다. 스탈린의 피해망상은 1948년과 1949년 크게 악화되었고 일부 원인은 비에루트와 같았다. 수백만 명의 소련 국민이 2차대전 중 처음으로 서유럽의 부와 자유를 목격하고 이제 물질적 재화가 부족한 고국으로 돌아왔다. 조세프 브로드스키Joseph Brodsky는 전후 소련에서 보낸 어린 시절에 대해 "자전거는 전쟁 전에 만든 낡은 것이었고, 축구공을 가진 사람은 부르주아로 간주되었다"라고 적었다.[3] 당성이 강한 공산당원 사이에서도 불만은 있었다. 스탈린도, 소련 비밀경찰도 이를 알고 있었다. KGB가 도청해 녹음한 사적인 전화 통화 중, 전선에서 고국으로 귀환한 한 장군은 동료에게 이렇게 말했다. "정말 모든 사람이 생활에 대한 불만을 대놓고 얘기하네. 기차뿐만 아니라 사실상 모든 곳에서 누구든 하는 얘기지."[4]

전쟁 중에 벌인 정복과 저항운동의 유혈 진압 결과, 소련은 매우 의심스러운 주민들이라는 새로운 범주를 얻었다. 국경이 서쪽으로 수백 킬로미터 이동했기 때문에 전쟁 전 폴란드, 루마니아, 체코슬로바키아와 발트 국가들의 수백만 주민들이 이제 소련 국민이 되었다. 많은 사람들은 당연히 러시아 제국주의의 새로운 형태로 인식되는 것에 공감하지 않았고, 이는 비밀경찰도 아는 바였다. 1945년 KGB는 새로운 서부 영토의 모든 주민을 외국 영향을 받은 잠재적 요원, 파괴공작자, 스파이로 보았다. 스탈린 사망 후 정치범 대부분이 강제노동수용소에서 석방된 후에도, 발트와 우크라이나 민족주의자들은 1960년대까지 계속 소련 감옥에 수감되었다.[5] 전반적 불만을 잠재우고, 새로운 소련 국민들을 복종하도록 겁을 주기 위해 스탈린은 1948-49년에

1937-38년 대숙청에 비견되는 대규모 체포 작업을 명령했다. 전후 소 강상태 후 강제노동수용소가 다시 채워지기 시작했다. 수용소는 숫자 로나, 경제적 의미로나 1950-52년 절정에 이르렀다.[6]

　스탈린의 고조된 피해망상은 냉전 촉발을 부추겼고, 그의 불안을 더욱 가중시켰다. 유럽에서 소련의 의도에 대한 서방의 의심은 1946년 처칠의 '철의 장막' 연설로 확고해졌고, 1947년에는 정책이 되었다. 이 때 트루먼 대통령은 미국이 "무장한 소수나 외부 압력에 의한 복종에 거부하는 자유로운 주민들을 지원"하겠다는, 트루먼 독트린으로 알려 진 연설을 했다.[7] 이후 자유로운 주민들에 대한 지원은 기발한 것(프로 파간다 전단이 든 풍선을 동서 경계 너머로 날려 보내기)부터 실용적인 것까 지 수많은 형태를 띠었다.[8] 단연코 효과가 가장 큰 냉전 무기는 자유유 럽방송Radio Free Europe이었다. 자유유럽방송은 뮌헨에 자리를 잡고 미 국 정부의 재정 지원을 받지만, 이주해 온 사람들과 망명자들이 직원 으로 일하며 자국어로 내보내는 방송 서비스였다. 이 방송이 효과를 거둔 이유는 결국 프로파간다에 맞서기 때문이 아니라 날마다 뉴스를 신뢰감 있게 보도하기 때문이었다.[9]

　스탈린의 피해망상과 결합된 소련의 의도에 대한 서방의 두려움은 결국 더 깊은 군사적·외교적 변화를 가져왔고, 이 모든 것은 냉전을 다룬 많은 뛰어난 역사서에 잘 서술되어 있다.[10] 1949년 4월 서유럽 국 가들은 북대서양조약기구를 비준하고 나토NATO를 창설했다. 1949년 10월 스탈린은 곧 독일 통일이 이루어질 것이라는 가식을 버렸고, 독 일민주공화국(동독, GDR 또는 독일어 Deutsche Demokratische Repulik 의 약자인 DDR로도 알려진 국가)은 독립국이 되었다. 몇 년 전만 해도 생각할 수 없었던 독일의 재무장이 독일 국경 양쪽에서 서서히 속도를 내기 시작했고 서쪽에서는 서독연방군, 동쪽에서는 국가인민군이 창설되었다. 다른 동유럽 국가들의 충성을 확보하기 위한 추가 조치도 취해졌다. 1949년 11월 소련군 고위 장군 콘스탄틴 로코소프스키 Konstantin Rokossovski가 폴란드 국방 장관에 임명되었다. 폴란드 출신(그의 가족은 여전히 그가 바르샤바에서 태어났다고 열성적으로 주장한다)이지만 로코소프스키는 소련군에서 경력을 쌓았고, 결코 소련 시민권을 포기하지 않았다. 그가 폴란드 정부에서 요직을 차지하면서 소련은 상징적으로 그리고 실질적으로 폴란드 군대와 외교 정책을 통제하게 되었다.[11] 다른 소련 장교들도 이 시기 폴란드군과 헝가리군에서 고위직을 차지했는데, 이들 중 일부는 러시아어 외에 다른 언어를 구사할 줄 몰랐다. 두 나라 군대에서 노동계급과 농민 출신 젊은 장교들은 빠르게 진급했고, 나이 든 장교들은 퇴역했다.[12]

그러나 1948년 동유럽에서 소련의 권위에 특별히 가해진 타격은 세 가지나 더 있었다. 첫 번째 타격은 40억 달러에 이르는, 마셜 플랜 자금의 첫 지원분이 2년간 배분된 것이었다. 마셜 기금은 이제 가속화되고 있던 서유럽 경제 회복의 유일한 원인은 아니었지만, 중요한 도덕적·재정적 부흥을 가져왔다. 마셜 기금은 이제 유럽 대륙의 동쪽과 서쪽 사이에 발생하는 진정한 번영의 간극을 설명하는 일반적 배경 중 하나가 되었다.[13]

두 번째 타격은 역효과를 가져온 소련의 도발이었다. 서방 연합국이 1948년 6월 화폐 개혁과 서독 마르크화(궁극적으로 독일 마르크화) 도입을 선언하자, 소련은 훗날 베를린 봉쇄로 알려질 조치로 대응했다. 소련 점령 당국은 서베를린으로 공급되는 전기뿐 아니라 도로, 철도, 그리고 바지선 접근을 차단하고, 식량과 연료 반입을 막았다. 화폐 개혁은 동독과 서독 경제의 격차를 가속화했지만, 봉쇄 목적은 새로운 서독 마르크화 도입에 대한 항의만이 아니었다. 이 조치는 미군을 베를린, 아마 독일에서도 철수시키는 것을 목표로 했던 것이 분명하다. 소련군은 이 조치가 성공할 것으로 확신했다. 한 소련 행정가의 훗날 회고에 따르면 봉쇄가 발표되자 칼스호르스트의 소련군 사령부는 서방 연합국이 마침내 베를린에서 철수하는 종말의 시작일 거라고 믿으며 크게 환호했다고 한다.[14]

익히 알려졌듯이 그런 일은 일어나지 않았다. 그 대신 서방 연합국은 1948년 6월 24일부터 1949년 5월 12일까지 대규모 공수 작전을 펼쳐 수천 톤의 식량과 연료를 매일 베를린 서부 지역에 투하하여 200만 명의 주민을 먹여 살렸다. 베를린 공수에 대한 연합국의 헌신과 독일에서 서방 군대를 유지한다는 결의는 모스크바의 소련 지도부에 큰 당혹감을 안겼다. 소련 정보 당국은 공수의 성공 가능성을 대단히 과소평가하면서 서방 군대가 신속히 철수할 거라고 예측했다. 몇 주 안에 분석가들은 생각을 바꿔야 했다. 서방의 눈부신 보급 능력은 베를린의 소련 당국자들을 놀라게 했다. 한 소련군 장교는 "비행기들이 의도적으로 칼스호르스트 상공에서 저공비행을 하는 것 같았다. 비행기 한 대가 상공에 나타나면 다른 한 대는 지평선으로 사라지고, 세 번째 비행기가 나타나 꼭 컨베이어 벨트처럼 끊임없이 이어졌다!"라고 회고했다.[15] 공수 작전 성공으로 소련은 결국 봉쇄를 풀 수밖에 없었고, 이후 서베를린은 서독의 공식적인 일부가 되기 위해 움직이기 시작했다. 베를린의 소련 정보 담당자들은 전쟁이 임박했다고 스탈린에게 보고했다. 스탈린은 그들의 말을 믿고 싶어했다.[16]

스탈린의 권위에 가해진 세 번째 타격은 소련 블록 내부에서 일어났다. 유고슬라비아의 '작은 스탈린' 요시프 브로즈 티토는 자신이 인기 없다는 사실에 괴로워하지 않은 유일한 동유럽 공산당 지도자였다. 많은 적이 있었고 그는 그들을 매우 잔인하게 제거했지만, 유고슬라비아 공산당은 나름대로 정통성의 기반이 있었다. 반나치 저항운동을 이끌고, 자신에게 충성하는 군대와 비밀경찰을 만든(동유럽에서 유일무이하게) 티토는 소련의 군사적 지원 없이도 권력을 유지할 수 있었다. 그는 소련의 간섭을 원하지도 않았다. 잠시 긴장이 고조되다가 1948년 6월 유고슬라비아와 소련의 결별이 공식화되었고, 소련 블록 나머지 국가들은 유고슬라비아를 코민포름에서 추방했다.

베를린 공수 작전이 고개를 드는 서방의 음모와 영국·미국 스파이망에 대한 소련의 피해망상을 강화했다면, 티토의 소련 블록 이탈은 내부 반기에 대한 소련의 공포를 자극했다. 만일 티토가 스탈린의 영향력에서 벗어날 수 있다면 다른 이들도 그렇게 못 할 이유가 있겠는가? 유고슬라비아가 자체적으로 경제정책을 계획할 수 있다면 폴란드인들이나 체코인들이 그래서는 안 될 이유가 있겠는가? 결국 티토주의, 혹은 우경화는 매우 심각한 정치적 범죄가 되었다. 동유럽 맥락에서 티토주의자는 소련 공산당으로부터 어느 정도 독자성을 유지하기 위해 자체 민족 공산당을 원하는 사람을 지칭했다. 트로츠키주의와 마찬가지로 이 용어는 결국 주류 정치 노선에 반대하는(아니면 반대하는 것처럼 보이거나, 반대한다는 혐의를 받는) 누구에게든 적용될 수 있었다. 티토주의자들은 새로운 희생양이 되었다. 만일 동유럽이 서방만큼 번영하지 못하면 티토주의자들이 비난받을 것이 분명했다. 상점이 텅텅 비어도 티토주의자들의 잘못으로 간주되었다. 중유럽 공장들이 기대한 만큼 생산하지 못하면, 티토주의자들의 방해 공작 때문일 것이었다.

동유럽 블록 내에서 1948년은 국내 정치에서도 중요한 변곡점이었다. 그해는 동유럽의 소련 동맹국들이 선거 과정을 통해 합법성을 얻는 시도를 포기하고, 어떤 형태의 정권 반대도 용납하지 않기로 한 시점이었다. 이제 경찰국가의 모든 권력은 교회, 이미 패배한 정치 반대파, 심지어 공산당 내부에서 인식된 정권의 적들에 맞섰다.

정권 반대자들에 맞선 폭력, 체포, 고문이 유일한 전술은 아니었다. 1948년부터 각국 공산당들은 시민사회의 조직, 특히 종교 조직을 내부로부터 부패시키는 매우 장기적인 노력을 시작했다. 그 의도는 교회를 파괴하는 것이 아니라 그 조직을 공산주의 청년운동, 공산주의 여성운동 또는 공산주의 노동조합처럼 국가 프로파간다를 전달하는 대중 조직 매체로 변형하는 것이었다.[17] 이 새로운 시대에 공산당은 반대자들을 겁주는 것으로는 충분하지 않다고 생각했다. 그들은 공개적으로 반역자나 절도자로 노출되어야 했고, 공개재판을 통해 모욕을 당하고, 언론 매체에서 폭넓은 공격을 당하고, 새롭고 더 잔혹한 감옥과 특별히 고안된 감옥에 수감되어야 했다.

공산주의의 적들에게 재개된 공격은 절정의 스탈린주의 시기에 가장 눈에 띄는 극적인 요소였다. 그러나 더 많은 적들의 출현을 방지하는 교육과 프로파간다의 방대한 체계의 창설도 동유럽 공산주의에 매우 중요했다. 이론적으로 그들은 새로운 종류의 사회뿐만 아니라, 공산주의 정통성에 대한 대안을 상상할 수 없는 새로운 종류의 사람을 만들어내길 기대했다. 동독 라디오 청취율 하락에 대한 격렬한 토론 중에 한 공산당 고위 간부는 "아주 상세하게 모든 프로그램, 모든 부서에서 당의 노선을 설명하고, 그것을 매일의 과제에 사용하는 것이 필요하다"고 주장했다.[18] 동유럽 사회 전반에서 일어난 일은 정확히 이러했다. 1948년부터 마르크스·레닌주의 이론이 유치원, 학교, 대학교에서 설명되고, 상세히 해설되고 토론되었다. 라디오와 신문에서, 정교한 대중운동, 행진, 공식 행사를 통해서도 같은 일이 벌어졌다. 모든 공휴일은 공산주의 이론을 가르치는 시간이 되었고, 독일의 콘줌 식품협동조합부터 폴란드의 쇼팽협회에 이르기까지 모든 조직은 공산당 프로파간다를 전달하는 매체가 되었다. 공산국가의 대중은 평화운동에 참여하고, 북한 공산당을 위해 모금하고, 공산주의 휴일을 기념하기 위해 행진했다.[19] 외부에서 보기에(내부의 일부 사람들이 보기에도) 절정의 스탈린주의는 완전한 통제가 달성될 수 있는 정치체제처럼 보였다.

소련 점령 가장 초기부터 교회는 탄압을 받았고, 탄압은 갈수록 심해졌다. 시민사회의 저명하고 영향력 있는 일원인 교회 지도자들은 소련군이 처음 몰아친 폭력의 첫 희생자가 되었다. 폴란드 가톨릭 사제들은 대규모로 소련 수용소에 보내졌다. 전후 독일 수용소는 가톨릭과 개신교 사제들을 수용했고, 특히 많은 가톨릭 청년 지도자들을 수감했다. 소련 점령 당국은 종교 청년 캠프와 휴양소 금지에 적극 나섰다. 헝가리에서는 청년집단에 대한 폭력의 물결이 1946년 소련군 병사 살해를 조직한 혐의를 받은 키스 신부의 체포로 시작되어 가톨릭 청년 그룹 칼로트의 해산, 칼뱅주의 교회와 루터교회 목사들에 대한 비방 선전, 그밖의 여러 형태의 법적·개인적 탄압으로 이어졌다. 이미 1945년 5월에 다른 종교 지도자들을 겁주려는 듯, 루터교회 주교 졸

탄 투루치Zoltán Túróczy가 인민재판 법정에서 재판을 받고 감옥에 수감되었다.[20]

공산당 지도자들은 본능적으로 교회 지도자들을 증오하고 두려워했는데, 교조적 무신론 때문만은 아니었다. 종교 지도자들은 대안적인 도덕적·영적 권위의 근원이었다. 그들은 독자적 재원이 있었고 서유럽과의 유대도 강력했다. 특히 가톨릭 사제들은 바티칸과의 밀접한 관계 때문에, 그리고 국제 가톨릭 자선단체와 조직의 힘 때문에 경계의 대상이 되었다. 많은 나라, 특히 폴란드와 독일에서 교회 지도자들은 2차대전 중 반파시스트 또는 반히틀러 운동에 적극 가담해서 종전후 더욱 높아진 지위와 정통성을 누렸다. 이념적 힘 말고도 교회의 조직력은 대단했다. 교회는 불만을 가진 사람들이 모일 수 있는 건물을 가지고 있었고, 그들을 고용할 수 있는 조직도 가지고 있었다. 주일마다 사제와 설교자들은 청중을 모았다. 교회 출판물은 확실한 독자를 확보했다. 덕분에 교회는 온갖 종류의 시민·자선·교육 조직의 핵심 요소이자 지원자가 되었다.

그러나 초기에는 새로운 정권들과 소련 동맹국들도 교회를 다루는데 상당한 주의를 기울였다. 1945년 소련군은 일반적으로 볼셰비키가러시아혁명과 내전 기간에 한 것처럼 교회를 폐쇄, 탄압, 파괴하지 않았고, 사제들을 대량 살상하지도 않았다.[21] 대부분 기간에 독일의 소련군 병사들은 교회, 학교, 심지어 신학교 등 종교 기관을 다시 열 수 있도록 적극 나섰다. 그들은 새 라디오 방송국이 설교를 방송하고, 성서와 기타 종교 서적을 인쇄하는 것을 허용했다. 이것은 의도된 행동이었다. 독일에 주둔했던 한 소련군 장교가 훗날 분석했듯이, 그들은 새로운 점령자들이 나치 점령자들과 다르다는 것을 보여주려고 했다. "교회에 완전한 활동의 자유를 줌으로써 소련 점령 당국은 종교에 대한 관용을 과시"하고 "반소련 프로파간다 저장고의 중요한 부분"을 제거하려고 한 것이다.[22] 그들은 종교에 완전히 무지해서 자의적으로 행동하기도 했다. 일례로 1949년 한 지방 주둔 소련군 장교는 노르트하우젠에서 젊은이들이 루터교의 안수례按手禮를 준비하는 것을 의심하며 왜 그런 프로파간다가 더 필요한지 설명을 요구했다. 그는 엄포를 놓으며 이 특별 예배의 목적이 무엇인지 물었다. "이건 마르크스주의와 러시아에 반대하는 선동을 위한 것이 아니오?"[23]

교회에 대한 존경은 폴란드에서 더욱 컸다. 폴란드 공산당 지도자들은 소비에트가 아니라 폴란드인(아니면 유대인)으로 인식되기를 열망하며, 처음에는 교회 위계질서를 비롯한 모든 종류의 폴란드 민족 상징을 존중했다. 고위 공산당원들은 연례 성체 축일에 고위 성직자들과 나란히 행진했고, 공산당 지도자들도 여러 번 미사에 참여했다. 막후에서 폴란드 공산당 지도부는 이 정책을 교회 '우회하기'의 하나로 서술했다. 그들은 먼저 다른 기관들을 개혁하고 젊은이들을 교회에서 멀어지게 한 다음, 나이 든 교회 출석자들이 죽어 없어지기를 바랐던 것이다.

독일에서처럼 새 정부는 폴란드에서 공식 가톨릭 제도가 재건되는 것을 정상적인 상태가 회복되고 소련군의 존재가 새로운 점령을 뜻하지 않는다는 증거로 써먹고 싶어했다. 폴란드에서 가장 저명한 가톨릭 기관인 루블린의 가톨릭대학교는 1944년 8월 다시 문을 열어 런던 망명정부를 격분시켰다. 이 결정은 현상 유지에 대한 암묵적 인정을 의미했던 것이다. 얼마 후 크라쿠프 대주교는 《주간 보편 세상Tygodnik Powszechny》의 공식 발행 허가를 받았다. 이 지적인 가톨릭 주간지는 곧 폴란드에서 가장 중요한 발행물 중 하나가 되었다. 작가이자 폴란드 공산주의 지식인인 예지 보레이사Jerzy Borejsza도 교회와 공산당의 휴전을 유도할 생각으로 크라쿠프에서 공산주의자와 가톨릭 지식인의 회동을 조직했다.[24]

헝가리 공산당도 종교를 수용하려는 것처럼 보이려고 노력했지만, "보인다appear"는 표현에 유의해야 할 것이다. 1945년 11월 마차시 라코시는 교회 문제를 논의하는 당 중앙위원회에서 이렇게 말했다. "우리는 조심스럽게 일해야 한다. 어떻게, 어떤 형태로 공격할지 심사숙고해야 한다."[25] "조심스럽게 일하는 것"은 최소한 초기에는 헝가리 공산당이 교회를 공개적으로 공격하지 않고, 공산당 작업반이 포격을 당한 교회 재건을 도와 공개적으로 칭송을 받는 것을 의미했다.[26] 그러나 동시에 교회 지도자들은 공식 매체에서 호르티 정권을 재건하려고 하는 부패한 반동분자로 묘사되었다.

교회 공격은 다른 프로그램으로 위장된 채 전개되기도 했다. 토지 개혁 중 헝가리 정부는 의도적으로 로마가톨릭이 소유한 토지의 4분의 3 이상, 개신교 토지의 거의 절반을 몰수했다.[27] 공개적으로 당국은 이러한 교회 재산의 압류를 종교에 대한 공개적 공격이 아니라 경제 개혁의 합법적인 부산물로 서술했다. 어떤 보상도 이루어지지 않았다. 사제를 비롯한 교회 종사자들은 국가 피고용자라는 애매한 지위를 얻었고, 종교 조직은 처음으로 국가 보조금에 완전히 의존하게 되었다.

그러나 1947년 말, 동유럽 공산당 대부분은 인기가 계속 없다는 것을 자각하고, 남아 있던 가식을 버릴 준비에 들어갔다. 젊은이들은 열렬한 공산주의자가 되기에는 너무 오랜 시간이 걸렸고, 신앙심이 있는 사람들은 빨리 사라지지 않았다. 9월, 당시 이념을 담당하고 있던 요제프 레바이는 이미 "사제들의 반동을 종식하는 것"에 대해 말하기 시작했다.[28] 10월, 지역 폴란드 비밀경찰 책임자들은 사제 문제 담당 5국 책임자 율리아 브리스티거의 지시를 듣기 위해 바르샤바에 모였다. 이 자리에서 그녀는 "사제들의 이적 활동에 맞선 전투는 우리 앞에 놓인 가장 어려운 과제 중 하나인 것이 분명하다"고 선언했다. 깊은 혐오를 받던 몇 안 되는 비밀경찰 여성 요원 중 한 사람인 브리스티거는 체계적 조사와 지방 교회 침투부터 사제들을 정보원으로 고용하고, 젊은 활동가들을 이용해 교사들과 교육가들의 종교성을 감시하는 것에 이르는 여러 가지 새로운 공격 방법을 제시했다.[29] 시간이 지나면서 이 전술들은 동유럽 전역의 표준 관행이 되었다.

동독에서는 비밀경찰과 일반 경찰 병력인 인민경찰Volkspolizei이 지체 없이 종교 청년집단 내의 적들에 다시 집중했다. 1949년 12월 인민경찰청장은 개신교 청년운동인 청년 교구Junge Gemeinde의 잔당을 찾아냈다. 이 조직은 자유독일청년 파괴를 목적으로 한 적대적인 조직이었다. 자유독일청년 지도부와의 교신에서 경찰청장은 "만일 범죄자들이 종교 집단이라는 위장 아래 모인다면, 우리는 모든 법적 수단을 동원해 그들을 척결할 것이다"라고 선언했다.[30] 종교 탄압에 사용되는 언어는 아주 빠르게 가혹해졌다. 발터 울브리히트는 청년 교구를 서베를린의 "이른바 청년집단과 연계가 있는 요원들의 거점"이라고 불렀다. 동베를린의 행정가들은 다음과 같은 특별 지시를 받았다. "교회와 청년 교구 안에서 반동 집단이 수행하는 작업을 전복하고 파괴하라. 이들은 사회주의 건설에 피해를 입히고, 평화를 위한 투쟁을 파괴하고, 독일 통합을 막기 위해 외국 제국주의자들 대신 움직이고 있다."[31]

1949년 이전에는 소수의 영향력 있는 청년 지도자들에게 탄압이 집중되었다. 이제 반교회 프로파간다는 더욱 대담해졌다. 정권은 청년 교구의 상징인 지구를 상징하는 원 위의 십자가Kreuz auf der Weltkugel를 금했다. 자유독일청년 단원들은 교회 집회에 나타나 안에 있는 사람들을 조롱했다. (한 자유독일청년 보고서에는 교회 그룹 집회 주변에 조직한 오토바이 장애물 경주가 의기양양하게 묘사되었다.[32]) 자유독일청년은 서독의 파시스트 테러로부터 보호하고 가톨릭과 개신교 학생을 뜻하는 "적대적 요소를 찾아내 제거할" 목적으로 고등학교에서 집회를 조직했다. 학교 감독위원회는 종교적 성향이 있다고 의심되는 아이들을 심문했다. 이것은 거대한 공개 행사였고, 때로는 매우 극적인 장면을 연출했다. 한번은 비텐베르크의 학교 강당에서 대단한 장면이 연출되었다. 자유독일청년 가입을 거부하거나 교회에 계속 다니는 학생들은 전교생 앞에서 호명되고, 비난받고, 하나하나 학교에서 쫓겨났다. 많은 학생들이 울면서 강당 무대를 떠났다.[33]

1954년 동독은 개신교 안수례의 대안으로 청년축성Jugendweihe을 도입하기까지 했다. 젊은이들에게 "과학적인 세계관과 사회주의 도덕관의 기본 문제에 대한 유용한 지식 … 사회주의적 애국주의와 프롤레타리아 국제주의 정신으로 그들을 훈육하고, 발전된 사회주의 사회 건설과 공산주의로 점차 이행하는 기본 전제 조건 창출에 적극 참여하도록 돕는 것"을 목적으로 한 의식이었다. 목사들이 항의하고 처음에는 젊은이 중 6분의 1만 참여했지만, 1960년대에는 90퍼센트 이상이 이 의식에 참여했다.[34]

많은 학생들이 공개적으로 종교를 부정하지 않았다는 이유로 퇴학을 당했고(300명에서 3000명까지 추산된다) 훨씬 많은 수가 대학에서 쫓겨났다. 일부는 서독이나 서베를린으로 갔는데 그곳에서 서독 내무부는 학교를 떠나야 했던 사람들의 등록금과 숙소를 마련해주었고, 이 조치는 당연히 동독의 피해망상을 강화했다.[35] 신앙심 깊은 가정의 일부 학생들은 대학에 돌아오지 않았다. 학교에서 자유독일청년 가입을 거부했던 비텐베르크 상인 울리히 페스트는 자신과 친구들이 고등 교육을 받지 못할 것을 알았다. "어쨌든 우리는 서로 '아니야, 그렇게 하지 않을 거야'라고 생각하는 아주 작은 집단이었다."[36]

헝가리에서도 비슷한 일이 벌어졌다. 처음에는 간첩 혐의라는 어두운 얘기가 나오더니 다음으로 탄압, 금지, 체포가 이어졌다. 라코시는 1948년 "올해 말까지 우리는 사제들의 반동을 종식해야 한다"[37]면서 레바이의 의견에 따라 교회 탄압을 시작했다. 수백 개의 교회학교가 몇 달 만에 국유화되었고, 때로는 거센 저항을 무릅쓰고 탄압이 진행되었다. 푸츠스페트리Pócspetri 마을에서 일어난 악명 높은 사건에서는 지역 주민들이 학교가 사라지는 데 항의하려고 모이자 경찰이 곤봉으로 군중을 공격했고, 총기 1정이 오발되어 경찰 1명이 사망했다. 그러고 나서 지역 공증인과 사제가 체포되었고, 공증인은 사형 선고 후 처형되었다. 모든 사건이 정치경찰에 의해 도발되고 조직되었다는 의심(현재 일부 문서가 이를 뒷받침한다)은 사건 발생 이후 사라지지 않았다. 당시 이 사건은 교회학교에 대한 프로파간다 전쟁에 이용되었다. 6월 6500개 이상의 교회학교가 종교적 정체성을 버리도록 강요받고 국영학교가 되었다.[38]

곧바로 수도원 폐쇄가 뒤따랐다. 죄르 시의 수녀들은 6시간 안에 짐을 싸서 떠나라는 명령을 받았다. 남부 헝가리에서는 800명의 수도사와 약 700명의 수녀가 한밤중에 수도원에서 쫓겨났다. 그들은 25킬로그램의 책과 옷을 챙기도록 지시받은 후 화물 트럭에 실려 강제로 이송되었다. 헝가리 전역에서 약 800명의 수녀가 더이상 병원에서 일할수 없다는 통보를 받았고, 그들이 일하는 병원은 업무를 축소해야 했다. 일부 수녀들은 가족에게 돌아가거나 공장에서 일해야 했고, 다른수녀들은 소련으로 추방당했다.[39] 전직 가톨릭 정치인으로 지속적인경찰 감시를 받고 있던 샨도르 케레스테스Sándor Keresztes(자녀가 8명이나있다는 것 자체가 의심을 불러왔다)는 수녀들이 굶지 않고 함께 지낼 수있도록 조용히 수녀들을 고용해 나일론 스타킹 수선 일을 시켰다.[40]

폴란드에서 1948년 공산당의 전술 변화는 가톨릭 수석대주교 아우구스트 흘론드August Hlond의 사망과 함께 일어났다. 그가 사망하면서, 정권이 곧 실패할 것이며 서방 강대국들의 압박으로 소련이 동유럽에서 물러날 것이라는 사제들의 확신이 사라지기 시작했다.[41] 사제들의 체포, 모든 학교에서 교리문답을 금하는 명령, 신학교 폐쇄로 교회는 더욱 사기를 잃었다. 가톨릭 병원과 요양소도 문을 닫았고, 남아 있던 자선 단체들도 철폐되었다. 1950년 초, 정권이 가장 큰 가톨릭 자선 단체인 카리타스Caritas에 대한 공격을 시작하면서 새로운 금기가 깨졌다. 카리타스는 4500개의 고아원을 운영하고, 16만 6700명의 고아를 돌보고, 241개의 급식소를 운영하고, 해외 원조 물품을 배분했다. 해외 원조는 대부분 교회, 학교, 수도원 재건을 도와온 미국에서 오는 것이었다. 종전 후 몇 달간 카리타스는 폴란드에서 몇 안 되는 의약품 공급 기관이었다. 그러나 카리타스의 힘, 권위, 독립성으로 인해 공산당의 공격은 특히 잔혹했다. 1950년 1월 폴란드 언론 기관들은 카리타스가 대귀족과 나치 부역자들의 통제 아래 떨어졌고, 대부분의 지도자들이 자금 횡령으로 조사를 받고 있다고 발표했다. 카리타스는 즉시 정부 행정 통제 아래 들어가 지도부가 제거되었다. 이렇게 해서 이 자선 단체는 국유화되었다. 이런 조치에 경악한 폴란드 교구단은 공동으로 카리타스에 대한 고소를 부정하고 정권의 공격을 비난했다.

공공복지에 대한 관심 … 에서 의도된(그렇지 않다) 것이라고 하나, 교회 조직인 카리타스를 파괴하고, 동시에 폴란드에서 교회를 파괴하기 위해 가톨릭에 대한 비방과 중상을 쌓고 있다. 이러한 인상은 언론과 라디오, 대규모 회의와 집회에서 행해지는 선전에 의해 만들어졌다. … 일부 경우 사제들의 탄압은 조직적으로 이루어졌다. 그들은 새벽에 소총으로 무장한 민병대에 의해 잠자리에서 끌려 나왔다. 때로 무장한 민병대는 성스러운 미사 집전을 허용하지 않거나 종교 예배를 중단시켰다. … 사제들은 때로 의례복을 입은 채 끌려 나왔다.[42]

카리타스 국유화에 항의한 사제들은 혹독한 징벌을 받았다. 신도들 앞에서 항의문을 낭독한 한 사제는 당시 엄청난 금액인 7만 5000즈워티 벌금형을 선고받았다.[43] 카토비체에서는 학부모들이 교회학교 폐쇄에 반대한다는 서한을 보낸 후 사제들이 여러 차례 비밀경찰 사무소로 끌려갔다. 한 교회 내부 보고서에는 이렇게 기록되었다. "카토비체 교구에서 소환되지 않은 사제를 찾기는 어렵다. 그들은 한 번이 아니라 두 번, 세 번, 네 번, 그 이상 국가 보안기관에 끌려갔고, 그곳에서 때로 5-6시간 심문을 받은 후 여러 자백서와 성명서에 서명하도록 강요받았다."[44]

그후 교회 지도부는 사제들에게 이와 비슷한 항의를 하지 말도록 권고했다. 1954년 폴란드에는 단 8개의 가톨릭 초등학교만 남았고 그중 6개는 운영을 중단했다. 나머지 두 학교는 단지 그 지역에 대체할 학교가 없다는 이유로 폐쇄를 면했다. 가톨릭 병원과 요양소도 폐쇄되었고, 폴란드에서 가장 역사가 오랜 학생 자선 단체인 형제구호Bratni Pomoc 등 마지막까지 남아 있던 독립적 종교 집단들도 사라졌다. 수녀들은 지난날 수녀회에 속했던 간호학교에서 더이상 공부할 수 없었고, 남은 수도사들은 엄격한 감시를 받았다. 동유럽에서 유일하게 루블린 가톨릭대학교는 폐쇄되지 않았다. 그러나 그 대학 총장은 폴란드 청년 동맹 조직을 캠퍼스에 허용하지 않은 죄로 체포되었고, 교수들은 체제에 순응하라는 엄청난 압박에 시달렸다.[45]

동유럽 블록 전역에서 사제들은 거의 자의적 방식으로 체포되었고 (1953년 폴란드에는 약 1000명의 사제가 수감되어 있었다) 깊은 의심을 받으며 감시되었다. 크로토신의 교구 사제는 "설교 중 이중적 의미와 개인적 대화와 고백을 드러낸 현 상황의 명백한 적"으로서 심문을 받았다.[46] 부다페스트에서 한 고발자는 성 바울의 영웅적 행동에 대한 설교 중 "조심스럽게 절제되었지만" 그럼에도 불구하고 반혁명적인 감정의 분명한 증거를 들었다고 했다. 그는 교회 성가대가 불평과 절박한 기도로 가득 찬 잘 알려지지 않은 성가를 부른 것도 의심스럽다고 보았다.[47] 독일에서 수감된 사람들 중에는 할레Halle의 요하네스 하멜 Johannes Hamel 신부, 라이프치히의 부사제 헤르베르트 도스트Herbert Dost 등 몇 명의 사제가 있었다. 두 사람은 젊은이들뿐 아니라 독일 헌법 위반 혐의를 받은 에리히 슈만Erich Schumann 같은 평신도 지도자들의 추종을 받는 인물이었다.[48] 교회에 흠집을 내려는 논의는 최고위층에서 행해졌다. 헝가리에서 정치국은 공장 관리자들이 "자본주의의 핵심 지원 세력으로 교회의 역할에 대한 세미나를 조직"해야 하며, 비밀경찰은 작업장과 주거 지역에서 달성되지 못한 생산량을 사제들의 파괴

공작 탓으로 돌리는 "악담을 퍼뜨리는 캠페인"을 벌여야 한다는 데 의견을 모았다.[49]

가장 끔찍한 공격은 비밀리에 자행된 공격이 아니었다. 1940년대 말, 동유럽 지역의 최고위 교회 지도자들이 공개적 공격을 받았다. 1952-53년 겨울 크라쿠프 대주교구 고위 사제들은 날조된 증거, 보이지 않는 잉크, 위조문서가 등장한 섬뜩한 재판을 받았다.[50] 헝가리에서 두 번째 고위직 가톨릭 사제인 대주교 요제프 그뢰스Józef Grösz에 대한 조사도 무장 반란 음모와 테러리스트 음모를 꾸민 사제들과 평신도의 체포로 이어졌다.[51] 그 이전에 칼뱅교 주교 라슬로 라바시László Ravasz와 루터교 주교 러요시 오르다스Lajos Ordass에게 중상모략이 가해졌다. 오르다스는 1947년 8월 체포되어 외화 불법 거래 혐의로 2년 형을 선고받았다.[52] 그러나 이 모든 범죄 사례 중에서도 눈에 띄는 두 사건은 집요하고도 일관되게 추적되었다. 동유럽에서 가장 중요한 두 가톨릭 지도자에 대한 공격으로 1945년 바티칸에서 헝가리 교황으로 임명된 요제프 민드센티 추기경과 1948년 10월 임명된 폴란드의 스테판 비신스키 추기경이었다.

어떤 식으로든 성직자들은 자신을 가장 중요한 적으로 규정하는 정치체제 내에서 활동해야 했다. 어떤 이들은 공산당에 어느 정도 협력하고 심지어 부역하는 것만이 생존을 위한 유일한 방법이자 신자들을 보호할 방법이라고 생각했다. 다른 이들은 맹렬히 반대했다. 뒤늦게 깨닫는 혜택을 누린 사람은 아무도 없었고, 당시에는 어떤 것이 "옳은 또는 도덕적인" 선택인지가 항상 명확하지는 않았다. 이런 모호함은 민드 센티 추기경과 비신스키 추기경의 이야기를 면밀히 살펴보면 매우 분명해진다. 두 사람은 당시 아주 다른 선택을 했던 비범한 인물이었다.

사회학상으로 보면 두 사람은 공통점이 많았다. 둘 다 살림이 넉넉지 않은 독실한 시골 농부의 아들이었고, 교육과 경력 면에서 교회의 신세를 졌다. 민드센티는 회고록에서 당시 또래에게 흔치 않았던 중등학교 진학을 결정해준 부모에게 감사를 표한다.[53] 비신스키의 어린 시절 기억은 자신의 침실에 걸린 성화 두 점을 바라보는 데서 시작된다. 하나는 아버지가 숭배하는 쳉스토호바의 검은 성모마리아 그림이었고, 다른 하나는 어머니가 가장 숭배하는 성상화인 오스트라 브라마 Ostra Brama의 성모마리아 그림이었다.[54]

두 사람 모두 애국자였고, 폭정에 저항한 이력을 가지고 있었다. 1919년 짧게 존속한 헝가리 공산 정부가 민드센티를 잠시 구금했었고, 헝가리 파시스트 화살십자대 정부도 그가 자신들의 지도자 페렌츠 살러시Ferenc Szálasi에 대한 충성 선서를 거부하자 1944년 그를 다시 체포했다.[55] 비신스키도 나치 점령 기간 대학이 폐쇄되자 바르샤바에서 '지하' 교수로 일했었다. 그는 전쟁 기간 내내 폴란드 국내군과 긴밀한 관계를 유지했다. 바르샤바 봉기 중 그는 졸리보즈Żoliborz 구역과 도시 북쪽 라스키의 병원 사제로 복무했다.

두 사람은 정치 감각이 뛰어났고 자신이 처한 입지의 위험성에 예민했다. 1948년 추기경에 임명된 비신스키는 순교에 관한 책과 순교자들의 성화를 자주 받았다고 슬며시 언급했다. 그의 주변 사람 누구나 경찰이 언제든 들이닥칠 것을 예상했다. "임박한 나의 체포는 너무 분명해 보여서 나의 운전사조차 새로운 일자리를 찾았다."[56] 그해, 역시 체포를 두려워하며 민드센티는 자신을 고발하는 편지와 청원에 서명하도록 강요받을 모든 가톨릭 교인을 미리 용서한다는 성명을 발표했다. "나는 어떤 가톨릭 신도도 나 때문에 생업을 잃기를 바라지 않습니다. 만일 가톨릭 신자들이 나를 고발하는 편지에 서명한다면, 그들은 자신의 자유로운 의지에 의한 것이 아님을 알고 그렇게 할 것입니다. 사랑하는 그리스도와 소중한 헝가리를 위해 기도합시다."[57]

두 사람은 추기경직 초기에 공산 정권 치하 교회의 역할에 대해 깊이 생각했고, 가능한 선택지를 동료들과 논의하며 신의 인도를 기도했다. 또한 두 사람은 종교 제도와 신도들을 위해 최선이라고 생각하는 것에 따라 선의로 행동했다. 그러나 각각의 회고록이 보여주듯이 그들은 결국 최선의 길에 대해 매우 다른 결론에 도달했다. 신앙심이 깊은 사람들에게 그 선택은 쉽지도, 명쾌하지도 않았다.

두 사람 중 민드센티가 더 정치적이고, 거침없이 말하며, 공산주의에 더 공개적으로 반대했다. 그와 헝가리 정부의 충돌은 아주 일찍부터 시작되었다. 1945년 수석대주교로 바티칸을 처음 방문한 민드센티는 미국 가톨릭으로부터 헝가리를 위한 자선 원조를 약속받았다. 이에 격분한 공산당은 그 원조가 헝가리에 오는 것을 막으려고 노력했다. 민드센티는 이러한 술책을 공개적으로 비난했다. "이 미국 원조는 세계 교회의 포괄적인 연대의 신호였다. 세계 볼셰비즘은 이를 전혀 좋아하지 않았다." 그는 공산당의 법치 무시에 대해서도 직설적이었다. 1945년 10월 선거 전 그는 당의 명칭을 거론하지는 않았지만, 경찰 폭력과 자의적 체포를 비난하는 편지를 발표하며 "전체주의적 독재가 이전 독재를 대체하기 시작하는 것 같다"라고 선언했다. 민드센티의 편지가 공표된 후 라코시는 비상 회의를 개최했고, 일부 지역에서 경찰은 사제들

이 그 편지를 교회에서 크게 낭독하는 것을 막으려고 시도했다.[58]

가톨릭과 개신교 청년집단에 대한 압박이 커지자, 민드센티는 공개적으로 거세게 항의하며 그들을 보호하는 책임을 맡았다. 1946년 5월 그는 가톨릭학부모협회와 함께 행진하며 교회학교 폐쇄 발표에 항의하는 시위를 벌였다. 1947년 3월에는 "종교의 자유를 약속하면서 비종교 제도를 만드는 것은 위선의 절정"이라고 경고하며, 모든 학교의 종교 폐지를 공개적으로 비난했다. 헝가리 주교들이 1947년을 성스러운 해(마리아의 해)로 선포하자 민드센티는 이 축하 행사에 몸을 던졌다. 열차 고장과 도로 폐쇄 같은 인위적인 방해에도 불구하고 수십만 명의 순례자가 헝가리 곳곳에서 진행된 미사 모임에 그를 보러 나왔다. 그는 강력하고 도발적인 연설로 그들을 고무했다. "가톨릭 교구는 이러한 투쟁의 시기에 긴장을 늦추지 말아야 한다. … 우리는 아무에게도 해를 끼치지 않았고, 앞으로도 그런 일은 안 할 것이다. 그러나 우리를 지탱하는 정의와 사랑, 기반을 파괴하려는 시도가 있다면, 우리는 자기방어를 할 정당한 권리가 있다."[59]

민드센티는 말을 다듬지 않았고, 타협이나 협상도 하지 않았다. 그는 교회에 대한 모든 공격에 반격했다. 그는 공산 정권이 압류한 교회 건물과 자금을 반환하고, 해산한 단체를 복원하고, 바티칸과 외교 관계를 수립할 때까지 어떠한 합의 문서에도 서명하지 않겠다고 말했다. 이는 공산당이 이행할 수 있는 조건이 아닌 것은 분명했다. 1948년 가을 공산당은 새로운 구호 아래 선전을 시작했다. "우리는 민드센티주의를 척결할 것이다!"

크리스마스 후 그는 체포되었다. 그는 곧바로 사제복과 소지품을 박탈당하고, 반복적으로 심문을 당하고 여러 주 동안 고문을 받았다. 그는 발바닥을 구타당하고, 감방 바닥에서 발길질을 당했다고 적었다. 결국 그는 수치스러운 공개 재판에 회부되어 헝가리 왕관 보석 절도 음모, 오토 폰 합스부르크 대공을 헝가리 왕좌에 복귀시키려는 음모 등 말도 안 되는 여러 죄를 저질렀다고 공개적으로 자백해야 했다. 그 후 그는 1956년 10월까지 감옥에 수감되었다.[60]

비신스키의 운명은 달랐다. 폴란드의 상황이 달랐을 뿐 아니라 비신스키가 애초에 다른 전술을 택했기 때문이었다. 성격상 그는 타협을 구하는 경향이 있었다. 그도 직책을 맡은 순간부터 공개적으로 탄압을 당했지만(그는 흘론드가 사망하고 반교회 프로파간다가 강화되던 1948년 수석대주교가 되었다) 그럼에도 불구하고 공개적 충돌을 피하려고 노력했다. 그는 격렬한 설교와 정권에 대한 공개적 비판을 하지 않고, 막후에서 항의하는 것을 선호했다. 회고록에서 그는 사람들이 이러한 숨겨진 전술을 항상 인식하지는 못했다고 아쉬워했다. "대중은 교회 권리 방어를 위해 … 제출된 많은 편지, 비망록, 항의 서한을 전혀 알지 못했다." 그는 심지어 사회 정의에 대한 교회의 전통적 옹호를 지적하며 공산주의 이념에 부합할 가능성이 있는 일부 사항을 찾아냈고, 자신은 이미 오래전에 시행했어야 할 경제 재건과 토지 개혁을 지지한다고 선언했다. 그는 "편협한 무신론" 때문에 공산주의와 협력하기가 어려웠지만, 공통의 기반을 찾으려고 노력했다고 주장했다.[61]

직무를 맡은 순간부터 비신스키는 훗날 국가 당국들과 교회 사이의 "상호 양해 합의"라고 알려질 협상을 시작했다. 3명의 고위직 주교가 정기적으로 파견되어 공산당 관리들과 만났다. 더 많은 제약이 교회 활동에 가해져도, 공산당이 방해와 지연을 만들어내도 그들의 회동은 계속되었다. 잘 알려진 대로(관점에 따라 악명이 자자한 일이기도 하다) 비신스키는 1950년 4월 드디어 문서에 서명했다. 무엇보다도 이 문서는 폴란드 교회 지도자들에게 "목회 활동은 교회의 가르침에 따라 국가의 법과 특권에 대한 존중을 조성해야 한다고 사제들에게 말할 것"을 강요했다.[62] 실제로 교회는 지하 저항운동이나 어떤 종류든 반공산주의 저항을 지원하지 않기로 했다. 이 합의는 논란이 많았고, 수년간 논란의 대상이 되었다. 많은 사람들이 보기에 이 합의는 정권의 정당성에 기여하고 교회를 약화시킨 부끄러운 타협이었다. 1950년 경찰 심문을 받은 한 사제는 감옥에 있는 동안 이 합의에 대해 들었다. 훗날 그는 이 합의가 자신의 저항 의지를 박탈하려고 고안된 거짓말이 틀림없다고 생각했다고 적었다. 폴란드 가톨릭 수석대주교가 심각한 부역에 해당하는 문서에 서명하는 것은 불가능하고, 생각할 수도 없는 일이었던 것이다.

비신스키는 이 합의에 서명한 결정을 놓고 고뇌했고, 때로 후회하는 것처럼 보였다. 1953년 주교단 회의에서 그는 정권에 협력하고 수용하려던 그들의 모든 시도는 단지 나약함으로 보였다고 말했다. "정부는 정치적 렌즈를 통해 교회를 보는 것을 멈춘 적이 없다. 교회는 바티칸이고, 주교들은 요원이고 스파이다." 그는 1953년 9월 드디어 체포되자 거의 안심한 듯 보였다. 한 동료 사제에게 말한 것처럼 자신의 입지가 어느 정도 분명해졌기 때문이었다. "노동자, 농민, 지식인, 온 나라의 온갖 종류의 주민이 감옥에 있다. 수석대주교와 사제들도 감옥에 있는 것이 좋다. 우리의 임무는 국민과 함께하는 것이기 때문이다."[63]

비신스키는 왜 그렇게 많은 사람들이 교회와 정부의 합의를 싫어하는지 이해했고, 민드센티가 이와 유사한 문서에 서명하는 것을 거부한 것도 알고 있었다. 협상하기로 한 그의 결정은 그가 정권에 대해 환상을 가지고 있다는 뜻이 아니었다. 그는 합의에 서명함으로써 약간의 추가 시간을 얻는 것 외에 아무것도 얻지 못한다는 것도 알았다. 그러나 시간이야말로 정확히 그가 원하는 것이었다. 훗날 그는 폴란드 교회가 전쟁 중 엄청난 고난을 겪었다고 적었다. 수천 명의 폴란드 사제들이 체포되고 수천 명이 독일과 소련 집단수용소에서 사망하여, 사제들이 회복할 시간이 필요했다. 교회는 러시아혁명 후 러시아 정교회에 가해진 파괴를 무슨 수를 써서라도 피해야만 했다. "우리는 신의 입장을 방어할 시간과 힘을 얻어야 했다."[64] 그는 합의를 필요한 타협으로 보았다. 교회에 숨 쉴 공간을 마련하고, 교회가 고집스럽고 반항적이라는 정권의 주장을 최소한 어렵게 만드는 데 필요한 타협이었다.

이 두 가지 입장은 다른 결과를 만들어냈다. 민드센티의 공개적 대결은 선명하다는 장점이 있었다. 당시 그는 진리에 대한 주장으로 폭넓게 추앙받았고, 오늘날에도 여전히 그런 이유로 존경받고 있다. 교회학교와 기관이 파괴되고, 무고한 사람들이 체포되어 살해당했다고 그는 말할 용기가 있었다. 그의 과감성은 훗날 그를 헝가리와 전 세계 반공산주의의 중요한 상징으로 만들었다. 1956년 그가 마침내 헝가리 반군에 의해 석방되었을 때, 흥분한 군중이 감옥 밖에서 그를 기다리고 있었다.[65] 그러나 아무리 용감했어도 그는 헝가리 교회가 가혹한 탄압을 받는 것을 막지는 못했다. 그가 체포되어 고문을 받고 치욕적인 공개 재판을 받은 후 헝가리 주교들도 비신스키가 마지못해 서명한 것과 같은 "상호 양해 합의"에 강제로 서명해야 했지만, 훨씬 더 나쁜 조건에서 그렇게 해야 했다.[66] 헝가리판 합의는 헝가리 인민공화국 헌법을 인정해야 할 뿐만 아니라 신도들이 5개년 계획 달성을 돕도록 촉구해야 했다. 이 합의는 명시적으로 사제들에게 농업 집단화에 반대하

지 말라고 경고했다. 합의가 서명된 일주일 후 정부는 헝가리의 수도 원 해체 명령을 발동했다.[67]

비신스키의 더 순응적인 전술은 유연하다는 장점이 있었다. 그는 사제들이 감옥에 가지 않고 가능한 한 많은 교회 기관이 폐쇄되지 않게 하기 위해 대결을 피했다. 그의 접근법은 민드센티의 접근법 같은 도덕적 선명성도, 영감도 주지 못했고, 그의 부드러운 설교는 일반 사람들로 하여금 공산주의에 대한 교회의 진정한 태도에 대해 혼란한 감정을 갖게 만들었다. 그러나 그의 비대결적 스타일은 비신스키가 1949년이 아니라 1953년에 비교적 늦게 체포된 이유, 그가 재판에 회부된 적이 없는 이유, 폴란드 교회가 적어도 헝가리·체코슬로바키아·독일 교회보다 스탈린 시기에 상대적으로 피해를 입지 않고 빠져나온 이유를 설명해준다. 비신스키는 자신의 화해적 태도가 공산당이 폴란드 가톨릭 교회를 공격하는 것을 어렵게 만들었다고 생각했다. 그가 공산당의 많은 요구에 동의한 상태에서 공산당은 그를 반동적 저항 행위로 기소할 수 없었다. 적어도 1980년대까지는 비신스키의 태도가 폴란드 사제들의 기준이 되어, 대부분의 사제들이 당의 법적 권위를 받아들였다. 공산당 집권 시기 내내 대다수의 폴란드 사제들은 자신들의 전통적 의무를 계속 수행하는 동안 공개된 정치적 충돌을 피하려고 노력했다. 반면 헝가리의 가톨릭과 개신교는 모두 스탈린 시기에 철저하게 사기가 꺾이고, 1970년대와 1980년대에는 비밀경찰이 깊숙이 침투했다. 폴란드 가톨릭교회, 독일 개신교와 달리 헝가리 교회는 1980년대 발전한 공산당에 맞선 정치적 반대 운동에서 제도적으로 큰 역할을 수행하지 못했다.

두 접근법은 모두 나름대로 장점과 단점이 있었고, 실제로 동유럽의 저명한 가톨릭 지도자 2명이 내린 다른 선택은 일반 사제뿐만 아니라 평신도로부터 반향이 되어 돌아왔다. 일부는 저항과 감옥을 택했다. 다른 일부는 협상, 타협이라는 덜 만족스러운 길을 택하고 막후에서 항의하며, 이것이 교구민에게 더 나은 선택이라고 믿었다. 동독의 루터교 목사 한스–요헨 치체Hans-Jochen Tshiche는 이렇게 되뇌었다. "우리는 강자뿐만 아니라 다수를 위한 교회다. 교회는 약자와 두려운 자를 위한 것이고, 만일 내가 국가와 큰 충돌에 돌입하면 그들에게도 위협이 될 것이다."[68]

그러나 그런 것만이 새 정권 아래에서 신도들에게 열린 유일한 선택은 아니었다. 아주 빠르게 다른 종류의 기회들이 열렸다.

소련 점령 초기부터 새로운 비밀경찰은 다른 직업 종사자들을 끌어들인 것처럼, 사제와 종교인들을 비밀리에 자신들의 조직으로 끌어들였다. 그러나 사제의 경우 비밀 부역으로는 부족했다. 공산당은 사제들이 공산당의 한 조직으로서 공개적으로 정권을 위해 봉사하기를 원했다. 이는 분명 소련의 아이디어였다.[69] 1953년 서방으로 망명한 폴란드 비밀경찰 고위 장교 유제프 시비아트워의 증언에 따르면, 세로프 장군이 "교회를 제거할 게 아니라 서서히 소련 정치의 수단으로 만들자"고 직접 제안했다. "내부에서 교회를 침투하고, 1929년 이전 소련에서처럼 가능한 한 티격태격 다투는 많은 분파로 분열시키고, 외부에서 권위를 약화"시키려는 생각이었다.[70] 이것이 러시아 정교회의 운명이었고, 1930년대에는 정교회가 사실상 국가 기관이 되었다.

1949년 10월 스탈린이 직접 이러한 정책을 매우 명료하게 제시했다. 카를스바트에서 열린 코민포름 회의 전인 이때, 그는 동유럽 공산당들이 체코슬로바키아를 시작으로 더 가혹한 전술을 채택하도록 명령했다.

우리는 가톨릭 지도부를 고립시키고 바티칸과 신도들 사이에 쐐기를 박을 필요가 있다. 체코슬로바키아에서의 성공 여부에 따라 우리는 폴란드, 헝가리, 그밖의 국가에서 가톨릭 활동을 건설할 것이다. 우리는 하위 사제들의 재정 문제를 완전히 이용해야 한다. 우리의 조치는 하위 사제들을 교회 지도부와 분리시킬 것이다. 정부는 사제들에게 인민으로서 충성하도록 명령해야 하고, 공산당은 사제들이 마르크스·엥겔스·레닌의 사상을 종교 수업과 설교, 그리고 신도들과 직접 접촉할 때마다 전파하도록 강제해야 한다. 우리는 교회 지도부와 체계적인 전쟁을 치러야 한다. 교회는 1949년 12월까지 완전히 통제 아래 들어와야 한다.[71]

헝가리 당국은 이 전술을 정확히 따랐고, 1948년에는 전국에서 전개된 대중 평화운동과 결부하여 전술을 펼쳤다. 앞서 서술한 것처럼 이 평화운동은 일부 서유럽 국가들에서 발전한 자발적인 풀뿌리 평화운동과 닮은 점이 없었다. 정부에 의해 위에서부터 조직된 운동으로 평화 행진, 평화 경주와 평화 회의를 조직하고 평화 기금을 모금한 공산당 활동가들의 도움을 받아 전개되었다. 기자들은 평화운동에 대한 기사를 할당받았고, 디자이너들은 평화를 장려하는 포스터와 소책자 제작을 맡았다.

다른 곳에서처럼 헝가리 활동가들도 평화 청원 운동을 시작했다. 청원이 회람된 학교, 사무실, 공장에서 당원들은 누가 가장 많은 서명을 받을 수 있는가를 놓고 서로 경쟁을 벌였다. 1950년 봄 이 운동은 거의 광적인 기세로 추진되었다. 5월 초, 2만 4583명의 평화 활동가들이 680만 6130명으로부터 세계 평화를 호소하는 청원에 서명을 받았다. 당시 인구가 900만 명 정도인 나라에서는 대단한 비율이었다.[72]

사제들도 청원에 서명하도록 강요받았고, 일부는 그렇게 했다. 다른 사제들은 자신이 사제로서 한 서약이 정치적 청원 서명을 허용하는지 모르겠다고 주장하며 이 운동을 회피하거나 완전히 모면했다. 민드센티 체포 후 헝가리 수석대주교가 된 그뢰스 대주교는 이 문제를 마침내 해결했다. 공개적으로 그는 가톨릭교회가 항상 평화를 지지했다고 선언했다. 그러나 오직 바티칸만이 가톨릭 사제가 국제 조직에 가담하거나 조약에 서명하는 것을 결정할 권한이 있다고 말했다. 결과적으로 그는 이 평화 청원이든 어떤 청원이든 서명하지 않을 것이고, 다른 헝가리 사제들도 그렇게 해서는 안 되었다.[73]

성명은 공산당과 그 동조자들이 필요로 하는 탄약을 제공했다. 당소속 기자들은 즉각 교회를 전쟁광이라고 공격했다. 공산당에 때로는 협력하고 때로는 그러지 않았던 헝가리 철학자 죄르지 루카치는 대주교의 위선적 결정을 공격했다. 공산당 지도부는 기뻐했다. 당 비서들은 평화운동을 이제 "하위 사제들이 상관에 반대하게 만드는 데 써먹기로" 결정했다.[74] 하위 사제들에 대한 압박이 강화되었고, 그뢰스 대주교에게 저항하고 평화운동 가담에 동의한 사제들에게는 보상이 주어졌다.

재빨리 부역자들을 찾아내어 요제프 레바이가 조직한 평화 집회는 평화 사제들 조직의 발대식이 되었다. 최종 성명을 비롯한 이 집회의 모든 것은 미리 계획되었다. 결국 헝가리 성직자의 약 2퍼센트에 해당하는 279명의 사제와 수도자가 이 성명에 서명했다. 참가자들의 분위기도 미리 결정되었다. 공산당 중앙위원회 회의에서 야노시 카다르(1956년 이후 헝가리 독재자가 된다)는 "집회 분위기는 너무 가벼워도, 너무 소극적이어도 안 된다"라고 선언했다.

전쟁 분위기를 만들어야 한다. 그들은 민드센티의 정책 실수를 강조하고, 당국을 향한 주교단의 정책을 비판해야 한다. … 사제들은 민주적 확신 때문에 그리고 이 집회에 참석하려는 계획 때문에 받은 위협을 보고해야 한다. … 주교를 비판하는 발언이 나와야 한다. 발언자들은 민주주의와 평화를 향한 의견을 바꿀 것을 주교단에 요구해야 한다. 발언자들이 너무 급진적이어서는 안 된다. 집회의 단합 느낌을 위태롭게 하지 않기 위해서다.[75]

폴란드 공산당이 자국의 '진보' 사제라고 부른 조직(구어체로, 그리고 역설적으로 이 사제 집단은 '애국 사제들'이라고 널리 알려졌다)에도 유사한 계획이 적용되었다. 이 폴란드 사제들은 헝가리에서처럼 평화운동과 연계되지 않고, 오히려 공산당이 만든 공식 참전용사 조직인 '자유와 민주주의를 위한 전사동맹Związek Bojowników o Wolność i Demokrację, ZBoWiD'과 연계되었다. 공산당이 참전용사 조직을 만든 이유는 진짜 참전용사 집단은 폴란드 국내군과 비공식적인 관계를 맺고 친밀한 정서적 연대감을 갖고 있어 정권이 용인하기에 너무 위험했기 때문이었다.

이 조직에 가담한 사제들은 즉시 의사와 요양원 이용, 교회 건축 자재 획득 같은 특혜를 받았다. 1950년 1월 카리타스의 해체로 부역자들에 대한 보상 가능성은 더욱 커졌다. 국가에 협력하는 사제들은 카리타스 자산, 사무실, 프로젝트를 통제할 수 있었다. 그 시점에 폴란드 비밀경찰은 공식 가톨릭 출판물과 조직 창설을 고무하기 시작했다. 공식 가톨릭 신문《오늘과 내일Dziś i Jutro》이 이미 존재했지만, 공식 가톨릭 유사 정당인 팍스Pax가 조금 뒤에 나타났다. 이러한 변화 속에서 진보적 사제들은 회원 가입 운동을 전개하고 전국 회의를 조직하여, 1952년 약 350명의 사제가 참가하기에 이르렀다.[76]

교회는 반격에 들어갔다. 헝가리 주교평의회는 평화 사제들을 직위 해제했다. 크라쿠프에서 사피에하Sapieha 추기경은 지역 진보 사제들에게 개별 회동을 요구해 이 운동에서 탈퇴할 것을 명령했다. 두 나라에서 친정권 사제들은 때로 대중에 의해 공격을 받았다. 한 헝가리 마을에서 신도들은 "평화 사제와 함께하는 고해성사와 성체 수령을 중단하라"고 고함치며 사제의 설교를 방해했다.[77]

그런 적대감의 결과, 이 운동은 친공산당 자료 배포와 정권 지원을 위한 대중 조직이 결코 되지 못했다. 이 운동은 정권이 바란 만큼은 아니어도 성장하기는 했다. 운동의 절정기에는 약 1000명의 폴란드 진보 사제와 1000명의 동조자가 있었다. 헝가리 집단은 회원 수를 공식적으로 발표한 적은 없었다. 한때 지도부가 3000명 이상이라고 주장했으나, 미국이 지원하는 뮌헨의 자유유럽방송은 훗날 진짜 활동가들을 150명으로 추산했다. 두 집단은 폴란드에서《사제의 목소리Chaplain's Voice》와 헝가리에서《십자가Cross》라는 신문을 발행했고, 회원들의 주기적 회합을 가졌다.

이 운동에 가담하지 않은 사람들의 동기는 쉽게 이해된다. 교회 지도부와 가치 체계가 이 운동에 반대했던 것이다. 가담자들의 동기를 이해하기는 훨씬 어렵다. 역사학자 요제프 줄러 오르반은 솔직한 동기로 새로운 통치 권력과 협력한 사람은 작은 비율, 10분의 1 정도라고 추정한다. 일부는 공산당의 경제 프로그램을 신뢰하는 마르크스주의자 혹은 좌익 사회주의자였다. 다른 사제들은 공산당과 함께 일함으로써 교구 신도들의 생활을 향상할 수 있길 바랐다. 폴란드 교회 역사학자 타데우시 이사코비치-잘레스키Tadeusz Isakowicz-Zaleski도 일부 진보 사제들, 특히 독일 집단수용소에서 살아남은 사람들은 전시 경험 때문에 심리적으로 약해져서 공산당에 쉽게 조종되었을 것이라고 추측한다.[78]

다른 사제들은 분명 협박을 받거나 구타를 당한 끝에 굴복했을 것이다. 헝가리 집단의 최종 지도자 미클로시 베레스토치Miklós Beresztóczy 주교는 1948년 체포되어 잔인한 고문을 당했다. 다른 사제는 방화 혐의(그의 교구에 있던 건초 더미가 불탔다)를 받은 뒤 이 집단에 가담해 감옥 수감을 피하길 바랐다. 비밀경찰 이탈자인 시비아트워는 폴란드 보안기관들은 이 운동에 실망했다고 주장했다. "(보안기관이) 만들어낸 애국 사제들은 많은 경우 소련이나 나치 집단수용소에서 신체적·정신적으로 무너진 사람들이었다."[79] 공식 집회 참가자 중 몇 명은 신부복을 입은 비밀경찰에 지나지 않았다. 헝가리에서 열린 평화 사제들의 첫 집회에 참석한 관찰자들은 결코 본 적 없고 앞으로도 만나지 못할 수상쩍은 프란시스코 사제들이었다고 기록했다.

하지만 일부 사제들은 승진과 특권을 기대하며 가담했고, 실제로 비밀경찰은 야망이 좌절된 불만스러운 사제들 또는 상관 성직자들과 충돌하고 있는 사제들을 적극적으로 찾아 나섰다. 전쟁 전에 정권을 굳건히 지지했던 폴란드 사제 헨리크 베린스키Henryk Weryński가 그런 유형에 맞아떨어졌다. 전쟁 전에 베린스키는 가톨릭 언론기관에서 일하며 강렬한 정치적·문학적 야망을 품고 있었다. 그는 의회 선거에 출마하려고까지 했지만 뜻을 이루지 못했다. 전쟁 후 그는 편을 바꾸어 그때부터 빠른 속도로 출세했다.

베린스키는 아주 일찍부터 비밀경찰의 요원이 되는 데 동의했다. 비밀경찰은 그에게 매달 5000즈워티의 급여를 지급하고, 그의 친정부 성향의 기사가 이제껏 게재가 거부됐던 모든 가톨릭 신문에 실리는 것을 보장했다. 보답으로 그는 비밀경찰이 다른 진보 사제들을 찾는 것을 도와주었다. 그는 크라쿠프의 사제, 평신도 모두에 대한 정보를 당국에 정기적으로 보고하고 공개적으로 고마움을 표현했다. 1951년 크리니차Krynica에서 열린 지역 진보 사제위원회 회의에서 그는 전쟁 이전 정부가 "많은 사제의 사랑을 받으면서도, 사제들을 잘 돌보지 않았다"며 공산당만 못하다고 선언했다.[80] 시비아트워의 말에 따르면 베린스키는 고해성사에서 얻은 정보까지 경찰 요원에게 전달했다. 시비아트워는 자신이 베린스키에게 신부복을 살 수 있는 쿠폰을 개인적으로 주었다고 주장했다.[81]

공포, 스탈린주의의 숨 막히는 정치, 그리고 미래에 대한 불안은 많은 사제들에게 영향을 미쳤음에 틀림없다. 민드센티 추기경의 체포와 일관성이 없는 자백도 소련 블록 곳곳의 가톨릭 사제들을 공포에 떨게 했다. 폴란드에서 자행된 카리타스와 여러 자선 단체의 국유화, 헝가리에서 자행된 수도원 철폐, 모든 곳에서 자행된 교회학교 폐쇄는 많은 사람들에게 교회 종말의 시작처럼 느껴졌을 것이다. 이 시기 폴란드의 사피에하 추기경은 너무 우울해하며 만일 자신이 체포되면 이후 어떤 성명이나 자백도 진실성을 믿지 말라고 선언하는 성명을 발표하기까지 했다.[82] 이런 분위기 속에 정권에 부역하기로 한 결정은 훗날 보이는 것처럼 그렇게 도덕적으로 의심받을 일처럼 보이지 않았다.

복합적인 동기도 사제들의 공개적인 협조뿐 아니라 은밀한 부역을 설명해준다. 헝가리 루터교회 역사학자이자 루터교회 목사의 아들 샨도르 러더니Sándor Ladanyi는 정보원이 된 많은 사제들이 고문을 당했고 베린스키 같은 출세주의자(경력에서 좌절감을 느꼈거나 해외 유학을 희망한 사제, 신학생, 교사)도 많았지만, 부역을 한 데는 더 모호한 많은 이유가 있었다고 설명한다. 사제들과 목사들은 비밀경찰과 대화해야 한다는 지속적인 압박을 다른 사람들보다 심하게 받았고, 일부는 당국의 관심을 돌리는 동시에 그들에게 도움을 거의 안 주려고 자발적으로 협조했다. 일부는 정보원이 되는 데 동의했지만 아무것도 말하지 않았다. 헝가리 정보원 명단 상당수는 "그가 제공하는 정보는 쓸모없다"는 이유로 그 사제의 이름을 지워야 한다는 건의로 끝난다. 그러나 다른 사제들은 공개적으로 아니면 더 은밀하게 협박을 받았다. 특히 개신교 목사들은 가족이 있어서 협박에 더 취약하다고 간주되었고, 자녀의 교육이나 부인의 의료 치료가 위협받을 수 있었다(처자식이 없는 가톨릭 사제들은 전향이 더 어렵다고 판단되어 종종 더 잔학한 대우를 받았다).[83]

분명 평화 사제나 애국 사제는 정권에 실제로 가치가 없었다. 막후에서 헝가리 당국은 평화 사제들이 "사제 반동에 맞선 싸움에서 불충분한 진전"을 이루었다고 비판했다. 폴란드에서 이 운동은 공산당에게도 대중에게도 제대로 받아들여지지 않았다. 결국 '애국 사제'라는 말은 욕설로 들렸다. 교회 주류에서 이탈하고 쉽게 무시되면서 그들은 정권의 프로파간다 창구로서의 쓸모도 줄어들었다. 그럼에도 그들의 존재는 나머지 사제들의 사기를 저하하고 무력화하는 효과가 있었고, 교회 지도자들의 많은 시간과 에너지를 소진시켰다. 비신스키 추기경은 진보 사제들을 자주 만났고, 1953년 체포되기 직전 몇 달 동안에도 여러 번 만났다. 잠시나마 가톨릭 사제 전체가 공산주의 사상으로 개종하는 것은 충분히 가능한 일로 보였음에 틀림없다.

무엇보다도 큰 소리를 내는 친공산주의 사제들의 존재는 시대의 도덕적 혼란을 가중시켰다. 교회는 공산주의를 지지했을까, 반대했을까? 폴란드의 새로운 카리타스 재단은 진짜 조직이었을까, 가짜 조직이었을까? 평화 사제들은 정말로 평화를 지지했는가? 만일 그렇다면 모든 사람이 그들을 지지해야 하지 않았을까? 부역하는 사제들은 다른 사람들의 부역을 고무했다. 만일 "성스러운 사람들"이 협조의 대가로 정권으로부터 선물과 특혜를 받았다면, 다른 사람들도 그리해서는 안 될 이유가 있었겠는가?

12장

내부의 적

당은 단 한 가지만 약속한다. 승리 후, 더이상 해를 끼치지 않는 어느 날 비밀 문서고의 자료가 출간될 것이다. 그러면 세계는 이 〈펀치와 주디 인형극Punch and Judy show〉의 배경에 무엇이 있었는지 알게 될 것이다.

— 아서 케스틀러, 《한낮의 어둠》, 1941[1]

구타당한 사람은 심문관이 원하는 종류의 자백을 하며, 자신이 영국이나 미국 스파이라거나, 우리가 원하는 무엇이든 시인할 것이다. 그러나 이런 방식으로는 결코 진실을 알 수 없을 것이다.

— 라브렌티 베리아, 1953년 스탈린 사후 기밀 정치국 회의 발언,
1991년 이후 출간된 문서고 서류에서[2]

'반동 사제들'은 절정의 스탈린주의 시기 피해망상적 분위기에서 분명한 공격 대상이었다. 하지만 그밖의 잠재적인 적들도 많았다. 일련의 파업과 경제적 재난을 겪은 후 폴란드 비밀경찰은 "작업 현장과 행정부의 모든 계층에 있는 노동자에 대한 철저한 연구, … 과거와 현재 노동자들 사이에서 발견되는 정확한 정치적 영향력에 관한 정보"가 필요하다고 판단했다. 비밀경찰은 그들의 파일을 철저히 뒤져 25가지 유형의 적을 만들어냈다. 여기에는 폴란드 국내군에 관여한 사람, 전쟁 전에 사회민주당이나 기타 정당에서 활동한 사람, 해외의 폴란드 군대에

서 복무한 사람이 포함되었다. 1947년 감옥에서 풀려나거나 전쟁 후 사면을 받은 사람도 바로 새로운 의심을 받았다. 결국 이 명단은 43개 유형으로 늘어났다. 안제이 파츠코프스키에 따르면 1954년 "범죄자와 의심스러운 요소 명단"에 폴란드 성인 3분의 1에 해당하는 600만 명의 이름이 올랐다. 1948년 2만 6400명이었던 정치범은 1950년대 중반에 3만 5200명으로 늘었고, 1954년에는 8만 4200명의 정치범이 폴란드 곳곳의 수용소에 수감되었다.[3]

유사한 일들이 소련 블록 전역에서 일어났다. 헝가리에서 비밀경찰은 잠재적인 적에 초점을 맞추었다. 동독에서 슈타지는 실제와 가상의 서방 스파이들을 색출하려고 노력했다. 체코슬로바키아에서 경찰은 1948년 공산당 쿠데타에 반대한 사람이나 반대한 것으로 추정되는 사람을 찾아 나섰다. 루마니아에서는 1950년 5월 특별 작전이 시작되어 1919-45년 정부 각료직을 역임한 사람은 아무리 나이가 많아도 색출 대상이 되었고, 그리스가톨릭과 로마가톨릭 사제도 목표가 되었다.[4]

조사와 체포의 두 번째 물결에서는 농민과 시골 지주도 자주 희생자가 되었다. 1952년 가을 폴란드 비밀경찰은 곡물 징발 요건을 따르지 않은 농민 수만 명을 체포했다.[5] 1948년부터 1953년까지 대략 40만 명의 헝가리 농민들이 할당 생산량을 달성하지 못해 체포되었고, 무려 85만 명이 벌금형을 받았다.[6] 1949년에는 거의 3000명의 루마니아 시골 지주들이 집단화를 위해 불과 몇 분 만에 자신의 농지에서 추방당했다.[7]

그러나 소련 방식의 대량 체포는 소련식 문제를 만들어냈다. 이 믿지 못할 모든 적을 어디에 둘 것인가? 폴란드에서 당국은 감옥이 수감자로 넘치고 환경이 악화되도록 내버려두었다. 폴란드 국내군 파르티잔이었던 바츠와우 베이나르Wacław Beynar는 1948년 체포되어, 바르샤바의 라코비에츠카Rakowiecka 감옥의 답답한 감방에 수감되었다. 감방은 너무 습해서 바르샤바 봉기에 참여했던 다수를 포함한 죄수들은 바람이 부는 것처럼 느끼기 위해 셔츠를 벗어 공중에 흔들었다. 감방 안에는 화장실이 없었고, 죄수들은 하루에 단 두 번 밖으로 나가 화장실을 사용했다. 이런 제도는 감옥 음식으로 설사병을 앓는 사람들에게 바로 고문의 한 형태가 되었다. 베이나르는 심문 중 야만적으로 얼굴에 구타를 당하고 옆구리를 발로 차이고 나서 사형을 선고받았다. 그는 자신이 들은 사형 선고가 "중립적이라니! 나는 믿을 수 없었다. 내가 죄인이라니"라고 기록했다.

결국 베이나르는 감형되어 장기형을 선고받고 브론키Wronki로 보내졌다. 그곳은 포즈난 인근에 있는 훨씬 큰 감옥으로, 대부분 정치 범죄자들인 4000명의 죄수가 수감되어 있었다. 도착해서 "우리 모두는 아이처럼 울었다"고 그는 회고했다. 하지만 최악의 고초를 겪은 죄수는 다카우Dachau 수용소에 수감된 적이 있는 사람이었다. 그에게는 단지 데자뷔처럼 느껴졌다.[8] 또다른 동료 죄수는 스타니스와프 소스타크Stanisław Szostak로, 1944년 빌뉴스 외곽에서 빌크 장군과 함께 체포되었다가 1948년 슈체친에서 다시 체포되어 나치 부역자들이 있는 감방에 던져진 사람이었다. 브론키 감옥은 "이가 들끓고 산소가 부족한 곳으로 여름에 덥고 겨울에 추웠다"고 그는 떠올렸다. 그도, 베이나르도 1956년에야 석방되었다.[9] 1944년과 1945년 폴란드 국내군 병사들의 비상시 감옥이자 처형장으로 사용되었던 으스스한 중세 건축물인 루블린 성도 1954년까지 개방된 채 남아 있었다. 그곳의 어둠, 먼지, 고요가 수감자의 공포를 배가시킨다고 생각되었다.[10]

모두가 국내 감옥으로 가지는 않았다. 수만 명의 폴란드인이 바로 소련 강제노동수용소로 보내졌고, 그만큼 많은 독일인도 그곳으로 갔다. 독일인 상당수는 직접 NKVD가 선별했고, 때로는 서베를린 거리에서 바로 연행되어 소련 재판에 회부되었다. 전후 독일에서 체포된 수백 명의 독일인은 모스크바에서 재판을 받은 뒤 사형에 처해졌고, 이들의 기록은 문서로 남았다.[11] 헝가리도 소련의 교정 관행을 채택하여 귀족이었던 사람, 전쟁 이전 군 장교, 지주였던 사람, 헝가리령 오스트리아나 유고슬라비아와 국경 인근에 사는 "정치적으로 믿을 수 없는 사람들"을 감옥에 수감하지 않고 헝가리 동부의 작은 마을로 유배를 보냈다. 이 재이주 정책은 두 가지 추가적 이점이 있었다. 이 조치로 주요 도시의 큰 아파트가 비어 적절한 숙소가 필요한 새 관료 집단의 주거가 마련되었고, 시골 공동체에는 생산적이지는 않아도 새로운 비숙련 노동력을 제공해주었다.[12] 루마니아에서 시행된 유사한 정책으로 루마니아-유고슬라비아 국경 인근에 살고 있던 약 4만 4000명의 주민이 제거되었다. 온 가족이 기차에 실려 주민이 거의 없는 바라간Bărăgan 스텝 지역으로 보내져 들판에서 스스로 생활을 꾸려가야 했다.[13]

그러나 다른 사람들은 집단수용소로 보내졌다. 1949년까지 독일 내 NKVD의 강제노동수용소(5장 참조)는 서방의 너무 많은 관심을 집중시키고, 소련 점령 정권에 대한 나쁜 평판을 만들어낸다는 이유로 해체되었다. 그러나 그 무렵 다른 동유럽 정부들은 새로운 수용소 체계를 만들었다. 소련 강제노동수용소의 일부는 아니었지만 그것을 모델로 만든 체계였다. 소련에서와 마찬가지로 수감자들은 식량을 얻는 대가로 노동을 해야만 했고, 경제에 유용한 존재가 되어야 했다.

1949년부터 1953년까지 체코슬로바키아 정권은 보헤미아 북서부 야치모프Jáchymov 인근에 18개의 수용소 집단을 유지했다. 이곳에서 수감자들은 우라늄 광산에서 일하며 새로운 소련 핵무기 프로그램에 필요한 원자재를 채굴했다. 수감자들은 특수한 의복이나 방사선 보호 장비를 받지 못해 사망률이 높았다.[14] 루마니아 정부도 수용소 네트워크를 만들었다. 이 중 가장 잘 알려진 것은 다뉴브강-흑해 운하를 따라 건설되었는데, 경제적 수익이 의심스럽지만 소련이 지원한 건설 프로젝트였다. 절정기에 이 운하는 루마니아 수용소 수감자 18만 명의 4분의 1에 달하는 약 4만 명의 죄수를 '고용'했다.[15] 불가리아 정권도 가학적인 노동으로 악명 높은 강제노동수용소를 몇 개 건설했다(그리고 대부분의 소련 수용소가 해체된 훨씬 후인 1960년대와 1970년대까지 유지되었다).[16] 티토의 유고슬라비아도 반스탈린 정치적 성향에도 불구하고 강제노동수용소를 건설했고, 그중 아드리아해에 건설된 수용소는 물이 귀해서 갈증이 고문의 주요 수단이 되었다.[17]

이러한 어두운 제도 중에서도 가장 악명 높은 헝가리의 레치크Recsk 수용소는 특별한 자리를 차지한다. 재판 없는 자의적 수감은 정권 출발 때부터 헝가리 체제의 특징이었고, 수용소는 부다페스트와 주요 도시 인근에 세워졌다.[18] 그러나 1950-51년 헝가리 정권은 이런 임시 시설이 위험한 정치범을 다루는 데 충분히 잔혹하지도, 안전하지도 않다고 판단했다. 더 나은 해결책을 찾던 헝가리 지도부는 루돌프 가라신Rudolf Garasin에게 조언을 구했다.

가라신은 2차대전 중 미미한 성공을 거둔 파르티잔으로서 전공을 세운 뒤(4장 참조) 소련으로 돌아갔다. 공식 전기에 따르면 그는 소련에서 1951년까지 국영출판사의 부소장으로 일하다가 갑자기 헝가리로 돌아와 처음에는 법무부, 다음에는 내무부에서 여러 고위직을 맡았다.[19] 나중에 그는 당 내부 문서인 신상조사서에 자신이 1940년대 초반 노보시비르스크 인근 시베리아 군사 건설단 부대의 지휘관을 맡았다고 상세하게 기술했다. 그 시기 노보시비르스크 인근 숲에서 이루어진 건설은 거의 전적으로 소련 강제노동수용소가 맡아 수행했다.[20] 그의 이름은 헝가리 정부 문서고에 보관된 마차시 라코시와의 교신에도 등장한다. 그는 라코시와 여러 번 강제노동수용소 상황을 논의했다. 예컨대 1953년 6월에는 수감자 통계와 정보뿐 아니라 수용소 지도부에 고용된 인원수를 정리한 보고서를 라코시에게 보냈다.[21]

공개적으로 언급되지는 않았지만 주요 당 간부, 정부 관리, 수감자 모두가 사실상 가라신을 소련의 강제노동수용소 운영 기법을 헝가리에 도입한 사람으로 간주했다.[22] 그가 부다페스트에 다시 나타난 1951년은 12월 공공노동집행국(헝가리어 약자로는 KÖMI) 창설 시점과 일치한다. 새로 생긴 이 부서는 "한편으로는 인민 경제의 이익, 다른 한편으로는 법 집행의 이익"을 지원하게 되어 있었다.[23] 달리 말하자면 쾨미KÖMI는 소련 강제노동수용소처럼 죄수의 노동을 공장, 채석장, 건설 프로젝트에 활용해 이익을 내는 것을 목표로 삼았다. 가라신도 그렇지만 이 부서는 법무부의 첫 부서였다. 1952년 가라신과 이 부서는 내무부로 옮겨졌다. 1953년 1월 쾨미는 약 2만 7000명의 죄수를 '고용'했다.

레치크 수용소는 제국을 방불케 하는 가라신의 거대한 부서에 속한 여러 수용소 중 하나에 불과했다. 키스타르사Kistarcsa, 커진버르치커Kazinbarcika, 티서뢰크Tiszalök에도 엉성하기로 악명 높은 임시수용소와 포로수용소들이 있었다. 그러나 레치크는 가장 중요하고 저명한 죄수들을 수감했고, 이 수용소의 존재는 철저히 비밀에 부쳐졌다. 이 수용소에는 다른 수용소처럼 공식적인 번호가 부여되지 않았고, 수감자들은 외부 세계와의 접촉이 금지됐다. 참고할 수 있는 초기 문서도 거의 없는데, 아마 그 이유는 훗날 헝가리 지도자가 된 야노시 카다르가 이 수용소 건설을 결정했기 때문일 것이다.[24]

레치크는 헝가리 국민의 기억 속 비밀의 상징일 뿐 아니라 절정의 스탈린주의 시기에 사람들에게 주어진 터무니없는 운명의 장난의 상징이 되었다. 레치크는 짧은 기간만 존속했지만(1950년에 문을 열어 1953년 10월 해체되었다) 그 시기에 사람들은 정치적 이유, 경제적 이유, 아니면 특별한 이유도 없이 수감자가 되었다. 수감자 상당수는 자영농당원이거나 사회민주당원, 특히 공산당과의 합당에 반대한 사회민주당원들이었다. 그밖에 귀족이었던 사람 또는 외국과 접촉한, 심지어 외국과 아주 조금 접촉한 주민도 수감되었다. 수감자 얼러다르 죄르제이Aladár Györgyey는 프랑스 학생 방문자와 잠시 친분이 있었던 미술사 전공 학생이었다.[25] 다른 수감자는 차를 몰다가 라코시의 차와 충돌한 후 이곳에 수감되었다. 그는 결혼식에 늦어 서둘러 차를 몰다가 사고가 났다.[26] 헝가리 시인 죄르지 팔루디György Faludy는 미국에 망명했다가 헝가리로 돌아온 후 레치크 수용소로 보내졌다. 그는 사회민주당원으로 활동하며 당의 신문을 만드는 일을 했고, 그곳에서 당시 공개재판에 회부된 몇 사람을 알게 되었다. 그는 미국 스파이 혐의로 징역형을 선고받았다.[27]

이전의 체포 물결 때와 마찬가지로 레치크 수감자 상당수는 전시 반파시스트 저항운동의 일원이었다. 그들 중 한 사람으로, 독일과 싸우기 위해 1944년 헝가리 정권과 결별한 집단의 일원이었던 이는 심문 중 "1944년 음모를 조직할 수 있었던 자는 1945년 이후에도 쉽게 인민의 적이 될 수 있다"고 소리치는 간부에게 구타를 당했다.[28] 정권은 이들이 다시 싸우는 것을 생각하기도 전에 척결하길 바랐다.

모델로 삼은 거대한 소련 수용소에 비하면 레치크는 아주 작았다. 수감자가 가장 많을 때도 레치크는 1700명의 죄수만을 수용했고, 수용소로 사용된 건물과 간수들이 거주했던 인근 건물 상당수는 전쟁 전부터 남아 있던 거대한 농장이었다. 수용소 자체는 숲을 깎아 만든 지역에 있었다. 채석장은 조금 걸어가면 되었고, 경비병들은 인근 농장 저택에 거주했다. 내가 찾아간 2009년 어느 날 죄수 숙소동은 많이 남아 있지 않았다. 건물 한두 채가 그 자리에 박물관으로 재건축되었지만, 나머지 건물은 없어지고 위치가 표지판이나 지도에 표시되어 있었다. 현지 고고학자들은 다른 중요한 장소(징벌 감방의 위치, 다른 병영이 있던 곳, 수용소 입구)를 표시해두었지만 전체적 인상은 진흙탕, 팔루디가 사람들이 장화를 잃어버릴 정도로 깊다고 묘사한 바로 그 진흙탕이다.

모델로 삼은 소련 수용소처럼 레치크는 백지상태에서 죄수들이 건설했다. 그들은 음식을 얻기 위해 벌목을 하고 채석장에서 일했고, 햇볕이 내리쬐든, 눈이나 비가 오든 야외에서 선 채로 식사를 했다. 팔루디는 당시 상황을 이렇게 기억했다.

아침에는 보리 커피 0.5파인트, 점심에는 수프와 채소, 저녁에는 채소를 받아 수용소 부엌 앞 언덕에 서서 먹었다. 부엌에는 네 기둥 위에 철판이 덮여 있어 솥단지와 조리사들이 비를 피할 수 있었다. 우리는 뜨거운 수프를 목에 부어 넣고 숟가락으로 채소를 퍼 먹었다(일주일에 세 번 제공되는 작은 말고기 조각을 자동적으로 세면서).[29]

소련 강제노동수용소처럼 레치크에도 위계질서가 있었다. 일례로 전직 사회민주당원은 전직 중도 우파 정당의 당원보다 더 좋은 대접을 받았고, 일부 수감자는 부역하여 수감자들의 감독이 될 수 있었다. 수 감자들은 그들을 상관boss을 뜻하는 러시아어 나찰니크nachalniks라고 불렀다. 소련 강제노동수용소처럼 세밀한 통제와 징벌 제도도 있었다. 수감자들은 날씨에 관계없이 정기적으로 집합해 수를 셌다. 간수들이 수에 대한 개념이 너무 없어 이 일은 오랜 시간이 걸렸다. 규칙을 따르지 않는 사람은 징벌 숙소에 수감되어 음식을 받지 못하거나, 벽에서 물이 들어와 때로 무릎 깊이만큼 물에 잠기는 축축한 감방의 나무판자에 누워 밤을 보내야 했다. 이런 모든 소련식 혁신을 관찰하고 개선을 위한 제안을 듣기 위해 소련 자문관들이 주기적으로 수용소를 방문했고, 라코시도 방문했다. 소련에서와 마찬가지로 그들이 오기 전에는 포템킨 마을Potemkin village*이 만들어지고, 죄수는 몸을 청결히 하고, 노역장이 정리되고, 수용소 주변에 꽃을 심기도 했다.

소련 강제노동수용소가 스탈린 사망 후 폐쇄되기 시작한 것처럼 레치크 수용소도 스탈린 사망 후 문을 닫았다. 소련식 집단수용소를 헝가리에 도입한 데 대한 보상(혹은 징벌이었을 수도 있다)으로 가라신은 이후 몇 년간 몽골 주재 헝가리 대사로 일하게 되었다. 당이 보관한 그의 개인 기록에는 그가 헝가리 동지들에게 도움을 청했다는 내용이 있다. 그는 모스크바에서만 받을 수 있는 목 수술을 위해 돈이 필요했지만 연금이 너무 적었던 것이다. 그의 70번째 생일을 맞아 누군가가

• 러시아 예카테리나 여제 때 재상이자 여제의 애인이었던 그리고리 포템킨이 1787년 6개월간 진행된 예카테리나의 남방 순찰 때 급조해 만든 전시용 마을이다. 초라하거나 바람직하지 못한 상태를 가리기 위한 겉치레를 의미하는 관용적 표현으로 쓰인다.

헝가리 정치국이 그에게 훈장을 수여할 것을 건의하는 편지를 썼다.
그후 얼마 안 되어 그는 사망했다.[30]

1949년 봄 볼레스와프 비에루트가 바체슬라프 몰로토프에게 보낸 적
명단에는 "당에서 배제된 당원"이라는 매우 특별한 유형이 있었다.
1949년에서 1950년으로 넘어가는 시점에 이 유형의 적은 훨씬 더 중요
해졌다. 소련 블록 전역에서 공산당 지도자, 때로 군사 지도자들이 의
심과 체포의 초점이 되고, 그후 공개재판의 주인공이 되었다. 이제까지
충성스러웠던 당원들과 훈장을 받은 장군들이 반역자나 스파이로 드
러났다. 오랜 기간 충성 기록을 가지고 있던 공산주의자로 이러한 유
형에 해당된 인물로는 헝가리 내무 장관 라슬로 러이크와 비밀경찰 창
설자이자 지도자인 가보르 페테르, 체코슬로바키아 공산당 서기장 루
돌프 슬란스키, 폴란드 공산당 서기장 브와디스와프 고무우카, 동독
정치국의 지도적 멤버 파울 메르커Paul Merker, 루마니아 외무 장관 아나
파우케르를 꼽을 수 있다. 물론 알바니아인과 불가리아인 희생자도 있
었다.

혁명이 자신의 자식들을 삼키는 광경은 전혀 새로운 것이 아니었다.
정확히 똑같은 집착이 대숙청과 대공포의 시기인 1930년대 말 소련 지
도부를 집어삼켰다. 이 광경을 목격한 외교관들, 관찰자들, 기자들에
게 그 시기의 공개재판, 즉 레프 카메네프, 그리고리 지노비예프Grigorii
Zinoviev, 니콜라이 부하린처럼 국제적으로 존경받는 혁명가들의 치욕
적인 자백 연출은 기괴한 구경거리로, 한계를 모르는 스탈린의 광적인

권력 추구의 증거로 보였다. 부하린의 재판을 참관한 영국 외교관 피츠로이 매클린Fitzroy Maclean은 이렇게 연출된 사건들을 "인민 검사의 피에 굶주린 미친 헛소리가 동반된 대단한 공개 자백, 자기 비하의 광기"라고 표현했다. 그는 고위 인사들이 하나씩 법정에 서서 게슴츠레한 눈으로 "말도 안 되는 비행非行의 긴 목록"을 자백했다고 회고했다.[31]

1936년, 1937년, 1938년 소련의 공개재판 동기를 설명하기 위한 시도로 많은 책이 쓰였다. 분명 소련의 공개재판은 정치적 공포를 만들어내려는 의도가 있었지만 시점, 방법, 정치는 논란으로 남아 있다. 이론은 무성하다. 볼프강 레온하르트(당시 레온하르트 교수)는 동독을 떠나온 지 한참 후, 자신의 학부 소련 역사 과목의 일부인 예일대학교의 유명한 연례 강좌에서 이 문제를 설명했다. 대숙청을 설명하는 여러 가능성 중 레온하르트는 스탈린의 광기, 외국 침공에 대한 러시아의 역사적 공포, 그리고 1930년대 발생한 매우 활동적인 태양 흑점을 들었다.[32] 그러나 1949년과 1950년 동유럽에서 벌어진 공개재판은 모스크바에서 과거 진행된 공개재판을 어느 정도 설명해준다. 다른 것은 몰라도 동유럽 공개재판이 소련 자문관들과 함께 면밀하게 연출되고 이전의 모스크바 재판을 상당히 모방했다는 사실은, 스탈린이 이 재판들을 정치적인 성공, 소련에 의존하는 새로운 국가들에서 반복할 가치가 있는 전략으로 판단했음을 입증한다.

확실히 두 재판 과정은 소련과 동유럽 각각의 역사에서 유사한 전환점을 보여주었다. 1930년대 말 소련과 1940년대 말 동유럽에서 공산당의 경제정책은 실패하고 있었고, 당원들도 스스로 환상에서 벗어나고 있었다. 이 재판은 여러 가지 경제적 실패의 책임을 스탈린(1930년대)과 작은 스탈린들(1940년대)이 벗어날 수 있게 해주었다. 동시에 그들은 잠재적 당 반대자를 침묵하게 만듦으로써 내부의 가장 위험한 적인 당 지도자들을 제거했다. 공개재판은 내부 서클에서 달성한 것 외에 공공의 기능도 수행했다. 다른 모든 스탈린식 제도와 마찬가지로 이 재판은 교육적인 목적이 있었다. 만일 공산당이 지배하는 유럽이 자본주의 유럽을 능가하지 못한다면, 사회 기반시설 프로젝트에 문제가 생기거나 지연된다면, 식량 공급이 형편없거나 생활수준이 낮다면, 이 공개재판은 그에 대한 설명을 제공해주었다. 충성스러운 공산주의자로 위장한 외국 스파이, 범죄적인 파괴공작자와 반역자가 그 과정을 막았다는 설명이었다.

소련 비밀경찰은 처음부터 동유럽 공개재판에 관여했다. 수많은 문서와 진술 증거는 의심의 여지 없이 모스크바 관리들이 체포를 명령하고, 희생자 색출을 돕고, 심문을 관리했다는 것을 입증한다. 1949년 5월 열린 체코슬로바키아 공산당 대회에서 헝가리 주재 고위 NKVD 장군 표도르 비엘킨은 헝가리 국방 장관 미하이 파르카스를 한쪽으로 데리고 나가 모스크바는 "러이크가 헝가리에서 유럽 트로츠키 조직의 스파이 책임자rezident로 미국과 접촉하고 있다고 결론지었다"고 알렸다. 이러한 공산당의 은어는 "날조된 재판 자료가 이미 준비되었다"는 메시지였다.[33]

폴란드에서 고무우카의 운명은 이미 1948년 4월 소련 당 중앙위원회 서기 미하일 수슬로프Mikhail Suslov를 위해 작성된 〈폴란드 노동당 지도부의 반마르크스주의 이념적 성향에 대하여〉라는 제목의 비망록으로 결정되었다. 이 문서를 작성한 이념 전문 소련 당 관료 3명은 일부 폴란드 공산주의자들이 "소련의 경험과 성공에 대해서는 침묵을 지키고, 레닌주의-스탈린주의의 가르침을 무시하면서 민족적 경향"을 보인다고 불만을 토로했다. 그들은 고무우카를 이러한 경향의 지도자로 지목하고, 그의 폴란드 마르크스주의를 경멸적으로 무시하면서, 폴란드 농업 집단화를 단호히 거부한 것을 불평했다. 사실 그들은 고무우카를 티토주의의 다른 표현인 '우경화'로 의심했다. 그가 소련에 충분히 충성하지 않는다는 말을 다른 방식으로 표현한 것이었다. 그들은 폴란드 통합노동당이 사회민주주의로 다가가지 않을까 우려했고, 폴란드 군대의 이념적 방향에 대해 큰 우려를 표명했다. 로코소프스키가 확고히 통제하고 있건만 폴란드 군대의 지도자들은 모스크바의 취향에 맞출 만큼 소련에 우호적이지 않다는 우려였다.[34]

이러한 결론이 내려졌다는 소문을 들은 고무우카는 자신의 입장을 항변하기 위해 12월 모스크바를 방문했다. 나중에 그는 악명 높은 비망록(6장 참조)에서 폴란드 공산당을 유대인들이 장악했다고 불평하면서, 자신은 항상 소련을 폴란드 최고의 친구, 스탈린을 위대한 스승으로 여겼다고 주장했다.[35] 이러한 노력에도 불구하고 고무우카의 가장 가까운 동료들(정치국 동료 마리안 스피할스키Marian Spychalski 장군 등)이 대규모의 폴란드 고위 장교들과 함께 곧 체포되었다. 비에루트는 이 사건의 진행 과정에 대한 최신 정보를 스탈린에게 주기적으로 보고했다. 고무우카도 1951년 결국 체포되었다.[36]

소련의 이념 전문가들은 체포슬로바키아에 대해서도 유사한 문서를 만들어 1958년 수슬로프에게 보냈다. 〈체코슬로바키아 공산당의 여러 실책〉이라는 제목이 붙은 이 문서는 폴란드에 대한 문서보다 더 광범위하고 이론적이며 장황하게 많은 부문의 심각한 문제들을 지적하고 있다. 그러나 이 문서는 슬란스키의 몇 가지 실책을 깊이 파고들며, 그가 공산당원을 모집하며 저지른 실책을 비난했다.[37] 이 문서는 1951년

7월 스탈린이 개인 사절을 통해 클레멘트 고트발트에게 보낸 메시지를 통해 전달되어 그가 슬란스키를 체포하도록 만들었다.[38] 이 일은 고트발트에게 상당히 곤혹스러웠다. 체코슬로바키아 공산당은 슬란스키의 50번째 생일 축하 행사를 전국적으로 조직하고 있었던 것이다. 한 탄광은 자랑스럽게 파르티잔 슬란스키 광산으로 이제 막 개명했고, 다른 공장들도 같은 특혜를 요구하고 있었다.[39]

동유럽 동료들이 똑바로 할 것이라고 믿지 못한 모스크바 당국은 소련 비밀경찰 장교들(부다페스트에는 비엘킨, 프라하에는 알렉산드르 베스차스노프Aleksandr Beschasnov)을 파견해 조사를 감독하게 했다.[40] 그들은 재판을 계획하고 감독할 자문가 팀을 데려갔다. 프라하에서 베스차스노프 집단은 교외 저택에서 함께 생활하며 4명의 전담 통역사를 고용하고, 스탈린에게 정기적으로 보고서를 보냈다.[41] 부다페스트에서는 소련 자문관들이 항시 헝가리 수사관들을 따라다녔다. 바르샤바에서 온 폴란드 장교 하나는 헝가리인들에게 진척을 알아보려다가 최근 모스크바에서 온 붉은 머리의 NKVD 장군이 있는 데 놀랐다. 그 NKVD 장군은 폴란드인들이 머무는 동안 그들에게 직접 얘기하지는 않았지만 "사건 전모의 진짜 동기"를 헝가리인들보다 훨씬 잘 알고 있는 것으로 보였다.[42]

체포된 사람들의 신분과 그들이 꾸몄다는 음모의 성격은 당시 스탈린의 집착과 맞닿았다. 규칙은 변경 불가는 아니었지만, 일정한 유형의 사람들은 다른 사람들보다 체포될 가능성이 높았다. 잠재적 우경화주의자와 고무우카 같은 티토주의자는 의심을 받았다. 세계주의자나 시온주의자로 알려진 좌경화주의자, 즉 유대인도 마찬가지였다. 앞서 언급한 대로 후자의 유형은 1948년 이스라엘 국가 수립 후 스탈린주의 피해망상의 맨 앞에 등장했다. 이스라엘 건국 후 스탈린은 소련 유대인에 대한 광범위한 숙청 작업을 시작했다. 당 지도자들을 살해하거나 독약을 먹이려고 했다는 혐의를 받은 유대인 의사들은 스탈린 통치 마지막 시기의 집착 대상 중 하나가 되었다. 동유럽에서는 더 많은 실제적 동기가 있었을지도 모른다. 그와 그의 심복들은 유대인 공산주의자 탄압은 그밖의 모든 사람들로부터 환영받을 것이라고 분명 믿었는데, 근거가 없지는 않았다.

전쟁 시기에 고국이든 서유럽이든 모스크바에서 먼 곳에 있었던 공산주의자들도 또다른 타깃이었다. 외국 공산당과 연계가 있는 사람, 에스파냐 내전에서 국제 여단 병사로 싸운 사람, 외국에 가족 연계가 있는 사람은 누구나 좌파 이탈자나 우파 이탈자로 불릴 위험이 있었다. 러이크는 에스파냐에서 싸웠고 부다페스트에서 전쟁 시기를 보냈다. 멕시코에서 전쟁이 끝나길 기다린 유대인 메르커도 또다른 분명한 타깃이었다. 고무우카는 전쟁 시기를 바르샤바에서 보냈다(이때 비에루트가 그에 맞서 음모를 꾸몄다. 이미 1944년 6월 비에루트는 코민테른 지도부에게 고무우카가 당 서기장으로 자격이 없다고 주장하며 그를 교체해달라고 모스크바에 도움을 청했다).[43]

소련의 시나리오가 늘 정확히 실행되지는 않았다. 동유럽 여러 곳에서 지도자들은 시간을 끌고, 명령을 바꾸고, 자신들의 정치적 필요에 따라 체포와 재판을 조율했다. 고트발트는 자신이 위협받을 때까지 슬란스키 체포를 미뤘다. 고무우카 재판은 열리지 않았다. 비에루트는 인기가 많은 고무우카를 기꺼이 체포했지만 그를 고문하지 않았고, 어느 정도 압박이 있었지만 그를 공개재판에 회부하지 않았다. 그는 고무우카가 공개재판을 받으면 인기가 더 치솟을까 봐 두려웠고, 여러

면에서 확신이 강한 그가 과연 가상의 범죄를 자백할까 의심했다. 비에루트는 고무우카를 파괴할 경우 파급될 장기적 결과도 두려워했다. 이는 고트발트가 슬란스키 몰락의 장기적 결과를 두려워한 것과 마찬가지였다. 두 사람은 거리낌 없이 사제들이나 군 지휘관들을 체포해 고문했지만, 공산당 서기장(당시 고무우카와 슬란스키 둘 다 맡고 있었다)을 살해하는 것은 모두에게 극도로 위험할 수 있었다. 한 헝가리 역사학자가 지적한 대로 그들 중 누구든 다음 희생양이 될 수 있었다. "만일 도끼가 당 우두머리에게 향하면, 그러한 움직임은 당내 다른 지도자들에게 … 자기 보호를 위한 방어 기제를 촉발했다."[44]

동독 지도부는 주저할 다른 이유가 있었고, 다른 곳에서 체포 열풍이 부는 동안 동독의 고위 공산당원들은 처음에는 대부분 살아남았다. 당시 연합국 통제위원회가 독일에서 적극 활동 중이었고, 베를린에서 일어나는 일들은 국제 뉴스의 초점이었다. 동독의 공식 수립 후 지연된 당 숙청이 시작됐다. 10여 명의 고위 공산당원이 체포되어 몇 명은 결국 처형되었다. 그러나 소련 지도부도, 동독 지도부도 서독에서 어떻게 볼까 우려했기 때문에 공개재판은 결코 열리지 않았다. 홍보가 실패할 가능성은 차치하더라도 그런 재판의 성공은 음모의 조작과 묘사에 달려 있었지만, 조작된 음모 스토리를 꼬투리로 잡아 허구로 제시할 수 있는 서방에 거주 중인 독일 공산당원은 너무나 많았다.

그러나 공개재판을 열지 않는 나라들도 소련의 지시를 받아 체포와 조사를 진행하며 재판을 준비하기는 했다. 조사가 진행될수록 더 많은 국제적 조율이 필요해졌다. 소련 비밀경찰은 공개재판이 성공하려면 복잡한 스토리 라인, 많은 배우가 등장하는 음모가 필요하다고 생각했다. 그래서 소련 자문관들은 동유럽 동료들에게 프라하, 부다페스트, 베를린, 바르샤바의 배신자들을 하나의 스토리로 묶으라고 지시했다. 그러려면 이 주인공들의 일부를 잘 알고, 그들을 포섭했다는 그럴듯한 혐의를 받을 수 있는 중심인물이 필요했다. 결국 그들은 이 요구 조건에 맞는 사람을 찾아냈다. 노엘 필드Noel Field라는 이름의 다소 괴짜인 하버드대 출신의 미 국무부 관리였다.

필드는 살아 있는 동안에도 악명이 높았다. 그는 첩자, 이중 첩자인 미국 스파이, 그리고 CIA가 동유럽 공산당을 교란시키려고 파견한 도발자로 묘사되었다.[45] 1954년 진행된 복권 증언(최근 헝가리 역사학자 마리아 슈미트가 발견한 자료)에서 필드는 단지 자신은 NKVD와 함께 일한 공산주의자일 뿐이라고 선언했다. 오늘날 많은 문서들도 이 사실을 입증한다. 필드는 1927년부터 "자신의 공적 생활과 완전히 다른 불법적 생활"을 영위하며 비밀리에 소련을 위해 일했고, 앨저 히스와 휘태커 체임버스 같은 미국 공산당 동지들을 잘 알고 있다고 적었다.[46]

필드는 2차대전 중 정보 장교로 스위스에 근무한 후 미국 국무 장관이 된 인물인 앨런 덜레스도 알았고, 그와 모종의 거래도 했던 것으로 보이지만 필드가 헝가리, 체코슬로바키아, 폴란드 검사들이 주장하는 것처럼 미국 스파이였다는 증거는 없다. 그럼에도 필드는 소련이 보기에 모든 조건을 갖춘 희생자였다. 그는 1936년 국무부에서 이직 후 제네바에서 히틀러를 피해 도망한 난민들을 돕는 유니테리언교도 구제위원회Unitarian Service Committee에서 일하며 2차대전을 보냈다. 물론 이 피난민 중 다수가 공산주의자였기에 그는 동유럽 전역에 친구와 지인을 가지고 있었다.

역설적이게도 필드는 그런 친구들과 지인들을 이용하려다가 소련의 손아귀에 들어갔다. 1949년 봄 필드는 실직 상태였고 미국으로 돌아가기가 두려웠다. 미국에서는 이미 그의 이름이 앨저 히스 재판에서 언급됐기 때문이었다. 유니테리언 교단이 스위스 사무소를 폐쇄하자 그는 아마도 일자리를 찾아 동베를린을 거쳐 프라하, 바르샤바로 여행했다.[47] 그는 5월 프라하로 돌아온 뒤 바로 종적을 감추었다. 그의 부인 헤르타Herta가 그를 찾아 나섰고, 8월에는 그녀도 사라졌다. 필드의 동생 헤르만은 바르샤바에서, 의붓딸 에리카 발라흐Erica Wallach는 동베를린에서 사라졌다.

필드의 공산주의 동조도 소련과 동유럽 검사들이 그와 그의 가족을 둘러싼 정밀한 음모의 거미망을 짜거나, 거의 환상에 가까운 이야기를 만들어내는 것을 막지는 못했다. 이 기괴한 동유럽 스탈린주의 이야기를 제대로 하자면, 이 책 분량 정도의 또다른 책 한 권이 필요할 것이다. 간단히 말하자면 1949년 이후에는 필드를 알거나 그를 잠시 만났다는 것만으로도 공산 정권 치하 유럽에서 사는 사람은 지위 고하를 막론하고 기소하는 것이 가능했다. 심지어 체포되지 않은 사람도 필드의 그늘 아래 떨어졌다. 폴란드의 이념 수장 야쿠프 베르만(공산당 위계질서에서 비에루트 바로 다음인 2인자)은 그의 비서 안나 두라츠Anna Duracz가 필드를 잠시 사귀었다는 이유로 수년간 의심을 받으며 살았다.

부다페스트에서 필드가 체포되면서 빠르게 연쇄적 사건이 일어났다. 필드가 투옥되고 얼마 안 가 티보르 쇠니Tibor Szönyi의 체포와 심문이 뒤따랐는데, 그는 전쟁 중 스위스에 거주하며 필드와 러이크를 만난 반나치 운동가였다. 이는 러이크가 수십 명과 연관되었음을 의미하기 때문에 헝가리 수사관들은 기뻐했다. 11명의 동독 공산당원들이 필드를 알 것이라는 혐의를 받고 1950년 베를린에서 체포되었다. 2년 후 슬란스키와 13명의 일당이 티토주의, 시온주의, 반역, 음모를 자백했을 때 이들에게는 "잘 알려진 간첩" 필드에 의해 조직되었다는 혐의가 씌워졌다.

필드는 사건의 중심에 있었지만 결코 재판에 회부되지 않았다. 그러나 다른 사람들은 그의 악한 손에 의해 인도되었다고 공개적으로, 아주 상세하게 자백했다. 공개재판 때 쇠니는 필드와 덜레스가 스위스의 헝가리 이민자 사회에 "국수주의적이고 친미국적인 정신"을 퍼뜨리도록 설득했다고 자백했다.[48] 러이크는 필드, 티토와 함께 헝가리 지도부 암살을 꾀했다고 자백했다. 벨러 사스Béla Szász는 조금 아는 덴마크 유모와 아르헨티나 망명 중 만났던 영국인이 연루된 얼토당토않은 음모를 자백했다. 그가 스위스에서 필드를 만나기는커녕 필드에 대해 들은 적이 없는데도, 그의 혐의는 전쟁 중 잠시 스위스를 통과했다는 사실로 입증되었다.[49] 1949년 헝가리 당국에 체포된 체코인 게이자 파블리크Gejza Pavlik는 필드와 CIA가 조직한 거대한 트로츠키 운동에 가담했고, 이 운동을 체포슬로바키아 공산당 지도부에 침투시키려 했다고 자백했다.[50] 프라하에서 슬란스키는 필드의 영향 아래 자신이 "적대적 요소가 당 중앙위원회 최고위층에 침투하도록 허용"하고 프리메이슨 가담자들, 시온주의자들, 티토주의자들의 도움을 얻어 반국가anti-state 중심을 조직했다고 자백했다. 체코슬로바키아의 지방 당 지도자 오토 슐링Otto Šling은 전쟁이 발발한 후 영국 보안기관을 위해 일했다고 자백했다. 체코슬로바키아 공산당 국제부 수장 베드리흐 게민데르Bedřich Geminder는 이스라엘 외교관들과 접촉했다고 자백했다. 그들이 정말 외교관이고 스파이가 아닌 것은 문제 되지 않았다. 필드가 범죄의 수괴인 세계에서 외국 영사는 아무리 하위직이라도 위험한 비밀 요원이었다.[51]

소련 자문관들은 이러한 공개재판의 시나리오를 쓰고, 전에 써본 기술을 이용해 희생자들이 필요한 자백을 하게 설득하도록 도왔다. 자백을 강요하는 기교는 이미 소련 체제에서 완벽하게 연마되었다. 훗날 한 체코슬로바키아 기자는 "통상적 방법은 희생자에 대한 끝없는 심문으로 시작되었다. 장교들이 교대로 근무하면서 희생자가 최소한만 휴식을 취하게 했다"라고 보도했다. 그밖에 "구타, 기아와 갈증 고문, 어두운 독방 수감, 범죄자 가족의 운명에 대한 두려움 주입, 교묘하게 연출된 대결, 경찰 끄나풀의 이용, 감방 도청 등 수많은 섬세한 수법"이 있었다.[52] 대부분의 경우 이러한 방식의 고문은 완곡어법으로 표현되었다. 비에루트와 그의 심복 베르만은 자주 경찰에게 "그들이 진실을 말할 환경"을 만들어내라고 명령했다.[53] 체코슬로바키아 심문관들은 "이런 종류의 사람들은 매우 고집이 세서 우리는 그들에게 재판을 준비할 시간을 주면 안 된다"는 말을 들었다.[54]

정확한 심문 방법은 사람에 따라, 사건에 따라 달랐다. 사스는 일곱 번이나 24시간 내내 서 있어야 했고, 수감된 동안 갈비뼈 5개가 부러졌다. "지시에 의해서든, 단순히 재미 때문이든 그들은 지루함 해소에 나를 이용했다. 그들은 나에게 꼼짝 말고 서 있으라고 명령한 다음 나에게 소리를 지르거나 문을 발로 찼고, 내가 움직였다는 핑계로 나를 쓰러뜨려 온 몸을 구타했다."[55] 폴란드 고문 자료에는 수감자의 발이나 손을 태우고, 머리카락을 뽑고, 몇 시간 동안 손을 든 채 무릎을 꿇고 앉게 만들고, 몇 시간 동안 한 발로 서 있게 한 간수들의 기록이 남아 있다.[56] 스피할스키 장군은 알몸으로 습기 차고 어두우며 곰팡이가 핀 감방에 수감되었다.[57] 체코슬로바키아 경찰은 임신한 여성을 심하게 구타해 유산하게 만들었다. 임신한 또다른 체코슬로바키아 여성은 열흘 동안 옷, 매트리스나 담요 없이 잠을 자야 했다. 의사를 불러달라고 요구했을 때 그녀가 들은 말은 "나 같은 또 하나의 짐승이 이 세계에 들어오지 않는 게 나을 텐데"였다.[58]

심문은 희생자를 심리적으로 파괴하는 것을 목표로 했다. 수감자들은 감옥에 들어온 배우자의 사진을 보게 되거나, 자백하지 않으면 아이들이 고통을 받는다는 위협을 받거나, '친절한' 심문관이나 동정하는 것처럼 보이는 감방 동료를 신뢰하도록 설득을 당했다. 동유럽 공산주의자의 경우 과거를 반복해서 캘수록 심문은 효과적이었다. 수십년 전에 일어난 일들이 계속 재탕되었다. 혐의자가 지하에서 보낸 기간이 전쟁 중 겪은 경험만큼이나 상세히 논의되었다. 이슈트반 레비의 말마따나 과거에 대한 이런 집착은 의도적이었다. 결국 지하 공산당 활동을 했던 누구도 그 음모의 시기에 일어난 일에 대해 절대적 확신을 가질 수 없었다. 그는 누구와 정말 이야기했는지, 자신이 모르는 사이에 무슨 비밀 게임이 벌어졌는지 결코 확신할 수 없었다.

혐의자가 파시스트 정치경찰에 포섭된 것과 관련된 질문으로 조사를 시작하는 것은 사건 발생 순서를 엉망으로 만들 뿐 아니라, 혐의자가 확신을 갖지 못하고 스스로를 방어할 수 없게 만들기 위해서다. 혐의자는 관련된 모든 사실을 알고 있지 못했다. 불법적으로 제공된 논리는 의심의 여지가 있는 부분적이고 단편적인 정보만을 제공했다. … 그는 결코 완전히 확신할 수 없었고, 모든 질문에 분명히 대답할 수 없었다. 그의 과거 행동은 모두 새로운 서술로 제시될 수 있었다.[59]

지하에서 활동했던 거의 모든 사람은 실수하거나 혼란을 겪거나 오도될 수 있었다. 누구나 자신이 우연히 말했거나 모르고 한 일에 대해 죄책감을 느낄 수 있었다. 일부 사람은 당시에나 이후에 공개적으로 그렇게 말했다. 오랜 시간 심문을 받은 고무우카는 끝없이 반복되는 질문에 굴복했다. 그는 날마다, 달마다 같은 이야기를 다른 사람에 의해 다른 관점에서 다시 얘기하도록 강요받았다. 거의 모든 일은 먼 과거가 된 지금 시점에서 보면 논란이 많은 사건이었다. 그는 이름을 처음 들은 사람을 어떻게 만났는지 진술하도록 강요받았다. 10년 전에 일어난 일들을 기억하라는 강요도 받았다. 때로 한 사람이나 한 사건에 대한 심문에 하루 전체가 지나갔다.[60]

고무우카가 여러 번 질문을 받은 스피할스키는 전시 공산주의 민병대의 지도자로서 게슈타포와 협력하여 자국군에 맞서 작전을 지휘했던 인물이었다. 고무우카는 최근 폴란드 군대에서 소련 자문관들을 제거할 필요를 강조한 스피할스키의 발언에 대한 질문도 받았다. 공산당원 마르첼리 노보트코Marceli Nowotko 살해에 대해서는 엄청 상세히 말하도록 강요받았는데, 이 사건은 나치 점령 기간에 아마 노보트코의 공산당 동료 하나가 저질렀을 것이다. 고무우카는 신뢰할 수 없는 사람들을 의도적으로 채용한 것에 대한 추궁도 받았다. 답변하며 고무우카는 문제가 되는 신뢰할 수 없는 사람들은 소련 요원이고, 그들의 재능을 이용해야 한다고 생각해서 그렇게 했다고 심문자들에게 말했다.

이러한 심문 방식은 좋지 않은 결과를 가져왔다. 고무우카의 심문관들은 처음에는 그가 "차분하다"고 보고했다. 그러나 나중에는 그가 "신경이 날카롭고 눈물을 흘린다"고 보고했다. 때때로 그는 당 중앙위원회에 청원 편지를 보냈다. "격리된 지 11개월이 지난 오늘 시점에도 저는 체포된 이유와 저의 사건 정황을 모릅니다." 그는 다리의 통증, 운동 부족, 형편없는 건강 체크에 대한 불만을 토로하기 시작했다. 그는 자신이 잊힌 게 아닌지 염려하며 아들에게 간절한 편지를 썼다. "나는 곧 쓰러질 것 같다." 이 모든 것은 모스크바에 보고되었다. 스탈린이 사망하고 고무우카가 석방된 후(시간이 지나 그는 비에루트를 대신해 당 지도자가 된다) 니키타 흐루쇼프는 고무우카의 건강 상태에 대해 친절히 묻고 그의 회복을 도울 소련 의사를 보내겠다고 제안하기까지 했다.

"날카로운 신경과 눈물" 뒤에는 분명 훨씬 더 큰 공포가 자리했다. 공산주의를 충분히 이해한 고무우카는 고문과 죽음이 뒤따를 수 있다는 것을 알았다. 그러나 그의 설명이나 슬란스키, 스피할스키와 기타 인물들의 설명에서 흐릿하고, 혼란스러우며, 음모로 얼룩진 과거에 대한 회고가 폭력을 일절 쓰지 않은 때에도 감정적이고 심리적인 트라우마를 만들어낸 것은 분명하다. 소련 동지들은 다루고 있는 사람들이 자신의 생에 대해 불확실하고, 불편하며, 심지어 죄책감을 느끼도록 만들 수 있다는 것을 아주 잘 이해했던 것으로 보인다. 이는 체포된 사람뿐만 아니라 체포된 적이 없거나 아직 체포되지 않은 사람의 경우에도 그러했다. 체코슬로바키아 공산당원 오스카르 랑게르Oskar Langer는 투옥되기 전에 부인에게 이런 편지를 남겼다. "이 사람들은 아마 일상적인 의미에서는 죄가 없을 것이오. 그러나 이제 개인의 운명과 이익은 부차적으로만 중요하오. 우리의 미래 전부, 아마 인류의 미래가 달려 있으니 말이오."**61** 평범한 인간들이 이해할 수 없는 더 거대한 차원의 체포가 어쨌든 필요했던 모양이다. 레프Rév는 이렇게 적었다. "어둠 속에서 외형을 분명히 묘사하기는 언제나 어렵다. 아무도 정상적 규칙을 따르지 않으니까."

다른 사람들도 불안하게 느꼈다. 실제로 데자뷔의 불길한 느낌이 동유럽과 서유럽의 공산주의자들, 공산주의 동조자들, 지난날 공산주의에 동조했던 사람들을 뒤덮었다. 독일계 헝가리 작가 아서 케스틀러는 옛 동지인 오토 카츠Otto Katz가 프라하에서 벌어진 공개재판에서 자백하는 것을 런던에서 라디오로 듣고 이틀 동안 부들부들 떨며 울었다.[62] 그를 비롯한 사람들은 이 모든 것을 과거에 목격했다. 하지만 많은 사람들이 파시스트에 맞선 싸움을 위해 이런 나쁜 기억을 억눌러왔던 것이다. 이제 소련 정권의 사기 행각이 다시 한번 정면으로 드러나고 있었고, 당의 모든 슬로건은 공허하고 불길해 보였다. 체코슬로바키아의 희생자 게민데르Geminder는 "나의 삶은 끝나버렸다"고 말했다. "내가 할 수 있는 유일한 일은 진리의 길로 나아가 당을 구하는 것이다. … 나는 무거운 마음으로 교수대로 걸어가고 있지만, 상대적으로 차분하다. … 공기는 더 맑아지고, 사회주의를 향한 승리의 노정에서 장애물 하나가 제거되고 있다. 당은 항상 옳다."[63]

1949년부터 1953년까지 진행된 주요 공산당원 체포와 기소의 정치적 영향은 측정하기가 쉽지 않다. 그 시점에 공개재판은 동유럽에서 익숙한 광경이었다. 폴란드에서는 국내군 병사들이 공산당에 굴복했다. 사제들과 목사들도 그들에게 굴복했다. 민드센티 추기경도 3차대전 음모를 꾸몄다고 공개적으로 자백했다. 그러나 국가의 영웅적 지도자들이 말도 안 되는 범죄를 공개적으로 자백하는 광경은 평범한 시민들에게 두려움과 혼란스러움을 남겼다.[64] 만일 기소 내용이 사실이 아니면 그것은 당이 새로운 피해망상 수준에 도달했다는 것을 의미했다. 만일 사실이라면 정말 적들과 스파이들이 국가에 침투한 셈이었다. 비밀경찰 요원들 사이에서도 자백은 자연히 공포와 불신이 묘하게 뒤섞인 감정을 만들어냈다. 사스의 심문관은 죄수들을 구타할 때 사용한 몽둥이를 웃으며 "인민의 교육가"라고 불렀다. 그러나 그의 냉소주의는 일종의 왜곡되고 감상적인 맹목적 신념과 얽혀 있었다.[65]

당시 꼭 표현되지는 않더라도, 장기적으로 이런 재판은 공산당 지도부의 신뢰성과 심지어 분별력에 대한 의구심을 심어놓았다. 한 역사학자는 충직한 공산당원이었지만 재판 중 정권에 환멸을 느끼게 된 헝가리 자매의 이야기를 들려준다. 같은 아파트에 살면서도 두 사람은 상대가 여전히 공산주의 추종자라고 확신하며 집 밖에서 하듯이 서로에게 스탈린식 구호를 반복해서 외쳤다.[66] 혐의자들과 마찬가지로 대중도 개인적인 의구심이 있더라도 공적으로는 들은 것을 그대로 믿는 것처럼 행동하도록 기대되었다.

단기적으로 주요 공산당원 체포는 1949년 새로운 단계에 다다른 공적 피해망상에 기여했고, 1953년 3월 스탈린이 죽을 때까지 고조되면서 대중, 지도부, 비밀경찰에 실제로 영향을 끼쳤다. 혐의자들은 외국 스파이라고 기소되었기 때문에 이들의 체포에 뒤이어 특히 격렬한 반미·반서방 프로파간다 물결이 몰아쳤다. 1952년 폴란드 공산당 중앙위원회 선전국은 당 선동가들에게 샘플 연설이 담긴 소책자를 배부했다. 그중 하나는 당시 전형적인 언어를 사용해 "미 제국주의자들이 신나치 독일국방군을 재건하고 폴란드 침공을 준비"하고 있는 반면 소련은 "폴란드의 기술·문화·예술 발전을 돕고 있다"고 주장했다.[67] 그 무렵 동독 활동가들은 서독 정치를 동독 청취자들에게 제대로 설명하는 법을 지시하는 다음과 같은 소책자를 제공받았다.

이 독일 정치인들은 누구란 말인가? 그들은 서독의 심복들과 함께 독
일민주공화국에서 재산을 압류당한 독점 자본가들이다. 그들은 토지
를 잃고 서독으로 이주한 융커들이다. 그들은 새로운 전쟁을 통해 자기
땅을 되찾을 수 있다고 믿는다. 그들은 새로운 영웅주의 행동을 꿈꾸는
전범이자 군국주의자들이고 아데나워, 블뤼허Blücher, 카이저, 슈마허
등과 같은 영미의 종복從僕들이다.[68]

폴란드와 독일 프로파간다 담당자들은 "딱정벌레에 맞선 전투battle
against the beetle"를 수행하라는 지시도 받았다. 이 전투는 감자가 자라
고 있는 폴란드와 독일 밭에서 그해 여름 중유럽을 강타한 콜로라도
딱정벌레를 퇴치하자는 국가적 캠페인이었다. 이 재앙에 대해《트리부
나 루두》와《노이에스 도이칠란트》는 미국을 정면으로 비난하면서, 미
국 조종사들이 비행기에서 동독에 떨어뜨린 수천 마리의 기생충이 동
쪽으로 날아왔다고 주장했다. 폴란드 학교 학생들은 작업반을 구성해
벌레들을 발견해 잡아 죽이라는 지시를 받았고, 공장 노동자들은 들
판에서 벌레를 찾으며 주말을 보냈다.[69] 동독 사람들은 이 벌레에 미국
딱정벌레Amiküffer라는 이름을 붙이고 중국, 폴란드, 체코슬로바키아, 프
랑스, 이탈리아 기자들을 불러 벌레가 입힌 피해를 직접 눈으로 보게
했다. 나중에 이 기자들과 동독 기자들은 공동 항의 선언문에 서명했
다. "콜로라도 딱정벌레는 원자폭탄보다 작지만, 평화를 사랑하는 노동
인민들에 대항하는 미 제국주의의 무기다. 평화를 위해 일하는 우리
기자들은 미국 전쟁광들의 새로운 범죄 방법을 엄중히 규탄한다."[70]

이런 종류의 말은 지금 되돌아보면 우스꽝스럽지만, 당시에는 실제적이고 비극적인 결과를 가져왔다. 헝가리에서 식량 부족 문제로 분노에 찬 비난이 널리 쏟아진 대상은 딱정벌레가 아니라 부농들이었다. 부농들은 정권을 훼손하기 위해 곡물을 숨기고 있을 것이라는 비난을 받았다. "국가의 적들은 우리가 국가 전체를 위해 빵을 만드는 것을 막으려고 한다." 1950년대 뉴스 영상은 이렇게 주장했다. 그해 들판에 모닥불을 피워놓고 점심을 요리하다가 냄비가 넘어져 불길을 잡지 못한 농민에 대한 집요한 기소가 시작됐다. 아무도 다치지 않았고 농작물도 피해를 입지 않았지만, 이 농부의 들판은 불에 탔다. 사건을 조사한 지방 검사는 처음에는 단순한 사고로 보고 기소 유예하려고 했다.

이 검사는 한밤중에 비밀경찰의 방문을 받고 마음을 바꾸었다. 비밀경찰들은 이 사건이 부농의 범죄적 방화로 국가에 맞선 범죄라고 주장했다. 다음날 아침 법무부 관리들도 그를 찾아와 3일 안에 재판을 끝내라며, 최고위 관리들이 재판을 면밀히 관찰할 것이라고 말했다. 전국적인 관심 속에 농부는 신속히 기소되었다. 그는 사형 판결을 받았고 즉시 사형이 집행되었다. 농부의 딸은 이렇게 회고했다. "법정에 들어갈 때 우리는 오후 집행을 위해 준비 중인 교수대를 볼 수 있었다."[71] 그 시기 라코시의 개인 서한이 보여주듯, 당국은 딱 그런 사건을 찾고 있었던 것이 분명하다. 1948년부터 라코시는 식량 비축, 불법 가축 도살 같은 범죄 혐의를 받는 농민들에게 너무 관대한 처분을 하는 것에 대해 불만을 드러내고 있었다. "우리는 이런 판결을 내릴 때 계급 출신을 따져야 한다." 그가 에르뇌 게뢰에게 보낸 편지에서 한 말이다.[72]

이 시기에 동유럽 비밀경찰에 대한 초기 교육이 드디어 결실을 내기 시작했다. 그들은 모든 개별 조직이 처음부터 의심의 대상이 되어야 하고, 외국과의 모든 접촉은 스파이 행각과 연루되었을 가능성이 크다고 배웠다. 이제 가장 높은 수준에서 드러난 증거는 그러한 경고가 옳았다는 것을 입증했다. 고위 당원이 체포되면 희생자의 친척, 동료, 고용자와 피고용자들도 의심을 받고, 많은 사람이 체포되었다. 러이크 재판과 관련된 사회민주당원 팔 유스투스Pál Justus가 체포된 후 비밀경찰이 들이닥쳐 유스투스의 아내, 비서, 친구들, 친구의 지인들을 차례로 체포했고, 그중에는 죄르지 팔루디도 있었다. "그들은 당신도 체포할 것입니다. 팔루디 동지." 그의 운전사가 덤덤하게 말한 며칠 후 그는 체포되었다.[73] 거의 모든 사람이 기소될 수 있다고 느꼈고, 거의 모두가 자신의 무죄를 입증할 수단을 찾았다. 팔루디가 일했던 신문사 사무실에서는 전 직원이 크게 낭독되는 러이크의 선고를 라디오로 들으려고 모여 있었다.

이단자들의 이런 화형은 축제이자 즐거운 일로 여겨졌다. 어떤 의미에서는 그들이 실제 이단자였기 때문이다. 몇 주에 걸친 오랜 불확실의 절정에 이르렀다가 체포 열기에 마침표를 찍으면 모든 사람은 새로운 체포물결이 시작될 때까지 적어도 몇 주 동안은 안전하다고 느낄 수 있었다. 그러나 만약 화형대에 선 이단자가 충실한 신봉자로 알려지면 온 나라가 같은 의심을 받을 수 있었고, 그래서 이렇게 모여 라디오를 듣고 당 모임에 참석하는 것이 바람직했다. 안 그러면 이런 범죄에 순응한다는 의심을 받을 수 있었다.[74]

체포되지 않은 사람도 따돌림을 받기는 마찬가지였다. 조 랑게르는 프라하로부터 먼 곳에서 휴가 중일 때 남편의 체포 소식을 들었다. 친구들이 즉각 보인 반응은 "충격, 호기심, 동정심, 무력감, 눈물 어린 포옹, 수긍이었다. 말은 많지 않았다. 무엇보다도 아무 의견이 없었다. 전화가 왔을 때 호텔 방에 있던 우리 6명은 모두 좋은 친구였다. 하지만 그 순간, 게다가 그 시대에 감히 누가 다른 5명을 믿을 수 있었겠는가? 그 문제에 관해서는 벽을 마주한 것 같았다"고 그녀는 떠올렸다. 이후 몇 달, 몇 해 동안 랑게르는 일자리, 아파트, 친구 대부분을 잃었다. 그녀와 어린 딸은 근근이 살아남았다. 국가의 적의 부인에게 말을 거는 사람은 용감한 몇 명밖에 없었을 것이다.[75]

1950년대 초가 되자 비밀경찰 요원들이 1945년 시작한 일을 끝낼 단계가 되었다. 여전히 남은 사회 제도나 민간 제도, 이에 동조하는 사람들을 제거할 단계였다. 마지막으로 파괴된 것 중 하나가 헝가리의 프리메이슨이었다.

프리메이슨은 동유럽에 깊이 뿌리 내렸고, 그곳에서 계몽주의를 시작으로 근대화 과제와 오랫동안 연계되어 있었다. 1749년 최초의 헝가리 집회소lodge가 문을 열었고(프리메이슨 제도는 폴란드와 프랑스 양국으로부터 동시에 헝가리에 도입되었다) 프리메이슨은 1848년 헝가리혁명에서 중요한 세력이었다. 전간기에 회의적인 평가를 받고 나치에 의해 금지된 프리메이슨은 1945년 한 그룹이 전후 첫 번째 집회소를 설립할 때까지 잠잠했다. 76명의 새 회원은 당시 한 회원의 말에 따르면 의사, 변호사, 대학교수, 공무원 같은 평범한 부르주아였다. 프리메이슨 회원인 임시 시장의 후원으로 그들은 부다페스트 중심가에 있는 멋진 건축물인 옛 건물을 돌려받았다.[76] 그들은 성격상 국제적 조직이었고, 외국에서 일부 원조를 받았다. 그들은 연주회, 강연회, 자선행사를 조직하기 시작했다.

1950년 말, 이 조직은 금지되었고 비밀경찰이 그들의 건물을 뒤져 서적과 그림을 압수했다.[77] 선두적인 프리메이슨 회원들의 활동에 대한 중요한 수사가 이미 진행 중이었다. 이 중 가장 중요하고도 광범위한 것은 핵심 부다페스트 조직의 대원수grand master인 게저 주프카Géza Supka에 대한 수사였다. 1950년 67세였던 그는 그때까지 존경받는 경력을 오래 쌓아왔다. 노련한 고고학자로 국립박물관장, 의회 의원, 주요 문학 간행물 창설자였고 2차대전 후 잠시 존재했던 중도파 신문도 만들었다. 그는 파시스트에 부역하지 않았고, 2차대전 중에도 타협하지 않았다. 그는 생의 대부분을 자선 활동과 애국적 목표에 헌신했다.

그럼에도 불구하고 비밀경찰이 보기에 주프카는 헝가리 국가 안보를 위협하는 대표적 인물이었다. 1950년 비밀경찰이 그의 생애를 요약한 두툼하고 상세한 파일은 그를 "헝가리에서 앵글로-색슨 이익을 대표하는 자"이자 정권 전복을 노리는 반역자로 서술하고 있다. "우리 요원들의 보고에 따르면 주프카는 1949년 8월 미국의 게저 텔레키Géza Teleki 백작으로부터 메모를 받았다. 정권 변화 후 신뢰할 만한 정치적 인물들과 정기적으로 접촉하라는 지시였다. 주프카는 이런 목적을 가지고 폭넓은 접촉을 시도했다."[78]

전 해에 헝가리 비밀경찰은 주프카의 많은 친구와 지인들을 구금해 수사했다. 비밀경찰 파일이 보여주듯 다수가 협조했다. 그의 신문사에서 일했던 한 기자는 주프카가 "미국인들을 위해 일하는 사람"이라고 선언하도록 위협 혹은 고문을 받았다. 주프카가 1944년부터 자신의 운동에 동조하는 사람들을 포섭했고, 외국 신문을 자주 읽었고, 2차 대전 후에는 그의 책임자boss와 이야기하려고 미국대사관을 자주 방문했다고 말하라는 압박이었다. 그 기자는 주프카를 수행해 미국대사관을 방문했고, 거기서 주프카가 대사관의 모든 사람과 의심쩍을 정도로 좋은 관계였다고 주장했다. "나는 그가 앵글로-색슨인들과 칵테일파티에 참석했다는 것을 알고 있다"는 말은 상황을 더욱 악화시켰다. 그 무렵 비밀경찰은 주프카의 편지를 열어보고 내용을 복사한 다음 봉투에 다시 넣기 시작했다. 그를 불리하게 몰아가도록 복사한 증거에는 그의 잡지 구독을 갱신한다는 파리에서 온 통보도 있었다.

그럼에도 불구하고 이 파일의 가장 무서운 부분은 주프카와 매우 가까운 누군가가 자주, 거의 매일 보고한 내용이다. 비밀경찰 파일에 이름은 없지만 이 정보원은 주프카의 움직임, 대화, 내밀한 생각을 아주 정확하게 알고 있으므로 그의 가까운 친구이거나 개인 비서였음에 틀림없다. 주프카는 정보원에게 여러 번 비밀을 털어놓았고, 그 정보원은 당국에 상세한 보고를 올렸다. 그 결과물인 보고서는 자신이 위험에 처한 것을 알고 감시받는다는 것도 알지만, 여전히 순진하게 정보원을 비롯해 가까운 이들을 선의로 믿고 대했던 사람의 생활을 엿볼 기회를 무심코 제공한다.

부다페스트의 분위기가 점점 숨 막히게 변하자 주프카는 처음으로 해외 이주를 생각했다. "정치는 금방 바뀌지 않을 것이다"라고 그는 1949년 12월 20일 정보원에게 말했다. 그는 국립은행 부총재를 비롯한 몇몇 친구처럼 헝가리를 떠나야 할지 고심했다. 그러나 그는 확신하지 못했고, 여권을 신청할 경우 당국의 주의를 끌까 봐 우려했다. 정보원이 이 정보를 주프카 사건의 감독자에게 보고하자, 그는 정보원에게 이렇게 지시했다. "그와 국립은행 부총재가 나눈 대화의 정확한 내용을 알아내시오. 그리고 주프카를 감시하다가 이민 준비 정황이 보이면 바로 보고하시오."

정보원은 이 지시에 따랐다. 그는 폭넓은 주제에 대한 주프카의 견해도 계속 보고했다. 1949년 1월 주프카는 중국에서의 미국 외교에 실망했다고 말했다. 너무 우유부단하다는 얘기였다. 그는 미국인들이 더 확고한 반공산주의자이길 기대했다. 그러나 그는 브래들리 장군이 임명되어 아이젠하워 장군을 대체하자 기뻐했다. 브래들리는 프리메이슨이고, 그가 말한 바에 따르면 트루먼과 맥아더도 프리메이슨이기 때문이었다. (주프카 사건 감독관은 여기에 의견을 덧붙였다. "이 모든 보고는 주프카가 제국주의 강국의 요원들과 밀접히 접촉하고 있다는 우리의 가정을 뒷받침한다.")

주프카는 또한 정보원에게 헝가리는 강력한 두 고리, 즉 교회와 프리메이슨을 통해 서방과 연결되어 있다고 말하며 프리메이슨은 비밀경찰 감시에서 벗어날 수 있다고 확신했다. 그러나 며칠 후 정보 파일에는 다음과 같이 기록된다. "우리 요원이 밤 11시 45분 그의 집을 떠나자 영국대사관에서 온 정체불명의 남자가 주프카의 아파트에 나타나 회보와 신문을 전달했다." 사건 감독관은 이 세부 사항이 자신이 세운 가설의 증거라고 넘겨짚었다. "주프카는 헝가리에서 제국주의 강국들의 가장 중요한 대리인이다. 그의 발언을 근거로 우리는 그들의 활동의 중심은 프리메이슨 운동이라고 결론짓는다. … 영국대사관에서 온 사람은 주프카가 서방 강국들과 직접, 정기적으로 접선해왔다는 것을 입증한다."

1950년 봄이 되자 정보원은 주프카의 생각과 행동을 거의 매일 보고하기 시작했다. 주프카는 언제든 체포될 준비가 되어 있으며, 이런 일이 일어나면 도와줄 연줄 좋은 친구들과 이미 접촉하고 있다고 정보원에게 말했다. 그는 자기 이름이 초청 명단에서 누락된 것을 알고 있는데 그 이유는 사람들이 자신을 경계하게 되었기 때문이며, 자신이 감시받는 것도 안다고 정보원에게 말했다. 그러나 그는 나이가 많고 건강도 좋지 않아서 해외로 이주하지 않기로 결정하고, 불가피한 체포를 피할 수 있게 도와달라고 정보원에게 부탁했다. 그는 먼 시골의 연구직을 찾고 있다며, 적합한 일자리를 찾도록 도와달라는 말도 했다.

1950년 7월 주프카와 정보원은 한국 상황과 몇 명의 프리메이슨 회원이 체포된 사실을 논의했다. 9월 그들은 국가와 교회의 합의, 그리고 유럽에서 미국이 전쟁을 일으킬 가능성에 대해 토론했다. 1951년 6월 주프카는 경찰이 집에 왔었다고 정보원에게 말하면서, 다시 한번 강제이주를 당할까 봐 두렵다고 털어놓았다. 그들은 전직 라디오 방송국 책임자 줄러 쇠플린의 영국 망명, 주프카가 많이 의심쩍어한 러이크 재판, 좋지 않은 주프카의 건강에 대한 이야기도 나누었다. 그러나 주프카를 찾아오는 사람은 많았다. 주프카의 청소부가 방문자의 이름을 모두 정보원에게 주었고, 그는 이 명단을 감독관에게 넘겼다.

그후 주프카는 체포를 우려하다가 우울증에 빠졌다. 그는 구금이나 추방을 피하는 데 도움이 될 의료 서류를 의사에게 받았으며, 공산당 지도부 내 일부 인사와 접촉하려고 시도했다. 그는 정권과 타협을 이룬 것으로 보이는 프리메이슨 부부(그중 1명은 새 양복을 입었고 새 자동차도 얻었다)와도 접촉하려 했고, 자신과 같은 사람들이 소련의 집단농장에서 일하도록 추방된다는 소문을 논의했다. 1952년 8월 그는 이제 아파트를 거의 떠나지 않는다고 정보원에게 말했다. 주프카는 현시대의 세상을 보고 싶지 않았고, 정보원은 비밀경찰에 보내는 보고서에 자신이 상상했던 것과 너무 다른 상황이라고 적었다.

그는 이제 이런 식으로 끝날 것임을 아는데, 그토록 많은 것에 맞서 싸울 가치가 있었는지 자문한다고 덧붙였다. 거의 70세가 된 그는 현재 상황에 적응할 수 없다. 이 때문에 그가 믿는 모든 것이 무의미해졌다. 그는 여전히 자유를 믿고 미국 상황은 잘 모르지만, 영국에서는 시민 자유가 여전히 살아 있다는 것을 안다. 그는 피할 수 없다고 생각하는 3차 대전이 도래하는 날을 보지 못할 것이라고 생각한다. 하지만 그는 가짜 10월혁명의 거짓된 자유가 아니라, 진정한 자유 위에 세워진 세계가 언젠가 도래할 것을 확신한다. 그의 가장 큰 슬픔은 프리메이슨 조직이 금지된 것이고, 그는 이것이 시민 자유에 대한 중대한 공격이라고 생각한다. … 평생 그는 종교에 반대하고 교권 개입에 반대했지만, 교회와 사제 탄압에는 동의할 수 없었다. … 그는 탄압당한 사람들을 동정했다.

그의 70세 생일을 집단적으로 축하할 수는 없었지만, 사람들은 소집단으로 나뉘어 프리메이슨 전직 대원수의 생일을 축하하러 왔다. 정보원의 보고에 따르면 그후 그는 아플 때가 많았지만, 여전히 정치 토론을 좋아했다. 게저 주프카는 헝가리혁명 다섯 달 전인 1956년 5월 사망했다. 약 400명이 그의 장례식에 참석했다. 정보원은 "여러 개의 화환이 있었고 여러 사람이 프리메이슨의 상징인 아카시아 잎을 화환에 꽂았다"고 보고했다.

13장

호모 소비에티쿠스

우리는 행진을 지켜보았다. 군중은 붉은 깃발을 들었고, 소녀들은 흰 옷을 입었다. 연합국통제위원회의 소련 자문관 그리고레프Grigorev가 우리와 함께 있었다. … 광장 전체가 사람들로 가득 차자, 그가 나를 돌아보며 물었다. "말해보시오, 20만 명의 프롤레타리아가 여기 모였소. 6개월 전 파시스트 화살십자대에 열광하던 그들은 어디 갔단 말이오?"

— 줄러 쇠플린, 회고록에서[1]

스탈린주의가 고조된 시기의 공개재판, 체포, 성직자들에 대한 공격은 국가적·국제적 관심을 모았다. 그러나 위로부터의 압력은 정권이 통치권을 동료 시민들에게 확신시키기 위한 수단 중 하나에 불과했다. 그들은 또한 아래로부터 열성과 협력을 끌어내려고 시도했다. 전후 직후 시기가 시민사회의 기존 제도에 대한 격렬한 공격으로 특징지어진다면, 1948년 이후에는 정권이 출생 순간부터 시민들을 둘러쌀 국가가 통제하는 학교와 대중 조직의 새로운 체계를 만들어 기존 제도를 대체하기 시작했다. 이러한 전체주의적 체계 안에 일단 들어오면, 공산국가의 시민들이 결코 체제 이탈을 희망하거나 떠날 수 없다는 것이 전제되었다. 오랜 소련 반체제 인사의 냉소적 표현에 따르면 그들은 소비에트식 인간인 호모 소비에티쿠스Homo Sovieticus라는 종種의 일원이 된다. 호모 소비에티쿠스는 공산주의에 반대하지 않는 것만이 아니었다. 그는 공산주의에 반대하는 생각을 품을 수도 없었다.[2]

절정의 스탈린주의 시기에는 아무도 이러한 이념적 지도에서 벗어날 수 없었고, 가장 어린 시민도 마찬가지였다. 10대가 오래전부터 공산주의 우선순위였지만, 이제는 유치원생까지 포함하도록 초점이 확대되었다. 새로 동독 총리가 된 오토 그로테볼이 1949년 선언한 대로 어린 독일 아동들은 "우리의 가장 깨끗한 최상의 인간 자원"이었으며, "우리 미래를 위한 금광"이었다. 그들은 반동 세력의 먹이로 전락해서는 안 되며, 돌봄과 관심 없이 제멋대로 성장해서도 안 되었다.[3]

정권이 마음대로 형상을 만들 수 있는 백지장이나 진흙으로 어린아이들을 보는 것은 독일에서 새로운 경향은 아니었다. 나치도 아주 유사한 은유를 썼다(대표적으로 예수회도 마찬가지였다). 그러나 동독 공산당이 아이들의 비어 있는 머리에 주입하는 내용이 나치와 같을 수는 없었다. 이미 1945년 6월 한 베를린 신문은 나치 교육 시기에 어린이들에게 끼친 폐해를 기사로 다루었다.

다음 사실들을 생각해보자. 어린아이의 가장 강한 감각과 기억은 5세부터 7세 사이에 형성된다. 여기에 나치 통치 기간을 더하면 우리는 모든 젊은이가 … 학교와 히틀러 청년당이 그들에게 주입한 거짓말의 영향만 받고 자랐다는 끔찍한 결과를 얻는다.[4]

즉시 소련 점령군은 사립 유치원을 금지했고, 막연하게 정의된 범주이지만 나치와 나치 동반자였던 사람들이 유치원에서 가르치는 것을 금했다. 이 포고가 교사 부족 사태를 가져오자 더 급한 과제가 많았던 소련 점령 당국은 유치원 교사 양성을 위한 6개월 코스를 조직했다.[5]

더 많은 일이 기다리고 있었다. 실제로 교육에 대해 소련이 기대하는 영향력의 범위와 성격은 동유럽 교육자들, 특히 독일 교육자들에게 충격으로 다가왔다. 그들 상당수는 좌익 정권이 자발성, 창조성, 그리고 오늘날 '어린이 중심' 교육으로 불리는 것을 강조하며, 1920년대에 옹호된 진보적이고 전위적인 교육을 실시할 것이라고 열렬히 기대했다. 부다페스트와 베를린에는 1차대전 이전부터 몬테소리 유치원이 있었다. 진보적인 교육자이자 아동 작가인 야누시 코르차크는 자신의 바르샤바 고아원에서 아이들이 스스로 규칙을 만들고 자신들의 의회를 구성하는 '자치 정부'라는 아이디어를 실험했다.[6]

그 대신 동유럽 교육가들은 몬테소리 교재가 아니라 소련 교육 이론가들의 저작에서 '올바른' 교육법을 찾을 수 있고, 스탈린이 특별히 신임한 안톤 마카렌코의 글이 가장 탁월하다는 것을 알게 되었다. 1930년대에 마카렌코는 청소년 범죄자들을 교정 교육하는 시설인 고리키식민지Gorky Colony의 소장이었다. 그의 방법은 또래 집단의 압력peer pressure, 반복, 세뇌에 크게 의존했고, 집단적인 생활과 작업을 강조했다. 고리키식민지에 대한 그의 저서 《삶의 길The Road to Life》에서 가장 우아한 글귀는 집단 노동의 영광에 바쳐졌다. "그것은 환희, 아마도 세상이 줄 수 있는 가장 깊은 환희였다. 상호의존, 인간관계의 힘과 유연성, 고요함의 느낌과 자체의 힘이 스며든 분위기 속에서 집단적이고, 생명이 약동하는 거대한 힘이었다."[7]

후천적 형질의 유전 가능성을 믿은 사기꾼 같은 스탈린주의 생물학자 트로핌 리센코처럼 마카렌코는 인간 본성의 가변성을 믿었다. 출신 배경이 유망하지 않거나 부모가 반동적인 아동이라도 훌륭한 소비에트 시민으로 바꿔놓을 수 있다는 신념이었다. 아이를 한 집단에 넣고, 모든 사람이 집단의 선을 위해 일한다는 것을 그에게 말하고, 그가 있는 데서 끈기 있게 구호를 반복하면 그는 배우게 된다. 실제로 마카렌코는 그의 추종자들보다 확실히 더 섬세했지만, 거친 마카렌코주의(리센코주의와 마찬가지로)는 평범한 이념 세뇌와 비슷한 면이 많았다.

진보적 교육가들은 재빨리 뒤로 물러날 수밖에 없었다. 한 동독 교육 이론가는 사죄하며 쓴 회고록에서 이렇게 말했다. "나는 아동의 독자적 행동을 과대평가하고 정치적 지도력의 필요를 과소평가하면서, 사람은 경험 습득을 통해 교육될 수 있다고 (잘못) 믿었다." 그녀는 에리히 호네커의 조언을 따르지 않은 것도 후회했다. 호네커는 물론 유아교육 전문가는 아니었지만, 분명한 정치-이념적 계급 관점으로 모든 문제에 접근해서 올바른 결론에 도달했다.[8] 그 무렵 폴란드에서 코르차크(고아들과 함께 트레블링카 집단수용소에서 비극적으로 사망했다)는 "기존 질서에 생각 없이 복종하는 정신 교육"을 널리 퍼뜨렸다는 비난을 받았다.[9]

단 6개월 동안 훈련을 받은 동독의 새로운 유치원 교사들은 이러한 이념적 논란을 이해하기 어려웠고, 교실에 적용하기는 더 힘들었다. 그러나 동유럽 전역의 동료들이 곧 배운 것처럼 기본은 어렵지 않았다. 정치가 유치원 이후 모든 아동의 교육과정에서 중심에 놓여야 했다. 수용할 수 있는 교육 주제에는 노동계급의 역사, 러시아혁명, 소련의 업적이 포함되었다. 아이들은 북한의 평화, 5개년 계획을 위한 당의 다양한 캠페인에 참여해야 했다. 이러한 주제를 가르치지 않거나 캠페인을 따르지 않은 교사들은 실직할 위험을 무릅써야 했다.

당연히 일부 교재는 어린 학생들을 위해 변경되어야 했다. 폴란드에서는 스탈린 숭배가 소련 독재자인 그의 유년 시절에 대한 완전히 허구적인 연구를 통해 전달되었는데, 그의 유년기는 실제로는 다소 암울했다. 폴란드 아이들은 그를 어린 시절 별명인 소소Soso로 부르도록 교육받았고(소련 비밀경찰의 무서운 창시자 펠릭스 제르진스키를 '프라네크Franek'라는 별명으로 부르는 것도 배웠다), 그의 다양한 업적과 젊은 시절의 성공에 대해 읽었다. 인기 있는 어린이 잡지에는 엄마에게 '대원수'의 뜻을 묻는 한 아이의 이야기를 비롯해 스탈린에 대한 동경을 불러일으키도록 고안된 이야기들이 담겨 있었다. 그 아이의 엄마는 "소련의 온 국민이 지도자를 깊이 사랑"했기 때문에 소련이 감사의 표시로 특별한 칭호를 그에게 부여했다고 설명한다. 이 깊은 믿음에 감명을 받은 아이는 어려운 단어 '대원수generalissimo'의 철자를 배우고 영원히 기억하기로 결심한다.

중앙 계획경제의 영광은 《여섯 살 브로네크와 6개년 계획Six-Year-Old Bronek and the Six-Year Plan》과 같은 책을 통해 전해졌다.[10] 자본주의의 사악함은 레닌그라드를 방문한 미국인 트위스터Twister 씨가 자기 호텔에 투숙한 흑인을 보고 충격을 받은 이야기 혹은 미국의 전쟁 계획에 대한 시를 통해 전해졌다.

미친 미국에서
그들은 전쟁을 꿈꾼다.
그리고 최전선이 그려진다.

인간의 피로 얼룩진 지도 위에[11]

소설가들도 새 시대의 아이들에게 읽을거리를 만들어주려고 열심히 노력했다. 1933년 히틀러에 의해 책이 불태워졌던 공산주의자 알렉스 웨딩Alex Wedding은 1940년대 말-1950년대에 동독에서 아동서 시리즈를 펴냈다. 첫 책은 15세기 농민 반란 이야기인 《파이퍼한스라인스의 깃발Die Fahne des Pfeiferhänsleins》로, 주인공인 플루트를 연주하는 반란군 지도자 파이퍼Pfeifer는 지배자와 피지배자가 없는 자유로운 조국을 꿈꾼다. 반란은 비참하게 끝나지만 반란군은 희망을 버리지 않는다. "언젠가 자유의 태양이 구름을 뚫고 떠오를 것이다. 언젠가 우리의 망명 생활도 끝나고 우리 조국을 다시 만나게 될 것이다. 군주와 귀족의 자의적인 통치가 없는 아름다운 조국 … 그러고 나면 파이퍼의 깃발이 모든 탑에서 휘날릴 것이다."[12]

기존 동화가 새로운 이념 정신에 맞춰 개작되기도 했다. 폴란드의 인기 어린이 만화인 《염소 마톨레크의 모험The Adventures of Matolek the Goat》은 몇 부분을 미묘하게 바꿔 다시 등장했다. 전쟁 전 마톨레크는 바르샤바를 내려다보며 왕의 궁성과 교회 첨탑을 보았다. 전쟁이 끝난 후 그는 스탈린을 기리는 우뚝 솟은 기념물인 문화대궁전만 바라볼 뿐이다. 전쟁 전에는 트렌치코트를 입은 경찰이 교통법규를 위반했다는 이유로 마톨레크에게 경찰봉을 휘둘렀다. 전쟁이 끝난 후 한 독자는 "멋진 사회주의 민병대 경찰이 정중하게 길을 가르쳐주었다"고 기억했다. 원래 마톨레크는 보물을 찾아 폴란드의 가난한 아이들에게 주었다. 공산주의 치하에는 가난한 아이들이 없기 때문에 전후 마톨레크는 그 보물을 폴란드의 사랑하는 아이들에게 주었다.[13]

교과서도 새로운 현실을 반영해 다시 써야 했다. 1945년 11월 관료들이 UN 구호기구로부터 받은 신발과 스웨터를 절망에 빠진 교사들에게 나눠주던 당시, 폴란드 교육부는 "민주주의 교육을 위한 투쟁"을 강조하는 새로운 교육사 집필을 지시하고 새로운 역사 교과서 집필위원회도 구성했다.[14] 재집필 과정이 신속하게 진행되지 않자, 더 과감한 조치가 취해졌다. 짧은 기간이지만 1950-51년 동안 폴란드 학교에서 소련 역사 교과서 사용만 허용한 것이다.[15] 동독에서 재집필 작업은 더 성공적이었다. 13세 어린이를 위한 역사 교과과정은 전후 시기를 다음과 같이 기술했다.

소련 점령 당국의 도움으로 민주 세력은 … 독일 동부의 독점 자본가와 지주들의 권리를 박탈하고 반파시스트 민주주의 질서를 확립했다. 이러한 반파시스트 민주 질서는 … 독일 국민의 국권을 존중하고 국익을 대변하는 위대한 사회주의 소련의 지원과 도움을 받고 있다.[16]

무엇보다도 시급한 과제는 유치원 교사뿐 아니라 모든 교사를 재교육 또는 교체해야 하는 것이었다. 소련 군사 정권은 1945년 8월 처음으로 "독일 학교의 민주적 쇄신" 정책을 선포하고, "민주적이고 책임감 있으며 유능한 새로운 유형의 교사"를 요구하는 명령을 하달했다. 얼마 지나지 않아 독일의 소련 점령지 교육 정책은 최고위급인 가장 신뢰받는 모스크바 공산주의자들에게 넘겨졌다. 전시 자유독일국가위원회의 지도자였던 안톤 아커만Anton Ackermann, 독일이 아니라 소련 공산당 소속이었던 파울 반델Paul Wandel, 울브리히트 그룹의 일원이었던 오토 빈저Otto Winzer가 그들이었다.[17] 소련 당국은 교육 개혁을 일종의 탈나치화 수단이자 야심찬 친정권 젊은이들에게 빠른 출세의 길을 열어주는 수단으로 활용했다.[18] 새로운 교사Neulehrer 세대(대개 최소한의 교육만 받은 새로운 교사들)가 기존 교사들을 빠르게 대체했고, 이들은 모든 수칙을 따름으로써 새 정권에 감사를 표할 것으로 기대되었다.

반면 대부분의 폴란드 교사들은 전후 혼란 속에 홀로 남겨졌다. 그러나 전시 지하조직과 교직은 밀접하게 연결되어 있었다. 폴란드 많은 곳에서 아이들은 나치 점령 기간(독일인들은 폴란드를 문맹 농노의 나라로 만들려고 했다) 동안 학교에 전혀 다니지 못해 많은 아이들이 글을 읽거나 쓸 수 없었다. 정상적인 학교 교육을 재개하는 것은 국가적 우선 과제로 여겨졌다. 1945년 9월 국가안전 장관 스타니스와프 라디키에비치는 학교에 끼친 파괴를 고려하여 비밀경찰은 "꼭 필요한 경우에만 교사를 체포"해야 한다는 내부 법령에 서명하기까지 했다. 만약 교사를 수감해야 한다면 가능한 한 빨리 사건을 조사하고 검토해야 했다.[19]

그러나 시간이 지나면서 이념에 따르지 않은 사람들은 협박과 위협을 받고 결국 해고되었다. 이들의 행동과 처신은 현지 비밀경찰, 외부에서 파견된 학교장에 의해, 서로서로에 의해 감시를 받았고 심지어 학생들의 감시도 받았다. 1946년 교육부는 소도시 치우후프Człuchów에서 비밀경찰의 10대 아들이 교사들과 반 친구들을 협박하고 있다는 사실을 알게 되었다. 그는 "통행증 없이 언제든 사회안전부UB 건물에 들어갈 수 있다"고 으스대면서 한 아이에게 "널 가둘 거야"라고 말했고, 종교적인 크리스마스 캐럴(〈고요한 밤〉)을 피아노로 연주했다는 이유로 다른 아이를 협박했다. 한 교사가 지리 수업 시간에 콘스탄티노플을 향한 러시아의 역사적 추진을 설명하자, 그 학생은 신나서 다른 학생에게 "저 늙은이, 방금 자결한 셈이야"라고 말했다. 그 소년은 낙제생이었지만(간단한 수학도 못하고 프랑스어 실력도 형편없었다), 아버지의 힘으로 공부하지 않고도 합격할 것이라고 자랑했다. 학교장은 결국 학생의 부모를 불러 불만을 제기했지만, 두 시간 후 그녀는 지역 비밀경찰 사무실로 출두하라는 소환장을 받았다.[20]

이 특별한 사건은 학교 측에 유리하게 해결되었는데, 그 이유는 비밀경찰도 요원의 자녀가 학교 친구들에게 체포 협박을 하는 것은 좋아하지 않았기 때문이었다. 그러나 교사가 학생의 정치에 책임을 져야 하는 경우처럼, 다른 사례는 좋지 않게 끝났다. 교사들은 반동적 또는 반공주의 견해를 보인 아이들에게 나쁜 영향력을 끼친 것으로 간주되면 직장을 잃을 수 있었다.[21] 1947년 1월 약 30명의 무장 비밀경찰이 소비에신Sobieszyn 근처의 한 폴란드 중학교 교실에 난입해 모두 손을 들고 밖으로 걸어 나가라고 지시했다. 일부 학생들은 격리되어 심문을 받고 구타당했다. 학교장의 항의는 무시당했다. 한 경찰관은 학생들이 '도적' 집안 출신이며 학교의 여러 교사가 이미 체포되었다고 거칠게 설명했다. 이 급습은 달리 말하자면, 이념적으로 올바른 분위기를 유지하지 못했다는 이유로 학교 전체를 처벌하기 위해 감행된 것이었다.[22]

1948년 분위기는 더욱 결정적으로 바뀌었다. 폴란드 교육부는 모든 학교장, 교사, 교육자의 이념적·직업적 가치관을 검증하고, 교사와 학생을 대상으로 이념 공세를 심화하며, 미래 교사들의 의식을 고양하는 작업에 착수했다.[23] 거의 같은 시기에 독일의 한 교육 관료는 30년간의 실험 끝에 소련 교육이 마침내 정점에 도달했다고 선언했다. 소련의 경험은 사회주의 인본주의에 기초한 교육이 성공할 수 있다는 것을 입증했다. 따라서 자격을 갖춘 진보적 교육자가 되려는 모든 독일 교사들은 "마르크스와 엥겔스가 창시하고, 요제프 디츠겐, 아우구스트 베벨, 카를 리프크네히트가 널리 퍼뜨리고, 레닌과 스탈린이 더욱 발전시킨 마르크스주의 교육학에 친숙해지고 그것을 연구하고 적용법을 배워야" 했다.[24] 비슷한 프로그램이 소련 블록 전역의 교사들을 위해 마련되었다.

1948년부터는 마르크스, 레닌, 마카렌코의 이론이 동유럽 전역의 교사 양성 대학 커리큘럼에 추가되었다. 새로운 교사 간부들의 계급 배경에 세심한 주의를 기울였고, '올바른' 계급 출신 교사를 확보하기 위해 막대한 노력을 기울였다. 폴란드 교육부에 따르면 1948년 신규 교사의 52퍼센트는 노동자 계급 출신, 32퍼센트는 농민 출신, 7퍼센트는 장인의 자녀였다. 이 통계가 정확하다면 그해 교사의 9퍼센트만이 지식인 가정 출신이었다.[25]

교수진의 프롤레타리아화는 더 까다로운 과제였다. 동독에서는 1945년 5월 많은 대학 총장들이 독일 대학 전통에 다시 연결하기 위해 대학 재편성을 시도했지만, 그들의 반동 철학적 세계관과 과거 나치와의 관계에 겁먹은 소련 관리들에 의해 거의 즉시 해고당했다. 이후 수십 명의 독일 교수들이 서방으로 망명하면서 강제로든 자발적으로든 탈나치화의 물결이 이어졌다. 1946년 1월 겨울 학기가 시작될 무렵 베를린, 라이프치히, 할레, 그라이프스발트, 로스토크 대학교수의 4분의 3이 사라졌고, 소련 장교들이 새로운 교수 채용에 적극 나서기 시작했다.[26] 대학 시스템을 직접 운영할 자원이 없었기 때문에 그들은 독일 기관인 중앙교육청을 만들어 종종 비현실적인 요구를 하달했다. 1947년 3월 소련 군사정부는 차세대 학자 양성 명령을 내리며, 열흘 안에 활동적인 반파시스트 200명을 찾으라고 중앙교육청에 요구했다.

그 일을 맡은 한 독일인은 "우리는 독일 전체에서 학문적 자격을 갖춘 200명의 활동적인 반파시스트를 확보할 수 없다"고 지적했다. 독일인들은 결국 정치적으로 개방적인 교수 75명의 명단을 제출했지만, 소련 행정당국은 그중 32명을 거부했다. 나머지는 대부분 50세가 넘었기 때문에 교육 프로그램에 적합한 후보가 아니었다.[27]

1948년부터 동독뿐 아니라 헝가리, 체코슬로바키아 당국도 소련에서와 마찬가지로 역사, 철학, 법학, 사회학 학부에 더욱 체계적인 공격을 시작했고, 이 모든 학부는 이념 전달 수단으로 변질되었다. 역사는 마르크스주의 역사, 철학은 마르크스주의 철학, 법학은 마르크스주의 법학이 되었고, 사회학은 아예 사라지는 경우가 많았다. 소련 당국은 과학자들을 유지하기 위해 어느 정도 노력을 기울였지만, 남아 있던 대부분의 인문학자들은 이 시기에 떠났다. 한 독일 문화 관료는 이렇게 말했다. "반동적인 철학자나 역사학자가 (서독으로) 떠날 때 우리는 미소를 짓는다. 하지만 우리에게 필요한 대체할 수 없는 의사, 수학자, 기술자는 상황이 다르다."[28] 과학자들도 기존 교육 분야의 일원이었지만, 변화는 그들에게도 영향을 미쳤다. 한 화학자는 서방으로 떠나기로 결심하고 2명의 공산당 간부에게 그 이유를 말했다. 무엇보다도 "그는 더이상 자신의 아이들을 우리 고등학교에서 교육시킬 책임을 받아들일 수 없다"고 말했다고 그들은 상부에 보고했다.[29] 최종 결과는 동독 대학의 거의 전면적인 변화였다. 비교적 짧은 기간에 새로운 세대의 훨씬 젊은 교수들, 즉 더 이념적이고 냉소적인, 아니면 더 쉽게 겁을 먹는 이들이 모든 자리를 채웠고, 향후 모든 학자 임용도 통제했다.

폴란드 상황은 달랐다. 전쟁, 바르샤바 봉기, 카틴 숲 학살로 폴란드 지식인 계급이 더욱 철저히 황폐화된 것이 부분적인 이유였다. 1939년 나치는 폴란드에서 가장 오래된 크라쿠프 야겔로니아대학Jagellonian University의 교수진 전체를 작센하우젠 수용소(거기서 이들은 프라하와 브르노의 대학에서 온 천여 명의 학생들과 함께 수감되었다)로 보냈다.[30] 폴란드 교수를 해고하기는 쉽지 않았는데, 그 이유는 동독에 비해 대학 교수진에 열렬한 젊은 이념주의자가 훨씬 적어서 엇비슷하게라도 교수를 대체할 만큼 자격을 갖춘 사람이 없기 때문이었다. 1953년 말까지만 해도 크라쿠프의 법대생들은 여전히 폴란드 법의 역사, 법 이론, 논리학 등 대부분의 과목을 전쟁 전의 교수들과 함께 공부할 수 있었다. 새로 임명된 교수들은 마르크스·레닌주의의 필수 과목 한두 개만 가르쳤다. 존 코넬리John Connelly가 절정의 스탈린주의 시기 동유럽 대학에 대한 중요한 연구에서 지적했듯이 폴란드의 학계 문화도 달랐다. 살아남은 많은 학자들이 전쟁 중 지하 대학flying universities에서 비밀리에 학생들을 가르쳤고, 몸에 밴 애국심도 강했다. 학계의 관료들은 정권에 아부했지만, 정치를 전혀 고려하지 않는 교육, 강의, 채용, 해고는 너무나 흔한 일이었다. 1940년대 말과 1950년대 초에도 나이 든 교수들은 습관적으로 후배 학생과 동료들을 경찰 수사로부터 보호했다.[31] 당이나 비밀경찰에 대한 두려움보다 가족, 충성심, 학문적 영향력이 적어도 막후에서는 더 강력한 힘을 발휘하는 경우가 많았다.

그러나 공산당에게는 학생 집단의 프롤레타리아화가 훨씬 더 중요했다. 부르주아 교수들이 언젠가 사라지고 나면 열성적인 노동자 계급이 그 자리를 대체할 수 있기 때문이었다. 이러한 학력 우대 조치의 물결을 가리키는 폴란드어는 '사회적 진보'로 번역되는 다소 추악한 관료적 표현인 '긍정적 차별awans społeczny'이었다. 시간이 지남에 따라 이 용어는 농민과 노동자의 자녀를 고등 교육으로 빠르게 진학시키는 정책과 그 결과 등장한 사회적으로 진보한 계층, 둘 다를 가리키는 매우 중요한 의미를 갖게 되었다. 비슷한 형태의 사회 발전은 동유럽 모든 국가의 핵심 목표였다. 1949년 독일 당 대회 연설에서 그로테볼은 청년개척단Young Pioneers 중에서 노동자와 농민을 따로 뽑아 육성할 것을 제안했다. 그들은 "어린 시절부터 다른 종류의 학습을 경험했기 때문에 정말 새롭고 민주적이며 사회주의적인 지식인으로 거듭날 수 있으며, 우리 경제를 지휘하고 사회주의적 조치를 수행하는 데 필요한 사람들"이라고 그는 말했다.[32]

낡고 의심스러운 부르주아 지식인을 대체할 "새롭고 민주적인 사회주의 지식인"을 만들려는 시도는 경탄할 만한 것도 있었지만 터무니없는 것도 있었다. 나치 점령 기간 내내 모든 종류의 학교가 강제로 폐쇄된 폴란드의 전후 문맹률은 무려 18퍼센트에 달했다. 당은 기술 교육을 강조하는 학교 개혁에 앞서 1951년 대대적인 문맹 퇴치 운동을 시작했다.[33] 이 운동이 성공하면서 많은 지식인들이 당의 좋은 의도에 설득되었다. 공산주의자가 아니었던 한 전직 폴란드 교사는 경력 초기에 우크라이나에서 온 난민들에게 성인 문해 수업을 가르쳤는데, 그 효과에 놀라움을 금치 못했다. "그들은 완전히 다른 사람이 되었다." 그는 이 운동에 참여하면서 공산당이 실책은 저질렀지만, 궁극적으로 선한 의도를 가지고 있다고 확신하게 되었다.[34]

그러나 단순히 읽고 쓰기를 가르치는 것만으로 새로운 엘리트를 만들 수는 없었다. 동유럽 전역에서 다른 형태의 더 적극적인 우대 조치도 시행되었다. 노동자와 농민의 자녀들은 대학 입학, 교육 프로그램, 직업, 승진에서 특권을 누렸다. 동독의 교육 관료들은 노동자와 농민을 적극적으로 모집하여 이들이 빠르게 계층 상승을 할 수 있도록 설계된 특별 과정에 참여하도록 했다. 학생들은 부모가 올바른 사회적 배경을 가지고 있고, 노동조합이나 청년 단체와 같은 "민주적 조직의 정치적 성격 추천서"를 제출할 수 있는 경우 이러한 예비대학 과정에 입학할 수 있는 자격을 얻었다.[35] 폴란드에서는 폴란드 청년활동가연합이 학장 사무실에 배치되어 자기희생적인 일을 통해 개선에 기여하는 '기술 비서technical secretaries'라는 제도를 통해 실제로 대학 입학 과정을 통제했다. 이러한 노력 덕분에 1945년부터 1952년 사이에 동독 대학에서 노동자와 농민 출신 학생 수는 전체의 10퍼센트에서 45퍼센트로 증가했다. 1949년에는 폴란드 대학의 노동자-농민 출신 학생 수가 54.5퍼센트로 증가했다.[36]

폴란드 공산주의자들은 이러한 사회 발전의 속도를 가속화하기 위해 자체적인 고등 교육 기관도 만들었다. 고등학교 교육을 받지 못한 학생들은 중앙당학교에서 6개월 안에 폴란드 입학 자격증(고등학교 졸업장과 비슷한 마투라matura)을 취득할 수 있게 되었다. 이 작은 자격증이 있으면 이들은 대학에 입학할 수 있었다. 당시 다른 기관들도 더 빠른 학위를 제공했지만(많은 젊은이들이 고등학교를 마치지 않고 대학에 입학하기 위해 2년의 예비 과정을 이수했다) 중앙당학교는 다른 기준을 가지고 있었다. 정치적 의식이 글을 읽고 쓰는 능력보다 훨씬 중요하게 평가되었다.

이로 인해 예측 가능한 결과가 나왔다. 1948년 중앙위원회 사무국은 중앙당학교 과정 수강생 중 약 20퍼센트(중등 교육을 받지 못한 압도적으로 젊은 노동자 계급 남성)가 강의 노트를 필기할 능력이 부족해 이 과정을 마치지 못한다고 불평했다.[37] 동베를린의 훔볼트대학교에서는 1950년대에 50명 이상의 학생이 신경쇠약 증세를 보인 것으로 알려졌다.[38] 특히 폴란드 교수들은 수업 초반에 젊은 노동자들에게 학업을 따라갈 수 없으니 공장으로 돌아가라고 조용히 조언하기도 했다. 폴란드 학생들이 사회적 출신을 속였다는 보고도 있었다. "상인, 부농, 전쟁 전 대령의 아들딸들이 더러운 작업복을 입고 시험장에 와서" 노동자인 척했다는 분노에 찬 보고도 있었다.[39] 헝가리에서는 부르주아 가정 출신의 일부 학생들이 노동자로 일하고 나서 대학에 다시 지원하라는 노골적인 지시를 받기도 했다. 청소년 단체의 지도자가 되는 것과 같은 충성심의 작은 표시도 대학 입학에 도움이 되었다.[40] 그러나 노동자-농민 대학생과 전쟁 전 지식인 자녀들 사이에는 물질적 격차가 남아 있었고(전자는 허름한 대학 기숙사에서, 후자는 집에서 생활하는 경우가 많았다) 두 그룹은 종종 서로 거리를 두었다.[41]

독일에서는 노동자들을 재교육시켜 문화 관련 일자리를 채우려는 일부 시도도 실패로 끝났다. 한때 작가 에리히 뢰스트는 한 그룹의 공장 노동자들을 인민특파원Volkskorrespondenten으로 교육하는 임무를 맡았다. 프롤레타리아가 저널리즘 교육을 받을 수 있다면 신문은 이념적으로 올바르게 될 것이고, 부르주아 언론인은 필요 없을 것이라는 논리는 간단했다. 아니면 그렇게 이론이 진행되었다. 실제로 뢰스트의 특정 과업인 노동자들을 연극 비평가로 훈련하는 교육은 성공적이지 못했다.

15명(여성 12명, 남성 3명)이었는데 모두 노동자였다. 그들의 회사는 이런 질문을 던졌다. "이 그룹에 사람들이 필요한데, 누가 극장에 가는 것을 좋아하죠?" 그들은 손을 들었고 선발되었다. "음, 힐데가르트Hildegard, 당신은 이제 이 그룹의 멤버요." 우리는 함께 극장에 갔고 그후 또는 다음날 만났다. 나는 그들에게 극장 리뷰가 무엇인지 알려주려고 노력했다. 그러고 나서 우리는 함께 리뷰를 썼다. 그때 나는 25세였고, 극장에 가는 걸 좋아했었다. … 끔찍했다. 우리 모두 불행했다. 나도 불행했고, 그들은 더 불행했다. … 그들은 극장 리뷰 한 편을 써야 했는데 그렇게 할 수 없었고, 나에게 배우지도 못했다. 반년 후 모든 것이 무너졌다. 우리는 겨울 한 철만 그 과업을 수행했다.[42]

그러나 좁은 의미에서 이러한 정책은 성공적이었다. 결국 도시 지식인의 구성을 바꿔놓았다. 한 폴란드인은 1950년대 그가 다니던 바르샤바의 엘리트 학교에서는 거의 모두가 시골 출신이었다고 회상했다. 선생님이 아이들에게 여름방학에 어디로 갈 거냐고 물으면 아이들은 거의 일제히 대답했다. "시골에 계신 조부모님과 함께 지낼 거예요." 그는 여러 해가 지나서야 대부분의 유럽 수도에서는 작은 농장에 살며 감자를 재배하는 조부모가 없는 사람이 대다수라는 사실을 깨달았다.[43] 또한 사회 발전 정책은 꼭 재능 있는 공산당 지도자들은 아닐지라도 충성스러운 세대를 배출했다. 한 역사학자의 설명처럼, 어떤 사람들은 이 시스템이 개인의 배경이나 능력에 관계없이 규칙만 잘 지키면 신분 상승의 확실한 길을 열어줄 수 있다는 것을 처음부터 알았다.

그들은 당에서 적극적으로 활동했고, 언제나 회의와 협의 중에 할 말이 있었다. 당시 우리가 말했듯이 항상 노선에 충실하고 올바른 발언이었다. 그들은 공장 관리자와 당 조직의 입장을 옹호하고, 퇴근 후 문화 활동에 참여하고 다른 사회적 공헌도 했다. 업무의 질과 전문적인 교육 수준에 상관없이 그들은 직장에서 반드시 그런 것은 아니었지만, 빠르게 승진했다. 그들이 관리부로 승진하거나 교육 과정으로 파견되는 일은 더 흔했다. ⋯ 때로는 당 기관에 들어가기도 했다.[44]

1980년대 동유럽 공산주의 지도부의 사회학적 배경을 한번 보면 평범한 배경을 가진 많은 활동가들이 결국 정상에 오른 것을 알 수 있다. 미에치스와프 라코프스키는 농민 가정에서 태어나 10대 시절 선반공으로 일했고, 1956년 바르샤바 사회과학연구소에서 박사 학위를 받았으며, 1988년 폴란드 총리가 되었다. 밀로시 야케시는 농민 가정에서 태어나 신발 공장에서 일했으며, 1958년 모스크바 고등당학교에서 학위를 취득하고 1987년 체코슬로바키아 공산당 총서기에 임명되었다. 에곤 크렌츠Egon Krenz는 포메라니아 난민의 자녀로 1970년대에 청년개척단의 지도자가 되었고, 1989년 10월 동독 총리로 임명되어 1989년 12월까지 총리직을 수행했다. 이들 모두가 '사회적 진보'의 가장 뛰어난 수혜자였다. 그러나 이들 모두는 권력의 정상에 너무 늦게 도달해 그 혜택을 누리지 못했다.

어린이, 학생, 젊은이, 젊은 노동자들이 학교와 직장에 다니는 동안 공산주의 교육 기관은 그들을 반동 세력으로부터 안전하게 보호할 수 있었다. 하지만 방과 후, 주말, 여름에는 여전히 수많은 유해한 사상에 노출될 수 있었다. 마카렌코는 소련의 어린이와 청소년은 항상 집단 노동, 스포츠, 공부에 몰두해야 한다고 믿었다. 1940년대 후반까지 동유럽 관료들도 같은 이상을 향해 노력했다. 1951년 폴란드에서 열린 교사 회의에서는 정규 교과 외의 교육에 많은 시간을 할애했다. 참석자들은 정규 교과 외의 교육이 "학교에서 받은 교육을 심화, 확대하여 … 집단생활의 조건을 조성하고 사회주의 도덕 정신에 따라 가치 있고 사회적으로 유용한 인성을 기르는 데" 활용되어야 한다는 것에 동의했다.

더 나아가 한 연사는 방과 후 프로그램이 아이들을 나쁜 영향으로부터 안전하게 보호할 수 있다고 주장했다. "아이들이 학교 밖에서 보내는 시간을 조직화하지 못하면 반동 사제들과 다른 반동적 요소, 제국주의 세력들의 적대적 활동을 조장하는 환경이 조성될 것입니다." 회의에서 제시된 이러한 부정적인 활동의 예로는 바르샤바 대성당 지하의 어린이 주간 탁아소 조직과 어린이를 위한 다양한 스포츠 및 기타 조직에 대한 사제들의 참여가 포함되었다(당시 많은 사제들은 그런 일을 할 지위에 있지 않았지만).[45]

어린이들과 젊은 노동자들을 이러한 반동적 접촉으로부터 보호하기 위해 소련 블록 전역의 교육 기관은 꼭 정치적이지는 않아도 모두 국가의 통제하에 있는 방과 후 및 저녁 클럽, 팀, 조직으로 구성된 방대한 프로그램을 만들었다. 이러한 공식 방과 후 프로그램 중 일부는 의도적으로 음악, 포크댄스, 그림 그리기, 바느질 등 비정치적인 것을 포괄하기까지 했다. 특히 체스 클럽이 인기가 많았다. 미묘하게 영향을 받을 수 있는 장소로 아이들을 끌어들이려는 아이디어에서 나온 프로그램이었다. 적어도 주최 측은 아이들이 스탈린 초상화가 벽에 걸린 방에서 사상적으로 신뢰할 만한 교육자들의 감독 아래 노래, 바느질을 하거나 서로 체스를 두는 것을 알고 만족했다. 이 모든 활동은 무료였기 때문에 일하는 부모들에게 매우 인기가 많았다.[46]

더 노골적인 정치 활동도 가능했다. 폴란드에서는 '어린이친구협회' 가 방과 후 클럽뿐만 아니라 공동의 새해 트리(크리스마스트리에 반대되는) 장식과 같은 대중적인 활동을 조직했다. 헝가리에서는 청년개척단이 미추린주의 클럽Michurinist clubs을 조직하여 리센코의 동료이자 유전학에 반대했던 식물학자 이반 미추린의 방식으로 면화와 다른 식물들을 실험했다.[47] 독일 청년개척단도 젊은 기술자와 젊은 자연과학자 클럽에 참여했는데, 모두 당에 유용한 전문적인 방향으로 아이들을 이끌기 위한 것이었다.[48]

그러나 헌신적인 공산주의 교육자들에게 진정한 보상은 두 달이나 쉴 수 있는 여름방학이었다. 이는 젊은이들에게 영향을 주려는 사람들에게 매력적인 가능성을 제시했다. 여름 캠프에서 젊은이들은 가족과 다른 반동적 영향으로부터 떨어져 있을 뿐만 아니라, 이론적으로는 당과 청년운동이 세세한 부분까지 통제할 수 있는 환경 안에 있었다. 물론 이 지역에서 여름 캠프는 전혀 새로운 것이 아니었다. 하지만 동유럽에서는 국가만이 청소년 여름 캠프를 조직할 수 있었고, 국가는 이를 매우 진지하게 받아들였다. 독일에서는 여름 캠프가 정치국과 당 중앙위원회에서 논의될 만큼 중요한 사안이었다. 폴란드에서는 1948년 교육부가 어린이와 청소년을 위한 여름방학 관련 특별위원회를 설치했다.[49]

처음에 그러한 경험은 이념적으로 가장 올바른 사람들에게만 가능했다. 전쟁 후 처음 몇 년 동안은 독일 어린이의 약 10퍼센트만이 여름 캠프에 참석했다. 그러나 독일 정치국은 곧 "평화를 사랑하는 모든 인간, 특히 위대한 소련 인민 그리고 모든 어린이의 가장 친한 친구이자 스승, 위대한 스탈린과의 확고한 우정"을 가르쳐줄 캠프가 가장 필요한 사람은 이념적으로 올바르지 않은 아이들이라는 것을 알게 되었다. 이에 따라 1949년 독일 공산주의자들은 새로운 캠페인인 "모든 어린이를 위한 행복한 휴일"을 시작하고 국영 기업들에게 이 캠페인 후원을 강제했다. 1951년 여름까지 독일 소비에트 지역 어린이의 약 75퍼센트가 일종의 하룻밤 여름 프로그램에 참여했다.

일단 이런 캠프가 시작되고 운영되면 어떤 세부 사항도 우연에 맡길 수 없었다. 독일에서는 자유독일청년 중앙위원회와 공산당 중앙위원회에서 캠프 감독자들을 위한 지침을 만들었다. 여기에는 3주간의 캠프 기간 동안 수영 시간(18시간)부터 노래 시간(2시간 반)까지 모든 것이 명시되어 있었다. 캠프 참가자들은 5개년 계획의 장점에 대해 교육받았고, "세계 민주 청년의 선봉"인 소련 청년 단체 콤소몰Komsomol의 역사를 배웠다. 소련 작가 니콜라이 오스트롭스키의 소설《강철은 어떻게 단련되었는가》를 단체로 읽기도 했다. 매일 체조와 아침 점호로 하루를 시작하고, 국제 여단의 날로 정한 7월 18일, 히로시마 원폭 투하 기념일인 8월 6일, 에른스트 텔만이 부헨발트Buchenwald에서 살해당한 8월 18일 등 특정 날에는 특별한 의식을 거행했다.[50]

술래잡기, 숨바꼭질, 깃발 뺏기 등 전통 게임도 새로운 시대에 맞춰 변형되었다. 예를 들어 1950년 한 관찰자는 독일 여름 캠프 게임을 다음과 같이 서술했다.

소년들과 소녀들이 언덕 위, 덤불이나 나무 밑에 숨어 위장한 채 앞으로 기어가고 있었다. … 빨간 완장을 찬 개척단 지도자를 우연히 만나 아이들이 무슨 놀이를 하는지 물어보았다. 그녀는 아이들이 인민군과 자본주의 군대의 두 군대로 나뉘어 있다고 설명해주었다. 그녀는 자본주의 군대에 정복된 산에 걸린 자유독일청년 깃발을 가리켰다. … 다른 언덕에서는 인민군이 자본주의 군대를 향해 외치고 있었다. "자본가들을 위해 싸우지 말고 인민군으로 망명하라" 같은 구호들이었다. 전투를 치르는 동안 그들은 상대방의 완장을 찢어야 했다. 완장이 없는 개척단원은 죽은 것으로 간주되었다.

나중에 한 캠프 지도자는 이런 전쟁 게임을 통해 아이들이 평화를 위한 투쟁을 준비할 수 있었다고 설명했다. "아이들은 무엇을 지켜야 하는지 알아야 한다!"[51]

교육은 게임에 국한되지 않았다. 이 무렵 헝가리 청소년운동 중앙협의회는 헝가리의 여름 캠프 지도자들에게도 지침을 내렸다. 무엇보다도, 반항적인 캠프 참가자들을 다루는 올바른 방법에 대한 조언이었다. 파벌은 해체해야 하지만 폭력은 금물이었다. 캠프 참가자들의 존경을 받으려면 집단 리더가 모범을 보여야 했다. 리더는 매일 아침 다른 사람보다 먼저 일어나 옷을 입어야 했다.

다른 모든 방법이 실패하면 벌을 주되, 마카렌코의 방식처럼 그룹 전체에 긍정적인 영향을 미칠 수 있는 벌로 한정되었다. 일례로 한 캠프 참가자가 그룹 활동을 거부하면 다른 참가자들은 그를 동지라고 부르지 않고 대화도 거부하는 등 파문을 통한 처벌을 적극 권장했다. 이러한 또래의 압력은 반항적인 캠프 참가자가 마음을 바꿔 그룹에 다시 합류하게 할 뿐 아니라, 다른 캠프 참가자들이 동지라는 호칭을 큰 영광으로 여기고 그 호칭에 걸맞게 열심히 노력하게 할 것이었다.[52]

캠프가 확장되면서 이런 기준이 느슨해졌다. 모든 어린이가 여름 캠프에 참석해야 한다고 선언하는 것과 캠프를 건설, 공급하고 강사를 단기간에 훈련시키는 것은 완전히 다른 문제였다. 1950년 헝가리 시골의 주간 캠프를 일부 조사한 결과 이론상 아이들은 아침 8시부터 저녁 6시까지 바쁘게 움직여야 하지만, 실제로는 훨씬 일찍 귀가한 것이 드러났다. 일부는 점심 전에 퇴소하기도 했다. 캠프 지도자들이 가장 중요한 하루 일과를 마무리하는 국기 하강식을 준비할 때쯤에는 모두가 떠난 상태였다. 조사관들은 캠프 지도자들의 조직력과 주도성이 부족하다고 불평했다. "어느 캠프에서도 조직적인 그룹 활동이나 여러 시간을 교육에 할애하는 모습을 볼 수 없었다." 더욱이 일부 캠프 지도자들은 "반동 성직자들과 싸우는 것이 얼마나 중요한지 이해하지 못했다. … 한 그룹 지도자는 교회에서 오르간을 연주하고 있었다"고 한다. 제안된 해결책은 더 많은 이념 교육이었다.[53]

이런 문제들의 결과 열정적인 청년 활동가들의 취업 기회에는 제한이 없었지만, 이런 일은 쉽지 않았다. 크시슈토프 포미안Krzysztof Pomian은 1950년대 초 바르샤바 모코투프Mokotów 지역의 젊은 폴란드 공산주의자들의 지도자로 일했다.

청년 지도자가 된다는 것은 설령 학생일지라도, 밤늦도록 이어지는 끝없는 모임을 의미했다. 모임, 그룹 노래 시간, 행진, 시위, 5월 1일 축하 행사, 7월 22일 축하 행사 때 모두 참석했는지 확인하기 … 책임감을 가지고 이런 모임에 참석한 사람들은 대단히 진지했고, 다른 사람들은 모든 것을 소금 알갱이처럼 가볍게 받아들였다. … 녹색 셔츠, 빨간 넥타이, 수업 전에 〈청년의 찬가〉 부르기, 이 모든 것이 나에게는 더 쉬웠다. 나는 공산주의 가정 출신이고, 강요된 공산주의 의례가 다른 사람들만큼 나를 괴롭히지 않기 때문이었다.[54]

그러나 이 일을 계속한 사람들은 여러 해 동안 청년 지도자로 남을 수 있었다. 호네커는 1955년 43세에 마침내 자유독일청년 지도자 직을 사임했고, 이후 동독 공산당 지도부로 자연스럽게 진입했다. 1948년부터 29세가 되던 1956년까지 폴란드 청년연합 활동가였던 유제프 테이치마Józef Tejchma는 1974년 문화부 장관이 되었다. 1945년 헝가리 공산주의 청년들의 창립 회의에 참석했던 언드라시 헤게뒤시는 10년 후 헝가리혁명으로 인해 강제로 망명하기 직전 뜻밖에도 헝가리 총리로 지명되었다. 이 게임에 참여한 사람들에게는 높은 보상이 주어졌지만 큰 대가를 치를 수 있었다.[55]

　어린이와 청년은 말 그대로 당의 미래여서 당 선전가들에게 가장 매력적인 대상이었다. 그러나 당 활동가들은 블루칼라 산업 노동자들의 마음을 사로잡아야 한다는 특별한 사명감도 느꼈다. 산업 노동자들은 자신의 이름을 걸고 혁명을 수행한 남성들과 여성들(그러나 주로 남성)이었다. 따라서 그들은 노동계급의 의식을 높이기 위해 공장과 직장도 이념 교육의 중심지로 삼았고 강의, 현수막, 포스터, 집회 등 학교와 똑같은 기법의 일부를 사용했다. 1940년대 후반에는 노동 자체가 정치 활동으로 다시 정의되었다. 공장, 특히 중공업 현장에서 일하는 것은 국가 또는 경제뿐 아니라 당 자체에 대한 봉사의 한 형태가 되었다.
　사실 이념은 당시 경제에서 매우 중요한 공백을 메웠다. 국영 공장에서는 성과가 좋아져도 급여가 인상되지 않았다. 임금은 중앙 정부 관료에 의해 정해졌고 더 많이 또는 더 잘 생산할 인센티브가 없었다.

그 결과 일하지 않으려는, 아니면 느릿느릿 부실하게 일하려는 유혹이 매우 강했다. 새로운 공장 관리자들은 사람들에게 동기를 부여할 방법을 찾아야 한다는 것을 알고 있었고, 이제 개인의 성과를 국가 5개년 또는 6개년 계획에 직접 연결함으로써 동기를 부여했다. 산업에는 일일 표준 또는 할당량이 있고, 공장에는 일일 할당량이 있으며, 노동자들은 각자 일일 할당량을 얼마나 잘 달성했는지에 따라 급여를 받는 방식이었다. 또한 노동자들은 할당량을 채울 뿐 아니라 할당량을 초과 달성하여 국가 계획을 초과달성하기 위해 서로 다투는 사회주의 경쟁을 벌였다.

다시 한번 말하지만, 이 아이디어는 새로운 것이 아니었다. 사회주의 경쟁은 전쟁 전 소련에서도 비슷하게 동기 부여가 안 된 노동자들, 낮은 생산성, 더 빠른 경제 성장이 시급한 상황에서 활용된 적이 있었다. 1940년대 후반 동유럽 지도자들과 마찬가지로 1930년대 초반 소련 지도자들도 자국 경제 모델의 우월성을 증명하고 싶어했고, 곧 그 모델이 자본주의 서구를 앞지를 것으로 여전히 기대하고 있었다. 부진한 노동자 계급을 고무하기 위해, 소련 선전가들은 높은 성과를 달성한(또는 고성과로 추정되는) 선별된 그룹에 집중했다. 이들은 노동 영웅 Heros of Labor인 '놀라운 노동자들shock workers'이었다. 이들은 다른 누구보다도 많이 석탄을 캐고, 더 많은 철근을 생산하고, 더 긴 도로를 건설했다. 이들이 본받아야 할 모델은 1935년 8월 31일, 5시간 45분 만에 할당된 생산량의 열네 배인 102톤의 석탄을 파낸 것으로 추정되는 돈바스 광부 알렉세이 스타하노프였다. 스타하노프의 업적은 스탈린의 관심을 끌었고, 그후 미니어처 인물 숭배로 발전했다. 스타하노프에 관한 기사, 책, 포스터는 물론 스타하노프 거리와 스타하노프 광장까지 생겨났다. 우크라이나의 한 소도시는 그를 기리기 위해 스타하노프로 이름이 바뀌었다. 노동 영웅들도 그의 이름을 따서 스타하노프 노동자Stakhanovites로 다시 명명되었고, 소련 전역에서 스타하노프 노동자 경연 대회가 열렸다.

동유럽 공산주의자들은 스타하노프 숭배를 매우 잘 알고 있었고, 그들 중 일부는 이 모델을 매우 정확하게 모방했다. 동독의 스타하노프는 1948년 생산 할당량의 287퍼센트를 채굴해 동지들을 놀라게 한 탄광 노동자 아돌프 헤네케Adolf Hennecke였다. 스타하노프에 비하면 훨씬 낮은 기록이었지만(독일인이 러시아인을 능가할 것이라고 기대할 수는 없었다) 어쨌든 헤네케의 이름은 곧 포스터와 선전 책자에 등장했다. 그의 위대한 업적 기념일인 10월 13일은 몇 년 동안 국경일로 기념되었다.

폴란드에서도 놀라운 탄광 노동자인 빈센티 프스트로프스키Wincenty Pstrowski가 있었다. 그는 1947년 표준량의 273퍼센트를 달성한 후 "누가 나보다 더 많이 채굴할 수 있겠는가?"라며 도전장을 던져 당국의 찬사를 받았다. 프스트로프스키는 헤네케보다는 다소 덜 성공한 인물이었다. 그는 깨끗한 이념적 배경(전쟁 중 폴란드에서 이주해 벨기에에서 공산당에 가입했다)을 가졌지만, 전적으로 신뢰할 만한 선전가는 아니었다. 그는 공개회의에서 열광적인 청중에게 열심히 일하는 기쁨에 대해 강연하는 대신 망명 시절을 울먹이며 회상하곤 했다. 설상가상으로 그는 1948년 치과 수술이 잘못되어 갑작스럽게 사망했다(그는 더 멋진 모습을 사진에 담고 싶어했지만 의사가 한 번에 너무 많은 치아를 뽑은 후 패혈증에 걸린 것으로 보인다).[56] 그의 사망 후 폴란드 사람들은 그에 대한 작은 시를 지었다.

천국으로 가는 지름길을 원한다면

광부 프스트로프스키처럼 일하라.

폴란드어로 운율이 잘 맞는 시다. 헝가리 사람들은 가장 유명한 초
과달성 노동자에 대해 비슷한 운율을 만들었다. "나는 더이상 소녀들
을 신경쓰지 않아. 차라리 이그나크 피오커Ignác Pióker를 볼 거야." 피오
커는 1949년까지 표준량의 1470퍼센트를 달성한 공장 노동자로, 개인
5개년 계획을 예정보다 4년 앞당겨 1951년에 완료했다.[57] 하지만 모두
가 웃는 상황은 아니었다. 한동안 일부 동유럽 노동자들은 실제로 헤
네케, 프스트로프스키, 피오커의 업적을 따라잡기 위해 서로 경쟁을
벌였고, 공장에서만 그런 것이 아니었다. 독일의 한 역사학자는 다음
과 같이 기록했다.

17세 소녀가 하루에 무려 2만 개의 담배를 분류하여 종전 기록인 1만
4000개를 뛰어넘었다. 16세 소년은 시간당 20개의 라디오 튜브를 설치
했다. 라이프치히의 한 기관사는 모든 기관차를 하루에 500킬로미터씩
운행하는 '500 운동'을 주도했다. 한 트럭 관리자가 트럭 운전사들이 10
만 킬로미터를 수리 없이 운행하는 '10만 운동'을 시작해 그를 능가했
다. 노동 영웅 젖소들이 매년 4000리터의 우유를 짜내는 '4000리터 운
동'도 빼놓을 수 없다.[58]

모든 곳에 계획과 할당량이 있었기 때문에 결국 다양한 분야와 직
업에서 놀라운 노동자들이 발견되거나 만들어졌다. 동독에서는 학생
들을 대상으로 한 헤네케 학술 경시대회와 대학생들이 기록적인 시간

내에 학업을 마치기 위해 서로 경쟁하는 헤네케 경연 대회를 개최했다.[59] 벽돌이 부족할 정도로 빠르게 일하는 스탈린바로시Sztálinváros 제철소의 헝가리 청년 작업단과 같은 영웅 작업단도 있었다. 1만 4000개의 벽돌이 더 필요하다는 사실을 깨달은 작업단 소속 청년 활동가들이 문제 해결에 나섰다. "그들은 문제를 발견하고 건설 현장의 다른 지역에서 젊은이들을 동원했다. … 작업단은 아침 10시 30분부터 새벽 2시 30분까지 무릎까지 차오르는 진흙탕과 폭우 속에서 필요한 곳으로 벽돌을 운반했다. 덕분에 작업단은 공약을 이행하고 한 달 일찍 완공할 수 있었다."[60]

짧은 기간 동안 성공적인 노동 영웅들은 공산주의 서사에서 중요한 역할을 하는 특권 집단이었다. 성공한 노동자들은 단순히 기록을 세운 것이 아니라 사회 전체의 이익, 더 나아가 당의 이익을 위해 위대한 업적을 달성했다는 이유로 지역적으로, 때로는 전국적으로 찬사를 받았고, 물질적인 것 이상의 보상을 받았다. 그들의 이름은 간판과 광고판에 등장했으며 신문과 라디오에서 축하를 받았고, 공개 행사, 뉴스, 대중 행진에 등장했다. 한 폴란드 여성 섬유 노동자의 기억처럼 예상치 못한 특혜를 받기도 했다.

1950년인가 1952년인가 … 정확히 기억나지 않는다. … 나는 공장에서 최고 스타하노프 노동자로 뽑혔다. 나는 할당량의 250퍼센트를 달성했다. … 어느 날 나는 일상복을 입고 출근했다. 누구든 일요일 옷을 입고 출근하지는 않으니까. 그들은 내가 스타하노프 노동자 무도회에 가게 됐다며 티켓을 주었다. 나는 잘 차려입지 않아서 가지 않겠다고 말했지만, 그들은 가라고 명령했다. 그래서 나는 다른 사람들과 함께 갔다. 놀라운 경험이었다. 봉제 부서의 평범한 직원인 내가 비에루트 대통령을 찾아간 것이다. 비에루트는 환영하고 우리의 노고를 치하했다. 나는 표창장을 받았다. 우리는 아침에 집으로 돌아왔다. 엄마는 대체 어디 갔었냐며 호통을 치기 시작했다. 편지를 보여드렸지만 엄마는 믿지 않았다. 나는 울면서 내가 정말 비에루트와 함께 바르샤바에 있었다는 것을 어머니에게 확신시키려고 노력했다. 얼마 후 엄마는 나를 믿기 시작했다. 그러면서 엄마는 정말 자랑스러워했다.[61]

그러나 순전히 경제적인 측면에서 보면 초과달성 노동자 운동은 실패작이었다. 우선 왜곡된 인센티브를 만들었다. 노동자들이 빨리 끝내려고 경쟁하면서 품질을 무시하게 된 것이다. 그 결과 소련이나 다른 어느 곳에서도 사회주의적 경쟁은 경제의 생산성을 높이지 못했다. 경제사학자 폴 그레고리Paul Gregory는 소련에서 스타하노프 운동이 노동 생산성에 전혀 영향을 미치지 않았다고 지적했다. 스타하노프 운동에 투입된 값비싼 상금과 높은 임금이 개별 노동자의 초인적인 노력으로 얻을 수 있는 산업 가치를 상쇄했기 때문이었다.[62]

정치적 측면에서 이 운동의 영향은 양가적이었다. 일부 지역에서는 일일 할당량이 임금과 생활수준보다 빠르게 상승하기 시작하면서 논쟁의 뼈대가 되었고, 당은 불만을 막을 새로운 기술을 발명해야 했다. 1952년 부다페스트의 한 대형 공장에서는 당 활동가들을 불러 "호르티 정권 시절 노동자들이 어떻게 살았는가", "오늘날 젊은 노동자들의 실제 상황은 어떠한가", "미래는 무엇을 불러올 것인가", 그리고 "국제 정세와 평화를 위한 투쟁의 결과"에 대해 직원들에게 강의했다. 노동자들은 과거에 얼마나 상황이 더 나빴는지, 생활이 얼마나 나아졌는

지, 자본주의가 패배하면 앞으로 노동자들이 얼마나 더 부유해질 것인지에 대해 들었다.[63]

독일에서는 사민당이 직장라디오방송Betriebsfunk을 통해 높은 할당량에 대한 불만에 어느 정도 대응할 수 있었다. 당 활동가들은 노동자들이 라디오 프로그램을 작성하고 구성하는 것을 도왔고, 이 프로그램은 확성기 시스템을 통해 대규모 공장 단지 전체에 방송되었다. 1949년 전국적인 직장라디오방송 노력을 논의하기 위한 회의에서 독일의 라디오 관료들은 그러한 방송이 매우 중요하다는 데 동의했다. "우리는 열심히 일하는 사람들에게 다가갈 수 있는 언어를 찾아야 합니다." 그들 중 한 사람은 "라디오에 신뢰를 잃은 사람들"은 자신의 작업장에서 나오는 보도를 들으면 생각이 달라질 것이라고 얘기했다. 점심시간 방송과 퇴근길 교통편을 기다리는 근로자들을 위한 퇴근 후 방송 편성 계획도 세웠다. "직원들의 성과가 매일 인정되고 반복되어야 한다"는 생각에서 나온 계획이었다(직장라디오방송에서도 "너무 정치적이 되는 것은 실책"이라는 의견이 있어서 음악과 가벼운 오락도 들어갔다).[64]

그러나 이 운동은 어느 정도 정치적 성공을 거두었다. 소련에서 스탈린은 초과달성 노동자들을 소련의 기술과 관리 계급을 대체할 도구로 써먹었다. 1935년 스타하노프 대회 연설에서 그는 집결한 초과달성 노동자들에게 "일부 엔지니어들과 기술자들의 보수주의를 분쇄" 하고 "노동계급의 새로운 세력에게 자유로운 영역을 줄 것"을 촉구했다.[65] 이 엔지니어들과 기술자들의 상당수는 이후 급속한 경제 성장에 실패한 체제의 책임을 지고 강제노동수용소에 수감되었다. 동유럽에서도 이 운동은 약간 다르지만 비슷한 혁명적 기능을 수행했다. 실제로는 더 젊고 경험이 부족하지만 더 이념적인 노동자들이 나이가 많고

숙련된 감독들과 대립하는 경우가 많았다. 나이 든 노동자들은 더 좋지만은 않았지만 더 나쁘지만도 않았던 전쟁 전의 공장 환경을 기억하고 있었다. 일부는 한때 정통 노동조합 운동에 참여했었고, 정부에 예속된 국영 노동조합과 공장 사장의 눈치를 보는 경우가 전혀 다르다는 것을 알고 있었다.

많은 공장에서 나이 든 노동자들은 금세 작업 경쟁에 적대적인 태도를 보였다. 작업 경쟁은 같은 임금으로 모두를 더 열심히 일하게 만드는 계획이라는, 제대로 간파한 의심 때문이었다. 이러한 적대감은 나이 든 노동자들과 직접 충돌했던 헝가리 스타하노프 노동자 유제프 키즐링거Jószef Kiszlinger의 공식 전기에도 잘 드러나 있다. "때때로 그는 다른 칼을 들고 일하면서 할당량을 초과달성했다. 나이 든 사람들은 그를 공격했다. '자네 미쳤나? 우리를 깎아내리고 있잖아!' 심지어 노조 간부 하나도 그에게 '조심해. 이건 좋은 생각이 아니야. 너무 높은 성과를 내려고 하지 마'라고 경고했다."[66]

독일 아이젠휘텐슈타트 조합의 작업 경진 대회에 참가한 젊은 여성("우리는 항상 최선을 다했어요. 그래서 우리가 이긴 거예요." 그녀는 면접관에게 이렇게 말했다)은 나이 많은 남성 동료들의 적대감도 겪었다. 한 동료는 공장 경영진이 나무를 심는다면 "당신이 가장 먼저 목매달아 죽게 될 것"이라고 말했다.[67] 새벽 2시 30분까지 진흙탕 속에서 자발적으로 벽돌을 나르던 열정적인 젊은이들이 어떻게 금세 짜증이 났는지는 어렵지 않게 알 수 있다. 그들의 노력은 다른 사람들이 따라야 할 선례가 되었던 것이다.

이러한 세대 갈등은 의도적으로 만들어졌고, 선전을 통해 의도적으로 유지되었다. 산업화가 빠르게 진행되고 있었고, 당은 경험이 없고 대부분 농촌 출신인 수천 명의 노동자들을 노동력으로 통합해야 했다. 부다페스트에서 《서버드 네프》는 이렇게 선언했다. "스타하노프 운동으로 새로운 종류의 노동자가 등장했다. 새로운 공산주의 노동계급의 첫 징후가 나타났다. … 수고하는 대중은 일상생활의 실천을 통해 사회주의 건설이 … 노동자의 복지 향상과 연결되어 있다는 이론의 진실을 배운다."[68]

1950년 무렵에는 경쟁 참가를 거부했던 많은 사람들이 사라졌다. 헝가리에서는 9월 건설업계의 방해 공작을 조사하여 댐 붕괴에 수백 명의 고위층이 책임이 있으며, 산업 전체에서 적대적 요소를 제거해야 한다고 결론지었다.[69] 1951년까지 바르샤바에서도 약 250명의 전쟁 전 감독관이 고의적으로 직장에서 해고되었다. 그들은 더 젊고 이념적인 동료들로 대체되었다. 당연히 당은 이들이 더 신뢰할 만하다고 기대했다.

청소년을 대상으로 한 선전이 학교 수업 이후에도 멈추지 않았다면, 어른들을 대상으로 한 선전은 퇴근 이후에도 끝나지 않았다. 대규모 공장에서는 젊은 노동자들을 위한 퇴근 후 클럽, 문화의 집, 연극 탐험이 조직되었다. 정치적 주제에 대한 토론과 강연을 조직한 직장도 많았다. 이러한 일상적인 행사와 모임 외에도 당은 수많은 추모 행사, 축제, 기념일, 공휴일을 계획했다. 일반 대중을 교육하고 부족한 여가 시간에도 바쁘게 지내게 하려는 목적에서 고안된 행사들이었다.

1940년대 후반까지 모든 공산국가는 전통적인 성인의 날과 종교적 축제일을 대체하기 위해 고안된 공휴일 목록인 공식 달력을 만들었다. 노동절(5월 1일), 10월혁명 기념일(11월 7일)*, 스탈린 생일(12월 21일)은 모두에게 공통된 기념일이었다. 폴란드에서는 폴란드민족해방위원회가 선언문을 발표한 7월 22일, 독일에서는 에른스트 텔만의 생일인 4월 16일, 헝가리에서는 1919년 헝가리혁명이 시작된 3월 19일과 1945년 소련의 헝가리 정복이 완료된 4월 4일 등 각국의 자체 공휴일도 있었다. 각국 지도자의 생일도 기념했다. 이 모든 기념일에는 장식차량, 음악, 체조 공연, 깃발, 배너, 연설, 신문 특별판, 라디오 특별 프로그램 등이 포함된 행진이 진행되었고, 이 모든 것은 상당한 시간과 노력이 필요한 일이었다.

이들 중 일부 행사는 오래된 공휴일을 밀어내기 위해 의도적으로 고안되었다. 폴란드에서는 5월 1일이 5월 3일과 직접 충돌했는데 이날은 1791년 폴란드 최초의 민주헌법 제정 기념일이었다. 헝가리에서는 1919년 공산혁명 기념일인 3월 19일이 1848년 혁명 기념일인 3월 15일과 충돌했다. '옳지 않은' 기념일의 불법적인 축하는 수년 동안 두 나라에서 공공 생활의 특징이자 낮은 수준의 정권 반대의 한 형태가 되었다.

'올바른' 공휴일 참여에 대한 보상도 있었다. 노동절 기념행사 때는 종종 행진에 참여한 사람들에게 소시지를 무료로 나눠주었다. 그러나 이 모든 행사에서도 축하객의 행동이 면밀히 감시되었다. 1950년 마차시 라코시의 생일 기념식에 여러 번 참석한 조사관에 따르면, 그 결과

• 러시아의 구력인 율리우스력과 신력인 그레고리력은 13일 차이가 나므로, 구력으로 10월 25일인 볼셰비키혁명 시작일은 신력으로는 11월 7일이 된다.

는 때때로 엇갈렸다. 청년개척단의 한 모임에서 강렬한 프로파간다에 압도된 헝가리 아이는 눈물을 흘리며 "나는 아버지가 없지만, 아버지가 있더라도 라코시 동지를 더 사랑할 것입니다"라고 울부짖었다. 그러나 또다른 모임에서 한 아이는 "난 라코시가 감옥에서 나오지 않았으면 좋겠어"라고 또다른 아이가 하는 말을 우연히 들었다. 이 발언을 보고받은 학교장은 아이의 부모뿐 아니라 부모의 고용주에게 이 사실을 알렸다. 두 아이는 청년개척단에서 퇴출되었고, 아마 방과 후 다른 일을 찾아야 했을 것이다.[70]

정치 지도자의 중요한 기념일을 위한 특별한 계획이 세워졌다. 1952년 라코시의 60번째 생일을 기념하여 특별히 의뢰받은 전기가 여러 언어로 빠르게 번역되었고, 기념식과 함께 젊은 시절 지도자 사진, 생애의 사건들을 그린 그림, 정교한 농민 자수, 도자기, 조각, 인형 등 고마운 사람들이 지도자에게 주는 선물을 보여주는 특별 전시회도 개최되었다.[71] 1952년 볼레스와프 비에루트의 60세 생일에도 전기와 특별 시선집이 출간되었다. 공장의 추가 생산으로 그를 기리겠다는 약속이 이루어졌고, 전국 각지에서 축하 편지가 보내졌다. 두 지도자의 이름을 따서 두 공장이 지어지고 화려한 기념식이 열렸다. 그의 이름을 딴 시골 고향 마을(비에루토비체Bierutowice)에서도 성대한 기념식이 열렸다. 바르샤바에서 열린 본 행사에서는 비에루트의 사진이 레닌과 스탈린의 흉상 사이에 놓였다.[72]

1953년에는 발터 울브리히트의 60세 생일을 기념하기 위한 정교한 계획이 세워졌다. 그의 연설문 세 권이 출간되고, 흉상 2개가 조각되고, 초상화 판화가 상점에서 판매되고, 《노이에스 도이칠란트》 특별호에 축하 기사와 메시지가 실리고, 그가 라이프치히의 명예시민으로 임명되고, 저녁에는 그를 위한 성대한 만찬이 열릴 예정이었다.[73] 울브리히트에게는 아쉽게도 이 축제가 열리기 전에 스탈린이 사망했고, 동독의 소련 고문들이 사치스러운 행사에 불만을 드러내면서 대부분의 행사가 취소되었다(그들 중 1명은 레닌은 "친구 몇 명을 저녁 식사에 초대"해 50번째 생일을 축하했었다며 비웃었다).[74]

그러나 정권은 더 보편적인 주제의 축하 행사도 계획했다. 행진, 장식 차량, 볼거리, 연설도 나이가 더 많거나 더 보편적인 문화 인물에게 바쳐졌다. 많은 대중의 마음을 사로잡고 국가적 자부심에 호소하려는 목적이었다. 독일 공산당은 1949년 8월 28일이 존경받는 작가 요한 볼프강 폰 괴테의 탄생 200주년일 뿐 아니라, 괴테가 우연히 동독의 도시 바이마르에서 거주하고 활동했다는 사실을 알게 되었다. 이때 당과 문화부, 심지어 슈타지도 이 귀족적 계몽주의 인물을 일종의 원시 공산주의자로 주장하기 위해 거의 광적인 노력을 펼치기 시작했다. 그들은 공산주의자들이 자본가들보다 고급문화에 더 관심이 많다는 것을 서방에 보여주고, 공산주의자들이 진정한 독일 애국자라는 것을 자국민에게 보여주며, 가능한 한 많은 행사에 다양한 종류의 사람들을 참여시키기 위한 정교한 축제를 꼼꼼히 계획했다.

그들의 궁극적인 의도는 고급 문인들을 조직하는 것뿐 아니라 대중의 열정을 불러일으키는 데 있었다. 1949년 2월 중앙위원회 연설에서 한 문화 관료는 괴테 축제가 "우리 국민의 민주 교육에 기여하고 국경을 넘어 전파 효과"가 있을 것이라고 설명했다. "동부 지역에서 우리는 경제적·정치적 모범이 될 뿐 아니라 (미래의) 통일된 독일을 위한 문화적 모델이 되고자 한다." 그는 당이 "모든 독일인 중에 가장 위대한 이 인물의 삶과 작품의 모순에 대해 침묵"할 수 없으리라는 점을 인정했다. 불행히도 괴테는 프랑스혁명, 실제로 혁명 전반에 대해 회의적이었던 것이다. 그러나 "괴테의 작품을 보면 그가 무의식중에 항상 (마르크스주의) 변증법적 유물론을 향해 노력했음을 알 수 있다"고 항변했다.[75] 소련 군사 당국은 이를 승인했고, 실제로 이런 종류의 작업에는 어느 정도 배경이 있었다.[76] 소련은 이와 유사하게 푸시킨을 칭송하는 숭배를 받아들였는데, 그는 분명 볼셰비키를 끔찍하게 여겼던 19세기 러시아 시인이었다.

독일에서 문화 축제는 전혀 새로운 것이 아니었다. 하지만 대부분의 동독 주민이 가난에 허덕이던 당시 상황에서는 이 축제의 모든 것이 유난히 호화롭게 보였다. 3월 8일 정치국 포고령으로 축제가 시작되었다. 이후 국립극장에서 행해진 강연, 괴테의 시 낭송, 괴테의 연극 공연, 괴테의 유산에 관한 학술 회의, 괴테의 위대함에 관한 기념 연설, 바이마르 축제 주간이 이어졌다.[77] 자유독일청년이 주최한 청년들을 위한 특별 행사에는 호네커의 장황한 연설과 "괴테의 위대한 작품을 완성하자"고 독일 청년에게 촉구하는 그로테볼의 훨씬 더 장황한 연설(출판본은 80페이지에 달한다)이 포함되었다. 괴테상은 작가 토마스 만에게 수여되었는데, 그는 서독의 프랑크푸르트 괴테 축제에서도 똑같은 연설을 했지만, 논란이 될 만한 그의 바이마르 출현은 동독의 주요 선전 쿠데타로 간주되었다. 동독 라디오는 만의 존재를 대대적으로 선전할 기회를 잡아, 젊은 개척자들과 노동자들이 만의 행복을 기원하는 내용과 함께 바이마르 시장을 비롯한 여러 고위 인사들의 감사 인사를 방송했다(나중에 만은 시장에게 편지를 쓰면서 자신이 바이마르의 명예시민이자 당시 신분이었던 진정한 미국 시민이어서 기쁘다고 선언하기는 했지만).[78]

축제의 아름다운 절정은 자유독일청년의 횃불 행진으로, 정말 극적인 장관을 연출했다. 수백 명의 젊은이들이 타오르는 횃불을 들고 북적이는 바이마르의 어두운 거리를 행진하여 마침내 괴테-실러 기념비에 모여 횃불을 돌 위에 놓았다. 이 행사는 동독과 서독 모두에서 눈살을 조금 찌푸리게 했는데 그 이유는 히틀러 청년단도 횃불 행진을 좋아했기 때문이었다.[79] 그럼에도 불구하고 전체 행사는 중요한 선전이자 교육적 성공으로 평가받았고, 그 여파로 유사한 축제들이 계획되었다. 1950년에는 바흐의 해(이 위대한 작곡가는 동독의 도시 라이프치히에서 오래 살았다), 1952년에는 베토벤의 해(그는 서독의 도시 본에서 태어났기 때문에 더욱 미묘한 문제였다), 1953년에는 카를 마르크스의 해, 1955년에는 실러의 해가 이어졌다.

폴란드에서는 종전 직후 음악 애호가들이 자체 축제인 쇼팽의 해를 계획하기 시작했다. 처음에는 전쟁 전 쇼팽연구소가 이 행사를 담당했다. 하지만 실제로 이 축제가 열린 1949년(쇼팽 서거 100주년)에는 비에루트가 위원장을 맡은 명예 위원회가 이 축제를 완전히 통제했다. 괴테의 해만큼이나 호화로운 쇼팽의 해 기념행사에는 쇼팽 음악의 새로운 악보 출판, 새로운 학술적 전기, 새로운 대중적 전기, 쇼팽에 관한 에세이집, 사진 앨범, 젤라조바 볼라Żelazowa Wola에 있는 작곡가의 생가 수리가 포함되었다. 대중 행사로는 노동자와 농민 콘서트, 공장 문화센터를 위해 특별히 제작된 음반, 그리고 라디오 콘서트가 있었다.[80] 또한 모든 군郡에 쇼팽위원회가 결성되었다. 무엇보다도 중요한 행사는 전국 쇼팽 콩쿠르와 전후 폴란드에서 처음 열린 전통적인 국제 쇼팽 콩쿠르였다. 전 세계의 재능 있는 피아니스트들이 때맞춰 바르샤바에 도착했고, 그들을 보려고 수많은 인파가 몰려들었다.

괴테를 사랑한 독일인들이 그랬던 것처럼 쇼팽의 팬들이 겪은 감정도 복잡했다. 한편으로 쇼팽은 나치에 의해 음악이 제한되어 전시 비밀 콘서트에서 수백 번 연주되었던 폴란드의 진정한 국민 영웅이었다. 그의 음악이 다시 기념된다는 소식에 수백만 명의 사람들이 진심으로 기뻐했다. 다른 한편으로 정권은 대중의 지지를 최대한 끌어내기 위해 행사를 치렀고, 많은 사람들이 콩쿠르 결과에 의구심을 품었다. 심사위원들은 러시아인과 폴란드인, 2명을 우승자로 선언했다.[81] 반러시아 작품을 다수 집필한 폴란드의 국민 시인 아담 미츠키에비치 탄생 150주년을 기념하는 행사에는 더욱 복잡한 감정이 뒤섞여 있었다. 그의 시 일부가 낭독되고 그의 연극 일부가 공연되었다. 그러나 그밖의 행사는 금지되었다. 정권은 쇼팽만큼 열광적인 관중을 모으기 어렵다고 판단했던 것이다.[82]

국가 문화만이 대중 행사의 유일한 초점은 아니었다. 스포츠 행사는 공산주의 행사에서 매우 높은 비중을 차지했고 국가가 철저히 독점했다. 독일 공산주의자들은 1948년까지 비공산주의 스포츠 단체를 "불법적인 아동 활동의 한 형태"로 규정하고 체계적으로 제거했다.[83] 동독에서 합법적인 스포츠 클럽은 국가가 운영하는 스포츠 클럽뿐이었으며, 이런 클럽들은 거의 준군사적인 심각성을 띠게 되었다. 1951년에 선언된 자유독일청년 지침 중 하나인 스포츠는 아이들을 "조국을 사랑하며 일하고, 평화를 수호할 준비가 된 건강하고 강인하며 정신도 단단한 인간"으로 만드는 데 도움이 될 수 있었다. 달리 말하면 군인 양성이 목적이었다.[84] 1952년 독일 청년개척단도 마찬가지로 "사회주의 건설과 조국 수호를 위해 신체를 단련하라"는 말을 들었다.[85] 한편 헝가리 청년운동은 "일과 전투에 대비하라"는 캠페인을 시작하면서, 학교에 스포츠 장비를 조달하고 부다페스트 중심부에 있는 마르기트

섬Margit Island에 젊은이와 어린이를 위한 새 경기장을 재건할 것을 약속했다.[86]

공산당도 국제 스포츠 대회의 선전적 가치를 매우 일찍 간파했다. 이후 수십 년 동안 특히 동독은 잔인한 스포츠 훈련 아카데미, 경기력 향상 약물 사용, 올림픽에 대한 군국주의적 공격으로 유명해졌다. 그러나 공산주의 선전에 스포츠를 이용한 사례는 악명 높은 동독 여자 수영 선수들보다 훨씬 전부터 있었다. 1946년 초 체코와 폴란드의 당 스포츠 기자 2명이 국제 프라하-바르샤바 자전거 대회인 평화 레이스를 생각해냈다. 첫 대회는 1948년에 열렸고, 열정을 의무적으로 보여줘야 했다. 대회 개최 훨씬 전에 체코슬로바키아와 폴란드 공산당 지도자들은 현지 당 지도자들에게 대회 경로를 따라 관중을 동원하라고 지시했다. 그들은 평화 레이스가 다른 선전 수단에 감동하지 않는 사람들의 관심과 흥미를 끌어내고, 광범위한 대중의 생활수준 향상과 국가 경제의 성장을 보여주며, 평화를 사랑하는 국가 간의 형제적 협력, 특히 폴란드-체코 우정의 상징이 될 것이라고 설명했다.

연례 레이스가 된 초창기에는 5월 1일 자전거를 탄 사람들이 노동절 행진에 참가하며 행사가 시작되었다. 레이스 자체는 5월 2일에 시작되었다. 스포츠 해설가는 팀의 영광을 위해 개인 선수가 희생되기도 하는 자전거 레이스의 집단적 성격을 강조했다. 국제 대회로서의 신뢰도를 높이기 위해 소련과 다른 인민민주주의국가의 사이클리스트들을 초청했고, 1952년에는 동독을 포함하도록 경로를 연장했다. 주최 측은 평화 레이스로 투르 드 프랑스Tour de France(체코슬로바키아, 폴란드, 독일 공산주의자들이 저속하고 상업화되었다며 비난한 대회)의 명성에 도전해 경쟁을 벌이려고 했지만, 결국 성공하지 못했다. 그 이유는 평화 레이스

가 비슷한 수준의 매력적인 상금을 제공하지 못했기 때문일 것이다.[87]

평화 레이스의 역사는 스포츠 이벤트의 정치화가 어떻게 역효과를 낼 수 있는지를 잘 보여준다. 평화 레이스의 한 참가자는 선수들이 체코슬로바키아 영토에 들어오자 체코슬로바키아 언론이 이 대회의 국제주의를 무시하고 체코 쇼비니즘 요소들을 넣은 보도를 했고, 다른 공산국가 출신 사이클리스트들은 야유를 받았다고 불평했다. 이 사건만 그런 것이 아니었다. 1950년대 초 라코시는 부다페스트 주재 소련 대사 유리 안드로포프에게 그 도시에서 열린 국제 육상대회에서 소련 선수들이 우승하고도 야유를 받은 이유를 해명해야 했다. 라코시는 "팬들이 열광했을 뿐"이라고 조심스럽게 설명했다. 당연히 헝가리 관중은 소련을 가장 중요한 상대로 생각했고, 소련 운동선수들이 출전한 경기에 가장 큰 관심을 보였다는 얘기였다. 안드로포프는 이 얘기를 달가워하지 않았다. 그런 야유가 "자본주의국가의 언론인들이 소련에 대한 헝가리 국민의 감정을 잘못 묘사하는 구실로 작용할 수 있다"는 우려 때문이었다. 이에 대해 라코시가 내놓을 수 있는 것은 다시, 더 많은 이념 교육뿐이었다. 마지못해 그는 중앙위원회가 "헝가리 운동선수들의 교육을 강화하는 데 필요한 모든 조치를 취할 것"이라고 약속했다.[88]

문화와 스포츠, 노래와 춤, 대중 집회와 회의는 모두 고도의 스탈린주의 달력에 있었다. 그러나 이 모든 것을 결합한 하나의 행사가 있었다. 1947년 프라하에서 처음 개최된 후 1949년 부다페스트에서 열린 세계청년학생축전이었다. 첫 두 축전은 당시 기준으로 보면 호화로운 행사였지만, 1951년 동베를린에서 열린 세 번째 축전(지금은 '평화를 위한 세계청년학생축전'으로 이름이 바뀌었다)은 두 축전을 훨씬 뛰어넘는 행사였다. 동베를린 청년축제는 고도의 스탈린주의의 정점이 되었다고 할 수 있다. 냉전의 가장 긴장된 순간 소련과 동유럽 선전의 중심이 되었고, 동독을 처음으로 국제무대에 소개하는 계기가 되었기 때문이다.

베를린 축제는 처음부터 대규모로 기획되었다. 서구의 한 분석가가 지적했듯이 총 2만 명을 수용할 수 있는 16개의 베를린 극장, 4만 명을 수용할 수 있는 103개의 영화관, 6만 명을 수용할 수 있는 새로운 발터 울브리히트 경기장, 8천 명을 수용할 수 있는 새로운 수영 경기장을 모두 채울 예정이었다. 40개의 광장과 공원에서 야외 행사가 열렸다.[89] 대규모 시위에 예상되는 군중을 수용하기 위해 베를린 당국은 도시 중심부에 쌓인 거대한 잔해 더미를 치웠다. 또한 운터 덴 린덴 대로의 일부 기념물을 보수하고 중화인민공화국의 중요한 전시물을 베를린박물관에서 받도록 준비했다. 해외에서 온 방문객을 수용할 수 있도록 호텔, 유스호스텔, 개인 주택에 12만 개의 매트리스가 설치되었다. 최소 8만 명의 동독 주민들은 텐트에 수용되었다.[90]

슈타지도 철저히 사전 준비를 했다. 5월, 경찰은 축제 계획에 대한 분위기를 면밀히 감시하기 시작했다. 그들은 정보원들의 제보를 수집하고 라이프치히대학교 학생 800명과 교사 100명, 로스토크대학교 학생 500명과 교사 40명, 예나대학교 학생 800명과 교사 100명의 편지를 검열하여 행사에 대해 어떤 이야기가 오가는지 파악했다.[91] 6월, 슈타지는 모든 서독 참가자들을 감시하고 통제하기 위해 고안된 경찰 작전인 '여명작전Operation Sunrise'을 공개했다. 여명작전팀(국가안보부 장관 에리히 밀케가 직접 지휘했다)은 국경에서 모든 서독 대표단을 등록 장소로 직접 데려가고, 그곳에서 숙박할 집결 캠프로 이동할 것이었다. 집결 캠프에서 운전사, 취사 담당자, 조직자 역할을 맡은 슈타지 요원들은 즉시 잠재적 비밀 요원 모집을 시작하고 스파이를 경계해야 했다.[92] 다른 정보원들도 "부르주아 정당의 어느 당원이 누구를 만나는지" 알아내고 "사제들이 사람들의 참여를 막으려 하는지 혹은 설교 중 세계축전에 반대하는지" 관찰하도록 배정되었다.[93] 행사 전에 통계를 작성하고 주간 보고서를 작성해야 했는데, 일부는 암호화되었다. 서독의 각 주에 암호명(슐레스비히홀슈타인은 수성, 니더작센은 목성, 노르트라인베스트팔렌은 화성 등)이 부여되었다.[94] 또한 내무부는 이상하게도 칫솔, 면도기, 악기를 지참하라는 지시를 받은 무장 경찰을 추가로 파견했다.[95]

이 모든 세심한 사전 준비는 나름대로 성과를 거두었다. 3차 세계청년축전은 정말 경이로운 대규모 안무와 군중 기획을 보여주었다. 개막식과 폐막식, 소녀들(그들이 평화의 적극적인 수호자들이므로)과 함께하는 연대의 날, 독일의 재무장에 반대하는 독일청년의 시위가 있었다.[96] 파블로 네루다와 그의 친구 베르톨트 브레히트도 참석했다. 축전을 홍보하기 위해 제작된 뉴스 영상은 참가자들이 비둘기를 날리는 모습을 보여준다. 북한 대표단에게는 특별한 경의를 표했다. 이때 뉴스영화 아나운서의 설명이 흘러나왔다. "세계의 젊은이들은 용기 있는 여러분에게 우리가 여러분 편이라는 것을 보여주고 싶습니다." 또다른 행사에서는 베를린에 있는 소련 군인들의 무덤에 꽃을 바쳤다("전 세계 청년들이 소련에 감사를 표했습니다"). 개막식에는 전후 독일에서 볼 수 없었던 대규모의 깃발, 행진 참가자들, 안무 공연이 등장했다.[97]

이미 공산주의 정권에 열광한 사람들에게 베를린 청년축제는 영광스럽고, 심지어 황홀한 경험이었다. 한 자유독일청년 간부는 수십 년 후에도 개막 퍼레이드를 열광적으로 떠올렸다. "놀라운 경험이었죠. 운터 덴 린덴, 프리드리히슈트라세를 따라 걷는 사람들, 도시 곳곳에서 온 사람들, 모든 곳에서 온 사람들, 놀라운 경험이었어요."[98] 폴란드의 젊은 작가 야체크 트즈나델Jacek Trznadel은 젊은 문학 세대의 다른 멤버들과 함께 축제에 참석하기 위해 새 정장을 살 수 있는 배급 카드를 받았다. 그는 "가난하고 회색빛에 잔해로 가득 차 있지만 축제를 위해 붉은 깃발로 장식된" 베를린을 보았다. 그후 그는 "하늘에 걸린 스탈린 초상화, 그리고 주소를 주고받은 독일 소녀 … 그런 행복한 감정" 외에는 거의 기억나는 것이 없다고 했다.[99] 한스 모드로는 전 세계에서 온 수백 명의 사람들이 참여한 폐막식 때 눈물을 흘렸다고 회상했다. 모드로는 축제를 더욱 국제화하기로 결심한 자유독일청년의 열정적인 그룹의 일원이었다. 이들은 서로 팔을 끼고 국경으로 행진해 서베를린 경찰과 싸움을 벌이기까지 했다. 훗날 모드로는 이 중요한 경험이 정의감뿐 아니라 새 정권에 대한 믿음을 강화했다고 회고했다.[100]

그러나 동독에 대해서든 공산주의에 대해서든 회의적으로 느낀 사람들에게 이 축제는 불길한 면이 있었다. 종전 직후 독일 젊은이들이 제복을 입고 행진하며 완벽하게 조율된 체조를 하고 한목소리로 구호를 외치는 모습을 기이하게 여긴 사람들도 있었다. 폴란드의 청년 활동가 유제프 테이치마는 개막식이 감탄과 함께 두려움 비슷한 것을 동시에 남겼다고 기억했다. "그건 나에게 엄청난 인상을 남겼어요. 거대한 기계, 에너지 폭발 … 그 모든 질서, 독일적 특성 … 나는 이 젊은이들이 엄청난 힘을 가졌고, 특정 시나리오에 따라 작동하고 있다고 느꼈어요." 그는 그런 일을 조직할 수 있다는 것에 감명을 받았지만, 불안한 마음도 들었다.[101] 훗날 동독의 유명한 조각가가 된 베르너 슈퇴처 Werner Stötzer는 훨씬 더 복잡한 감정을 느꼈다. 슈퇴처는 모드로와 함께 국경까지 행진했던 자유독일청년 그룹의 일원이었지만, 모드로와 다른 방식으로 이 사건을 기억했다. 슈퇴처는 모든 것이 유쾌하게 시작되었지만 분위기가 바뀌었다고 회고록에 썼다.

나이가 든 한 사람이 갑자기 우리에게 명령하기 시작했다. 아주 순식간에 일어난 일이라 사람들은 혼란스러워했다. 하지만 넓은 거리에 들어서기 전에 우리는 일종의 대열을 형성했다. 현수막을 든 사람들은 마치 지난 5년 동안 몰래 연습한 것처럼 현수막을 어깨에 메고 있었다. 사람들은 어슬렁거리던 모습에서 굳건히 걷는 모습으로 바뀌기 시작했다. 나는 사람들이 행진하면서 "왼쪽 주시Eyes left!" 하는 것을 뒤늦게 알아챘다. 뒤에서 곧게 뻗은 다리가 내 등을 걷어찼다. 나는 불안해하며 비틀거렸다. 갑자기 좌우에 있던 낯익은 사람들이 "멍청이", "어리석은 놈", "나쁜 자식"이라고 야유를 보냈다. 관중석에 도착하기 직전에 나는 집회에서 쫓겨났다. 그리고는 매우 비참한 기분으로 프리드리히슈트라세에 있는 에스-반S-Bahn 역으로 달려가 … 열차표도 없이 서베를린으로 갔다.[102]

폴란드 공산주의자들이 첫 국민투표에서 배운 것처럼, 선전이 많다고 반드시 더 설득력이 있는 것은 아니었다. 구호를 외치는 더 많은 젊은이, 현수막, 퍼레이드, 조직적인 체조 공연이 독일인에게든 다른 누구에게든 반드시 안심되는 것도 아니었다.

14장

사회주의 리얼리즘

문학은 반드시 당 문학이 되어야 한다. … 비공산당 문학을 타파하라!
— 블라디미르 레닌, 1905[1]

전형적인 바르샤바 농담으로, 푸시킨 기념 조각상을 둘러싼 경쟁의
결과는 이러했다. … 수상작은 거대한 스탈린 좌상이었는데, 그가 들
고 있는 작은 책의 표지에 깨알 같은 글씨로 푸시킨 시집이라는 두
단어가 새겨져 있었다.

— 안제이 파누프니크, 1949[2]

한 구석에는 양복을 입은 관료가 팔에 가방을 끼고 확신에 찬 모습으
로 앞으로 걸어간다. 반대편 구석에는 젊은 가족인 아빠, 엄마, 아기가
웃으면서 손에 깃발을 흔들며 행진하러 간다. 그 사이 공간에서 기술
자들은 설계도를 놓고 바삐 움직인다. 노동자들은 철도 연결점을 잇고
있다. 트랙터에서 농민들은 밀 한 다발을 품에 안은 금발의 농민 소녀
를 찬양한다. 자유독일청년의 파란 제복에 독일청년개척단의 파란 넥
타이를 맨 젊은이들이 행진하며 아코디언과 기타 반주에 맞추어 손을
높이 들어 박수를 친다.

　인물들 뒤로는 공장, 아파트 단지, 경기장이 배경으로 솟아오른다.
한가운데 그려진 젊은 노동자가 백발의 당 보스와 악수한다. 납작한

모자와 가죽 롱부츠 차림의 익숙한 경찰 유니폼의 한 남자가 두 사람을 보며 축복하듯 열정적으로 웃는다. 색채가 밝고, 표면이 반짝거린다. 인물들은 대칭적이고 이상적인 얼굴에, 다소 무게감 없는 질감으로 그려져 꼭 아동 만화 속 등장인물들 같다.

그렇다고 만화는 아니다. 이 모든 인물은 〈공화국 건설Aufbau der Republik〉이라는 거창한 제목이 붙은 18미터 벽화에 그려졌다. 독일 공산주의 화가 막스 린그너Max Lingner가 디자인한 이 벽화는 마이센 자기 타일(표면이 반짝거린다)에 그려져, 베를린 괴링의 공군부로 쓰였던 건물 측면에 설치되었다. 이 건물은 연합국 폭격에 살아남은 몇 안 되는 나치 건물 중 하나다. 소련군이 이 건물을 잠시 사용했지만 1949년부터 1991년까지 이곳은 독일민주공화국 내각 건물로 쓰였고, 독일민주공화국의 가장 중요한 정부 사무실들이 그 안에 자리잡았다.[3]

물론 이런 아우프바우는 절정에 이른 사회주의 리얼리즘Socrealismus 정신으로 구성된 작품이다. 호모 소비에티쿠스의 일상생활과 여가를 행진, 축제, 노동 경쟁, 여름 캠프로 지배하려 했다면, 상상과 꿈은 사회주의 리얼리즘 이미지로 지배해야 했다. 동유럽의 그림, 조각, 음악, 문학, 디자인, 건축, 연극, 영화는 모두 결국 어떤 방식으로든 사회주의 리얼리즘 이론에 의해 형성되었다. 화가, 조각가, 작가, 배우, 영화감독, 음악가, 건축가, 디자이너의 생활은 물론이고, 사회주의 리얼리즘 건물에 살면서 사회주의 리얼리즘 소설을 읽고 사회주의 리얼리즘 영화를 보게 된 평범한 사람들의 경험도 마찬가지였다.

아우프바우는 절정의 스탈린주의 시대 사회주의 리얼리즘의 전형적인 작품이다. 그러나 화가의 전형적인 작품은 아니었다. 린그너는 독일에서 태어났지만 1933년 히틀러가 권력을 잡자 프랑스로 이주했다. 파리에 머무는 동안 그는 후기 인상파 화가들의 밝은 색과 추상적 디자인에 영향을 받았고, 그러한 경향의 그림을 그리기 시작했다. 그는 프랑스 공산주의 언론에 실린 날카롭고 어두우며 풍자적인 삽화로 어느 정도 명성도 얻었다. 이런 그래픽 작품은 정치색이 매우 짙었지만 감상적이거나 단조롭지 않았고, 결코 아동 만화처럼 보이지도 않았다. 아우프바우는 그에게 새로운 출발점이었다. 그 때문에 린그녀의 벽화에 대한 이야기인 어떻게 그려지게 되었는가, 왜 그런 방식으로 보이는가는 어떻게 사회주의 리얼리즘이 동유럽 모든 곳의 미술을 잠시 동안 지배하게 되었는가에 대한 이야기이기도 하다.

린그녀는 전쟁 전에 불협화음을 내고, 절충적이고 풍자적이거나 추상적인 화풍을 보인 동독의 유일한 화가는 아니었다. 1933년 이전에 에밀 놀데, 막스 베크만, 프란츠 마르크Franz Marc, 게오르게 그로스George Grosz 같은 독일 화가들은 유럽에서 가장 역동적이고 혁신적인 작품을 선보였다. 독일 예술 학교와 운동(표현주의, 바우하우스)은 에드바르 뭉크, 바실리 칸딘스키부터 마르셀 브로이어, 필린 존슨에 이르기까지 전 세계 예술가와 건축가에 영향을 미쳤다. 이런 예술가들과 운동은 다수가 정치적 좌파와 연계되어 있었고, 2차대전 후 독일 문화에서 가장 유명한 인사들 중 일례로 오토 딕스, 그리고 1948년 베르톨트 브레히트 등이 사회주의 독일을 건설한다는 희망을 안고 일부러 동베를린으로 귀환했다.

비범한 재능을 지닌 소련의 문화 관료들이 그들을 기다리고 있었다. 처음에 소련군과 무자비하게 맞닥뜨리고 공포를 느낀 이 독일인들은 얼마 안 되는 새 정복자들이 독일어를 능숙하게 구사하고, 독일 문학을 읽고, 독일 문화를 존경하는 데 크게 놀랐다. 한두 사람은 대부분의 독일인보다도 독일 예술에 대해 더 많이 알고 있었다. 이 중 가장 중요한 두 사람인 소련 군사 당국의 문화부 책임자 알렉산드르 딤시츠Alexander Dymschitz와, 베를린 소련군 기관지 《매일 전망》의 첫 편집장 그리고리 바이스파피에르Grigorii Weispapier는 레닌그라드 예술사연구소의 학우였다. 다른 인물들은 철학을 전공했다. 몇 명은 유대인이었다. 그들은 베를린 동부 지역을 서방보다 문화적으로 역동적인 곳이 되게 하고, 문화에서의 부르주아혁명을 감독하고, 이후 이어질 공산주의 예술 혁명의 길을 준비해야 하는 임무를 띠고 도착했다. 독일인을 경멸하며 잔학하게 다룬 대부분의 소련인과 달리 이들은 독일 예술가들 및 문인들과 관계를 맺고, 공연에 참석하고 전시회를 방문했다.

동독 문화계의 초기 상황은 그밖의 모든 것과 마찬가지로 매우 혼란스러웠다. 전쟁 직후 마구잡이로 들이닥친 일련의 사람들이 독일의 모든 예술가, 공연가, 작가의 파일이 남아 있는 독일문화궁전Reichskulturkammer을 '재점령'했다. 가장 먼저 도착한 사람은 과거 나치였던 엘리자베스 딜타이Elizabeth Dilthey였다. 그녀는 가짜 소련 신임장을 만들어 자신이 새로운 문화궁전 책임자가 되었다고 선언하며 그 건물에 들어왔다. 그러자 헤어 디자이너이자 연극 분장사인 마르틴 게리츠케Martin Gericke 같은 문화계 유명 인사들이 그녀 주변에 모여들었다. 7월 미군이 들어오자, 게리츠케는 이제 스스로를 '철학자'라고 내세우며 미국의 정보원이 되었다. 다음으로 클레멘스 헤르츠베르크Klemens Herzberg는 좀더 나은 신임장을 만들어 딜타이를 밀어내고 자신이 베를린 시 사령관의 문화 담당 전권 대사라고 선언했지만, 단 열흘 동안만 이 직책을 유지하면서 그 기간 동안 화려한 파티를 개최했다. 마지막으로 소련 점령 당국이 나이가 지긋하고 정치적으로 중립적인 배우 파울 베게너Paul Wegener

로 그를 대체했다.[4]

잠시나마 문화궁전은 베를린의 예술가들과 지식인들에게 가장 중요한 기관이 되었고, 그들은 이 건물을 클럽, 식당, 회합 장소로 사용했다. 더 중요한 것은 이 건물이 모든 베를린 주민의 가장 중요한 관심사였던 배급 카드 배분의 중심이었다는 점이다. 종전 후 바로 첫 주에 소련군은 예술가 자격증이 있는 사람들에게 다들 탐내는 1등급 배급 카드를 주어 더 큰 빵 덩이, 더 많은 고기와 채소를 나눠주었다. 그 이유를 묻자 딤시츠는 이렇게 선언했다. "당신들 중에 고리키가 있을 수 있다. 그가 배고프다는 이유만으로 그의 불멸의 책이 집필되지 않아야겠는가?"[5] 그러나 이 문화적 영향력의 도구는 너무 강력해서 소련 당국은 더 강한 힘으로 그것을 행사하기로 결정했다. 문화궁전은 결국 자발적으로 생겨난 것이었다. 몇 달 내에 그들은 문화궁전의 더 중요한 기능인 특권 배분을 빼앗아 자신들이 직접 만든 문화연맹Kulturbund에 넘겼다.

그 나름대로 문화연맹은 전형적인 전후 동유럽 기관이었다. 문화연맹의 중심인물은 우연한 사기꾼이 아니라 모스크바 공산당원 요하네스 베허였다. 그는 소련에서 12년간 망명 생활을 한 인물이었다. 이 조직의 설립과 구성은 자발적인 것이 아니라 미리 계획된 것이었다. 1944년 9월 이미 베허는 독일의 장래를 논의하는 소련 회의에 참석했다. 이 자리에서 그는 교육자와 사제뿐 아니라 배우, 영화감독, 작가, 화가의 마음을 얻어야 할 필요를 역설했다. 자유독일청년처럼 문화연맹은 대중 조직이 되려는 의도를 갖고 즉시 동독 전체에 지부를 설립했다.

당시 다른 많은 기관과 마찬가지로 문화연맹도 두 가지 별도의 정책을 유지했다. 우선 내부적으로 문화연맹 지도부는 소련 점령 세력과 독일 공산당에 충성했다. 베허는 딤시츠와 여러 소련 문화 장교들과 지속적으로 접촉하며 소련 영화 상영부터 우표 디자인에 이르기까지 모든 문제를 논의했다.[6] 내부 회의에서 지도부는 눈에 띄게 공산당 언어를 사용했다. 1946년 1월 이 조직의 이너서클은 "반동적 영향력과 경향에 맞선 투쟁"을 시작하고 너무 독자적이 되어버린 지역 지도자들을 견책할 때가 되었다는 데 동의했다. 모든 참석자들은 너무 독자적인 것이 "충분히 친소련적이지 않음"을 뜻한다는 것을 이해했다.[7]

그리고 대외적으로 문화연맹은 초당파적이고 비정치적이며 확실히 공산주의적이지 않다는 점을 내세웠다. 부르주아 지식인을 끌어들이길 바라며 베허는 문화연맹 본부를 그들이 많이 사는 우아한 베를린 서부 교외 달렘Dahlem 정면에 배치했다. 그는 창립 회의에서 "모든 독일 지식인의 민족 전선"을 만들자고 촉구했고, 초기 선언문에서는 이 조직이 "동쪽도 서쪽도 지향하지 않는다"고 말했다.[8]

한동안 문화연맹은 이러한 이중 역할을 성공적으로 수행했다. 소련 후원자들 덕분에 문화연맹은 배급 카드와 석탄 배달(베허와 그의 동료들은 1945년 겨울 정기적인 공급을 받았다)뿐 아니라 수수료, 극장, 전시 공간도 조달할 수 있었다. 문화연맹은 아파트, 별장, 해변 휴가, 정부 급여도 매우 빠르게 할당하기 시작했다. 문화연맹과 연결된 사람들은 이전에 금지되었던 책의 신판을 대량 출판하거나, 자신의 연극이 많은 관객 앞에서 공연되는 것을 볼 수 있었다.[9] 문화연맹은 1933년 이후 히틀러가 퇴폐적이라고 경멸했던 그림들이 독일 화랑에서 처음으로 전시된 전후 첫 번째 독일 미술 주요 전시회를 조직하는 데에도 도움을 주었다.

문화연맹은 적어도 한동안은 활기찬 문화생활을 후원했다. 1945년 12월에는 문화연맹과 밀접한 관련이 있는 한 그룹이 예리하고 신랄하며 정말 재미있는 풍자 잡지 《울렌슈피겔Ulenspiegel》을 발행하기 시작했다. 당대 최고의 예술가, 만화가, 작가들이 모두 이 잡지에 기고했다. 편집자 헤르베르트 산트베르크Herbert Sandberg는 부헨발트 수용소 생존자로 재능 있고 유쾌한 풍자 작가이자 만화가였다. 이 잡지의 표지는 독일의 기이한 분단된 현실을 대담하게 조롱했고, 작가들은 무엇이든 할 준비가 된 것처럼 보였다. 훗날 산트베르크는 그들이 "활기가 넘쳤고 황금기가 시작되었다고 믿었다"고 말했다.[10]

진정한 문화적 개화의 시작인 듯한 것을 목격하고 이민자들은 글을 쓰기 시작했다. 브레히트의 음악적 협력자 중 한 사람인 한스 아이슬러Hans Eisler는 1946년 소련 정부에 정중하게 호소했다. "제가 도움이 된다면 매우 기쁠 것입니다. 파괴된 베를린이라도 저에게는 여전히 베를린입니다. 무엇보다도 저는 음악학과의 학과장을 맡고 싶습니다."[11] 브레히트 자신은 조국으로 귀국 중이며 큰 차만 있으면 독일 국경에서 만나고 싶다고 발표했다. 그는 적절한 차량을 찾을 수 없다면 베를린까지 기차 여행을 하고 싶다고 문화연맹에게 말했다.[12] 곧 대형 차량이 조달되었고, 1949년 10월 그와 헬레네 바이겔Helene Weigel이 고급스러운 차에 태워져 일단 드레스덴으로 갔고(그곳에서 사진작가, 라디오 기자, 지역 인사들이 그를 맞이했다) 그다음 베를린으로 이동해 과거 아들론Adlon 호텔이었던 곳에 숙소를 잡았다. 베허, 딤시츠, 그리고 수십 명의 사람들이 다음날 그를 환영하는 연회에서 연설했다.[13]

나치 전력이 있는 예술가와 작가라도 유명세를 타면 용서받고 새로운 일자리를 받아, 일부 독일 공산주의자들은 매우 언짢아했다. 문화연맹 회장단 회의에서 한 회원은 나치당 소속이었던 문화계 인사들에게 농장이나 바닷가 별장을 마련해달라는 요청이 끊임없이 들어온다고 불평했다. 정치적으로 정체가 모호한 예술가들이 노동자들을 희생시키면서 특혜를 받고 있다고 일침을 던진 것이다. "나는 소련 군사 당국으로부터 크리스마스 소포를 받을 지식인 명단을 우리 문화연맹에서 어떻게 작성하는지 보면 가끔 머리카락이 쭈뼛쭈뼛 선다. … 노동계급 동지들을 위해 하는 일이 거의 없는 것을 볼 때 나는 양심의 가책을 느낀다."[14]

다수가 정치적 좌파에 속했던 바이마르의 예술가들은 그 누구보다도 치열한 구애를 받았다. 헝가리 시인 죄르지 팔루디는 이러한 접근 방식이 얼마나 당혹스러울 수 있는지를 묘사했다. 한 공산당 간부는 다음과 같이 그의 마음을 사로잡으려고 했다. "역겹고 어설펐다. 작가로서 나의 위대함에 대해 거의 육체적으로 고통스러운 미화를 했다. 그런 다음 그는 당이 나를 위해 망가진 빌라를 다시 지어줄 것이라고 말했다. … 몇 주만 더 지속될 인플레이션이 끝나면 그들이 나에게 당연히 비밀리에 상당한 월급을 주겠다고 했다."[15]

막스 린그너는 이런 접근 방식이 호소력이 있다는 것을 알았다. 1946년 소련의 후원으로 설립되었지만 독일 관료들이 운영하는 인민교육Volksbildung 부서가 그에게 초청장을 보냈다. "당장 베를린으로 돌아오셔야겠습니다." 그는 발터 울브리히트와 서신을 주고받으며 미술교육에 관한 원고를 보내기도 했다. 프랑스 점령에서 살아남은 그는 60세의 나이로 심장과 간이 안 좋았는데, 그럼에도 불구하고 마르크스주의자로서 조국에 돌아가 공산주의 건설을 돕는 것이 자신의 의무라고 생각했다.

린그녀는 마침내 1949년 3월 독일로 돌아왔다. 브레히트처럼 그도 영웅으로 환영받았고, 이는 그에게 큰 기쁨이었다. 《노이에스 도이칠란트》지는 그를 "전 세계에 알려졌지만, 독일인에게는 알려지지 않은 위대한 화가"라고 불렀다.[16] 그는 대규모 전시회를 여러 번 열었고, 노동절 행진을 위해 베를린의 중앙대로인 운터 덴 린덴을 장식해달라는 의뢰를 받았다. 그는 두 번째 전국미술전시회 심사위원으로 활동했다. 1950년에는 새로운 독일예술아카데미 설립을 도왔다.[17]

하지만 1949년은 1945년과 달랐고, 린그녀를 따뜻하게 맞이할 것 같던 동베를린은 극적인 변화를 겪고 있었다. 냉전의 영향이 서서히 다가오는 것도 변화의 일부였다. 1947년 서방 연합국은 공산주의 전선 작전을 수행한다는 이유로(물론 실제로도 그랬지만) 문화연맹을 서베를린에서 쫓아내고 사무실을 베를린의 소련 점령 지역으로 옮기게 했다. 1948년 5월, 《울렌슈피겔》은 문화연맹을 따라 서베를린에서 동베를린으로 이동했다. 산트베르크는 계속 남아 있었지만, 다른 편집자들처럼 그의 공동 편집자 직도 끝이 났다.

동유럽 동맹국들을 신뢰할 수 없다는 소련의 피해망상이 커진 것도 변화의 원인이었다. 1949년 3월 소련 외무부 유럽국은 "폴란드, 체코슬로바키아 및 기타 동유럽 국가들의 문화생활에 대한 소련의 영향력 강화"를 위한 제안 목록을 작성하며, 문제에 직면했음을 자각했다. "폴란드와 체코슬로바키아 지식인의 일부는 여전히 서구의 반동적 제국주의 세력과 수많은 실로 연결된 부르주아지의 가장 반동적인 지도자들 손아귀 안에 있다."[18] 그들은 헝가리, 불가리아, 루마니아, 알바니아에 대해서도 비슷한 분석을 한 끝에 소련 영화와 서적의 번역과 배포, 소련 문화 센터와 소련식 학교의 건설, 더 많은 문화 교류 등 이념 교

육이 필요하다는 결론을 다시 한번 내렸다.[19]

그러나 현지의 소련 문화 담당관들은 단순히 소련 예술을 들여오는 데 그치지 않고 동유럽 문화를 근본적으로 바꾸고 싶어했다. 딤시츠는 1948년 11월 《매일 전망》에 〈독일 예술의 형식주의 방향에 대하여〉라는 글을 실어 이 정책을 선언했다. "내용이 없는 형식은 아무 의미가 없다"고 선언한 그는 모든 종류의 추상미술과 현대미술에 대한 지속적인 공격을 시작했다. 그는 "혁명가인 척하길 좋아하고 … 갱신의 주체인 듯 행동"하는 형식주의 예술가들을 조롱하고, 특히 공산주의자이자 많은 독일 화가들에게 영웅적 인물인 파블로 피카소를 공격했다. 그는 히틀러처럼 '퇴폐entartet'라는 단어를 사용하지는 않았지만, 형식주의 예술을 퇴폐에 가까운 데카당트dekadent라고 불렀다. 이후 독일 지식인들과 예술가들의 반응이 이어졌다. 일부는 찬성했고 일부는 분노했다. 산트베르크는 피카소를 적극 옹호했다. 그러나 대부분의 사람들은 그저 놀랐을 뿐이었다. 좌파 예술가들은 진보적인 소련이 보수적인 예술을 선호할 것이라고는 예상하지 못했던 것이다.

그들 중 몇몇은 1920년대와 1930년대 소련에서 비슷한 논쟁이 이미 벌어졌다는 사실을 알고 있었다. 당시 소련에서는 정권의 기호에 맞는 예술가들을 위해 실험적인 시인들과 구성주의 건축가들의 활동이 금지되었다. 이들 모두는 이러한 형식주의 논쟁의 한 버전이 1920년대와 1930년대 바이마르 독일에서 진행되었다는 사실을 알고 있었다. 그때 독일 연극계는 레싱과 괴테 같은 고전 작품을 선호하는 전통주의자들과, 아방가르드를 주장하는 브레히트 같은 급진주의자들로 분열되었다.[20] 당시 화가들도 미술에 여전히 사회적 혹은 정치적 역할이 있다고 생각하는 사람들과 예술을 위한 예술을 믿는 사람들로 크게 나뉘었다.

그러나 곧 수많은 지루한 에세이, 끝없이 계속되는 위원회 토론, 읽을 수 없는 책의 형태를 띠게 된 새로운 형식주의 논쟁에는 이전의 논쟁에 없던 측면이 있었다. '형식주의'라는 정의가 정치적일 뿐 아니라 미학적이기 때문에 파악하기가 너무 어려웠던 것이다. 사실 정치적으로 올바른 사회주의 리얼리즘 예술이 어떤 모습이어야 하는지는 아무도 확신할 수 없었다. 정치보다 아름다움을 중시하거나, 순수 추상, 무조無調 음악, 실험적인 어구로 작업하는 예술가들을 비난하기는 쉬웠다. 주제와 대상을 지정하는 것도 가능했다. 1950년 폴란드에서 열린 한 예술 공모전에서는 화가들에게 "가축 도살의 기술과 조직", "산업화된 양돈장의 합리화와 기계화" 또는 "리마노바Limanowa, 노비타르크, 미에후프Miechów의 황소와 돼지 품종" 같은 주제를 담은 그림을 만들라고 제시했다.[21]

가장 헌신적인 사회주의 리얼리즘 비평가에게도, 다른 판단은 더욱 어려웠다. 노동자의 초상화는 정확히 사실적이어야 하는가, 아니면 화가의 붓놀림이 드러나도 되는가? 노래 가사가 진보적인 경우 곡조가 부르기 어려운지 여부가 중요한가? 운율이 없는 시가 긍정적인 사회주의 태도를 여전히 표현할 수 있는가, 아니면 공산주의 시는 특정 형식을 따라야 하는가? 실제로 이런 질문은 비평가나 예술가가 아니라 정치적 또는 개인적인 이유로 판단을 내리는 문화 관료들에 의해 결정되었다. 한 폴란드 미술사학자는 중요한 것은 예술가의 태도라고 주장했다. 예술가가 개인주의의 모든 가식을 버리는 데 동의했다면, 캔버스에 올바른 분위기를 만들려고 노력했다면 올바른 분위기가 그 특정 순간에 어떻게 정의되든 그는 성공적인 사회주의 리얼리즘 작가라는 얘기였다.[22] 따라서 순종하며 체제에 부합하는 예술가는 부자연스러운 색채로 이상하게 칠하든, 녹색 얼굴이나 보라색 하늘을 그리든 괜찮았고, 협조적인 시인에게는 어려운 비유가 허용되었다. 그러나 어떤 이유로든 의심을 받는 사람들은 작품도 정확히 똑같은 이유로 금지되었다.[23]

실제로 문화 관료들은 예술가와 지식인을 통제하기 위해 '좋은' 사회주의 리얼리즘에 대한 끊임없이 진화하는 정의를 사용했다. 예를 들어 1951년 일부 단체를 대상으로 초연된 오페라 〈루쿨루스Lucullus〉(파울 데사우Paul Dessau가 음악을 맡고 브레히트가 대본을 쓴 작품)는 재검토를 위해 돌려보내졌다. 일부 비평가들은 이 음악이 "형식주의의 모든 요소를 포함하고 있으며, 파괴적 부식성 불협화음과 기계적인 타악기 소음이 두드러진다"고 평가했다. 당국은 공격적인 비전통 음악(바이올린 없이 아홉 가지 타악기로 연주)만큼이나 오페라의 반전 메시지(한국전쟁이 막 시작된 때였다)에 더 신경을 썼던 것이다. 브레히트는 빌헬름 피크에게 편지를 보내 "긍정적인 내용"의 아리아 세 곡을 추가하겠다고 약속했고, 결국 10월에 〈루쿨루스〉는 단 하룻밤 공연에 그쳤지만 다시 막을 올렸다. 변경 사항은 매우 사소한 것이었다. 공연 지연의 주된 이유는 최종 결정권이 음악가가 아니라 당에 있다는 것을 브레히트와 데사우에게 확실하게 이해시키기 위해서였을 것이다.[24]

다른 예술가들도 사회주의 방식의 변화에 희생되었다. 1948년, 호르스트 스트렘펠Horst Strempel은 〈잔해를 치워라! 재건하라!〉라는 제목의 벽화를 새로운 프리드리히슈트라세 지하철역에 그렸다. 추상적이고 은유적인 이 벽화는 처음에는 "재건의 화려한 교향곡"이라는 찬사를 받았다. 그러나 딤시츠의 기사가 실린 후 스트렘펠은 소련의 형식주의 공격에 공개적으로 반대 의사를 표명했다. 당 비평가들은 이 벽화를 "노예 같은 명확성 결여"라며 비난했다. 급기야 《매일 전망》은 이 벽화를 "무의미한 산물"이라고 불렀다. 린그너가 아우프바우 벽화를 위해 디자인 작업을 하던 1951년 2월, 스트렘펠의 벽화는 덧칠해져 영원히 사라졌다.[25]

예술 기관도 통제권을 행사할 수 있었다. 동유럽의 다른 곳과 마찬가지로 독일에서도 1940년대에 예술가들의 연합인 미술협회는 더이상 독자적 조직이 아니었다. 1950년대에 미술협회는 단일한 회원등록부를 갖춘 중앙집권화된 관료 조직이 되었다. 예술가들이 물감과 붓을 구입하려면 협회에서 발급한 세금 번호와 그 번호가 확인된 회원 카드가 있어야 했다. 즉, 그림을 그리려는 사람이라면 누구나 협회의 회원으로 남아 있어야 했다.[26] 협회에 가입하지 않는 것은 화가로서 일하지 않겠다는 선택이나 마찬가지였다.

전후 폴란드미술가연맹이 1944년 루블린에서 재건된 후 공산당과 밀접한 관계를 유지했던 폴란드에서도 비슷한 상황이 벌어졌다. 이 연맹은 예술 작품의 통제와 평가는 물론 전시회와 강좌를 조직하고, 초기에는 예술가들의 생활비까지 마련하는 것을 임무로 삼았다. 예술가들에 대한 통제는 미술 학교와 아카데미를 통해서도 이루어졌다. 예를 들어 1950년과 1951년 동안 미술아카데미의 회화과 학과장들은 학생들의 열악한 물질적 조건과 부족한 예술 재료에 대해 정기적으로 논의했다. 이들은 정치적 과제인 스탈린을 기리는 전시회, 당의 축하 행사를 위한 회의장 장식을 완수할 학생 자원 봉사자를 찾고 있으며 넉넉한 보수를 받을 것이라는 정기적 공지도 맡았다. 분명 이 '자발적' 작업의 일부는 무일푼의 예술 학생들에게 생명줄에 지나지 않았을 것이다.[27]

독일처럼 폴란드 예술가 노조도 당, 정부, 때로는 공장과 함께 미술품의 주요 구매자가 되었다. 개인 화랑은 다른 민간 부문과 함께 거의 완전히 사라졌다. 1945년 폴란드 문화부 문서에는 "경제구조의 변화로 인해 국가는 물론 지방 정부도 예술품을 구매하는 고객의 역할을 맡아야 한다"라고 명시되어 있다. 예술가들이 자신의 작품을 판매하려면 조합 명부에 남아 있어야 했다. 1947년까지 조합은 전국에 약 2000명의 조합원을 보유하고 있었으며, 쳉스토호바에 있는 지부처럼 지방 정부를 위한 포스터와 초상화는 물론이고 행사, 강연, 메이데이 시위를 위한 장식을 제작했다고 자랑스럽게 보고하는 지부도 있었다.[28] 모든 지부가 그렇게 협조적인 것은 아니었다. 이 기간 동안 크라쿠프에서는 전통주의자, 색채주의자, 리얼리스트, 젊은 아방가르드가 영향력을 놓고 경쟁을 벌였기 때문이다.[29]

당근과 채찍도 사용되었다. 독일에서 아웃사이더로 오랜 시간을 보낸(작센하우젠 수용소에서 시간을 보내기까지 했다) 오토 나겔Otto Nagel 같은 예술가들은, 생애 처음으로 국가의 따뜻한 품에 안기면 국가가 온갖 요구를 충족해줄 수 있다는 것을 알게 되었다. 1950년 독일예술아카데미 회장은 나겔에게 배급 카드를 발급하여 신발 한 켤레와 좋은 양복과 외투 안감을 위한 천을 제공했다. 나겔은 아카데미에 가입하자마자 피크에게 "베를린 노동자의 자녀로서 당신은 오랫동안 노동자와 함께해왔습니다"라는 개인 편지도 받았고, 베를린 청소년 페스티벌의 디자인을 도왔을 때에는 호네커로부터 따뜻한 개인적 감사 인사를 받았다.[30]

린그녀는 스트렘펠이 은혜를 저버린 행각과, 나겔과 다른 사람들이 받을 수 있는 보상에 대해 세세히 알고 있었을 것이다. 또한 예술가 조합의 일원일지라도 자신은 여전히 증명할 것이 많다는 사실도 알고 있었을 것이다. 그는 20년 이상을 외국에서 보냈고, 소련이 아니라 프랑스 공산당과 연계되어 있었으며, 한때 '형식주의'라는 직접적인 비난을 받았다. 1950년 독일 노동조합 지도부에 보낸 편지에서 그는 자신의 노동절 퍼레이드 장식(악천후로 인해 색이 바랬다)으로 야기된 불편에 대해 사과했다. 그는 정치적 이유로도 그들을 안심시킬 의무가 있다고 느꼈다. 그는 20년 동안 "프랑스의 진보적인 노동계급을 위해 연필과 붓을 들었다"며, 당연히 이제는 독일을 위해 그렇게 할 것이라고 말했다. "여러분과 베를린 노동계급은, 그리고 베를린 노동계급뿐 아니라 모두 언제나 저를 믿을 수 있다고 확신하게 될 것입니다."[31] 그의 사과가 받아들여져 그는 아우프바우의 그림을 의뢰받았다. 하지만 당시 동독 총리였던 오토 그로테볼과 긴밀히 협력하여 디자인한다는 조건이 붙었다.

공식 예술계는 이 합의에 열광했다. 당시 발간된 소책자에서 한 미술 평론가는 그로테볼과 린그너의 파트너십을 통해 당과 예술가의 관계가 "이제 예술과 인민 사이의 새로운 관계에 상응하는 차원으로 나아갔다"고 설명했다.[32] 비평가는 이제부터 예술가들은 자신이나 친구 또는 부유한 후원자를 위해 그림을 그리지 않을 것이라고 선언했다. 그 대신 이들은 당의 지도 아래 당을 위해 그림을 그리게 될 것이었다.

이 말대로 그로테볼은 린그너의 벽화 초안을 일일이 비판하며 인물을 더하거나 빼고, 색을 바꾸고, 다른 디테일을 강조하도록 강요했다. 첫 번째 초안이 나온 후 그는 "화가가 사회주의 발전에 있어 산업의 중요성을 이해하지 못했다"고 비판했다. "중공업이 미래 성공의 첫 번째 전제 조건으로 제시되지 않았다"는 것이 그 이유였다. 그는 그림 중앙에 있는 주인공이 노동자가 아닌 지식인이라는 사실에도 이의를 제기했다. "그의 동맹의 진정한 창시자이자 주체는 노동계급이다."[33] 두 번째 초안을 보고 그로테볼은 더 직접적으로 미학적인 의견을 제시했다. 그는 색채가 불균형하고 일부 인물이 너무 정적인 느낌이라고 했다. 그는 사회의 위대한 진보를 반영하지 못했다고 선언했다. 그래서 그림을 보는 사람들이 그림 전체의 의미에 집중하는 대신 특정 세부 사항에 끌리게 될 것이라는 지적이었다.[34]

린그너는 이 모든 의견을 수렴하여 몇 가지 초안을 더 만들어 일부를 과학자, 여성, 젊은개척단과 국회의원 및 기타 정치인들에게 보여주었고, 이들은 모두 의견을 제시할 수 있었다. 이 과정에서 린그너는 일종의 심리적 변화를 겪기도 했다. 그는 정치적 비평가들 앞에서 자신을 낮추는 법을 배워야 했고, 곧 다른 방식으로도 그렇게 하기 시작했다. 프로젝트가 진행되는 동안 그는 자아비판에 대한 에세이를 쓰기까지 했다. 그는 "동독의 삶을 접하지 못해 도식적인 계획과 가면만 묘사한다"는 이유로 비난을 받았다고 말했다. 그러나 그는 이제 전술을 바꾸었다.

독일로 돌아온 후 내가 만든 작품들을 연구한 결과 이러한 비난이 정당하다는 것을 깨달았다. 나는 지적 게으름, 24년간의 부재 끝에 소원해진 환경에 적응하지 못한 무능, 오래된 월계관에 안주하려는 경향으로 고통을 받았다. … 그러나 나는 이러한 결함을 단호하게 해결했으며 정부 수반과 몇 달 동안 협력하여 탄생한 벽화 초안을 곧 발표할 수 있길 희망한다.[35]

이 '자아비판'은 직접적인 폭력이나 체포에 대한 두려움에서 나온 결과가 아니었다. 린그너는 순응하고 싶었다. 그는 이제 수십 년 만에 처음으로 고국에서 보상과 찬사를 받고 있었다. 그는 더이상 망명자가 아니라 고국에서 인정받는 사람이 되었다. 또한 그는 어느 정도는 당이 정말 가장 잘 알고 있다고 믿는 듯했다. 그가 그로테볼이 제시한 일부 해설의 목적을 이해하지 못했다면, 그림이 추하다고 생각했다면, 그 이유는 분명 자신이 덜 계몽되었기 때문이었다.[36]

아우프바우는 마침내 1953년 1월 3일(피크의 생일)에 공개되었고, 일반적인 호평은 빠르게 사라졌다. 너무도 명백히 선전 작품이자 분명하게 정치적 토론의 산물이었던 아우프바우는 결국 망신거리가 되고 말았다. 독일민주공화국 말기에 발간된 린그너의 작품 도록에서 동독의 미술계는 이 벽화로부터 거리를 두고 의견을 내놓았다. "제작 시간이 매우 짧았기 때문이었을까, 아니면 초안을 확대하고 타일에 그림을 옮기는 작업이 제3자의 손을 거쳐야만 가능했기 때문이었을까? 아니면 이 그림의 폭이 25미터가 넘기 때문에 이곳이 적합한 장소가 아니기 때문이었을까?" 이유가 무엇이든 비평의 결론은 이러했다. "결과물은 어느 쪽도 만족시키지 못했다."[37] 린그너는 1959년에 사망했지만 그의 벽화는 여전히 남아 있다. 그는 생의 마지막 몇 년 동안 이 벽화를 보지 않으려고 내각 건물 앞을 지나가는 것조차 피했다고 한다.

"대중은 일상의 아름다운 것들로부터 단절되었을 뿐 아니라 가장 큰 기쁨, 즉 예술적 재능을 개발하는 기쁨으로부터도 단절되었다." 폴란드 산업디자인연구소장 반다 텔라코프스카Wanda Telakowska가 1954년 저서 《현대 디자인의 민속 창의성Folk Creativity in Contemporary Design》의 서문에서 전쟁 전 폴란드의 어두운 모습을 묘사하며 한 말이다. 그녀는 1920년대와 1930년대는 자본주의 시대의 특징이었다고 서술했다. 부유층은 "가장 과시적인 물건을 소유함으로써 자신의 가치를 확인받으려 했다"고 했다. 돈이 부족한 사람들은 값싸고 촌스러운 모조품을 찾아야만 했다. 대부분 외국 자본가들이 소유한 공장은 "외국 디자인을 따랐고(물론 삼류였다. 더 나은 디자인은 자체 생산 수단을 위한 것이었으므로) 그 결과 대중을 위한 생산물은 추악했고, 무엇보다도 우리 문화와 결코 양립할 수 없었다"고 했다.[38]

텔라코프스카는 경력을 시작할 때 정통 마르크스주의 언어를 쓰지는 않았다. 미술 교사, 디자이너, 비평가, 큐레이터로 활동했던 텔라코프스카는 이전에는 와드Ład라는 폴란드 예술 단체와의 관계로 가장 잘 알려져 있었다. 디자인 역사에 정통한 사람이라면 와드가 영국 예술공예 운동의 사촌이라는 사실을 알고 있을 것이다. 이 단체의 회원들은 폴란드 남부와 동부에서 여전히 번성했던 민속 장인과 농민 장인을 연구하고, 그들의 작품을 새롭고 진정한 폴란드식 토착 디자인의 기초로 삼고자 했다. 와드와 관련된 예술가들은 현대가 반드시 모더니스트나 미래 지향적일 필요는 없다고 믿었다. 기계 시대에 모든 것이 매끈하거나 단순화될 필요는 없다는 생각이었다. 그들은 가구, 직물, 유리, 도자기에 담긴 민속 디자인을 최신으로 끌어올려 산업에 의해 영감으로 활용할 수도 있다고 믿었다.

기질로 보든 교육으로 보든 텔라코프스카는 공산주의자가 아니었다. 독일 바우하우스 디자이너들을 비롯한 당시 많은 좌파 예술가들은 혁명의 이름으로 과거를 쓸어버리고 처음부터 다시 시작하자고 말했지만, 텔라코프스카는 역사에서 영감을 얻겠다는 뚜렷한 비공산주의적 결의를 유지했다. 그러나 그녀는 전쟁이 끝난 후에도 와드의 작업을 계속하고 싶었고, 이를 위해 새로운 공산주의 정부에 합류했다. 그녀는 자신의 프로젝트(도시 지식인들의 세련된 모더니즘보다 농민과 민속예술을 선호하는 것)가 공산당의 목표와 일부 겹친다는 사실을 금방 알아차렸다.[39] 한 문화 관료가 지적했듯이 민속예술은 폴란드 노동자에게 더 호소력이 있을 것 같았다. "우리 노동계급은 시골과 밀접하게 연결되어 있으며, 지식인 살롱의 문화보다는 민속예술 문화에 더 많은 유대감을 느낀다." 1940년대 말, 텔라코프스카의 농민 예술에 대한 홍보는 독일과 같은 시기에 폴란드에서 시작된 형식주의에 대한 공격과도 맞물려 있었다. 호의적인 한 마르크스주의 비평가는 다음과 같이 꽉막힌 말을 한 바 있다. "귀족과 궁정에서 생산되어 점점 민족에서 멀어진 예술과 달리, 오염되지 않은 시골 문화는 세계적인 경향에 저항하며 경직화된 형식주의에 맞서 자신을 성공적으로 보호할 수 있었다."[40]

폴란드 용어로 텔라코프스카는 실증주의자positivist, 또는 영어로 실용주의자pragmatist로 부를 만한 사람이었다. 그녀는 공산주의 체제를 피할 수 없는 것으로 받아들였고, 국익에 부합한다고 믿는 목표를 달성하기 위해 공산주의 체제 내에서도 일하기로 결심했다. 1945년 봄, 그녀는 공산주의가 지배하는 임시정부의 일원이 되는 것을 무릅쓰고 새로운 문화부에 합류했고, 1946년에는 멋진 이름의 생산미학감독국 Biuro Nadzoru Estetyki Produkcji, BNEP을 만들었다. 이 기관의 후원으로 그녀는 전국 민속예술가와 민속예술 단체를 대상으로 설문 조사를 실시하고 와드와 바르샤바미술학교 출신 폴란드 예술가들을 설득하여 가장 야심찬 프로젝트를 진행했다. 대량 생산이 가능한 새로운 디자인을 폴란드 공장에 공급하는 프로젝트였다. 이는 오랫동안 그녀의 목표였지만, 그녀는 상사에게 경제적 논리를 내세웠다. 더 나은 디자인이 폴란드 제품의 매력을 높일 수 있다는 얘기였다. "아름다움과 우아함은 가구, 직물, 인쇄물, 커튼, 옷과 같은 물건의 가치를 높여주죠. … 프랑스, 빈, 독일의 상품이 세계 시장을 지배하는 이유는 재료의 품질 때문이 아니라 예술적 형태 때문이에요."[41]

예술계는 처음에는 의심의 눈초리를 보냈다. 이 새로운 프로젝트가 회화와 조각에 대한 단속을 예고하는 것이 아닐까 우려한 예술가 노조는 '유용한' 예술에 반대하며 '순수한' 예술을 옹호하는 성명을 발표했다. 더 중요한 것은 많은 사람들이 1946년 당시 폴란드 국내군에 대항하는 캠페인을 확대하고 있던 폴란드 공산주의자들과 협력하기를 원치 않았다는 점이다. 하지만 텔라코프스카는 그들 중 적어도 일부의 마음을 사로잡았다. 그녀의 개인적인 인맥도 있었고, 그녀가 물질적인 도움도 제공하고 자신의 대의에 진정으로 열정적이기 때문이었다. 폴란드 화가 보호단 우르바노비치Bohdan Urbanowicz는 1945년 8월 독일 포로수용소에서 폴란드로 돌아오던 중 그녀를 만났던 기억을 떠올렸다.

나는 아무 서류도 없이 두려움과 불확실성으로 가득 찬 채 폴란드로 돌아갔다. 치에신에서 국경을 넘은 후 바르샤바로 향했다. 인장과 구호로 장식된 소련 트럭들이 나를 지나쳤다. 소 떼가 동쪽으로 몰려오고 있었다. … 드디어 바르샤바에 도착했다. 나는 옛 거리의 터널에서 길을 잃었다. 비스와강을 가로지르는 임시 다리가 있다. 국영 철도 본부가 있던 프라하의 거대한 건물에는 문화부가 자리하고 있다. 어두운 계단을 올라가면 미술학과로 이어진다. 큰 방에 사람들, 수다, 연기가 가득하

다. … 갑자기 누군가 나를 껴안았다. 나는 반다 텔라코프스카의 품에 안긴 것을 알았다.[42]

텔라코프스카는 서랍을 뒤져 2000즐로티를 꺼내어 아무런 계산 없이 우르바노비치에게 주었다. 그녀는 그에게 머물 곳도 찾아주고 예술가 노조에 가입할 수 있도록 주선했다. 몇 년 동안 그를 비롯한 많은 사람들이 그녀의 영향력과 보호 아래 머물렀다. 그도 "파괴된 우리 문화의 재건"에 책임이 있다고 느꼈기 때문에 문화부에서 일하게 되었다.[43] 텔라코프스카는 동베를린에서 베허가 이용했던 자원은 없었지만(전후 폴란드는 일반적으로 귀환 이민자들에게 제공할 자원이 적었다) 대안인 비공산주의 독일과 경쟁하던 베허와는 상황이 달랐다. 공산주의 폴란드에 대한 대안은 망명이었다. 텔라코프스카는 애국심에 호소하고, 폴란드의 정치적 리더십에 상관없이 폴란드 재건이 중요하다고 설득하여 사람들을 끌어들였다.

많은 사람들이 협력했다. "아름다움은 일상과 모두를 위한 것"이라는 슬로건 아래 텔라코프스카는 직물, 가구, 식기, 접시, 그릇, 도자기, 보석, 의류의 수십 가지 독창적인 디자인을 의뢰하고 구매했다.[44] 그녀는 한 그룹의 예술가들을 슈클라르스카 포렝바Szklarska Poręba의 유리 공장으로, 또다른 그룹을 슐레지엔의 유리 공장으로 보냈다. 두 그룹은 대량 생산이 가능한 매력적이고 대중적인 디자인을 만들기 위해 노동자 및 경영진과 협력하기로 되어 있었다. 한 그룹은 전쟁 전 스타일의 캘리그라피로 새겨진 안경 시리즈를 만들었다. 다른 그룹은 오래된 골동품 유리에서 영감을 얻었다. 텔라코프스카는 저명한 폴란드 조각가 안토니 케나르Antoni Kenar에게도 파리 망명을 끝내고 폴란드로 돌아와 목각 워크숍을 조직하도록 설득했고, 디자이너들을 카르파티아산맥으로 보내 여성 직공들과 함께 일하며 디자인 업데이트를 돕게 했다. 한때 그녀의 사무국은 농민 조각가들에게 새로운 나무 민속 장난감을 디자인하도록 장려하기 위해 공모전을 열었다. 이에 대해 한 미술 평론가는 다음과 같이 극찬했다. "1920년대에 아이들이 '전쟁' 놀이를 하도록 유도했던 물건에서 결정적으로 벗어난 새로운 유형의 장난감이 탄생하고 있다."[45]

텔라코프스카만이 열정과 실증주의를 보인 것은 아니었다. 폐허가 된 조국을 재건하려는 강력한 열망은 전후 몇 년 동안 모든 정치적 성향의 폴란드인들을 통합하는 하나의 정서로, 다른 어떤 곳보다 바르샤바에서 가장 강렬했다. 바르샤바는 많은 사람들이 전쟁의 기념물로 폐허를 보존해야 한다고 믿을 정도로 심하게 파괴되어 있었다. 작가 카지미에시 브란디스Kazimierz Brandys가 떠올린 느낌은 이러했다. "이곳을 건드려서는 안 된다. 그대로 두자, 있는 그대로. … 이 도시를 사랑했던 우리는 당시 도시의 흩어진 벽돌을 사랑하고 싶었다."[46] 다른 사람들은 재건이 비현실적이거나 불가능하다고 생각했다. 당시 젊은 장교였던 알렉산더 자코프스키Alexander Jackowski(훗날 폴란드 민속예술을 연구한 저명한 역사가)는 "내 생애에 바르샤바가 재건될 수 있을 거라고 믿지 않았다"고 간단히 말했다.[47]

그럼에도 불구하고 전쟁이 끝난 지 며칠 만에 도시의 옛 주민들은 거리를 청소하고 건축가와 기술자로서 자원봉사에 나서기 시작했다.

바르샤바의 매력에 그렇게 끌려 가능한 한 빨리, 사람들은 잔해에 쪼그리고 앉아 폐허가 된 자기 집의 무엇이든 갖고 뚝딱거리기 시작했다. 공산주의 지도부는 이러한 에너지와 감정의 분출을 재빨리 이용해 기회를 잡았다. 바르샤바 재건에서 인기는 없어도 마지못한 존경이라도 받을 길을 찾은 것이다. 무엇보다도 그들은 전체 공산주의 프로젝트를 지지하지 않더라도 국가 예술·건축 유산 복원에 열광하는 텔라코프스카, 우르바노비치 같은 사람들과 공통의 명분을 만들 수 있었다. 1945년 2월, 임시정부는 수도재건국BOS을 설립하고 소련에서 전쟁을 경험한 건축가 유제프 시갈린Józef Sigalin을 책임자로 임명했다.

곧바로 시갈린은 조언을 쏟아냈다. 어떤 이들은 폐허를 쓸어내고 당시 유행하던 인터내셔널 스타일로, 강철과 유리로 된 반짝이는 현대 도시를 건설하고 싶어했다. 전쟁 중 리버풀대학의 폴란드 망명자들이 설립한 폴란드건축학교에서 젊은 건축가 그룹은 당시 영국 동료들이 만든 것과 전혀 다를 바 없는 일련의 건축 도면을 만들었다. 예지 피아트키에비치Jerzy Piatkiewicz는 바르샤바의 중세 구역인 구시가지를 재해석해 거리 계획은 유지하되 바로크 양식의 외관을 유리로 된 현대식 건물로 대체하는 방안을 내놓았다. 다른 사람들은 영국에서 브루탈리즘brutalism으로 알려지게 된 스타일의 콘크리트 아파트 블록과 거대한 건물을 제안했다.[48]

처음부터 대중의 정서는 정반대 방향으로 흘러갔다. 대부분의 대중은 옛 바르샤바를 되찾길 원했고, 많은 건축가들도 그렇게 생각했다. 한 건축가는 "미래 세대에 대한 우리의 책임감으로 파괴된 것을 재건해야 한다"고 말했다.[49] 특히 재건론자들은 도시의 가장 오래된 부분 (중세, 바로크, 르네상스, 18세기 건물들)을 벽돌 한 장, 한 장 그대로 복원하여 폴란드의 건축 유산이 영원히 사라지지 않도록 해야 한다고 주장했다.

1949년에는 세 번째 경향의 생각도 발전했다. 결국 기능적인 유리 상자도, 엄격한 재건축도 소련의 새로운 사회주의 리얼리즘 추진 방식에 잘 맞지 않았다. 어떤 옵션도 폴란드 공산주의자들의 재교육 열광을 완전히 만족시키거나 환경 결정론에 대한 믿음을 반영하지 못했다. 사람들이 주변 환경에 미묘하게 영향을 받을 수 있다면, 바르샤바 건축가들은 호모 소비에티쿠스가 결국 살고 일하게 될 새로운 현실, 공간을 만들어낼 책임이 있었다. 1949년 바르샤바 재건에 관한 주요 연설에서 볼레스와프 비에루트는 이렇게 선언했다. "새로운 바르샤바는 옛 도시의 복제본일 수 없다. 단순히 반복할 수도, 약간 변경할 수도 없다. 전쟁 전에 도시를 구성했던 자본가 계급의 사적 이해관계가 뒤섞여 있던 곳이기 때문이다. … 새로운 바르샤바는 사회주의국가의 수도가 되어야 한다."[50] 하지만 당시 진정한 사회주의국가의 수도 자격을 갖춘 도시는 단 한 곳뿐이었다. 따라서 1949년 공식적인 바르샤바 재건 계획의 대부분은 모스크바의 건축을 직접, 거의 비굴하게 따라 하게 되었다.

스탈린주의가 강했던 시기에 소련 건축물은 의도적으로 인상적이고 위협적으로 설계되었다. 모스크바의 사무실, 공공 기념물, 아파트 블록은 거대하고 무겁고 화려했다. 길은 인상적으로 넓었지만 건너기 어려웠다. 공공 광장은 넓고 평평하며 콘크리트로 덮여 있어, 보기에 단조롭지만 대규모 시위 행사에 안성맞춤이었다. 건물들 사이의 거리가 멀어서 보행자들은 전차나 버스에 의존해야 했다. 이러한 궁전 같은 건물에 거주할 노동자들이 이해할 수 있는 디자인이어야 하므로 건축가

들은 기둥, 발코니, 아치형 통로와 같은 친숙하고 진부한 고전적 요소를 많이 사용했다.[51]

달리 말하자면 소련의 도시 디자인은 바르샤바에는 전혀 어울리지 않았다. 바르샤바는 자동차가 없던 시대에 말과 보행자를 위해 설계되고, 교회와 쇼핑 거리를 중심으로 계획된 도시였다. 광장과 공원은 대규모 시위가 아닌 여가를 위해 만들어졌고, 콘크리트가 아니라 잔디로 채워져 있었다. 그럼에도 불구하고 1949년 바르샤바의 디자인은 스탈린주의 사회주의 리얼리즘의 전형적인 예다. 이중 기둥이 늘어선 농업부, 노동절 행진을 위해 설계된 넓은 대로, 장식적인 콘크리트 가로등 기둥과 발코니로 이루어졌다.[52] 이러한 디자인이 기존 폴란드 전통에서 비롯되지는 않았지만, 한 미술사학자는 이렇게 평가한다. "건축가들에게 '소련의 본보기'에 맞춰야 한다는 강박은 명령으로 다가오지 않았다. 그러나 그 결과는 받아들이기 어려울 만큼 가혹했으며, 저항하기 힘든 무거운 압박으로 다가왔다."[53] 실제로 공사가 진행될 무렵에는 도시의 토지가 모두 국유화되었고, 건축가들은 모두 도시국에 고용되었으며, 국가 건축 정기간행물도 체코슬로바키아, 헝가리, 동독과 마찬가지로 국영으로 소련 건축에 관한 정기 기사와 특별 부록을 만들어냈다. 1946-47년에는 국영 인쇄소에서 소비에트 건축의 업적을 찬양하고 시인 안나 아흐마토바를 비롯한 러시아의 반체제 문화 인물을 공격하는 선집《소련 건축》을 제작하기도 했다. 말할 것도 없이 1949년까지 바르샤바의 모든 주요 건축 프로젝트에 대한 최종 결정권은 당에 있었고, 누군가를 억지로 일하게 만들 필요도 없었다.

이런 점에서 폴란드 건축가들은 총구가 겨누어진 가운데 선전 만화 작품을 그리도록 강요받은 적이 없는 독일 화가들과 닮았다. 오히려 독일의 막스 린그너처럼 그들 중 일부는 소련 건축의 장점을 스스로 납득하기 위해 최선을 다했다. 1948년 시갈린은 폴란드 건축가 에드문트 골드잠트Edmund Goldzamt를 만나러 모스크바로 갔다. 나치 점령기에 피난처를 찾아 소련으로 간 골드잠트는 모스크바에서 건축 공부를 마치고 그곳에 머물렀던 것으로 보인다(그는 1970년대에 소련으로 돌아왔다). 골드잠트는 스탈린주의 건축 사회주의 리얼리즘 이론을 시갈린에게 설명하며 밤새도록 기억에 남는 대화를 나누었다. "우리도 그 이론을 채택해야 합니다." 시갈린은 이렇게 대답하고, 골드잠트가 바르샤바로 돌아가 자문관 역할을 하도록 설득했다.[54]

골드잠트는 당시에도 그후에도 자신을 소련의 하수인으로 자칭하지 않았다. 텔라코프스카처럼 그는 전통적인 패턴과 디자인을 강조하는 영국 예술공예 운동에 열광했다. 말년에 그는 윌리엄 모리스에 관한 책("계급투쟁에서 모리스의 위치" 같은 제목이 붙은 장들로 이루어진 책)을 저술하기도 했다.[55] 그러나 그의 작업과 그의 제자들의 작업에서 이러한 이론은 모리스 자신의 작업장은 말할 것도 없고, 텔라코프스카의 생산미학감독국을 위해 제작된 디자인과 매우 다른 방식으로 전개되었다. 골드잠트는 이론상 건물은 "내용은 사회주의에 충실해도 형식은 민족적"이어야 한다고 믿었다. 실제로 그는 건축가들이 역사적인 건물과 민속예술에서 파생된 민족 모티브, 즉 키치kitschy 장식을 소비에트 스타일의 거대한 건축물에 적용해야 한다고 생각했다.

폴란드에서 가장 유명한 스탈린주의 건축물인 바르샤바의 문화과학궁전은 골드잠트의 이론을 가장 명확하게 반영한 건물이기도 하다. 오늘날까지도 문화과학궁전은 바르샤바의 중심부에서 어울리지 않게 넓은 공간을 차지하며 미적 연속성을 박탈하고 있다. 이 건물은 스탈린이 폴란드 국민에게 하사한, 거절할 수 없는 선물이었다. 폴란드의 경제부 장관 힐라리 민츠는 그 대신 주택단지 건설을 제안하려 했지만, 비밀경찰뿐만 아니라 문화를 담당했던 야쿠프 베르만에 따르면 스탈린은 "도시 어느 곳에서나 눈에 띄는 궁전"을 원했다.[56] 많은 공산주의자들이 이 디자인을 싫어했지만(베르만은 몇 년 후 "그들이 썩 좋은 일을 한 것은 아니었소"라고 인정했다), 비에루트는 이 건축물에 감탄했다. 그러나 문화대궁전은 단순한 선물이 아니었다. 소련이 건축 자재 비용을 지불했지만, 폴란드는 소련 노동자들의 인건비를 지불하고 그들을 위해 영화관과 수영장을 갖춘 새로운 교외 지역을 건설해야 했다. 폴란드 정부는 도시 중심부 공간을 말끔히 치울 책임도 있었는데, 그 과정에서 전통적인 거리 계획에 따라 지어진 거주 가능한 많은 주택이 파괴되었다.

문화대궁전은 러시아 건축가들에 의해 설계되었고 건설도 부분적으로는 러시아에서 온 노동자들, 러시아에서 수입한 도구와 자재에 힘입어 이루어졌다. 그러나 "내용은 사회주의적, 형식은 민족적"이어야 해서 레프 루디네프Lev Rudinev가 이끄는 러시아 건축가들이 근엄하게 폴란드를 돌아보았다. 그들은 크라쿠프, 자모시치, 카지미에시의 고대 도시를 돌아보며 바로크와 르네상스를 모티브로 한 건축물을 스케치했다. 그들은 시갈린과 다른 폴란드 건축가들에게도 자문을 구했다.[57]

지금도 그렇지만, 그 결과는 독특했다. 멀리서 보면 문화대궁전은 모스크바 곳곳에 흩어져 있는 '웨딩 케이크' 모양의 고층 빌딩을 그대로 옮겨놓은 듯 보이며, 꼭대기에 첨탑이 있고 아래쪽에는 극장, 체육관, 전시 공간, 수영장 등을 갖춘 4개의 건물이 모여 있다. 가까이서 보면 폴란드적 요소가 눈에 띈다. 벽 꼭대기에는 러시아인들이 폴란드 여행 중 보았던 르네상스 양식의 외관을 모방한 장식 요소들이 줄지어 있다. 바닥 주위에는 은유적 의미는 불분명하지만 대부분 다양한 웅장한 포즈를 취한 노동자의 모습을 보여주는 과도하게 큰 조각상들이 모여 있다. 수십 년 동안 바르샤바의 유일한 고층 건물(1955년부터 1957년까지 유럽에서 가장 높은 건물)이었던 이 궁전은 오늘날 더 높고 현대적인 고층 건물들이 근처에 지어졌지만, 여전히 위화감을 준다. 이 건물의 유일한 장점은 실체를 있는 그대로 보여준다는 점이다. 즉 소련이 폴란드 수도의 역사나 문화를 무시하고 잘못된 크기와 비율로 지어놓은 것이 여실히 드러나 있다.

소련 건축의 다른 몇 가지 사례도 완성되었다. 바르샤바의 건축가들은 문화대궁전에서 멀지 않은 곳에 사회주의 리얼리즘 주택단지인 원수주거단지Marszałkowska Dzielnica Mieszkaniowa, MDM를 건설하여 기념비적인 입구와 기둥, 웅장한 계단, 우주를 바라보는 노동자의 모호한 조형물을 배치했다. 소비에트 요소는 옛 바르샤바 게토 부지에 지어진 주택지구인 무라누프Muranów와 다른 몇 곳에서도 보인다.

그러나 1949년 계획은 공산주의자들도 잘 알고 있듯이 인기가 없었거나 적어도 보편적인 인기를 얻지 못했다. 그래서 문화대궁전이 건설되는 동안에도 바르샤바 시 당국은 바르샤바의 중세 구시가지와 유서 깊은 주요 도로인 노비 시비아트Nowy Świat를 극도로 세밀하게 재건하기 시작했다. 당은 이를 알고 다소 당황했다. 비에루트는 건강하고 위생적이며 현대적인 아파트가 고풍스러운 외관 뒤에 건설되어 모범적 노동계급 구성원에게 즉시 분양될 것이라고 설명했다.[58] 그러나 실내 배관이 추가되었음에도 불구하고 구시가지는 결국 너무 익숙한 모습이 되어 일부 사람들은 괴상하다고 느꼈다. 중세 도심에 거주했던 한 주민은 몇 년 후 그 효과를 이렇게 설명했다. "내가 태어난 집은 심하게 파괴되었다. … 하지만 어렸을 때 자던 침실에 들어가서 똑같은 창문으로 마당 건너편에 있는 똑같은 집을 바라볼 수 있었다. 심지어 신기한 모양으로 휘어진 램프 받침대도 같은 곳에 걸려 있었다."[59]

마침내 이 건설 프로젝트는 인기를 끌었고, 한동안 구시가지는 정권을 위한 강력한 광고 역할을 했다. 새로운 구역의 준공식은 폴란드 통합노동당 창당 기념일인 7월 22일이나 다른 공산주의 명절에 맞춰 대대적인 팡파르, 리본 커팅, 건배와 함께 개최되었다. 1950년대에 촬영된 재건된 구시가지의 사진에는 사람들이 산책하며 재건의 기적을 바라보는 모습이 담겨 있다. 도시의 어둡고 그림 같으며 쇠락해가던 일부가 밝고 개방적이며 관광객들로 가득 찬 곳이 되었다.

재건된 구시가지와 문화대궁전의 조합은 도시 계획 면에서 결코 성공적이지 못했다. 특히 이후 수십 년 동안 주변과 그 사이에 싸구려 조립식 아파트 단지가 건설되면서 부조화가 더욱 커졌다. 하지만 결국 바르샤바 재건 계획은 미학적 실수라기보다 스탈린주의 경제 논리에 패배했다. 놀랍게도 원래 계획은 비용을 전혀 고려하지 않고 만든 것이었다. 무겁고 정교한 건물을 짓는 데 많은 비용이 들었기 때문에, 외관을 완성하고 분수와 공공 조형물을 짓기도 전에 자금이 바닥났다. 문화대궁전의 웅장한 객실들도 열, 전기, 공간을 허비했는데 아무도 에너지 효율을 고려하지 않았기 때문이었고, 높은 유지 관리 비용으로 인해 인테리어가 금세 허름해 보이기 시작했다. 구시가지 재건은 바르샤바의 시급한 주택 부족 문제를 고려하지 않았기 때문에 경제적으로도 효율적이지 못했다. 1950년대 초에도 많은 젊은이들이 여전히 소박한 목조 기숙사에 살았고, 그들은 정교한 건물이 완공될 때까지 기다리고 싶지 않았다. 불과 몇 년 만에 스탈린주의 프로젝트와 역사적 재건에 대한 모든 열정이 사라졌다. 시 건축가들은 시 당국이 어떤 종류의 일관성도 만들어내지 못했다는 사실을 스스로 인정했다. 1953년 시갈린은 그들 중 한 그룹에게 "형식이 여전히 내용보다 뒤처져 있다"고 말했다. 결국 그는 지적인 돌파구를 이루어내지 못했다.

그 무렵 텔라코프스카의 생산미학감독국도 사회주의 경제 논리에 패배했다. 아낌없는 정성을 쏟았음에도 불구하고(일부 경우 높은 품질과 독창성을 갖췄지만) 텔라코프스카와 동료들이 생산한 수백 개의 샘플과 아방가르드 디자인은 결코 우아한 소비재가 되지 못했다. 밝혀진 대로, 폴란드 공장에는 우아한 소비재를 생산할 인센티브가 없었다. 모든 것이 부족했기 때문에 공장에서 생산한 어떤 제품이든 항상 구매자를 찾아야 했다. 가격이 통제되었기 때문에 기업들은 유명 예술가 팀이 디자인한 멋진 꽃병에 못생긴 싸구려 꽃병보다 비싼 가격을 매길 수 없었고, 생산한 사람들에게도 돈을 더 지불할 수 없었다. 공장 관리자들은 정부에서 월급을 받는 공무원이었기 때문에 특별한 노력을 기울일 필요가 없었다.[60]

노동자를 위한 디자인은 결국 지방 관료와 주정부 공장 관리자들에게는 관심 밖의 일이었다. 한 미술 평론가는 재치 있게 다음과 같이 설명했다. "산업부 지도부는 예술을 널리 보급해야 한다는 필요성을 완전히 이해했지만, 개별 작업장 수준에서는 여전히 인기가 없었다." 마르크스주의 설명도 있었다. "인민민주주의에서는 생산 영역의 무정부 상태가 사회주의 계획으로 대체되었다. 그러나 일상 생활용품의 미적 생산 영역에는 자본주의 경제 시대에서 물려받은 무정부주의가 여전히 남아 있다."[61]

서유럽에 비해 폴란드의 소비재 생산은 동독, 헝가리, 체코, 루마니아 소비재 생산과 마찬가지로 품질 면에서 매우 열악한 수준에 머물러 있었다. 역사적으로 폴란드의 주요 수입원이었던(지금도 그렇지만) 유리와 도자기의 수출은 저조한 상태였다. 수출품 선택을 맡은 관료들이 반드시 좋은 디자인에 대한 취향이나 본능을 가지고 있지도 않았다.[62] 대중을 위한 생산품은 그 어느 때보다 조악해졌는데, 그 이유는 대부분의 소비재가 가능한 한 빨리, 값싸게, 조립 라인으로 쏟아져 나왔기 때문이었다.

생산미학감독국은 전통 민속 문화 보존에도 성공하지 못했다. 민속예술의 마케팅은 다른 국영 기업인 세펠리아Cepelia가 빠르게 인수했고, 이 기업은 결국 반복적인 나무 기념품 생산으로 유명해졌다. 세펠리아를 옹호하는 사람들 중 하나인 야코프스키Jakowski는 폴란드의 저명한 민속예술 학자로, 세펠리아가 특히 어려운 경제의 시기에 농민들의 생계를 도왔다고 믿는다. 그는 시골의 폭력적인 도시화가 어차피 민속 문화를 파괴했을 것이며, 게다가 키치에 대한 수요는 도시에서 열심히 구매하는 노동자들로부터 나왔다고 주장한다.[63]

텔라코프스카는 이후 산업디자인연구소를 설립하여 1968년 사임하기 전까지 몇 년간 운영했다. 그녀의 영향력은 오래가지 못했다. 후대의 폴란드 예술가들은 그녀를 스탈린주의자로 폄하하고 잊어버렸다. 그녀는 공산주의자가 아니더라도 공산국가와 협력하여 작업할 수 있다는 것을 입증했지만, 그러한 협력이 성공할 수 있다는 것을 입증하지는 못했다.

브세볼로트 푸돕킨이 1950년과 1951년 두 차례 부다페스트를 방문했을 때는 혁명적인 소련 영화감독으로서 누리던 전성기가 오래전에 끝난 뒤였다. 세르게이 예이젠시테인과 더불어, 푸돕킨은 소련 실험영화의 창시자 중 1명이었다. 익히 알려진 대로 그는 영화는 새로운 예술 형식이므로 그렇게 다루어야 한다고 선언했다. 영화는 일상생활을 거울처럼 비춰도 안 되고, 전통 소설의 선형적linear 스토리텔링을 복제해도 안 된다는 주장이었다. 그는 엄격한 리얼리즘에 반대하여 처음에는 영화가 너무 연극처럼 될 수 있다는 이유로 사운드 사용에 반대했다. 그의 가장 유명한 영화 〈어머니〉는 막심 고리키의 소설을 원작으로 한 작품으로, 당시 새로운 기법인 몽타주 기법을 적극 활용한 1926년 무성 영화였다. 푸돕킨은 관객의 감정적 반응을 높이기 위해 다양한 장면과 시점을 병치한 최초의 감독 중 1명이었다.[64]

푸돕킨에게 불행하게도(예이젠시테인을 비롯한 소련 아방가르드에게도 마찬가지로) 스탈린은 열렬한 영화광으로 선형적인 스토리텔링을 너무나 좋아했다. 스탈린의 권력이 커지면서 푸돕킨의 인기는 떨어졌다. 그의 영화는 처음에는 지도자를 만족시키지 못했다. 그다음에는 소련 비평가들을 만족시키지 못했다. 그리고 문화 관료들의 비위를 맞추지 못했고, 이들은 푸돕킨이 더이상 영화를 만들지 못하게 했다. 결국 그는 낡은 이론을 버리고 실험적인 몽타주를 포기하고 공산주의가 어떤 식으로든 적을 누르고 승리하는 '리얼리즘' 영화를 만들기 시작했다.[65] 푸돕킨이 부다페스트에 파견된 때는 그의 경력이 더이상 저명하지 않은 늦은 시점이었다.

원론적으로 말하자면 푸돕킨은 헝가리 감독들을 가르치기가 매우 어려웠을 것이다. 전쟁 전 헝가리 영화 산업은 유럽에서 세 번째로 큰 규모이자 세계에서 가장 정교하다고 꼽히는 것 중 하나였다. 기술과 감독들의 경험 면에서 헝가리 영화는 소련보다 훨씬 앞서 있었다. 헝가리의 영화 배급 체계도 정교했다. 전쟁 전 전국에 500개의 영화관 네트워크가 운영되었는데, 적어도 그중 절반은 파괴되지 않았고 1945년 당시에도 여전히 폴란드나 독일보다 훨씬 많은 영화관이 정상적으로 운영되고 있었다. 1930년대에 반유대주의 법안이 영화 산업을 분열시켰지만(그 결과 뛰어난 재능을 가진 헝가리 유대인들이 할리우드로 빠져나갔다), 대부분의 장비는 그대로 남아 있었다. 반면 폴란드에서는 전리품으로 독일에서 탈취한 카메라로 전후 영화 산업이 다시 시작되었다.

전후 헝가리 영화 산업도 공산주의 전파를 목표로 시작한 것이 아니었다. 부다페스트가 해방된 이듬해 여름, 헝가리의 가장 중요한 스튜디오 훈니아Hunnia가 국영 회사로 운영을 시작할 수 있는 허가를 소련 점령군에게 받아냈다. 신중하게 균형이 잡힌 훈니아의 새 이사회는 공산당원 3명, 사회민주주의자 2명, 정부 부처 관계자들, 그리고 일부 비공산주의자들로 이루어졌다. 동시에 민간 영화 제작사들도 낙관적 전망을 가지고 문을 열었다. 4개의 주요 정당 모두가 영화 제작사를 설립하고 영화관을 이론적으로 분할했다. 다른 많은 것과 마찬가지로, 여기서도 공산당은 다른 당들보다 더 평등했다. 즉 사회민주당과 함께 공산당은 대부분의 영화관과 자금 대부분을 통제했다.

이처럼 시작은 비교적 낙관적이었지만 인플레이션이 진전을 가로막았고(1945년에는 세 편의 영화만 제작되었고 1946년에는 한 편도 없었다) 1947년 초에는 정치도 개입하기 시작했다. 그해 여름, 재능 있는 젊은 감독 이슈트반 쇠츠István Szötz(1942년 베니스 영화제에서 본상을 수상했다)가 개인 제작사와 함께 영화 작업을 시작했다. 영화 〈옥수수 밭의 노래 Ének a búzamezökröl〉는 1차대전이 헝가리 농민 가족에게 끼친 비극적인 영향을 다룬 오래된 소설이 원작으로, 헝가리 소녀와 러시아 포로의 사랑 이야기가 포함되어 있었다. 누구의 말을 듣든, 쇠츠는 이 소설을 각색하여 큰 성공을 거두었다. 하지만 헝가리·러시아 간의 사랑이라는 주제가 보호해줄 것이라고 생각했지만, 쇠츠는 검열관들에게 시달렸다. 검열관들은 너무 강력하게 다룬 종교적 장면들이 마음에 들지 않았다. 그들은 더이상 정치적으로 옳지 않은 평화주의 메시지도 싫어했다. 그들에게는 영화 속 헝가리 농민들이 토지에 깊은 애착을 느끼는 사실도 못마땅했다. 이는 향후 토지 개혁과 결국에는 집단화를 계획 중인 정권에 좋지 않은 징조였던 것이다. 쇠츠는 놀랐지만 몇 가지 수정을 거쳐 영화가 완성되었다고 선언했고, 적어도 초기 상영을 본 사람들로부터는 열렬한 찬사를 받았다.

하지만 그 칭찬은 오래가지 못했다고 쇠츠는 훗날 회고했다.

시사회 날짜와 장소가 정해졌다. 이때 비평가들은 이 영화가 반동적이고 종교적이며 심지어 민드센티를 지지한다고 공격하기 시작했다. … 개봉 열흘 전, 영화는 정당한 이유 없이 상영이 금지되었다. … 마침내 영화는 당 본부에서 상영되었지만 끝까지 상영되지는 못했다. 라코시가 먼 나라에 떨어져 있는 사랑하는 아들들을 위해 기도하고 노래하는 (사람들의) 첫 장면을 보고 벌떡 일어나 시위하듯 퇴장했기 때문이었다. … 사건이 종결되고 영화는 금지되었다.[66]

〈옥수수 밭의 노래〉는 결코 극장에서 상영되지 못했다. 그후 다른 개인 제작 영화도 마찬가지였다. 1948년 영화 산업은 완전히 국유화되었고, 훈니아의 균형 잡힌 이사회는 해체되었으며, 예술적 자유인 척 하던 모든 가식이 버려졌다. 문화부 장관이 된 요제프 레바이는 스탈린의 전례를 따라 기획부터 촬영까지 영화 제작의 모든 측면을 감시하기 시작했다. 그는 한 치의 오차도 허용하지 않으려고 즉시 소련 동지들에게 미학적 조언을 구했다. 그가 부다페스트에 초청한 소련 영화부 차관은 이렇게 선언했다. "헝가리 영화 예술가들에게 가장 먼저 할 수 있는 조언은 소련 영화를 철저히 연구해야 한다는 것입니다. … 우리에게 배운 것에 헝가리만의 특별한 볼셰비키 미학을 더해야만 위대한 예술이 만들어질 수 있습니다." [67] 부다페스트로 와달라는 초청장이 바로 푸돕킨에게 발송되었다. 학교, 직장, 공공장소처럼 영화관도 이념 교육의 또다른 장이 되어야 했고, 소련 감독은 헝가리인들에게 그 방법을 보여줄 수 있었다.

후대의 기록에 따르면 1950년 부다페스트에 도착한 푸돕킨은 종종 "망가진 사람"으로 묘사되었다. 그의 경우 상투적이라는cliché 표현이 정확할 것이다. 그의 실험 본능은 오래전에 꺾였다. 그가 소련 항공 산업의 창시자를 그린 지루하고 고리타분한 영화 〈주코프스키〉로 스탈린상을 수상한 지 얼마 되지 않은 때였다. 그는 헝가리 사람들에게 복종의 심리를 확실히 가르칠 수 있었지만, 그밖에는 별다른 역할을 하지 못했다. 헝가리 경험을 묘사한 푸돕킨의 글은 실망스러울 정도로 딱딱하고 진실을 드러내지 못한다. 그는 부다페스트의 건축이나 물질 문화, 전쟁 후에도 모스크바보다 훨씬 부유한 데 감명을 받았지만, 그런 말을 결코 하지 않았다. 전쟁 전 헝가리 영화에 대해서도 감탄했지만 그런 말도 일절 하지 않았다.

영화감독으로서는 이례적으로 푸돕킨이 헝가리 여자들과 시시덕거리거나 퇴근 후 술집에서 술을 마신 기억도 없다. 그 대신 1952년 헝가리어로 출간한 짧은 책에서 그는 이론의 중요성을 역설했다. "삶을 이해하려면 마르크스·레닌주의를 알 필요가 있다. … 정치 교육 없이 영화를 만드는 것은 불가능하다." 그는 할리우드에서 말하는 해피엔딩의 필요성에 대해서도 언급했다. "드라마는 사회주의의 길을 걷는 사람들의 … 투쟁과 승리를 보여줘야 한다." 그는 긍정적인 역할 모델의 중요성을 강조했다. "긍정적인 캐릭터를 창조하는 것은 사회주의 예술가가 할 수 있는 가장 어렵지만 아름다운 작업 중 하나다." 그는 서구 영화를 비관적이라고 비판하고 소비에트 영화의 유기적 낙관주의를 칭송했다.[68] 이 감독은 언론과 광범위한 인터뷰도 했는데, 그중 하나는 이념적 천덕꾸러기가 된 쇠츠가 읽기에 끔찍한 글이었다. 핵심만 말하면 푸돕킨은 역사 영화는 사실적으로 정확해야 하는 것이 아니라 이념적으로 정확해야 한다고 주장했다.

그는 영화가 이념적 주장에 따라 결정된 사건을 따라야 하는 것이 중요하다고 말했다. 거기에 부합하지 않는 모든 것은 잘못된 '자연주의'이며, 이런 종류의 영화에 필요한 이념적·역사적 현실과 다른 것으로 간주되었다. … 전에 내가 푸돕킨을 얼마나 존경했든 … 언론에서 이 발언을 읽은 후, 나는 그에게 소개되지 않은 것을 다행으로 여겼다.[69]

하지만 푸돕킨의 영향력은 단순한 발언을 훨씬 뛰어넘었다. 헝가리 영화 산업에서도 폴란드 영화 산업과 마찬가지로, 과거에는 새로운 영화 제작을 구상, 설계, 조직하는 감독들이 영화 프로젝트를 주도했다. 소련에서는 대본을 쓰기 전부터 주제와 대사 등 영화의 모든 측면을 검열관과 논의하는 시나리오 작가가 주도적인 역할을 했다. 아이러니하게도, 아니 어쩌면 비극적으로 시각적인, 소리 없는 이미지 구현의 초기 대가였던 감독 푸돕킨은 이 시스템을 헝가리에 도입하여 순종적인 시나리오 작가와 문화 관료가 지배하는 헝가리 스튜디오 시스템을 만들어냈다. 그의 조언이나 영향을 피할 길은 없었다. 1948년부터 감독으로 일하려는 사람은 누구나 헝가리연극영화예술아카데미를 졸업해야 했기 때문이다. 1959년까지 그들이 서비스를 제공할 수 있는 스튜디오는 훗날 마필름Mafilm으로 이름이 바뀐 훈니아뿐이었다. 그 기간 동안 모든 영화 대본은 완성된 영화와 마찬가지로 여러 단계의 장관 승인을 거쳐야 했다.

부다페스트에 있는 동안 푸돕킨은 문화부에서 열린 많은 대본 토론에 참여했다. 그는 대부분 시각적이거나 기술적인 문제보다는 주어진 영화의 정치적·사회적 주제에 초점을 맞춰 의견을 개진했다. 그는 협동조합에 가입한 농민들 이야기를 다룬 영화의 시나리오 작가가 협동조합의 실용적이고 물질적인 이점보다 도덕적인 면에 초점을 맞춘 것을 꾸짖었다. "이건 심각한 결함이오." 그는 협동조합의 장점을 극적으로 보여줄 새로운 캐릭터와 플롯을 만들자고 제안했다. 예를 들어 그는 아버지의 협동조합 가입 거부로 장래가 위태로워질까 봐 두려워하는 한 아이가 등장할 수 있다고 제안했다.[70] 푸돕킨이 비판한 또다른 영화에서는 마지막 장면에서 한 노동자가 죽는데, 그는 결론이 낙관적이지 못하다고 보았다. 두 경우 모두 그의 비평은 논쟁 없이 받아들여졌다. 그가 참여한 회의 중 하나는 한 문장으로 끝나는 기록으로 남았다. "우리는 푸돕킨 동지의 제안을 받아들이며, 제안받은 대로 영화를 고칠 것이다."[71]

푸돕킨은 여러 헝가리 영화에 직접 참여하기도 했다. 그중 하나는 〈카탈린의 결혼Kis Katalin Házassága〉으로, 카탈린Katalin과 요스카Jóska라는 두 공장 노동자의 이야기를 다룬다. 둘의 관계는 카탈린이 일과 학업에 흥미를 잃고 맥없이 집을 서성이면서 흔들리기 시작한다. 요스카는 그녀를 돕는 대신 자기 일에 집중한다. 카탈린은 엄마와 함께 집으로 돌아가지만 결국 공장의 당 비서인 바르나Barna에게 구원을 받는다. 바르나는 그녀에게 초과달성 노동자, 훌륭한 학생, 심지어 당원이 되는 법을 가르쳐준다. 결국 요스카는 그녀에게 배워야 할 사람이 바로 자신이라는 것을 깨닫는다. 당시 시나리오 작가는 이렇게 설명했다. "영화는 두 사람이 당에 의해 어떻게 다시 정상 궤도에 오르는지 보여주며 부부 중 한 사람은 공장에서, 다른 한 사람은 사무실에서 일하는 것이 어떻게 가능한지도 보여준다."[72] 최고의 사회주의 리얼리즘 영화에는 여러 교훈이 담겨 있다는 원칙에 따라 이 영화에는 방해꾼과 관련된 에피소드도 포함되어 있다. 따라서 관객들은 〈카탈린의 결혼〉을 통해 당의 주도적 역할, 노동 경쟁의 중요성, 반동에 맞서 싸워야 할 필요성, 다양한 종류의 노동의 가치, 결혼의 중요성에 대해 배울 수 있었다. 스튜디오 밖에서 촬영한 장면도 볼 수 있었다. 푸돕킨이 한 말을 구현한 것이었다. "영화는 삶의 진실을 보여줘야 한다."[73]

영화를 연출하거나 각본을 쓰고자 하는 헝가리 영화 제작자들은 이러한 제약 조건 내에서 작업해야 했다. 다른 선택지는 이 직업을 그만두거나 굶는 것뿐이었다. 〈옥수수 밭의 노래〉가 비참하게 취소된 후, 쇠츠는 국가 감독이 되어달라는 초청을 받았다.

난 이 기회를 잡지 않았다. 거짓말, 시끄러운 선전, 정치적 내용으로 가득 찬 영화를 내가 절대 찍지 않을 것임을 알기 때문이었다. … 그래서 나는 살아남으려고 버둥댔다. … 수입이 없으니 쉬운 일이 아니었다. 아파트를 팔았다. … 내가 가진 무엇이든(카메라, 렌즈도) 팔기 시작했다. 그런 거래를 하며 살아갈 수 있겠지만, 당국에 좋게 보일 리 없었다. 이러한 활동을 허가받은 서류가 없으니 당국은 암시장 거래로 간주할 것이었다. 얼마 후 나는 카페에 앉아 있기도 두렵기 시작했다. 서류를 요구하면 직업이 없다고 말한 뒤 결국 수용소에 가게 될까 봐 두려웠다.[74]

그렇게 1951년 〈이상한 결혼Különös házasság〉이 개봉했다. 사제의 아이를 임신한 여자와 결혼할 수밖에 없었던 남자의 이야기를 다룬 이 헝가리 고전 영화는 '반동 성직자'에 맞선 당의 캠페인과 잘 맞아떨어졌다. 그해 마필름은 미국의 헝가리 정유 공장 파괴를 다룬 영화 〈지하 식민지Gyarmat a föld alatt〉를 개봉했다. 주인공은 파괴공작을 적발한 비밀경찰로, 영화는 헝가리 석유 산업의 국유화와 함께 행복하게 끝난다. 그 무렵 동독에서도 반자본주의와 반미 주제를 탐구하고 있었다. 이러한 주제가 두드러진 〈신들의 회의Der Rat der Götter〉는 대학살에 사용된 치클론Zyklon-B 가스를 생산한 나치 화학 회사 이게파르벤I. G. Farben과 미국 화학 회사의 공모, 즉 미국 관리들과 나치의 공모를 중심으로 이야기가 전개된다.

그러나 부다페스트의 푸돕킨, 베를린의 소련 당국, 그리고 짧게나마 바르샤바의 공산주의자들에 의한 영화 제작에 대한 가혹한 통제 시스템은 오래가지 못했다. 감독과 각본가들은 처음에는 선택의 여지가 없어서 사회주의 리얼리즘 영화 제작에 동의했다. 그러나 가능한 한 빨리 그들은 규칙을 우회하는 방법을 찾기 시작했다. 몇 년 후 동유럽 영화와 연극의 감독들은 비언어적 '농담'(관객은 이해할 수 있지만 대본을 읽는 검열관에게는 보이지 않는 무언의 시각적 정치 논평)을 나름대로 예술 형식에 가까운 것으로 끌어올렸다. 전후 폴란드 영화의 창시자 중 하나인 안제이 바이다는 폴란드의 영화 제작자에 대해 이렇게 말했다.

> 우리는 처음부터 대화로는 아무것도 할 수 없다는 것을 알았다. … 검열관들은 우리의 말을 주시했다. 이념은 말로 표현되기 때문에 말은 바로 이해된다. … 우리는 말로 표현할 기회가 없다는 것을 알았지만 장면은 완전히 달랐다. 장면은 모호해도 된다. 관객은 장면의 메시지를 이해할 수 있지만, 검열관은 조치를 취할 근거가 없다.[75]

예컨대 바이다의 영화 〈재와 다이아몬드〉에는 두 인물이 술집에 앉아 보드카 잔에 불을 붙일 때마다 이름을 반복해 부르는 장면이 나온다. 아무도 이것이 당시 금기시됐던 바르샤바 봉기 때 죽은 친구들을 위한 추모 촛불이라고 말하지 않지만, 관객들은 무슨 일이 일어나고 있는지 바로 이해했다. 헝가리 영화는 이후 이와 비슷한 정교한 은유를 발전시켰는데, 가장 유명한 작품은 이슈트반 서보 감독의 현대판 파우스트 〈메피스토Mephisto〉일 것이다. 나치 독일을 배경으로 한 〈메피스토〉는 출세하려고 국가사회주의에 협력하는 한 배우의 이야기를 다룬다. 영화를 보는 관객들은 이 이야기가 얼마 되지 않은 공산주의 과거에 대한 논평임을 알았다. 스탈린주의가 만연한 헝가리의 배우들도 출세하려고 협력했기 때문이었다.

힌트와 암시는 현대 연극과 고전 연극에서도 찾을 수 있었고, 연출자들은 이를 최대한 활용했다. 공산주의 폴란드에서는 셰익스피어마저도 현대 정치 논평의 한 형태가 되었다. "덴마크는 감옥이다"라는 대사는 소련의 폴란드 점령에 대한 암시로 이해될 수 있었다. "덴마크에 뭔가 썩은 것이 있다"는 대사도 같은 힘을 가졌다. 리어왕의 왕국이 분열된 것조차도 전후 폴란드의 분열과 동부 영토의 상실에 대한 은유로 볼 수 있었다.[76]

이상하게 들리겠지만, 진정한 리얼리즘(자연스러움, 실제와 같은 대사, 시청자가 자신의 삶에서 알아볼 수 있는 장면)은 소련에서 수입된 사회주의 리얼리즘에 맞서 신중하게 쓸 수 있는 도구였다. 이 기법은 헝가리 영화 〈국영 백화점Állami Áruház〉에서 효과를 발휘했다. 줄거리나 배경이 국영 백화점인지라 급진적이지는 않았지만, 이 영화에는 다뉴브 강가의 매력적인 몇 장면이 포함되어 있다. 영화 속 사람들은 물속으로 뛰어들었다가 나오고, 서로 물을 튀기고, 신중하게 구성된 노동절 행진이 아니라 실제 생활에서처럼 지저분하고 무질서하게 움직인다. 또다른 장면에서는 상품이 도착했다는 소식을 듣고 고객들이 백화점으로 몰려드는데(당시 영화 관객들에게 익숙한 광경) 다행히 상품을 가득 실은 트럭이 제때 도착해 고객들을 만족시킨다. 관객은 모두 이 장면이 우스꽝스럽다는 것을 알았다. 실제로는 상품이 가득 실린 트럭이 없었기 때문에 이 장면은 일종의 내부자들 사이의 농담이 되었다.

1955년에 개봉한 바이다의 첫 영화 〈세대Pokolenie〉도 이런 '리얼리즘'을 활용했다. 이 영화에는 공산주의 관료들의 비위를 맞추기 위해 고안된 여러 장면이 있었지만, 실제 그대로인 자연스러운 여러 장면도 포함되어 있었다. 10대인 로만 폴란스키를 비롯한 몇몇 젊은 배우들은 어렸을 때 저항군에 참여했던 경험이 있어 나치 점령 당시를 잘 기억하고 있었다. 계단을 오르내리고 게슈타포를 피해 골목에 숨어 있을 때, 이들은 그저 점령 당시의 기억대로 행동하며 연기하고 있을 뿐이었다. 관객들도 이를 이해했다.[77]

당연히 가장 명백한 스탈린주의 영화들은 감독들에게 수치스러운 일이 되었고, 일부 감독들은 1953년 스탈린이 사망한 후 이를 비난하거나 부인했다. 가장 조잡한 절정의 스탈린주의 회화, 조각, 시, 소설, 건축도 같은 운명을 맞이했다. 노벨상을 수상한 저명한 폴란드 시인 비스와바 심보르스카는 자신이 썼던 스탈린주의 시에 대해 거의 언급하지 않았고, 나중에 출간된 작품집에도 넣지 않았다. 〈레닌〉, 〈사회주의 도시 건설을 환영하며〉, 〈노바후타를 건설하는 청년들〉, 〈우리 노동자가 제국주의자들에 대해 말하다〉 등 제목 자체가 민망해졌다. 스탈린에 대한 찬가 〈그날〉에는 다음과 같은 불멸의 시구가 들어 있다. "이것이 당이요, 인류의 비전이다 / 이것이 당이요, 인민과 양심의 힘이다 / 그의 생애 중 아무것도 잊지 않을 것이다 / 그의 당은 어둠을 밀어낼 것이다." 그녀는 다른 많은 주제에 대한 아름답고 불가사의한 시를 계속 써나갔고, 말년에는 이 곤혹스러운 시대에 대한 언급을 아예 피했다.[78]

그러나 스탈린주의는 지나간 후에도 동독 문화에 흔적을 남겼다. 동독 화가들은 수십 년 동안 리얼리즘의 정의에 대해 논쟁을 계속했다. 헝가리에서 저명한 철학자로 꼽히는 아그네스 헬러Ágnes Heller는 생애 대부분을 전체주의 문제에 집중했다. 체코슬로바키아의 망명 작가 밀란 쿤데라는 검열, 비밀, 협력에 관한 이야기를 썼다. 동독 작가 크리스타 볼프의 가장 유명한 소설 《크리스타 T.에 대한 추억》은 순응하라는 압력에 맞선 한 여성의 투쟁을 다룬다.[79] 바이다는 프랑스혁명이

든 2차대전 동안이든 전체주의와 저항이라는 주제를 평생 붙들고 있었다. 역사적, 정치적, 심리적 이유 등 수많은 이유로 일부 동유럽 예술가들은 1949년에서 1953년 사이에 사회주의 리얼리스트가 되는 데 동의했다. 그러나 그들과 동시대 사람들, 그리고 그들의 뒤를 이은 사람들은 왜, 그리고 어떻게 이것이 가능했는지 이해하려고 애쓰며 여생을 보냈다.

절정의 스탈린주의

32. 바르샤바 노동절 행진. "노동계급의 전위대, 국가의 주도 세력, 폴란드 통합노동당 만세"라고 쓰인 현수막 뒤에 스탈린과 비에루트의 초상화가 눈에 띈다. 1952년.

33. 레닌 모형을 앞세운 부다페스트 노동절 행진. 1949년.

사회주의 리얼리즘

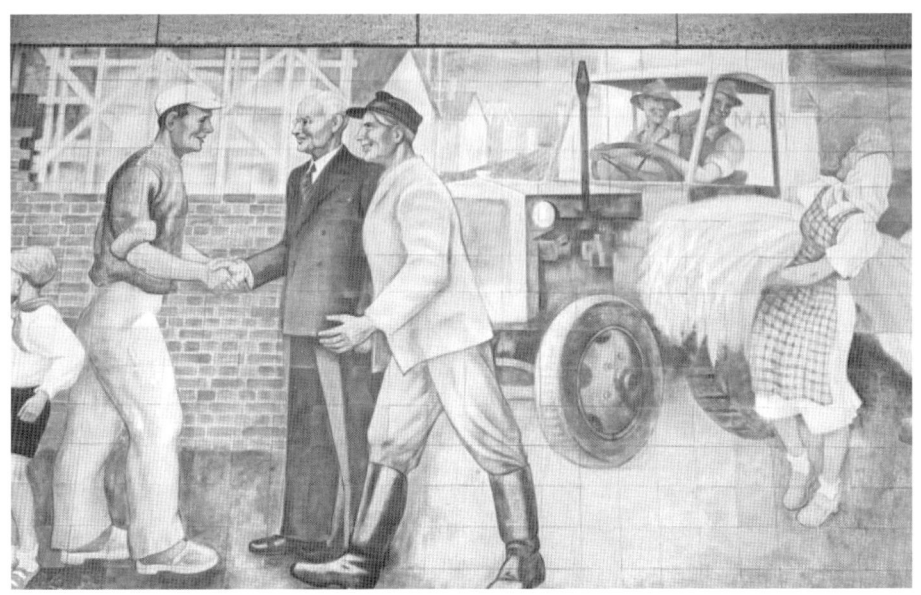

34. 막스 린그너의 벽화 〈공화국 건설〉 일부. 1952년.

35. 조각품 〈농업 작업반〉을 제
작하고 있는 언드라시 코치시.
1954년.

사회주의 도시

36. 여성 건설 작업반. 스탈린바로시.

37. 휴식을 취하는 젊은 노동
자들. 스탈린슈타트.

베를린 청년축제, 1951

38. 발터 울브리히트 스타디움으로 행진해 들어오는 대표단들.

39. 공연 중인 자유독일청년단 기악대.

바르샤바 청년축제, 1955

40. 즉흥적으로 춤추는 사람들.

41. 치밀하게 준비된 매스게임.

혁명

42. 소련 전차에 돌을 던지는 시위자들. 베를린, 1953년 6월 17일.

43. 부상자 이송. 베를린, 1953년 6월 17일.

44. 전차에 올라탄 헝가리 저항자들. 부다페스트, 1956년 10월.

45. 베이루트 초상화에 발사된 총알 자국. 포즈난, 1956년 10월.

46. 돌아온 소련 전차들. 부다페스트, 1956년 11월 4일.

15장

이상적인 도시

오 나의 제철소여! 수많은 대중의 어머니여.
그들은 당신의 영광을 위해 함께 일하네.
당신은 나의 심장을 강하게 만들고
나는 당신의 땅 위에서 자랐네.

— 우르슐라 치세크-파란키에비치Urszula Ciszek-Frankiewicz,
〈나의 제철소에게〉에서[1]

나는 도시를 찾아 나섰다. 마을을 지나 거대한 물웅덩이에 다다랐
다. … 노동자들은 조금 동정심 어린 눈으로 서류 가방을 든 사람을
쳐다보았는데(당시 이런 많은 사람들이 지시를 하러 왔다) 그가 탄
작은 차는 진흙탕에 빠져버렸다. 혼란스러운 상황이었다. 많은 사람
들이 떼로 몰려왔고 서로를 알지 못했다.

— 공산당 관리 요제프 본도르Jószef Bondor,
스탈린바로시에 도착한 때를 회고하며[2]

당시 많은 사진이 그러하듯, 사람들이 세심하게 포즈를 취한 사진은
교육용이었다. 왼쪽에는 농민 수건으로 머리를 뒤로 묶은 젊은 여성이
뒷짐을 지고 경청하며 서 있다. 체크무늬 면 셔츠에, 아래위가 붙은 작
업 바지 차림이다. 오른쪽에는 다른 여성이 계단에 발을 단단히 올려
놓고 중간 거리를 응시한다. 점잖은 스커트와 블라우스 차림으로, 연

필과 종이를 들고 지시하고 있다. 둘 다 여성 작업반 소속으로 스탈린바로시라는 새 도시, 즉 스탈린타운의 새로운 제철소 건설 작업에 전념하고 있다. 연필을 든 오른쪽 여인은 기술자이자 건축가인 조피아 테반Zsófia Tevan이다. 면 셔츠를 입은 왼쪽 여인은 벽돌공 율리어 콜라르Júlia Kollár다.

콜라르는 1951년 스탈린바로시에 도착했다. 농민의 딸인 그녀는 전쟁 직후 13세에 학교를 마치고 바로 일을 시작한 뒤("당시 우리는 주어지는 무슨 일이든 했어요") 대형 제철소 건설이 시작된 헝가리 남부, 유고슬라비아와의 국경 근처 모하치 건설 현장에 배치되었다. 1949년 여름, 콜라르 같은 미숙련 노동자들을 위한 특별 교육 과정이 모하치에 개설되었다. 그녀는 시멘트를 섞고 벽돌을 쌓는 법을 배웠다. 노동청년연맹Dolgozó Ifjúság Szövetsége, DISZ이라고 알려진 공산당 청년운동에도 가담했다. 그러나 불과 몇 달 후 모하치의 건설 작업이 갑자기 중단되었다. 당국은 공장 건설 현장을 헝가리 중부의 다뉴브 강변에 있는 두나펜텔레Dunapentele로 이전한다고 선언했다. 모하치의 노동자들과 감독자들도 그곳으로 이주하라는 권고를 받았다.

콜라르는 이 제안을 받아들였고, 부다페스트의 건설부에서 5개월 더 훈련을 받고 1951년 봄에 건설 현장에 도착했다. 처음에 그녀는 현장 여건에 충격을 받았다. 모하치에서 그녀는 어머니와 형제들과 함께 개인 가옥에 살았지만, 두나펜텔레에서 젊은 노동자들은 텐트와 임시 기숙사에서 잠을 잤다. "대여섯 명이 한 방을 같이 쓰며 2층 침대에서 잤다." 그녀는 거의 포기하고 집으로 가려 했지만, 감독관 테반의 설득으로 거기에 남았다.

이례적으로 테반은 자기 아파트가 있었다. "기술자들을 위한 간이 호텔이 있었지만 모두 남자라서 나는 반쯤 지어진 건물의 방을 하나 배정받았다. 벽은 아직 회칠이 되지 않았고 방은 너무 습해서 나는 옷을 입은 채 잠을 자야 했고, 아침이면 옷이 다 젖어버렸다." 그러나 아파트는 실내 상하수도 시설이 되어 있고 작은 부엌도 있었다. 테반은 그곳에서 혼자 살았다. 당시 테반은 콜라르에게 말하지 않았지만, 그녀의 약혼자는 러이크 재판 와중에 체포된 수십 명과 함께 감옥에 있었다. 그녀는 콜라르에게 같이 지내자고 말했고, 두 여성은 1년 후 콜라르가 결혼할 때까지 같이 생활했다.

콜라르가 회고해보건대 그 시기는 아주 행복한 시간이었다. 2009년 내가 만났을 때 그녀는 굉장히 향수에 젖어 제철소 건설 작업 초기를 회상했다. 그녀는 아주 초기에 테반과 함께 당시 대단한 영예였던, 여성으로만 구성된 스탈린바로시 건설단에 참여했다. 3월 8일(소련 달력으로 국제 여성의 날) 건설 공사는 거창한 의식과 함께 시작되었지만, 건설단이 겪은 성공은 실패와 뒤섞여 있었다. 벽과 바닥에 타일 붙이기는 여성이 할 만한 일이었지만, "시멘트 붓기는 쉽지 않았다. 우리에게 적절한 장비가 없었으니까 … 여성들은 열정적이었지만, 신체적으로 매우 고된 일이었다"라고 테반은 회고했다. 여성 건설단의 작업은 언론이 진척 상황을 세심히 관찰하고 있기 때문에 실패해서는 안 될 일이었다. 이들이 데드라인을 맞추려고 쩔쩔 매자 남성 건설단 1명이 은밀하게 작업을 도와 여성 벽돌공들이 빨리 과업을 마치도록 해주었다.

콜라르는 이른 아침부터 밤늦게까지 일했지만, 노동청년연맹 부서에서도 적극적으로 활동했다. 그녀의 말에 따르면 "자발적인 일을 하고, 사회 캠페인을 수행하고, 평화 채권을 샀다"고 한다. 콜라르는 건설 현장에 새로 온 소녀들의 멘토 역할을 하고, 댄스 모임에 가고, 연극과 음악 공연을 도왔다. "그건 공동체였다. 사람들에게는 공동체가 필요하다. 우리는 사회적 존재라 다른 사람을 필요로 한다." 콜라르는 노동청년연맹이 베를린에서 열리는 국제청년축제에 대표단을 보낸다는 소식을 듣고, 선발위원회를 이끌고 있던 공장 내의 청년 책임자 엘레크 호르바트Elek Horváth를 만나러 갔다. 두 사람은 계단에서 마주쳤고(그녀는 그가 아주 잘 생겼다고 생각했다) 그녀는 자신을 선발해달라고 부탁했다.

그러나 그는 그녀를 선발하지 않았다. 훗날 호르바트는 "거기서 다른 사람을 만날까 봐" 그녀를 베를린에 보내고 싶지 않았다고 말했다. 그는 바로 사랑에 빠졌고, 두 사람은 몇 달 후 결혼했다. 새로 생긴 등록사무소에서 진행된 민간 결혼 예식은 단순했고 특별한 복장이 없었으며, 테반이 유일한 증인이었다. 신부는 전날 시로부터 받은 침실 하나짜리 아파트를 아침에 청소하느라 예식에 늦을 뻔했다. 사진사가 없어서 사진도 찍지 못했다. 그러고 나서 일행은 식당으로 갔다. 다음 월요일 그들은 모두 일터로 복귀했다.[3]

콜라르, 테반, 호르바트의 젊은 시절을 형성한 이 거대한 제철소는 헝가리에서 가장 크고 야심찬 산업 투자였다. 이 건설 프로젝트의 모든 것은 고도로 정치화되었고, 공장의 모든 것은 처음부터 소련의 조언과 관심으로 만들어졌다. 공장 설계는 1949년 헝가리 관리들과 모스크바의 소련 관리들 사이에 진행된 회의에서 선택되었다. 원래 건설 장소는 공동으로 선택한 것이었지만(모하치는 교통의 근접성과 양질의 토지로 인해 선택되었다) 소련과 유고슬라비아 사이에 갈등이 벌어진 후 그곳은 국경에서 너무 가깝다는 판정이 내려졌다. 마차시 라코시가 1949년 12월 헝가리 정치국에서 말한 대로 다뉴브 강변 두나펜텔레의 새 부지는 몇 가지 단점이 있었고, 모래가 많이 섞인 토양이 결국 건설을 어렵게 만들었다. 그러나 부다페스트에 더 가깝고 티토로부터 더 멀리 떨어진 곳이었다.

일단 장소가 정해지자 건설 프로젝트는 소련식으로 서둘러 진행되었다. 설계가 끝나기도 전에 건설이 시작되었다. 초기 몇 달간 노동자 숙소를 지을 시간이 없어 콜라르 같은 노동자들은 텐트나 원시적 임시 숙소에서 생활했고, 새 아파트 벽에 회를 바를 시간도 없었다. 인근 농장에서 온 노동자들이 주말에도 건설 작업이 계속되도록 일요일 지원을 했다. 어둠이 깔리면 야간 작업이 강렬한 불빛 아래 진행되었다. 여름에는 전국에서 청년집단이 와서 건설 작업을 도왔다.[4]

스탈린바로시는 헝가리에서는 유일무이한 프로젝트였지만, 소련 블록 전체를 보면 그렇지 않았다. 새로 지은 거대한 제철소 인근에 세워진 여러 사회주의 도시 중 하나로, 진정한 전체주의 문명을 갑자기 출범시키려는 동유럽 공산당의 가장 포괄적인 시도를 집단적으로 보여준다. 제철소는 산업화와 무기 생산을 촉진하기 위해 건설되었다. 거대한 건설 현장은 농민들을 공장으로 유입시켜 노동계급을 확대하려는 의도도 있었다. 아무것도 없는 상태에서 만들어진 새로운 공장 단지는 중앙 계획이 기존 경제 관계에 방해를 받지 않고 자본주의보다 더 빠른 경제 성장을 달성할 수 있다는 것을 보여주려는 분명한 의도를 가지고 있었다.

새로운 도시의 건설과 설계에는 호모 소비에티쿠스의 확산을 촉진하는 새로운 사회의 발전을 조장하려는 의도도 담겨 있었다. 이 완전히 새로운 공동체에서 전통적 조직과 제도는 아무런 영향력이 없었으며 오랜 관습은 진보를 방해하지 못했고, 다른 조직이 없기 때문에 공산주의 조직은 젊은이들에게 엄청난 영향을 미칠 수밖에 없었다. 한독일 역사학자가 쓴 대로 사회주의 도시는 "역사적 부담에서 자유롭고, 새로운 인간이 탄생하며, 도시와 공장은 미래 사회, 문화, 생활 방식의 실험실이 되는" 곳이 될 터였다.[5]

새로운 공장들과 그 옆에 나란히 있는 새로운 도시들은 처음부터 공산당의 필요에 의해 형성되었다. 스탈린바로시는 안보 때문에 유고슬라비아 국경에서 먼 지역으로 옮겨 갔지만, 새로운 폴란드 제철 도시 노바후타는 이념적 이유 때문에 의도적으로 귀족적·역사적·지적 전통이 오래된 크라쿠프 시 인근에 세워졌다. "그들은 크라쿠프의 성격을 바꾸고 싶어했다." 노바후타의 오리지널 건축가들 중 1명인 스타니스와프 주흐노비치Stanisław Juchnowicz는 이렇게 설명했다. "그들은 도시를 변화시킬 노동계급을 만들고 싶어했다."[6]

당시에도 이 계획은 논란을 불러일으켰다. 10여 개의 크라쿠프 기관이 중세 대학이 있는 고대 도시 옆에 거대한 제철소를 세우는 결정에 항의했지만 아무 소용이 없었다. 당시 작성된 기록에 따르면 이 장소 선택을 도운 소련 기술자들은 "크라쿠프 옆에 제철소를 세우겠다는 제안이 사회 대표들의 열정이 아니라 의심과 반대를 불러일으킨 것을 알고 놀라움을 표했다"고 한다. 그들은 시 관계자들이 단지 이 프로젝트가 가져올 "힘든 일을 두려워하는" 회피자들일지 모른다고 의심했다. 항의는 무시되고 결정된 대로 프로젝트가 진행되었다.[7] 1970년대가 되자 심각한 대기오염이 크라쿠프의 중세 건물들을 온통 검게 만들었다. 훗날 크라쿠프 환경협회 창설자가 된 주흐노비치는 "당시 이

문제에 대한 우리의 의식은 아주 낮았다"라고 털어놓았다.[8]

동독의 첫 대규모 제철 도시 아이젠휘텐슈타트(1953년 스탈린슈타트로 이름이 바뀌었다)의 장소 선정도 이와 유사하게 정치적이었다. 전쟁 전 독일의 석탄과 철강 산업은 거의 다 서쪽 지역에 있었기 때문에 새로운 제철 단지는 동독에서 절박한 문제였다. 여러 지역이 후보로 고려되었다. 발트해 지역에 있는 한 장소는 스웨덴에서 철광석을 수입하는 데 유리했다. 이 계획은 발터 울브리히트에 의해 취소되었다. 그는 아마도 스탈린과 면담한 후 이런 결정을 내렸을 것이다. 스탈린은 '자신의' 독일이 서방에 너무 의존하는 것을 달가워하지 않았다. 최종적으로 장소 결정 임무를 맡은 기술자들과의 회의에서 울브리히트는 새로운 제철소 위치 문제를 과장된 동작으로 해결했다. 그는 컴퍼스를 꺼내 테이블 위에 펼쳐진 독일 지도 위에 놓았다. "여기를 보시오." 그는 바이에른의 미군 기지를 기점으로 반원을 그렸다. 그러고는 컴퍼스를 넓혀 한 곳을 찍었다. "저기는 약 7분 공습경보 지역이오." 그다음 동독의 동부 국경 쪽에 있는 퓌르스텐베르크까지 컴퍼스를 넓히고 말했다. "저기는 약 15분 공습경보 지역이잖소." 한 참석자는 이런 고려는 공개하면 안 된다고 말했다. "물론 그래서는 안 되오." 울브리히트는 대답했다. 새로운 제철소의 위치는 중부 우크라이나의 철광석과 폴란드의 석탄을 들여오는 데 유리한 동부 지역으로 결정되었다. "이렇게 하면 친선의 과업이 될 것이며, 우리 주장의 근거가 될 것이오."[9]

퓌르스텐베르크는 건설 현장에서 일할 수 있는 많은 피난민 등 다른 이점도 있었다. 주변에 도시가 없는 것도 좋은 점이었다.[10] 울브리히트는 폴란드와 헝가리 동지들처럼, "과거 노동 현장 가치에 오염되지 않은" 도시라는 이상에 개인적으로 집착했다.[11] 퓌르스텐베르크는 아무런 산업이 없었고 그래서 쓸모 있는 일자리도 없었다.

스탈린바로시의 철강 복합공장과 마찬가지로 노바후타와 스탈린슈타트의 철강 공장은 소련이 설계했고, 처음부터 소련 기술자들이 건설에 관여했다. 헝가리와 폴란드에서 모든 계획과 교육 자료(소련 국영 회사 기프로메츠Giprometz가 제공한 것이었다)는 러시아어에서 각국 언어로 번역되는 과정에서 많은 오해를 불러일으켰다(노바후타 건설을 찬양하는 공식 문서조차도 이로 인한 언어적 어려움을 언급했다).[12] 소련은 장비도 보냈는데, 이 중 많은 것은 폴란드 여건에 맞게 변형되거나 완전히 다시 만들어져야 했다.[13] 한편 동독에서는 소련 기술을 이용하기로 한 결정이 많은 역설을 만들어냈다. 스탈린슈타트 제철소 설계도는 1930년대에 미국 자문관들이 우랄 지방의 마그니토고르스크의 철강 콤비나트를 설계한 것과 똑같았다. 그래서 이 설계도는 자본주의에서 기원했을 뿐 아니라 독일에서 나중에 개발되고 이미 서독에서 사용된 모델보다 덜 정교했다.[14]

새 도시의 건축도 정치색이 강했다. 사회주의 리얼리즘 건축가들은 설계를 중요한 실험으로 여겼다. 자신들의 진보를 보도록 외국 귀빈들을 초청했다. 스탈린슈타트 노동자들과 기술자들이 노바후타와 스탈린바로시를 의례상 방문했고, 그 반대의 방문도 이루어졌다. 시간이 지나자 예술가들과 작가들도 새로운 도시에서 영위되는 새로운 생활을 기록하기 위해 초청되었다. 중공업 숭배, 초과달성 노동자 숭배, 청년운동, 사회주의 리얼리즘 미학 등 절정의 스탈린주의 문화의 많은 요소들이 이 세 도시 설계에 들어가 어우러졌다.

여기에는 많은 것이 걸려 있었다. 1950년대 초반이 되자 동유럽 공산당은 자신들의 실패한 경제·정치 이론이 제대로 작동할 수 있다는 것을 필사적으로 입증하려고 했다. 많은 사람들은 노동자의 생활수준을 높이고 '새로운 인간'을 창조하려는 마지막 초인적 시도가 궁극적으로 공산당이 필요로 하는 정당성을 제공할 것이라고 믿었다.

그런데 '사회주의' 도시는 어떤 모습이어야 할까? 이번에도 아는 사람은 없었다. 1950년 소수의 동독 건축가들이 이를 알아내기 위해 모스크바, 키예프, 레닌그라드, 스탈린그라드를 방문했다. 이들은 모스크바 지하철을 타고, 붉은 광장에서 열린 노동절 행사에 참여하고, 나중에 보고한 대로 스탈린을 잠깐 보기까지 했다. "우리는 연단으로 올라가는 계단이 있는 (레닌) 영묘 옆에 서 있었다. 그리고 그가 계단으로 올라가며 우리를 지나쳤다. … 폭풍 같은 함성이 갑자기 커졌다. … 우리는 군중 속에 있지 않고 관찰자에 불과해 매우 애석했다. … 그토록 화려한 장면은 형언할 수 없다. 깃발, 포스터, 그림, 그 다양한 색이란 …."[15]

이 광경에 매료되어 그들은 뒤이어 진행된 회의마다 열심히 경청했다. 그들은 소련이 새 도시를 400개 이상 건설했으며, 각 도시의 "계획국이 어디에 배치하고 어떻게 조직할 것인가에 대한 모든 문제를 해결한다"는 것을 알게 되었다. 이들이 베를린 중앙부 재건축 계획을 보여주자 소련 건축가들은(독일 역사에 대한 그들의 경멸을 고려하면 역설적이게도) 이 계획이 도저히 수용할 수 없을 만큼 몰역사적이라고 비판했다. "우리를 직접 비판한 것은 딱 한 번이었는데 이때 그들은 독일 도시 계획의 위대한 전통이 독일에서 소중하게 여겨지지 않는다고 질책했다." 이때 소련 건축가들에게 들은 말에 따르면 새 도시는 베를린의 고전주의부터 북독일의 고딕 전통에 이르는 지역적 전통을 계승해야 했다. 그리해야 새 도시들이 더 '민주적'이 된다는 주장이었다.

독일 건축가들은 소련 건축가들이 시골보다 도시를(도시는 정치적 의지와 민족의식을 보여준다), 농업과 서비스업보다 중공업을(도시는 대개 산업에 의해, 그리고 산업을 위해 건설된다), 나무가 많은 교외보다 고층아파트 단지를(도시를 정원으로 바꾸는 것은 불가능하다) 선호한다는 것도 알게 되었다. 사실 그들은 교외에 전혀 관심이 없었다. 소련 건축가들은 도시의 성격은 "사람들이 도시적 생활을 하는 데 있다. 이들은 도시 경계나 도시 외곽에서 시골 생활을 한다"라고 선언했다.

동독 건축가들은 열정에 가득 찬 채 베를린으로 돌아왔다. 그들은 배운 것을 전달하기 위해 모임과 회의를 조직하고, 세미나와 교육 과정을 개최했다. 동독 건축가 중 한 사람인 발터 피스토네크Walter Pistonek는 1950년 5월부터 11월까지 공개 강연을 열일곱 번 진행하고 열 편 이상의 논문을 발표했다. 결국 이 그룹은 사회주의 계획의 〈17가지 원칙〉이란 글을 발표했고, 이것은 동독 법률의 일부가 되어 1989년까지 효력을 유지했다. 울브리히트는 새 계획에 너무 열성을 보여서 바르샤바의 문화대궁전 같은 스탈린주의 '웨딩 케이크' 마천루를 드레스덴에 건설하는 것을 승인했다. 다행히 건설되지는 않았다.

사회주의 리얼리즘 건축에 대한 전반적 열정에도 불구하고, 이 개념은 동독 도시 설계자들에게 폴란드 도시 설계자들만큼 선명하게 드러나지 않았다. 스탈린슈타트에서 처음에 지어진 많은 건축물은 그들이 건설할 줄 아는 방식으로 지어졌다. 바우하우스 전통의 단순한, 일직선 구조였다(이 자체가 '노동자들의 집' 건설에 바쳐진 좌익 운동이었다). 그러나 1952년 1월 울브리히트는 최초로 완성된 아파트를 방문했을 때 이 아파트들은 너무 작고 너무 단순해서 "장식 없는 상자 같다"고 비판했다. 새 계획이 세워졌다가 여러 번 폐기되었다.[16]

결국 동독 지도부는 새로운 건축 책임자를 임명했다. 카를 로이히트 Karl Leucht는 직원 40명이던 도시 계획국의 규모를 650명으로 늘리고, 프로젝트 달성 속도를 높이면서 장차 도시 건물은 "사회주의 사회의 점점 커지는 부를 표현"하고 노동계급의 높은 지위를 반영해야 한다고 선언했다. 새롭고 더 기념비적인 건축 단계가 시작되었다. 아파트 단지들은 높은 아치형 도로로 연결되었고 문 옆에는 기둥이 세워졌다. 때로는 너무 되는 대로 표현되었지만, 독일 예술의 고전적 전통을 되살리는 요소들이(이 점에서 독일 문화의 가장 '진보적인' 시대로 간주되었다) 전면에 가미되었다. 새 도시는 공장 주변에 건설되었다. 그린벨트에 의해 도시에서 분리되었지만 베를린 사람들이 운터 덴 린덴 거리 끝에서도 브란덴부르크 문을 볼 수 있듯이, 공장 대문은 주요 도로 멀리서도 잘 보이게 만들어졌다. 1981년까지 도시에 교회는 전혀 지어지지 않았다. 그 대신 로이히트는 첨탑이 있는 시청을 설계했다.

노바후타 건설도 비슷한 노선을 따랐다. 초기에 도시 건축가들은 전쟁 전 추구하던 양식으로 건물을 계속 짓고 싶어했다. 폴란드에서 이 양식은 엄격한 바우하우스 디자인이 아니라 1920년대와 1930년대 영국에서 만들어진 것과 같은, 1층이나 2층의 저층 건물이 녹색 텃밭과 나무로 둘러싸인 정원 교외 양식이었다. 사회주의 리얼리즘 이상에 정면으로 배치되었지만, 그런 아파트 단지가 몇 개 완공되었다. 그러나 노바후타에서도 재빨리 분위기가 바뀌었다. 당국은 새로 지은 건물들이 충분히 이념적이지 않을뿐더러 폴란드의 민족성을 덜 반영한다고 지적했다.

새로운 도시 계획이 바르샤바에서 대단한 속도로 엄청난 긴장 속에 수립되었다. 공표되기 전에는 아무도 볼 수 없었고, 설계도는 무장 경호를 받으며 크라쿠프로 옮겨졌다.[17] 바르샤바 문화대궁전에 르네상스 장식 요소를 가미한 소련 건축가들처럼, 노바후타 건축가들도 폴란드가 가장 폴란드다운 때는 16세기였다고 결론지었다. 크라쿠프의 진짜 16세기 건축물들이 공기 오염으로 위험에 처한 상황에서, 노바후타는 총안銃眼이 있는 우아한 전면을 가진 신르네상스 공장 본부를 갖게 되었다. 시청 건물은 폴란드 남동부의 르네상스 도시 자모시치 양식으로 설계되었지만, 건설되지는 않았다. 스탈린슈타트와 마찬가지로 노바후타도 수백 년 만에 처음으로 교회 없이 건설된 폴란드 도시였다.

똑같이 거창한 설계가 스탈린바로시를 위해 진행되었다. 계획에 따르면 도시에는 주민들이 집에서 요리하는 대신 집단적으로 모여 식사할 대중식당이 들어서고, 보육원과 유치원은 걸어서 갈 수 있는 위치에 자리잡으며, 극장과 스포츠 홀이 가까운 거리에 들어서게 되어 있었다. 주민들은 한데 모여 정권에 대한 지지와 애정을 표현할 집회 장소도 필요했다. 이에 따라 도시 건축가들은 공장에서 중앙광장으로 이어지고 노동절 행사에도 이상적인 널찍한 대로인 스탈린 거리를 설계했다. 그 광장 자체는 한 면이 다뉴브강을 향했고, 거대한 스탈린 동상이 중앙에 자리잡았다.[18]

건축가들이 외부 모습에만 신경쓴 것은 아니었다. 로이히트의 말마따나 사회주의 도시는 "독일민주공화국의 경제·문화적 융비의 생생한 표현"이어야 했다. 암묵적으로든 공개적으로든 새 도시들은 노동자들에게 더 높은 생활수준을 약속했다. 그들은 율리어 콜라르를 오싹하게 한 원시 막사 같은 곳에서 잠시 살지언정, 모두가 이곳이 일시적인 거처라고 믿었다. "처음에 그렇게 말하지 않았더라도 처음부터 어느 시점에 아파트에서 살게 될 것으로 알았고, 그렇게 믿었다." 한 동독 여인은 이렇게 회고했다.[19] 또다른 사람은 사회주의 도시에 대해 자신이 내린 정의는 "어디에나 조명, 녹지, 공기, 공간"이 있는 곳이라고 도시 신문에 밝혔다.[20] 스탈린바로시에서 당국은 매달 1000채의 아파트를 건설하고 넓은 공간을 공원으로 만드는 야심찬 목표를 세웠다.[21]

기대는 높았고, 당국은 기대치를 더욱 높였다. 노동자 아파트는 많을 뿐 아니라 널찍하고 쾌적하며, 최신 디자인으로 만들어져야 했다. 1952년 울브리히트가 스탈린슈타트를 방문한 후 건축 당국은 아파트 천장 높이를 2.42미터에서 2.7미터로 높이고, 창틀과 발코니는 보통보다 더 양질로 만들고, 아파트 건물은 모두 높이가 똑같도록 규정했다.[22] 로이히트는 아파트 건물이 중앙난방이 되며 새로운 입주자는 자기 건물에 발언권이 있어야 한다고 말했다. 건축가들이 독단으로 주민들이 얼마만 한 공간을 가져야 하는지 결정해서는 안 되었다.[23]

동독 총리 오토 그로테볼도 1952년 새 아파트 단지를 방문했다. 그는 새로 지어진 아파트를 시찰하고 "노동자들이 새집에 가구와 가재도구를 들여놓는 법에 대해 충분한 조언을 받지 못했다는 결론에 도달"했다.[24] 노동자들이 아파트를 받았을 때 아파트를 어떻게 장식해야 하는지를 보여주기 위해 전시용 아파트가 만들어졌다. 전시된 가구는 공장 제품이었고, 따라서 노동자들이 농민일 때 쓰던 가구보다 발전된 것이었다. 물론 이러한 사회주의 주택에 살 자격이 있는 사람만이 새 아파트를 받을 수 있었다. 이 새로운 생활공간의 약 80퍼센트가 제철소 콤비나트에 속했기 때문에 아파트는 신속하게 노동자 경쟁 보상 체계의 일환이 되어, 초과달성 노동자들이 더 빨리 작업을 완수하도록

격려하는 데 이용되었다.[25]

상점도 질적으로 수준이 높아야 했다. 노바후타에서는 중앙광장에 늘어선 상점 장식에 많은 노력이 들어갔다. 그중 하나인 오늘날 세펠리아 체인의 일부가 된 한 상점은 거대한 천장 조명 등 1950년대 장식을 여전히 가지고 있다. 이 천장 조명은 르네상스 샹들리에를 한 번도 본 적이 없는 누군가가 비슷하게 디자인한 것 같은 모습이다. 상점에는 상품이 가득 차야 했고, 일부 경우 실제로 그랬다. 스탈린바로시에서 콜라르를 비롯해 농촌에서 올라온 많은 주민들은 식품을 농촌에 있는 가족에게 보냈다.[26] 노바후타도 인근에 있는 크라쿠프보다 더 많은 상품이 있다는 소문이 돌았다.

스탈린슈타트는 처음에는 물품 부족이 국가적 우려의 대상이 될 정도로 주민들의 물질적 요구를 충족하는 데 애를 먹었다. 1952년 8월 동독 상업 장관은 시 관계자 1명에게 분노에 찬 서한을 보냈다.

지난 토요일인 8월 16일 EKO(철강 콤비나트)를 방문하자, EKO의 많은 노동자와 당 조직원들이 노동자 가족을 위한 채소, 과일 등 상품 공급이 아주 열악하다고 말했소. 정보를 더 얻고자 주부들을 만나 이야기를 들었는데 … 내가 듣게 될 질책에 대해 "마음의 준비를 하라"는 말을 들었소. 올해 5월 1일 공사가 끝난 새 거리의 상점 구역은 내부 장식에 대한 이견 때문일 테지만 아직도 완공되지 않았소.[27]

이 편지를 받은 시 당국은 특별 쇼핑 행사를 열어 740대의 자전거, 5000개의 양동이, 2400켤레의 신발, 1만 미터의 침대보 등을 팔았다.

마지막으로 덧붙이자면, '사회주의' 도시는 노동자들이 먹고 자는 곳일 뿐 아니라 과거 부르주아들만이 즐기던 레저 활동을 즐기는 곳이 되어야 했다. 1952년 스탈린바로시를 방문한 졸탄 버스(1944년 헝가리 파르티잔들을 만나던 중 안경을 잃어버렸던 헝가리 공산당원)는 젊은 기술자들과 회동을 갖고 일과 후에 무슨 일을 하는지 물었다. "아무것도 할 일이 없어서 우리는 보통 일과 후 잠자리에 듭니다." 이 말을 듣고 그는 시 설계자들에게 레스토랑을 하나 지으라고 지시했다. 그들은 이 명령을 따랐다.[28] (이 방문 때 버스는 중앙계획국 책임자에게 어디서 택시를 탈 수 있는지 물었다. 그가 들은 답은 "우리는 포장된 길도 없습니다"였다.[29]) 책임자 주흐노비치는 난데없이 "극장을 지으시오"라는 전화를 받았고, 이 지시를 따랐다.[30] 노바후타 인민극장은 1955년 완공되었다. 스탈린슈타트도 같은 해에 극장을 완공했는데, 이름은 마르쿠스 볼프의 아버지 프리드리히 볼프에서 따왔다. 그리스 신전을 흉내 내어 설계된 스탈린슈타트 극장은 시의 난방 시스템에 연결되지 않아서 오랫동안 낡은 기관차 엔진을 이용해 난방을 해야 했다. 그러나 건설 주문은 계속 들어왔다. 스탈린바로시에는 도시 주민의 문화 수준을 높이라는 압박으로 1954년 새 호텔 '금성'이 건설되었다. 한 신문은 "이 도시에서 가장 아름다운" 건물이라고 평했고 이곳의 레스토랑은 "도시에서 최고"가 될 것이었다. 웨이터와 요리사가 부다페스트에서 왔고, 시장은 이 레스토랑에서는 일반 주민이 명사들보다 먼저 접대받을 것이라고 자랑스럽게 선언했다.[31]

노동자들의 여흥에 더해, 사회주의 도시는 그밖의 모든 사람에게 문화적 영감을 주어야 했다. 1950년대 초 예술가, 작가, 영화 제작자들이 노동자들로부터 배우기 위해 몰려들었다. 소련 작곡가 드미트리 쇼스타코비치는 1952년 스탈린슈타트에 왔다. 동독 영화감독 카를 가스Karl Gass는 1953년 그곳에서 도시를 찬양하는 뉴스영화를 만들었다. 가스가 가져온 장비는 인터뷰하기에 너무 열악했지만, 가스는 철광 용광로 건설 과정을 놀라울 정도로 세세하게 필름에 담았다.[32] 동독 소설가 카를 문트슈토크Karl Mundstock도 이 도시에서의 경험을 바탕으로 책을 썼다. 《백야》라는 책은 건설 현장을 서정적으로 묘사했다.

> 목재 더미, 건축 공사장의 비계[임시 가설물], 완성된 막사, 용광로, 테이블, 의자, 침대, 삽 더미, 이 모든 것이 곳곳에 놓였다. … 그러나 늘어선 막사, 상점, 자재 창고가 곧 눈에 들어온다. 분명한 혼란 아래에 합리적 체계가 있다는 것을 입증하는 풍경이다. 곧 불도저가 운하를 말끔히 치웠다. 전쟁이 끝난 후 10년간 진흙 강이었던 곳이다. 이윽고 톱날이 노래를 시작했고, 제철소 중앙으로 이어지는 우정의 도로가 건설되었다.[33]

타데우시 콘위키는 1949년 일부 기간과 1950년을 노바후타에서 일하고 그곳에서 모은 자료로 《건설 현장에서》를 썼지만, 이 작품은 아마 그가 쓴 최악의 소설일 것이다. 마감 시간을 맞춰야 하는 작업 팀이 계급의 적들과 계몽이 덜 된 동료들로 인해 좌절하는 이야기다. 당연히 이들은 모든 어려움을 극복하고 계획을 완수한다.[34]

하지만 작가들과 예술가들이 새 도시 건설 현장에서 얻으려는 것은 노동 경험만이 아니었다. 노동자들이 사회를 다시 만드는 것만큼 이들 중 일부도 자신을 재창조할 기회를 찾고 있었다. 1952년에는 화가 오스카어 네를링거Oskar Nerlinger가 부르주아 형식주의의 흔적을 치유하려는 소망을 품고 스탈린슈타트로 왔다. 네를링거는 전쟁 전 아방가르드의 활발한 일원이었고, 전쟁 후에는 서베를린 순수예술학교장에 임명되었다. 그러나 그는 동독 공산주의 예술인들과의 긴밀한 관계, 자본주의에 대한 거센 반대, 동독 평화 운동에 대한 지지로 많은 적을 만들었다. 동쪽 지역에서 개최된 몇몇 전시회에 참가한 후 그는 서방의 "썩어빠진 교수" 중 하나로 손가락질을 받다가 다른 몇몇 교수처럼 대학에서 해임되었다.[35] 1950년대 초반 관용을 보이지 않은 사람은 공산당만이 아니었다.

네를링거는 과시하듯 1951년 국경을 넘어(서독에서 동독으로 넘어간 몇 안 되는 인물 중 하나였다) 동독 예술협회에 가담했다. 그러나 그는 자신의 말처럼 "예술적 태도의 불안"을 여전히 느꼈다. 그의 부인 알리스 넥스-네를링거Alice Nex-Nerlinger는 동독에서 그림 전시회를 여는 데 어려움을 겪었다. "평생 화가로서 나는 평화를 위한 일만 해왔습니다." 그녀가 당국에 이렇게 편지를 보내며 불평했지만 별 효과가 없었다.[36] 네를링거는 동독에 있어서 안심이라고 느꼈지만, 고도의 추상화가로 알려진 사람이 그곳의 미학을 이해하기는 어려웠다. 비관주의에서 벗어나 노동자처럼 낙관주의를 습득하도록 자신을 교육시키기 위해, 그는 당분간 새 사회주의 도시에서 살기로 결정했다.[37]

네를링거는 공장 지도부로부터 벽화를 그리라는 임무를 부여받고, "공장 노동자의 권리와 의무"를 가진 제철소 직원이 되었다. 새로운 동료들 생활의 모든 면을 경험하기로 결심하고 그는 노동자들의 아파트, 식당, 스포츠 시설을 방문했다. 낮에 그는 "겨울 진흙 속에 담요로 몸을 감싼 채 용광로 옆에 서서 거대한 용광로의 건설을 경험하고, 기계의 수많은 잡음을 들으며" 앉아 "과거 숲이었던 곳에서 이렇게 용감한 프로젝트를 일으킨 놀라운 인간들"로부터 배우길 소망했다. 저녁에는 기술 서적을 공부했다. 그는 일하고 있는 노동자들을 그리려고 했지만 쉽지는 않았다. "공장은 시끄럽고도 위험했고, 금속 불꽃이 너무 뜨겁고 밝아서 카메라는 도움이 안 되었다."[38]

그가 그린 대상들은 그의 첫 작품에 만족하지 않았다. 장면이 나쁜 서독 회사에서처럼 너무 어두우며 불쾌하다고 생각한 노동자들은 어떻게 바꿔야 하는지를 네를링거에게 조언하기 시작했다. 네를링거는 그 말을 따랐다. 그는 공장을 더 밝고 유쾌한 장소로 그리기 시작했다. 그는 노동자들이 행복하고, 낙관적으로 보이도록 그렸다. 그는 기술자들이 자기 일에 자부심을 가진 모습을 보여주는 것이 중요하다고 생각했다. 그의 노동자 비평가들이 좋아하자 그는 노동자들이 각자 아파트에 걸 수 있도록 이 그림을 많이 인쇄했다.[39]

1952년 11월 스탈린슈타트에서 열린 첫 예술 전시회에서 그가 스케치, 연구, 진행 중인 작품을 선보이며 자랑했듯이, 그의 스타일은 정말 변했다. 얼마나 향상되었는지 보여주기 위해 네를링거는 전쟁 전 그림 네 점을 가져와 "계속 이렇게 갈 수는 없다"는 증거로 제시했다. 전시회를 본 한 미술 평론가의 말에 따르면 과거 작품으로 〈너무 근엄한 공장의 차가운 묘사〉(1930)와 〈우울한, 어두운 풍경〉(1945)이 전시되었고, 이런 작품 뒤에는 "정치적 견해로 방황하는 미술가의 비극적 상황"이 놓여 있었다. 이 평론가는 다행히 "그의 진보적 정신이 무력하게 만드는 비관주의에 대항했다. 아이젠휘텐슈타트 콤비나트의 역동적 리듬 속에, 스튜디오에서 홀로 커가던 우울한 두려움은 새로운 현실에 대한 유토피아적 꿈이 되었다"고 평했다.[40]

공장 노동자들은 이 첫 전시회에 만족했다. "친애하는 네를링거 동지." 그날 저녁 한 사람은 방명록에 이렇게 적었다. "전시회를 보며 무척 행복했어요. 따뜻한 마음과 중단 없는 창의력을 지닌 당신이 어떻게 새로운 문제들을 다루는지 볼 수 있었어요. … 완성된 작품이 큰 성공을 거두길 바랍니다." 또다른 사람은 이렇게 선언했다. "인간이 모든 노력의 중심에 있다는 우리의 확신은 단순히 말에 그칠 수 없으며, 예술로 표현되어야 한다." 우호적인 사회주의국가에서 온 대표들은 폴란드어, 헝가리어, 체코어로 찬사를 남겼다.

몇 주 후 공장에서 토론이 벌어졌다. 네를링거가 "노동자들의 유익한 비평"을 요청하며 말을 시작했다. 일부 반응은 놀랄 정도로 정확했다. 한 비평에는 3명의 노동조합원이 서명했다. "우리는 흑백 드로잉을 매우 좋아한다. 그러나 수채화 컬러는 더 밝고 자연스러워야 한다." 또다른 노동자는 한 그림에서 개개인의 얼굴을 알아볼 수 없고, 인물들이 너무 포괄적이라고 불평했다. 자유독일청년 대표는 더 열정적이었다. "이건 아마 우리 인민 역사에서 처음 있는 일일 거예요. 예술가가 동기와 힘을 준 노동자들에게 작품에 대한 비평을 맡겼으니 말입니다."[41]

네를링거 비평은 완전히 승리를 거두었고, 그의 심리적 변형도 진행되었다. 막스 린그너처럼 그도 시대정신에 순응하길 진정으로 원했고, 새로운 환경에 더 잘 적응하기 위해 의식적으로 재교육 과정을 거쳤다. 그런 면에서 네를링거는 그의 그림에 등장한 노동자들뿐 아니라 스탈린바로시와 노바후타의 노동자들과 공통점이 많았다. 그들도 환경에 의해 재형성, 재구성되었다고 주장되었다. 그리고 그들도 도시의 정신에 순응해가는 것처럼 보였다.

사회주의 도시 설계자들의 꿈은 벽돌과 시멘트를 훨씬 넘어섰다. 처음부터 그들의 야망에는 예술과 도시 계획의 변형뿐 아니라 인간 행동의 변화가 포함되어 있었다. 스탈린바로시는 초기 서술에 따르면 "거지가 없는 도시, 변두리가 없는 도시", 다시 말해 외곽에 빈민가가 없는 도시를 지향했다.[42] 사회주의 도시 안에서 노동자들은 과거에 알았던 것, 즉 압도적으로 전쟁 전 부르주아 생활양식과 닮은 것보다 더 교양 있는 생활양식을 따르도록 의도되었다. 스탈린바로시에서는 이러한 매력적인 미래의 모습이 드디어 1952년 여름 얼핏 보였다. 이 시점이 되자 노동절 거리의 아파트 단지는 상대적으로 질서가 잡혔다. 도로는 아스팔트 포장이 되었고, 건물 잔해와 돌무더기도 치워졌다. 이지역은 잘 차려입은 사람들이 일요일 산책을 가기에 좋은 곳이 되었고, 곧 '스탈린바로시의 스위스'로 알려졌다. 역사학자 샨도르 호르바트Sándor Horváth의 말에 따르면 이것이 정확하게 앞으로 일어나야 할 일이었다. 새로운 도시 공간은 새로운 유형의 노동자인 '도시 인간'을 양육할 터였다.

도시 인간은 건전한 생활을 영위하고, 술집에 가는 대신 영화관과 극장을 찾거나 라디오를 듣고, 현대적이고 편안한 기성복을 입는다. 그는 산책을 좋아하고 여가를 해변에서 센스 있게 보내는 것을 좋아한다. 시골 사람과 대조적으로 아파트에 도시 가구를 들이고, 목수가 디자인한 가구보다 공장 가구를 선호하며, 실용적인 소파에 눕는다. 도시 인간의 아파트에는 주기적으로 씻을 수 있는 목욕탕이 구비된다. 그는 욕조를 애완동물이나 식품을 두는 곳으로 사용하지 않는다. 낮에는 공장에서 식사하고, 부엌은 간단한 음식을 준비하는 데만 사용한다. 나머지 시간은 가족과 함께 거실에서 보낸다. 도시 인간은 현대적이고 밝고 통풍이 잘 되는 아파트 발코니에서 일광욕을 하거나 아이들이 그곳에서 신선한 공기를 마시도록 한다. 그는 발코니에서 세탁물을 말리지 않고, 건물 안에

있는 공동 세탁장을 사용한다.[43]

그러나 스탈린바로시의 스위스는 너무 작았다. 1952년, 그곳은 거리 하나로만 구성되었다. 다른 아파트 단지와 스탈린슈타트와 노바후타 건설 현장의 일상생활은 다른 모습이었다.

첫 10년 동안 사회주의 도시들은 여러 목표 중 한 가지를 멋지게 달성했다. 이 도시들 모두가 놀라울 정도로 빠르게 성장한 것이다. 1949년 설립된 노바후타는 1950년 말에는 1만 8800명의 주민이 살았는데, 1960년 인구가 10만 1900명으로 늘었다.[44] 스탈린바로시는 1950년 말 인구가 5860명이었는데, 1년 후 인구는 1만 4708명으로 두 배 이상 늘어났다.[45] 스탈린슈타트 인구는 1952년 2400명이었는데, 1955년 1만 5150명이 되었다. 발전도상국에서도 이처럼 급속한 성장은 혼란, 해체, 실책, 그보다 더 나쁜 것을 가져오기 마련이었다. 사회주의 도시에서 실제로 그런 일이 일어났다. 유제프 테이치마의 회고에 따르면 "모든 것이 … 믿을 수 없을 만큼 원시적"이었다.

테이치마는 베를린 청년축제에 참가했던 1951년 24세의 나이로 노바후타에 도착했다. 폴란드 남동부 외진 시골 농가에서 태어난 그는 전쟁 전 부모의 뒷바라지를 도저히 받을 수 없어서 무료 교육 덕분에 고등학교를 마쳤다. 그는 학생으로 농업당 청년운동에 가담했고, 이 조직이 1948년 폴란드 청년연맹ZMP으로 통합되자 자동적으로 조직의 일원이 되었다. 재능이 있고 열성적인 그는 바로 바르샤바의 청년연맹 본부에서 일하도록 초빙되었다. 그는 대학 진학을 희망했지만, 더 긴박한 일이 있었다. 뜻밖에 바르샤바의 당 간부 인사 책임자가 그를 사무실로 불러 노바후타에 청년연맹 사무실을 시급히 열어야 한다고 말했다. 그리고 그곳의 첫 책임자가 되어 달라는 제안을 받아들였다. 그의 회고에 따르면 그는 이렇게 해서 "청년 수만 명의 지도자가 되어 그들의 교육, 문화, 스포츠 등 모든 것을 책임지게 되었다"고 한다.[46]

그는 노바후타에 머문 3년 동안 "청년들을 농촌에서 바로 거대한 공장으로 이주시킨 데 따른 엄청난 문제"에 맞닥뜨렸다. 노바후타에 온 청년 다수가 문맹이거나 반#문맹이었다. 그들은 작은 마을을 떠난 적도, 가족과 멀리 떨어진 적도 없었고, 바깥세상에 대해 전혀 알지 못했다. 테이치마는 이 문제를 극복할 수 없는 문제로 보지 않았다. 그 자신도 궁핍한 시골 마을 출신이었고, 그가 거주하는 노바후타 노동자 호텔의 평범한 방은 그가 자라면서 경험한 어떤 것보다도 화려했는데, "물이 나왔고 전기가 들어왔다". 그는 비서도 있고 청년연맹에서 급여도 받아서 공장에서 독립해서 생활할 수 있었다.

처음에 테이치마의 일과는 흥미로 가득 찼다. 그는 바르샤바에서 지시를 받아 강의와 행진을 조직했지만, 상당한 독립성을 누렸다. 그는 "청년들이 어떻게 일하는지 관심을 가지며, 끼어들어 제안하고, 식당과 교육 시설을 둘러보며" 아파트 단지 주변을 산책했다. 그는 자신이 내린 결론을 건설 책임자에게 가져가 변화를 요구했다. 노동자들이 일과 후 벤치에 드러눕지 않도록, 그는 극장에 간 적이 없는 일군의 노동자를 건설 현장 트럭으로 크라쿠프의 극장에 데려갔다. 테이치마는 노바후타에 온 중요한 작가, 예술가, 시인을 만나 창의적 영감을 얻는 모임도 조직했다. 그러는 동시에 테이치마는 누가 작업량을 달성하는

지, 누가 초과달성을 하는지 기록해나갔다. 시대정신에 따라 그는 사회주의적 경쟁을 고무하고 승자들에게 보상을 주었다. 일부는 잘 따라왔다. "그들은 열성을 보이며 잘하려고 애쓰고, 서로 경쟁했다. 그러나 물론 뉴스영화에서 보는 것과 실제 생활은 달랐다."

매우 빨리, 테이치마의 일은 실망스러운 일이 되었다. 그가 새로 맡은 노동자 중 일부는 그가 하는 일에 감사했고, 자신의 지평을 넓히고자 노동 운동의 역사를 배우고 극장과 문학을 알게 되었다. 그러나 다른 이들은 그의 노력을 지루해할 뿐 아니라, 대놓고 적대적이었다. 그들 중 다수가 "문화적 수준이 전혀 없었다. 교육을 못 받았고, 더 높은 것을 필요로 하지 않았다. 그들은 항상 술에 취했고, 툭하면 주먹다짐을 벌였다. 단결 정신도 없었다. 그들은 우리가 제공하는 것 중 아무것도 원하지 않았다".

그가 유일하게 이런 결론에 도달한 것은 아니었다. 1955년, 스탈린 사후 언론이 훨씬 자유로워진 시기 청년연맹 기관지 《청년 깃발》에서 파견된 기자 리사르드 카푸스친스키Ryszard Kapuściński가 노바후타를 방문했다. 최근 완공된 아파트 단지에서 그는 성취에 만족해하는 많은 사람들을 만났다. "나는 이곳에 온 지 2년 되었고, 무엇을 준다 해도 이곳을 떠나지 않을 거예요." 한 남자는 그에게 이렇게 말했다. 그러나 교외 막사로 된 도시에서 그는 단테 작품에 나올법한 극적인 생활환경과 곤궁하고 퇴보한 공장 노동자 하위 계급의 출현을 목도했다.

얼마 전 14세 소녀가 많은 소년들을 감염시켰다(성병으로). 그녀를 만났을 때, 그 소녀는 자신이 한 일을 자랑스럽게 얘기해서 우리는 거의 토할 지경이었다. 그녀는 혼자가 아니었다. 그들 모두가 그렇게 어리지는 않지만, 그런 사람이 많다. 모길스키Mogilski 숲, 타이완, 코제도Kozedo(술집 이름)로 가보라. … 노바후타에는 한 방에서 엄마가 남자들에게 돈을 뜯어내고, 다른 방에서 딸이 몸을 파는 아파트가 있다. 그런 아파트는 하나가 아니다. …

이제 공장 청년의 생활을 들여다보자. 그는 일찍 일어나 일하러 간다. 오후 3시에 집으로 온다. 그게 전부다. 3시에 그의 하루가 끝난다. 나는 그런 남자들이 사는 기숙사 주변을 걸었다. 안을 들여다보자 그들은 앉아 있었다. 정말 그게 그들이 하는 유일한 활동이다. 그들은 대화도 안 한다. 말할 거리가 있겠는가? 그들은 읽을 수 있었지만, 독서에 익숙하지 않다. 그들은 노래할 수 있었지만, 다른 사람에게 방해가 될 것이다. 그들은 싸울 수 있었지만, 그러길 원치 않는다. 그들은 그냥 앉아 있다. 거리를 더 어슬렁거려보았다. 맙소사, 갈 만한 곳과 반나절을 채울 일이 있을까? 술집이 많다. 그러나 어떤 사람들은 거기 가고 싶지 않고, 다른 이들은 돈이 없다. 그밖에 아무것도 없다.[47]

테이치마도 같은 관찰을 했다. 그는 가장 심드렁한 노동자들과 집단 토론을 하려고 시도했다. 노동 여건에 대해서는 불만이 쏟아져 나왔지만, 그들이 그밖의 많은 것에 대해 이야기하는 것은 불가능했다. 유명 작가들이 방문하면 그들 대부분은 다른 세계에서 온 이 방문객들의 지시를 기다리는 듯 말없이 앉아 있었다. 테이치마는 이 문학 작가들에게 미리 경고하기 시작했고, 노바후타를 너무 부풀리지 말라는 조언까지 했다. 그는 당대 대표적인 스탈린주의 작가 카지미에시 브란디스에게 아파트 단지에 대한 서술 톤을 낮춰달라고 말했다. 실제 생활은 브란디스의 작품에 비친 것만큼 그렇게 낙천적이지도, 유쾌하지도 않았던 것이다. 실제 일상생활과 신문, 뉴스영화, 소설에서 그려지는 일상생활 사이에는 큰 간극이 있었다.

큰 간극은 사회주의 도시의 다른 구역 사이에서도 나타나고 있었다. 스탈린바로시의 스위스로 불리는 노동절 거리에서 멀지 않은 곳에 '라다르Radar'와 '남쪽' 같은 이름의 막사 도시들이 있었다. 사실상 빈민가인 이곳에는 상수도는 물론이고 실내 화장실도, 아스팔트 거리도 없었다. 여기저기 건설 잔해가 널려 있었다. 주민들은 막사 주변 헛간에서, 때로는 인근의 반쯤 건설된 아파트에서 돼지와 닭을 키웠다. 비가 오면 진흙탕이 너무 깊이 생겨 부모가 아이를 등에 업고 유치원에 데려다 주어야 했다. 한 가족이 살 공간에 두셋 혹은 더 많은 가족이 사는 경우도 있었다.[48] 시간이 나면 막사 도시의 주민들은 극장이나 호텔 레스토랑이 아니라 술집을 찾았다. 가장 악명이 높은 술집(문자 그대로 '칼 던지는 사람'이라는 뜻뿐 아니라 헝가리 속어로 술집 또는 마약joint이라는 뜻도 있는 케스도발로Késdobáló)은 신문 보도에 따르면 술주정, 고성방가, 싸움, 칼부림이 난무하는 곳이었다. 다른 술집 '표범'에서는 문턱을 넘을 때 공중에 공포탄을 쏘아야 하고, 아무도 맞받아 총을 쏘지 않아야 들어올 수 있다는 말이 농담처럼 돌았다. 경찰이 수시로 폐쇄하려 했지만, 이런 술집은 과거 농민이었던 사람들이 만나는 장소가 되었고, 이들은 도시 경찰과 언론에 격렬히 맞서 자신들을 방어했다.[49]

스탈린슈타트도 똑같이 분열되었다. 스탈린슈타트의 한 곳에는 운이 좋은 몇 안 되는 주민이 새 아파트에 입주할 수 있었고, 새 환경에 진심으로 열광했다. 다른 곳의 상황은 훨씬 열악했다. 초기에 이 지역으로 온 노동자 대부분은 독일 전역에서(셋 중 하나는 폴란드, 수데텐란트 또는 과거 제국의 다른 곳에서 온 난민이었다) 가족 없이 단신으로 온 청년들이었다. 그들은 막사에 살며 10명이 한 방을 썼고, 주로 술을 마시며 여흥을 즐겼다. 한 청년은 철길을 넘어 퓌르스텐베르크로 갔던 기억을 떠올렸다. 스탈린바로시처럼 그곳에는 '야생 곰', '다락방'처럼 유토피아와 거리가 먼 이름의 술집들이 있었다.[50] 다른 청년은 너무 붐벼서 들어가기 어려웠던 술집을 떠올렸다. 운 좋게 들어가더라도 싸움이 나면 모든 손님이 쫓겨나는 곳이었다고 한다.[51]

건설 속도, 야간작업 강행, 긴 노동 시간, 노동자와 관리자 모두의 경험 부족으로 이상적이어야 할 이 건설 현장에는 수시로 기술적 낭패가 발생했다. 스탈린바로시의 연약하고 모래가 많은 토양은 엄청난 문제를 촉발했고 공사 진척을 지연시켰다. 테반은 일요일 아침 몰래 숙소를 빠져나가 "벽과 건물이 여전히 그대로 있는지" 확인했다고 회고했다.[52] 그녀가 일하는 공장은 살아남았지만, 지역 학교 중 한 곳은 벽이 무너져서 다시 건축해야만 했다. 1958년에는 하수 체계 전체를 다시 공사해야 했다. 이념 자체가 기술적 문제의 근원이었다. 테반은 한번은 초과달성 노동자 집단을 자신의 프로젝트에서 빼달라고 요청하기도 했다. 그들이 빨리 끝내고 보상을 받을 욕심에 절차를 무시하고 일을 엉망으로 했기 때문이었다. 이런 종류의 문제는 이 시기 다른 많은 건설 현장과 공장에서도 발생했지만, 고조된 프로파간다가 사회주의 도시의 문제를 더욱 악화시켰다.

기술 문제는 제철소에서도 일어났다. 스탈린슈타트에서는 360톤의 철을 생산하도록 설계된 용광로가 처음에는 1.5톤밖에 생산하지 못했다. 두 달에 걸친 수리와 조정 후에 이 용광로는 205톤을 생산할 수 있었는데, 이 정도는 최소한 계획이 "58퍼센트 달성"되었다는 것을 의미했다. 생산량은 결국 늘어났지만, 어설픈 계획과 엔지니어링 실패로 스탈린슈타트의 철강 생산 과정 일부는 오랜 기간 소련에서 진행되어야 했다. 철강 공장이 완공된 수십 년 후, 아직 완성되지 않은 제품이 추가 공정을 위해 배에 실려 국경을 넘나들어야 했다. 철강 생산 사이클의 모든 단계를 포괄하는 전체적인 계획은 동독이 더이상 존재하지 않게 된 1990년대까지도 완성되지 못했다.[53]

빠른 발전은 가난한 나라에서 종종 실책과 실패로 이어진다. 그러나 새로운 사회주의 도시에서 유토피아적 프로파간다와 때로 재앙 같은 일상생활 현실 사이의 간극은 너무 커서 공산당은 늘 이 문제를 해명하려고 허둥댔다. 확실히 사회주의 도시에서 대중 프로파간다 운동은 나라의 다른 곳에서보다 더 광범위하고 대단한 규모로 전개되었다. 일례로 두나펜텔레라는 도시 이름을 스탈린바로시로 바꾸는 운동도 도시의 노동력을 동원하고, 소련이 여기에 힘을 쏟도록 만들기 위해 수행되었다. 1951년 에르뇌 게뢰는 라코시에게 다음과 같이 썼다.

새로운 명칭으로 우리는 건설 현장의 노동 경쟁을 조직하는 데 큰 힘을 얻을 수 있을 것이다. 우리는 다음과 같은 방법으로 명칭 변경을 조직할 수 있다. … 노동자 절대 다수가 이 계획에 참여해서 명칭 변경을 정부에 요구한다. … 또한 내 생각에는 두나 제철소를 스탈린 동지 이름을 따서 바꾸면 소련 경제 조직이 도덕적 의무감에서 우리 계획과 공급을 도와줄 것이라고 본다.[54]

때가 되자 자발적 운동이 시작되었다. 도시 전역에서 노동자들이 라코시에게 편지를 보내 그가 도시 명칭 변경에 동의해주기만 하면 더 높은 노동 기준과 빠른 데드라인을 달성하겠다고 약속했다. 한 편지

내용은 이러했다. "저의 모든 노력과 지식을 쏟아 이 작은 마을 두나펜 텔레의 작은 나무가 경이로운 도시 스탈린바로시의 하늘까지 자라도록 도울 것을 약속드립니다." 다음과 같은 편지도 있었다. "간청하건대 라코시 동지가 이 편지를 우리의 아버지 스탈린에게 전달해주세요." 일부 노동자는 시를 적었다.

볼가강 옆에는 스탈린그라드, 다뉴브강 옆 우리에게는 스탈린바로시가 있다.
평화의 가장 위대한 수호자 스탈린 동지, 그의 이름이 우리 도시를 지켜줄 것이다.

마지막으로 노동자 대표단이 라코시를 만나, 커다란 가죽 책으로 묶인 모든 편지를 그에게 제출했다. 이 책은 오늘날 시 박물관에 보관되어 있다. 그들과 악수한 라코시는 동의한다고 말했다. 도시 이름을 바꿀 수 있게 된 것이다. 10월혁명 기념일에 맞춰 3일간 명명 축하 행사를 열어 포크댄스 공연, 연극과 오페라, 스포츠 경기, 스탈린의 모든 책을 갖춘 책 전시회를 진행하도록 계획되었다. 현지 언론인의 말에 따르면, 공산당 본부에 걸린 거대한 스탈린 초상화에 세심하게 조명이 비쳐 "헝가리 인민의 감사의 빛이 그의 얼굴에서 반짝이는 것 같았다"고 한다.[55]

동독 공산당 지도부는 자신들의 사회주의 도시 건설 실책에 대해 더 냉정하게 접근했다. 특히 공학적 실패를 우려하며 동독 당 지도부는 1952년 스탈린슈타트 당 수뇌부 회의를 소집했다. 비공개로 진행된 이 회의에서 보급품 부족, 노동자의 보호복 부족, 열악한 교통, 지저분한 막사, 고장 난 용광로 등 모든 문제가 제기되었다. 그 결과는 대부분의 책임을 철강 장관 프리츠 셀브만Fritz Selbmann에게 떠넘기는 맹렬한 보고였다. 셀브만은 "오만하다"는 혐의로 기소되어 벌금형을 선고받았다. 그는 이후 석 달 동안 공장의 작업을 감독할 전문가위원회를 이끌고 그 위원회가 신속한 변화를 만든다는 조건으로 지위를 유지할 수 있었다.

별도로 동독 비밀경찰은 새로운 용광로가 제대로 작동하지 않는 것에 대한 자체 조사를 진행했다. 슈타지 책임자 빌헬름 자이서Wilhelm Zaisser는 〈아이젠휘텐슈타트 프로젝트 계획과 건설 파괴공작 혐의에 대하여〉라는 제목의 보고서를 개인적으로 주문했다. 소련 자문관들의 제안에 따라 자이서는 다시 한번 기술적 실패 책임의 대부분을 "셀브만 장관의 완전히 무책임한 행동"으로 돌렸고, 공개재판에 대한 암울한 이야기가 돌았다(아마 1930년대 소련 샤흐티 공개재판 식이었을 텐데, 그 기간에는 불운한 여러 기술자들이 전 영역에 걸친 산업 실패의 책임을 뒤집어썼다). 소련 기술자 집단이 도착하면서 셀브만과 그의 동료들은 체포와 공개적 망신을 간신히 면했다. 이 프로젝트를 점검한 그들은 용광로 건설을 칭찬했지만 독일 동료들의 경험 부족을 비판했다. 낮은 생산성은 파괴공작sabotage 때문이 아니라 코크스와 철광석의 잘못된 배합에 따른 것이었다.[56] 스탈린슈타트 기술자들에 대한 강한 압박은 여전해서 제철소의 기술 책임자 한스 쾨니히는 지속적인 공격과 비난에 대해 공개적으로 불만을 드러냈다. 1955년 그는 서둘러 국경을 넘어 서독으로 망명했다.[57]

일반 노동자들에게도 비난의 일부가 쏟아졌다. 스탈린바로시 언론은 결함과 지연 책임을 범죄자, 매춘부, 그리고 몰락한 사람들déclassé elements에 돌렸다. 이들이 악의적 방법으로 도시에 들어와 범죄율을 높이고 다른 노동자들의 노력을 방해했다는 얘기였다. 이러한 비난 뒤에는 일말의 진실이 있었다. 스탈린바로시는 헝가리에서 가장 큰 건설 현장이어서 모든 종류의 사람들이 기회를 찾아 흘러들었다. 비참한 생활 여건, 즉 인구 과밀, 여흥 결여, 주택 부족도 노동자들의 행동을 더 나쁘게 만들었지만, 늘 그렇지는 않았다. 테반의 여성 건설 부대에는 과거 매춘부였던 여성이 여러 명 있었다. "그들 중에는 물론 과거에 하던 일을 스탈린바로시에서 계속하는 사람들도 있었지만, 일부 여성들은 진심으로 새 출발을 원했다. 나는 그런 직원을 만나 많이 도와주었고, 그녀는 나중에 지역 상점 지배인이 되었다. 내가 그 가게에 갈 때면 그녀는 가장 좋은 물건을 주었고, 아주 고마워했다."[58]

그러나 임시 술집에 가는 사람들 대다수가 총을 든 깡패가 아니듯, 사회주의 도시에 온 노동자 대다수는 범죄자나 매춘부가 아니었다. 결국 스탈린바로시가 무슨 일이든 일어날 수 있고 모든 규칙이 깨지는 무법천지 '골드러시' 도시라는 신화는 실제보다 더 유용했다. 산업 파괴공작에 대한 비난과 마찬가지로 이런 신화는 왜 생활수준이 나아지지 않고, 왜 아파트가 완공되지 않으며, 왜 사전 준비 없이 건설된 소련 설계 제철소조차도 공산당의 야심찬 계획을 달성할 수 없는지를 설명하는 데 도움을 주었다.

게으름뱅이, 범죄자, 기타 방해자들에 맞선 선동은 나름대로 성공을 거두기는 했다. 그러나 프로파간다와 현실의 간극은 결국 위장하기에는 너무 커졌고, 시간이 지나면서 많은 열성적인 도시 거주자들도 환멸을 느끼게 되었다. 몇 년간 청년 활동가였던 엘레크 호르바트는 군대에 징집되어 장교가 되었다. 율리어 콜라르(이제 율리어 호르바트가 되었다)는 부다페스트의 공산당 훈련 학교에 다니도록 초청을 받았지만, 그곳에서 평화 채권 캠페인에 반대하다가 문제를 일으켰다. 노동청년연맹 지도자로서 그녀는 채권을 많이 살수록 청년운동 내의 입지가 더 높아질 것이라고 설득하며 이 채권(돈이 국가에 귀속되므로 사실상 세금)을 동료 노동자들에게 팔아야 했다. 그녀는 평화 채권을 구입하기 위해 빚을 지도록 사람들을 설득하는 것이 잘못되었다고 느꼈다. 그리고 호르바트 부부가 더이상 '모범 당원'으로 간주되지 못할지언정, 그녀 자신도 그 채권을 사고 싶지 않았다. 그녀는 너무나 큰 소리로 그렇게 말했다. 얼마 후 누군가 그녀에게 남편이 그렇게 젊은 장교인 것이 자랑스러운지 묻자, 그녀는 아니라고 대답했다. 대부분의 시간을 남편과 멀리 떨어져 있어야 해서 그녀는 남편의 직업을 좋아하지 않았던 것이다. 이 대화도, 평화 채권에 대한 그녀의 언급도 공산당 학교장에게 보고되었다. 교장에게 불려가 해명하며 그녀는 이건 적의 행동이 아니라 의견을 표현한 것뿐이라고 말했다. 이 사건은 거기서 끝났고 그녀는 당 활동가로서 스탈린바로시에 돌아갔다. 그러나 그녀는 건설 작업에 복귀하지 못했고, 이 도시에서 보낸 말년에 대한 향수는 전혀 없다.

열정이 지속되지 않았듯, 사회주의 도시에 대한 유토피아적 꿈도 마찬가지였다. 1953년 스탈린 사망 후 모든 것이 당장 바뀌지는 않았다. 스탈린슈타트와 스탈린바로시라는 명칭은 1961년까지 사용되다가 두 도시는 각각 아이젠휘텐슈타트와 두너우이바로시로 슬그머니 개명되었다. 그러나 새로운 건축 원칙이 바로 적용되었다. 스탈린 사망 후 1년

이 안 된 1954년 12월, 니키타 흐루쇼프가 '건축의 산업화'를 추진하기 시작했다. 정치적 논란을 불러일으킬 전조를 보인 연설에서 그는 미리 제작된 조립식 건물, 강화 콘크리트, 표준화된 아파트를 열심히 강조했다. 그는 외관에 너무 신경쓰는 건축가들을 무시했다. "그는 아름다운 실루엣을 원하지만, 인민에게 필요한 것은 아파트다." 그는 스탈린식 사회주의 리얼리즘의 사치도 혹독히 비난했다.

어떤 건축가들은 열정을 가지고 기독교식 외관을 부여하는 첨탑을 건물 꼭대기에 덧붙이려고 한다. 교회의 실루엣을 좋아하는가? 취향에 대해 논쟁하고 싶지는 않지만, 주거 건물에 그런 외관은 불필요하다. … 이런 것은 거주자들에게 편의를 더해주지 않고, 건물 개발을 더 비싸게 만들어 건축 비용을 올릴 뿐이다.[59]

이런 새로운 정책에 따라 소련 공산당 중앙위원회는 "건축에서 불필요한 사치 제거" 규정을 통과시켰다. 동유럽 국가들도 이를 따랐다. 1월, 흐루쇼프의 연설문이 독일어로 번역되어 공표되었다. 1955년 2월 베를린에서 동독 공산당 중앙위원회는 모든 새 건축물을 "더 낫게, 더 저렴하게, 더 빠르게"라는 새 구호에 따라 지어야 한다고 선언했다.[60] 조립식 고층 건물(악명 높은 플라텐바우Platenbau)이 얼마 후 스탈린슈타트와 다른 동독 도시에 건설되기 시작했다.

결국 하늘로 치솟는 첨탑을 가진 스탈린슈타트 시청은 건설되지 않았다. 노바후타 중앙광장의 문화궁전도 마찬가지였다. 이곳은 로널드 레이건 광장으로 개명되었고, 오늘날 브와디스와프 앤더스 장군 거리, 교황 요한 바오로 2세 거리, 자유노조 거리가 만나는 교차로가 되었다. 두너우이바로시 주요 광장은 절반만이 완공되어, 다소 한쪽으로 치우친 광장으로 남아 오늘날에도 건축적 논란을 야기하고 있다. 스탈린슈타트 제철소에 대한 투자는 1954년 1억 1천만 마르크에서 3400만 마르크로 축소되었고, 생산 사이클의 일부 건설은 무기한 연기되었다.[61] 스탈린바로시 제철소에 대한 투자는 1954년 동결되었다. 노바후타 제철소는 계속 성장했지만, 이곳의 위치는 시간이 가면서 점점 더 논란거리가 되었다.

처음부터 엄청난 홍보와 프로파간다가 집중되었기 때문에 이 세 사회주의 도시는 각국의 이후 역사에서 상징적 역할을 계속 수행했다. 1955년 여름 노바후타와 그곳의 노동자들은 스탈린 사후 폴란드에서 처음 공개되어 인쇄된 반공 시 중 하나의 주제가 되었다. 아담 바지크가 쓴 〈어른을 위한 시〉는 농민에서 노동자로 변신한 사람들, 노바후타 경영진의 위선, 화려한 공산당 프로파간다를 통렬히 조롱했다.

시골과 작은 도시에서 그들은 나무 마차를 타고 오네.

공장을 짓고 도시를 꿈꾸며

땅에서 새로운 엘도라도를 파내기 위해.

개척자 군단, 거대한 군중,

이들이 헛간, 막사, 호스텔을 가득 채우네.

휘파람을 크게 불며 진흙탕 거리를 힘겹게 건네.

뒤섞인 야망을 품은 거대한 이주,

쳉스토호바의 십자가 목걸이를 목에 걸고

한 더미의 저주, 깃털 베개, 보드카 한 갤런, 소녀에 대한 욕정을 품고 …

거대한 폭도가 갑자기 밀고 나온다,

중세 어둠에서처럼. 비인간적인 폴란드,

12월 밤 지루함에 울부짖는다.[62]

훗날 십자가와 보드카를 든 이 '개척자 군단'이 안제이 바이다의 영화 〈대리석 인간〉에 등장한다. 무의미와 실망 속으로 사라지는 스탈린식 초과달성 노동자 이야기를 다룬 이 영화는 1977년 상영이 허용되었는데, 과거 노바후타 청년 지도자였다가 폴란드 문화부 장관이 된 유제프 테이치마가 나선 덕분이었다.

이후 몇십 년 동안, 교회 없이 지어진 첫 폴란드 도시도 거대한 정치·종교 투쟁의 초점이 되었다. 1957년 크라쿠프 대주교구는 노바후타에 교회 하나를 짓겠다고 신청했다. 1959년 크라쿠프 대주교 카롤 보이티와는 교회가 건축될 들판에서 야외 미사를 집전했다. 1960년대와 1970년대에 걸쳐 사제 집단과 당국은 건축 자금 모금과 건축 허가를 놓고 실랑이를 벌였다. 교회는 1977년 마침내 완공된다. 보이티와 추기경은 이 교회에서 축성하여 국가적·국제적 명성을 얻었다. 6년 후 그곳에서 보이티와(이제 교황 요한 바오로 2세가 되었다)는 의기양양한 군중 앞에서 미사를 집전했다. 노바후타는 폴란드에서 전체주의가 거둔 실패, 즉 실패한 계획, 실패한 건축, 실패한 유토피아적 꿈의 상징이 되었고 지금도 그렇게 남아 있다.

16장

마지못해 부역자가 된 사람들

당은 우리에게 모든 것을 주었지,
태양과 바람, 늘 자비롭네.
당이 있는 곳에 생명이 있었고,
우리가 지금 이렇게 있는 건 당 덕분이라네.
당은 결코 우리를 버리지 않았지.
얼어붙은 세상에서도 우리는 따뜻했어. …
당, 당, 당은 항상 옳다!
그리고 동지들이여, 늘 그러할 것이다.
그는 정의를 위해 싸우기 때문에, 언제나 옳다. …
인류를 지키는 그는 항상 옳다. …
레닌의 정신으로 생명을 얻고, 스탈린이 주조한
당, 당, 당이여.
— 〈공산당 노래The Song of the Party〉, 1949

이건 사람들에게 설명하기 어려운 것이다.
"당, 당은 항상 옳다"라는 그 노래
우리는 그 노래가 정말 진실이라고 생각했고, 그런 식으로 행동했다.
— 헤르타 쿠흐리그Herta Kuhrig, 베를린, 2006[1]

위에 인용한 〈공산당 노래〉의 노랫말은 현대, 더 엄밀히 말하면 포스
트모던 시대에 감흥을 불러일으키지 않는다. 오히려 이 노래는 어리석

어 보이고, 동독이 사라진 후에는 조롱을 받고 풍자되었고, 심지어 유튜브에서 미키 마우스가 이 노래를 부르기까지 했다.[2] 지지할 이념이 없는 상태에서 합창으로 부르는 노랫말인 "당, 당, 당은 항상 옳다!"는 시대에 뒤떨어진 것으로 들릴 뿐 아니라 비웃음을 자아낸다. 어떻게 정색하고 이런 노래를 부를 수 있었는지 상상하기조차 어렵다.

그러나 스탈린주의 시대 동독에서 이 노래를 부른 사람들은 웃지 않았고, 가사는 분명 진심을 다해 작사된 것이었다. 이 노래 작사가는 체코계 독일 공산주의자 루이스 퓌른베르크Louis Fürnberg였다. 그는 전쟁 중 팔레스타인으로 피신했다가 1946년 프라하로 돌아왔다. 유대인이자 망명자였던 그는 1949년 체코슬로바키아에서 의심의 대상이 되었고, 그해 열린 공산당 대회에 참석하지 못했다. 슬픔에 잠겨, 아니면 자신의 처지가 바뀌길 소망하며 그는 "당은 항상 옳다"라는 가사를 썼다. 그후 그는 운이 좋았다. 그는 슬란스키와 같이 감옥에 가는 대신 외교관으로 동독에 파견되었다. 그의 노래는 1950년 베를린에서 열린 공산당대회에서 불렸고 대단한 찬사를 받았다. 결국 이 노래는 동독 공산당의 노래로 채택되었다. 그후 이 〈공산당 노래〉는 공식 행사나 당 행사에서 정기적으로, 역력한 열정을 담아 1980년대까지 불렸다.[3]

도대체 왜? 일부 사람들은 두려워 이 노래를 불렀다. 그들 중 상당수는 가사에 귀를 기울이지 않았거나 관심이 없었다. 실제로 지도자의 연설에 박수 치거나, 집회에서 구호를 외치거나, 노동절 행진에 참여하는 사람 중 다수가 묘하게 뒤섞인 감정으로 그렇게 행동했다. 수백만 명의 사람들은 신문에서 읽은 모든 슬로건을 그대로 믿지는 않았지만, 그 글을 쓴 사람들을 비난할 필요를 느끼지 못했다. 그들은 스탈린이 오류 없는 지도자임을 꼭 믿지는 않았지만, 그의 초상화를 찢지는 않았다. 그들은 "당, 당, 당은 항상 옳다"를 꼭 믿지는 않았지만, 그 노래 부르기를 멈추지는 않았다.

일부는 오늘날 그렇게 생각할지 몰라도, 당시 그들이 더 공개적으로 저항하지 않은 이유를 명쾌하게 설명할 수는 없다. 소련 공산주의의 대단한 성공(1920년대에 시작되고, 1930년대에 완성되어, 1945년 이후 동유럽 전역으로 확산되었다)은 그렇게 많은 나라의 그토록 많은 비정치적 사람들이 저항 없이 따르게 만든 체제의 능력 때문이었다. 전쟁으로 인한 극심한 피해, 전쟁 희생자들의 탈진, 세심하게 목표가 설정된 테러와 인종 청소(이 책의 앞에서 서술된 소비에트화의 모든 요소)가 설명의 일부가 될 수 있다. 최근 폭력에 대한 기억과 앞으로 닥칠 폭력의 위협이 계속 배경에서 맴돌았다. 만일 어떤 사람이 20명의 지인 집단의 일원이었다가 체포되면, 나머지 19명은 두려움에 떨어야 했다. 비밀경찰 정보원이 도처에 깔려 있었고, 없더라도 사람들은 있을 거라고 생각했다. 학교, 언론, 거리, 온갖 비정치적 모임과 행사에서 나오는 도저히 피할 수 없는 반복된 프로파간다도 필연적인 슬로건과 불가피한 체제를 만들었다. 반대해봐야 무슨 소용이 있겠는가?

당국이 쓰는 일부 언어도 호소력이 강했다. 다른 정치체제하에서라면 더 빠르고 효과적으로 진행되었겠지만, 재건이 분명 진행되고 있었다. 때로는 과도하게 나가기도 했지만, 공산당 관계자들은 무지와 문맹에 전쟁을 선포했다. 그들은 과학과 기술 진보 세력과 연합했고, 참혹한 전쟁 후 사회 개조를 희망하는 사람들에게 호소했다. 1950년대 정치국원이었던 예지 모라프스키Jerzy Morawski는 애석한 듯 이렇게 회고했다. "처음에 나는 이 열정에 엄청난 감동을 받았다. 나는 우리가 전쟁 전 폴란드와 딴판인 새로운 폴란드를 창조할 것이고 … 우리가 과거에 부당한 대우를 받았던 사람들을 전부 돌봐줄 것이라고 생각했다."4 당시 하급 장교였던 또다른 폴란드인의 회고는 다음과 같다. "일이 사람을 기다리고 있었지, 그 반대는 아니었다. 바르샤바도, 산업도 재건 중이었고, 모든 사람이 공부할 수 있었다. 새 학교, 그것도 고등학교가 건설되었고, 모든 것이 무료였다."5

앞 장에 서술한 대로 그러는 동안 대체 가능한 권위의 원천과 시민사회의 원천이 체계적으로 파괴되면서, 체제와 그 가치에 의문을 제기하는 사람들은 고립되고 외로워졌다. 풍자객이자 작가인 야체크 페도로비치Jacek Fedorowicz는 정권을 의심하는 가정에서 자랐지만 학우들이 공산주의에 대해 어떤 생각을 하는지 몰랐고, 그들에게 물어보지도 않았다. "공포감이 너무 커서 누구도 그런 얘기를 하지 못했다."6

서방에도 공산주의를 지지하는 영향력 있는 인물들이 있었는데 그중에는 장 폴 사르트르, 파블로 피카소 같은 지식인 명사들도 있었다. 이들은 공산주의 이념에 반짝이는 정당성을 부여하고, 많은 동유럽 사람들이 단순히 소련의 종복이 아니라 유럽 대륙 아방가르드의 일원이라고 느끼게 만들었다. 서유럽 대부분이 좌파로 돌아서고 있는데, 동유럽이 그렇게 하지 않을 이유가 있겠는가? 피카소는 1948년 평화지식인세계대회World Congress of Intellectuals for Peace에 참석하기 위해 폴란드를 방문했다. 소련 참석자가 실존주의와 T. S. 엘리엇을 모욕하기 시작하자 그는 헤드셋을 벗고 통역 듣기를 거부했지만, 나머지 상당 부분에 대해서는 찬성하는 듯 보였다.7 그는 그곳에 2주 머물며 손으로 직접 칠한 세라믹을 국립박물관에 기증하고, 바르샤바 중앙에 건설된 새로운 사회주의 리얼리즘 '노동자 아파트'의 한 벽에 바르샤바의 상징인 인어를 스케치해놓았다. 그러나 노동자들은 이 스케치를 보려고 사

람들이 몰려드는 데 짜증이 나서 결국 이 그림을 덧칠해버렸다.[8]

공공연한 뇌물도 있었다. 급여가 좋은 일자리, 유명 작가와 예술가에게 제공되는 별장부터 동독에 남기로 한 독일 기술자와 과학자에게 제공되는 급여 인상까지 뇌물의 형태는 다양했다. 훨씬 아래 단계에서는 흔히 국가 고용원들이 아주 싼 값 또는 공짜로 식사를 하고, 더 나은 집과 배급 카드를 받았다. 최고위층 수준에서의 특권은 당시 기준으로는 더욱 대단했다. 1946년 헝가리의 소도시 차크베레니Csákberény의 당 서기는 지역 귀족으로부터 몰수한 저택에서 근사한 만찬을 즐겼다. 한 손님은 그날 저녁을 잘 기억하고 있었다.

저택은 횃불로 장식되어 환하게 빛났다. 입구 오른쪽에는 사냥 클럽 회원들이 정복 차림으로 경비를 섰고, 왼쪽에는 당 청년 지도자들이 푸른 셔츠에 붉은 넥타이를 매고 서 있었다. … (밖에는) 미국 리무진 몇 대가 소련 군용 지프 두 대, 오토바이 여러 대, 마차 옆에 주차되어 있었다. 경찰차도 한 대 있었다. … 안에는 긴 식탁 위에 구운 돼지, 소금에 절인 상어 알, 칠면조가 놓였고 멧돼지, 꿩고기, 거위 요리도 있었다. 포도주 양조장에서 압수해 크리스털 유리병에 담아둔 독한 메란Meran 와인을 크리스털 유리잔에 따랐다.[9]

부다페스트와 베를린에서 당 지도자들은 강제이주된 부르주아가 남긴 저택을 고를 수 있었다. 바르샤바에서 당 엘리트는 주로 시 교외인 콘스탄친Konstancin에서 시간을 보냈다. 그들의 요리 시설과 극장이 그곳에 있었고, 거기서 그들은 소련군이 지휘하는 무장 경비병들의 보호를 받았다. 1953년 서방으로 망명한 유제프 시비아트워에 따르면,

볼레스와프 비에루트의 저택을 둘러싼 정원은 비에루트와 그의 애인이 거주하는 동안 "검은 양복을 입고 서류 가방을 든 채 손을 주머니에 넣은 남자들로 득실거렸다"고 한다. "그들은 다만 대중이 그를 만나 인사하고 싶을 경우에 대비해 그곳에 있었지만, 결코 그런 일은 없었다." 이러한 서술은 과장되었을지 모르지만, 조엘 에이지Joel Agee가 새아버지 집에서 보낸 어린 시절을 회고한 글에도 그대로 나타난다. 동독 작가인 그의 새아버지도 베를린 밖 삼엄하게 경비되는 거주지에 살았다. "여러 대의 검은 리무진과 장갑차, 지프차가 집 앞에 서 있었다. 철조망이 그 장소를 에워쌌고 경비병이 순찰했다. 너무 가까이 가지 않는 것이 최선임을 누구든 알아챌 수 있었다."[10]

비밀경찰 요원들은 다른 서비스도 제공할 수 있었다. 시비아트워의 제보에 따르면 비에루트의 모든 요리사, 웨이터, 청소부는 정보부 소속이었고, 그들의 급여는 정보부 예산에서 지급되었다. 다른 고위 관리들도 비슷하게 큰 규모의 일꾼들과 커다란 저택을 향유했다. 비밀경찰 책임자 스타니스와프 라디키에비치는 바르샤바에 아파트, 콘스탄친에 저택을 가졌고, 각각 운전사가 딸린 승용차 네 대를 타고 다녔다. 더 아래로 내려가 차관급이나 시비아트워 같은 고위 비밀경찰은 하인이 딸린 무료 아파트에 마음대로 쓸 수 있는 차량뿐 아니라 의복, 신발, 담요, 침구, 심지어 양말, 장갑, 가방까지 공짜로 제공받았다.[11]

정권을 위해 비밀리에 일하는 사람들에게, 특히 편을 바꿀 경우 노골적으로 주는 금전적 보상도 있었다. 슈타지의 초기 첩보 공작 중 가장 성공적이었던 파일 작전Aktion Pfeil은 서독 연방정보부BND의 하급 연락원이 너무 쉽게 포섭되는 바람에 가능했다. 연락원 한스-요아킴 게이어Hans-Joachim Geyer는 과거 나치당 당원이었고, 단 몇 주 동안만 서독

연방정보부를 위해 일하다가 체포되었다. 심문을 받은 그는 유죄를 바로 인정했지만 "자신이 도움이 될 거라고 생각했다"고 주장했다.

슈타지는 게이어를 바로 급여 대상에 올려놓아 첫 급여는 1952년 12월 12일 지급되었다. 게이어는 접선자들을 만나러 계속 서베를린을 오갔다. 그가 슈타지에 보고할 때마다 제출한 영수증 일부는 슈타지 문서고에 잘 보존되어 지금까지 남아 있다. 안과 치료비, 서커스 입장권 6매, 책 대금, 스포츠 장비, 가죽 제품 등의 영수증이다. 게이어의 크리스마스 쇼핑 목록(아마도 가족에게 준 선물)에는 초콜릿 비스킷, 코코넛, 아이 양말 한 켤레, 마지펜[아몬드가 든 과자], 살구, 손수건이 포함되어 있었다.

분명히 그는 그만한 가치가 있었다. 한 슈타지 장교가 기술한 대로, 가이어 덕분에 슈타지는 "동독에서 활동 중인 180명의 서독 스파이를 체포"하고 수백 개의 원본 문서를 얻을 수 있었다. 정체가 드러난 그는 1953년 가을 본국으로 소환되었지만 동독 정부로부터 여러 훈장을 받았고, 그가 사망한 후에도 동독은 그의 아내에게 상당한 연금을 계속 지급했다.[12] 슈타지가 의대 교육을 포함한 그의 아들들의 학비도 대주어 두 아들은 의사가 되었다.

의식적으로든 무의식적으로든, 슈타지의 게이어 인물 파일은 부역자로 포섭될 수 있는 대상의 성격 유형에 대해 많은 것을 알려준다. 게이어를 감독한 사람들은 그가 "모든 사람을 즐겁게 하고 싶어한다"라고 썼다. 덧붙인 설명은 이러하다. "그는 아내와 아이들, 살고 있는 집에 헌신한다. 술을 많이 마시지 않는다. 그에게 비도덕적인 것은 찾을 수 없다." 그는 정치적으로 무관심하지만 쉽게 영향을 받는 사람이었고, 지도원들이 그를 논리적 사고와 변증법적 방법으로 훈련시킬 것이 제안되었다. 아마 그도 잘 따랐을 것이다.

선발된 소수에게 공산 체제는 극적인 승진(13장에 기술한 사회적 신분 상승)도 부여했고 순응하는 사람들에게 좋은 기회를 주었다. 새로운 교육 체계와 새로운 업무 현장 이념은 분명 전쟁 전 감성을 가진 교사와 지식인, 나이 든 숙련공, 순응하지 않으려 하거나 그리할 수 없는 젊은이 등 낙오자들을 양산했지만 승자도 많이 만들어냈다. 새로 대체된 교사와 노동자, 나이 든 작가를 대체한 새로운 작가, 연로한 정치인을 대체한 새 정치인 등이 그들이었다. 당시 폴란드 청년연맹의 활동가(훗날 저명한 반체제 인사) 야체크 쿠론Jacek Kuroń은 1950년대 바르샤바 인근의 이러한 사회적 신분 상승의 결과를 지켜보고 다음과 같이 적었다.

지역 폴란드 청년연맹의 지도위원회에서 그런 모습을 적나라하게 볼 수 있었다. 거기 온 사람들은 누구인가? 마리몬트Marymont의 극빈 집안, 전쟁 전 빈민가, 전쟁 후 폐허에서 나온 벽돌로 지은 임시 건물, 실업자 숙소로 쓰이다가 이제 빈민가가 된 졸리보즈의 전직 장교 숙소에서 온 많은 젊은이들이었다. 실제로 이들은 최근까지도 사회 최하층민이었다. 그리고 모두가 권력을 쥔 누군가를 알고 있었다. 삼촌, 매형, 한때 동네에서 어울렸지만 지금 보안기관에서 일하는 친구, 군대, 민병대, 지방 또는 지역 당 위원회 …. 가장 의미심장한 것은 이 젊은이들이 스스로 책임감을 느낀다는 사실이었다. 일정 기간 동안, 특히 동네 수준에서 실제로 그랬다.[13]

공산 정권이 이렇게 새로 나타난 통제와 권력 감각의 대가로 요구하는 것은 거의 없었다. 정권은 수혜자들에게 프로파간다와 현실 사이의 모순에 눈감을 것만을 요구했다. 일부 사람들에게 이것은 급격한 사회적 이동을 위한 아주 작은 비용 같았다.

그러나 공산 정권하의 사람들 대부분은 극적인 뇌물, 무서운 위협 또는 섬세한 보상에 굴복하지 않았다. 대부분의 사람들은 당 책임자도, 분노한 반체제 인사도 되고 싶지 않았다. 그들은 자신의 생활을 영위하고, 나라를 재건하고, 자녀들을 교육하고, 가족을 먹여 살리고, 권력과 거리를 두고 싶어했다. 그러나 절정의 스탈린주의 시대 동유럽 문화는 조용히 중립을 지키며 그렇게 하는 것을 불가능하게 만들었다. 아무도 비정치적일 수 없었다. 체제는 모든 시민이 마지못해서라도 체제를 찬양하길 요구했다. 동유럽 사람 다수는 정보원이 되기 위해 악마와 타협하거나 영혼을 팔지 않았지만, 지속적으로 모든 것에 영향을 미치는 매일의 심리적·경제적 압박에 굴복했다. 스탈린주의 체제는 정권을 싫어하고 프로파간다가 거짓이라는 것을 알지만 그럼에도 불구하고 상황에 의해 정권에 순응할 수밖에 없는 사람들을 대거 만들어내는 데 뛰어났다. 나는 더 나은 표현을 찾지 못해 이들을 "저항하는" 또는 "마지못한" 부역자들이라고 부르겠다.

일례로 시베리아 강제노동수용소에서 돌아온 볼프강 레만은 동독 건설 부문에서 일자리를 구하고 싶어했다. 그의 경력 때문에 어디에서도 그를 받아주지 않았다. 수석기술자는 독일·소련 친선협회 가입을 권했고, 그는 이 말을 따랐다. 좋은 이력이 될 만한 서류로 그는 강제노동수용소에 있는 동안 소련의 좋은 친구였음을 증명하는 러시아 친구의 추천서도 받아냈다. 그는 일자리를 얻었다.[14] 폴란드 국내군 병사였다가 강제노동수용소에서 복역했던 미하우 바우어Michał Bauer는 몇 년 후 국영 회사에 일자리를 잡았는데, 매일 전 직원이 한자리에 모여 조간신문 낭독하는 것을 들어야 했다. 그는 공산주의에 전혀 동조하지 않았지만 때로는 이 일정을 주관해야 했다. "그들은 '바우어, 내일은 자네가 언론 업무를 맡으니 주제를 찾아보게. … 안 그러면 일자리에서 쫓겨날 수 있어'라고 말하곤 했다."[15]

음악가 안제이 파누프니크도 체제를 간파해 아무런 애착도 없었다. "예술적으로, 도덕적으로 정직하지 않은 체제다. … 나의 음악적 상상력은 '사회주의를 향해 승리의 행진을 하는 사람들의 투쟁'을 반영한다는 생각에 재주넘기를 했다." 전쟁이 끝난 후 파누프니크는 조국 재건과 음악 작곡밖에 원하는 것이 없었다. 그러나 그런 일을 하도록 허용받기 위해 그는 폴란드 작곡가연맹에 가입해야 했다. 모든 연맹 회원들이 새로운 통합당의 노래 작곡 경연에 참여하라는 명령을 받았을 때 그도 따를 수밖에 없었다. 그는 만일 거부하면 지위를 잃을 뿐 아니라 연맹 전체가 국가의 재정 지원을 잃을 것이라는 말을 들었다. 결국 그는 노랫말을 썼다. "말 그대로 몇 분 만에, 머릿속에 처음 떠오른 뒤죽박죽된 생각에서 우스운 노랫말을 끄집어냈다. 쓰레기 같은 가사였다. 그 곡을 심사자들에게 보내면서 혼자 웃었다." 일등상을 받은 그는 두고두고 당혹스러워했다.[16]

이런 사례는 결코 드문 일이 아니었다. 1950년대에 동유럽 사람들은 대부분 국가 업무에 종사했고, 국유 주택에 살며, 자녀를 국립 학교에 보냈다. 건강 관리도 국가에 의지했고, 국유 상점에서 식료품을 샀다.

극적인 상황이 아니라면 그들이 국가에 대한 항거에 조심스러운 것은 이해할 만한 일이었다. 평화기에는 사람들 대부분의 상황이 극적이지 않으므로, 대부분의 시간 동안 그들의 상황도 극적이지 않았다.

일례로 1947년 동독의 소련군사행정국은 출판사와 인쇄업자의 활동을 통제하는 명령 90호를 발했다. 핵심을 말하자면 이 지침에 따라 모든 인쇄소는 허가를 받아야 하고, 허가받은 인쇄소가 공식 검열자들에게 승인 도장을 받은 책과 소책자만 출간할 수 있었다. 이처럼 단순한 지침을 따르지 않으면 체포나 처형을 당하지는 않았지만, 인쇄업자가 벌금을 물거나 출판사가 폐쇄될 수 있었다.[17] 이 명령은 드레스덴이나 라이프치히의 출판사 소유주에게 매우 분명한 선택을 하게 했다. 그는 이 법규를 준수하여 허용된 것만을 출판할 수 있었다. 아니면 법규를 어겨 출판 허가를 잃고 생계도 잃을 수 있었다. 대부분의 사람들에게는 그만한 가치가 없는 문제일 뿐이었다. 병든 아내, 소련 강제수용소에 갇힌 아들, 돌봐야 할 연로한 부모가 있는 사람들에게는 이 법규를 지키려는 동기가 훨씬 더 컸다.

그러나 일단 드레스덴의 한 인쇄업자가 이런 타협을 하면 다른 사람들도 따르기 마련이었다. 공산주의 이념을 싫어하는 사람이라도, 스탈린 전집을 제안받으면 동의하게 되었다. 공산주의 경제를 싫어해도, 마르크스주의 교재를 제안받으면 역시 출판하게 될 것이었다. 그러지 않을 이유가 있겠는가? 아무도 다치거나 감옥에 가지 않는 것 외에 아무런 결과도 없었다. 그러나 불응하면 그와 그의 가족은 정말 큰 문제에 봉착하고, 어찌됐든 다른 누군가가 곧 그 책을 출간할 것이었다.

그러는 동안 동독 전역의 다른 출판사 소유주들도 똑같은 결정을 내리고 있었다. 얼마간 아무도 총살당하지 않고 아무도 감옥에 가지 않고 아무도 특별한 양심의 가책을 느끼지 않으며 흘러간 시간이 지난 후 읽을 책은 당국이 허가한 책뿐이었다. 좀더 시간이 흐른 후에는 민간 인쇄소가 더이상 존재하지 않았다. 관련된 인쇄업자 누구도 자신이 공산주의자는 물론이고 부역자라고는 생각하지 않았을 것이다. 그러나 그들 모두는 어떤 식으로든 전체주의 창조에 기여했다. 의사나 기술자가 되고자 대학에서 마르크스·레닌주의 코스를 견딘 사람들, 화가가 되고자 예술연맹에 가입한 사람들, 일자리를 유지하기 위해 사무실에 비에루트의 초상화를 건 사람들, 물론 "당, 당, 당은 항상 옳다" 노래를 부르면서 군중과 함께한 사람들도 모두 마찬가지였다.

모든 사람이 항상 열성적 소리를 내고, 많은 사람들이 믿지 않는 것을 말하고 행하도록 강요받는 사회에 살았던 경험은 깊은 심리적 결과를 낳았다. 국가의 모든 노력에도 불구하고, 교육과 프로파간다에도 불구하고, 많은 사람들은 내면에서 괴리감이나 불편함을 느꼈다. "나는 브로츠와프의 대학 모임의 연단에 올라 외치고 있었다. 그러면서 외치는 나 자신을 생각하며 경악했다. … 나는 큰 소리로 외쳐 (군중을) 확신시키려 한다고 되뇌었지만, 실제로는 나 자신을 확신시키려고 애쓰고 있었다." 작가 야체크 트즈나델은 이렇게 회고했다.[18] 작곡가 파누프니크는 어떻게 무엇을 작곡할지 고뇌했다. 그는 정권이 선호하는 19세기 음악 언어를 참을 수 없었지만, 더구나 딸이 태어난 다음에는 "썩어빠진 서방 예술을 과시한다"는 비난을 받고 싶지 않았다. 그는 16세기, 17세기 옛 폴란드 음악을 재건하는 데서 피난처를 찾았다. "그렇게 나는 작곡가라기보다는 학자로서 일하며, 사라진 우리 유산의 작은 부분을 재건하는 데 도움을 줄 수 있었다."[19] 소련 전체주의의 천재성이 사람들을 순응하게 만드는 능력이라면, 여기에는 치명적인 결함도 있었다. 거짓된 정치 현실에 순응하느라 많은 사람들은 이중생활을 하고 있다는 감정에 사로잡혔다.

훈련된 프로이트파 정신분석가 릴리 허이두-기메스Lily Hajdú-Gimes는 아마도 환자뿐 아니라 자신에게서 이러한 문제를 진단한 첫 학자일 것이다. "난 정권이 제공한 게임을 하고 있었어. 그 규칙을 받아들이는 순간 덫에 갇히는 게임이었지." 그녀가 친구에게 한 말이다. 허이두-기메스가 소속된 헝가리 심리분석학자협회는 주로 유대인으로 이루어진 공동체로 한때 영향력이 컸지만, 2차대전으로 규모가 대폭 줄어들었다. 다시 모여 단합하기 위해 이 협회는 1945년 3월부터 2주에 한 번씩 모이기로 하고, 허이두-기메스를 비롯한 많은 회원들이 공산당에 가입했다. 몇몇 지식인은 예컨대 경제적 불안정이 신경증 발달에 미치는 영향을 검사하며 프로이트와 마르크스주의를 조화시키려고 노력했다. 새로운 보건부는 이 집단이 2개의 심리상담실을 열도록 허용했고, 여러 회원들은 자신의 전공이 한 학과로 인정받게 되기를 희망하며 의과대학에서 일했다. 허이두-기메스는 결국 주요 국가 정신병원에서 일하게 되었다.

이러한 짧은 재탄생은 갑자기 끝나버렸다. 프로이트 심리분석은 소련에서 이미 오랫동안 금기시되었는데 개인에 너무 초점을 맞추며, 비합리적인 잠재된 행동을 너무 수용하고, 정치에 너무 관심이 없다는 이유였다. 그러니 헝가리에서도 금지되어야 했다. 이 집단은 1948년 〈제국주의의 국내 심리학으로서의 프로이트주의〉라는 악의에 찬 학술 논문이 발간되면서 공격받기 시작했다. 이런 표현이 일단 나오자 다른 학자들도 이 분야를 서술하는 데 '부르주아-봉건주의자', '반사회적', '비합리주의자' 같은 용어를 쓰기 시작했다.[20] 철학자 죄르지 루카치는

이 분석가들을 영미 계급 독재를 염원하는 반동분자들이라고 불렀다.[21]

일부 심리분석학자들은 자신의 전문 분야를 완전히 포기했다. 다른 사람들은 중간 지대를 찾았다. 새 질서와 조화를 이루려는 시도로 허이두-기메스와 동료 임레 헤르만은 화해를 위한 이전 시도를 뛰어넘어 루카치에게 편지를 보냈다. 그의 비판 중 일부에는 동의하지만("제국주의자들은 자신들의 나라에서 자신들의 목적을 위해 심리분석을 이용하려고 한다") 일부 공격에 잠재한 반유대주의에 반대한다는 편지였다.[22] 이들은 날카로운 비판을 받았다. "당신네 동지들에게 긴급히 촉구하건대, 중요한 이념적 논쟁을 흔한 대중 선동의 노변으로 일탈시키지 마시오." 겁에 질린 이 협회는 1949년 자발적으로 해산했다. 허이두-기메스와 헤르만은 "심리분석은 부패한 자본주의와 반국가 이념의 산물이다"라는 선언에 서명했다. 프로이트, 아들러, 융이 쓴 책은 금서가 되었다. 헤르만은 대학 교수 직에서 쫓겨났고 여러 심리분석가가 체포되었다.[23]

그후 헝가리 심리분석학자들도 전기충격과 인슐린 요법이라는 더 조잡한 방법에 의존하는 소련의 관행(물론 서방에서도 널리 사용되었다)을 따랐고 그 핵심 목표는 사람들을 순응하도록 설득하는 것이었다. 이 시기에 훈련을 받은 한 분석가는 탈진exhaustion이 전후 주요 증상의 하나였고, 의학적으로 유도된 수면이 치료의 주요 형태 중 하나였다고 회고했다. "집단수용소나 홀로코스트 때문에 트라우마가 생긴 사람들도 그런 진단을 받지 못했다. … 트라우마 언급은 없었는데, 심리분석가들이 스스로 부정했기 때문에 생긴 부정이었다." 그는 스승 중 한 사람인 허이두-기메스도 자신의 비극적 과거를 부정했다고 생각했다. 그녀는 홀로코스트에서 남편을 잃었지만, 그 이야기를 절대 언급하지

않았다.[24]

그녀는 다른 방식으로도 부정해왔을 것이다. 허이두-기메스, 헤르만, 기타 몇 명의 헌신적인 프로이트 전공자들은 비밀리에 자신들의 진짜 전공을 이어갔다. 허이두-기메스는 자기 집에서 환자를 보았고 개인 아파트에서 프로이트 교육 프로그램을 진행하기까지 했다. 공개 석상에서 그녀는 인간의 심리가 선천적으로 순응적이라는 공식 견해를 받아들였다. 개인적으로 그녀는 홀로코스트 생존자와 투옥되거나 처형된 공산주의자의 자녀 등 환자들의 이야기를 듣고 그들의 매우 개인적이며 독특한 괴로움demons을 서술했다. 훗날 그러한 환자 하나는 당시 솔직함은 위험할 수 있었기 때문에 1948년 부다페스트에서 받은 심리분석은 매우 기이한 경험이었다고 회고했다. "나는 진실을 전부 말했다. … 분석 대상이 되면서 위협을 느꼈다. 나는 자문했다. 그가 그 사실을 알고 있는가? 그를 신뢰할 수 있는가? 그가 내 비밀을 폭로할까?" 심리분석가의 입지도 이에 못지않게 위험했다. 헤르만의 환자 하나가 러이크 재판 중 사형을 선고받자, 그도 갑자기 위험해졌다. 만일 그의 환자가 그의 이름을 언급하면 그는 체포될 수 있었다.[25] 허이두-기메스에게 그런 생활로 인한 긴장감은 결국 너무나 컸고, 더구나 1956년 혁명 후 정권이 그녀의 아들을 처형하면서 더욱 고조되었다. 1960년 그녀는 자살했다.[26]

허이두-기메스의 이중생활은 특히 트라우마가 컸지만, 유일한 사례는 아니었다. 2차대전 중 국내군의 농민 대대에서 싸웠던 안토니 라이키에비치Antoni Rajkiewicz는 나중에 공산당에 가입했다가 1946년 환멸을 느껴 탈당했고 1948년 잠시 체포되었다. 그러나 지적이고 야심찬 그는 가장 권위 있는 대학 중 하나인 중앙계획통계대학에서 박사 학위를 받고 싶었고, 조국 발전에 긍정적인 기여를 하고 싶었다. 그는 자신이 다른 것은 거부해도 당의 아이디어 중 일부(일례로 교육과 과학 진보에 대한 강조)는 받아들일 수 있다고 생각했다. 게다가 다른 선택의 여지도 없었다. 그는 그 대학에 지원해 합격했다. 그는 폴란드인들에게 중앙 계획을 설명하기 위해 소련에서 파견된 러시아 교수 여러 명과 함께 공부했고, 러시아어를 번역한 교재를 사용했다. 그는 당에 재가입하고, 그의 말에 따르면 이중생활을 하기 시작했다. "공식 모임과 당 모임에서는 말과 행동을 달리 해야 했고, 친구들과 있을 때와 달라야 했다."[27]

라이키에비치는 젊은 당원 다수와 마찬가지로 국내군 출신 친구들과 접촉을 유지하면서 그들과는 자유롭게 정치를 논했다. 그러면서 대학에서는 자신의 말에 조심했다. 아무도 가르쳐주지 않았지만 "무엇이 허용되고 무엇이 그렇지 않은지는 《트리부나 루두》 같은 신문에서 직감할 수 있었다"고 한다. 라이키에비치는 체제의 문제점을 모르지 않았고, 불의를 못 보지도 않았다. 그러나 공산 체제 폴란드에서 공부하고, 일하고, 살아갈 다른 방법은 없었다. 반다 텔라코프스카처럼 그는 실용적 해결책을 믿고 현실을 견뎌내는 실증주의자였다. 그의 이중생활은 스탈린이 죽을 때까지 이어졌고, 그때서야 솔직하게 말할 수 있는 사람들의 범위가 넓어졌다.

라이키에비치의 경우 친구들과 직업 생활 사이에 분열이 생겼다. 훗날 배우 겸 카바레 예술가가 된 야체크 페도로비치는 가정과 학교 사이에 분열이 생겼다. 페도로비치는 어릴 때에도 집에서는 말해도 되지만 학교에서 되풀이할 수 없는 이야기가 있다는 것을 직감적으로 알아차렸다. 그의 기록에는 동년배에 대한 이런 기록도 있다. "우리가 정치를 아무것도 모르면서 심지어 초등학교에서도 이 규칙을 얼마나 빨리 배웠는지는 신기할 정도다. … 우리는 학교에서, 가까운 친구들과 그렇지 않은 친구들 사이에서, 그리고 집에서나 휴일에 다른 상황에서 말할 수 있는 게 다르다는 것을 정확히 알았다."[28] 라이키에비치처럼 페도로비치도 국내군 가족 출신으로 그의 아버지가 그단스크에서 일자리를 거부당하는 바람에 그의 가족은 이사를 가야 했다. 그의 부모는 집과 학교에서 다르게 적용되는 규칙들, 심지어 같은 단어에 대한 다른 정의는 그에게 이러한 인상을 강화했다. 한번은 스카우트 선서를 하게 되었는데 그는 집으로 가서 어머니에게 민주주의가 소련에 의해 폴란드에 도입되었다면 민주주의에 대한 충성을 맹세하는 것이 옳은지 물었다. 어머니는 그에게 진정한 민주주의와 소비에트 민주주의, 이렇게 두 종류의 민주주의가 있다고 설명해주었다. 그는 전자를 숭상하고 후자로부터 거리를 두어야 했다.

페도로비치는 아동 책과 잡지에서도 힌트를 얻었다. 이 힌트는 저자들이 별 생각 없이 거기에 표현한 것이었다. 그는 특히 만화가 포함된 아동 잡지 《모험의 세계》를 좋아했다. 그러나 어느 시점에 이르러 《청년의 세계》로 이름을 바꾼 이 잡지는 재미가 없어졌고, 만화 출간도 중단했다(만화는 자본주의 세계가 발명한 것으로, 이념적으로 올바르지 않다고 간주되었다). 그러나 공식 세계가 지루해질수록 그의 내면과 학교의 거리는 점점 멀어졌고 학교에서 솔직하게 말할 기분도 잃어갔다.

페도로비치의 몇몇 선생님은 정권과 거리를 두었다. 그는 한 선생님이 조심스럽게 "마르크스주의자는 이렇게 생각하는" 반면 "우리는 저렇게 생각한다"고 설명했던 기억을 떠올렸다. 몇 년 후, 그는 거의 모든 사람이 공산주의 프로파간다의 효과를 과대평가했고 그 결과 체제를 지지하는 사람들의 수도 과대평가되었다고 생각했다. 그러나 허이

두-기메스처럼 그도 공산국가에 살면서 어떤 식으로든 체제에 의해 간섭당하거나 변형되지 않는 것은 불가능하다고 생각했다. 노래를 중얼거리든, 평화 청원에 서명하든 사소한 타협도 피할 수 없었다.[29]

카롤 모젤레프스키Karol Modzelewski의 어릴 때 경험은 한결 더 모순되고 혼란스러웠다. 모젤레프스키는 러시아 장교와 폴란드 공산주의자 부인 사이의 아들로 소련에서 태어났다. 1937년 그가 태어난 3주 후 그의 아버지가 체포되었고, 그는 고아원으로 보내져 그곳에서 여러 해를 보냈다. 그러나 그의 어머니가 재혼한 후 그는 고아원에서 나왔다. 카롤의 새아버지가 된 지그문트 모젤레프스키Zygmunt Modzelewski는 1945-47년 소련 주재 폴란드 대사를 지낸 공산주의자로 나중에 폴란드 외무 장관이 되었다. 모젤레프스키는 친부가 체포된 것을 17세가 된 1954년에야 우연히 학우에게 듣고 알게 되었다. 그때서야 그는 친부의 삶에 대한 이야기를 어머니와 솔직하게 나누었다.

여러 해가 지난 후, 그는 스탈린이 이미 사망했으니 그런 대화도 가능하다고 생각했다. "그전에는 아무도 그런 이야기를 아이들에게 하지 않았다. 아이가 비밀을 노출할 위험이 항상 있었다. 그러면 아이뿐 아니라 부모도 위험했다." 모젤레프스키의 부인은 스탈린 사후, 3세의 나이로 유치원에서 쫓겨났다. "우리 할아버지가 그러는데요, 스탈린은 이미 지옥에서 불타고 있대요." 선생님에게 이렇게 말했기 때문이었다. 선생님은 그녀를 집으로 보냈는데, 벌을 준 것이 아니라 그녀의 할아버지와 유치원이 너무 위험해졌기 때문이었다.

모젤레프스키의 부모는 폴란드 정치체제에 대한 의구심이 점점 커졌지만 아들을 세심히 보호하느라 전혀 내색하지 않았다. 그래서 어린 모젤레프스키는 부모가 가끔 비판적인 말을 할 때면 등골이 오싹

했다. 1952년 바츠와우 코마르Wacław Komar 장군이 당시 진행 중이던 공개재판에 연루되어 체포된 후, 그는 학교 선생님들의 말을 그대로 옮기며 코마르가 스파이였던 것이라고 새아버지에게 말했다. "새아버지가 나에게 소리쳤다. … 그때처럼 심하게 야단친 적은 없었다. 나는 그가 체포되었다고 말했다. 새아버지는 '체포된 것이 유죄를 뜻하지는 않아'라고 대답했다. 당연한 사실이었지만 당시 나는 지진이 난 것처럼 느꼈다. 만일 그가 옳다면 당국은 무고한 시민들을 체포하고 있는 것이었다. 누가 이런 말을 할 수 있겠는가? 오직 적만이 그럴 수 있었다."

그는 식품 배급제 변화에 대해 물어본 다음에도 비슷한 결론을 내렸다. 새아버지가 내뱉은 말은 이러했다. "그건 사람들이 덜 먹고 더 많이 일하게 하려는 제도야." 그는 충격을 받았다. "오직 적만이 그런 이야기를 할 수 있었다. … 당시 엄청난 스트레스였기 때문에 아직도 기억하고 있다. 나는 불협화음을 줄이기 위해 어떤 식으로건 부인해야 했다. … 나는 그가 적이라고 생각하지 않지만 그는 적처럼 얘기하고 있었다. 나는 오랜 시간이 지난 오늘도 그 느낌을 기억한다."[30]

다른 정보에 침묵으로 대응한 사람은 모젤레프스키만이 아니었다. 또다른 공산당원 가족의 자식인 크지즈토프 포미안Krzyztof Pomian은 이렇게 회고했다. "체포에 대한 이야기는 하면 안 되었다. 체포는 아무 설명 없이 받아들여졌다. 이건 논의의 주제가 아니니 숙고할 주제도 아니었다." 1952년 그는 유대인 친구와 함께 자리에 앉아 프라하에서 진행 중인 공개재판 기사를 읽었다. 친구가 슬란스키 재판에 대해 어떻게 생각하는지 묻자 포미안은 아무 생각도 없다고 대답했다. "또 하나의 재판일 뿐이잖아." 친구는 감정이 폭발했다. "이게 반유대 스토리인 걸 몰라?" 그는 재판에 대해 누군가와 얘기한 것도, 생각하게 된 것도

처음이었다.[31]

분열된 충성심은 권력 중심에 훨씬 가까운 사람마저 괴롭혔다. 당시 폴란드 청년연맹 지도자 예지 모라프스키는 돌이켜보건대 1950년대 스탈린주의 시대에도 당시 공산주의 이상에 대한 자신의 젊은 열정을 의심해본 적이 없었다. 그러나 당시에도 그는 솔직히 말하자면 당 집회가 지루했다. "전부 경직되었고, 불관용도 엄청났다. 모든 사람이 동의해야 했다. 모두가 똑같이 생각하고, 똑같이 행동해야 했다. … 그런 경직성이 열정을 파괴했다."

훗날 모라프스키는 주도적인 프로파간다 관료가 되었다. 더 정확히 말하면, 그는 공공장소에서 사용될 스탈린주의 구호를 결정하는 사람이었다. 그러나 이런 높은 자리에서도 그는 이 업무에 대해 복잡한 감정을 느꼈다. "내 마음속 무언가는 항상 이건 옳지 않고, 미적으로 호소력이 없다 … 하지만 다른 한편으로 그게 우리가 사람들의 지지를 얻는 방법이라고 말했다."[32] 이런 회고는 완전히 솔직하지는 않을지 몰라도(물론 과거를 돌아보며 자신이 불편했다고 말하기는 쉽다) 분열된 감정의 문제는 당시 다른 사람들도 인정하는 바였다. "사람들은 12년간의 나치 정권 후 교활해졌다." 한 라이프치히 교수는 공산당원인 지인에게 이렇게 말했다. "그들은 만일 어떤 사람이 국가 권력과 관계가 있다고 생각하면(이건 공산당원에게도 적용된다) 입을 닫았다."[33]

집과 학교, 친구와 일터, 사적인 자리와 공적인 자리로 인격을 분리하는 것은 부역 요구에 대응하는 하나의 방법이었다. 다른 사람들은 이

반 비타니Iván Vitányi가 "자발적인 세뇌"라고 부른 것을 시도했다. 이런 방법은 추상화가였던 오스카어 네를링거가 사회주의 리얼리즘 화가가 되기로 결정한 것과 같았지만, 자기 침묵에 가까운 것이었다. 2차대전 후 비타니는 부다페스트 인민대학 한 곳의 열정적인 활동가이자, 농민 음악과 포크댄스에 열심인 학생이었다. 그러나 1948년 네코시 지도부 제거에 반대한 후 그는 인민대학에서 쫓겨나 당 내부 재판에 회부되었다. 그는 결국 당에서 축출되지는 않았다. 그러나 러이크 재판이 시작되면서 위협감이 언론에 스며들었다. 비타니는 정권의 일원으로 문화부에서 한 자리를 얻었지만, 다음과 같이 결정했다. "나는 생각하지 않을 것이고 나라를 신경쓰지 않을 것이다. 난 아무것도 모른다. 알고 싶지 않다. 내 일을 하고 싶을 뿐이다."

말이 많고 시비를 걸기까지 하는 젊은이였지만 그는 침묵을 지켰다. 몇 년 후 그는 이러한 '자기 세뇌'가 좋은 전술일 수도, 아닐 수도 있지만 "나는 살아남았다"고 했다. 그는 공공장소에서 어떻게 해야 하는지 아는 대로 처신했다. 그는 생각을 드러내지 않았고, 체포되지 않았다. 당시 이것은 중요한 직업적 성공으로 간주되었다.[34]

침묵을 지키는 대신 의도적으로 자기 삶의 일부를 잊거나, 불편한 사실을 아주 의식적으로 무시하는 쪽을 선택한 사람들도 있었다. 그런 전술을 개발한 사람은 전쟁 전 공산당원이었고(그녀는 어렸을 때 발터 울브리히트를 만났다) 나치에 의해 투옥되었던 동독 저널리스트이자 소설가 엘프리데 브뤼닝이었다. 2차대전이 끝날 무렵 그녀는 시부모의 시골집에서 조용히 살고 있었다. 그곳에서 그녀는 소련군이 오길 즐거운 마음으로 기다리다가 드디어 도착한 그들을 축하하며 맞았다.[35]

전쟁이 끝난 후 브뤼닝은 공산주의 동베를린의 문화생활 과업에 열성적으로 뛰어들었다. 그녀는 문화연맹에 가입했고, 저널리스트가 되길 희망하며 그 연맹의 주간지 《일요일Sonntag》에서 일했다. 그녀는 첫 기사 중 하나에 양파와 당근이 가득한 트럭을 타고 베를린으로 갔던 경험을 적었다. 베를린에 도착하자 거지들과 아이를 안은 여성들이 트럭을 에워쌌다. "우리 애를 위해 당근 하나 주세요. 당근 하나만!" 그녀가 이 기사를 넘기자 편집자는 거부했다. 그는 서베를린 신문인 《타게스슈피겔Tagesspiegel》에 그 기사를 줘버려"라고 말했다. 그녀는 그를 멍하니 바라보았다. 정말 그 기사를 《타게스슈피겔》에 주길 바란다고? 그는 동쪽에서 "우리는 낙관주의를 반영해야 한다"고 냉소적으로 말했다. 그녀의 기사가 너무 부정적이라는 얘기였다. 기사는 실제 현실이 아니라 이상적인 현실을 보여줘야 했던 것이다.

브뤼닝은 《타게스슈피겔》에 기사를 제출할 생각도, 서독 신문에서 일할 생각도 없었다. 브뤼닝의 친구들은 모두 동독에 머물렀고, 그녀는 문화적으로든 지적으로든 공산주의 운동에 헌신했다. 그녀는 '낙관주의'가 중요하며, 어떤 경우에든 중요한 것은 공산주의의 궁극적 목표이지 그 과정에서 저질러지는 실수가 아니라고 굳게 믿었다. 그녀는 "스탈린 개인숭배 … 도처에 걸린 우스꽝스러운 문구 … '모든 인공 수정 돼지는 제국주의 전쟁광들의 얼굴에 일격을 가한다' 같은 슬로건" 등 새 체제의 많은 것이 마음에 들지 않았다.[36] 그녀는 인구를 계급으로 나누는 배급 카드와 작업장의 이중 식당 제도에 반대했다. "노동자용 스튜가 제공되는 식당과, 기술자와 부서 책임자를 위한 (더 좋은 음식이 제공되는) 식당." 그러나 그녀는 참았다. "우리는 건설을 도우려는 소망과, 얼마 전까지만 해도 히틀러를 믿었던 사람들에게 우리가 지금 옳은 것을 원한다는 것을 확신시키려는 소망에 푹 빠져 있었다."

자서전에서 브뤼닝은 어느 정도 자신은 올바른 일을 했다고 계속 믿었다는 점을 분명히 밝힌다. 그녀는 자주 동방과 서방의 성취를 비교한다. "우리는 노동자 자녀들을 대학에 보내지 않았는가? 우리는 여성을 미성숙에서 해방시키고, 모든 직업을 가질 수 있게 해주고, 오늘날까지 서방 국가에서 충족되지 않은, 동일 노동에 대한 동일 임금 등 남성과 똑같은 권리를 보장하지 않았는가? 우리가 더 나은 국가라는 것이 우리의 믿음이었다. … 우리는 우리의 독립을 자랑스럽게 여겼고, 우리가 길을 제대로 가고 있다고 생각했다."[37]

브뤼닝은 자신의 선택을 합리화하고, 더 큰 맥락에서 무엇이든 생각하고, 장기적 안목을 갖는 법을 배웠다. 그러나 그녀는 검은 것이 흰 것이라거나, 자신이 택한 체제에 잘못된 것이 전혀 없다는 것을 확신하지 못했다. 1968년 소련의 체코슬로바키아 침공 후 그녀는 잠시 서방으로 이주할 생각을 했지만 실행에 옮기지는 않았다. 시간이 흘러 그녀는 볼프강의 어머니 주자네 레온하르트Susanne Leonhard와 친해졌다. 소련 강제노동수용소에서 오랜 세월을 보냈지만 결국 동베를린으로 돌아온 여성이었다. 레온하르트의 인생 이야기에 영감을 받아, 브뤼닝은 소련 강제수용소 생활을 한 다른 사람들을 인터뷰하기 시작했다. 1989년 이후 그녀는 《성난 증인들Lästige Zeugen》이라는 책에 그간의 인터뷰를 모아 출간했다. 그녀의 책 서문은 자신에 대한 이야기나 마찬가지였다. "너무나 오래 그들은 침묵을 지키고, 숨기도록 강요당했다. … 그래서 이런 남성들과 여성들이 자신의 이야기를 할 때가 되었다. 스탈린 시대의 희생자였던 그들은 마침내 완전한 정의를 부여받아야 한다."[38]

2006년 브뤼닝과 인터뷰하며 나는 그녀의 삶에 대해 여러 시간 이야기를 나누었다. 우리는 그녀의 경력, 문화연맹 초기 시절, 전후 동베를린에서의 삶에 대해 얘기했다. 그녀는 무엇보다도 1945년 소련군이 저지른 대규모 강간과 절도, 뒤이은 대량 체포에 대해 당시 전혀 몰랐다고 말했다. 나는 압박하지 않았다. 그러나 며칠 후 그녀에게서 다시 전화가 왔다. 그녀가 당시 이 사건에 대해 어느 정도 알고 있었고 관련 대화를 하고 싶다는 얘기였다. 우리는 두 번째 만남을 가졌다.

브뤼닝은 해방을 축하했던 것은 사실이라고 설명했다. 하지만 그녀의 기쁨은 금세 사라졌다. 1945년 봄 소련 병사들은 그녀의 시댁을 점령하고 책을 비롯한 물건을 훔쳐 암시장에 팔기 시작했다. 그녀의 남편은 지휘관에게 다가가 중지할 것을 요청했다. 보복하기 위해 한 병사가 그의 가방에 권총을 넣었다. 그 권총이 적발되는 바람에 그녀의 남편은 파괴공작자로 체포되었다. 그녀는 오랜 기간 당원이었던 것을 내세워 남편을 간신히 석방시켰다. 그러나 이 사건의 결과 남편은 공산주의에(그녀에게도) 반감을 갖게 되었고 서방으로 이주했다. 그녀는 재혼하지 않았다.

브뤼닝이 첫 인터뷰에서 말한 대로, 시골에서 대규모 강간이 벌어지지 않은 것도 사실이었다. 그러나 전쟁 후 그녀는 부모를 찾기 위해 베를린을 방문했다. 그녀는 도시에서 벌어진 강간에 대해 많은 이야기를 들었을 뿐 아니라 많은 희생자를 만났다. 그녀 부모의 집이 있는 동네에서도 소련 병사들이 여성들을 찾고 있어서 그녀는 며칠을 숨어 지냈다.

몇 달 후 브뤼닝은 문화연맹이 작가 휴양지를 만들려는 해안 소도시 아히렌슈프Ahrenshoop에서 잠시 시간을 보냈다. 그러나 작가 휴양지를 만들기 위해 문화연맹은 작가들이 머물 수 있는 거처를 마련해야 했다. 이 문제를 풀기 위해 멋진 해안 저택 소유자들에게 죄를 뒤집어씌웠다. 체포되지 않은 사람들은 서방으로 망명했다. 문화 관료들이 그 저택으로 들어왔다.

브뤼닝은 이런 일에 대해 들었다고 나에게 말했다. "하지만 나는 소련군의 도착을 환영했고, 우리는 사회주의를 건설하고 싶어서(지금도 나는 스스로를 비난하곤 하지만) 면밀히 따져 묻지 않았다는 점을 이해해주세요." 그녀의 목소리는 천천히 잦아들었다. 그게 다였다. 그녀는 다만 자신이 아는 것을 내가 알길 원했던 것이다.

공산주의 체제에서 성공적으로 살고 싶은 사람들에게 공과 사, 가정과 학교, 친구들과 직장으로 인격을 분리하는 것만이 유일한 해결책은 아니었다. 뒤섞인 감정을 숨기지 않고 공개적으로 드러낸 특이한 소집단도 있었다. 갈등을 느끼는 대신, 이들은 체제 안에 머무는 동시에 어느 정도 독립을 유지하며 이중 역할을 수행하려고 노력했다. 이렇게 애매한 역할은 예를 들면 당 지도자들이 탈출하거나 체포된 후 진짜 야당 대신 만들어진 가짜 정당, 즉 모든 면에서 정권에 충실한 공식 야당에서 수행될 수 있었다. 가짜 기독민주당에서 활동한 동독인들은 마르크스·레닌주의 원칙을 수호해야 했지만, 공개적으로 종교를 드러내는 것이 허용되었다. 가짜 폴란드 농업당에 남은 폴란드인들도 공식 정책과 충돌하지 않는 범위에서 농민 옹호자가 되는 것이 허용되었다.

동유럽에서 볼레스와우 피아세츠키Bolesław Piasecki보다 이런 게임을 능숙히 해낸 사람은 없었다. 그는 10년 안에 급진 우파에서 급진 좌파로 옮긴 특이한 경력을 가진 정치인이었다. 그의 생애에 대한 평가는 다양하게 갈린다. 이미 1956년 레오폴드 티르만드Leopold Tyrmand가 "정치에서 모든 도덕성은 해로운 신화"라며 그를 비난했다.[39] 좀더 최근에는 그의 전기 작가가 그를 비극적 인물이라고 평했다.[40] 피아세츠키에 대한 평가는 거의 모두 이 둘 사이 어딘가에 들어간다. 일부 사람들에게 그의 삶은 고전적인 부역 스토리다. 다른 사람들에게 그의 생은 생존의 이야기다.

피아세츠키의 경력은 격변하는 1930년대에 시작되었다. 젊은 그는 폴란드 민족급진당이라는 극우 정당의 활동가로 이름을 날렸다. 잡지 《팔랑가Falanga》(에스파냐 파시즘에 대한 명백한 암시)를 발간하면서 알려진 팔랑혜당 옹호자들은 자신들이 도덕적·경제적 위기의 시대를 살고 있다고 믿었다. 동시대 공산당과 마찬가지로 그들도 폴란드 사회는 깊이 부패했고, 민주주의의 취약성과 민주적 자유주의의 '허튼소리nonsense'는 비난받아야 한다고 생각했다. 그러나 팔랑혜당 옹호자들은 반유대주의자였고 대체로 권위주의 정권, 특히 이탈리아 파시즘을 숭앙했지만 폴란드 민족주의자들이었고, 그래서 한두 가지 예외는 있어도 히틀러에 부역하지 않았다.[41]

피아세츠키는 1939년 게슈타포에 붙잡혀 수감되었다. 그는 석방되자마자 저항운동에 가담했고 결국 폴란드 국내군에 들어갔다. 바르샤바 봉기가 일어난 1944년 여름, 그와 그의 파르티잔 부대는 바르샤바 동쪽 숲에서 소련군의 포로가 되었다. 11월 그는 소련 점령군 사령부 감옥, 아마도 악명 높은 루블린성에 수감되었다. 그다음 일은 논란의 여지가 없는 문제다.

대부분의 자료는 피아세츠키가 아무것도 숨기지 않았다는 데 동의

한다. 심문하는 소련군 장교에게 그는 저항운동에서 자신이 한 일을 정확하게 자백했다. 당시 많은 정보가 이미 알려져 있었지만, 그는 많은 국내군 동지들의 이름과 그들의 위치도 자백했다. 그는 자신의 중요성을 강하게 암시했다. 그는 소련 심문관들에게 자신이 비밀공작 책임을 맡았고, 새로운 지하 저항세력의 지도자로 이미 임명되었다고 말했다. 이 말은 과장한 것이었다. 하지만 이 전술은 효과를 발휘했다.

피아세츠키의 경비병들은 심문을 중단했다. 그들은 그를 일반 군사감시에서 빼내, 소련 장군 이반 세로프에게 데려갔다. 1939년 동부 폴란드의 소탕과 평정 책임을 맡았던 세로프는 1944년 같은 임무를 폴란드 나머지 지역에서 수행하기 위해 돌아와 있었다. 세로프는 이미 빌크 장군과 오쿨리츠키 장군 체포를 지휘한 뒤, 국내군에 대해 가능한 한 많은 정보를 캐내려 하고 있었다. 피아세츠키에게는 너무 놀랍게도, 세로프는 피아세츠키가 팔랑헤당을 옹호했던 과거에는 별 관심이 없었다. 대부분의 소련 장교들처럼 세로프도 공산당원이 아닌 사람은 극우로 정의되고, 사회민주주의자와 급진 우파의 구별은 의미가 없다고 생각했던 것이다. 그는 피아세츠키의 전시 지하 활동과 그가 주장한 은밀한 연줄, 그의 정치적 견해, 그가 공언한 런던 망명정부에 대한 경멸에 훨씬 더 관심이 있었다.[42]

피아세츠키의 설명에 따르면 그는 소련 장군 세로프와 공통점이 많은 것을 알고 기뻤다. 그는 권력을 쥔 사람들을 숭앙했고, 철학 논하기를 좋아했고, 새 정권에 대해 긍정적으로 말할 것이 있었다. 그는 공산당이 지배하는 임시정부를 지지하며, 토지 개혁에 감탄했다고 세로프에게 말했다. 그는 독일인 추방과 서부 영토 획득을 적극 지지했다. 그는 "무혈 사회혁명과 노동자·농민으로의 권력 이양이라는 이상"을 찬양했다. 그러나 세로프에게 그는 소련에 반대하는 깊은 편견과 점령에 대한 공포심 때문에 새 공산 정부가 폴란드인들의 충성을 이끌어내는 데 어려움을 겪을 것이라는 말도 했다. 물론 이 말은 사실이었다.

그는 도와주겠다고 제안했다. "저는 굳게 믿습니다." 그는 세로프에게 보낸 메모에서 이렇게 말했다. "저의 영향력을 발휘해 주저하는 사회 계층을 동원해 적극적 협조를 이끌어낼 것입니다." 달리 말하자면 그는 지하운동의 애국적·민족적 요소가 새 정권을 지지하도록 설득하겠다고 약속한 것이었다. 이 메모는 결국 방첩 책임을 맡은 비밀경찰 로만 롬코프스키Roman Romkowski 대령을 거쳐 공산당 당수 브와디스와프 고무우카에게까지 전달되었다.[43]

그후 수십 년 동안 이 불가사의한 대화, 즉 잔인하기로 악명 높은 NKVD 장군과 카리스마 넘치는 유명한 폴란드 민족주의자의 거래는 바르샤바에서 거의 전설적인 지위를 얻었다. 당시 무슨 일이 일어났는지 정확히 아는 사람은 없었지만, 모든 사람이 나름대로 이론을 가지고 있었다. 1952년 체스와프 미워시는 서방으로 망명한 후 출간한 소설 《권력의 장악Zdobycie Władzy》에서 이 만남에 대한 가상의 버전을 보여주었다. 물론 미워시의 설명은 상상에서 나온 것이다. 그러나 피아세츠키 전기 작가 중 한 사람이 지적한 대로, 1945년 바르샤바에 있었던 미워시는 이 유명한 만남에 대한 이야기를 듣고 자신도 새 정권에 부역하고 싶은 유혹을 느꼈을 것이다. 그래서 그의 설명은 진정성이 느껴진다. 특히 피아세츠키에 해당하는 작중 인물 카미엔스키Kamienski가 세로프 장군에게 "당신들은 이곳에서 미움을 받고 있다"고 경고하며 저항을 예상하라고 말하는 장면은 압권이다.

"아." 장군은 턱을 괴며 말했다. "자네는 내부 반대를 기대하나 본데 …… 우리 체제에서 음모는 불가능하네. 자네도 알겠지. 더 많은 살인을 고무하면 희생자를 늘릴 뿐이네. 우리는 기차와 공장 건설을 개시하고 있네. 우리는 서부 영토를 되찾아야 해. 물론 거의 베를린까지 항상 슬라브인의 땅이었던 곳이지. 내가 착각한 게 아니라면 그건 자네들의 전쟁 전 프로그램이었네. 그 영토는 우리 도움이 있어야만 장악할 수 있지. 그렇다면?"

결국 소설 속 장군은 핵심을 찌른다. 카미엔스키/피아세츠키는 "현상 유지를 인정하고, 우리가 희생자 수를 줄이는 것을 돕는" 조건으로 풀려나고 신문 발행 허가도 받을 수 있다. 카미엔스키/피아세츠키는 숙고한 끝에 동의한다. 장군은 흡족해서 뒤로 기대며 자신은 놀라지 않았다고 말한다.

"자네도 이미 알고 있겠지만 세상을 바꾸려는 사람은 엉터리 의회주의에 립서비스만 계속할 수는 없네. 그리고 상인들의 자유로운 게임은 인간 역사에서 잠깐 지속된 약간의 과잉이었다는 것도 알고 있겠지."[44]

그가 정확히 이런 말을 했든 안 했든, 문서고에 보관된 증거는 세로프가 정말 피아세츠키에게 강한 인상을 받아 그를 바르샤바 시장에 임명해 정치 이력을 만들어주고 싶어했던 것을 분명히 보여준다. (몇 년 후 피아세츠키를 떠올리며 세로프는 "그래서 그가 바르샤바 시장이 되었나?"라고 물었다고 한다.)[45] 그러나 얼마 후 세로프는 남아 있던 소련군 지도부 대부분과 함께 베를린으로 떠났다. 그는 폴란드로 돌아오지 않았다.

그렇게 남겨진 피아세츠키는 애매한 입장에 처했다. 그가 소련으로부터 모종의 축복을 받은 것은 사실이었다. 그러나 팔랑헤당 옹호자였던 그의 과거를 잘 알고 있는 폴란드 공산당은 그가 품은 동기를 의심하면서 처음에는 그의 정치 경력을 높여주지 않았다. 그를 바르샤바 시장으로 삼지도 않았다. 그러나 1945년 11월 그들은 폴란드의 첫 공식 가톨릭 신문 《오늘과 내일Dziś i jutro》 창간호 발행을 그에게 허락해주었다.

이 신문은 처음부터 당시 합법 정당인 폴란드 농업당과 그 당의 지도자 스타니스와프 미코와이치크를 맹렬히 비난했고, 폴란드인들이 주민투표에서 "세 번 찬성"으로 공산당을 지지하도록 촉구했다. 이 주민투표가 새 정권에 대한 강력한 지지를 표현하는 데 실패하자 피아세츠키는 고무우카에게 편지를 썼다. 그는 현 정권이 "가톨릭의 정치적 대표성에 의해 강화되어야 한다"고 주장했다.[46] 그는 비에루트와의 인터뷰도 게재했는데, 이 기사에서 비에루트는 "폴란드 가톨릭 신자들은 다른 시민들보다 더 많거나 더 적은 권리를 가지고 있지 않다"라고 거창하게 선언했다. 이 말에는 가톨릭이 심지어 자체 정당을 가질 권리가 있다는 뜻이 내포되어 있었다. 결국 이 말은 실현되어 1952년 피아세츠키는 합법적이고 충성스러운 친공산주의 가톨릭 야당인 팍스Pax를 설립했다. 팍스는 폴란드를 비롯해 공산화된 유럽에서 존재가 허락된 유일한 가톨릭 정당이었다.

팍스도, 피아세츠키도 기괴하고 확실하지 않으며 애매한 정치 공간에 존재했다. 한편으로 피아세츠키는 정권에 대한 충성심을 열정적으로 자주 표현했다. 한때 이렇게 쓴 적도 있었다. "우리의 핵심 목표는 진행 중인 마르크스주의와 자본주의의 충돌과 관련하여 가톨릭 교조를 재건하는 것이다." 동시에 피아세츠키는 2차대전 중 지하 저항운동의 전통과 단절되지 않은 몇 안 되는 사람이었고, 국내군 동지들을 절대 비난하지 않았다. 국내군 경력이 있는 그의 측근 대부분도 자신들의 과거를 부정하지 않았고, 결코 체포되지 않았다.

이 모든 것은 당시 공직 생활에서 매우 예외적인 일이었고, 그의 동지였던 야누시 자브워츠키Janusz Zabłocki의 말에 따르면 피아세츠키 주변에 '자유의 영역'과 신비의 후광을 만들어냈다. 왜 팍스의 지도자가 규칙의 예외가 되었는지는 아무도 몰랐지만(한번은 그가 자신의 내부 서클에서 비밀경찰 정보원을 쫓아낸 적도 있었다) 모든 사람은 그가 그렇다는 것을 알았다. 대부분의 사람들은 피아세츠키의 그러한 재량을 허용하는 "최고 정치 수준에서의 합의가 있었을 것"이라고 추측했고, 많은 사람들이 피아세츠키의 입지가 한층 더 강화되기를 바랐다. 자브워츠키는 이런 믿음의 영향으로 《오늘과 내일》 직원으로 가담했다. 1989년 폴란드의 첫 비공산당 총리가 될 가톨릭 지식인 타데우시 마조비에츠키도 같은 생각을 했다. 두 사람은 팍스가 조만간 폴란드 통치에 중요한 역할을 하게 될 것이라고 예상했다.[47] 피아세츠키도 같은 희망을 품었다.

피아세츠키의 경력 내내 그의 모호한 지위는 모든 사람을 불안하게 만들었다. 아마도 그는 소련 관리들과 별도의 관계를 맺었고 이 때문에 폴란드 공산당은 그를 절대 신뢰하지 않았다. 그는 그들의 게임을 계속했지만(한번은 그가 팍스 옵서버들을 북한에 파견해 평화를 증진하겠다고 제안하기도 했다), 정부는 애국 사제 연맹 창설에서 그를 배제했고 교회-국가 합의 협상을 도와달라고 그에게 요청하지도 않았다. 동시에 그의 공식 가톨릭은 그가 기대한 만큼 그를 소중히 여기지 않았다. 비신스키 추기경은 피아세츠키를 혐오했고, 한때는 사제들에게 그가 발행하는 《오늘과 내일》과 일간신문 《보편적 언어Słowo Powszechny》의 구독을 금했다. 특히 부도덕한 팍스 사제들이 기증받은 페니실린을 암시장에서 판매하다가 체포되었을 때, 비신스키는 피아세츠키의 가톨릭 자선 단체 카리타스(진짜 주최자들이 제거된 후 팍스가 인수했다) 운영에 격분했다.[48] 두 사람의 경쟁은 공산당이 고무했을 가능성이 크다. 물론 공산당은 팍스와 교회가 연합 전선을 만드는 것을 바라지 않았다. 몇 년 후 공산당은 정확히 경쟁을 조장하려는 목적으로 라이벌 공식 교회 집단들의 확산을 허용했다.[49]

결국 피아세츠키는 자신이 하고자 했던 일을 해내지 못했다. 그는 반동 세력이 새 체제에 가담하도록 설득하지 못했다. 그는 공산당이 팍스를 대등한 파트너로 인정하도록 만들지도 못했다. 그는 언젠가 공산당이 스스로 선택한 야당 세력에 정권을 넘겨줄 것이라고 생각했고, 이 정확한 예측은 1989년 현실이 되었다. 그러나 그는 그런 상황을 이용하기에는 너무 일찍 무대에 나타났고, 실험에 따른 대가를 아주 크게 치렀다. 1957년 그의 10대 아들 보흐단Bohdan이 납치되어 살해되었다. 아마 비밀경찰 내 한 분파가 저질렀을 테지만 당시 상황은 오늘날까지도 분명히 밝혀지지 않았다.

피아세츠키는 소수의 사람들에게 당시 자유의 창처럼 보이는 것을 열어주었고, 공공연히 가톨릭 담론이 공공 생활의 일부로 남도록 보장했다. 팍스가 발행한 책과 신문은 한 세대 독자들에게 어느 정도 가톨릭 교육을 제공했다. 피아세츠키의 관점에서 더 중요한 것은 그가 살아남았다는 사실이다. 다른 전직 국내군 장교들이 죽거나 수감된 때에도, 그와 그의 동료들은 자체 정당, 자체 신문, 체제 내의 안정된 지위를 가졌다. 그리고 그들은 모든 곳에서 영향력을 행사했다. 1955년 마조비에츠키, 자브워츠키와 몇 명의 동료들은 그의 리더십에 반기를 들었다. 그러나 《오늘과 내일》이나 팍스에서 나온 후 그들 모두는 취직하는 데 어려움을 겪었다. 그들을 고용할 만한 사람은 비밀경찰의 경고를 받았고, 아무도 그들 주변에 있지 않으려 했다. 모두가 하나의 교훈을 얻었다. 피아세츠키와의 싸움은 정권과 싸우는 것에 위험할 정도로 가깝다는 깨달음이었다.[50]

기묘한 얘기로 들릴지 몰라도, 신문과 잡지는 마지못해 순응하는 부역자들에게 하나의 탈출구를 제공해주었다. 물론 정치에 대해 기사를 쓰는 사람들은 이 시대에 선택지가 거의 없었다. 그들은 당 고위층의 전화를 받고, 지시에 귀를 기울이고, 들은 대로 기사를 써야 했다. 그러나 다른 사람들은 재량권이 좀더 있었다. 1950년대 초 《바르샤바 생활Życie Warszawy》의 기자 레오폴드 웅거Leopold Unger는 당시에도 온갖 일에 대해 자유롭게 비판적으로 기사를 쓸 수 있었다고 회고했다. 이를테면 길거리의 웅덩이나 대중 버스의 부족에 대한 기사가 그러했다. "체제 자체를 비판하는 것은 가능하지 않았다."[51]

당시에도 신문이 정치만 다룬 것은 아니었고, 다른 간행물도 있었다. 알렉산더 자코프스키는 1940년대 말 폴란드 외무부에서 길을 찾으려고 애쓰다가 실패한 후 1952년 자신의 말대로 '우연히' 민속예술 잡지를 편집하기 시작했다. 그는 그 일을 46년간이나 했다. 그 기간 동안 그는 자신이 제대로 알고 정말 사랑하게 된 민속예술의 저명한 전문가가 되었다. 그는 그 일을 하면서 정권에 도전하지 않았지만, 정권 옹호에 시간을 쓸 필요도 없었다.[52]

어느 정도는 정권도 대중 독자와 기자들을 위한 비정치적 출구의 필요성을 이해하고 있었다. 동독 정권이 1953년 가을《주간 포스트 Wochenpost》발간을 결정한 것도 그래서였다. 이 신문의 창간호는 스탈린 사후에 나왔지만, 발간 계획은 1년 전에 만들어졌다. 원래 이 아이디어는 소련 측에서 나왔다. 베를린에 주둔 중이던 한 소련군 장군은 동독 언론이 전체 주민, 특히 여성에게 다가가지 못한다고 느꼈다. 이 장군은 정권의 눈 밖에 난 언론인 루디 베첼Rudi Wetzel에게 접근해 조언을 구했다. 베첼의 제안은 쓸모없을 것 같았다.

그러나 막후에서 활발한 논의가 진행되었다. 공식 보고서들은 "공화국 생활에 대한 간행물의 무색무취와 획일성"뿐 아니라 "정원 가꾸기, 의약, 집안일"에 대한 기사가 없는 점을 통탄했다.[53] 프로파간다가 얼마나 지루할 수 있는지 알고 있는 동독 지도부는 결국 베첼에게 접근해 새로운 잡지 출간을 제안했다. 그들의 제안은 베첼이 소련 장군에게 제안했던 것과 똑같았다. 그렇게《주간 포스트》가 탄생했다.

이 신문은 처음부터 다른 방향을 지향했다. 베첼은 정권에 시큰둥한 기자들을 찾아 나섰고, 한번은 첫 편집진을 "전과자로 가득 찬 기자 수용소"라고 서술하기까지 했다. 그들의 기사는 최소한《노이에스 도이칠란트》의 정치 노선과 비교하면 굉장히 신선하고 흥미로워 보였다. 크리스마스에 맞춰 발행된 창간호에는 정원 가꾸기 요령, 경쾌한 특성, 그리고 '여성 페이지'가 포함되었다. 표지에는 한 아이가 "선의를 가진 모든 사람에게"라고 말하며 촛불을 끄는 모습을 담았다. 이후에는 여행 수기, 긴 연재 보도, 심지어 아동을 위한 기사를 담아 발행했다. 그러나 《주간 포스트》는 어떤 의미에서도 야당 신문이 되려 하지 않았고, 이 점에서 호소력이 있었다. 기자 클라우스 폴켄Klaus Polkehn이 지적한 대로 《주간 포스트》는 "구독자들보다 더 기회주의적이지는 않은" 신문이었다.[54] 이 신문은 한계를 밀어내지 않았고, 한계가 신문을 밀어내지도 않았다.

폴켄은 《주간 포스트》에서 발간 초기부터 거의 끝까지 일했기 때문에 동료들과 구독자들을 잘 알고 있었다. 여러 해가 지난 뒤에도 그는 이 신문사 경력에 향수를 느꼈는데, 그 이유는 쉽게 알 수 있다. 2차대전이 끝났을 때 14세였던 폴켄은 17세 때 학교를 그만두고 신문사의 조판원이 되었다. 공산주의자이자 언론인이었던 그의 아버지 휴고 폴켄Hugo Polken은 아들이 "실생활에서 경험을 얻어야" 한다고 생각했기 때문에 이러한 선택을 격려했다. 2차대전 후 그의 아버지는 동독 노동조합 기관지 《트리뷴Tribune》의 편집자가 되었다. 그러나 1953년 3월 그는 갑자기 체포되었다. 《트리뷴》이 스탈린의 부고 기사에서 오자를 냈던 것이다. "스탈린은 평화의 위대한 친구였다"가 들어가야 하는데 한 식자공이 우연히 "스탈인은 전쟁의 위대한 친구였다"라고 철자를 배열하고 말았다. 휴고 폴켄과 그 식자공은 5년 형을 선고받고, 3년을 복역했다. 그 재판이 진행될 때 클라우스 폴켄도 일자리를 잃었고, "다시는 기자로 일하지 못할 것이다"라는 말을 들었다. 《주간 포스트》는 바로 그를 채용했다.

이후 40년 동안 폴켄은 두 번째 기회를 준 이 신문에 충성을 다했다. 그가 끝까지 주장한 바에 따르면, 굉장히 통제되는 체제 내에서 신문은 그에게 굉장한 자유를 허용했다. 아버지 때문에, 그리고 어쨌든 정권의 많은 면이 의심스러웠기 때문에 그는 국내 정치에서 거리를 두었다. 그 대신 그는 잡지의 여행 기자가 되어 전 세계의 이야기를 실을 수 있었다. 폴켄은 일정 한계 내에 머무르는 한 어디에든 갈 수 있었다. 일례로 이집트로 가기 전 그는 당시 많은 목화를 동독에 수출하고 있던 안와르 사다트에 대해 비판적인 기사를 쓰지 말라는 말을 들었다. 그러나 카이로에 도착한 그의 상황은 이러했다. "온종일 피라미드에서 보냈다. … 그건 나의 특권이었다." 해외여행이 허가된 동독인이 거의 없던 시기에 그것은 정말 대단한 특권이었다.

그런 종류의 자유에는 치러야 할 대가가 있었다. 《주간 포스트》의 여느 기자들처럼 폴켄도 행간을 읽고, 정치적 신호를 따르고, 무엇보다도 '문제'를 일으키지 말아야 했다. 내가 그에게 문제가 무엇이냐고 묻자, 그는 당 중앙위원회 누군가가 전화를 걸어 보이지 않는 선을 넘었다고 질책하는 데서 시작된다고 설명했다. 문제는 견책, 회의, 그리고 비교적 개방된 신문사의 좋은 자리에서 해고되는 사태로 이어질 수 있었다. 폴켄은 무슨 수를 써서든 이런 사태를 피하려고 노력했다. 딱 한 번, 불문율을 위반해서 보이지 않는 선을 넘는 기사를 썼을 때 그는 다음과 같이 요구하는 전화를 받았다. "이 기사가 어떻게 게재되었는지 시말서를 쓰시오." 그런 일의 재발을 막기에 충분한 경험이었다.

그는 당시에도 운이 좋은 자신을 다른 사람들이 질시한다는 것을 알았다. 때로는 독자들의 편지를 받았다. "우리가 여행할 수 없는 상황에서 당신의 기사를 읽고 싶지 않아요." 많은 동포들이 기자들을 경계해서(그들은 공산주의 기관의 일부로 보였다) 인터뷰를 거부했다. 그러나 그는 더 공개적인 체제 반대에 가담하려는 생각을 지워버렸다. "나에게는 아무 의미가 없는 것 같았어요." 그는 훗날 동독 정치 무대의 일부가 된 반체제 인사들이 "기만적이고 저속한 사람들"이라며 그들을 싫어했다. 그는 그들 중 일부가 서독 망명 비자를 얻기 위해 반체제 인 사인 척했을 것이라고 의심했다.

폴켄이 앓던 위궤양은 신비하게도 《주간 포스트》와 동독이 없어진 1990년대에 사라져버렸다. 이건 놀라운 일이 아닐 것이다. 그는 진실 하다고 믿는 기사를 쓰는 동안 모든 예민한 주제를 피하느라 일종의 정치적 줄타기를 하며 생활했다. 하지만 많은 세월이 흐른 뒤에도 자 기 일에 자부심을 느꼈다. 그는 글쓰기를 좋아했고, 여행을 즐겼고, 지 적 즐거움 외에 적당한 물질적 혜택도 있었다. 《주간 포스트》에서 그 가 받는 급여는 동독 기준에서는 비교적 좋았다. 베를린 인근과 발트 해 바닷가에는 기자들이 3-4년마다 이용할 수 있는 휴양소도 있었다. 기자들은 양복점, 구두 수선공, 치과 의사에게 갈 수도 있었다. "시간 이 절약됐죠. 그는 아주 뛰어난 의사였어요." 동독의 거의 모든 일터에 서처럼 아주 저렴한 비용의 식당도 있었다.

폴켄은 자신이 살고 있는 체제의 아무것도 변화시키지 않았지만, 체 제의 더 잔악한 면에 대한 가책도 느끼지 않았다. 그는 비밀경찰에서 멀찍이 떨어져 있었고, 권력자들로부터도 거리를 두었으며, 논란에서 도 멀리 떨어져 있었다. 피아세츠키처럼 그도 잘 살았고, 직업에서 꽃 을 피웠고, 여행 기자 시절에 대한 향수를 간직했다. "내가 꿈꾸던 직 업이었죠." 그는 내게 이렇게 말했다.[55]

17장

소극적으로 반대한 사람들

이제 우리가 비잔티움 황제의 시종들처럼 바지 아래, 밑바닥의 주름만으로 미소 지으며, 헌신하는 표정으로 소련의 명령을 들어야 할 때가 왔다. 영웅적인 제스처는 아무 소용이 없을 것이다. 히틀러 치하에서 그랬던 것처럼 우리는 꽃의 언어로 말하고, 인내하며 교활해져야 했다. 중요한 건 살아남는 것이었다.

— 얀 마사리크의 말을 달리 표현하며, 죄르지 팔루디, 1946[1]

기존 질서를 뒤엎을 때 그것은 재미있는 것이 된다. 모든 농담은 작은 혁명이다.

— 조지 오웰

1950년 또는 1951년, 동유럽 어디에서든 정치적 반대처럼 일관된 것은 더이상 찾아볼 수 없었다. 권총을 헛간에 숨겨두고 더 좋은 날을 기다리는 소수의 폴란드인, 그리고 여전히 숲속에 숨어 있는 한두 명이 있었다. 볼레스와우 피아세츠키처럼 실제 견해는 불분명하지만 공식적으로 용인된 정권 반대자들도 조금 있었다. 몇 사람은 정권의 덜 중요한 결정을 공개적으로 비판할 수 있었고, 올바른 어조를 유지하는 한 그렇게 하도록 장려되기까지 했다. 볼레스와프 비에루트가 이렇게 선언했듯이 말이다. "비판에는 여러 종류가 있다. 창의적 비판과 적대적 비판이 있다. 전자는 우리의 발전에 도움을 주지만, 후자는 장애물

이다. … 비판이 지도자의 권위를 훼손해서는 안 된다."²

그러나 남아 있던 폴란드 국내군 지도자들은 감옥에 수감되거나 소련 강제노동수용소로 보내졌다. 헝가리 정권의 가장 강력한 반대자들은 레치크 수용소에 수감되었다. 동독의 비평가들은 떠났거나 조용해졌다. 공적 영역은 너무 말끔히 청소되어 1950년대 초 바르샤바, 부다페스트, 동베를린 또는 프라하, 소피아, 부쿠레슈티를 방문하는 여행객은 정치적 반대를 전혀 관측할 수 없었다. 언론은 정권 프로파간다만 내보냈다. 경축일은 정권 지지 행진으로 축하되었다. 외부인이 있다면 대화는 공식 노선에서 벗어나지 않았다.

관광객들은 심지어 모두 단합해서 정권을 지지한다고 짐작했을지도 모른다. 다양한 고위 방문객들은 실제로 그러한 인상을 만들어냈다. 영국 사회주의자로, 노동당 의원의 부인인 여성은 1950년 바르샤바를 방문하고 돌아와 트래펄가 광장에 모인 군중에게 폴란드에서 "독재의 조짐을 전혀" 보지 못했다고 호언장담했다. 오히려 그녀는 영국을 둘러싼 '철의 장막'만이 존재한다고 선언했다(영국 정부가 셰필드 세계평화회의에 참석하려는 동유럽 대표단에게 비자 발급을 이제 막 거부한 때였다).³ 동유럽을 방문하고 똑같이 강한 인상을 받은 또다른 영국 여성은 바르샤바에 있는 것은 "세상을 바꾸는 것 같았고, 비가 오는 곳에 있다가 햇빛이 비치는 곳에 발을 들여놓는 것 같았다"라고 말했다.⁴ 이런 견해는 극단적이기는 하지만, 더 넓은 편견을 반영한다. 동방 블록에는 동일한 정권들과 비슷비슷한 주민으로 이루어진 국가들이 모여 있다서방의 생각("시베리아는 찰리 검문소〔베를린 장벽에 세워진 가장 유명한 검문소로, 냉전의 상징〕에서 시작된다")은 바로 이 시기부터 내려온 것이다.

반대가 있기는 했다. 그러나 적극적 반대는 아니고 무장 반대도 분명 아니었다. 구분짓자면 소극적 반대였고 농담, 낙서, 그리고 서명 없는 편지에서 출구를 찾는 반대였으며, 종종 익명으로 표현되고 자주 애매한 반대다. 이런 반대는 모든 계층과 모든 연령에 존재했다. 때로 소극적인 정권 반대자들과 마지못한 부역자들은 같은 사람들이었다. 많은 사람들이 일자리를 유지하고, 가족을 보호하고, 감옥에 들어가지 않기 위해 해야 하는 일에 당혹하거나 수치심을 느꼈다. 다른 사람들은 공공 생활의 위선에 경악하고, 외부인들에게 강한 인상을 주는 평화 시위와 행진에 싫증을 느꼈다. 그들은 지루한 회합과 공허한 구호에 바보가 된 듯 느꼈고, 지도자의 연설과 끝없는 강연에 흥미를 잃었다. 공개적으로 아무것도 할 수 없는 그들은 당의 등 뒤에서 복수했다.

만일 '열정'이란 단어를 이 맥락에 쓸 수 있다면, 젊은 사람들이 절정의 스탈린주의에 대한 소극적 저항에 가장 열정을 보인 것은 절대 우연이 아니었다. 그들은 가장 무겁고 집중적이며 엄격하게 시행된 프로파간다의 초점이어서, 학교와 청년집단에서 그런 프로파간다를 들었다. 그들은 정권의 다양한 프로파간다 활동과 집착을 그대로 받아들여야 했고, 회비를 걷고, 서명을 모으고, 집회를 조직하러 돌아다녀야 했다. 동시에 그들은 꼭 기억할 필요가 없는 전쟁의 공포에 겁을 덜 먹었고, 아직 겪어보지 않은 감옥에 갈 가능성에 덜 위협을 받았다.

그 결과 청년들 사이에서 낮은 수준의 반대는 활발했다. 조직된 항의는 상대적으로 드물었지만 아예 없지는 않았고, 때로 젊은 사람들이 가담해 큰 대가를 치렀다. 1950년 20세의 에델트라우데 에케르트 Edeltraude Eckert는 민주화 유인물을 돌린 혐의로 체포되었다. 25년 형을 선고받은 그녀는 수감된 동독 감옥 작업장에서 전염병에 걸려 죽게 되었다. 그녀는 감방에서, 다음에는 병원 침상에서 희망으로 가득한 낙관적인 편지를 집으로 보냈다. "세상이 너무나 아름답다는 걸 믿어야 해요." 죽기 몇 달 전 그녀가 어머니에게 보낸 편지다.[5]

유머 감각이 없는 냉엄한 청년 지도자들을 종종 겨냥한 농담, 모욕, 기만이 훨씬 일반화되었고, 1940년대 말부터 1950년대 초반까지 수십 개의 그런 사례가 있다. 일례로 폴란드 탄광 소도시의 청년 당세포 선거에서 누군가가 장난으로 아데나워(당시 서독 총리)를 후보자 이름에 적었다. 이 투표용지는 이적 경향의 증거로 다루어져 그 이름을 쓴 사람에 대한 조사가 시작되었다. 청년 노동자 집단에서는 또다른 청년이 문제가 되는 시를 지어 비판받았다. 그중 외설이 없는 구절은 다음과 같다.

수용소에는 청결이 넘쳐난다.
몸을 씻고 싶은데 물 한 방울 없구나.
그러나 누군가 당신을 위해 눈물을 흘려줄 것이다.[6]

때로 이런 일은 극도로 심각하게 다루어졌다. 1948년부터 1951년 사이에만 유사한 농담을 유포한 죄로 약 300명의 동독 고등학생과 대학생이 체포되어 중노동형에 처해졌다. 예나의 청소년 집단은 빌헬름 피크 대통령의 공식 생일 축하 행사 중 학교 관리들에게 악취탄을 터뜨린 죄로 각각 10년 형을 선고받았다. 1950년 기준으로 동독 수용소와 감옥에는 17세 미만 소년 소녀 800명이 수감되어 있었다. 일부는 스탈린에 대한 강의 도중 조롱하는 표정을 짓거나, 밤에 시내 벽에 'F'(자유Freiheit를 상징)를 낙서했다는 혐의로 수감되었다.[7]

그러나 젊은이들은 덜 언어적인 형태로도 항의했다. 서구의 10대가 장발과 청바지로 불만을 드러내기 시작했다면, 스탈린 정권에서 살아가는 동유럽 10대에게는 좁은 바지, 어깨 패드, 붉은 양말 그리고 재즈가 항의의 형태일 수 있었다. 여러 나라에서 이런 초기 청년 반항 youth rebel 하위문화는 다른 명칭을 가지고 있었다. 폴란드에서는 비키니아제bikiniarze라고 불렸는데, 미국이 첫 해양 원폭 실험을 한 태평양 섬에서 따온 이름일지도 모른다. 아니면, 정말 유행에 밝은 소년들이 UN과 여러 국제 구호기구에서 보낸 구호품에서 찾아낸 하와이/태평양/비키니 테마의 타이에서 연유했을 가능성이 더 크다. (정말 운이 좋으면 맥아더 장군이 썼던 선글라스 종류인 마카르투르키makarturki를 얻기도 했다.) 헝가리에서 청년 반항은 대략 '게으름뱅이'로 번역할 수 있는 잠페체크jampecek로 불렸다. 동독, 서독을 막론하고 이 말은 '반쯤 강한'을 뜻하는 할브스타르케Halbstarke였다. 체코 버전은 오리라는 뜻의 포타프카potapka였는데, 아마 오리 꼬리 같은 헤어스타일에서 유래했을 것이다. 멋진 드럼 연주자 세르기우 말라감바Sergiu Malagamba 이름에서 따온 말라감비치malagambisti라는 루마니아 버전도 있었다.[8]

이런 젊은 반항아들이 택한 패션은 나라마다 조금씩 달랐는데 야시장이나 서방 구호 물품에서 얻을 수 있는 것과, 아무것도 없는 상태에서 만들 수 있는 것에 좌우되었다. 일반적으로 소년들은 좁고 홀쭉한 바지를 선호했다(바르샤바에는 평범한 옷을 이런 식으로 고쳐주는 전문 재단사가 있었다). 소녀들은 처음에는 몸에 꽉 끼는 펜슬 스커트를 입었지만, 나중에는 당시 크리스챤 디올에서 판매 중인 패션을 베낀 뉴룩 New Look, 즉 대담한 색상과 무늬가 들어간 허리가 잘록하고 폭이 넓은 스커트 차림을 따라 했다. 남녀 모두가 선호한 두꺼운 고무 밑창이 있는 신발(미국 스니커즈를 연상시키는 것)은 헝가리에서 잠피jampi 신발이라고 불렸다. 밝은 색 셔츠도 유행했는데, 공산당 청년운동의 획일화된 제복과 극명하게 대조되기 때문이었다. 종종 손으로 직접 칠한 폭이 넓은 넥타이도 유행했다. 셔츠와 타이가 상충해야 한다는 생각이었다. 특히 폴란드에서 "스크램블 에그 위의 쪽파"로 알려진 녹색 타이와 노란 셔츠의 조합이 아주 인기가 있었다. 바르샤바에서 레오폴트 티르만트는 줄무늬 양말도 유행시켰다. 그는 "자신의 취향을 드러낼 권리"를 과시하기 위해 그렇게 한다고 말한 적이 있다.[9] 조금 아이러니하게도 그는 젊은이들이 속한 비키니아제와 거리를 두었지만, 전반적으로 이런 유행에 찬성했다.

　분명 이것은 지르박 스타일의 가난하고 청결하지 않은 폴란드 버전이었다. … 이것은 거부하지 않는 사람들에게도 어느 정도 경멸을 불러일으켰지만 존경심도 자아냈는데, 그 이유는 그 끈기와 최고 권력 집단에 맞선 싸움, 사방에 만연한 회색과 전체적인 빈곤에 던지는 도전 때문이었다.[10]

　서방에서와 마찬가지로 의상은 음악과 연계되었다. 서유럽 동류 집단처럼 비키니아제, 잠페체크 등은 청년 공산당원들이 돌아다니며 재즈 음반을 파괴했음에도 불구하고 오히려 그 덕분에 재즈 팬으로부터 시작되었다. 한때 금지되었던 재즈 음악은 정치화되었다. 라디오로 재즈 음악을 듣는 것조차도 정치 활동이 되었다. 정적 속에서 아버지 라디오의 다이얼을 돌려 다른 방송을 찾는 시도 자체가 반체제 행동을 대신하는 형태가 되었다. 라디오 룩셈부르크는 엄청나게 인기가 좋았고, 나중에는 '미국의 소리Voice of America'에서 내보낸 재즈 프로그램이 그만한 인기를 누렸다. 이 프로그램은 40년 후 공산 체제가 무너질 때까지 반체제 운동으로 남았다.

폴란드나 동독의 청년 반항아들은 옷차림과 음악에서 미국 로커와 주트슈터zoot suiters(1940년대에 유행한 어깨와 바지통이 넓은 남성복을 입은 사람들), 영국 테디 보이teddy boys(로큰롤을 좋아하고, 보통 딱 붙는 바지에 긴 재킷, 뾰족한 신발 등 자유로운 복장을 선호하던 젊은 남성들)와 공통점이 많았다. 그러나 그들의 정권이 지닌 속성 때문에 그들의 패션 선택은 서방에서보다 훨씬 깊은 정치적 의미가 있었다. 당국의 관점에서 최신 유행을 추종하는 젊은이들은 정의하자면 암시장 거래와 관련된 사람들이었다. 그렇지 않다면 그처럼 유별난 옷을 어떻게 구할 수 있었겠는가? 그들은 미국식 소비주의를 숭앙하는 사람들로도 정의되었다. 그들은 서방의 10대처럼 물질적 소유를 좋아했다. 특히 그들은 공산 체제가 제공하지 못하는 물건을 갖고 싶어했고, 그런 물건을 구하기 위해 비상한 노력을 기울였다. 헝가리 잠페체크였던 한 사람은 밑창이 두꺼운 신발을 갖기 위해 들인 노력을 떠올리며 장황하게 말했다.

남부 구역에 딜러 3명이 있었다. 그들의 이름은 모르는데 프리치 뭐시기, 그 녀석들이 물건을 가져왔다. 내 생각에는 유고슬라비아나 다른 남부 지역에서 가져왔을 … 그걸 불법적으로, 할부에 살 수 있는 것은 대단한 일이었다. 그걸 구하려면 연줄이 있어야 했다. … 사람들은 어디서 구했는지 … 서로 부러워했다.[11]

정권은 또한 서구 패션에 대한 동경이 서구 정치에 대한 동경을 의미한다고 의심했다. 서둘러 언론은 젊은 반항아들을 일탈에 대해서가 아니라 타락한 미국 문화를 퍼뜨리고, 공산주의 가치를 훼손하며, 심지어 서방으로부터 명령을 받는다고까지 비난하기 시작했다. 때로 청년 반항아들은 파괴공작자나 심지어 스파이라고 불렀다. 기괴하게도 이런 식의 프로파간다는 이 미성숙한 집단들을 더 강력하고 중요한 것처럼 보이게 하고, 실제로 그렇게 만드는 효과가 있었다. 한 폴란드 신문은 미국 팝 문화를 "명성과 사치의 숭배, 가장 원초적인 욕망의 수용과 미화, 감각에 대한 갈망의 충족"이라고 서술했다.[12] 다른 공식 매체도 비키니아제를 "투기꾼, 부농, 불량배, 반동분자"와 동일시했다.[13] 야체크 쿠론은 이런 식의 언어가 실제로 젊은 사람들을 재즈, 서구의 춤, 더 이국적인 옷차림으로 이끌었다고 설명했다. 그는 비키니아제는 언론이 집중적인 공격을 한 후에야 진정한 반문화countercultural 운동이 되었다고 주장했다. "그들은 '너희는 비키니아제잖아'라는 말을 들었고, '그렇다, 우리는 비키니아제다'라고 답했다. 그렇게 그들은 결여되었던 정치 프로그램을 제공받았다."[14]

잠폐체크 문화를 심도 있게 연구한 헝가리 역사학자 샨도르 호르바트는 이와 유사한 선상에서, 헝가리의 청년 하위문화는 신문 프로파간다가 만들어낸 것이지 그 반대가 아니라고 주장한다. 덧붙여 그는 잠폐체크에 맞선 십자군은 같은 시기에 일어난 훌리건주의hooliganism〔몹시 흥분해서 벌이는 난동〕에 맞선 소련의 공격에 고무되었을 것이라고 본다. 그는 심지어 잠폐체크가 처음부터 정말 존재했는지, 아니면 자신들을 정의하기 위해 적이 필요했던 공산 당국이 헝가리 국경을 넘어 들어오는 "서부극, 갱 영화, 싸구려 소설과 만화책"에서 서술을 끌어와 발명한 것은 아닌지 의문을 제기한다. 그들은 '좋은' 공산주의자 유형을 만들어내기 위해 '나쁜' 자본주의자가 필요했고, 잠페체크가 여기에 잘 맞아떨어졌다고 보는 해석이다.[15]

최신 유행을 추구한 이 집단은 일단 범법자들로 정의되자, 정말 싸움을 갈구하는 사람들을 끌어들이기 시작했다. 폴란드에서는 비키니아제와 제템포우치zetempowcy(폴란드 청년연맹 약자 ZMP에서 유래한 별명) 사이, 비키니아제와 경찰 사이에 심각한 충돌이 자주 일어났다. 1951년 바르샤바 외곽 지역의 젊은이들이 무장 절도 혐의로 재판에 넘겨졌다. 공식 청년 신문인 《표준 청년Sztandar Młodych》은 이들을 "미 제국주의에 봉사하는 젊은 도둑들"이라고 서술하고 이들이 자기들만의 통이 좁은 바지와 밑창이 두꺼운 신발 차림이었다고 비난했다. 한 공산 청년 활동가는 비키니아제 복장을 한 젊은 홀리건들에게 구타당한 후 자신도 "미국 생활 방식을 숭앙하는 자들은 인민 폴란드에 적대적"이라는 확신을 갖게 되었다고 불평하는 기사를 이 신문에 썼다. 그는 붉은색 폴란드 청년연맹 타이를 매고 다녔었다. 당시 바르샤바의 폴란드 청년연맹 지도자였던 크시슈토프 포미안Krzysztof Pomian도 공원에서 모르는 사람들에게 구타를 당했다. 학우 하나가 이 범죄 혐의로 체포되었지만 나중에 방면되었다.[16]

그 반대도 사실이었다. 젊은 공산주의자들은 때로는 경찰과 함께, 길거리에서 비키니아제를 공격했다. 그들을 붙잡아 폭행하고 머리카락을 자르고 타이를 절단했다. 비키니아제가 자기네 스타일인 지르박 춤을 추기 시작하면서 공식 청년 댄스파티를 망친 경우도 여러 번 있었고, 그후 이들은 성난 동년배들에게 구타를 당했다.[17] 쿠론 자신도 한 지역 당 서기가 비키니아제와 홀리건들은 언론, 라디오, 그리고 포스터와 책에서 자신들을 우습게 그린 캐리커처에 설득되지 않기 때문에 이제 젊고 건강한 노동자들이 그들을 쫓아버려야 한다고 말했던 것을 기억한다. "그 순간부터 비키니아제가 무도장에 뛰어들 때마다 젊은 공산당원들이 그들을 끌고 나가 구타했다."[18] 유사한 상황이 헝가리에서도 벌어졌다.

동독에서는 젊은이들의 반항 문제가 미국 라디오의 부인할 수 없는 영향력으로 인해 더욱 심각해졌다. 미국 라디오는 멀리 떨어진 라디오 룩셈부르크의 잡음 섞인 소리가 아니라 서베를린에서 바로 송출되는 미국 방송RIAS, Radio in the American Sector 청취가 가능했다. 무도회 밴드가 서독 악보를 쉽게 구할 수 있었고, 이것은 정권이 크게 경악하게도 아주 인기가 있었다. 1951년 독일 작곡가 대회에서 한 동독 음악이론가는 이 "미국 엔터테인먼트 저속 문화가 미국주의의 독을 퍼뜨려 노동자들의 정신을 마비시키는 통로"라고 성토했다. 그는 재즈, 스윙, 빅 밴드 음악에서 나오는 위협이 "독가스를 동원한 군사 공격만큼 위험"하다고 했다. 그는 그것이 "문화가 결여된 미국 독점자본주의의 타락한 이념 … 공허한 감상주의 그리고 무엇보다도 전쟁과 파괴에 대한 격분"을 반영하기 때문이며 "우리는 여기에서 미국주의의 제5열을 발견할 수 있다. 전쟁 준비에 있어 미국 히트 음악의 위험을 오판하는 것은 잘못된 일"이라고 했다.[19]

이 회의 이후 동독 국가 당국은 이 새로운 골칫거리와 싸우기 위해 적극적 조치를 취했다. 동독 전역에서 지방 정부들은 포크댄스 밴드와 음악가들이 인가증을 받도록 강제하기 시작했다. 일부는 재즈를 아예 금지했다. 집행이 들쭉날쭉해도, 체포가 이루어졌다. 작가 에리히 뢰스트는 한 재즈 음악가가 음악 선택을 바꾸라는 명령을 받았을 때 자신은 탄압받는 흑인 소수의 음악을 연주한다고 항변했던 기억을 떠올

렸다. 아무튼 그는 체포되어 2년간 투옥되었다고 한다.[20]

정권은 임시방편일지라도 대안을 찾아 나섰다. 진보적 댄스 음악이 어떤 소리가 나야 하고, 어디에서 연주되어야 하는지 확신하는 사람은 아무도 없었다. 독일예술아카데미에서 저명한 음악학자위원회가 모여 "우리 사회에서 댄스 음악의 역할"에 대해 논의했다. 그들은 "댄스 음악은 목적의식이 있는 음악이어야 한다"는 데 의견을 모았다. 이 말은 음악이 오직 댄스를 위한 것이어야 한다는 뜻이었다. 그러나 참석자들은 댄스 음악이 라디오로 방송되어야 하는가에 대해서는 의견이 갈렸다. "댄스 음악을 단순히 듣기만 하는 것은 불가능하므로, 청취자들은 그 음악의 목적이 무엇인지 망각하게 될 거예요." 그리고 젊은이들이 진정한 댄스 음악 대신 부기우기를 요구하지 않을까 하는 우려도 있었다.[21]

1952년 5월 문화부는 "새로운 독일 댄스 음악" 작곡가 경연을 열고 상을 주는 방식으로 이 문제를 해결하려고 했다. 그 경연은 실패로 끝났다. 아마도 스트라우스의 빈 왈츠의 현대 버전을 찾고 있었을 위원회 마음에는 어떤 곡도 마음에 들지 않았던 것이다. 당 중앙위원회에 신설된 댄스 위원회는 제출된 작품 대부분이 감상적 사랑, 향수 또는 순수한 현실 도피 같은 진보적이지 않고 비교육적인 주제를 담았다고 불평했다. 하와이에 대한 노래는 뤼베크를 배경으로 해도 되겠다고 위원회는 선언했다.

그 시기 대부분의 시간 동안 동독 젊은이들은 이런 일에 박장대소로 대응했다. 일부 밴드는 당 관료들로부터 받은 편지를 공개적으로 조롱하고 큰 소리로 청중에게 읽어주었다. 다른 밴드들은 공공연히 규칙을 무시하기만 했다. 충격을 받은 한 관리는 콘서트에서 직접 보고들은 "높은 볼륨으로 폭포처럼 쏟아지는 소리"와 "아찔할 정도로 거친 몸놀림"을 보고서에 적었다. 필연적으로 탈출도 있었다. 미국 비문화uncuiture 선전가라는 특별한 낙인이 찍힌 한 밴드는 서방으로 탈출했고 즉시 자신들의 음악을 RIAS를 통해 동독으로 송출했다.

실상을 보면 서방 음악과 서방 청년 패션 문제는 결코 사라지지 않았다. 오히려 1956년 로큰롤의 도래를 알리는 〈록 어라운드 더 클록 Rock Around the Clock〉 녹음이 처음으로 선풍적인 인기를 끌며 동유럽에 들어온 후, 서방 음악과 서방 청년 패션은 더 많은 사람을 끌어들였다. 재즈는 스탈린 사후 적어도 일부 장소에서는 합법화되었다. 레저 복장에 대한 규칙도 완화되었고, 결국 동유럽도 자체 록 밴드를 갖게 되었다. 한 역사가가 서술한 대로 베를린 장벽이 건설되기 전부터 서구 팝 음악에 대한 전투가 동독에서 치러졌지만 패배했다. 그리고 이 전투는 그밖의 지역에서도 치러졌지만 패배했다.[22]

절정의 스탈린주의 시대에 일하며 가족을 먹여 살려야 했던 어른들에게, 현란한 옷차림은 결코 항의의 실제적 형태가 되지 못했다. 하지만 몇몇 직업에서는 이런 옷차림을 허용했다. 크라쿠프에서 경력 대부분을 쌓은 여배우 마르타 스테프니카Marta Stebnicka는 1950년대에 흥미로운 모자를 디자인하려고 굉장히 노력했다.[23] 폭이 좁은 타이를 매고 색색 양말을 신은 폴란드 재즈 비평가 레오폴드 티르만드도 성인 패션의 아이콘이었다.

그러나 옷을 차려입을 수 있거나 그렇게 입지 않는 사람도 장난을

칠 수 있었다. 그들도 농담할 수 있었다. 공산 정권에서 나온 다양한 농담은 수많은 학술적 책에 담겼다. 억압하는 정치체제에 소극적으로 저항하는 형태로서 농담을 하는 것은 새로운 일이 아니었다. 플라톤 은 "유희의 악의malice of amusement"에 대해 썼고, 홉스는 농담하는 사람 은 종종 유머의 대상보다 우월하게 느낀다고 했다. 조지 오웰은 (앞에 인용한 대로) "기존 질서를 뒤엎을 때 그것은 재미있는 것이 된다. 모든 농담은 작은 혁명이다"라고 썼다. 당국에 악의를 표현하거나 우월감을 느낄 기회가 너무 없고, 기존 질서를 뒤엎고 싶은 욕구가 강하지만 금 지된 동유럽 공산 정권에서 농담은 한껏 발전했다.[24]

농담은 다양한 목적을 이루었다. 소련의 반체제 인사 블라디미르 부 코프스키Vladimir Bukovskii는 농담의 주된 기능을 가장 정확히 표현한 사 람일 텐데, 그는 다음과 같이 지적했다. "농담의 단순화는 모든 프로 파간다 속임수의 불합리성을 폭로한다. … 출판물에 아무 흔적도 남 지 않은 것, 즉 사건에 대한 사람들의 의견을 농담에서 찾아낼 수 있 다."[25] 분명 농담하는 사람은 이를테면 소련이 폴란드의 석탄과 다른 제품을 국제 시장 가격보다 훨씬 싸게 구입했다는 사실 같은, 달리 언 급할 수 없는 진실을 농담을 통해 큰 소리로 말할 수 있었다.

마오쩌둥과 스탈린이 협상 중이다. 중국 지도자가 소련 지도자에게 도 움을 청한다. "우리는 10억 달러와 5천만 톤의 석탄, 그리고 많은 쌀이 필요합니다." 스탈린은 고문들에게 이렇게 말한다. "달러, 오케이, 석탄, 오케이. 그런데 비에루트 동지는 쌀을 어디서 구하지?"[26]

1950년대에 폴란드 성을 가진 소련 장군이 폴란드 군대를 지휘한 사실을 비꼰 농담도 있다.

왜 로코소프스키가 폴란드군의 원수가 되었게?
그거야 폴란드군 전체에게 소련 군복을 입히는 것보다 러시아 군인 1명에게 폴란드 군복을 입히는 게 돈이 덜 들기 때문이지.

아니면 공산주의 치하에서 체제에 순응하도록 강요받은 예술가들에 대한 농담도 있다.

자연주의자, 인상주의자, 사회주의 리얼리즘 학파의 차이는?
자연주의는 보는 대로, 인상주의는 느끼는 대로, 사회주의 리얼리즘 화가는 시키는 대로 그린다.

인기가 너무 없는 정권의 지지자들은 그 사실을 인정하기가 너무 당혹스럽다는 사실에 대한 농담도 있다.

두 친구가 거리를 걷고 있었다. 한 친구가 다른 친구에게 묻는다. "라코시를 어떻게 생각해?" 그는 대답한다. "여기서는 말할 수 없어. 나를 따라와."
두 사람은 옆길로 사라진다.
"이제 라코시를 어떻게 생각하는지 말해봐." 친구가 말한다.
"아니야, 여기서도 안 돼." 다른 친구가 말하고 그 친구를 아파트 단지의 복도로 데려간다.
"자, 그럼 여기서 말해봐."

"아니야, 여기서도 안 돼. 안전하지 않아."

그들은 인적 없는 건물 지하로 계단을 내려간다.

"됐어, 이제 우리 지도자를 어떻게 생각하는지 말할 수 있을 거야."

"음." 그 친구는 신경을 곤두세우고 주위를 돌아본 다음 말한다. "사실 난 그를 너무 좋아해."

삶의 많은 영역에서 그랬듯이, 공산주의가 권력을 독점한 상황에서는 어떤 것(경제, 축구 국가 대표팀, 날씨)에 대한 농담이든 어느 정도는 정치적 농담이 될 수 있었다. 당국도 이런 농담이 체제를 전복하게 만든다는 것을 잘 알고 있었다. 그런 농담을 억누르려고 당국이 발 벗고 나선 이유다. 부다페스트 청년운동 당국은 헝가리 여름 캠프 지도자들에게 엄중히 경고하는 편지를 보냈다. 캠프 참가자들이 저속한 농담에 빠지는 것에 대비하라는 경고였다. 그런 일이 발생하면 지도자들은 유쾌하게 끼어들어 군중을 더 세련되고 정치적으로 수용 가능한 유머로 이끌어가야 했다.[27]

모든 청년 지도자들이 너그럽게 이해하고 넘어가지는 않았다. 폴란드 학생들의 일반적 분위기를 교육부에 전한 보고서에서는 노래, 농담, 운율, 낙서가 반체제 감정의 신호, 심지어 지하세력과의 접촉 증거로 판단되었다.[28] 잘못된 시점에 잘못된 장소에서 잘못된 농담을 말한 사람은 1950년대뿐만 아니라 이후 시기에도 체포될 수 있었다. 이것이 밀란 쿤데라의 1967년 소설 《농담》에 깔린 전제였다. 이 책은 체코 작가로서는 최초로 국제적 명성을 얻은 작품이었다. 이 책의 주인공은 한 소녀에게 우편엽서에 적어 보낸 농담 때문에 당에서 쫓겨나 광산에서 일하게 된다.[29] 1961년 동독 카바레 공연단 멤버들은 "개가 묻힌 곳은 어디인가"라는 공연을 한 뒤 체포되었다. 이 공연에는 다음 장면이 포함되어 있었다.

배우 둘이 벽돌 하나씩, 벽을 뜯어내기 시작한다. "너희 뭐 하는 거야?" 세 번째 배우가 묻는다. "우리는 벽돌 공장 벽을 허물고 있어." 그들은 대답한다. "왜 그런 일을 해? 벽돌이 모자라는데!" 다른 배우가 대꾸한다. 두 노동자는 하던 일을 계속하며 정확히 말한다. "그래서 우리가 벽을 허물고 있는 거라고!"

이 공연에는 모든 질문에 발터 울브리히트의 "절대적으로 안전한 편이 되기 위해"라는 말을 인용하며 답하는 한 관리도 등장했다. 다소 어설픈 연기였지만, 당국은 재미있어하지 않았다. 이후 제출된 보고서에서 지역 관리는 "언론, 노동자, 당 관료, 청년 지도자들에 대한 도발적인 명예 훼손으로 구성된 쇼였다"며 분통을 터뜨렸다. 배우들은 9개월 동안 복역했고, 그 기간 동안 몇 명은 독방 생활을 했다. 한참 후 그들 중 1명은 자신의 수백 가지 농담이 비밀경찰에 보고됐다는 사실을 알았다.[30]

이 사건은 공산주의 유머 감각의 뚜렷한 부재를 보여준다. 또한 풍자가, 공연 예술가, 그리고 합법적으로 공연하길 원하는 그밖의 사람들이 취해야 하는 절묘한 균형을 강조한다. 한편으로 그런 유머는 관객을 끌어들이기 위해 재미있거나, 적어도 핵심을 찌르면서 날카로워야 했다. 다른 한편으로 이들은 주변에서 실제로 얘기되고 있는 농담을 피하거나, 심지어 다른 사람들이 너무 재미있어하는 주제를 암시하는 것도 피해야 했다. 공식 언론도 같은 딜레마에 직면했다. 헝가리 국영 라디오는 1950년 정치적 공연장을 열어 이 문제를 해결하려고 시도했다. 목표는 분명했다. "좋은 웃음은 모두 적에게 타격을 준다. 새 프로그램은 우리 사회의 낙관적 기쁨과 힘을 보여줄 것이다." 이 프로그램은 두 달 지속된 후 폐지되었다.[31]

스탈린 시기 동방 블록에서 헤르베르트 산트베르크Herbert Sandberg만큼 이 문제와 열심히 씨름한 사람은 거의 없을 것이다. 부헨발트 수용소에서 살아남은 그는 잠시 동독의 풍자 잡지 《율렌슈피겔Ulenspiegel》의 편집자가 되었다. 원래 서베를린에 사무실이 있었고 이 잡지는 처음에 미국 인가장을 받고 등록되었지만, 산트베르크의 뛰어난 예술가와 작가 팀은 모두 좌파 지식인 출신이었고 처음부터 문화연맹, 공산당과 가까운 사이였다. 그러나 산트베르크 자신은 전혀 이념적이지 않았다. 그는 웃음을 치료로 간주했고, 자신과 동료들이 날카로운 펜을 독일의 나치 과거와 현재 분열에 집중하면 사회 재건에 기여할 수 있다고 믿었다.

적어도 처음에는 산트베르크의 합리적 생각이 《율렌슈피겔》에 많이 반영되었다. 1947년 1월 1일에는 무엇보다도 아데나워에 대한 풍자 기사, 저평가된 아동 서적 전시회 리뷰(너무나 진지한 베를린에서는 "재미, 사랑, 마법에 대한 것"이란 이유로 아무도 이 전시회를 언급하지 않았다), 전쟁 중 독일에 남아 나치의 잔혹 행위에 침묵한 지휘자 빌헬름 푸르트벵글러에 대한 비평 기사 등이 실렸다. 이미 사장된 탈나치 과정을 비판하는 만평("남은 나치 당원은 정말 1명도 없는가?")과 제3제국에 대한 매우 개방된 논쟁도 실렸다. 몇 달 후, 점점 심화되는 독일 분열과 베를린 분열에 대한 산트베르크의 애매한 태도는 5월 2일 표지에 반영되었다. 이 표지는 베를린을 점령한 4강국의 깃발 사이에 서 있는 맹인을 보여주었다. 헤드라인인 "확실치 않은 미래"도 분열에 대한 책임을 미국이나 소련에 분명히 돌리지 않았다.

이러한 중립은 오래 지속될 수 없었고, 결국 산트베르크는 한쪽을 택해야 했다. 동서 긴장이 고조되면서 잡지 내용에 대한 공산당의 영향력도 강화되었다. 이 잡지의 풍자는 자본주의, 미국, 서방 전쟁광에 직면한 독일의 무력함에 더 날카롭게 초점을 맞추는 방향으로 전환되었다. 1947년 12월 크리스마스 특집호 표지에는 독일 아이가 "엄마, 평화가 뭐예요?"라고 당돌하게 묻는 그림이 실렸다. 1948년 봄, 이 잡지는 미국 당국의 출판 인가를 상실했다. 5월, 소련의 인가를 받고 처음 발행된 호는 몇 개의 다리를 보여주었다. 화폐 통합과 경제 통합을 상징하는 다리는 멀쩡하지만, 정치 통합을 상징하는 다리는 부서진 모습이었다.[32]

산트베르크는 자신의 잡지가 또다른 프로파간다 수단이 되는 데 저항했지만 트루먼, 드골, 서방의 비무장 약속을 조롱하는 표지가 뒤따랐다. 그는 형식주의 논쟁에서 잘못된 편을 들어 파블로 피카소 같은 형식주의자에 대한 존경을 표했다. 이러한 타협은 오래 지속되지 못했다. 1950년, 공산당 중앙위원회 문화국은 완전한 순응 외의 것은 더이상 용납하지 않았다. 한 중앙위원은 "우리 공화국에서는 풍자 언론의 지원이 필요하다"고 주장했다. 다른 중앙위원은 이 잡지가 순응하려고 노력 중이라고 평가했지만("우리는 《율렌슈피겔》이 부단히, 집중적으로 개선 노력을 기울여왔다고 믿는다") 여전히 의구심은 남았다.[33] 구독자가 사라졌기 때문에 이런 노력은 아무 의미가 없었다. 재미없는 풍자 잡지를 사려는 사람은 아무도 없었고, 당국은 8월 이 잡지를 폐간했다. 훗날 이 잡지는 유사한 명칭인 《오일렌슈피겔Eulenspiegel》로 복간되었지만,

이전 잡지와 결코 같지 않았다.

그러나 닫힌 문 뒤, 사석에서 자기들끼리만 있을 때는 당국자들도 정치적 농담을 했다. 동독 기자이자 마지막 동독 정부 각료였던 귄터 샤보프스키Günter Schabowski는 영국 기자에게 이렇게 말했다. "새 독일에서 우리는 구내식당에서 농담을 주고받았다. 우리는 체제의 실패를 모르지 않았지만, 그 이유는 단지 아직 초기인 데다 계급의 적들이 가능할 때마다 파괴공작을 하고 있기 때문이라고 굳게 믿었다. 우리는 언젠가 이 모든 문제가 해결되고, 더이상 농담할 것이 없어 농담이 사라질 것이라고 생각했다."[34] 거기에 대한 농담도 있었다. 예컨대 이 농담은 아마도 소련에서 들어온 것으로, 당대 가장 유명한 강제노동수용소의 두 건설 프로젝트를 조롱했다.

"누가 백해 운하를 만들었지?"

"정치적 농담을 한 사람들."

"그럼 볼가강-돈강 운하를 만든 건 누구지?"

"그걸 경청한 사람들."

유머를 항상 통제할 수는 없었다. 옷차림도 언제나 통제할 수는 없다. 밝혀졌듯이 종교적 감정도 항상 통제할 수는 없었다. 동유럽 공산국가의 일부 사람들은 교회 우산 아래 자신이 개입할지 계획, 타진하고, 자신이 치를 개인적 대가를 계산하며 조심스럽게 스스로를 조직했다. 유제프 푸치워프스키Józef Puciłowski는 폴란드 청년연맹의 일원이었는데, 이 집단의 지도자들은 단체로 신부를 찾아가 정기적인 교리 교육을 받기로 결정했다.[35] 한스-요헨 치체Hans-Jochen Tschiche는 젊은 시절 루터교 성직자가 되기로 결심했다. 그 시기인 1940년대 말 그는 서베를린에서 공부할 수 있었지만, 동독에서 사명을 좇기 위해 의도적으로 동독으로 돌아왔다. 그가 사제들에게 끌린 이유 중 하나는 개방성이었다. 즉 사제는 다양한 문헌을 읽을 수 있고, 동유럽 대부분 사람들이 접근할 수 없는 주제를 논의할 수 있고, 서방 사제와 교회를 접촉할 수 있으면서 동시에 정권과 충돌을 피하며 희생자들에게 다소나마 도움을 줄 수 있었다.[36]

그러나 다른 사람들은 계산도, 이해타진도, 계획도 하지 않았다. 때로 억눌렸던 종교적 감정이 터져 나오기도 했다.

아마도 가장 큰 종교적 감정의 폭발은 1949년 루블린에서 일어난 사건일 것이다. 이 사건은 여름이었던 7월 3일, 한 수녀가 그 도시 대성당의 성모마리아 성상화 얼굴에서 변화를 발견하면서 시작되었다. 그 성모마리아 상(폴란드에서 가장 숭앙되는 쳉스토호바의 검은 성모마리아 상의 복제품)은 눈물을 흘리고 있는 것처럼 보였다. 수녀는 신부를 불렀다. 그도 이 기적을 목격했고, 두 사람은 기도하기 시작했다. 다른 사람들도 따랐다. 기적처럼 울고 있는 성모마리아 소식은 놀라운 속도로 (이때는 전화가 널리 사용되기 전이었다) 도시 전역에 퍼졌다. 저녁이 되자 대성당 문을 닫을 수 없을 정도로 군중이 몰려들었다.

이후 며칠 동안 이 소식은 더 멀리 퍼졌고, 폴란드 전역에서 순례자들이 대성당으로 몰려들었다. 물론 이 기적에 대한 공식 발표는 없었고, 정권은 신자들을 낙담시키기 위해 할 수 있는 일을 했다. 당국은 루블린으로 오는 공공 교통을 차단하고 도로에 경찰을 배치해 사람들의 접근을 막으려 했지만 소용없었다. 한 목격자의 기억은 이러하다.

1949년 7월에 일어난 일이다. 이미 루블린으로 가는 기차표 판매를 중지했기 때문에 우리 일행 5명은 걸어서 갔다. 우리는 성당에 도착해 밤새 머물렀다. 아침에는 이미 수천 명이 모여 있었고, 아침 7시쯤 성당 문이 열리기를 기다리며 줄을 서기 시작했다. 잠시 후 경찰이 와서 신부님을 데려갔지만 사람들은 더 오래 기다렸다. 그들이 다시 와서 성당 열쇠를 가져갔지만 사람들은 여전히 기다렸다.

그러자 주교가 나와서 사람들에게 성당은 열지 않으니 집으로 돌아가라고 말했다. 그러자 사람들은 정말 충격을 받아서 성가를 부르고 기도를 했다. 그날 오후까지 그러다가 나는 성당 옆문으로 들어갔다. 처음에 나는 무슨 일이 일어나고 있는지 이해하지 못했고 그다음 ⋯ 나는 사람들이 문을 부수기 시작하는 것을 보고 그들을 도왔다. 사람들은 성가를 부르고 기도하며 "우리 성당을 닫지 마라" 하고 외쳤다.

결국 그는 안으로 들어갔다. 그는 성모마리아의 얼굴에서 빛나는 것을 보았다. 피눈물이 성모마리아 한쪽 뺨으로 흘러내렸다. "나는 그것이 정말 기적이었다고 믿는다"라고 그는 기록했다.[37]

공산당 관료들은 곤경에 처했다. 처음에 그들은 이 이야기가 사라지길 기대하며 신문에 실리지 않도록 했다. 그러나 점점 많은 사람들이 모여들었고, 성당 광장이 순례자로 가득 차자 당국은 전술을 바꾸었다. 7월 10일 당국은 "기적 반대 작전"에 착수했다. 바르샤바와 우치에서 추가 경찰 500명이 도착했고, 신문은 부정적 프로파간다 운동을 시작하라는 지시를 받았다. 순례자는 '농민'(공산당 어휘 중 긍정적 단어)이 아니라, 시골 사람들의 군중이나 무리, 순진한 문맹들, 심지어 저녁에 보드카 병을 팔러 다니는 투기꾼이나 장사꾼으로 서술되었다. 정부

당국은 엄격하게 기적의 그림을 점검한 후 이 그림은 전쟁 중 파손되었고, 성모마리아 얼굴에 나타난 자국은 습기로 인한 것이 틀림없다고 발표했다. 추기경 비신스키를 비롯한 성당 지도자들은 그 기적이 거짓이라고 선언하라는 압박을 받았다. 순례자들이 끔찍한 탄압을 받을 것을 두려워하며 성직자들은 신도들에게 집으로 돌아가라고 말했다.

그러나 신도들은 계속 몰려들어, 성당 문 앞 광장에 텐트를 설치했다. 다음 주일인 7월 17일 피할 수 없는 대치 상황이 벌어졌다. 지역 당지도자들은 시 중심에 있는 리테프스키Litewski 광장에서 시위를 조직했다. 그들은 아주 강력한 마이크를 통해 "반동적 사제들"을 비난하여 그 소리는 시내의 모든 성당 안에서도 들렸다. 그중 하나인 카푸친 수도회 성당Church of the Capuchins의 신도들은 찬송가를 부르기 시작했다. "우리는 신을 원한다!" 이들은 거리로 쏟아져 나왔고 체포가 시작되었다. 신도들은 시내 중심가에서 탈출하려고 했지만, 경찰은 골목을 막고 그들을 무장 트럭에 밀어 넣었다. 한 역사가의 말처럼 몇 년 전 나치가 루블린 거리에서 자행한 체포와 그리 다르지 않은 광경이었다. 일부 신도들은 몇 시간 동안 구금되었고, 일부는 3주나 구금되었다.[38]

8월, 당국은 이 사건을 중요한 담론에 끼워 맞출 방법을 생각해냈다. 이 기적 소식은 어떻게 루블린에서 수백 킬로미터 떨어진 곳까지 그렇게 빨리 전달될 수 있었는가? 누가 이 말도 안 되는 소문을 온 나라에 퍼뜨렸는가? 폴란드 라디오가 그 답을 갖고 있었다. 루블린의 기적을 조작한 사람들은 반동적 사제 무리였음이 밝혀졌고, 그들은 폴란드 민족과 인민공화국의 적들과 협력하며, 미국의 소리 방송과 함께 일하고 있었다는 얘기였다. 기자들은 전혀 놀라운 일이 아니라며 불길한 주장을 늘어놓았다. "미국의 소리 방송은 폴란드 주민들이 들판에서 열심히 하던 일을 내팽개치자 매우 즐거워했고, 그들에게 성당 앞에 집결해 말로 다 할 수 없는 상황에 있으라고 명령했다. … 이것은 신앙의 표현이 아니었다. 이것은 중세 광신주의의 조직된 과시였다. … 그 목적은 종교와 전혀 상관없었다."[39]

결국 루블린 기적을 둘러싼 소동은 잦아들었다. 그러나 스탈린주의가 지배한 유럽에서 이런 일은 유일한 사건이 아니었다. 2년 전 헝가리의 팔로스쿠트Fallóskút 마을에서는 클라라Klára라는 젊은 여성이 폭력을 휘두르는 남편을 피해 달아나 들판에서 밤을 보내다가 꿈을 꾸었다. 꿈속에서 성모마리아는 그녀에게 샘물을 찾으라고 말했다. 그녀는 샘을 찾았고, 그런 다음 두 번째 꿈을 꾸었다. 꿈속에서 성모마리아는 그녀에게 예배당을 지으라고 말했다. 성모마리아의 말에 따르면 그녀는 가난할지라도 예배당을 지을 만큼 믿음이 충만했고, 실제로 그렇게 되었다. 클라라는 다른 사람들이 도움을 주도록 확신을 주었고, 1948년 말 그 샘 옆에 예배당이 건립되었다. 한 사제가 와서 축성식을 했다.

두려움이 큰 주교단은 이 기적을 인정하려 하지 않았지만, 그럼에도 불구하고 성모마리아는 1949년 여러 번 클라라에게 나타났고, 그후 클라라는 정신병원으로 보내져 전기충격 치료를 받았다. 그녀는 병원에서 나왔지만 1952년 다시 병원에 수감되어 조현병 진단을 받았다. 그러는 사이 다른 많은 사람들이 그 예배당을 지원하기 시작했고, 그중에는 클라라의 회개한 남편도 있었다. 1970년대에 그녀는 기적 인정을 받기 위해 두 번 바티칸을 방문했다. 결국 그녀가 죽고 난 1985년에야 이 사건은 기적으로 인정되었다.[40]

팔로스쿠트 사건은 잠시 신도들이 쇄도했던 루블린 성당만큼 군중을 끌어들이지는 못했다. 그러나 이 예배당은 결국 헝가리 집시 문화에서 특별한 역할을 하게 되었다. 모든 정권에 가장 소극적으로 맞서던 집시들은 클라라의 현장을 조용히 방문하고, 성수가 행하는 기적을 관찰하며 신앙심을 보여주었다. 시력에 문제가 있던 환자 몇 명은 이 물로 치유되었다. 한 농아 소년이 말하기 시작했다는 소문도 돌았다. 이 예배당에 기도하러 오는 사람들은 정치, 공산주의, 민주주의, 정권 반대에 대해 한마디도 해서는 안 되었다. 그러나 팔로스쿠트를 찾는 사람은 모두 왜 자신이 그곳에 왔고, 다른 사람들은 오지 않는지를 잘 이해했다.

기적, 순례, 기도는 교회가 제공할 수 있는 소극적 반대에 그치지 않았다. 그러나 축소되고, 탄압받고, 억압받은 종교 조직은 스탈린주의가 절정에 이른 시기에도 계속 존재했다. 아무리 탄압이나 위협을 받아도, 모든 사제가 애국적이지는 않았고, 모든 가톨릭 지식인이 공직을 탐한 것도 아니었다. 조심스럽게 움직이려는 교회 당국자들은 공산주의와 아무것도 엮이고 싶지 않은 사람들을 위한 색다른 생활과 노동 환경을 만들 수도 있었다. 바로 그런 특이한 배려 덕분에 할리나 보르트노프스카Halina Bortnowska는 양심을 훼손하지 않고 절정의 스탈린주의에 살아남을 수 있었다.

　보르트노프스카는 "생을 진지하게 생각하라"고 가르친 교사의 딸로, 2차대전이 끝났을 때 13세였다. 그녀는 어머니와 함께 바르샤바 봉기를 피해 토룬으로 피난 갔다. 1945년 봄 보르트노프스카는 학교로 돌아왔다. 수업은 저절로 재개되었다. 위로부터의 명령은 없었다. 교사들은 다시 가르치기 시작했고, 아이들은 배우고 싶어했다. 교사들은 전쟁 전과 같은 사람들이었고, 전쟁 전과 같은 교과서를 사용하며 같은 방식으로 가르쳤다. 모든 것이 완전히 정상으로 돌아온 것은 아니었다. 5월 아니면 6월, 보르트노프스카는 소련군 병사들이 폴란드 아이들을 강제이주시키러 올 것이라는 소문을 들었다. 교사들은 모든 아이들을 집으로 돌려보냈다. 그러나 헛소문이었고, 적어도 당분간은 생활이 계속되었다.

보르트노프스카의 스카우트 부대도 자발적으로 다시 모였다. 폴란드 국내군 스카우트였던 자레 제레기Szare Szeregi에서 활동했던 젊은 여성 몇 명의 지도 아래, 이 스카우트 부대는 유용한 일을 하기 시작했다. 그들은 동쪽에서 오는 피난민을 위한 지원 활동을 조직하고, 난민이 된 고아들과 아이들을 도왔다. 그들은 하고 싶은 대로 행동했고, 주변에 일부 위협적인 신호는 있었지만 위로부터 아무 지시도 받지 않았다.

1948년 상황이 바뀌었다. 교장이 교체되었고 많은 교사들도 학교를 떠났다. 바르샤바의 스카우트 활동은 폴란드 청년연맹이 떠맡았고, 순응하라는 압박이 위로부터 내려오면서 젊은 여성 지도자들은 스카우트 부대를 해체했다. "스카우트는 정직하지 않은 조직으로는 있을 수 없어." 그들은 보르트노프스카와 그녀 친구들에게 이렇게 말했다. 아무도 비밀 조직이나 음모 조직을 구성할 생각을 하지 않았다. "우리는 아무 소용이 없다는 것을 알았거든요." 보르트노프스카는 다른 출구를 찾았다. 그녀는 가톨릭 학생 집단인 소달리차 마리안스카Sodalicja Mariańska에 가입했는데, 이 집단이 해산되기 바로 전날이었다. 그녀는 카리타스와 일하기에도 너무 늦어버렸다.

좌절했지만, 가족의 원칙과 자신의 가톨릭 신념을 고수하기로 결심한 보르트노프스카는 작은 반란의 출구를 찾았다. 전환점은 그녀와 친구가 학교 주변에 나돌던 많은 평화호소문 중 하나인 스톡홀름 호소문Stockholm Appeal에 서명하라는 요청을 받았을 때 찾아왔다. 두 사람은 서명했고 그다음에는 더 나은 생각을 하게 되었다. 그들은 교장을 찾아가 이름을 지워달라고 요청했다. 처음에 서명하지 않은 학생들은 주목받지 않게 되었다. 그러나 중학교 마지막 학년이었던 보르트노프스카와 친구는 "소란을 일으켰고, 주목을 받았고, 온 마을이 왈가왈부하는" 상황에 처했다. 기록에 그런 오점이 남는 바람에, 두 사람이 상급 학교에 진학할 가능성은 갑자기 사라졌다.

그녀는 공장 노동자로 일할 수 있었고, 그럴 생각도 했다. 그러나 보르트노프스카는 종교 단체 내에 친구들이 있었기 때문에 선택지가 하나 더 있었다. 그녀는 브로츠와프의 가톨릭 기관에 들어가서 가톨릭 초등학교의 종교 교사인 카테체트카katechetka가 될 공부를 시작했다. 가톨릭 기관이라는 그럴듯한 이름에도 불구하고 사실 이 조직은 교회 외에 아무도 인정하지 않는 임시적이며 비공식적인 조직이었다. 브로츠와프에 설립된 지 얼마 후 건물들이 압류되었고, 이 기관은 소도시 올슈틴 인근 시골 지역의 허름한 건물로 옮겨졌다.

이 기관에서 학생들은 공부하면서 동시에 가르쳤다. 그들은 지역 교구에서 주는 돈, 자비로운 부모들이 제공하는 무료 식사, 교인들이 기부하는 식품으로 살아갔다. 그들은 스스로 요리하고 청소했다. 그들은 눈에 띄지 않게 지냈다. "당국의 관점에서 보면 우리는 존재하지 않는 사람들이었어요." 보르트노프스카는 지난날을 떠올리며 이렇게 말했다. 특히 과거 독일 영토에서는 여전히 행정적 혼란이 커서 그들은 감시 레이더를 피할 수 있었다.

보르트노프스카는 1956년까지 가톨릭 기관에 남아 있었다. 이때 규제가 느슨해지기 시작하면서 그녀는 진짜 대학에 지원해 학위를 받을 수 있었다. 그러나 공산 정권 치하의 폴란드에서 살아남았던 6년 동안 그녀는 체제에 협조하지 않았다. 그 기간 동안 그녀는 어린 학생들에게 종교의 기초를 가르쳤고, 충분히 먹고 어딘가에서 잘 수 있었다. 그녀는 정권에 위협을 제기하지 않았고, 정권도 아마 그녀에게 관심이 없었을 것이다. 그녀는 아무런 공적 역할을 맡지 않았고, 어떤 정치적 입장도 취하지 않았다. 그녀는 자녀도, 가족도 없어서 그들의 장래를 걱정할 필요도 없었다. 그녀의 어머니는 스스로를 돌볼 수 있었다.

반세기 이상이 지난 후 그 시기 동안 두려웠는지 묻자 그녀는 애매하게 대답했다. 그럴 수도, 아닐 수도 있었다고 그녀는 말했다. "내내 두려워하는 것은 불가능하잖아요. 익숙해지면 주의를 기울이지 않게 되니까요." 시골 지역에 은둔한 그녀는 정말 그러했다.[41]

정권에 협조할 수 없거나 협조하지 않으려는 사람들, 교회에서 피난처를 찾거나 유머에서 위안을 얻을 수 없던 사람들에게는 마지막, 극적인 선택지가 있었다. 탈출하는 것이었다.

이 경우 동독 주민들이 가장 탈출하기 쉬웠다. 폴란드를 떠나는 폴란드인들이나 헝가리를 떠나는 헝가리인들은 자기 집과 가족만이 아니라 언어와 문화도 두고 떠나는 것이었다. 그들에게 조국을 떠나는 것은 영원한 피난민이 되는 것을 의미했다. 1949년 이후 동유럽 전역에서 여권과 국경 통제가 강화되어 이런 통렬한 선택을 더욱 위험하고 어렵게 만들었다. 국경을 넘다가 잡히면 체포와 수감 위협을 감수해야 했기 때문이다. 폴란드 내무부 통계에 따르면 1951년 어떤 이유로든 폴란드 국경을 넘은 사람은 9360명에 불과했고, 그들 중 1980명만이 자본주의국가로 향했다.[42]

독일인들, 특히 재산이나 가족이 있는 경우 그런 선택이 아주 어려울 수 있었다. 그러나 선택이 그렇게 극적이지는 않았다. 서독도 독일이기는 마찬가지였고, 결국 국어도 독일어였다. 이동도 더 쉬웠다. 서방으로 가기 위해 동독, 체코슬로바키아 또는 발트해를 통과해야 하는 폴란드인들과 달리, 1950년대에 동독을 떠나려는 독일인들은 이론적으로는 서방으로 국경을 넘기만 하면 되었다.

이렇게 단순해 보이는 일도 시간이 지나면서 더 복잡해졌다. 초기에 장애는 대개 국경 서쪽에 있었다. 초기부터 이민 흐름은 거의 전적으로 동쪽에서 서쪽으로 진행되었기 때문에, 바이에른에 주둔하는 미군과 북부 독일에 주둔하는 영국군은 처음에는 이것을 늦추려고 시도했다. 엄청난 수의 피난민이 몰려들 것을 염려한 미군은 실제로 1945년 3월 점령 지역의 경계선을 방어하며, 들어올 수 있는 사람과 그렇지 않은 사람을 통제하기 시작했다. 이 노력은 큰 성과를 거두지는 못했지만(피난민들은 숲을 통하기도 하고 밀수꾼의 도움을 받거나 소련 병사들에게 뇌물을 주어 국경을 우회하는 방법을 찾아냈다) 하나의 전례를 만드는데 도움을 주었다. 시간이 지나자 독일에 주둔하는 모든 연합국 군대는 국경 초소와 도로장애물을 설치하고, 각 점령 지역으로 통하는 통로를 감시하면서, 독일 내부 국경을 통과하는 사람들에게 통행증과 비

자를 지참할 것을 요구했다.[43]

불가피하게 국경 사고(소련군 병사들이 미국 지역에 총격을 가하거나 그 반대의 사건)가 터지기 시작했고, 어디가 정확히 동독-서독 국경인가에 대한 논쟁도 불붙었다. 밤새 몰래 옮길 수 있는 19세기 경계석이 논쟁의 초점으로 부각했고, 소련 점령 지역의 많은 소도시가 미군 점령 지역으로 재편해달라고 청원했다.[44] 소련군은 훗날 무인지대가 되는 지역, 즉 경계를 따라 설정된 아무도 살 수 없는 지역을 만들기 시작했다. 이 경계 지역에 있던 마을들은 나중에 통째로 이주되었다. 연합국 간 협상이 여러 번 열려 여행 문제를 논의했고, 답을 찾기 위해 여러 위원회가 구성되었다. 비자와 통행증 발급을 규제하기 위한 규칙이 만들어졌다.

그러는 동안 독일인들은 계속해서 동쪽에서 서쪽으로 이주해 왔다. 1945년 10월부터 1946년 6월까지 약 160만 명의 주민이 소련 점령 지역에서 미국·영국 점령 지역으로 넘어왔다. 1946년 6월, 미군이 아니라 소련군이 월경 금지를 요구했고, 소련군이 아니라 미군 병사들이 독일군이 몰래 경계를 넘는 것을 도와주었다(여러 수법 중 독일 여성들에게 미군의 군복을 입히는 것도 정체가 발각되기 쉽지 않은 속임수였다).[45]

1949년부터 서독 당국은 동쪽에서 오는 주민을 불법 이주자로 다루는 것을 중지했다. 그 대신 그들은 정치 망명자, 공산주의 압제의 희생자로 간주되었다. 그들은 난민수용소에 자리를 잡았고, 집과 일자리를 찾는 데 도움을 받았다. 이러한 변화에 맞춰 소련 당국도 엄격히 통제를 강화하여 소련군 부대를 보내 경계선을 순찰하고 도랑, 벽, 장애물을 설치했다.

베를린은 예외로 남았다. 이 도시는 소련 점령 지역 안에 있었지만,

그 안에 강제력이 있는 경계를 설치하기는 쉽지 않았다(1961년 베를린 장벽 건설이 결국 그런 경계가 가능하다는 것을 입증하기는 했지만). 더 중요한 것은 처음에 소련은 이 도시 분할이 공식적인 것이 되길 원하지 않았다는 사실이다. 소련 당국은 베를린이 동쪽에 안전하게 자리잡은 상태로 통합된 채 남아 있기를 바랐다. 이러한 변칙은 금세 또 하나의 이상한 동력을 만들어냈다. 동독인들은 서베를린으로 가기 위해 동베를린에 모여들어, 그곳에서 기차나 항공편으로 서독으로 갔다. 베를린의 신비와 음모가 스파이 소설가들과 영화 제작자들에게 너무나 매력적으로 다가온 것은 베를린이 자유로 향한 관문이 된 이 시기부터였다.

1948-49년 베를린 봉쇄(2장에 서술)는 주민들의 이러한 이동을 막을 뿐 아니라, 서방으로 하여금 서베를린을 포기하게 만들려는 목적도 있었다. 이 봉쇄는 두 번째 목적 달성에는 실패했지만, 베를린 내 국경 강화는 베를린 주민들의 월경을 더 어렵게 만들었다. 밀수꾼을 적발한다는 명분으로 국경 경찰은 모든 종류의 교통을 감시하고, 여권과 비자를 체크하고, 때로 잠재적 난민을 체포했다.

진정한 단속은 1952년 동독 정부가 공화국을 탈출하는 사람들 문제를 다루는 특별위원회를 설치하면서 시작되었다. 당연히 그들의 해결책에는 프로파간다(부자가 될 것이라는 거짓 약속으로 동부 주민들을 월경하도록 꾀어내는 서방 스파이에 대한 비난)와, 돌아오는 사람들에게 내건 더 좋은 일자리와 주택 약속이 포함되었다. 비밀경찰은 동독을 떠난 사람들에 대한 정보를 수집해 그들의 동기를 면밀히 파악하기 시작했다. 결국 동독-서독 국경을 따라 남아 있던 모든 교차로는 베를린의 많은 길을 포함해 일반 교통이 차단되었다. 이 시점에 동독 경찰과 소련군은 동독에서 동베를린으로 들어오는 도로를 감시하고 통제하기 시작했다.

그러나 여전히 사람들은 동독을 탈출했다. 모든 국경 통제, 총, 전차에도 불구하고, 구속이나 체포의 위험에도 불구하고, 1950년 거의 20만 명(정확히 19만 7788명)이 동독을 떠나 서방으로 갔다. 국경이 새로 요새화된 다음인 1952년, 이 숫자는 18만 2393명으로 다소 줄어들었다. 그후 숫자가 다시 늘어 베를린 장벽 건설이 탈출을 봉쇄할 때까지 매년 거의 20만 명이 탈출했다. 전체적으로 1800만 명의 동독 인구 중 350만 명이 1945년부터 1961년 사이 동독을 탈출한 것으로 추산된다.[46]

이 350만 명 중 일부는 동독에 그대로 남았더라면 체제 반대파가 되었을 것이다. 이상한 전화를 받은 후 국경을 넘은 젊은 기독민주당 활동가 에른스트 벤다는 법학자가 되어 서베를린자유대학을 초기에 지지했고, 마침내 서독 대법원장이 되었다. 15세 때 민주적 청년 조직을 설립한 혐의로 작센하우젠 수용소에 수감되었던 기젤라 그나이스트는 석방된 후 국경을 넘었다. 수십 년 후 그녀는 당시 수용소에 있던 소련 수감자들의 기념비를 만드는 일에 조력했다. 10대 시절 '늑대인간'으로 체포되었던 게르하르트 핀Gerhard Finn은 국경을 넘어 서베를린에서 반공산주의 운동에 뛰어들었다. 망명자 중에는 만일 동독에 남았더라면 문화 반체제 인사가 되었을 모든 종류의 예술가, 작가, 음악가들이 포함되어 있었다.

모든 피난민이 정치적 피난민은 아니었다. 쾨페니크Köpenick의 한 공장은 직원들이 서독으로 떠난 이유를 설명하라는 요구를 받자 친척이 서독에 있기 때문에, 공장이 학업을 위한 휴가를 주지 않았기 때문에,

빚이 있기 때문에, 서독에서 돈을 더 많이 벌 수 있을 거라고 생각했기 때문에 떠난 것이라고 당국에 답했다. 이것은 망명자들이 품었던, 의심의 여지가 없이 뒤섞인 수많은 동기를 정확히 반영한 대답이었을 것이다. 마지막 동기는 확실히 중요했다. 1950년대 초 서독 경제는 동쪽 경제를 훨씬 앞질렀고, 모든 사람이 이를 알 수 있었다.

그렇다고 동독에 남은 사람이 모두 불행하지는 않았다. 이런 대탈출 뒤에 시무룩한 비정치적 사람들만 남았을 것이라거나, 아니면 독일 학자 아르눌프 바링Arnulf Baring이 서술했듯이 "진취성을 보였거나 에너지가 넘치거나 결단력 있는 사람은 제때에 떠났거나 나중에 쫓겨났다"는 생각은 잘못된 것이다. 적어도 1961년 베를린 장벽이 건설될 때까지는 뒤에 남은 사람들에게 추가적 지렛대가 있었다. 만일 주택, 더 많은 급여, 또는 최고 직책이 주어지지 않으면 언제나 그들은 떠난다고 위협할 수 있었다. 중요한 직업을 가진 사람들(일례로 의사)에게는 남아 있으라고 설득하기 위해 많은 특권이 주어졌고, 그들 중 일부는 동독에서 더 나은 삶을 살 것이라고 생각했다. 헤르타 쿠흐리그Herta Kuhrig는 스탈린 사후, 정권의 정책이 바뀌어 서독으로 갔던 많은 사람이 동독으로 돌아올지 모른다는 말을 남편에게 들었다. 당시 23세였던 그녀는 "맙소사, 그들이 돌아오면 우리가 아파트에서 나가야 할지도 모르겠네"라고 생각했다.[47]

시민들에게 선택권이 있다는 인식하에 동독 정부는 임금 삭감을 자제했고, 경찰 체제를 과거보다 덜 엄격한 상태로 두었다. 대규모 이주에 대한 공포는 동독에서 왜 공개재판이 없었는지에 대한 설명을 도와줄 수도 있다.[48] 동독에 남은 사람들 모두가 공산 체제를 찬양하지는 않았지만, 그들은 상황을 판단하고 얼마나 많은 타협이 필요하며 소극적 반대는 얼마나 가능한지를 따져보았다. 그들은 자신이 생각하기에 자신과 가족을 위한 최선의 선택을 했고, 다음에 무슨 일이 일어나는지 지켜보기로 했다.

18장

혁명

6월 17일 항쟁 후 작가연맹 서기는
스탈린주의자들에게 쪽지를 돌렸다.
거기에는 사람들이 정부에 대한 신뢰를 잃었고,
그것을 되찾는 것은
배가된 노력으로만 가능하다는 말이 있었다.
그렇다면 정부가 인민을 해체하고
다른 인민을 선출하는 것이 더 쉽지 않겠는가?

— 베르톨트 브레히트, 〈해결책〉[1]

1953년 3월 6일, 동유럽 사람들은 전 세계의 다른 사람들과 마찬가지로 잠에서 깨자마자 놀라운 소식을 들었다. 스탈린이 사망한 것이다.[2]

동유럽 전 지역의 라디오는 장례 음악을 내보냈다. 상점은 문을 닫았다. 주민들은 집에 조기를 달라는 말을 들었고, 수백만 명이 자발적으로 검은 옷을 입고 검은 리본을 달았다. 신문은 검은 테두리를 둘렀고, 사무실에 걸린 스탈린 초상화에도 검은 테가 둘러졌다. 학생들은 교대로 명예 경비원이 되어 스탈린 초상화를 지켰다. 공장과 각 부처의 대표들이 무리 지어 동독 소련 대사관 빈소에 조문을 왔다. 그들은 조용히 조의를 표하며 방명록에 애도의 글을 적었다. 소도시 하일리겐슈타트Heiligenstadt에서는 교회의 조종이 울렸고, 신부들은 스탈린의 이름으로 주기도문을 낭송했다.[3] 조문하려는 거대한 군중이 프라하의 바츨라프 광장을 가득 채웠고, 수만 명이 부다페스트의 스탈린 동상 앞에 모였다. 동베를린에서는 알렉산더 광장에서 묵념이 진행되었다.[4]

모스크바에서는 스탈린 추종자들과 모방자들이 그의 장례를 위해 모였다. 볼레스와프 비에루트, 콘스탄틴 로코소프스키, 마차시 라코시, 클레멘트 고트발트, 발터 울브리히트, 오토 그로테볼, 모두가 모였다. 루마니아의 게오르게 게오르기우데지, 알바니아의 엔베르 호자, 불가리아의 불코 체르벤코프Vulko Chervenkov도 왔다. 중국에서는 마오쩌둥과 주은래, 이탈리아에서는 팔미로 톨리아티, 프랑스에서는 모리스 토레즈가 왔다.[5] 게오르기 말렌코프, 라브렌티 베리아, 뱌체슬라프 몰로토프가 조사를 낭독했지만, 한 관측자는 이들이 "슬픔의 흔적을 드러내지" 않았다고 적었다.[6] 그러나 감정은 분명 고조되었을 것이다. 고트발트는 장례식 후 심장마비를 겪고 얼마 후 사망했다.

신속하게 변화가 뒤따랐다. 스탈린이 사망했을 당시 그의 동료들은 소련 제국의 상황이 좋지 않게 흘러갈 것이라는 우울한 결론을 내렸다. 그들은 여러 달 동안 동유럽으로부터 정확하고 매우 우려에 찬 보고를 정기적으로 받고 있었다. 일례로 프라하 주재 소련 대사는 1952년 12월 가파른 물가 상승과 생활수준의 급격한 하락을 동반한 체코슬로바키아 산업의 "거의 전면적인 혼란"에 대해 보고했다. 스탈린과 고트발트의 사망 후, 체코슬로카비아 전역에서 파업이 다시 속도를 높였다. 5월, 수천 명의 체코슬로바키아 노동자들이 플젠Plzeň에 있는 슈코다Škoda 공장에서 시청까지 3킬로미터를 행진한 후 시청 건물을 점거하고, 소련 깃발을 불태우고, 레닌·스탈린·고트발트의 동상을 창밖으로 집어던졌다. 1948년 외무부 창밖으로 던져졌던 전직 외무 장관이자 반공주의자 얀 마사리크의 축출에 대한 항의를 표한 것이었다.[7] 그때까지 소련 블록에서 가장 순종적인 국가였던 불가리아의 담배 생산 노동자들 사이에서도 파업이 확산되기 시작했다. 소련 정치국은 이 사태를 특히 우려의 눈으로 보았다. 그때까지 소련에 충성했던 불가리아 노동자들이 들썩거린다면, 동유럽 나머지 지역은 훨씬 더 불안정할 것이 틀림없기 때문이었다.[8]

동독에서 들려오는 소식도 좋지 않았다. 한층 강화된 국경 경비에도 불구하고, 경찰 순찰과 철조망 설치에도 불구하고, 동독 국경을 넘는 숫자가 급격히 늘고 있었다. 1952년에는 16만 명 이상이 서독으로 넘어갔고, 1953년 첫 넉 달 동안 12만 명이 국경을 넘었다.[9] 한 보고서는 "동독 지도부의 강경책으로 인한 (동독) 주민들의 점증하는 소요"에 대해 경고했다.[10] 베리아도 매우 정확하며, 완전히 냉정한 분석을 했다.

서독으로 점점 많은 수가 도주하는 것은 설명될 수 있다. … 농민들의 개별 집단이 지금 조직 중인 농업 생산 협동조합에 가담하려 하지 않는 것 … 사적 소유 철폐와 재산 압류에 대한 중소기업가들의 두려움, 동독 군대 복무를 회피하려는 일부 젊은 사람들의 욕망, 그리고 식품과 소비재 공급에서 동독이 겪고 있는 여러 어려움 때문이다.[11]

증거가 바로 앞에 있는데도, 소련 지도자들은 자신들의 이념에 공개적으로 질문을 제기하지 않았다. 마르크스주의 사상은 여전히 옳지만 책임자들이 잘못한 것이라고 그들은 결론지었다. 책임자들이 너무 가혹하고, 자의적이고, 서두르고, 능력이 없었던 것이다. 특히 동독의 당 지도자들이 실패했다. 6월 2일 소련 정치국은 울브리히트, 그로테볼,

이념 담당 서기인 프레드 오엘스너Fred Oelssner를 모스크바로 소환해 그런 말을 하며 비판했다. 3일 동안 소련 정치국은 독일 동지들을 훈계했다. 그들은 울브리히트 생일 축하 행사를 취소할 것, 경제 프로그램을 자유화할 것, 동독이 '완전한 사회주의'로 즉각 이행한다고 발표하려던 계획을 무기한 연기할 것을 지시했다. 이러한 '잘못된 정치 노선'은 '새 노선'으로 대체되어야만 했다. 동독 지도자들은 당연히 복종했다. 6월 11일 《노이에스 도이칠란트》 신문은 이전 시기에 저지른 심각한 과오를 사과하고, 집단화를 중지할 것이며, 정치 재판 희생자들을 복권할 것이라는 당 지도부의 성명을 첫 면에 실었다.

일주일 후 소련·헝가리 회담이 열렸다. 이번에는 라코시와 에르뇌 게뢰, 요제프 레바이, 미하이 파르카스가 정치국의 공격 대상이었다. 베리아(소련에서 잔인한 심문을 직접 지휘했었다)가 이 공격을 주도했다. 그는 라코시가 국민에 맞선, 지지할 수 없는 탄압의 물결을 일으켰고, 심지어 체포하고 구타할 사람에 대한 개인적인 지시까지 내렸다고 비난했다. 베리아의 동료들도 헝가리 지도자가 경제적 모험주의를 추구했다고 비난했다. 헝가리 국민들의 불만, 식량 부족, 경제적 어려움을 잘 알고 있던 그들은 라코시에게 총리직에서 물러나라고 명령했지만, 그가 헝가리 공산당 서기장 직은 유지하도록 허용했다.[12]

그들은 라코시를 거의 알려지지 않은 농업 장관 임레 너지로 갈아치웠다. 너지도 2차대전 이전 소련에 거주했던 모스크바 공산당원이었다. 역사학자 찰스 가티Charles Gati의 주장에 따르면 그는 아마 소련에서 비밀경찰 정보원으로 일했고, 소련 지도부의 일부 사람들과 비공식 연줄을 유지하고 있었을 것이다. 그러나 그는 오랫동안 공산주의로의 점진적 이행을 선호했고, 더 중요한 것은 유대인이 아니라서 소련 정치국이 굉장한 장점으로 보았을 것이라는 점이다.[13] 그는 헝가리를 위한 새 노선을 만드는 작업을 시작했고, 불과 몇 주 후 이를 공표했다. 7월 그는 의회에서 한 첫 연설에서 공산당과 국민들을 깜짝 놀라게 했다. 너지는 급속한 산업화의 종식, 집단화의 종식, 문화와 미디어에 대한 더 느슨한 접근을 촉구했다. 곧 중앙위원회가 "앞으로 우리 경제정책의 주요 목표는 국민의 생활수준을 지속적으로, 상당히 높이는 것이 될 것"이라고 선언할 것이었다. 너지는 여전히 마르크스주의자였고 그의 모든 정책을 마르크스주의 언어로 설명했지만(새 노선을 옹호하는 그의 장황하고 지루하며 거의 읽을 수 없는 글은 스탈린과 레닌을 놀라울 정도로 자주 인용하고 있다) 당시 맥락에서 그는 참신하고 매우 다른 사람으로 보였다.[14]

소련 정치국은 동독과 헝가리가 이런 변화를 자체적으로 단행하게 할 의도가 전혀 없었다. 즉 자유화는 항의와 불만의 흐름을 막기 위해 동유럽 전체에 걸쳐 시행되어야 했다. 그들 중 일부는 소련에서도 결국 비슷한 변화가 일어날 것이며, 짧은 몇 년 동안(소련에서는 해빙기로 알려진 기간)에 정말 급진적인 변화가 가능할 것이라고 상상했을 수도 있다. 물론 1953년 동유럽 지도자들과의 모든 대화에서 소련 지도자들은 자신들의 비판이 "한 국가만이 아니라 모든 인민민주주의를 위한 것"임을 분명히 밝혔다.[15] 울브리히트, 라코시와 회담한 데 이어 알바니아 지도자 엔베르 호자와의 회담이 진행되었다. 7월 말에는 새 노선을 더 만들기 위한 더 많은 회담이 계획되었다. 소련 정치국은 폴란드, 체코슬로바키아, 불가리아 지도자들도 모스크바로 초청해, 이들에게도 방향을 바꾸고 대중화하지 않으면 재앙의 위험을 무릅써야 할 것이라고 말하려 했다.

그러나 재앙은 어찌됐든, 아무도 예상하지 못했던 형태로 찾아왔다.

1953년 6월 17일 베를린 날씨는 화창하고 청명했다. 그럼에도 불구하고 많은 베를린 시민들은 아침에 어떤 일이 일어날지 모르는 채 햇살 속으로 발을 내디뎠다. 그전날 동베를린은 2차대전 후 처음으로 대규모 대중 파업을 목격했다. 신노선 발표로 고무되고, 스탈린의 죽음에 환호하며, 새 정책에 노동 할당량 감소가 포함되지 않아 보이는 사실에 좌절한 동베를린 노동자들은 거리로 나와 항의 시위를 벌였다. 동독 기자 루츠 라코프Lutz Rackow는 6월 16일 수천 명의 건설 노동자들과 함께 스탈린거리Stalinallee를 걸었다. 그들은 "베를린 시민들이여, 우리와 함께하라! 우리는 일의 노예가 되고 싶지 않다!"라는 플래카드를 들고 있었다. 감히 용기를 내는 사람은 거의 없었다. 하지만 6월 17일 스탈린거리에 나간 라코프는 상황이 달라질 것임을 직감했다. "이번에는 사람들이 동참하고 있었다. 게다가 대중교통이 중단되고 걸어서 세 시간이나 걸리는데도 노동자들이 헤니히스도르프Henningsdorf처럼 먼 곳에서도 이 도시로 들어오고 있었다."[16]

노동자들에게 영화 리뷰 쓰는 법을 가르쳤던 에리히 뢰스트도 그날 아침 라이프치히에서 베를린으로 돌아오는 길에 파업자들을 보았다. 그러나 그는 쇼네펠트Schonefeld와 알스도르프Ahlsdorf 인근 기지에서 출발한 소련군 전차와 트럭이 북쪽으로 이동하는 것도 보았다. 소련군 전차와 트럭은 그가 탄 기차와 거의 같은 속도로 베를린 중심부로 가고 있었다. 라이프치히에서 오는 다른 기차, 아니 어쩌면 같은 기차에 탄 작가 엘프리데 브뤼닝도 같은 전차 대열을 보았다. 그녀 옆에 앉은 동료는 큰 소리로 신문 헤드라인을 읽었다. "본에서 소요가 일어났다." 그녀의 친구는 웃음을 터뜨리며 대담한 농담을 내뱉었다. "어떻게 정부는 본에서 일어난 소요만 알고 베를린 봉기는 몰라!"[17]

베를린 서쪽 지역에서 당시 RIAS(미국 점령 지역의 라디오) 서베를린 정치 편집 책임자 에곤 바르Egon Bahr는 무슨 일이 일어나고 있는지에 대한 소식을 초조하게 기다리고 있었다. 이틀 전 동베를린 대표단이 그의 사무실에 와서 자신들이 계획한 파업을 공표할 수 있는지 물었다. 그는 파업자들의 요구(무엇보다도 작업 할당량 축소, 식품 가격 하향, 자유선거)를 보도하기로 했다. 그가 이 방송을 하고 있을 때 미국 감독관 고든 유잉Gordon Ewing이 그의 사무실로 뛰어 들어와 방송을 중단하라고 했다. "당신, 3차대전이 일어나기를 바라는 거요?" 유잉은 바르에게 미국의 책임과 미국의 안전 보장은 국경에서 끝나며, 그의 방송에서 이 점을 명확히 하는 것이 좋겠다고 말했다. 바르는 "내가 RIAS에서 일하는 동안 미국 정부로부터 받은 유일한 명령이었다"고 회고했다.[18]

동베를린의 정치국원 대부분은 일찍 집을 떠나 예상되는 인파를 피해 숨을 수 있는 카를스호르스트Karlshorst로 향했다. 사실 그들은 소련 대사 블라디미르 세묘노프 집무실 주변에서 대기하며 온종일 시간을 보냈다. 자발적인 행동은 아니었다. 한번은 울브리히트가 집으로 돌아가자고 하자 세묘노프가 소리를 질렀다. "집에 돌아가서 무슨 일이 생기면? 당신이야 괜찮지만 내 상사가 내게 어떻게 할지 생각해보시오."[19] 누가 책임자인지는 완전히 분명했다. 점심시간에 정치국은 소련 당국이 동독에 일방적으로 계엄령을 선포했다는 사실을 알게 되었다. 소련이 선포한 비상사태는 그달 말까지 지속될 예정이었다.

6월 17일 어떻게 해야 할지 몰랐던 사람은 정치국원들만이 아니었다. 스탈린거리 행진을 지켜본 후 라코프는 사무실로 돌아갔다. 하지만 그날은 거의 아무 일도 할 수 없었다. 기자들은 여기저기를 돌아다녔고, 편집장은 무엇을 할지, 어떤 노선을 취해야 할지 확신하지 못한 채 당 세포 지도자와 함께 사무실에 갇혀 있었다. 한편 브뤼닝과 뢰스트는 오랫동안 계획된 작가연맹 회의에 참석하러 각자 길을 나섰는데, 그 회의에서는 아무도 파업 외에 다른 이야기를 할 수 없었다. 작가연맹의 사무총장은 당 중앙위원회에 전화를 걸었다. 그러고 나서 그는 발표했다. 작가들이 나가서 노동자들과 상황을 논의해야 한다는 발표였다. "그리고 도발당하지 않도록 합시다!"[20]

뢰스트는 한 동료와 함께 거리로 나갔다. 주의 조치로, 그들은 당원 배지를 주머니에 감추었다. 브뤼닝도 군중에 합류했다. 도시 중심부로 유반U-Bahn을 몰고 온 기자 클라우스 폴켄은 무슨 일이 일어나고 있는지 알아내고 싶었다. 그때 수만 명의 군중이 운터 덴 린덴을 따라 동독 정부의 사령부인 내각 건물을 향해 행진하고 있었다. 막스 린그너의 벽화, 공화국 건축Aufbau der Republik으로 외벽이 장식된 바로 그 건물이었다.

그들 옆을 걷던 뢰스트는 걷잡을 수 없이 악화되고 있는 상황을 바로 알아챘다. 수십 명의 싸움꾼 청년들이 현장을 장악했다. 그는 놀란 채 "옆에 서 있었다"고 회고했다. "그들은 파업 중이었고, 노동자들은 노동자당과 농업당, 나를 상대로 파업을 벌이고 있었다." 신문 가판대가 불타고 있었다. 인민경찰(독일 경찰)의 모습은 보이지 않았다. 의도된 상황이었다. 울브리히트는 그들을 믿지 않았고, 그들은 나중에야 현장에 도착했다. 그러나 많은 소련군이 현장에 있었다. 그들은 "움직이지 않는 얼굴로, 모자 끈을 턱에 조이고 다리 사이에 총을 끼고 있었다. 장교들은 움직이지 않고 그들 옆에 서 있었다"고 뢰스트는 회고했다."[21]

이 병사들은 단지 선발대에 불과했다. 소련군의 진짜 무력시위는 아침 늦게 시작되었다. 뢰스트는 운터 덴 린덴과 프리드리히슈트라세 모퉁이에 서 있다가 전차가 들어오는 모습을 목격했다. 몇백 야드 떨어진 곳에서, 역시 기자였던 카를하인츠 아르놀트Karl-Heinz Arnold가 라이프치히 슈트라세와 빌헬름슈트라세 모퉁이에 있는 건물 창문을 통해 같은 전차들을 지켜보았다. 그는 내각 건물 밖에 모인 군중을 내려다볼 수 있었다. "그곳에 모인 사람들은 분명 서베를린에서 온 '8페니' 소년들이었다. 그들에게 8페니를 주고 가서 문제를 일으키라고 하면 그대로 한다. 그들은 우리 건설 노동자들인 스탈린거리 시위대와 완전히 달랐다."[22]

국경 통제관 한스-발터 벤츠코Hans-Walter Bendzko는 바리케이드 반대편에서 같은 군중을 지켜보고 있었다. 그날 아침 그는 특별 근무 지시를 받고 보안 요원으로 내각 건물에 파견되었다. 그는 군중 속에 누가 있는지, 동독 건설 노동자인지, 서베를린 도발자인지 알 수 없었다. 그는 플래카드와 구호가 나부끼는 정상적인 시위가 아니라 앞뒤로 움직이는 까만 군중이라는 것만 알았다. "나는 그들이 내각 건물을 습격할 수 있고 그런 경우 충돌이 일어날까 봐 두려웠지만, 무슨 일이 일어나고 있는지 몰랐다." 벤츠코는 전차 소리를 들었을 때 "이제 미국이 개입할 때가 됐구나" 생각하며 겁에 질렸다. 하지만 전차가 다가왔을 때 벤츠코는 정말 다행히도 붉은 별이 달린 소련제 T-34 전차임을 확인했다. 창문에서 아래를 내려다보던 아르놀트도 안도했다. "일종의 해방

감이었다. 압박이 멈췄다." 두 대의 전차가 천천히 건물 주변 군중 속으로 들어왔다. 사람들은 전차가 지나갈 수 있도록 옆으로 비켜주었다. 그중 한 대가 내각 건물 앞에 멈춰 섰고, 벤츠코가 바라보는 가운데 베를린 주둔 소련군 사령관이 모습을 드러냈다.

그는 나와서 우리 저지선을 통과해 내각 건물로 걸어갔다. 그러고는 돌아와서 전차에 올라타 무언가 말했지만 당연히 아무도 알아듣지 못했다. 아마 계엄령을 선포한 것 같았다. 그리고 나서 전차는 다시 방향을 돌려 포츠담 광장으로 향했다. 모두가 도망쳤다. 일부는 붙잡혀 체포되었다. … 말썽꾸러기들이 전차를 공격하기 시작했다. 그들 중 1명이 잔해 속에서 커다란 막대를 가져와 전차 바퀴 아래에 놓아 체인이 움직이지 않도록 했다.[23]

포츠담 광장에 도착한 일부 전차는 사격을 시작했다. 다른 전차들도 이미 운터 덴 린덴 대로의 군중에게 사격을 가하고 있었다. 인민경찰은 뒤늦게 권총으로 사격하기 시작했다. 대부분 도망쳤고, 반격하는 사람은 거의 없었다. 무엇을 가지고 반격할 수 있었겠는가? 몇 사람은 돌을 던졌지만, 다른 반격 수단은 없었다. 그날 약 50명이 사망한 것으로 추정되지만 정확한 숫자는 확인되지 않았다.[24] 수백 명이 체포되었고, 그중 13명이 반역자로 몰려 사형을 선고받고 처형되었다. 모든 희생자가 시위자는 아니었다. 라테노프Rathenow에서는 한 슈타지 요원이 성난 군중 손에 운하로 끌려가서 다시는 나오지 못해 결국 사망했다.[25]

폴켄도 그 와중에 체포되었다. 그는 기자 통행증을 흔들었지만 아무 소용이 없었고, 트럭에 끌려가 카를스호르스트에 있는 소련 본부로 압송되었다. 그는 그곳에서 이틀을 보냈고, 더럽고 굶주린 모습이었지만 결국 석방되었다. 그와 함께 수감된 사람들 대부분은 우연히 끌려온 것 같았다. 호기심, 아니 어쩌면 순진한 신념으로 시위에 참여한 사람들이었다. 그들이 전부 베를린 출신은 아니었다. 실제로 그날 시위는 모든 주요 도시와 산업 중심지, 특히 공산주의 또는 사회민주주의 전통이 강한 로스토크, 콧부스, 마그데부르크, 드레스덴, 라이프치히, 에르푸르트, 할레Halle에서 일어났다. 총 373개 마을과 도시에서 약 50만 명이 약 600개 기업에서 파업에 참여했다. 일종의 시위에 참여한 사람은 100만~150만 명이었다.[26]

　파업의 지리적 확산에 바르보다 놀란 사람은 없었을 것이다. 그는 시위가 베를린에 국한될 것이라고 생각했었다. 그러나 그는 수도 외곽의 시위대 중 일부가 전날 라디오에서 자신이 방송한 것과 똑같은 요구 사항을 외쳤다는 소식을 듣고 묘한 책임감을 느꼈다.[27] 결과적으로 1945년 소련이 제대로 판단한 것은 라디오가 당시 가장 중요한 대중매체이고, 광범위한 청중에게 도달할 수 있는 유일한 매체라는 사실이었다. 그러나 RIAS의 청취자는 국영 라디오의 청취자보다 훨씬 광범위한 것으로 드러났다. "6월 17일은 얼마나 많은 사람들이 RIAS를 듣는지를 입증해주었습니다." 몇 주 후 분노한 동독 공산당원 1명은 한 회의에서 이렇게 주장했다. "우리가 그토록 많은 교육과 훈련을 해왔건만, 아무것도 흡수되지 않았던 거예요."[28]

　베를린에서는 소련 전차의 등장으로 시위가 끝났다. 그러나 세묘노프가 모스크바에 첫 번째 전문을 보낸 오후 2시는 이미 베를린과 전국에 상당한 피해가 발생한 뒤였다. 관공서 유리창이 깨졌고 소련 서적을 판매하던 베를린 중심가의 서점은 약탈당했다. 폴란드 국경의 괴를리츠에서는 3만 명의 폭도들이 공산당 본부, 비밀경찰 사무실, 교도소를 파괴했다. 마그데부르크에서는 공산당 본부와 교도소가 실제로 불탔고, 할레 인근 공장에서는 노동자들이 경찰을 제압했다.[29] 좀더 미묘한 반란도 있었다. 한 공장에서는 노동자들이 음향 시스템에서 흘러나오는 프로파간다가 들리지 않도록 휘파람 연주회를 열었다.[30]

동독 주민들은 이러한 사건에 다양한 방식으로 반응했다. 당시 뢰스트가 그랬던 것처럼 공산주의 동조자들은 노동자들이 노동자당에 항의할 수 있다는 생각에 충격을 받았다. 귄터 샤보프스키(1989년 기자회견에서 맥락을 벗어난 발언으로 베를린 장벽을 무너지게 한 인물)는 6월 17일은 확고부동해 보이는 "공산주의자들이 얼마나 위험에 처했는지를 우리에게 보여주었다"라고 회상했다.[31] 아르놀트와 같은 관료들은 당시 상황을 설명하기 위해 서베를린에서 온 싸움꾼들에게 폭력의 책임을 돌리려 했다. 정권을 옹호하려는 사람들도 이들과 의견을 같이했다. 베르톨트 브레히트는 나중에 더 양가적인 태도를 취했지만(이 장의 서문에 인용된 시에서 정부가 국민을 해산하고 다른 정부를 선출하면 안 되는지 물었다), 그의 첫 반응은 서방의 "조직적인 파시스트 요소"를 비난하는 것이었다. 당시 베를린에 거주하고 있던 브레히트는 폭동 며칠 후 발행된 《노이에스 도이칠란트》에 기고한 글에서 소련의 개입을 찬양했다. "이러한 시도가 좌절된 것은 오로지 소련군의 신속하고 정확한 개입 덕분이다."[32]

폴켄을 비롯한 더 주의 깊은 관찰자들은 파업 참여자 중 다수가 불만을 품은 노동자들과 무고한 방관자들이라는 것을 알고 있었다. 하지만 수십 년 후 폴켄조차도 서방의 도발자들이 어떤 식으로든 개입했을 것이라고 생각하게 되었다. 그렇지 않다고 믿기에는 너무 힘들고 낙담이 되었다.[33] 라코프의 주장은 달랐다. "서방의 음모라는 것은 말도 안 된다. 아무도 그렇게 믿지 않았다. 심지어 그런 말을 하는 사람들도 그렇게 생각하지 않았다."[34]

탁월한 정보망과 많은 스파이를 보유한 소련 당국은 동독의 동지들보다 파업에 덜 놀랐다. 그들은 6월 17일 시위를 예상했고 동독 경찰을 지원해야 한다는 것도 미리 알고 있었다. 그들은 전차를 거리로 출동시키는 것을 전혀 주저하지 않았다. 그러나 그들은 시위가 그렇게 대규모로, 명백히 광범위한 지지와 뚜렷한 반소련 의도를 가지고 전개되리라고는 예상하지 못했다. 니키타 흐루쇼프에게 보낸 한 보고서에는 소련 군인과 관리들에게 돌을 던진 것은 말할 것도 없고 그들을 향한 욕설, 저속한 모욕, 폭력적인 위협이 언급되었다. "국민 대다수는 소련 관리들에 대한 증오심을 간직해왔으며, 이제 그 증오심이 다시 불타올랐다." 보고서는 이렇게 결론지었다. "이러한 증오는 시위 중에 공공연하게 드러났다."[35]

처음에 소련 당국은 서방을 전혀 비난하지 않았다. 첫 보고서에서 소련 대사 세묘노프는 파업 참가자, 노동자, 시위대만 언급했다. 나중에는 그의 말이 바뀌어 도발자들, 주동자들, 난동을 부리는 사람들에 대해 말하기 시작했다. 결국 소련 보고서는 "세 서방 강대국과 서독 독점 자본의 공범들이 일찍부터 준비한 국제적인 대규모 도발"이라고 주장했지만, 이 논리를 정당화할 "사실적 자료가 부족하다"는 점을 인정했다.[36]

독일 주재 소련 외교관들과 장교들에게 도발이라는 설명은 폭동을 예측하거나 예방하지 못한 자신들의 실패를 감추기 위한 면피용 조치였을 수 있다. 그러나 그들에게는 이 해명만이 유일하게 납득할 수 있는 설명이었을 수도 있다. 그들의 이념, 교육, 편견에 따르면 이런 일은 일어나서는 안 되었다. 노동자가 노동자 국가에 대항해 봉기하는 것은 불가능했을 뿐만 아니라, 독일인은 어떤 권위에도 반대할 수 없었다. 스탈린도 동독에서 정치적 시위가 일어날 것이라는 생각을 비웃은 적이 있었다. "반란? 왜 그들은 신호등이 초록색이 아니면 길도 못 건너지?"[37] 그러나 스탈린은 이제 죽었다.

동베를린 폭동은 예상치 못한 즉각적인 사상자를 만들었다. 9일 후인 6월 26일, 흐루쇼프는 베리아에 맞선 극적인 쿠데타를 주도했다. 소련 비밀경찰 책임자인 베리아는 기습을 당했고, 동료들에게 체포되어 투옥된 후 결국 처형당했다. 흐루쇼프의 동기는 대체로 개인적인 것이었다. 그는 비밀경찰에 대한 베리아의 영향력을 두려워했고, 아마도 베리아가 모든 소련 지도자들에 대한 부끄러운 자료를 갖고 있을 것이라고 정확히 의심했을 것이다. 그러나 그는 공개적으로 그렇게 말하는 대신 6월 17일 폭동 책임을 베리아에게 돌려 체포를 정당화하는 것이 편리하다고 생각했다. 소련 정치국 위원 중 누구도 새 노선에 반대하지 않았고 그들 모두가 새 노선을 실행하도록 울브리히트를 압박했지만, 그들은 독선적으로 베리아의 위험한 일탈, 그의 배신 본능, 고집, 오만함의 증거로 폭동을 이용했다.

소련 정치국의 정치가 다 그렇듯 베리아의 체포는 동유럽에 큰 반향을 일으켰다. 이제 독일의 강경파는 개혁파(주로 당시 《노이에스 도이칠란트》의 편집장 루돌프 헤른슈타트, 슈타지 책임자 빌헬름 자이저)를 베리아와 연루된 혐의로 공격했다. 부다페스트에서는 라코시가 너지에 대한 모스크바의 지지가 부족해 자신의 집권이 임박했다는 암시를 얻기 시작했다.[38]

그러나 6월 17일 폭동 후 격렬한 내부 논쟁에서 독일 공산주의자들은 베리아의 이름을 거론했지만, 그의 영향력은 실제로 문제가 되지 않았다. 오히려 1953년 여름 독일에서 시작된 논쟁은 동유럽 공산주의의 본질에 대한 훨씬 더 광범위한 논쟁의 일부였다. 정권을 자유화하고, 다원주의를 더 허용하고, 토론의 장을 열고, 경제적 자유를 되찾아야 하는가? 아니면 가혹하고 징벌적이며 통제적인 정책을 유지해야 하는가? 자유주의는 혼란을 초래할 것인가? 탄압은 혁명을 불러올 것인가?

1953년 7월 베를린에서는 두 가지 견해가 표출되었다. 7월 격분한 당 중앙위원회 전체회의에서 울브리히트의 반대자 안톤 아커만은 당의 적들이 점점 강해지고 있어서 언론을 더욱 엄격하게 통제해야 하며 "편집자에게 온 편지 중 사실의 정확성을 확인한 것만 게재해야 한다"고 주장했다.[39] 다른 참석자도 동의하며 당이 "사회적 리얼리즘을 위해, 형식주의에 맞선 투쟁을 강화"하고 "소비에트 예술에 대한 애정을 갖도록 대중을 설득"할 것을 촉구했다.[40]

그러나 자유주의자들이 완전히 패배한 것은 아니었다. 이 회의에서 자이저는 동지들에게 노선 변경은 무엇보다도 사람들이 나라를 떠나는 것을 막기 위해 고안된 것이며, "6월 17일은 대중 불만의 더욱 놀라운 신호"였다고 상기시켰다. 문화연맹의 전직 대표 요하네스 베허도 언론과 문화에 대한 통제 완화를 주장했다. 그는 소련에서도 동독에서처럼 괴테박물관에 (자유독일청년) 포스터가 전시되는 것은 "상상할 수

없는 일"이라고 말했다.[41]

1953년 독일 폭동 이후, 다른 동유럽 수도에서도 신스탈린주의자와 자유주의자 사이의 논쟁이 격화되었다. 바르샤바에서는 비에루트와 브와디스와프 고무우카의 개인 권력 쟁탈전이 신스탈린주의와 소련식 공산주의가 아니라 더 '폴란드적인' 공산주의 사이의 투쟁으로 변질된 지 오래였다. 1953년 12월 고위 비밀경찰(당원 감시를 책임지는 부서 X의 상관) 유제프 시비아트워가 서방으로 망명하면서 고무우카의 대의는 갑자기 힘을 얻게 되었다. 몇 달 후 시비아트워는 자유유럽방송의 폴란드어 방송에서 당 엘리트의 특권적인 생활 방식, 소련 자문관들의 역할, 고무우카의 체포와 투옥에 대해 자세히 설명하는 특별 시리즈를 방송하기 시작했다. 심지어 관공서에서도 수백만 명이 공개적으로 이 방송을 청취했다. 사회안전부는 이 방송에 대한 자체 보고서에서, 이전에 믿을 수 있었던 정보원들이 이제 협조를 거부하고 있으며 시비아트워가 자신의 이름을 폭로할 것인지 알고 싶어한다는 우려를 기록했다.[42] 12월, 고무우카는 가택 연금에서 풀려났다.[43]

부다페스트에서 공산당은 근본적으로 다른 방향으로 전환했다. 공산당 서기장직을 계속 맡고 있던 라코시는 베를린 폭동을 핑계 삼아 새로운 경계를 촉구하고 재기를 준비하기 시작했다. 모스크바의 전반적인 혼란을 틈타 그는 헝가리의 새 노선을 뒤집으려고 했다. 1955년 그는 소련을 설득하여 너지를 총리직에서 해임하고 더 충실한 측근인 전직 청년 지도자 언드라시 헤게뒤시를 총리직에 앉혔다. 너지는 라코시의 가혹한 정책에 대해 더욱 격렬한 공격으로 보복했다.[44] 그러나 이러한 논쟁이 사회 상층부에서 벌어지는 동안 훨씬 아래에서는 다른 일들이 벌어지고 있었다.

베를린에서 불만의 첫 신호가 건설 파업 형태로 나타났다면, 폴란드에서 스탈린주의 종말의 시작은 대규모 행사의 형태로 나타났다. 더 정확히 말하자면 1955년 여름에 열린 제5회 세계 평화와 우정을 위한 청소년학생축제였다.

바르샤바 청년축제는 베를린에서 열린 이전 행사와 마찬가지로 동유럽 공산주의자들과 서유럽, 아시아, 아프리카, 남미에서 온 동지들의 만남의 장이자 대규모 프로파간다 활동으로 기획되었다. 또한 베를린에서 열린 이전 행사와 마찬가지로 신중하게 계획되고 조율된 행사였다. 사전 프로파간다와 열광적인 보도 덕분에 5일간의 축제 동안 수십만 명의 폴란드 관중이 바르샤바를 찾았다. 이들은 춤, 공연, 다양한 볼거리(헝가리 서커스, 인형극, 오페라는 모두 행사 첫날 공연되었다)와 스포츠 경연, 경제 토론회를 보러 전국 각지에서 모여들었다.[45]

그러나 행사 첫날부터 바르샤바 관중은 정치, 문화, 심지어 스포츠에 큰 관심을 보이지 않았다. 정말 매력적인 볼거리는 외국인들이었다. 전쟁 이후 처음으로 긴 옷을 입은 아랍인, 원주민 복장을 한 아프리카인, 마오쩌둥 재킷을 입은 중국인, 심지어 줄무늬 셔츠를 입은 이탈리아인과 꽃무늬 치마를 입은 프랑스 소녀가 폴란드 수도의 거리를 거닐고 있었다. 당시 어린아이였던 마치에이 로살라크Maciej Rosalak는 그때 받은 충격을 다음과 같이 떠올렸다.

거리의 폐허와 잔해 사이에 사는 잿빛의 서글픈, 허름한 옷을 입은 사람들이 갑자기 다른 종족으로 보이는 사람들로 바뀌었다. 새로 온 사람들은 우리 부모님처럼 자유유럽방송의 정적인 방송을 듣는 대신 활짝 웃었고, 속삭이는 대신 노래를 불렀다. 바르샤바 아이들은 그들 사이를 뛰어다니며 특별한 공책에 사인을 모았다. 이탈리아 사람은 시칠리아와 사르데냐가 나란히 있는 장화 모양의 자기 나라를 그려주었다. 중국인은 신비한 상징을 남겼고, 아름다운 아프리카 여성은 자신의 이국적인 이름을 쓰고는 우리들 머리를 헝클어뜨렸다.[46]

폴란드인과 외국인의 대조(특히 문화적으로 비슷하지만 훨씬 풍요롭고 개방적인 서유럽에서 온 사람들)는 모두에게 충격을 주었다. 당 기관지 《트리부나 루두》는 한 공장 노동자가 프랑스 소녀들의 옷을 보고 "재미있고 행복하며 세련됐다. … 폴란드 옷이 더 아름다울 수는 없을까?"라고 한 말을 인용했다.[47] 이 신문은 웃지 않는 폴란드 청년 지도자들("우리는 슬프고 우울하며 믿을 수 없을 만큼 뻣뻣하고 경직됐다")과 더 쾌활한 외국 청년들의 대조되는 모습도 관찰했다. 당시 웃지 않는 청년 지도자 중 1명이었던 야체크 쿠론은 이렇게 적었다. "삶을 즐기고, 화려한 옷을 입고, 재즈를 듣고, 재미있게 놀고, 사랑에 빠지면서도 '진보적'일 수 있다는 것이 밝혀졌다."[48] 특히 많은 사람들이 충격적이라고 지적한 것은 공공장소에서 키스하는 젊은이들의 모습이었다.

비정치적인 이 경험이 지닌 정치적 함의는 당시에도 분명했다. 축제 기간 중 한 극장에서 공연했던 카바레 그룹 빔봄Bim-Bom의 일원이었던 야체크 페도로비치는 "믿을 수 없을 정도로 비사회주의적인 방식으로, 갑자기 모든 것이 화려해졌다"고 떠올렸다.[49] 그는 "프로파간다 실책이었다. 경고도 없이 잿빛 바르샤바에 다양한 색깔의 외부인들이 몰려들게 했다"고 생각했다. 지난 10년간의 반서구적 수사rhetoric는 거짓임이 드러났다. "우리는 자본주의 세계에서는 모든 것이 안 좋다는 말을 들어왔지만, 거기서 온 젊은이들은 건강한 데다 좋은 옷을 입고 있었다."[50]

공산 정권이 가장 강력하게 억압했던 인간의 자발성이 갑자기 꽃을 피웠다. 축제 주최 측이 공포감을 느낄 정도로 폴란드인, 독일인, 헝가리인, 체코인 등 공산권에서 온 사람들은 거리뿐만 아니라 도시 곳곳의 개인 아파트에서 이국적인 방문객들과 적극적으로 어울리며 서로 교류했다. 낭만, 우정, 만취한 저녁이 통제되지 않고 감시받지 않는 방식으로 펼쳐졌다. 바르샤바대학 도서관에서 이루어진 학생 회동은 프랑스 대표단 모두가 실제로 공산주의자는 아니라는 사실이 드러나면서 논쟁으로 발전했다. 크지슈토프 포미안Krzystof Pomian 같은 젊은 공산주의자들에게 이 논쟁은 공개 토론의 첫 경험이었다.[51]

공식적으로 계획된 많은 행사도 어떤 식으로든 잘못된 방향으로 흘러갈 것 같았다. 구시가지 무기고에서 폴란드의 젊은 예술가들은 당연히 평화를 주제로 한 전시회를 열었다. 그러나 방문객들의 관심을 끌고 주목을 받은 것은 그 주제가 아니라 전시된 작품의 비범한 다양성이었다. 진한 물감과 거친 색채로 표현된 그림이 많았다. 붓놀림이 눈에 띄었다. 풍자는 모호했다. 다양하고 예상치 못한, 추상적이며 아방가르드적인 이미지였다. 한 시대의 종말이었다. 무기고 전시 이후 사회주의 리얼리즘은 폴란드 시각 예술에서 영원히 사라질 터였다.

예술의 자발성은 행동의 자발성으로 이어졌다. 때때로 군중은 추악해졌다. 한 행사에서 음향 시스템이 고장 났을 때는 폭동과 분노가 너무나 커서 음향 기술자들이 승합차로 달려가 재빨리 차를 몰고 도망가야 했다.[52] 사람들은 음식 부족, 일부 지루한 행사의 형편없는 품질,

도처에서 확성기로 흘러나오는 프로파간다에 대해 큰 소리로 불평했다. "바르샤바에서는 무언가의 이름으로, 또는 무언가에 대항하여 춤을 춘다." 당 소속 작가가 축제를 요약한 이 엄숙한 선언에 그밖의 모든 사람들은 짜증스럽게 느꼈다.[53] 딱딱한 포크댄스부터 웃음기 없는 왈츠까지 지루한 공연이 많아, 관중은 떼를 지어 발길을 돌렸다.

그러나 때로 관중이 자발적으로 즐거워하는 행사도 있었다. 한번은 빔봄 카바레 그룹이 스위스 대표단과 공식 미팅을 가질 예정이었다. 하지만 통역관이 사회를 보고 폴란드 청년연맹 관계자가 주재하는 딱딱한 인사말 교환 대신, 누군가 재즈를 연주하기 시작했다. 젊은이들은 춤추기 시작했다. 이번에 카바레 예술가들과 새로운 스위스 친구들이 추는 춤은 무언가를 위한 것도, 무언가에 맞서기 위한 것도 아니었다. 그들은 그저 재미로 춤을 추고 있었다.[54] 사람들이 재즈 음악에 맞춰 지르박을 추고, 난감해하는 관리들을 무시하고, 노래를 따라 부르며 주변을 전혀 신경쓰지 않는 그 순간, 전체주의의 꿈은 갑자기 멀어 보였다.

1955년 여름 폴란드 청년연맹 회원들은 지루한 집회에서 벗어나 멕시코 공산주의자들, 프랑스 여행자들과 함께 춤을 추었다. 가을에는 헝가리 청년들도 지루한 노동청년연맹 모임에 생기를 불어넣기 시작했다. 이러한 노력은 헝가리국립박물관의 젊은 직원 그룹이 문학과 정치 토론 그룹을 조직하기로 결정하면서 아주 작은 규모로 시작되었다. 그들은 친구인 시인 이슈트반 라카토스István Lakatos에게 리더를 맡아달라고 부탁했다. 라카토스는 헝가리 계몽주의에 대한 강의로 토론의 서막을 열었다. 그는 헝가리의 가장 저명한 계몽주의 시인 죄르지 베셴예이Győrgy Bessenyei의 작품을 낭독했다. 결론적으로 그는 200년이나 늦었지만 계몽주의적 가치를 지지할 것을 그룹에 요청했고, 그룹은 그 자리에서 베셴예이 서클을 결성하기로 결정했다.

이것은 작고 엘리트적이며 다소 난해한 노력이었다. 하지만 자발적으로 조직된 어떤 단체도 위협으로 간주했던 노동청년연맹에게는 매우 중요한 문제였다. 몇 년 전 같았으면 계몽주의적 가치에 헌신하는 단체를 금지했을 것이다. 그러나 스탈린이 사망했고, 너지의 새 노선에 대한 격렬한 논쟁이 계속되고 있었다. 그들은 그룹의 지도자들을 교체하고 더 정치적으로 올바른, 현대적 주제에 집중하기로 결정했다. 치명적으로 그들은 부르주아인 베셴예이보다 진보적인 사회에 더 적합하다고 생각되는 1848년 혁명의 젊은 시인 샨도르 페퇴피의 이름을 따서 그룹 명칭을 짓기로 결정했다. 그렇게 페퇴피 서클이 탄생했는데, 학술적으로 보이는 이들의 토론은 재빨리 검열, 사회주의 리얼리즘, 중앙 계획에 대한 공개 토론으로 발전했다. 초기 토론 주제에는 1514년 농민 반란(농업 정책에 대한 토론의 구실)과 헝가리 역사학 분석(공산주의 교과서상의 역사 조작에 대한 토론의 구실)이 포함되었다.[55] 한 헝가리 작가의 표현대로 그룹 이름의 선택은 곧 "양날의 검"으로 판명되었다. 즉 페퇴피는 헝가리 독립을 위해 싸우던 혁명가였고 그의 이름에서 따온 단체도 곧 혁명가가 될 수 있는 힘을 얻었다고 느꼈다.[56]

같은 시기에 다른 정권 기관에서도 변화가 일어나고 있었다. 그때까지 공신력 있는 공산당 기관지였던 《서버드 네프》의 기자들은 불안해졌다. 1954년 10월, 체코 공장 생활 취재를 위해 파견된 일군의 기자들은 가짜 생산 통계, 생활수준 하락, 평화 채권을 사도록 협박당한 노동자들에 대한 기사를 쓰고 싶어하며 돌아왔다. 기고한 기사에서 이들은 다음과 같이 선언했다. "지난 10년 동안 노동자들의 삶이 많이 바뀌고 개선되었지만, 여전히 많은 노동자들이 심각한 문제를 겪고 있다. 많은 사람들이 과밀하고 허름한 아파트에 살고 있다. 자녀에게 새 신발을 사주거나 가끔 영화를 보러 가는 것도 두 번 생각해야 하는 사람들이 많다!" 다음날, 기자들은 《서버드 네프》를 담당하는 정치국 위원으로부터 위협적인 전화를 받았다. "이 기사로 무엇을 말하려는 건가? 우리가 이런 선동을 용납할 것 같은가?" 편집자들은 물러서는 대신 3일 동안 내부 회의를 열었다. 이 회의에서 기자들은 차례로 일어나 정직한 보도를 촉구하고 너지의 개혁을 지지하며 당 고위 관리들과 자신들의 편집자들을 공격했다. 이처럼 지나치게 정직한 기자들 중 몇 명이 직장을 잃었는데 그중에는 몰래 활동했던 프로이트 정신과 의사 릴리 허이두-기메스의 아들 미클로시 기메스도 있었다. 그러나 이로써 하나의 선례가 만들어졌다.[57]

한편, 헝가리작가연맹(헝가리 산문과 시에 정치적 올바름을 강요하던 단체)도 이전의 견해를 재검토하고 금기에 대해 논의하며, 금지된 회원들을 다시 환영하기 시작했다. 1955년 가을 강경했던 이 단체는 친나치 편집자들의 해고에 항의하는 성명을 발표할 만큼 과감해져서, 연맹의 자율성을 요구하며 "우리의 문화생활을 위축시키는 반민주적 방식"에 반대하고 나섰다.[58]

이렇게 새로 만들어지거나 새로 재편된 단체, 클럽, 토론회 대부분을 재빨리 장악한 사람은 대개 20대와 30대인 환멸에 빠진 젊은 공산주의자들과 전직 공산주의자들이었다. 이들은 혁명적이면 안 될(아니면 오히려 반혁명적이어야 할) 세대였다. 전쟁의 트라우마를 겪을 만큼 나이를 먹고, 공산주의 교육기관에서 공부했을 만큼 젊은 사람들로, 다수가 공산 체제가 약속한 사회적 진보의 산물이었고, 이미 빠른 승진과 조기 성공을 누린 사람도 많았다. 작가연맹 토론회에서 활약한 타마스 아첼Tamás Aczél은 29세에 당 출판사의 편집장으로 임명되었고, 31세 때 자신의 작품으로 스탈린상과 권위 있는 코슈트상을 수상했다. 또다른 작가연맹 활동가 티보르 메라이Tibor Méray도 29세에 코슈트상을 받았다.[59] 페퇴피 서클의 활동가 이슈트반 외르시István Eörsi도 아주 젊은 나이에 시인으로 등단했다.

동시에 이 세대에는 불과 몇 년 전에 끝난 시민사회의 파괴, 테러, 숙청에 개인적으로 큰 영향을 받은 사람들이 많았다. 이들 모두는 주저하는 협력자 역할을 강요받는 것이 어떤 의미인지 잘 알고 있었다. 새로운 작가연맹 지도자 중 1명인 티보르 데리는 한때 유명했던 자신의 소설 작품들이 이념적으로 옳지 않다는 이유로 공격받고 출판이 금지되는 것을 지켜봐야 했다.[60] 페퇴피 서클의 지도자 가보르 탄초스Gábor Tánczos는 1949년 갑작스럽고 잔인하게 철폐된 헝가리인민대학 중 하나인 괴르피대학Györffy College을 졸업한 이상주의자였다. 또다른 인민대학 졸업생 이반 비타니(1948년 당에서 제명된 후 스스로를 세뇌한 음악 평론가)는 페퇴피 서클의 초기 공개 모임에서 민속예술과 음악에 대해 연설했다.[61] 한 기록이 서술한 바에 따르면 이 서클의 초기 모임은 네코시, 인민대학 운동, 1950년 강제로 노동청년연맹에 편입되어 단명했던 헝가리 대학생연맹인 메페스Mefesz 출신 활동가들의 재결합이었다. 초기 모임에서 이들은 예전처럼 함께 노래를 부르기도 했다.[62]

특히 이 젊은(또는 젊은이 같은) 지식인들은 모두 동료들이 부당하게 체포, 투옥, 고문당했다는 사실을 알고 깊은 충격에 빠졌다. 1954년 너지는 정치범들을 복권시키기 시작했고 그들은 서서히 감옥에서, 레치크 수용소에서, 망명지에서 부다페스트로 돌아왔다. 자영농당 지도자 벨러 코바치는 1955년 여러 동료들과 함께 소련에서 돌아왔다.[63] 요제프 민드센티는 감옥에서 풀려나 부다페스트 외곽의 한 성에서 가택연금에 처해졌다. 노엘 필드도 그해에 복권되었다. 아첼과 메라이는 사회주의 리얼리즘 소설을 집필하고 문학상을 수상하는 동안, 감옥에 갇혀 고초를 겪은 옛 친구들을 만났을 때 많은 헝가리 작가들이 느낀 깊은 감정을 묘사했다. "그들은 자신이 쓴 글과 쓰지 않은 글을 부끄러워했다. 이제 그들은 예전에 애지중지하며 바라보았던, 코슈트상을 수상했던 책들을 혐오스러운 눈으로 바라보았다. 그리고 그 책들을 지워버리고 싶은 바람밖에 없었다."[64]

동시에 자신을 정당화하고, 자신이 초래한 피해를 만회하고, 좌익 프로젝트를 다시 정상 궤도에 올려놓으려고 노력하는 사람도 많았다. 그러나 이때는 1989년이 아니라 1956년이었고, 아직 모든 사람이 공산주의가 실패할 운명이라고 확신한 것은 아니었다. 외르시는 이렇게 말했다. "그들은 죄인인 자신과 함께 마르크스주의의 신뢰성과 훌륭한 과학적 평판도 회복하고 싶었다."[65] 폴란드뿐 아니라 헝가리에서도 많은 사람들이 영감과 가르침을 얻고자 마르크스주의 원전으로 돌아갔다. 당시 학생 급진주의자였던 카롤 모젤레프스키(1956년 바르샤바대학에서 폴란드 청년연맹을 점거한 활동가 그룹의 일원)는 이러한 역동성을 매우 잘 설명했다. "정치 시스템이 나쁘다면 우리는 어떻게 해야 하는가? 혁명을 시작해야 한다는 것을 배웠다. 그리고 이 모든 세월을 거치며, 어떻게 혁명을 만드는지 배웠다. … 노동자 계급에게 혁명적 의식을 심어주는 지식인들의 도움을 받아, 노동자들이 혁명을 일으켜야 한다."[66]

모젤레프스키와 그의 동료들은 곧 마르크스가 말한 대로 더 공평한 경제 시스템을 만들어내길 희망하며 폴란드 공장에서 선동을 시작했다. "신화가 현실로 바뀌는 것 같았다."[67] 헝가리 지식인들도 같은 이유로 같은 이상을 가지고 있었다. 훗날 외르시는 다음과 같이 적었다. "그것은 모든 준革혁명 체제의 공통적인 함정이다. 즉 국민들은 공식적으로 선포된 이데올로기의 진정한 메시지와 체제의 국유화된 영웅을 진지하게 받아들이기 시작한다."[68]

역설적이게도 노동자와 지식인의 유대는 공산주의 치하에서 학대를 당한 경험으로 인해 더욱 강화되었다. 이 두 사회집단은 지난 10년 동안 공산주의 프로파간다에 의해 가장 심하게 표적이 되어 조작되었고, 그 결과 가장 깊은 단절감과 불만을 품고 있었다. 오히려 헝가리 노동자들이 헝가리 학생과 헝가리 지식인보다 더 분노했다. 작가들과 언론인들이 죄책감을 느낀 반면, 노동자들은 배신감을 느꼈다. 그들은 '노동자 국가'에서 최고의 지위를 약속받았지만, 그 대신 열악한 노동 조건과 낮은 임금을 받았기 때문이었다. 전쟁 직후 노동자들은 국영 공장 책임자들에게 분노를 표출했었다. 그러나 이제 그들은 국가 자체를 비난하는 경향을 보였다. 1950년대의 광부들은 "체제를 비난하면서 노동의 어려움에도 불구하고 임금이 적은 점을 불평"했고, 일반적으로 산업 노동자들은 "피를 빨아먹는 정부"에 착취당하고 있다고 믿었다.[69] 1년 전만 해도 《서버드 네프》는 공장 생활에 대한 너무 자세한 보도를 꺼렸지만, 침체기에 빠졌던 작가협회 잡지 《문학 공보Irodalmi Újság》가 이제 이 주제를 자주 다루면서 노동자들의 인터뷰와 편지를 실었다. 대장장이에게 온 글은 다음과 같다.

공감하지 않는 다른 사람의 의견을 얼마나 여러 번 받아들여야 했던가? 그 의견이 바뀌면 내 의견도 똑같이 바꾸도록 요구받는다. 그럴 때 나는 매 맞을 때보다 더 아픈 기분이 든다. 나도 사람이니까. 나도 생각할 수 있는 머리가 있다. 그리고 어린애가 아니다. 나는 사회주의 건설을 위해 영혼, 마음, 젊음과 에너지를 바치는 어른이다. … 나는 기꺼이 그렇게 하겠지만, 생각하는 법을 알고 살아가는 어른처럼 간주되길 바란다. 두려움 없이 내 생각을 말하고 싶다. 그리고 나도 듣고 싶다.[70]

페퇴피 서클 모임은 활력을 되찾은 젊은 지식인들과 급진화된 노동계급이 교류할 수 있는 훌륭한 포럼이었다. 1955년 겨울 부다페스트의 주요 공장들이 이 모임에 정기적으로 대표단을 파견하기 시작했고, 곧 초대장 수요가 공급을 초과하여 서클은 더 큰 장소에서 모임을 열어야 했다. 회의는 공개적이고 비공식적이었으며 때때로 소란스럽기도 했고, 많은 사람들의 관심사인 산업·경제 개혁 문제를 다루었다. 하지만 더 큰 사건이 끼어들지 않았다면 이 회의는 비판과 불평의 장에 그쳤을지 모른다.

아무도 기대하지 않았지만 소련 공산당 서기장이 된 흐루쇼프는 학생, 노동자, 페퇴피 서클 참가자들이 예상했던 것보다 훨씬 더 멀리, 더 빨리 나아갈 수 있도록 밀어붙인 장본인이었다. 1956년 2월 24일 아무런 예고도 없이 흐루쇼프는 제20차 당 대회장 연단에 서서 고故 스탈린에 대한 개인숭배를 비난했다.

한 사람을 드높이고 신과 비슷한 초자연적 특성을 가진 슈퍼맨으로 바꾸는 것은 마르크스·레닌주의 정신에서 허용될 수 없고 이질적인 일이다. 그런 사람은 모든 것을 알고, 모든 것을 보며, 모든 사람을 위해 생각하고, 무엇이든 할 수 있으며, 행동에 오류가 없다고 생각된다. 한 사람, 특히 스탈린에 대한 그러한 믿음이 수년 동안 우리 사이에서 배양되었다.[71]

이 연설은 유명한 흐루쇼프의 비밀 연설이었지만, 소련의 동유럽 친구들 덕분에 오랫동안 비밀로 유지되지는 않았다. 폴란드 관리들이 이스라엘 정보기관에 이 연설문을 유출했고, 이스라엘 정보기관은 이를 CIA에 넘겼으며, CIA는 이를 《뉴욕타임스》에 넘겨 6월에 이 연설문을 게재했다.[72] 하지만 이전에도 동유럽 공산주의자들은 흐루쇼프의 생각에 대한 단서를 찾기 위해 이 문서를 면밀하게 검토하고 있었다. 소련의 지도자 흐루쇼프는 레닌을 찬양하고 스탈린을 공격했으며, 1930년대 숙청 시기 소련 공산당원과 군 지휘관들의 체포와 처형을 개탄했지만, 자신의 과오에 대한 인정은 완전하지 않았다. 흐루쇼프는 자신에게 어느 정도 책임이 있는 우크라이나 대기근과 같은 그밖의 범죄와 다른 체포들을 언급하지 않았다. 그는 경제 개혁이나 제도 개혁을 요구하지도 않았다. 분명 그는 소련이 동유럽에서 저지른 만행에 대해 사과하지 않았고, 변화를 위한 명확한 제안도 내놓지 않았다.

그럼에도 불구하고 가장 극적인 반응이 일어난 곳은 동유럽이었다. 이 연설은 말 그대로 비에루트를 죽였다. 이 폴란드 지도자는 제20차 당 대회에 참석하기 위해 모스크바로 갔다가(스탈린의 장례식에 참석한 고트발트처럼) 쇼크로 인한 것으로 추정되는 뇌졸중이나 심장마비로 그곳에서 사망했다. 서열이 낮을수록 이전에 충성스러웠던 많은 당원들은 충격을 받았다. 당시 하급 장교였던 한 폴란드인은 "사람들은 믿기 힘들어했다"고 회상했다. "전 세계 절반의 지도자 스탈린 원수에 대한 폭로라니 … 믿을 수 없는 일이었다."[73]

다른 사람들은 이 연설에 힘을 얻었고 심지어 급진적으로 변하기까지 했다. 제20차 당 대회가 끝난 지 몇 달 후인 5월 말 페퇴피 서클은 "제20차 소련 공산당 대회와 헝가리의 정치적 경제 문제"라는 제목으로 공개 토론회를 개최했다. 이 토론은 곧 "라코시의 과대망상, 무분별한 산업 건설 정책, 강제 산업화, 새로운 5개년 계획 제안, 농업 정책의 현실성 결여"에 대한 전면적인 비난으로 바뀌었다.[74] 6월 초, 헝가리에서 가장 유명한 마르크스주의 철학자 죄르지 루카치는 독립적 사고를 찬양하며 신학자들과 마르크스주의자들 간의 대화를 촉구했다.

2주 후, 반쯤 잊혔던 인물이 일어나 가장 파괴적인 비난을 퍼부었다. 6월 27일 저녁, 감옥에서 나온 지 6개월밖에 안 된 44세의 율리어 러이크Júlia Rajk가 부다페스트 중심부에 있는 신고전주의풍의 대형 회의실에서 연단에 섰다. 그녀는 수백 명의 페퇴피 서클 회원들에게 "저는 5년간의 감옥 생활과 굴욕을 겪은 후 깊은 감동을 받고 여러분 앞에 섰습니다"라고 말했다.

여러분에게 이 말을 하고 싶어요. 감옥에 관한 한, 호르티의 감옥은 공산주의자들에게도, 라코시의 감옥보다는 훨씬 나았습니다. 남편이 죽었을 뿐 아니라 어린 아기도 빼앗겼으니까요. … 이 범죄자들은 라슬로 러이크를 살해한 것만이 아닙니다. 그들은 이 나라의 모든 정서와 정직성을 발로 짓밟았어요. 살인자들은 비판이 아니라 처벌을 받아야 합니다.[75]

청중은 박수를 치고 휘파람을 불며 발을 굴렀다. 며칠 밤이 지난 후, 또다른 페퇴피 서클 청중(이제 6천 명으로 늘어났고, 많은 사람들이 길거리에 서 있었다)이 언론 자유에 대해 토론하기 위해 모였다. 그들은 "임레, 임레, 임레, 임레"를 외치며 집회를 마무리했다. 그들은 라코시 축출과 임레 너지의 귀환을 요구했다.

이들은 소원의 절반을 이루었다. 7월 중순, 흐루쇼프의 최측근 아나스타스 미코얀이 긴급히 부다페스트를 방문했다. 정치국은 당시 헝가리 주재 소련 대사(30년 후 공산당 서기장) 유리 안드로포프로부터 헝가리 내 적의 활동, 즉흥적인 토론, 혁명적 청년들에 대한 불안한 보고를 다시 한번 받았다. 미코얀은 이 문제를 해결하기 위해 파견된 것이었다. 공항에서 시내로 들어오는 차 안에서 그는 라코시에게 주어진 상황에서 건강 악화를 이유로 사임하라고 말했다. 라코시는 시키는 대로 치료를 위해 모스크바로 날아가 다시는 돌아오지 않았다. 그는 인생의 마지막 15년을 소련에서 보냈고, 그중 대부분의 시간을 멀리 떨어진 키르기스스탄에서 보냈다.[76] 하지만 미코얀은 그를 임레 너지로 대체하지 않았다. 대신 정치국은 라코시의 충실한 측근이자 보수적이고 상상력이 부족하며 최종 분석 결과 무능한 게뢰를 선택했다.[77]

1956년 10월로부터 50여 년이 흘렀다. 그달에 일어난 사건들은 이후 많은 위대한 작가들에 의해 여러 번 묘사되었는데, 지면의 제약 때문에 여기서 그들의 모든 작품을 자세히 요약할 수는 없다.[78] 7월부터 10월까지 게뢰는 동포들을 달래기 위해 필사적으로 노력했다는 말로 충분할 것이다. 그는 투옥된 사회민주당 지도자 50명을 복권시켰다.

그는 티토와 화해하는 데도 성공했다. 헝가리 군대의 규모도 줄였다.

고심 끝에 그는 율리어 러이크가 남편의 장례식을 치르는 것도 허용했다. 1848년 10월 6일 헝가리혁명을 이끈 13명의 장군 처형 기념일에 율리어는 아들 라슬로와 함께 검은 옷을 입고 남편의 관 옆에 엄숙히 서서 러이크가 헝가리의 국가 영웅들이 묻힌 케레페시Kerepesi 공동묘지에 이장되길 기다렸다. 수만 명의 조문객이 이 기이한 장례식에 참석했다. "춥고 바람이 불고 비가 내리는 가을날이었죠." 한 참석자는 그날을 이렇게 떠올렸다. "커다란 은 촛대의 불꽃이 난폭하게 섬뜩한 춤을 추며 이리저리 흔들렸어요. 산더미처럼 쌓인 화환이 상여 발치에 놓여 있었죠." 장례식 연설자들은 러이크(수천 명의 죽음과 체포, 칼로트와 다른 청년 단체, 나머지 시민사회의 파괴에 책임이 있는 살인적인 비밀경찰 보스)를 찬양하고, 러이크를 죽인 자들을 가장 가혹한 말로 비난했다. "그는 '개인숭배'라는 악취 나는 늪에서 양지로 기어 나온 가학적인 범죄자들에게 살해당했습니다."[79] 선거에 대한 공산당의 낙관적인 접근 방식에 의구심을 품고 있던 당 관리 예뇌 셀Jenö Széll은 이 장례식이 "끔찍했다"고 기억했다.

비가 쏟아지기 시작했다. 폭우는 아니어도 우리 모두가 흠뻑 젖기에 충분한 비였다. 그전에는 암울한 표정을 한 사람들이 얼마나 많이 몰려들었던가! … 사람들이 오고 지인들은 서로 바라보며 인사를 나누었지만, 평소처럼 작은 그룹을 이루어 수다를 떨지는 않았다. … 여기 모인 모든 사람들은 누가 지도자가 될지 궁금해하고 있었다.[80]

그날 저녁 몇 차례의 산발적 시위가 일어났다. 약 500명의 학생이

1849년 오스트리아에 의해 처형된 헝가리 최초 입헌 총리의 동상 주위에 모여들었다. 집회는 평화롭게 마무리되었지만 시 당국은 경계 태세를 유지했다. "장례식의 엄숙한 절차는 사람들로 하여금 잊게 만드는 대신 근본적으로 아무것도 변하지 않았다는 사실을 상기시켜주었다."[81]

러이크 장례식의 중요성은 부다페스트에서 즉시 이해되지 않았고, 모스크바에서도 확실히 이해되지 않았다. 오히려 10월 첫 주에 크렘린의 관심은 헝가리가 아니라 정치적 혼란에 빠진 폴란드에 집중되어 있었다. 6월에는 포즈난 시에서 10만 명의 노동자가 파업을 벌였다. 동독 노동자들이 앞서 그랬듯이 이들은 임금 인상과 덜 엄격한 노동 규범을 요구하며 시위를 시작했지만, 금세 독재 종식과 러시아인 퇴출을 요구하기 시작했다. 이들은 폴란드 군대의 잔혹한 진압으로 흩어졌다. 약 400대의 전차와 1만 명의 군인이 파업 참가자들에게 발포하여 수십 명이 사망했고, 그중에는 13세 소년도 있었다. 부상자는 수백 명 이상이었다. 그러나 폴란드인들은 폭력에 대해 동포들을 탓하지 않았다. 폴란드 출신 소련 사람인 로코소프스키 원수가 결국 포즈난 파병을 명령했고, 발포 명령도 역시 소련 사람인 그의 부관이 내렸기 때문이었다. 당시 참모총장도 소련 사람이었고, 기타 76명의 폴란드 육군 고위 장교들도 소련 군인들이었다.[82] 폴란드 공산당 내부에서는 이제 소련 장교들을 영원히 추방해야 한다는 목소리가 커지기 시작했다. 10월 폴란드 통합노동당은 이 단체의 사실상 지도자였던 고무우카의 완전한 복권을 허용하는 데 그치지 않고, 그를 제1당 서기로 임명하는 일방적인 결정을 내렸다.

놀란 흐루쇼프는 10월 19일 급히 바르샤바로 왔다. 계획에 없던 방문이었지만 고무우카의 집권을 막으려는 의도에서 온 것이었다. 이를 강조하기 위해 흐루쇼프는 폴란드 다른 지역에 주둔한 소련군에게 즉시 바르샤바로 진군하라고 명령했다. 여러 기록에 따르면 고무우카는 자신만의 위협으로 대응했다. 거칠어진 그는 폴란드 군대의 소련 장교들이 대중의 분노를 일으켰다는 비난을 퍼부었고, 자신이 책임자가 되면 소련의 간섭 없이 쉽게 국가를 통제할 수 있다고 장담했다. 더 중요한 것은 그가 소련이 지배하는 군대가 아니라, 자신에게 충성하는 내무부 군대와 기타 무장 단체에게 바르샤바 주변의 전략적 요충지를 점령하여 자신과 새 정부를 방어할 준비를 하라고 명령했다는 점이다. 고무우카에게 충성하는 폴란드 군대와 소련군 사령관에게 충성하는 폴란드 군대(후자는 적군의 지원을 받았다)의 격렬한 충돌이 갑자기 가능해 보였다.[83]

흐루쇼프가 먼저 뒤로 물러섰다. 그는 10월 24일 당 동료들에게 이렇게 말했다. "지금 당장 (폴란드와의) 무력 충돌 이유를 찾기는 매우 쉽지만, 나중에 그런 충돌을 종식시킬 방법을 찾기는 매우 어려울 것이다."[84] 그는 화해가 최선의 정책이라고 판단했고 결국 로코소프스키와 그의 부관, 그리고 다른 소련 장교 몇 명을 소환하는 데 동의했다. 그 대가로 고무우카는 외교 정책 문제에서 모스크바에 대한 충성을 약속하고, 바르샤바조약에서 탈퇴하지 않겠다고 맹세했다.

흐루쇼프는 더 많은 것을 요구할 수도 있었다. 그러나 그는 부다페스트에서 일어난 사건으로 인해 다시 한번 폴란드로부터 주의를 돌렸고, 고무우카의 집권 복귀 소식은 헝가리 국민들에게 너지도 복권되리라는 희망을 안겨주었다. 러이크의 이상한 장례식은 남아 있던 공포의 장벽을 없애버렸다. 마치 그의 시신과 함께 스탈린주의가 상징적으로 묻힌 것 같았다. 10월 내내 전국 각지에서 페퇴피 서클이 결성되었다. 대학과 고등학교에서도 자체적인 민주적 운영 기구와 토론 동아리가 결성되었다. 언론은 이 모든 활동을 흥미롭게 보도했다. 한 라디오 방송국은 "여행을 다니며 현대 서양 문학을 공부하고 싶다"는 고등학생 의회주의자들과 인터뷰를 하기도 했다. 그들은 또한 대학 입학은 공산당 인맥이 아니라 시험으로 결정되어야 한다고 생각했다. 폴란드에서 일어난 사건들도 열광적으로 보도되었다. 수십만 명이 바르샤바에 모여 고무우카를 응원하자, 한 헝가리 언론인은 이렇게 선언했다. "민주화의 흐름은 거대한 대중의 전폭적인 지지를 받고 있으며, 더 중요한 것은 그들이 노동계급이라는 사실이다."[85]

이 소식에 고무된 5000명의 학생들이 10월 22일 부다페스트 공대 강당에 모여 노동청년연맹 탈퇴와 독자적인 조직 결성을 위한 투표를 실시했다. 오후 3시부터 자정까지 이들이 작성한 선언문은 나중에 "16가지 요구 사항"으로 알려졌다. 무엇보다도 이 선언문은 헝가리에서 소련군 철수, 자유선거, 결사의 자유, 경제 개혁, 1848년 3월 15일을 국경일로 복원할 것을 요구했다.[86] 다음날 학생들은 1848년 헝가리인들과 함께 싸웠던 폴란드 사령관 유제프 벰Jozéf Bem 장군의 동상 아래에 모여, 자신들의 요구를 관철하고 폴란드 노동자들을 지지하기 위해 시위를 벌이기로 합의했다.

24시간 후, 벰 광장에 최소 2만 5000명이 모였고 거리에는 수천 명이 모여들었다. 이들은 도시 곳곳에서 폴란드 장군 동상을 향해 행진했고, 일부는 1848년 혁명에 영감을 준 것으로 알려진 페퇴피의 시를 낭송하며 걸음을 내디뎠다.

헝가리인들이여 일어나라, 조국이 너희를 부른다.

이 시간, 너희에게 닥친 일을 맞이하라.

우리는 자유인이 될 것인가, 노예가 될 것인가?

너희의 영혼이 갈망하는 것을 선택하라.

지난 6월 포즈난에서처럼, 많은 사람들이 "러시아인들은 집에 가!"라고 외치고 있었다. 3년 전 베를린에서처럼, 군중은 도중에 러시아 서점을 약탈하고 거기 있던 서적에 불을 질렀다. 한 무리가 떨어져 나와 라디오 방송국으로 향했다. 그곳에서 그들은 방송국 건물을 포위하고 요구를 외쳤다. "우리는 라디오가 국민의 것이 되길 원한다!" 방송국에서 계속 밋밋한 음악을 틀자, 이들은 라디오 트럭으로 건물을 들이받기 시작했다. 해질녘, 군중은 4년 전 거대한 스탈린 동상이 세워진 영웅광장으로 이동했다. 밧줄로 동상을 끌어내리려는 몇 번의 헛된 시도 후, 일군의 노동자들이 시 대중교통국에서 빌려온 크레인과 금속 연소 장비를 가져왔다. 이들이 철거에 들어가자 군중은 함성을 질렀고, 동상이 흔들리기 시작했다. 마침내 정확히 오후 9시 37분, 스탈린이 쓰러졌다.[87]

헝가리 정권과 마찬가지로 소련 지도부는 부다페스트에서 벌어진 사건에 대해 당혹감, 일관성 없는 반응, 혼란스러운 반응을 보였다. 당황한 게뢰는 안드로포프 대사에게 전화를 걸어 소련 전차를 보내달라고 간청했다. 흐루쇼프는 전차를 보냈다가 철수했다. 너지는 처음에는 군중을 진정시키려고 노력하며, 집으로 돌아가 당의 원로들이 처리하도록 하자고 제안했다. 그러나 흐루쇼프가 마음을 바꿔 국경을 넘어 적군 병력을 투입하자 너지는 입장을 바꿔 헝가리의 바르샤바조약 탈퇴를 발표하고, 유엔에 헝가리 중립 수호를 촉구했다.

서방 강대국들도 혼란스럽기는 마찬가지였다. 뮌헨에 본사가 있고 성난 이민자 직원들이 일하는 자유유럽방송의 헝가리 방송은 혁명가들 편에 섰다. 그러나 공산주의 후퇴와 동유럽 해방을 요구했던 미국 매파 국무 장관 존 포스터 덜레스도 할 수 있는 일은 소련 지도자들에게 메시지를 보내는 것뿐이었다. "우리는 이 국가들(헝가리와 폴란드)을 잠재적 군사 동맹국으로 보지 않는다."[88] 당시 헝가리 내 CIA 요원은 1명뿐이었는데, 그는 소련의 2차 침공 이후 연락이 끊긴 상태였다.[89]

12일간의 짧은 환희와 혼란 속에서 공산 정권의 거의 모든 상징물이 공격을 받았다. 동상이 철거되고 건물에서 붉은 별이 제거되었다. 도시 이름을 스탈린에서 따오도록 강요당했던 스탈린바로시 시민들은 자발적으로 도시 이름을 다시 바꾸기로 결정했다. 8000명가량의 다른 정치범들과 함께 민드센티는 독방에 갇혀 있던 중세 성에서 풀려났다. 헝가리 젊은이들은 국영 라디오를 인수해 라디오 프리 코슈트Radio Free Kossuth로 이름을 바꾸었다. 전쟁 중 헝가리 공산주의자들이 해방 선전을 방송했던 라디오 코슈트를 따라 붙인 이름이었다. "수년 동안 우리 라디오는 거짓말의 도구였다. … 밤에도 낮에도 거짓말하며 모든 전파에서 거짓말을 했다." 그들은 이렇게 선언했다. "마이크 앞에 선 우리는 이제 새로운 사람들이다."[90]

유고슬라비아의 아이디어를 빌려와 노동자평의회를 결성한 전국의 급진적인 노동자들은 공장을 점거하고 경영진을 축출하기 시작했다.[91]

헝가리 군인들은 혁명군과 싸우는 대신 집단으로 군대를 탈영하고 동료 시민들에게 무기를 나눠주기 시작했다. 탈영한 최초의 고위 장교 중 1명인 팔 말레테르Pál Maléter 대령은 곧바로 너지 정권의 새 국방 장관으로 임명되었다. 부다페스트 경찰청장 샨도르 코파치Sándor Kopácsi도 편을 바꿔 혁명 세력에 합류했다. 전국에서 폭도들이 비밀경찰을 폭행하고 비밀경찰 기록보관소에 침입했다. 호기심 많은 군중들은 라코시의 별장에도 침입해 호화로운 가구와 카펫을 보고 분노했다.

봉기의 여파는 똑같이 혼란스럽고 끔찍할 정도로 유혈이 낭자했다. 이반 세로프 장군(바르샤바와 베를린을 평정하고 이후 KGB의 지도자로 승진한 인물)이 말레테르와 너지의 체포를 직접 지휘했다. 너지는 유고슬라비아 대사관에 망명을 요청했고, 베오그라드로의 안전한 이동을 약속받았으나 배신당했다. 결국 두 사람은 흐루쇼프의 명령이 아니라, 이후 30년 동안 헝가리를 통치한 야노시 카다르의 명령에 따라 처형당했다. 미클로시 기메스도 많은 공장 노동자들과 마찬가지로 11월 내내 저항을 계속하다가 결국 체포되어 처형당했다. 1956년 12월부터 1961년 여름까지 341명이 교수형에 처해졌고, 2만 6000명이 재판을 받았으며, 2만 2000명이 5년 또는 그 이상의 형을 선고받았다. 수만 명이 넘는 사람들이 직장이나 집을 잃었다.[92] 그럼에도 불구하고 12월과 1월 내내 헝가리 전역, 특히 공장을 중심으로 파업과 시위가 계속되었다. 민드센티는 미국 대사관으로 피신해 15년 동안 머물렀다. 약 20만 명의 헝가리인이 국경을 넘어 난민이 되었다. 레치크에 수감되어 있던 시인 죄르지 팔루디도 그중 1명이었다. "나는 아내와 어린 아들이 있었다. 여기 남아 있으면 나는 망가져, 가족을 지키고 살아남기 위해 공산당에 가입할까 봐 두려웠다."[93]

헝가리혁명은 동유럽 전역과 전 세계에 걸쳐 특히 서방 공산당들의 소련에 대한 국제적 인식을 바꾸는 데 큰 영향을 미쳤다. 1956년 이후 프랑스 공산당은 분열되었고, 이탈리아 공산당은 모스크바에서 분리되었으며, 영국 공산당은 당원의 3분의 2를 잃었다. 심지어 장 폴 사르트르조차 1956년 11월 소련을 공격했지만, 그후에도 마르크스주의에 대한 그의 약한 면은 오래도록 유지되었다.[94]

1956년 헝가리발 탁월한 보도가 이러한 반응을 일으키는 데 도움을 주었다. 당대 최고 기자들이 혁명 당시 부다페스트에 있었고, 역사상 최고의 전쟁 사진작가들도 거기에 있었던 것이다. 그러나 그 고통스러운 이미지들은 예상치 못한 일이었다는 사실 때문에 더욱 강력한 힘을 발휘했다. 실제로 혁명이 일어나기 전까지 소련 블록 내에서 혁명이 가능하다고 믿는 분석가는(심지어 극렬하게 반소련적인 분석가들조차도) 거의 없었다. 공산주의자들과 반공주의자들은 극소수의 예외는 있었지만, 소련의 세뇌 방법은 무적이라고 생각했다. 대부분의 사람들이 의심 없이 프로파간다를 믿을 테고, 전체주의 교육 체계가 반대 의견을 정말 없앨 것이며, 한번 파괴된 시민 기관은 재건될 수 없고, 역사는 일단 다시 쓰이면 잊힐 것이라고 생각했던 것이다. 1956년 1월, 미국 국가정보국은 시간이 지남에 따라 동유럽의 반체제 운동이 "공산주의에 세뇌된 젊은이들의 점진적인 증가로 인해" 약화될 것이라고 예측했다.[95] 한나 아렌트는 헝가리혁명은 "전혀 예상치 못한 일이며 모든 사람을 놀라게 했다"고 《전체주의의 기원》 에필로그에 적었다. CIA, KGB, 흐루쇼프, 덜레스처럼 아렌트도 전체주의 정권이 한 국가의 영혼에 침투하면 거의 무적에 가깝다고 믿게 되었다.

그들은 모두 틀렸다. 인간은 그렇게 쉽게 전체주의적 인격을 획득하지 않는다. 지도자나 당의 숭배에 매혹된 듯 보일지라도 겉모습은 거짓일 수 있다. 그들이 가장 터무니없는 프로파간다에 전적으로 동의하는 듯 보일 때에도(심지어 행진하고, 구호를 외치고, 당이 항상 옳다고 노래할지라도) 주문은 갑자기, 예기치 않게, 극적으로 깨질 수 있다.

맺으며

사람들에게 생각도, 판단도 하지 않도록 교육하고, 존재하지 않는 것을 보게 만들고, 모두에게 명백한 것의 반대를 주장할 필요가 있었다.
— 보리스 파스테르나크,《닥터 지바고》

1989년 베를린 장벽이 무너지는 그 순간까지 30여 년간 동유럽 공산 지도자들은 스탈린 사후 제기했던 것과 같은 질문을 스스로에게 던졌다. 왜 자신들의 체제는 경제적 결과가 그렇게 형편없는가? 왜 프로파간다는 설득력이 없을까? 지속적인 반체제의 근원은 무엇이고, 그것을 척결할 가장 좋은 방법은 무엇인가? 체포, 탄압, 공포는 공산당이 계속 권력을 유지하는 데 충분한가? 아니면 더 자유주의적 전술, 즉 경제적 자유 조치나 약간의 언론 자유가 미래의 폭발을 더 효과적으로 막을 것인가? 소련은 어떤 변화를 받아들이고, 소련 지도부는 어디에 한계선을 그을까?

시기마다 다른 답이 나왔다. 1945년에서 1953년 사이만큼 잔인한 정권은 스탈린 사후 없었지만, 스탈린주의 이후의 동유럽도 가혹하고 자의적이며 엄청나게 억압적일 수 있었다. 브와디스와프 고무우카의 폴란드는 자유주의적 야망과 대중의 열정으로 시작했지만, 금세 경직되고 보수화되었으며 결국 반유대적이 되었다. 야노시 카다르는 헝가리에서 일련의 유혈 보복으로 통치를 시작했지만 이후 기업, 여행, 무역의 자유를 어느 정도 허용함으로써 정당성과 인기를 얻으려고 노력했다. 체코슬로바키아는 1968년 프라하의 봄을 만들 때까지 정말 문화가 활짝 꽃피었지만(작가, 영화감독, 극작가들이 국제적 인정을 받았다) 소련의 침공 후 체코슬로바키아 정부는 동유럽 블록 전체에서 가장 무자비한 정권 중 하나가 되었다. 1961년 동독은 자국 주민들을 안에 가두기 위해 장벽을 건설했지만, 1980년대가 되자 재빨리 동독 정권은 서독 정부로부터 외화를 받는 대가로 반체제 인사들의 망명을 허용하기 시작했다. 루마니아와 유고슬라비아는 서로 다른 시기에 소련 블록 나머지 국가들과 거리를 두며 외교 정책에서 독자적 역할을 개척하려고 애썼지만, 꼭 그렇게 의미 있는 방식으로 한 것은 아니었다.

소련이 설정한 틀 안에 늘 머물면서도 다양한 동유럽 정부들은 협동조합의 역할을 증진하거나 교회를 자제시키거나, 비밀경찰 수를 늘리거나, 예술에 자유를 더 허용하는 실험을 했다. 때로 자유주의적 개혁이 진행되기도 했다. 예컨대 폴란드 공산당은 1956년 이후 사회주의 리얼리즘을 포기했고, 헝가리는 1980년대에 합작 투자joint ventures를 합법화했다. 다른 시기에 자유화는 폭력으로 끝났다. 프라하의 봄 당시 알렉산더 두브체크가 이끄는 체코슬로바키아 공산당은 진화적 개혁, 경제 탈중앙화, 민주적 정치체제를 주창했다. 몇 달 후 소련 전차가 프라하로 밀고 들어와 개혁 운동을 진압했고, 두브체크는 권좌에서 제거되었다. 1980년 8월 폴란드 공산당은 자유노조를 합법화했고, 이 풀뿌리 운동에 결국 천만 명의 노동자, 학생, 지식인이 가담했다. 이 실험은 1년 반 후 폴란드 공산당이 계엄령을 선포하고, 자유노조를 금지하고, 거리에 전차를 배치하면서 끝이 났다.

시간이 지나면서 동유럽 국가들은 공통점이 확연히 줄기 시작했다. 1980년대에 동독은 가장 큰 경찰국가가 되었고, 폴란드는 교회 출석률이 가장 높았고, 루마니아는 가장 극적인 식량 부족을 겪었고, 헝가리는 생활수준이 가장 높았고, 유고슬라비아는 서방과 가장 긴장이 완화된 관계를 유지했다. 그러나 한 가지 좁은 의미에서 동유럽 국가들은 매우 유사했다. 즉 어느 정권도 자신들이 분명히 불안정한 상태라는 것을 인식하지 못한 듯 보였다. 이 정권들은 연속적으로 위기를 맞았는데, 정책을 제대로 시행하지 않아서가 아니라, 공산당 프로젝트 자체에 큰 결함이 있기 때문이었다. 사회의 모든 부문을 통제하려고 시도함으로써 공산 정권들은 사회의 모든 부문을 잠재적 항의의 형태로 바꿔놓았다. 국가는 노동자들에게 날마다 높은 생산량을 할당했고, 그래서 이에 항의하는 동독 노동자들의 파업은 바로 국가에 대한 항의로 확대되었다. 국가는 화가들이 무엇을 그릴 수 있는지, 작가들이 무엇을 쓸 수 있는지를 지시했고(그래서 다른 그림을 그리거나 글을 쓴 화가나 작가도 정치적 반체제 인사가 되었다. 국가는 아무도 독립적 기구를 형성할 수 없게 만들었다) 그래서 아무리 온건한 조직을 만든 사람도 정권의 반대자가 되었다. 많은 사람들이 독립적 조직에 가담하자(일례로 천만 명의 폴란드인이 자유노조에 가담했을 때) 정권의 존재 자체가 갑자기 위태로워졌다.

공산주의 이념과 마르크스·레닌주의 경제 이론은 다른 의미에서는 자체 파괴의 씨앗도 품고 있었다. 동유럽 정부들이 주장하는 정통성의 기초인 미래 번영과 높은 생활수준에 대한 약속은 과학적 마르크스주의에 의해 보장된 것으로 보였다. 깃발과 포스터, 엄숙한 연설, 신문 사설, TV 프로그램 모두가 더욱 빠른 성장을 약속했다. 어느 정도 성장은 있었지만, 프로파간다가 내세운 것만큼 높은 성장은 아니었다. 서유럽에서만큼 빨리, 극적으로 나아지지 않은 생활수준은 오랫동안 감출 수 없는 사실이었다. 1950년 폴란드와 에스파냐의 국내총생산은 아주 근접했다. 1988년 폴란드 경제는 2.5배 성장한 반면 에스파냐는 13배나 성장했다.[1] 자유유럽방송, 여행, 관광이 이런 차이를 국내에 알렸고, 서유럽의 기술 변화가 가속화되면서 이 격차는 더욱 커졌다. 심지어 체제를 원래 신뢰했던 사람들 사이에서도 냉소주의와 환멸이 이와 함께 자라났다. 1950년대에 미소 짓던 청년 공산당원들은 1970년대의 침울하고 냉담한 노동자, 1980년대의 냉소적인 학생과 지식인으로 바뀌어갔고, 해외 이주와 불만의 물결이 고조되었다. 물론 체제 지지자가 늘 있었고, 특히 동유럽 정부들이 높은 수준의 소비를 유지하기 위해 서방 은행으로부터 거액을 빌리기 시작한 후 그러했다. 이 혜택을 받은 사람들은 립서비스를 계속했고, 공산당의 특별 승진 정책의 혜택을 받은 사람들은 관료제에서 계속 출세했다. 일부 동유럽인들은 훗날 공산주의 사상과 이상주의에 대한 향수를 갖게 되었지만, 1989년 이후 어느 정당도 공산주의 경제 복구를 시도하지 않은 것은 주목할 가치가 있다.

결국 현실과 이념의 간극 때문에 공산당은 터무니없는 것을 뻔히 알면서도 의미 없는 구호를 양산하게 되었다. 철학자 로저 스크루턴Roger Scruton은 마르크스주의는 오웰이 '새 언어Newspeak'라고 부른 것에 너무 안주하여 그것을 부인할 수 없게 되었다고 주장한다. "사실과 이론의 접점은 더이상 없었다. 이론은 오히려 신학 체계처럼 허튼 꿈을 품고 사실 위로 올라갔다. 핵심은 이 이론을 믿는 것이 아니라, 의례적으로, 그리고 믿음도 의심도 상관없어지는 방식으로 이론을 반복하는 데 있었다. … 이런 방식으로 진실의 개념은 지적인 풍경에서 사라졌고, 권력의 개념으로 대체되었다."[2] 그러나 일단 진실을 이념적 허구와 구별할 수 없게 되면, 사람들은 자신들이 통치하는 사회의 악화되는 사회·경제 문제를 해결할 수 없거나 심지어 서술할 수도 없게 된다.

시간이 지나면서 공산 정권의 정치적 반대자 중 일부는 소련 전체주의의 이런 고질적 취약점을 이해하게 되었다. 체코의 반체제 인사 바츨라프 하벨은 1978년에 쓴 《힘없는 자들의 힘》이라는 탁월한 책에서 동포들에게 통치자의 완전한 통제에 대한 집착을 이용할 것을 촉구했다. 그는 만일 국가가 인간 활동의 모든 부문을 독점하려고 하면, 분별력 있는 모든 시민들이 대안을 만들어내야 한다고 적었다. 그는 동포들에게 "독립된 사회생활"을 유지할 것을 촉구하고, "자유로운 창의적 활동과 다른 사람들과의 의사소통을 통한 자기 교육self-education과 세계에 대한 사고부터, 독립된 사회적 자체 조직의 경우를 비롯한 가장 다양하고 자유로운 시민적 태도에 이르는 모든 것"이 거기에 포함된다고 정의했다.[3] 하벨은 거짓되고 의미 없는 용어를 버리고 "진실 속에 살 것", 달리 말하자면 마치 정권이 존재하지 않는 것처럼 말하고 행동할 것도 촉구했다.

때가 되자 이 독립된 사회생활의 일부 버전(시민사회)이 수많은 비범한 방식으로 번창하기 시작했다. 체코슬로바키아 사람들은 재즈 밴드를 결성했고, 헝가리 사람들은 학술 토론 클럽에 가담했고, 동독 사람들은 비공식적 평화운동을 창설했다. 폴란드인들은 지하 스카우트 부대를 만들고, 결국에는 독립적인 노동조합을 만들었다. 모든 곳에서 사람들은 록 음악을 연주하고, 시 낭송회를 조직하고, 비밀 사업체를 만들고, 지하 철학 세미나를 개최하고, 암시장 육류를 판매하고, 교회에 출석했다. 이런 활동은 다른 종류의 사회에서라면 비정치적인 것으로 간주되었고, 심지어 동유럽에서도 꼭 정권 반대나 소극적 반대를 의미하는 것은 아니었다. 그러나 이런 활동은 무솔리니가 말한 "모든 것을 아우르는" 권력을 추구하는 정권에 근본적인, 그리고 해결책이 없는 도전을 제기했다.

"달걀을 깨지 않고는 오믈렛을 만들 수 없다."[4] 공산주의를 건설한 사람들 그리고 고귀한 목표는 인간의 희생을 정당화한다고 믿었던 사람들의 세계관은, 때로 스탈린이 말했다고 잘못 전해진 이 우울한 말에 집약되어 있다. 그러나 오믈렛이 드디어 망가지기 시작한들, 혹은 더 정확히 말해서 오믈렛이 애초에 요리되지 않았다는 것이 분명해진들 어떻게 다시 달걀로 돌려놓겠는가? 수백 개의 국영 기업을 어떻게 민영화하겠는가? 오래전에 해체된 종교·사회 조직을 어떻게 다시 만들겠는가? 오랜 독재로 수동적이 된 사회를 어떻게 다시 능동적으로 움직이게 하겠는가? 어떻게 사람들이 공산 용어 쓰기를 멈추고 분명히 말하게 하겠는가? 종종 줄임말로 쓰이는 '민주화democratization'라는 단어는 1989년 이후 탈공산주의 유럽과 구소련에서 일어난(불균등하고 불안정하게, 어떤 곳에서는 더 빠르게, 다른 곳에서는 훨씬 느리게) 변화를 제대로 표현하지 못한다.

민주화는 전 세계의 다른 포스트–혁명postrevolutionary 사회에서 일어나야 할 변화도 제대로 정의하지 못한다. 20세기 최악의 독재자 다수는 이 책에 서술된 방법으로 권력을 유지했고, 의식적으로 그렇게 했다. 사담 후세인의 이라크와 무아마르 카다피의 리비아는 소련 체제 요소를 직접 차용했다. 여기에는 소련과 동유럽의 직접적 지원을 받아 만든 비밀경찰도 포함되었다. 중국·이집트·시리아·앙골라·쿠바·북한 정권도 모두 저마다 다른 시기에 소련의 조언과 훈련을 받았다.[5] 그러나 많은 독재자들은 경제·사회·문화·법률·교육 제도와 정치적 반대를 통제한 소련식 정책을 모방하기 위해 명시적 조언을 필요로 하지 않았다. 1989년까지 소련의 동유럽 지배는 독재자를 지망하는 이들에게 우수한 모델로 보였다. 그러나 전체주의는 동유럽에서 의도했던 대로 작동하지 않았고, 그밖의 다른 곳에서도 작동하지 않았다. 스탈린주의 정권 중에 모든 사람을 세뇌해 모든 반체제 인사를 영구히 제거한 정권은 없었고 아시아, 아프리카 또는 라틴아메리카의 스탈린 제자들이나 브레즈네프의 친구들도 그러지 못했다.

그러나 이런 정권은 엄청난 피해를 줄 수 있고 실제로 그렇게 했다. 볼셰비키, 그들의 동유럽 부하들, 그리고 더 먼 곳의 모방자들은 권력을 추구하면서 정적뿐 아니라 농민, 사제, 교사, 상인, 기자, 작가, 중소기업가, 대학생, 예술가를 공격했고, 그런 사람들이 건설하고 수백 년간 유지해온 제도도 공격했다. 그들은 교회, 신문, 문학-교육 집단, 회사와 상점, 증권거래소, 은행, 스포츠 클럽, 대학에 피해를 주고, 훼손하고, 때로는 제거했다. 그들의 성공은 인간 본성의 달갑지 않은 면을 드러낸다. 만일 많은 사람들이 충분히 결의를 다진다면, 그리고 적절한 자원과 힘을 지원받는다면, 그들은 영구할 것처럼 보이는 오랜 법률·정치·교육·종교 제도를 파괴할 수 있고 때로는 영구히 없애버릴 수도 있는 것이다. 만일 동유럽처럼 다채롭고, 역사가 깊고, 문화적으로 풍요로운 나라에서 시민사회가 깊은 손상을 입을 수 있다면, 다른 곳에서도 유사한 손상을 입을 수 있다. 다른 것은 몰라도 2차대전 후 스탈린화의 역사는 문명이 얼마나 취약할 수 있는지를 잘 보여준다.

이러한 문명적 손상의 결과, 포스트-공산국가에서 자유로운 사회가 다시 작동하려면 '민주주의'의 단순한 제도(선거, 정치적 캠페인, 정당) 이상의 많은 것이 필요했다. 이 국가들은 또한 독립적 언론, 민간 기업과 그것을 지탱할 법적 제도, 프로파간다에서 벗어난 교육 체계, 그리고 이념적 올바름이 아니라 재능에 따라 승진하는 공무원 제도를 만들거나 재건해야 했다. 이런 일을 하는 데 가장 성공한 포스트-공산국가들은 공산당 통치 기간 동안 시민사회 요소를 어느 정도 보존했던 나라들이다. 이것은 우연이 아니다.

그런 의미에서 폴란드여성연맹의 역사를 다시 한번 거론할 필요가 있다. 1989년 이 조직은 국가적 차원에서 완전히 사장되었다. 1990년대 초 이 조직은 완전히 붕괴한 것이나 마찬가지였다. 더이상 존재하지 않는 공산당을 위해 프로파간다를 제공하는 여성 조직은 필요 없었던 것이다. 그러나 1990년대 말 우치 시에서 다시 한번, 지역 여성 집단은 여성연맹이 원래 수행하기로 했던 일부 기능은 여전히 필요하다고 판단했다. 그래서 여성연맹은 다시 결성되고, 다시 조직되고, 재확립되어 이제 세 번째 독립 조직이 되었다. 1945년에 그랬던 것처럼 여성연맹 지도자들은 아무도 해결할 수 없어 보이는 문제들을 파악하고 이를 해결하는 데 앞장섰다. 처음에 여성연맹은 법률 자문을 받을 수 없는 여성들을 위한 무료 법률상담소를 열었다. 나중에는 실업 여성을 돕는 지부를 만들어 직업 훈련, 조언, 그리고 자녀를 둔 독신 여성에 대한 서비스를 제공하고, 알코올 중독자와 마약 중독자에게 도움을 주었다. 크리스마스에 여성연맹은 우치의 노숙자를 위한 파티를 조직하기 시작했다. 여성연맹의 웹사이트가 내세우고 있는 모토는 단순명료하다. "문제가 있다면 우리에게 오세요. 우리가 당신을 돕거나 바른 방향을 알려드리겠습니다."[6] 여성연맹은 이전보다 훨씬 규모가 작은 조직이지만, 자선 단체라는 성격은 과거와 마찬가지다.

새로운 여성연맹이 성공한 이유 중에는 지도자들이 다른 폴란드인들과 마찬가지로 서유럽 모델을 모방하려 한 점도 있었다. 여성연맹의 지도자들은 자선이나 비영리 조직으로 일해본 경험이 전혀 없었지만, 이러한 법인들이 무엇인지 분명히 알고 있었다. 당시 폴란드 법은 이런 조직을 수용했고, 폴란드 정치 집단은 독자적 학교, 사기업, 정당을 기꺼이 받아들인 것처럼 이러한 조직들을 환영했다. 이 점에서 폴란드는 러시아와 달랐다. 러시아에서는 소련 붕괴 후 한 세대가 지난 시점에도 독립 조직에 대한 적대감이 강하게 남아 있었고, 법적 환경이 독립적 조직의 형성이나 자금 조달에 호의적이지 않았다. 여전히 러시아 정치 엘리트는 독립적 자선 단체, 옹호 단체advocacy groups, 그리고 모든 종류의 비정부 조직을 기본적으로 수상쩍다고 간주하고, 그런 조직을 제어하기 위해 법적, 초법적 수단을 사용한다.[7]

폴란드에서 법적 체계는 독립 조직의 존재를 허용할 뿐 아니라 그 조직들이 자금을 모으는 것도 허용했다. 처음에 여성연맹은 과거에 지원받았던 방식으로 정부에 지원금을 요청했다. 경제 재건 시기에 그들은 최소한의 성공만 거두었다. 그러나 우치는 방직 공장의 도시이고, 방직 공장은 여성들을 고용한다. 여성연맹은 새로운 방직 공장 소유주들에게 접근하여 그들 중 몇 명에게 도와달라고 설득했다. 기부금이 들어오기 시작했고, 조직은 살아남았다. 공산주의가 붕괴한 지 17년이 지난 2006년 우치여성연맹은 등록된 민간 자선 단체가 되었다. 밝혀진 대로 현대 폴란드여성연맹은 번창하기 위해 열정적이고 애국적인 자원자들뿐 아니라 온전한 법률 체계, 제대로 기능하는 경제 체계, 민주적 정치 체계가 필요했다.

이러한 프로젝트를 시작한 열정과 주도력의 일부는 공산주의와 그 이전 역사에 대한 조직의 날카로운 인식에서 나왔다. 새 지도자 중 한 사람인 야니나 미지오웨크Janina Miziołek는 아주 어린 시절 여성연맹이 기차역에 만든 피난처에서 지낸 적이 있었다. 공산주의 시대에 여성연맹에서 활동했던 다른 멤버들은 조직의 붕괴에서 유용한 교훈을 얻으려고 노력했다. 그들 중 일부는 나에게 만일 정치를 제거할 수 있었다면 아마 유용한 뭔가를 정말 할 수 있었을 것이라고 말했다. 그들은 무엇이 잘못되었는지를 잘 기억했고, 그것을 바로잡는 데 열성을 보였다.

우치의 여성들은 분명 역사에서 동기를 얻었지만, 때로 정치가들에 의해 이용되거나 남용된 역사에서는 아니었다. 그들은 과거 비극에 대한 국가 후원 행사 또는 애국적 재교육을 위한 민족주의적 프로그램이 아니라 자신들이 기억하는 이야기나 몸소 겪은 다른 사람들로부터 알게 된 이야기에서 영감을 받았다. 그들은 특정 시기 특정 장소에서 이루어진 특정 제도의 역사에서 동기를 부여받았던 것이다.

우치에서 진실인 것은 포스트-공산주의와 포스트-전체주의 세계 다른 곳에서도 진실이다. 한 국가가 재건되기 전에 시민들은 먼저 국가가 어떻게 파괴되었는지, 즉 국가의 제도가 어떻게 훼손되고, 언어가 어떻게 왜곡되고, 주민들이 어떻게 조종되었는지 알 필요가 있다. 시민들은 일반적 이론이 아니라 특정한 세부 사실을 알아야 하고, 대중에 대한 일반화가 아니라 개인의 이야기를 들을 필요가 있다. 시민들은 앞서 간 사람들을 흑백 캐리커처, 희생자, 악당이 아니라 실제 사람으로 보면서 그들이 무엇에서 동기를 부여받았는지를 더 잘 파악할 필요가 있다. 그러고 나서야 비로소 국가가 천천히 재건될 수 있을 것이다.

감사의 말

이 책은 연구하고 집필하는 데 6년 이상이 걸렸다. 유럽 곳곳의 문서고 작업이 필요했고, 다양한 언어로 쓴 자료에 의존하고 있다. 이 때문에 굉장히 관대한 사람들과 기관의 지원, 조언, 도움이 없었다면 출간이 불가능했을 것이다. 먼저 베를린 소재 미국아카데미의 개리 스미스와 테러하저박물관Terror Háza Múzeum의 마리아 슈미트, 부다페스트의 20세기연구소에게 감사를 표하고 싶다. 독일과 헝가리에서 이들은 나를 초청해주었을 뿐 아니라 사람들, 자료, 문화에 대한 중요한 조언을 해주었다. 국가인문기금National Endowment for the Humanities, 스카이프재단 Scaife Foundation, 스미스리처드슨재단, 그리고 전에 미국엔터프라이즈연구소에 있었던 허드슨연구소의 크리스 디머스, 후버연구소 러시아 하계 워크숍의 폴 그레고리, 세계에서 공산주의의 역사를 연구하기 가장 좋은 곳인 후버연구소 문서고의 리처드 수자와 마치에이 시에키에르스키에게도 감사를 표한다. 그들 모두는 다른 시간에, 여러 방법으로 나의 작업에 넉넉한 물질적 지원을 해주었다.

　'들어가며'에 언급했듯이 번역, 이동, 연구에서는 탁월한 두 사람, 부다페스트의 아틸라 몽, 베를린의 레지네 보스니차의 도움을 받았다.

두 사람이 헤아릴 수 없을 만큼 크게 기여한 덕분에 나는 각국의 역사뿐 아니라 교통 체계, 날씨 패턴, 음식을 이해할 수 있었다. 바르샤바에서는 여러 시기에 피오트르 파슈코프스키, 루카슈 크시자노프스키, 카시아 카지미에르추크의 도움을 받았다. 인터뷰에 응해준 모든이(독일에서는 '시간의 증인'이라고 불리는 사람들)에게도 정말 감사드린다. 이들의 명단은 뒤에 언급된다.

조언과 제안을 해준 수많은 역사가, 학자, 친구 가운데 폴란드에서는 안제이 비엘라프스키, 브와디스와프 부우하크, 안나 지엔키에비치, 안나 프롱츠키에비치, 피오트르 곤타르치크, 스타니스와프 유호노비치, 크시슈토프 코르나츠키, 완다 코시치아, 안제이 크라프치크, 마르친 쿨라, 유제프 므로제크, 안제이 파츠코프스키, 와디슬라우 피아세츠키, 레셰크 시빌라, 테레사 스타제츠, 다리우스 스톨라, 안제이 바이다, 안제이 자크, 마르친 자렘바에게 감사 인사를 전하고 싶다.

헝가리에서는 마리기트 발로그, 바르바라 반크, 마그돌나 바라트, 페렌치 에로스, 티보르 파비니, 팔 게르무스카, 죄르지 기아르마티, 가보르 하나크, 샨도르 호르바트, 샨도르 M. 키시, 실비아 쾨벨, 에르제베트 코즈마, 샨도르 러더니, 베아 루카치, 유디트 메사로스, 아드리엔네 몰나르, 조란 무하르, 졸탄 올모시, 마리아 팔라시크, 이슈트반 파프, 야노스 펠레, 이반 페퇴, 아틸라 포크, 야노스 라이네르, 이슈트반 레프, 처버 서보, 에바 서보 코바치, 페렌츠 톰카, 크리스티안 웅바리, 벌라주 버르거, 그리고 두너우이바로시의 마르타 마투스네 렌드버이에게 감사드린다. 타마스 스타르크와 특히 테러르하저박물관의 칠라 파레이에게는 매우 특별한 감사 인사를 드린다.

독일에서는 요헨 아른츠, 외르크 바베로프스키, 마리안네 비르틀러,

주사 브라이어, 요헨 체르니, 토마스 다네르트, 라이너 에케르트, 크리스노프 에이초른, 로게 엥겔만, 에카르트 길렌, 기젤라 그나이스트, 만프레트 괴테마케르, 프랑크 헤롤드, 귄터 회네, 귄터 홀츠바이시그, 디르크 융니켈, 안나 카민스키, 로미 클라이버, 미하엘 크레이사, 베라 렘케, 안드레아스 루트비히, 울리히 메홀레르트, 마르코 마르틴, 페테르 파흐니케, 크리스텔 판지그, 인그리드 피에트진스키, 울리케 포페, 마르틴 사브로프, 헬케 산데르, 요한나 젱거, 다그마어 제멜만, 안드레 슈타이너, 페트라 울만에게 특히 감사드린다.

마지막으로 라슬로 보르히, 스테파노 보토니, 마틴 길버트 경, 호프 해리슨, 카렐 캐플런, 마크 크레이머, 아니타 라켄베르거, 노르만 나이마크, 카밀라 파누프니크 여사, 니키타 페트로프, 토메크 프로코프, 티머시 스나이더, 야로슬라바 로마노바, 그리고 작고한 너무 그리운 알렉산더 코쿠린의 도움과 조언에 정말 감사드린다. 앤터니 비버, 아르테미스 쿠퍼, 앤드루 솔로몬의 조언과 따뜻한 환대에도 감사드린다. 그리고 물론 이 책은 뛰어난 편집자인 스튜어트 프로핏과 크리스 푸오폴로, 굉장히 인내한 나의 에이전트 게오르게스 보르하르트가 없었다면 출간될 수 없었을 것이다.

옮긴이의 말

이 책은 2차대전 종전 후 소련에 점령당한 동유럽 국가들의 공산화 과정 서술을 통해 전체주의 독재정과 소련 체제의 강압성과 모순을 다루고 있다. 책에 서술된 1944년부터 1956년까지 10여 년에 걸친 기간은 동유럽 현대사에 변곡점이 되고, 동유럽과 소련 관계의 기초가 만들어진 중요한 시기다. 이때 일어난 일은 소련 체제가 무너진 지 35년 이상이 지난 현재에도 큰 영향을 미치고 있다.

저자는 서문에서 칼 프리드리히와 즈비그뉴 브레진스키의 《전체주의적 독재와 전제정》을 인용하며 지배 이데올로기, 단일 집권당, 테러를 사용하는 비밀경찰, 정보 독점, 계획 경제를 전체주의 정권의 특징으로 제시했다.

소련은 1945년부터 불과 2-3년 사이에 동유럽 거의 모든 국가에 공산 정권을 수립하고, 앞에 제시된 수단을 적극적으로 활용하여 45년 동안 동유럽 위성국들을 통제했다. 역사상 처음 나타난 이른바 프롤레타리아 독재 국가인 소련에서 검증된 가장 폭력적이고 강압적인 수단이 동유럽에 수출되었다고 볼 수 있다. 그 덕분에 저자의 말대로 소련에서는 20년의 시행착오 기간을 거친 전체주의 모델이 동유럽에서는 4-5년 만에 완성되었다.

소련 치하의 동유럽을 연구하는 것은 역사적으로 여러 제국의 지배를 받아온 동유럽의 현대사뿐 아니라 저자의 말대로 소련 체제의 속성, 전체주의에 반응하는 인간의 방식, 전체주의의 한계를 함께 조망하는 좋은 방법이다. 군사적 점령에 바탕을 둔 공산 정권 수립 과정에서 눈부신 성공을 거둔 소련과 동유럽의 대리 지배자들은 곧 여러 문제에 당면했다. 저자는 이 문제를 "왜 자신들의 체제는 경제적 결과가 그렇게 형편없는가? 지속적인 반체제의 근원은 무엇이고, 그것을 척결할 가장 좋은 방법은 무엇인가? 체포, 탄압, 공포는 공산당이 계속 권력을 유지하는 데 충분한가? 아니면 더 자유주의적 전술, 즉 경제적 자유 조치나 약간의 언론 자유가 미래의 폭발을 더 효과적으로 막을 것인가? 소련은 어떤 변화를 받아들이고, 소련 지도부는 어디에 한계선을 그을까?"라고 요약했다. 동유럽 주민들은 전체주의 통치 방식에 예상보다 빠르게 반기를 들었고 1953년 베를린 봉기, 1956년 부다페스트 봉기, 1968년 프라하 봉기는 군대와 탱크를 동원해야만 진압할 수 있었다. 소련이 동유럽 통치에서 부닥친 문제는 통치 전술이나 기술의 문제가 아니라, 정치문화가 피지배 국가보다 뒤떨어진 나라가 군사력을 바탕으로 강압적 지배를 하는 경우 당연히 발생하는 문제로 보는 것이 타당하다. 쉬운 비유로 스파르타가 아테네를 지배했다면, 아니면 군국주의 일본이 미국과의 전쟁에서 승리하여 미국을 지배했다면 어떤 문제가 발생했을까?

소련이 동유럽을 세력권에 포함하고 전체주의적 통치 방식으로 45년을 지배하면서 잃은 것과 얻은 것은 무엇인지 생각해 볼 필요가 있다. 19세기 말 발칸지역에서 슬라브계 주민들이 민족국가를 건설하려고 할 때, 또 합스부르크제국 내의 슬라브 민족들이 자치와 독립을 추구할 때 러시아는 가장 믿을만한 후원자였고, 슬라브족의 종주국이자 맏형이었다. 1914년 6월 사라예보에서 발생한 오스트리아 황태자 암살 사건 직후 세르비아가 오스트리아의 위협으로 풍전등화와 같은 위기에 처하자 러시아가 전쟁에 뛰어들면서 1차대전이 일어난 것은 누구나 다 아는 사실이다. 1차대전 원인을 범게르만주의와 범슬라브주의 충돌의 시각에서 보는 역사학자 다수의 진단도 당연히 맞다. 그러나 2차대전 후 소련의 지배를 경험한 동유럽 국가들은 기회가 닿는 대로 그 지배에서 벗어나기를 원했고, 소련이 동유럽 지원을 포기하고 해체의 길로 들어서자 도미노처럼 공산 정권을 해체하고 민주화와 시장경제의 길로 들어섰다. 이후 동유럽 국가들이 간 길은 나토와 유럽연합 가입이었다. 나토 확장을 미국의 세력권 확장으로 보는 시각도 타당한 면이 있지만, 러시아의 군사적 지배가 부활할 것을 우려한 동유럽 국가들이 나토 가입을 서둘렀고, 미국은 러시아에 미치는 영향을 크게 고려하지 않고 이를 받아들였다고 보는 것이 좀 더 사실에 가까운 분석이다.

소련은 자신의 세력권이 된 동유럽에 자국에서 가장 효율적으로 작동하고, 동시에 가장 강압적인 전체주의 통치 방식을 그대로 수출했다. 동유럽 각국의 특성을 고려한 창의적 변용까지는 아니더라도 소련과 다른 사회 및 문화를 가진 동유럽에 맞는 공산주의를 수출하지 않은 것도 통치의 어려움을 초래한 이유다(중동의 독재 정권이 무너지자 바로 서구식 민주주의 모델을 이식하려던 미국도 이와 유사한 경험을 했다). 소련군의 도움이 없었더라면 자력으로 국가 지도자가 되는 것이 불가능한

3, 4류 정치인들은 꼭두각시 지도자가 되어 공산당 1당독재 외에는 거버넌스가 없는 상태에서 체제 생존과 연장에만 몰두했다. 또한 만성적인 경제 침체의 해결을 기대하던 상황에서 바로 인접한 서유럽은 몇 배 빠른 속도로 성장하며 주민들이 높은 소비 수준을 누리고 있었다. 이러한 현실 속에서 정보 통제와 강제적 주민 이동, 여행 통제만으로 체제를 유지하는 데에는 분명한 한계가 있었다. 이런 대비가 가장 극심했던 곳이 서독과 동독이었다. 동독은 체제 수립 10여 년 만에 베를린 장벽 같은 물리적인 담벼락을 쌓아서라도 주민 이탈을 막아야 하는 상황에 들어섰다. 결국 애초부터 오래 지속될 수 없었던 체제는 보호국이자 종주국인 소련이 해체의 길에 들어서자 종이로 지은 집처럼 단번에 무너진 것은 당연한 수순이었다.

현재 러시아-우크라이나 전쟁은 4년 넘게 이어지고 있다. 원제와 같은 《철의 장막》이라는 제목으로 이 책이 출간되는 시점에서, 오늘날 동유럽의 상황을 돌아보지 않을 수 없다. 만약 이 전쟁을 우크라이나를 비롯한 동유럽을 다시 러시아의 세력권에 편입하려는 시도로 본다면 우려는 더욱 커질 수밖에 없다. 실제로 동유럽 국가들은 다시 러시아의 지배를 받지 않기 위해 국방력 강화에 큰 힘을 쏟고 있다. 이번 전쟁이 언제, 어떻게 끝나건 간에 현재의 동유럽 경계선과 우크라이나 내의 정전停戰선에 '제2의 철의 장막'이 만들어지는 것은 피할 수 없는 일이라고 생각한다.

최근 10여 년 동안 동유럽에 관한 책을 많이 읽으며 좋은 저서를 국내에 번역해 왔는데, 이전에 도서출판 책과함께에서 나온 《동유럽사》, 《굿바이 동유럽》, 《폴란드사》에 이어 동유럽 현대사 이해에 매우 중요한 책을 번역하게 되어 보람을 느낀다. 동유럽을 제대로 이해하기 위해서는 개별 국가 역사 공부도 필요하지만, 동유럽 전체를 조망하는 책을 읽는 것이 중요하다고 본다. 이런 주제의 책이 더 많이 독자들에게 소개될 필요가 있다고 생각하며, 앞으로도 2-3권의 동유럽 책을 저술 또는 번역할 생각을 갖고 있다.

동유럽은 우리나라 지역학 연구 분야의 큰 공백으로 남아있다. 동유럽 전체를 다루는 전공 학과도 없고, 대학에 해당 과목도 거의 개설되지 않은 상황에서 동유럽에 대한 책들을 지속적으로 출간하고, 이 책 편집에도 큰 노고를 기울인 도서출판 책과함께의 류종필 대표님과 편집진께 깊은 감사의 말씀을 드린다.

허승철

인터뷰이

독일

Karl-Heinz Arnold, Egon Bahr, Ernst Benda, Hans-Walter Bendzko, Klaus Blümner, Elfriede Brüning, Stefan Doernberg, Axel Drieschner, Klaus Eichner, Ulrich Fest, Gerhard Finn, Karl Gass, Gisela Gneist, Bernhard Heisig, Herta Kuhrig, Jürgen Laue, Wolfgang Lehmann, Irina Liebmann, Erich Loest, Andreas Ludwig, Manfred Meier, Hans Modrow, Peter Pachnicke, Alfons Pawlitzki, Gustav Pohl, Klaus Polkehn, Lutz Rackow, Günter Reisch, Werner Rösler, Günter Schabowski, Ulrich Schneider, Gotthold Schramm, Willi Sitte, André Steiner, Hans-Jochen Tschiche, Günter Tschirschwitz

헝가리

János Boór, László Dalos, Ferenc Gergely, Ágnes Heller, György Hidas, Ferenc Hollai, Elek Horváth, Elekné Horváth (née Júlia Kollár), Tibor Iványi, Sándor Keresztes, Sándor M. Kiss, András Kovács, Sándor Ladányi, Tamás Lossonczy, Judit Mészáros, József Nevezi, Ferenc Pataki, Csaba Skultéty, Ferenc Szabó, Pál Szemere, Zsófia Tevan, Áron Tóbiás, Iván Vitányi

폴란드

Barbara Barańska, Michał Bauer, Szymon Bojko, Halina Bortnowska, Stefan Bratkowski, Wiesław Chrzanowski, Krystyna Czart-Kosacz, Jacek Fedorowicz, Andrzej Garlicki, Stefan Grzeszkiewicz, Józef Hen, Alexander Jackowski, Ksawery Jasieński, Stanisław Juchnowicz, Ludwik Jerzy Kern, Czesław Kiszczak, Tadeusz Konwicki, Janina Miziołek, Karol Modzelewski, Jerzy Morawski, Eugeniusz Mroczkowski, Piotr Paszkowski, Krzysztof Pomian, Józef Puciłowski, Antoni Rajkiewicz, Ludwik Rokicki, Marta Stebnicka, Janina Stobniak, Maria Straszewska, Janina Suska-Janakowska, Julia Tazbirowa, Józef Tejchma, Jerzy Turnau, Leopold Unger, Andrzej Wajda, Andrzej Zalewski

주

문서고 약어

1956 Institute	Archives of the 1956 Institute: 1956 연구소 문서고, 부다페스트
AAN	Archiwum Akt Nowych: 현대 기록 중앙 문서고, 바르샤바
ÁBTL	Álambiztonsági Szolgálatok Történeti Levéltára: 헝가리 국가보안국 역사 문서고(비밀경찰 문서고), 부다페스트
AdK ABK	Akademie der Künste Archiv Bildende Kunst: 예술아카데미 시각예술 문서고, 베를린
AUL	Archiv unterdrückter Literatur in der DDR: 동독 내 탄압받은 문학 문서고, 베를린
BStU MfSZ	Der Bundesbeauftragte für die Stasi-Unterlagen: 동독 국가보안부 연방 위원회(슈타지 문서고), 베를린
CAW	Centralne Archiwum Wojskowe: 군사 중앙 문서고, 바르샤바
DRA	Deutsche Rundfunkarchiv: 독일 방송 문서고, 포츠담
GARF	Gosudarstvennyi Arkhiv Rossiiskoi Federatsii: 러시아 연방 국립 문서고, 모스크바
GEOK	Gedenkbibliothek zu Ehren der Opfer des Kommunismus: 공산주의 희생자 추모 도서관, 베를린
HIA	Hoover Institution Archives: 후버연구소 문서고, 스탠퍼드, 캘리포니아
IPN	Instytut Pamięci Narodowej: 국립 추모 연구소(비밀경찰 문서고), 바르샤바
IWM	Imperial War Museum Archives: 제국 전쟁 박물관 문서고, 런던
Karta	Archives of the Karta Center Foundation: 카르타 센터 재단 문서고, 바르샤바
MNFA	Magyar Nemzeti Filmarchívum: 헝가리 국립 영화 문서고, 부다페스트
MOL	Magyar Országos Levéltár: 헝가리 국립 문서고, 부다페스트
NA	National Archives: 영국 국립 문서고, 큐, 리치먼드, 영국
NAC	Narodowe Archiwum Cyfrowe: 폴란드 국립 디지털 문서고, 바르샤바
OSA	Open Society Archive: 개방 사회 문서고, 부다페스트
PIL	Archive of the Institute of Political History: 정치사 연구소 문서고, 부다페스트
RGANI	Rossiiskii Gosudarstvennyi Arkhiv Noveishei Istorii: 러시아 현대사 국립 문서고, 모스크바
SAPMO-BA	Stiftung Archiv der Parteien und Massenorganisationen der DDR im Bundesarchiv: 연방 문서고 내 동독 정당 및 대중조직 문서고 재단, 베를린

SNL   Széchenyi National Library: 세체니 국립 도서관, 부다페스트

TsAMO RF   Tsentral'nyi Arkhiv Ministerstva Oborony Rossiiskoi Federatsii: 러시아 연방 국방부 중앙 문서고, 포돌스크

TVP   Telewizja Polska: 폴란드 라디오 문서고, 바르샤바

들어가며

1. 다음 인물과의 인터뷰. Janina Suska-Janakowska, Łódź, October 16, 2007.

2. 둘 다 다음에서 인용. Barbara Nowak, "Serving Women and the State: The League of Women in Communist Poland," 논문, Ohio State University, 2004.

3. 이 단어는 1923년 무솔리니의 반대자인 조반니 아멘돌라가 만들어냈다. 그러나 1925년 무솔리니 자신이 이 단어를 열성적으로 차용해, 그의 주요 이론가인 조반니 젠틸레가 자주 사용했다. 개관을 위해서는 다음 자료를 볼 것. Abbott Gleason, *Totalitarianism: The Inner History of the Cold War* (Oxford, 1995), pp. 13-18.

4. Benito Mussolini and Giovanni Gentile, *Fascism: Doctrine and Institutions* (Rome, 1935).

5. 이 논쟁 전반에 대한 요약은 다음을 볼 것. Gleason, *Totalitarianism*; Michael Geyer and Sheila Fitzpatrick's introduction to *Beyond Totalitarianism: Stalinism and Nazism Compared* (Cambridge, 2009).

6. Hannah Arendt, *The Origins of Totalitarianism* (Cleveland and New York, 1958).

7. Carl J. Friedrich and Zbigniew Brzezinski, *Totalitarian Dictatorship and Autocracy* (Cambridge, 1956).

8. 다음 웹페이지를 볼 것. http://www.trumanlibrary.org/whistlestop/study_collections/doctrine/large/index.php.

9. Gregory Bush, *Campaign Speeches of American Presidential Candidates, 1948-1984* (New York, 1985), p. 42.

10. 다음을 볼 것. Geyer and Fitzpatrick, *Beyond Totalitarianism*.

11. 다음에서 인용. Richard Pipes, *Communism: A History* (New York, 2001), pp. 105-7.

12. 다음을 볼 것. Michael Halberstam, *Totalitarianism and the Modern Conception of Politics* (New Haven, 2000).

13. Slavoj Žižek, *Did Somebody Say Totalitarianism? Five Interventions in the (Mis)Use of a Notion* (New York, 2001). 지제크는 스탈린주의를 "전체주의적"이라고 서술하는 것은 "자유민주주의 패권"이 지속되도록 하려는 시도에 불과하다고 주장한다.

14. 다음 웹페이지를 볼 것. http://www.huffingtonpost.com/james-peron/rick-santorum-gay-rights_b_1195555.html; http://video.foxbusiness.com/v/1328239165001/the-uss-march-toward-totalitarianism; http://articles.latimes.com/2011/dec/25/business/la-fi-hiltzik-20111225.

15. 다음 웹페이지를 볼 것. http://fare.tunes.org/liberty/library/toptt.html.

16. 현대 독재 정권의 진화에 대한 설명은 다음을 볼 것. William J. Dobson, *The Dictator's Learning Curve* (New York, 2012).

17. 이것은 마크 크레이머의 명석하고 정확한 정의다. "'동유럽'이란 용어는 … 부분적으로 지

리적이며 정치적인 용어로, 1940년대부터 1980년대 말까지 공산 치하에 있던 8개 유럽 국가를 포괄한다. … 서부 소비에트 공화국들(리투아니아, 라트비아, 에스토니아, 벨라루스, 우크라이나, 몰도바, 그리고 우랄 산맥 서쪽 러시아)이 유럽의 동부 끝 지역을 구성하지만 이 용어에는 소련이 포함되지 않는다. 이 용어는 '중유럽'이라고 부르는 것이 더 적절한 체코슬로바키아, 헝가리, 폴란드, 그리고 1949년 독일민주공화국(동독)으로 불린 일부 나라를 포함한다. 알바니아, 불가리아, 루마니아, 유고슬라비아 같은 유럽의 다른 공산 국가들도 '동유럽'이란 용어에 포함된다. 공산 통치하에 들어간 적이 없었던 그리스나 핀란드 같은 나라들은, 순전히 지리적 관점에서는 그렇게 볼 수 있음에도 '동유럽'으로 간주되지 않는다." Mark Kramer, "Stalin, Soviet Policy, and the Consolidation of a Communist Bloc in Eastern Europe, 1944-1953," p. 1, Freeman Spogli International Institute에서의 보고서, April 30, 2010.

18. 이는 또한 다음 자료에서 밝힌 Joseph Rothschild의 관점이기도 하다. *Return to Diversity: A Political History of East Central Europe Since World War II* (New York and Oxford, 2000), 특히 pp. 75-78.

19. *Pravda*, December 21, 1949.

20. *The Communist Party of the Soviet Union (Bolsheviks) Is the Leading and Guiding Force of Soviet Society* (Foreign Languages Publishing House, Moscow, 1951), p. 46.

21. 다음을 볼 것. Hugh Seton-Watson, *The New Imperialism: A Background Book* (London, 1961), p. 81.

22. 이 주장의 고전적 버전은 William Appleman Williams가 *The Tragedy of American Diplomacy* (New York, 1959)에서 전개했다. 좀더 최근의 정교한 버전은 예컨대 다음에서 찾을 수 있다. Wilfried Loth, *Stalin's Unwanted Child: The Soviet Union, the German Question and the Founding of the GDR*, trans. Robert F. Hogg (London, 1998).

23. John Lewis Gaddis, *We Now Know: Rethinking Cold War History* (Oxford, 1997); Kramer, "Stalin, Soviet Policy, and the Consolidation of a Communist Bloc in Eastern Europe."

24. T. V. Volokitina et al., eds., *Sovietskii Faktor v Vostochnoi Evrope, 1944-1953*, vol. 1, pp. 23-48; Norman Naimark, "The Sovietization of Eastern Europe, 1944-1953," in *The Cambridge History of the Cold War* (Cambridge, 2010).

25. Ivo Banac, ed., *The Diary of Georgi Dmitrov, 1933-1949* (New Haven and London, 2003), p. 14.

26. Tony Judt and Timothy Snyder, *Thinking the Twentieth Century* (London, 2012), p. 190.

27. Tomasz Goban-Klas, *The Orchestration of the Media: The Politics of Mass Communications in Communist Poland and the Aftermath* (Boulder, 1994), p. 54.

28. 유고슬라비아 공산당은 수년간 다른 나라 공산당보다 인기가 많았는데, 그 이유 중 하나는 이 당이 소련 영향권에서 벗어난 데 있었다.

29. 한 가지 예외는, 오랫동안 표준 저작으로 꼽힌 Zbigniew Brzezinski's *The Soviet Bloc: Unity and Conflict* (New York, 1967).

30. Arendt, *Origins of Totalitarianism*, pp. 480-81.

31. 다음을 볼 것. Timothy Snyder, *Bloodlands: Europe Between Hitler and Stalin* (New York, 2011); Jan Gross, "War as Revolution," in Norman Naimark and Leonid Gibianskii, eds., *The Establishment of Communist Regimes in Eastern Europe, 1944-1949* (Boulder, 1997); Bradley Abrams, "The Second World War and the East European Revolution," *East European Politics and Societies*, 16, 3, pp. 623-25.

32. 하버드 냉전 연구 프로젝트와 윌슨 센터의 냉전 국제사 프로젝트의 연구 성과를 볼 것. 새롭게 공개된 자료들을 바탕으로 최근 다음과 같은 좋은 연구가 이루어지고 있다. John Lewis Gaddis, *The Cold War: A New History* (New York, 2005); Vojtech Mastny, *The Cold War and Soviet Insecurity: The Stalin Years* (Oxford, 1996); Melvyn P. Leffler, *For the Soul of Mankind: The United States, the Soviet Union, and the Cold War* (New York, 2007). 다음도 볼 것. Melvyn P. Leffler and Odd Arne Westad, "Bibliographical Essay," in *Cambridge History of the Cold War*, vol. 1: Origins (Cambridge, 2010).

33. Andrzej Paczkowski와 Krystyna Kersten은 해당 시기에 관해 여러 저작을 집필했다. 영어판은 다음을 볼 것. Andrzej Paczkowski, *The Spring Will Be Ours: Poland and the Poles from Occupation to Freedom* (New York, 2003); Krystyna Kersten, *The Establishment of Communist Rule in Poland, 1943-1948* (Berkeley, 1991). 다음도 볼 것. Norman Naimark, *The Russians in Germany: A History of the Soviet Zone of Occupation, 1945-1949* (Cambridge, Mass., 1995); Peter Kenez, *Hungary from the Nazis to the Soviets: The Establishment of the Communist Regime in Hungary, 1944-1948* (New York, 2006); László Borhi, *Hungary in the Cold War, 1945-1956: Between the United States and the Soviet Union* (New York, 2004); Karel Kaplan, *The Short March: The Communist Takeover in Czechoslovakia, 1945-48* (New York, 1987). Bradley Adams, *The Struggle for the Soul of the Czech Nation: Czech Culture and the Rise of Communism* (New York, 2005); Mary Heimann, *Czechoslovakia: The State That Failed* (New Haven, 2009).

34. John Connelly, *Captive University: The Sovietization of East German, Czech, and Polish Higher Education, 1945-1956* (Chapel Hill, 1999). Catherine Epstein, *The Last Revolutionaries: German Communists and Their Century* (Cambridge, Mass., and London, 2003). Marci Shore, *Caviar and Ashes: A Warsaw Generation's Life and Death in Marxism, 1918-1968* (New Haven, 2006). Maria Schmidt, *Battle of Wits*, trans. Ann Major (Budapest, 2007). Martin Mevius, *Agents of Moscow: The Hungarian Communist Party and the Origins of Socialist Patriotism 1941-1953* (Oxford, 2005). Mark Kramer, "The Early Post-Stalin Succession Struggle and Upheavals in East-Central Europe: Internal-External Linkages in Soviet Policy Making," parts 1-3, *Journal of Cold War Studies* 1, 1 (Winter 1999), 3-55; 1, 2 (Spring 1999), 3-38; and 1, 3 (Fall 1999), 3-66.

35. T. V. Volokitina et al., eds., *Vostochnaia Evropa v dokumentakh rossiskikh arkhivov, 1944-1953* (Moscow and Novosibirsk, 1997), and T. V. Volokitina et al., eds., *Sovetskii Faktor v Vostochnoi Evrope, 1944-1953* (Moscow, 1999).

1장 0시

1. Támas Lossonczy, *The Vision Is Always Changing* (Budapest, 2004), p. 82.
2. William Shirer, *End of a Berlin Diary* (New York, 1947), p. 131.
3. Marcin Zaremba, *Wielka Trwoga: Polska 1944-1947, Ludowa reakeja na kryzys* (Warsaw, 2012), p. 71 (쪽수는 정식 출간 전의 원고 기준).
4. 저자 미상, *A Woman in Berlin*, trans. Philip Boehm (London, 2006), pp. 64-66.
5. Krisztián Ungváry, *The Siege of Budapest: 100 Days in World War II* (New York, 2005), pp. 324-25.
6. Władysław Szpilman, *The Pianist* (London, 1999), p. 183.
7. Bradley Abrams, "The Second World War and the East European Revolution," *East European Politics and Societies*, 16, 3, pp. 623-25.
8. Heda Margolius Kovály, *Under a Cruel Star* (Cambridge, Mass., 1986), p. 39.
9. 저자 미상, *Woman in Berlin*, p. 297.
10. Zaremba, *Wielka Trwoga*, p. 71.
11. Ibid., pp. 6-7.
12. Stefan Kisielewski, "Ci z Warszawy," *Przekroj* 6, 5, 1945.
13. Sándor Márai, *Portraits of a Marriage*, trans. George Szirtes (New York, 2011), p. 272.
14. Arthur Marwick, *War and Social Change in the Twentieth Century* (London, 1974), pp. 98-145.
15. Timothy Snyder, *Bloodlands: Europe Between Hitler and Stalin* (New York, 2010), p. 19.
16. Ibid., pp. viii-ix.
17. Wolfgang Schivelbusch, *In a Cold Crater: Cultural and Intellectual Life in Berlin, 1945-1948* (Berkeley, 1998), pp. 8-9.
18. Andrew Roberts, *Masters and Commanders* (London, 2008), pp. 561 and 569.
19. Abrams, "The Second World War and the East European Revolution," p. 631; Iván T. Berend and Tamás Csató, *Evolution of the Hungarian Economy, 1848-1998*, vol. I (Boulder, 2001), p. 253.
20. 가장 최근 전쟁 중 독일인 사망자 추산은 전사자 531만 8000명을 포함한다(Rudiger Overmans, *Deutsche militärische Verluste im Zweiten Weltkrieg* [Munich, 2004], p. 260). 나머지는 강제이동과 추방 또는 폭격 중에 기아나 질병으로 사망한 민간인이다.
21. Janusz Wrobel, "Bilans Okupacji Niemieckiej w Łodzi 1939-45," in *Rok 1945 w Łodzi*, pp. 13-30.
22 몇 년 전 내 남편은 발트 지역에서 태어난 한 독일인으로부터 편지를 받았다. 전쟁 중 그의 가족은 지금 우리 폴란드 주택을 제공받아 거주했다. 편지에는 미소를 짓고 있는 그의 독일인 부모 사진이 들어 있었다. 승마하러 가려는 듯 승마용 바지를 입고, 현재 중부 폴란드에 위치한 우리 집 앞 계단에 앉은 모습이었다. 그는 이 집이 매우 허름했던 것을 떠올리며, 그의 아버지가 이 집을 손보느라 많은 노력을 기울였다고 적었다. 그는 자신의 가족이 이 지역에 사는 사람들에게 좋은 기억으로 남기를 바랐다. 그러나 실제로 그들은 전혀 기억되지 않았다.

23. Jan Gross, "War as Revolution," in Norman Naimark and Leonid Gibianskii, eds., *The Establishment of Communist Regimes in Eastern Europe, 1944-1949* (Boulder, 1997), p. 23.

24. Krystyna Kersten, *The Establishment of Communist Rule in Poland, 1943-1948* (Berkeley, 1991), p. 165.

25. M. C. Kaser and E. A. Radice, *The Economic History of Eastern Europe, 1919-1945*, vol. II: *Interwar Policy, the War and Reconstruction* (Oxford, 1986), pp. 466-72.

26. Iván Petö and Sándor Szakács, *A hazai gazdaság négy évtizedének története, 1945-1985*, vol. I. *Az újjáépítés és a tervutasításos irányítás idöszaka. 1945-1968* (Budapest, 1985), pp. 17-25.

27. Berend and Csató, *Evolution of the Hungarian Economy*, pp. 254-55.

28. Kaser and Radice, *Economic History of Eastern Europe*, vol. II, pp. 504-6.

29. Janusz Kalinski and Zbigniew Landau, *Gospodarka Polski w XX wieku*, pp. 159-89.

30. Abrams, "The Second World War and the East European Revolution," p. 634.

31. Kaser and Radice, *Economic History of Eastern Europe*, vol. II, pp. 338-39.

32. Ibid., pp. 299-308.

33. Jan Gross, "The Social Consequences of War: Preliminaries to the Study of the Imposition of Communist Regimes in East Central Europe," *Eastern European Politics and Societies*, 3, 2 (Spring 1989), pp. 198-214; Abrams, "The Second World War and the East European Revolution," pp. 623-64; Kalinski and Landau, *Gospodarka Polski w XX wieku*, pp. 159-89.

34. Abrams, "The Second World War and the East European Revolution," p. 639.

35. Czesław Miłosz, *The Captive Mind*, trans. Jane Zielonko (London, 2001), pp. 26-29.

36. Márai, *Portraits of a Marriage*, p. 272.

37. Zaremba, *Wielka Trwoga*, pp. 221-52.

38. Ibid.

39. 다음 인물과의 인터뷰. Csaba Skultéty, Budapest, March 12, 2009.

40. Zaremba, *Wielka Trwoga*, p. 87.

41. Ibid., p. 273.

42. Hannah Arendt, *The Origins of Totalitarianism* (New York and Cleveland, 1958), pp. 322-23.

43. Karta, Lucjan Grabowski, II/1412.

44. 다음 인물과의 인터뷰. Tadeusz Konwicki, Warsaw, September 17, 2009.

45. Hanna Świda-Ziemba, *Urwany Lot: Pokolenie inteligenckiej młodzieży powojennej w świetle listów i pamiętników z lat 1945-1948* (Kraków, 2003), pp. 30-50.

46. 다음에서 인용. Anna Bikont and Joanna Szczęsna, *Lawina i Kamienie: Pisarze wobec Komunizmu* (Warsaw, 2006), pp. 69-79.

47. 다음 인물과의 인터뷰. Hans Modrow, Berlin, December 7, 2006.

48. Miłosz, *The Captive Mind*, pp. 26-29.

49. Martin Gilbert, "Churchill and Poland," 미출간 강의, University of Warsaw, February

16, 2010. Martin Gilbert에게 감사한다.

50. Peter Grose, *Operation Rollback* (New York, 2000), p. 2.

51. Dean Acheson, *Present at the Creation* (New York, 1987), p. 85.

52. Ibid.

53. Gilbert, "Churchill and Poland."

54. 이에 대한 좋은 분석은 다음을 볼 것. Antoni Z. Kamiński and Bartłomiej Kamiński, "Road to 'People's Poland': Stalin's Conquest Revisted," in Vladimir Tismaneanu, ed., *Stalinism Revisited: The Establishment of the Communist Regimes in East Central Europe and the Dynamics of the Soviet Bloc* (New York and Budapest, 2009), pp. 205-11; Roberts, *Masters and Commanders*, pp. 548-58.

55. Winston Churchill, *The Second World War*, vol. VI: *Triumph and Tragedy* (London, 1985), p. 300.

56. Robert Service, *Comrades* (London, 2007), p. 220.

57. Ibid., p. 222.

58. "상상할 수 없는 작전(Operation Unthinkable)"의 초안과 최종본은 다음 웹페이지에서 볼 수 있다. http://web.archive.org/web/20101116152301/http://www.history.neu. edu/PRO2.

59. Stanisław Mikołajczyk, *The Rape of Poland* (New York, 1948), p. 60.

60. László Borhi, *Hungary in the Cold War, 1945-1956: Between the United States and the Soviet Union* (New York and Budapest, 2004), p. 36.

61. Mikołajczyk, *Rape of Poland*, p. 25.

62. John Earl Haynes, Harvey Klehr, and Alexander Vassiliev, *Spies: The Rise and Fall of the KGB* (New Haven, 2009), pp. 20-26.

63. Roberts, *Masters and Commanders*, p. 556.

64. Hubertus Knabe, *17. Juni 1953—Ein deutscher Aufstand* (Berlin, 2004), pp. 402-6.

65. Csaba Békés, Malcolm Byrne, and János Rainer, eds., *The 1956 Hungarian Revolution: A History in Documents* (Budapest and New York, 2002), p. 209.

66. Borhi, *Hungary in the Cold War*, p. 21.

2장 승전국

1. Ruth Andreas-Friedrich, *Battleground Berlin: Diaries, 1945-1948* (New York, 1990), p. 36.

2. George Kennan, *Memoirs: 1925-1950* (New York, 1967), p. 74.

3. John Lukacs, *1945: Year Zero* (New York, 1978), p. 256.

4. 다음 인물과의 인터뷰. Lutz Rackow, Berlin, April 1, 2008.

5. Christel Panzig, *Wir schalten uns ein: Zwischen Luftschutzkeller und Stalinbild, Stadt und Region Wittenberg 1945* (Lutherstadt Wittenberg, 2005), pp. 40-42.

6. 다음 인물과의 인터뷰. Zsófia Tevan, Budapest, June 3, 2009.

7. SNL, 역사적 인터뷰 모음(Historic Interview Collection): 인터뷰이는 Jenö Széll, Történeti Interjúk Tára, and Országos Széchenyi Könyvtár, 인터뷰 제작자는 András

Hegedüs, Gábor Hanák, Gyula Kozák, and Ilona Szabóné Dér, on August 3, 1985.

8. 다음 인물과의 인터뷰. Alexander Jackowski, Warsaw, May 15, 2007.

9. Kennan, *Memoirs*, p. 74.

10. Sándor Márai, *Memoir of Hungary: 1944-1948*, trans. Albert Tezla (Budapest and New York, 2000), pp. 44–46.

11. Lukacs, *1945*, p. 75.

12. Antony Beevor and Luba Vinogradova, eds., *A Writer at War: Vasily Grossman with the Red Army, 1941-1945* (London, 2005), pp. 341–42.

13. TsAMO RF, 372/6570/78, pp. 30–32 (Antony Beevor에게 감사한다).

14. Catherine Merridale, *Ivan's War* (New York, 2006), p. 389.

15. Alexander Nakhimovsky and Alice Nakhimovsky, *Witness to History: The Photographs of Yevgeny Khaldei* (New York, 1997).

16. Krisztián Ungváry, *The Siege of Budapest: 100 Days in World War II* (London, 2002), p. 360.

17. 내 남편은 어린 시절이던 1960년대 폴란드에서 이 놀이를 했다.

18. *Cztery Pancerny i Pies*, episode 13, 1969.

19. Márai, *Memoir*, pp. 44–46.

20. Beevor and Vinogradova, eds., *Writer at War*, p. 326.

21. Piotr Bojarski, "Czołg strzela do katedry, Julian fotografuje," *Gazeta Wyborcza*, January 21, 2011.

22. Norman Davies and Roger Moorhouse, *Microcosm: A Portrait of a European City* (New York, 2003), p. 408.

23. BStU MfSZ, Sekr Neiber 407, p. 80.

24. Beevor and Vinogradova, *Writer at War*, p. 330.

25. Merridale, *Ivan's War*, p. 381.

26. Alexander Solzhenitsyn, *Prussian Nights*, trans. Robert Conquest (New York, 1977), pp. 38–39.

27. Lev Kopelev, *To Be Preserved Forever*, trans. Anthony Austin (New York, 1977), p. 56.

28. Ibid., pp. 50–51.

29. Ibid., p. 41.

30. Włodzimierz Borodziej and Hans Lemberg, eds., *Niemcy w Polsce 1945-1950: Wybór Dokumentów*, vol. III (Warsaw, 2001), pp. 57–61.

31. James Mark, "Remembering Rape," *Past & Present* 188 (2005), pp. 133–61.

32. Stewart Thomson, in collaboration with Robert Bialek, *The Bialek Affair* (London, 1955), pp. 31–33.

33. 일례로 다음을 볼 것. Antony Beevor, *The Fall of Berlin 1945* (New York, 2002).

34. Milovan Djilas, *Conversations with Stalin* (New York, 1990), p. 95.

35. Beevor, *Fall of Berlin*, p. 169.

36. Margit Földesi, *A megszállók szabadsága* (Budapest, 2002), p. 140.

37. 다음 인물과의 인터뷰. Hans-Jochen Tschiche, Satuelle, November 18, 2006.

38. "Über die Russen und über uns," *Verlag Kultur und Fortschritt* (Berlin, 1949). 원전 출간은 *Neues Deutschland and Tägliche Rundschau*, November 19, 1948.

39. Ibid.

40. 바르가스/바르가는 1946년 헝가리로 귀국해 정부가 통화 개혁을 수행하고 헝가리 화폐인 포린트(forint)를 재도입하는 데 도움을 주었다.

41. Friederike Sattler, *Wirtschaftsordnung im Übergang: Politik, Organisation und Funktion der KPD/SED im Land Brandenburg bei der Etablierung der Zentralen Planwirtschaft in der SBZ/DDR 1945-52* (Münster, 2002), pp. 88-92.

42. Serhii Plokhii, *Yalta: The Price of Peace* (New York, 2010), pp. 108-13, 256-62.

43. Sattler, *Wirtschaftsordnung im Übergang*, pp. 94-95.

44. Norman Naimark, *The Russians in Germany: A History of the Soviet Zone of Occupation, 1945-1949* (Cambridge, Mass., 1995), pp. 168-69.

45. Ibid., p. 169.

46. SAPMO-BA, DN/1 38032.

47. Ibid.

48. Volker Koop, *Besetzt: Sowjetische Besatzungspolitik in Deutschland* (Berlin, 2008), pp. 71-77.

49. DRA, 201-00-004/001, p. 62.

50. Naimark, *Russians in Germany*, p. 171.

51. SAPMO-BA, DY30/IV 2/6.02 49, fiche 3.

52. M. C. Kaser and E. A. Radice, *The Economic History of Eastern Europe, 1919-1945, vol. II: Interwar Policy, the War and Reconstruction* (Oxford, 1986), pp. 530-35.

53. Iván T. Berend and Tamás Csató, *Evolution of the Hungarian Economy, 1848-1998*, vol. I. (Boulder, 2001), pp. 257-58.

54. Földesi, *A megszállók szabadsága*, pp. 81-97.

55. PIL, 174. 12/217.

56. CAW, VIII/800/24, teczka 9.

57. Adam Dziurok and Bogdan Musiał, "'Bratni rabunek.' O demontażach i wywózce sprzętu z terenu Górnego Śląska w 1945 r.," in *W objęciach Wielkiego Brata. Sowieci w Polsce 1944-1993* (Warsaw, 2009), pp. 321-44.

58. 레닌은 폴란드 산악 마을 포로닌(Poronin)에서 지냈다. 한때 그곳에는 폴란드에 단 두 개 세워진 레닌 동상 중 하나가 서 있었다. 이 동상은 1990년 해체되었지만, 2011년 시의회는 관광객 유치를 위해 이 동상을 다시 세우기로 했다.

59. Richard Pipes, ed., *The Unknown Lenin* (New Haven, 1996), p. 90.

60. Ibid., p. 62.

61. 마르크스주의적 사고방식에 대한 설명은 다음을 볼 것. Robert Conquest, *Reflections on a Ravaged Century* (New York, 1999), pp. 34-36; François Furet, *The Passing of an Illusion: The Idea of Communism in the Twentieth Century*, trans. Deborah Furet (Chicago, 1999).

62. 레닌의 《무엇을 할 것인가?(What Is to Be Done)》는 다음 웹페이지에서 볼 수 있다.

http://www.marxists.org/archive/lenin/works/1901/witbd.

63. Richard Pipes, *The Russian Revolution* (New York, 1991), p. 608.

64. 다음을 볼 것. Paul Lendvai, *The Hungarians: A Thousand Years of Victory in Defeat* (Princeton, 2004), pp. 369-72; Richard Pipes, *Russia Under the Bolshevik Regime, 1919-1924* (New York, 1994), pp. 170-72; István György Tóth, ed., *A Concise History of Hungary* (Budapest, 2005), pp. 487-94.

65. Pipes, *Russia Under the Bolshevik Regime*, pp. 182-83.

66. 2차 코민테른 회의에 관해서는 다음을 볼 것. Victor Serge, *Memoirs of a Revolutionary* (Oxford, 1967).

67. Martin Gilbert, "Churchill and Poland," 미출간 강의, University of Warsaw, February 16, 2010. Martin Gilbert에게 감사한다.

68. Adam Zamoyski, *Warsaw 1920: Lenin's Failed Conquest of Europe* (London, 2008), pp. 1-13, 42.

69. Pipes, *Russia Under the Bolshevik Regime*, p. 192.

70. Tim Tzouliadis, *The Forsaken: An American Tragedy in Stalin's Russia* (New York, 2008), p. 55.

3장 공산주의자

1. 다음에서 인용. Carola Stern, *Ulbricht: A Political Biography*, trans. Abe Farbstein (New York, 1965), p. 203.

2. 다음 웹페이지를 볼 것. http://www.marxists.org/archive/bulganin/1949/12/21.htm.

3. Stern, *Ulbricht*. 이후 별도로 명시되지 않는 한, 울브리히트에 관한 전기적 정보는 Stern의 이 탁월한 전기에서 가져온 것이다.

4. Ibid., p. 15.

5. Ibid., p. 89.

6. Elfriede Brüning, *Und außerdem war es mein Leben* (Berlin, 2004), p. 28.

7. Walter Ulbricht, *On Questions of Socialist Construction in the GDR* (Dresden, 1968).

8. Stern, *Ulbricht*, p. 124.

9. Andrzej Garlicki, *Bolesław Bierut* (Warsaw, 1994), 특히 pp. 1-20. 다음도 볼 것. Andrzej Werblan, *Stalinizm w Polsce* (Warsaw, 2009), pp. 122-31; Piotr Lipiński, *Bolesław Niejasny* (Warsaw, 2001).

10. *Polska-ZSRR: Struktury Podległości: Dokumenty KC WKP (B) 1944-1949*, pp. 59-61.

11. 다음 인물과의 인터뷰. Jerzy Morawski, Warsaw, June 7, 2007.

12. Lipiński, *Bolesław Niejasny*, p. 41.

13. 소련 탈출자 Alexander Orlov와 폴란드 탈출자 Józef Swiatło 모두 비에루트를 NKVD 요원으로 묘사했다. 다음을 볼 것. Garlicki, *Bolesław Bierut*, pp. 16-19; Lipiński, *Bolesław Niejasny*, p. 40. 비에루트의 주요 경쟁자였던 고무우카도 비에루트의 '나치 요원' 소문을 흐루쇼프에게 언급한 바 있으나, 흐루쇼프는 이를 일축했다.

14. Mátyás Rákosi, *Visszaemlékezések 1940-1956*, vol. I (Budapest, 1997), pp. 5-26.

15. Ibid., pp. 26-46.

16. 라코시는 게오르기 디미트로프(Georgi Dimitrov)의 일기에 자주 언급된다. 다음을 볼 것. Ivo Banac. ed., *The Diary of Georgi Dimitrov 1933-1949* (New Haven, 2003).

17. Ibid., pp. 46-83.

18. Ibid., pp. 137-38.

19. Harvey Klehr, John Earl Haynes, and Kyrill M. Anderson, *The Soviet World of American Communism* (New Haven and London, 1998), pp. 110-41. 일례로 미국 공산당은 J. 피터스를 통해 소련과의 연계를 유지했다. 헝가리에서 태어난 공산주의 활동가인 그는 1919년 헝가리 공산혁명에 참여하고 헝가리 정치에서 한몫한 뒤 미국으로 이주하여 소련 비밀경찰과 협력하며 공개된 작업과 기밀 작업을 계속 수행했다.

20. Anne Applebaum, "Now We Know," *The New Republic* (May 31, 2009).

21. Thomas Sgovio, *Dear America* (New York, 1979), p. 99.

22. Banac, ed., *Diary of Georgi Dimitrov*, p. 119.

23. Alexander Dallin and F. I. Firsov, eds., *Dimitrov and Stalin, 1934-1943: Letters from the Soviet Archives* (New Haven and London, 2000), pp. 28-31.

24. Markus Wolf and Anne McElvoy, *Man Without a Face: The Autobiography of Communism's Greatest Spymaster* (London, 1997), p. 32.

25. Margarete Buber-Neumann, *Under Two Dictators*, trans. Edward Fitzgerald (London, 2008), p. 13.

26. PIL, 867/1/H-168.

27. Banac, ed., *Diary of Georgi Dimitrov*, p. 197.

28. Marci Shore, *Caviar and Ashes: A Warsaw Generation's Life and Death in Marxism, 1918-1968* (New Haven, 2006), pp. 73-74.

29. Ibid., pp. 123-27.

30. Ronald Aronson, *Camus and Sartre: The Story of a Friendship and the Quarrel That Ended It* (Chicago, 2004), p. 150.

31. Banac, ed., *Diary of Georgi Dimitrov*, p. 118.

32. R. C. Raack, "Stalin's Plans for World War Two Told by a High Comintern Source," *The Historical Journal* 38, 4 (December 1995), pp. 1031-36.

33. Buber-Neumann, *Under Two Dictators*, p. 175.

34. Piotr Gontarczyk, *Polska Partia Robotnicza: Droga do Władzy, 1941-1944* (Warsaw, 2003), pp. 101-2.

35. Ibid.; 또한 HIA, Rakowski Collecton.

36. Comintern Archive, British Library, f.31/o.1/d.1/l.3-31.

37. Ibid., f.31/o.2/d.1/i.1-10.

38. Ibid.

39. Wolfgang Leonhard, *Child of the Revolution*, trans. C. M. Woodhouse (Chicago, 1958), pp. 191-296.

40. Ibid., p. 224.

41. Ibid., p. 226.

42. HIA, Berman Collection, Box 1.

43. *Deklaracja Ideowa PZPR: Statut PZPR* (Warsaw, 1950).

44. Ibid.

45. *Sovietskii Faktor v Vostochnoi Evrope, 1944-1953*, vol. I (Moscow, 1999), pp. 23-48 (AVP RF, f. 6, op.6, p.14, d.145, ll. 1-41).

46. Buber-Neumann, *Under Two Dictators*, p. 13.

47. Arthur Koestler, *Arrow in the Blue* (London, 2005), p. 311.

48. Leonhard, *Child of the Revolution*, p. 231.

49. Ibid., pp. 241-51.

50. Catherine Epstein, *The Last Revolutionaries: German Communists and Their Century* (Cambridge, Mass., London, 2003), pp. 8-9.

4장 비밀경찰

1. Jens Gieseke, *The GDR State Security: Sword and Shield*, trans. Mary Carlene Forszt (Berlin, 2004), p. 7.

2. Andrzej Friszke, *Polska: Losy państwa i narodu, 1939-1989* (Warsaw, 2003), p. 9.

3. *Manifest Lipcowy* (Warsaw, 1974), p. 5.

4. Krystyna Kersten, *The Establishment of Communist Rule in Poland, 1943-1948* (Berkeley, 1991), pp. 77-160.

5. Martin Mevius, *Agents of Moscow: The Hungarian Communist Party and the Origins of Socialist Patriotism* (Oxford, 2005), p. 53.

6. Krisztián Ungváry, "Magyarország szovjetizálásának kérdései," in Ignác Romsics, ed., *Mítoszok, legendák, tévhitek a 20 századi magyar történelemről* (Budapest, 2002), p. 294.

7. László Borhi, *Hungary in the Cold War, 1945-1956: Between the United States and the Soviet Union* (New York and Budapest, 2004), p. 38.

8. 때로 이 조직은 러시아 두문자어 SVAG(Sovetskaia Voennaia Administratsia v Germanii)나 독일 두문자어 SMAD(Sowjetische Militäradministration in Deutschland) 로도 지칭된다.

9. Dirk Spilker, *The East German Leadership and the Division of Germany: Patriotism and Propaganda 1945-1953* (Oxford, 2006), p. 46.

10. 폴란드 비밀경찰은 나중에 보안국(Służba Bezpieczeństwa), 즉 SB로 개명되었다. 헝가리 비밀경찰은 나중에 국가보호국(Államvédelmi Hatóság), 즉 ÁVH로 개명되었다. 대부분 의 공산국가에서는 아무도 비밀경찰의 작업에 만족하지 못했기 때문에 개명과 재조직이 잦았다.

11. T. V. Volokitina et al., eds., *Vostochnaya Evropa v dokumentakh rossiskikh arkhivov, 1944-1953* (Moscow and Novosibirsk, 1997), p. 203.

12. Maciej Korkuć, "Kujbyszewiacy—Awangarda UB," *Arkana* 46-47 (April-May 2002), pp. 75-95.

13. IPN, BU 0447/120, pp. 5-12.

14. Ibid., pp. 13-15.

15. 관련한 유대인 이야기는 다음을 볼 것. Allan Levine, *Fugitives of the Forest: The Heroic Story of Jewish Resistance and Survival During the Second World War* (New York, 2008).

16. Korkuć, "Kujbyszewiacy—Awangarda UB," pp. 75–95.

17. IPN, BU 0447/120, pp. 5–12.

18. Krzystof Persak and Łukasz Kaminski, eds., *A Handbook of the Communist Security Apparatus in East Central Europe, 1944-1989* (Warsaw, 2005).

19. Konrad Rokicki, "Aparatu obraz Własny," in *"Zwyczajny" Resort* (Warsaw, 2005), p. 26.

20. Sławomir Poleszak et al., eds., *Rok Pierwszy: Powstanie i Działalność aparatu bezpieczeństwa publicznego na Lubelszczyźnie (Lipiec 1944-Czerwiec 1945)* (Warsaw, 2004), pp. 50–55.

21. Rokicki, "Aparatu obraz Własny," pp. 13–32.

22. 다음 인물과의 인터뷰. Czesław Kiszczak, Warsaw, May 25, 2007. 다음도 볼 것. Witold Bereś and Jerzy Skoczylas, *Generał Kiszczak Mowi... Prawie Wszytko* (Warsaw, 1991).

23. IPN, 352/7. Andrzej Paczkowski, Dariusz Stola에게 감사한다.

24. Zsolt Krahulcsán, Rolf Müller, and Mária Palasik, *A politikai rendörség háború utáni megszervezése (1944-1946),* 미출간 원고, pp. 3–4.

25. Gábor Baczoni, *Pár(t)viadal—A Magyar Államrendörség Vidéki Fökapitányságának Politikai Rendészeti osztálya, 1945-1946* (Budapest, 2002), p. 81.

26. Zsolt Krahulcsán and Rolf Müller, eds., *Dokumentumok a magyar politikai rendörség történetéböl 1. A politikai rendészeti osztályok 1945-1946* (Budapest, 2010), pp. 9–63.

27. PIL, 274/11/10, pp. 6–7.

28. Ibid., pp. 1–12.

29. 2002년, 이 건물은 나치 및 소련 정권의 범죄에 대한 박물관 '테러하저(Terror Háza, 테러 하우스라는 뜻)'로 개관했다.

30. Krahulcsán, Müller, and Palasik, *A politikai rendörség háború utáni megszervezése,* pp. 5–6.

31. Sándor M. Kiss, from the introduction to Géza Böszörményi, *Recsk 1950-1953* (Budapest, 2005), p. 10.

32. Vladimir Farkas, *Nincs mentség* (Budapest, 1990), p. 106.

33. Krahulcsan and Müller, eds., *Dokumentumok a magyar politikai,* pp. 159–60, 237–38.

34. Mária Palasik, "A politikai rendörség háború utáni megszervezése," in György Gyarmati, ed., *Államvédelem a Rákosi-korszakban* (Budapest, 2000), p. 39; György Gyarmati, "János Kádár és a Belügyminisztérium Államvédelmi Hatósága," in *A Történeti Hivatal Évkönyve* (Budapest, 1999), pp. 118–20; Baráth Magdolna, "Gerö Ernö a Belügyminisztérium élén," in *A Történeti Hivatal Évkönyve* (Budapest, 1999),

p. 159.

35. MOL, XIX-B-1-r-787/1945.

36. Kajári Erzsébet, *A magyar Bel gyminisztérium szovjet tanácsadói* (Múltunk, 1999/3), pp. 220-27.

37. Farkas, *Nincs mentség*, p. 128.

38. *Magyar Internacionalisták* (Budapest, 1980); *Magyar tudóslexikon A-tól Zs-ig* (Budapest, 1998), p. 192.

39. PIL, 867/f.11/g-24, pp. 15-58.

40. Ibid.

41. Mária Schmidt, Sándor M. Kiss, Barbara Bank와의 대화에 바탕을 두었다; 또한 Böszörményi, *Recsk*, p. 49.

42. Klaus Eichner and Gotthold Schramm, eds., *Angriff und Abwehr: Die deutschen Geheimdienste nach 1945* (Berlin, 2007); Roger Engelmann, "'Schild und Schwert' als Exportartikel: Aufbau und Anleitung der ostdeutschen Staatssicherheit durch das KGB und seine Vorläufer (1949-1959)," in Andreas Hilger, Mike Schmeitzner, and Ute Schmidt, eds., *Diktaturdurchsetzung. Instrumente und Methoden der kommunistischen Machtsicherung in der SSB/DDR 1945-1955* (Dresden 2001), pp. 55-64.

43. Engelmann, "'Schild und Schwert,'" pp. 55-64; Norman Naimark, "To Know Everything and to Report Everything Worth Knowing: Building the East German Police State, 1945-1949," Cold War International History Project Working Paper no. 10, August 1994.

44. BStU MfSZ, HA IX, no. 20603, p. 2.

45. Jens Gieseke, *Die DDR-Staatssicherheit: Schild und Schwert der Partei* (Bonn, 2000), p. 18.

46. Engelmann, "'Schild und Schwert,'" pp. 55-64.

47. 다음 인물과의 인터뷰. Klaus Eichner and Gotthold Schramm, Berlin, June 24, 2008.

48. BStU MfSZ, Sekr. D. Min. no. 1920.

49. Engelmann, "'Schild und Schwert,'" pp. 55-64.

50. BStU MfSZ, HA VII, no. 4000, pp. 16-17.

51. Gary Bruce, *The Firm: The Inside Story of the Stasi* (Oxford, 2010), p. 34.

52. 다음 인물과의 인터뷰. Schramm.

53. Gieseke, *Die DDR-Staatssicherheit*, p. 19.

54. 다큐멘터리 영화 *Das Ministerium für Staatssicherheit*에서의 인터뷰, 감독은 Christian Klemke and Jan Lorenzen, Berlin, 2007.

55. 다음 인물과의 인터뷰. Schramm.

56. 귄터 치르슈비츠가 소장하고 있는 추천서.

57. 다음 인물과의 인터뷰. Günter Tschirwitz, Berlin, June 24, 2008.

58. Richard Pipes, ed., *The Unknown Lenin* (New Haven, 1996), p. 154.

59. BStU MfSZ, 1486/2, part 1 of 2, p. 11.

60. Amir Weiner, "Nature, Nurture, and Memory in a Socialist Utopia: Delineating the Soviet Socio-Ethnic Body in the Age of Socialism," *The American Historical Review* 104, 4 (October 1999), p. 1,121.

61. IPN, 352/7. Andrzej Paczkowski, Dariusz Stola에게 감사한다.

62. BStU MfSZ, 1486/2, part 1 of 2.

63. Ibid., HA XVIII, no. 922, p. 210.

64. Kati Marton, *Enemies of the People: My Family's Journey to America* (New York, 2009), p. 118.

65. BStU MfSZ, HA VII, no. 4000, p. 36.

66. Ibid., Ff 39/52.

67. Ibid.

5장 폭력

1. Wolfgang Leonhard, *Child of the Revolution*, trans. C. M. Woodhouse (Chicago, 1958), p. 381.

2. 이것은 다음 저작에서의 Timothy Snyder의 관점이다. *Sketches from a Secret War* (New Haven and London, 2005), p. 210.

3. 다음을 볼 것. Tony Judt on retribution in *Postwar* (New York, 2005), pp. 41-53.

4. 아미르 와이너는 2011년 7월 후버 기록관 러시아 여름 워크숍(Hoover Archive Russia Summer Workshop)에서 진행한 강연에서 이 점을 지적했다.

5. RGANI, 89/18/4, pp.1-3; from the collection of the late Alexander Kokurin.

6. T. V. Volokitina et al., eds., *Vostochnaya Evropa v dokumentakh rossiskikh arkhivov 1944-1953* (Moscow and Novosibirsk, 1997), p. 42.

7. 다음에서 인용. Mark Kramer, "Stalin, Soviet Policy, and the Consolidation of a Communist Bloc in Eastern Europe, 1944-1953," p. 13, Freeman Spogli International Institute에서의 보고서, April 30, 2010.

8. Krystyna Kersten, *The Establishment of Communist Rule in Poland, 1943-1948* (Berkeley, 1991), p. 286.

9. 다음 자료는 폴란드 국내군에 대한 간결하면서도 훌륭한 요약을 제공한다. Andrzej Paczkowski, *The Spring Will Be Ours: Poland and the Poles from Occupation to Freedom*, trans. Jane Cave (University Park, Pa., 2003), pp. 83-89.

10. Ibid., p. 116.

11. Ibid., p. 118.

12. Apoloniusz Zawilski, *Polskie Fronty 1918-1945*, vol. 2 (Warsaw, 1997), p. 7.

13. Ibid., pp. 458-66.

14. Ibid., p. 45.

15. Keith Sword, *Deportation and Exile: Poles in the Soviet Union, 1939-1948* (London, 1996), pp. 144-47.

16. CAW, Opis VIII/800/19 (NKWD ZSRR), folder 10, pp. 3 and 6.

17. Ibid., p. 4.

18. CAW, Opis VIII/900/19 (NKWD USSR), folder 10, p. 9.

19. Ibid., Opis VIII/800/29/1 (NKWD USSR), folder 1, pp. 1-2 20. Ibid., Opis VIII/800/19 (NKWD ZSRR), folder 10, pp. 6-10.

21. Nikita Petrov, *Ivan Serov: Pervyi Predsedatel' KGB* (Moscow, 2005), pp. 21-34; Sword, *Deportation and Exile*, p. 14.

22. CAW, Opis VIII/800/19 (NKWD ZSRR), folder 11, pp. 1-2.

23. Karta, Janusz Zawisza-Hrybacz, II/1730.

24. Karta, Henryk Sawala, II/3315.

25. Stanisław Ciesielski, Wojuech Materski, and Andrzej Paczkowski, *Represje Sowieckie wobec Polaków i obywateli polskich*, Ośrodek Karta (Warsaw, 2002), p. 27.

26. Zawilski, *Polskie Fronty*, vol. 2, p. 256.

27. 바르샤바 봉기에 관한 훌륭한 저작물이 많다. 최근의 영문 저서로는 Norman Davies, *Rising '44* (New York, 2004).

28. CAW, Opis VIII/800/29/4 (NKWD ZSRR), p. 197.

29. Ibid., Opis VIII/800/19 (NKWD ZSRR), folder 13, p. 33.

30. Ibid., folder 11, pp. 70-80.

31. Ibid., Opis VIII/800/13 (NKWD ZSRR), folder 13, p. 33; folder 12, p. 38.

32. Andrzej Panufnik, *Composing Myself* (London, 1987), p. 131.

33. 다음 인물과의 인터뷰. Szymon Bojko, Warsaw, May 28 and June 4, 2008.

34. Andrzej Friske, *Opozycja Polityczna w PRL, 1945-1980* (London, 1994), p. 9.

35. 얄타 조약문은 다음 웹페이지를 볼 것. http://avalon.law.yale.edu/wwii/yalta.asp.

36. Kersten, *Establishment of Communist Rule in Poland*, p. 125.

37. HIA, Jakub Berman collection, folder 1:6.

38. Kersten, *Establishment of Communist Rule in Poland*, p. 135.

39. Ibid., p. 126.

40. Sławomir Poleszak et al., eds., *Rok Pierwszy: Powstanie i Działalość aparatu bezpiecze ństwa publicznego na Lubelszczyźnie* (Lipiec 1944-Czerwiec 1945) (Warsaw, 2004), p. 397.

41. Snyder, *Sketches from a Secret War*, p. 207.

42. 다음 자료의 서문에서 다룬 WiN 관련 내용. Jozefa Huchlowa et al., eds., *Zrzeszenie "Wolnosc I niezawislosc" w dokumentach*, vol. I (Wrocław, 1997).

43. Justyna Wojcik, ed., *Ántykomunistyczne Organizacje Mlodziezowe w Malopolsce w Latach 1944-1956* (Kraków, 2008), pp. 33-34.

44. Poleszak et al., eds., *Rok Pierwszy*, pp. 179-80.

45. CAW, Opis VIII/800/13 (NKWD ZSRR), folder 15, p. 31.

46. Anita Prażmowska, *Civil War in Poland, 1942-1948* (New York, 2004), p. 153.

47. Poleszak et al., eds., *Rok Pierwszy*, pp. 352-83.

48. AAN, MEN/587, pp. 2-3.

49. Karta, Memoir Archives, Lucjan Grabowski, II/1412.

50. Jakub Nawrocki, "Do Krwi Ostatnej," *Polska Zbrojna* 8 (February 20, 2011), pp. 60-

61. 크루파는 투옥되었다가 1965년에 석방되었다. 그는 1972년 사망했다.

51. IPN, Rz 05/36/CD.

52. CAW, Opis VIII/800/19 (NKWD ZSRR), folder 18, p. 13.

53. 다음 인물과의 인터뷰. Erich Loest, Leipzig, December 12, 2006.

54. 서독에서의 탈나치화에 대해서는 다음을 볼 것. Frederick Taylor, *Exorcising Hitler: The Occupation and Denazification of Germany* (London, 2011), pp. 260-76.

55. 포츠담 조약문은 다음 웹페이지를 볼 것. http://avalon.law.yale.edu/20th_century/decade17.asp.

56. Gerhard Finn, *Die politischen Häftlinge der Sowjetzone: 1945-1959* (Pfaffenhofen, 1960), pp. 26-31; 다음 인물과의 인터뷰. Wolfgang Lehmann, Berlin, September 20, 2006.

57. 다음 인물과의 인터뷰. Papsdorf in Zeitzeugen, 다큐멘터리 감독은 D. Jungnickel.

58. 다음 인물과의 인터뷰. Gisela Gneist, Berlin and Sachsenhausen, September 20 and October 4, 2006.

59. 다음 인물과의 인터뷰. Gneist; 또한 Gisela Gneist and Gunther Heydemann, *"Allenfalls kommt man f r ein halbes Jahr in ein Umschulungslager"* (Leipzig, 2002).

60. Bogusław Kopka, *Obozy Pracy w Polsce, 1944-1950* (Warsaw, 2002), pp. 147-48.

61. 훗날 제1특별수용소로 바뀌었다. 작센하우젠 추모 박물관 웹사이트를 볼 것. http://www.stiftung-bg.de/gums/en/index.htm.

62. 작센하우젠 추모 박물관 컬렉션의 자료들.

63. Jan and Renate Lipinsky, *Die Straße die in den Tod f hrte—Zur Geschichte des Speziallagers Nr. 5 Ketschendorf/F rstenwalde* (Leverkusen, 1999), p. 177.

64. 다음 인물과의 인터뷰. Gneist. She worked as a messenger.

65. Norman Naimark는 소련 문서를 인용해 수감자 15만 3953명, 사망자 4만 2022명을 제시한다(Naimark, "To Know Everything and to Report Everything Worth Knowing: Building the East German Police State, 1945-1949," Cold War International History Project Working Paper no. 10, August 1994, p. 377). Gneist and Heydemann은 소련과 독일 자료를 바탕으로 수감자 15만 7837명, 사망자 4만 3035명을 제시한다("*Allenfalls kommt man f r ein halbes Jahr*," p. 12).

66. 다음 인물과의 인터뷰. Lehmann.

67. 다음 인물과의 인터뷰. Gneist.

68. Bodo Ritscher, *Speziallager Nr. 2 Buchenwald* (Buchenwald, 1993), pp. 86-90.

69. Ernest Tillich, *Hefte der Kampfgruppe*, brochure published in Berlin, 1945.

70. Ritscher, *Speziallager Nr. 2 Buchenwald*, pp. 86-90.

71. 작센하우젠 추모 박물관 컬렉션의 자료들.

72. 다음 인물과의 인터뷰. Lehmann.

73. Tamás Stark, *Magyar hadifoglyok a Szovjetunióban* (Budapest, 2006), p. 36.

74. HIA, George Bien collection; 다음도 볼 것. George Z. Bien, *Lost Years*, 자비 출판된 회고록.

75. Stark, *Magyar hadifoglyok a Szovjetunióban*, pp. 73-85.

76. Ibid., p. 97.

77. László Karsai, "The People's Courts and Revolutionary Justice in Hungary, 1945-46," in István Deák, Jan T. Gross, and Tony Judt, eds., *The Politics of Retribution in Europe* (Princeton, 2000), pp. 233-48.

78. Margit Földesi, *A megszállók szabadsága* (Budapest, 2002), p. 64.

79. 나를 바덴으로 데려가 옛 NKVD 본부를 답사하게 해준 Anita Lackenberger에게 감사한다.

80. Barbara Bank, "Az internálás és kitelepítés dokumentumai a történeti levéltárban," in György Gyarmati, ed., *Az átmenet évkönyve, 2003* (Budapest, 2004), pp. 107-30; 다음도 볼 것. Karsai, "People's Courts and Revolutionary Justice in Hungary," p. 233.

81. István Szent-Miklósy, *With the Hungarian Independence Movement, 1943-1947: An Eyewitness Account* (New York, 1988), p. 136.

82. Ibid., pp. 138-39.

83. ÁBTL, V-113398/1, pp. 1-20; Balogh Margit, *A KALOT és a katolikus társadalompolitika 1935-1946* (Budapest, 1998), pp. 184-85.

84. ÁBTL, V-113398/1, pp. 241-60.

85. *Szabad Nép*, May 4, 1946.

86. *Kis Újság*, May 3 and May 4, 1946.

87. Sándor M. Kiss, from the preface to Géza Böszörményi, *Recsk 1950-1953* (Budapest, 2005); 또한 다음 인물과의 인터뷰. Sándor M. Kiss, Budapest, January 27, 2009.

6장 인종 청소

1. Maria Buczyło, "Akcja 'Wisła': Wypędzić, rozproszyć," *Karta* 49 (2006), pp. 32-63.

2. Archie Brown, The Rise and Fall of Communism (London, 2009), p. 113.

3. 포츠담 조약문은 다음 웹페이지에서 볼 수 있다. http://avalon.law.yale.edu/20th_century/decade17.asp.

4. Stefano Bottoni, "Reassessing the Communist Takeover of Romania: Violence, Institutional Continuity, Ethnic Conflict Management," 워크숍 "United Europe, Divided Memory"에서 제시된 문서, Vienna, November 28-30, 2008, p. 5.

5. Eagle Glassheim, "National Mythologies and Ethnic Cleansing: The Expulsion of Czechoslovak Germans in 1945," *Central European History* 33/4 (2000), pp. 470-71.

6. Piotr Semków, "Martyrologia Polaków z Pomorza Gdańskiego w latach II wojny światowej," *Biuletyn Instytutu Pamięci Narodowej* 8-9 (2006), pp. 42-49.

7. Gerhard Gruschka, Zgoda, miejsce zgrozy: *Obóz koncentracyjny w Świętochłowicach* (Gliwice, 1998).

8. *"They rocked my cradle then bundled me out"—Ethnic German Fate in Hungary 1939-1948*, 전시회 카탈로그, Terror Háza (Budapest, 2007).

9. 다음 인물과의 인터뷰. Herta Kuhrig, Berlin, November 21, 2006. 그녀가 어렸을 때 나치소년단의 소녀 대원(Jungmädel) 제복을 입고 찍은 사진을 체코 경찰이 발견해, 쿠흐리그와 그녀의 가족은 추방되었다.

10. Włodzimierz Borodziej and Hans Lemberg, eds., *Niemcy w Polsce 1945-1950: Wybor Dokumentow*, vol. III (Warsaw, 2001), pp. 25-26.

11. Marion Gräfin Dönhoff, *Namen, die keiner mehr nennt: Ostpreußen—Menschen und Geschichte* (Munich, 1964), pp. 16-18.

12. Glassheim, "National Mythologies and Ethnic Cleansing," p. 470.

13. Piotr Pykel, "The Expulsion of the Germans from Czechoslovakia," in Steffen Prauser and Arfon Rees, eds., *The Expulsion of the "German" Communities from Eastern Europe at the End of the Second World War*, EUI Working Paper HEC no. 2004/1, p. 18.

14. Borodziej and Lemberg, eds., *Niemcy w Polsce*, pp. 33-34.

15. Pykel, "Expulsion of the Germans from Czechoslovakia," pp. 11-21; Balász Apor, "The Expulsion of the German-Speaking Population from Hungary," in Prauser and Rees, eds., *Expulsion of the "German" Communities from Eastern Europe*, p. 32.

16. László Karsai, "The People's Courts and Revolutionary Justice in Hungary, 1945-46," in István Deák, Jan T. Gross, and Tony Judt, eds., *The Politics of Retribution in Europe* (Princeton, 2000), pp. 246-47.

17. Witold Stankowski, "Centralny Obóz Pracy w Potulicach w Latach 1945-1950," in Alicja Paczoska, ed., *Obóz w Potulicach—Aspekt Trudnego Sąsiedstwa Polsko-Niemieckiego w Okresie Dwóch Totalitarnyzmów* (Bydgoszcz, 2005), pp. 58-59.

18. Helga Hirsch, *Zemsta Ofiar*, trans. Maria Przybyłowska (Warsaw, 1999), p. 78; Stankowski, "Centralny Obóz Pracy w Potulicach w Latach 1940-1950," p. 62.

19. Waldemar Ptak, "Naczelnicy Centralnego Obozu Pracy w Potulicach w Latach 1945-1950," in Paczoska, ed., *Obóz w Potulicach*, pp. 70-78.

20. 다음을 볼 것. Hirsch, *Zemsta Ofiar*, pp. 14-146; Witold Stankowski, *Obozy i inne miejsca odosobnienia dla niemieckiej ludności cywilnej w Polsce w latach 1945-1950* (Bydgoszcz, 2002), pp. 260-69; 또한 John Sack, *An Eye for an Eye* (New York, 1993), pp. 86-97. Sack의 책은 여러 오류와 과장이 포함되어 있으나, 그의 인터뷰 내용은 솔직한 듯 보인다.

21. Borodziej and Lemberg, eds., *Niemcy w Polsce*, pp. 131-47.

22. Barbara Bank and Sándor Öze, A *"német ügy" 1945-1953. A Volksbundtól Tiszalökig* (Budapest and Munich, 2005), pp. 9-34.

23. Timothy Snyder, *Bloodlands: Europe Between Hitler and Stalin* (New York, 2010), pp. 323-24.

24. Pykel, "Expulsion of the Germans from Czechoslovakia," pp. 11-21.

25. Phillip Ther, "The Integration of Expellees in Germany and Poland After World War II," *Slavic Review* 55, 4 (Winter 1996), pp. 787-88.

26. Piotr Szubarczyk and Piotr Semków, "Erika z Rumii," *Biuletyn Instytutu Pamięci Narodowej* 5 (2004), pp. 49-53.

27. Norman Naimark, *Fires of Hatred: Ethnic Cleansing in Twentieth-Century Europe* (Cambridge, Mass., and London, 2001), pp. 110-11.

28. Ibid.

29. Tibor Zinner, *A magyarországi németek kitelepítése* (Budapest, 2004), pp. 19-28; Barbara Bank, introduction to Bank and Öze, A *"német ügy" 1945-1953*.

30. Bottoni, "Reassessing the Communist Takeover of Romania," p. 5.

31. Mikołaj Stanisław Kunicki, "The Polish Crusader: The Life and Politics of Bolesław Piasecki, 1915-1979," 박사 논문, Stanford University, June 2004, pp. 196-203.

32. Bottoni, "Reassessing the Communist Takeover of Romania," pp. 18-21.

33. Kálmán Janics, *Czechoslovak Policy and the Hungarian Minority, 1945-1948* (New York, 1982), p. 61.

34. Ibid., p. 105.

35. 다음을 볼 것. Andrzej Krawczyk, "Czechy: Komunizm Wiecznie Zywy," *Gazeta Wyborcza* 155 (July 5, 2007), who argues that the expulsions were a crucial part of the legitimacy of the Czechoslovak communist party.

36. *Przesiedlenia Polaków i Ukraińców, 1944-1946*, vol. 2, document collection prepared by Archiwum Ministerstwa Wewnetrznych I Administracja RP and Derzahvny Arkhiv Sluzby Bezpeki Ukrainii (Warsaw and Kiev, 2000), p. 41.

37. 볼히니아에서 벌어진 인종 청소에 대한 가장 뛰어난 짧은 서술은 다음 자료에서 볼 수 있다. Timothy Snyder, "The Causes of Ukrainian-Polish Ethnic Cleansing, 1943," *Past and Present* 179 (May 2003), pp. 197-234.

38. Barbara Odnous, "Lato 1943," *Karta* 46 (2005), p. 121.

39. Waldemar Lotnik, *Nine Lives: Ethnic Conflict in the Polish-Ukrainian Borderlands* (London, 1999), p. 65.

40. *Przesiedlenia Polaków i Ukraińców*, p. 253.

41. Ibid., p. 45.

42. Ibid., pp. 737-41.

43. Ibid., pp. 915-17.

44. Dariusz Stola, "Forced Migrations in Central European History," *International Migration Review* 26, 2 (Summer 1992), pp. 324-41.

45. *Przesiedlenia Polaków i Ukraińców*, pp. 49, 743.

46. Eugeniusz Misiło, *Akcja Wisła* (Warsaw, 1993), pp. 16-17.

47. Timothy Snyder, *Sketches from a Secret War* (New Haven and London, 2005), p. 210.

48. Misiło, *Akcja Wisła*, pp. 66-69, 73.

49. Ibid., p. 63.

50. Ibid., p. 25.

51. Buczyło, "Akcja 'Wisła,'" p. 34.

52. Snyder, *Bloodlands*, p. 329.

53. Mark Kramer, "Stalin, Soviet Policy, and the Consolidation of a Communist Bloc in Eastern Europe, 1944-1953," p. 21, Freeman Spogli International Institute에서의 보고서, April 30, 2010.

54. Dagmar Kusa, "Historical Trauma in Ethnic Identity," in Eleonore Breuning, Jill

Lewis, and Gareth Pritchard, eds., *Power and the People: A Social History of Central European Politics, 1945-1956* (Manchester, 2005), pp. 130-52.

55. Janics, *Czechoslovak Policy and the Hungarian Minority*, p. 219.

56. Bennet Kovrig, "Partitioned Nation: Hungarian Minorities in Central Europe" in Michael Mandelbaum, ed., *The New European Diasporas* (New York, 2000), pp. 19-81; Stola, "Forced Migrations in Central European History," pp. 336-37.

57. 다음 웹페이지를 볼 것. http://www.ipn.gov.pl/portal/en/2/71/Response_by_the_State_of_Israel_to_the_application_for_the_extradition_of_Salomo.html. 1998년 폴란드 당국은 과거 스탈린주의 검사였던 헬레나 브루스(Helena Brus)를 범죄 용의자로 소환하려고 했다. 그녀는 폴란드 국내군 지도자 중 가장 영웅적인 에밀 필도르프(Emil Fieldorf) 장군의 체포영장에 서명해 그를 재판에서 웃음거리로 만든 후 처형당하게 한 인물이었다. 브루스는 1971년 옥스퍼드로 이주했다. 그녀는 "아우슈비츠와 비르케나우가 있었던 국가"에서는 "공정한 재판을 받지 못할 것"이라는 이유로 폴란드 귀환을 거부했다. 영국 정부도 범죄 용의자 인도에 동의하지 않았다. 다음 자료를 볼 것. Anne Applebaum, "The Three Lives of Helena Brus," *Sunday Telegraph*, December 6, 1998.

58. Dariusz Stola, *Kraj Bez Wyjścia? Migracje z Polski 1949-1989* (Warsaw, 2010), pp. 49-53. 다음도 볼 것. Dariusz Stola, Natlia Aleksiun, and Barbara Polak, "Wszyscy krawcy wyjechali. O Żydach w PRL," Biuletyn Instytutu Pamięci Narodowej 11 (2005), pp. 4-25.

59. András Kovács, ed., *Jews and Jewry in Contemporary Hungary: Results of a Sociological Survey* (Institute for Jewish Policy Research, 2004), pp. 49-53.

60. Jeffrey Herf, *Divided Memory: The Nazi Past in the Two Germanys* (Cambridge, Mass., 1997), p. 70. 전쟁 전 독일 전역에 거주하던 60만 명의 유대인 가운데 약 2만 1000명만이 남아 있었다.

61. Stola, *Kraj Bez Wyjścia?*, p. 50.

62. Marek Chodakiewicz, *After the Holocaust* (New York, 2003), pp. 187-99.

63. Jan Gross는 *Fear: Anti-Semitism in Poland After Auschwitz* (New York, 2006)에서 1944년부터 1946년 사이 인종적 이유로 살해된 유대인의 수는 "널리 인정된" 추산이 1500명 정도라고 밝혔다. 반면 역사학계의 반대편에 있는 Marek Chodakiewicz는 *After the Holocaust* (pp. 207-16)에서 400-700명으로 제시한다. 최대 2500명을 제시하는 학자도 있다.

64. Chodakiewicz, *After the Holocaust*, p. 172; János Pelle, *Az utolsó vérvádak* (Budapest, 1995), pp. 125-49.

65. 이것은 사건을 매우 단순화한 것이다. 더 상세한 내용은 다음을 볼 것. Gross, *Fear*, pp. 11-129; Bożena Szaynok, *Pogrom żydów w Kielcach. 4. VII 1946 r.* (Warsaw, 1992). 실제 사건에 대한 여러 후속 논쟁에 대해서는 다음 자료에서 잘 요약하고 있다. Bożena Szaynok, "Spory o pogrom Kielecki," in Łukasz Kaminski and Jan Żaryn, eds., *Wokol Pogromu Kieleckiego* (Warsaw, 2006).

66. Shimon Redlich, *Life in Transit: Jews in Postwar Lodz, 1945-1950* (Boston, 2010), p. 82.

67. Robert Györi Szabó, *A kommunizmus és a zsidóság az 1945 utáni Magyarországon* (Budapest, 2009), p. 147.

68. Martin Mevius, *Agents of Moscow: The Hungarian Communist Party and the Origins of Socialist Patriotism 1941-1953* (Oxford, 2005), pp. 94-98.

69. 최근의 두 성과는 다음을 볼 것. Szabó, *A kommunizmus és a zsidóság az 1945 utáni Magyarországon; and Pelle, Az utolsó vérvádak*; Peter Kenez, *Hungary from the Nazis to the Soviets: The Establishment of the Communist Regime in Hungary, 1944-1948* (New York, 2006), pp. 160-62.

70. "현재 이용 가능한 자료로는 비밀경찰이 포그롬을 사주했을 가능성을 확신할 수도 부인할 수도 없다." (Chodakiewicz, *After the Holocaust*, pp. 171-72)

71. Anita J. Prażmowska, "The Kielce Pogrom, 1946, and the Emergence of Communist Power in Poland," *Cold War History* 2, 2 (January 2002), pp. 101-24.

72. Szabó, *A kommunizmus és a zsidóság az 1945 utáni Magyarországon*, p. 147.

73. Gross, *Fear*, p. 39.

74. Heda Kovály, *Under a Cruel Star: A Life in Prague, 1941-1968* (Cambridge, Mass., 1986), p. 47.

75. Raphael Patai, *The Jews of Hungary: History, Culture, Psychology* (Detroit, 1996), p. 627.

76. Stola, Aleksiun, and Polak, "Wszyscy krawcy wyjechali," pp. 11-12. 또한 스톨라는 *The English Historical Review* 122, 499 (2007), pp. 1,460-63에 실린 Gross의 Fear에 대한 서평에서 다음을 인용한다. Michael Steinlauf, *Bondage to the Dead: Poland and the Memory of the Holocaust* (Syracuse, 1997); R. J. Lifton, *The Broken Connection: On Death and the Continuity of Life* (New York, 1979).

77. 다음 자료의 묘사. Anna Cichopek-Gajraj, "Jews, Poles, and Slovaks: A Story of Encounters, 1944-48," 박사 논문, University of Michigan, 2008, p. 230.

78. Gross, *Fear*, pp. 130-31.

79. Stola, *Kraj Bez Wyjścia?*, pp. 50-52.

80. Ibid., pp. 53-63.

81. Patai, *Jews of Hungary*, p. 614.

82. Bożena Szaynok, *Poland-Israel 1944-1968: In the Shadow of the Past and of the Soviet Union* (Warsaw, 2012), pp. 110-13; Szabó, *A kommunizmus és a zsidóság az 1945 utáni Magyarországon*, pp. 75-88.

83. Stola, *Kraj Bez Wyjścia?*, pp. 53-63.

84. Ibid., p. 481.

85. Andrzej Paczkowski, "Zydzi w UB: Proba weryfikacji stereotyp," in Tomasz Szarota, ed., *Komunizm: Ideologia, System, Ludzi* (Warsaw, 2001).

86. 다음에서 인용. Gross, *Fear*, p. 224.

87. HIA, Jakub Berman Collection, folder 1:4.

88. Mevius, *Agents of Moscow*, pp. 94-98.

89. Szabó, *A kommunizmus és a zsidóság az 1945 utáni Magyarországon*, p. 91.

90. Herf, *Divided Memory*, p. 83.

91. Mevius, *Agents of Moscow*, p. 184.

92. Marcin Zaremba, *Komunizm, Legitimizacja, Nacjonalizm* (Warsaw, 2005), p. 140.

93. T. V. Volokitina et al., eds., *Vostochnaya Evropa v dokumentakh rossiskikh arkhivov 1944-1953*, vol. I (Moscow and Novosibirsk, 1997), pp. 937-43. 1968년, 고무우카는 실제로 폴란드 공산당에 남아 있던 유대인 다수를 숙청하고 그중 상당수를 국외로 추방했다.

7장 청년

1. Wolfgang Leonhard, *Child of the Revolution*, trans. C. M. Woodhouse (Chicago, 1958), p. 408.

2. HIA, Stefan Jędrychowski Collection, Box 4, folder 18.

3. AAN, Ministerstwo Oswiaty/686, pp. 1-2.

4. Robert Service, *Spies and Commissars* (London, 2011), p. 232.

5. Leopold Tyrmand, *Dziennik 1954* (London, 1980), pp. 47-49.

6. Marek Gaszyński, *Fruwa Twoja Marynara* (Warsaw, 2009), pp. 12-14.

7. Tyrmand, *Dziennik 1954*, pp. 47-49.

8. 이 개념을 싫어하는 사람들도 있다. 저명한 러시아 학자 스티븐 코트킨(Stephen Kotkin)은 "시민사회"라는 표현은 "학자, 풍자가, 외국 원조 제공자 들에게 조악하게 느껴지며 … 애매하고, 온갖 목적의 사회 주체들을 모아놓은 것 같다"라고 말한다. 그는 중유럽에 대한 글을 쓰면서 어쨌든 이 현상을 서술할 필요가 있었지만, 같은 현상을 지칭하는 다른 용어("niches")를 사용했다. 다음을 볼 것. Anne Applebaum, "1989 and All That," *Slate*, November 9, 2009.

9. V. I. Lenin, 다음에서 인용. *The Communist Party of the Soviet Union (Bolsheviks) Is the Leading and Guiding Force of Soviet Society* (Moscow, 1951), p. 28.

10. Dmitri Likachev, "Arrest," in Anne Applebaum, ed., *Gulag Voices* (New Haven, 2010), pp. 1-12.

11. Stuart Finkel, *On the Ideological Front: The Russian Intelligentsia and the Making of the Soviet Public Sphere* (New Haven, 2007), pp. 1-13.

12. Ellen Ueberschär, *Junge Gemeinde im Konflikt: Evangelische Jugendarbeit in SBZ und DDR 1945-1961* (Stuttgart, 2003), p. 62.

13. Alan Nothnagle, *Building the East Germany Myth* (Ann Arbor, 1999), pp. 103-4.

14. 소련에서 벌어진 리센코 대 다윈 논쟁에 대한 탁월한 저술은 다음 자료를 볼 것. Peter Pringle, *The Murder of Nikolai Vavilov* (New York, 2008).

15. Ulrich Mählert, *Die Freie Deutsche Jugend 1945-1949* (Paderborn, 1995), pp. 22-45.

16. Leonhard, *Child of the Revolution*, pp. 299-300.

17. Mählert, *Freie Deutsche Jugend*, pp. 44-45.

18. Leonhard, *Child of the Revolution*, pp. 318-26.

19. DRA, F201-00-00/0004 (Büro des Intendanten Geschäftsunterlagen, 1945-1950), pp. 284-87.

20. Mählert, *Freie Deutsche Jugend*, pp. 72-73.

21. Stewart Thomson, in collaboration with Robert Bialek, *The Bialek Affair* (London, 1955), pp. 68-69.

22. 다음 인물과의 인터뷰. Ernst Benda, Berlin, May 20, 2008.

23. Manfred Klein, *Jugend zwischen den Diktaturen: 1945-1956* (Mainz, 1968), pp. 20-35.

24. Thomson with Bialek, *Bialek Affair*, pp. 76-78.

25. Klein, *Jugend zwischen den Diktaturen*, p. 34.

26. SAPMO-BA, DY24/2000, p. 13.

27. Ibid., p. 164.

28. Mählert, *Freie Deutsche Jugend*, pp. 114-17; SAPMO-BA, DY24/2000, pp. 36-41.

29. Klein, *Jugend zwischen den Diktaturen*, p. 67.

30. Ueberschär, *Junge Gemeinde im Konflikt*, p. 65.

31. Klein, *Jugend zwischen den Diktaturen*, pp. 73-74.

32. V. V. Zakharov, *SVAG I Religioznie Konfesii Sovetskoi Zoni Okkupatsii Germanii, 1945-1949: Sbornik Dokumentov*, pp. 244-47.

33. Ibid., pp. 248-49.

34. DRA, F201-00-00/0004 (Büro des Intendanten Geschäftsunterlagen, 1945-1950), pp. 284-87.

35. *Szabad Nép*, June 19, 1946.

36. Ibid., June 20, 1946.

37. Ibid., June 22, 1946.

38. Ibid., June 23, 1946.

39. Ferenc Nagy, *Küzdelem a vassfüggöny mögött* (Budapest, 1990), pp. 314-16.

40. Imre Kovács, *Magyarország megszállása* (Budapest, 1990), p. 294; József Mindszenty, *Emlékirataim* (Budapest, 1989), p. 134; Margit Balogh, *A KALOT és a katolikus társadalompolitika 1935-1946* (Budapest, 1998), pp. 198-201.

41. Peter Kenez는 이를 "민족주의적"이고 "반유대주의적"이라고 묘사했다. *Hungary from the Nazis to the Soviets: The Establishment of the Communist Regime in Hungary, 1944-1948* (New York, 2006), p. 165.

42. Balogh, *A KALOT és a katolikus társadalompolitika*, p. 166.

43. PIL, 286/31, pp. 7-11.

44. Ibid.

45. Ibid.

46. Ibid., pp. 13-15.

47. Ibid., p. 172.

48. Balogh, *A KALOT és a katolikus társadalompolitika*, p. 167.

49. Ibid., pp. 174-75.

50. Ibid., pp. 180-83.

51. Kenez, *Hungary from the Nazis to the Soviets*, p. 279.

52. *Szabad Nép*: July 16, 1946, p. 3: July 18, 1946, p. 1: July 19, 1946, p. 1: July 20, 1946, p. 3: July 24, 1946, p. 3. 다음도 볼 것. László Borhi, *Hungary in the Cold War, 1945-1956: Between the United States and the Soviet Union* (New York and Budapest, 2004), pp. 94-95: Kenez, *Hungary from the Nazis to the Soviets*, pp. 279-80.

53. Balogh, *A KALOT és a katolikus társadalompolitika*, pp. 206-9.

54. Henryk Saint Glass, *Harcerstwo jako czynnik odrodzenia Narodowego* (Warsaw and Plock, 1924), pp. 15-18.

55. Norman Davies, *Rising '44: The Battle for Warsaw* (New York, 2004), pp. 177-78 and 496: Julian Kwiek, *Związek Harcerstwa Polskiego w Latach 1944-1950. Powstanie, rozwój, likwidacja* (Toruń, 1995), pp. 5-6.

56. Karta, Memoir Archives, Bronisław Mazurek, I/531.

57. M. Kowalik, *Harcerstwo w Stalowej Woli 1938-1981. Zapiski kronikarskie* (Warsaw, 1981).

58. Karta, Memoir Archives, Janusz Zawisza-Hrybacz, II/1730.

59. 다음 인물과의 인터뷰. Maria Straszewska, Warsaw, May 26, 2008.

60. Kwiek, Związek Harcerstwa Polskiego w Latach, pp. 8-12.

61. Ludwik Stanisław Szuba, *Harcerstwo na Pomorzu i Kujawach w Latach 1945-1950* (Bydgoszcz, 2006), p. 35.

62. Kwiek, *Związek Harcerstwa Polskiego w Latach*, p. 47.

63. Ibid., pp. 66-67.

64. 다음 인물과의 인터뷰. Julia Tazbirowa, Warsaw, May 20, 2009.

65. K. Persak, *Odrodzenia harcerstwo w 1956 roku* (Warsaw, 1996), pp. 60-62: Kwiek, *Związek Harcerstwa Polskiego w Latach*, p. 123.

66. 다음 인물과의 인터뷰. Straszewska.

67. 1950년대 후반에 "지하" 스카우트 운동이 창설되었다. 이 운동은 1989년까지 지속되었다.

68. AAN, Ministerstwo Oswiaty, 592.

69. Jan Żaryn, *Dzieje Kosciola Katolickiego w Polsce, 1944-1989* (Warsaw, 2003), pp. 119-20.

70. Ferenc Pataki, *A Nékosz-legenda* (Budapest, 2005), pp. 179-97.

71. PIL, 302 1/15, p. 11.

72. 영어 제목은 *The Confrontation* (http://www.imdb.com/title/tt0062995).

73. 다음 인물과의 인터뷰. Iván Vitanyi, Budapest, January 28, 2006.

74. PIL. 320/1/16, pp. 162-77.

75. Tibor Huszar, "From Elites to Nomenklatura: The Evolution and Some Characteristics of Institutionalised Cadre Policy in Hungary (1945-1989)," *Review of Sociology* 11, 2 (2005), pp. 5-73.

76. Pataki, *A Nékosz-legenda*, pp. 173-75; and Istvan Papp, "A Nékosz legendája és valósága," in *Mítoszok, legendák, tévhitek a 20. századi magyar történelemről* (Budapest, 2005), pp. 309-38.

77. Dini Metro-Roland, "The Recollections of a Movement: Memory and History of the

National Organization of People's Colleges," *Hungarian Studies* 15, 1 (2001), p. 84.

78. Pataki, *A Nékosz-legenda*, p. 259.

79. PIL, 302 1/15; 867/1/H-168.

80. Pataki, *A Nékosz-legenda*, pp. 378-79.

81. Papp, "A Nékosz legendája és valósága," p. 335.

8장 라디오

1. 다음 인물과의 인터뷰. Andrzej Zalewski, Warsaw, September 15, 2009.

2. Wolfgang Schivelbusch, *In a Cold Crater: Cultural and Intellectual Life in Berlin, 1945-1948* (Berkeley, 1998), pp. 108-9.

3. DRA, B202-00-00-06/0617.

4. Ibid., F201-00-00/0004, pp. 646-50.

5. Ibid., pp. 427-35.

6. Peter Strunk, *Zensur und Zensoren* (Berlin, 1996), pp. 10-18.

7. Markus Wolf and Anne McElvoy, *Man Without a Face: The Autobiography of the World's Greatest Spymaster* (London, 1999), p. 36.

8. Strunk, *Zensur und Zensoren*, pp. 10-18.

9. Schivelbusch, *In a Cold Crater*, pp. 109-10.

10. DRA, F201-00-00/0004, p. 554.

11. Strunk, *Zensur und Zensoren*, p. 111.

12. 다음 인물과의 대화. Gunter Holzweissig, Berlin, October 1, 2006; 다음 인물과의 대화. Ingrid Pietrzysnski, Potsdam, October 16, 2006.

13. Michael Geyer, ed., *The Power of Intellectuals in Contemporary Germany* (Chicago, 2001), p. 252.

14. DRA, 201-00-004/001, pp. 1-32.

15. Ibid., pp. 108-9.

16. Ibid., B202-00-071/0027.

17. Ibid., B202-00-03/0002.

18. Ibid., B202-00-06/40.

19. Ibid., F201-00-00/0004, pp. 532, 540, 600-15.

20. Ibid., p. 583.

21. Ibid., pp. 71-73.

22. N. Timofeeva et al., eds., *Politika SVAG v Oblasti Kulturi, nauki I Obrazovaniya: Tseli, Metody, Rezultaty, 1945-1949 gg, Sbornik Dokumentov*, pp. 124-25.

23. TVP, 85/14 and Stefania Grodzieńska, *Już nic nie muszę* (Lublin, 2000), pp. 34-38.

24. 1981년 계엄령 선포 후 지하 신문 《주간 마조프세(Tygodnik Mazowsze)》 문서고가 빌리 그의 아파트에 보존되었다. *Gazeta Wyborcza*, December 6, 2006, 다음 웹페이지를 볼 것. http://wyborcza.pl/1,77023,3777590.html.

25. Grodzieńska, *Już nic nie muszę*, pp. 34-35.

26. TVP, 85/2/2.

27. 다음 자료에 사본이 실린 명령서. *Rzeczpospolita*, August 15, 1944.

28. *Dziennik Ustaw Rzeczypospolitej Polskie* 10 (November 3, 1944); Agnieszka Sowa, "Gadające skrzynki," *Polityka* 37, 2521 (September 17, 2005), pp. 74-76; 다음 인물과의 인터뷰. Piotr Paszkowski, Warsaw, May 21, 2007.

29. Tomasz Goban-Klas, *The Orchestration of the Media: The Politics of Mass Communications in Communist Poland and the Aftermath* (Boulder, 1994), pp. 53-54.

30. Andrzej Krawczyk, *Pierwsza Próba Indoktrynacji: Działalność Ministerstwa Informacji I Propagandy w latach 1944-1947, Dokumenty do dziejow PRL*, vol. 7 (Warsaw, 1994), p. 36.

31. NAC, 녹음 카탈로그. 다음 웹페이지를 볼 것. www.audiovis.nac.gov.pl; 또한 NAC, Dokumentacja programowa Polskiego Radia, 21.02.1945, 9/8, s. 19.

32. TVP, 85/2/2.

33. Ibid., 85/2/1.

34. Władysław Szpilman, *The Pianist* (London, 1999), pp. 7-9.

35. TVP, 85/2/2.

36. Ibid.

37. Ibid., 85/6/1.

38. István Vida, "A demokratikus Magyar Rádió megteremtése és a Magyar Központi Híradó Rt. Megalakulása," in *Tanulmányok a Magyar Rádió történetéböl 1925-1945* (Budapest, 1975), pp. 239-86; Béla Lévai, *A rádió és a televízió krónikája 1945-1978* (Budapest, 1980), p. 11.

39. Peter Kenez, *Hungary from the Nazis to the Soviets: The Establishment of the Communist Regime in Hungary, 1944-1948* (New York, 2006), p. 89.

40. Lévai, *A rádió és a televízió krónikája*, p. 15.

41. Ibid., p. 12; Vida, "A demokratikus Magyar Rádió," p. 246.

42. Jenö Randé and János Sebestyén, *Azok a rádiós évtizedek* (Budapest, 1995), p. 112.

43. 다음 인물과의 인터뷰. Áron Tóbiás, Budapest, May 21, 2009.

44. Gyula Schöpflin, *Szélkiáltó* (Budapest, 1985), p. 60.

45. Vida, "A demokratikus Magyar Rádió," pp. 249-51.

46. Ibid., p. 251.

47. Lévai, *A rádió és a televízió krónikája*, pp. 16-26.

48. László András Palkó, "A Magyar Rádió és az Államvédelmi Hatóság kapcsolata a Rákosikorszakban," *Valóság* (January 2008), pp. 69-77.

49. Schöpflin, *Szélkiáltó*, pp. 63-64.

50. Randé and Sebestyén, *Azok a rádiós évtizedek*, pp. 110-12.

9장 정치

1. NA, RG218, Stack 190 2/15/3 CCS/JCS UD47, Box 15, file 94 (Antony Beevor 제공).

2. John Lewis Gaddis, *The Cold War: A New History* (New York, 2005), pp. 5-6.

3. 원자폭탄 중 하나로 베를린 필하모닉의 지휘자가 사망했다. 다음을 볼 것. Ruth Andreas-Friedrich, *Battleground Berlin: Diaries, 1945-1948* (New York, 1990), pp. 86–92.

4. 다음에서 인용. Krystyna Kersten, *The Establishment of Communist Rule in Poland, 1943-1948* (Berkeley, 1991), p. 75.

5. Ivan T. Berend, *Central and Eastern Europe 1944-1993* (Cambridge, 1996), p. 30.

6. Teresa Torańska, *Oni: Stalin's Polish Puppets*, trans. Agnieszka Kołakowska (Warsaw, 2004), p. 484.

7. Hermann Weber, ed., *DDR: Dokumente zur Geschichte der Deutschen Demokratischen Republik 1945-1985* (Munich, 1986), pp. 65–66.

8. Stanisław Mikołajczyk, *The Rape of Poland* (New York, 1948), p. 100.

9. *Sovietskii Faktor v Vostochnoi Evrope*, vol. I (Moscow, 1999), pp. 67–76.

10. Gaddis, *Cold War*, p. 100.

11. T. V. Volokitina et al., eds., *Vostochnaya Evropa v dokumentakh rossiskikh arkhivov 1944-1953*, vol. I (Moscow and Novosibirsk, 1997), pp. 330–31.

12. R. J. Crampton, *A Concise History of Bulgaria* (Cambridge, 2006), pp. 182–83.

13. Mikołajczyk, *Rape of Poland*, p. 98; Martin Gilbert, "Churchill and Poland," 미출간 강의, University of Warsaw, February 16, 2010. Martin Gilbert에게 감사한다.

14. Kersten, *Establishment of Communist Rule in Poland*, p. 81.

15. Ibid., p. 113.

16. "Protocol of Proceedings of Crimea Conference," 다음 웹페이지를 볼 것. http://www.fordham.edu/halsall/mod/1945YALTA.html.

17. Mikołajczyk, *Rape of Poland*, p. 127.

18. Ibid., pp. 130–34.

19. Kersten, *Establishment of Communist Rule in Poland*, p. 242.

20. IWM, "The Struggles for Poland, Program Six," Roll E.156, 다음 인물과의 인터뷰. Włodzimierz Brus (Wanda Kościa에게 감사한다), pp. 1–5.

21. HIA, Stanisław Mikołajczyk collection, Box 103, folder 3, and Box 104, folder 9.

22. Ibid.

23. Tomasz Goban-Klas, *The Orchestration of the Media: The Politics of Mass Communications in Communist Poland and the Aftermath* (Boulder, 1994), p. 52.

24. HIA, Stanisław Mikołajczyk collection, Box 104, folders 4 and 5.

25. Kersten, *Establishment of Communist Rule in Poland*, pp. 252–53.

26. Torańska, *Oni*, p. 273.

27. Ibid., p. 274.

28. Kersten, *Establishment of Communist Rule in Poland*, pp. 271–77.

29. IWM, 다음 인물과의 인터뷰. Brus.

30. Ibid.

31. Andrzej Paczkowski, *Referendum z 30 czerwca 1946: Proba wstępnego bilansu* (Warsaw, 1992), p. 14.

32. Andrzej Krawczyk, *Pierwsza próba indoktrynacji. Działalność Ministerstwa*

Informacji i Propagandy w latach 1944-1947, Documenty do dziejow PRL, vol. 7 (Warsaw, 1994), p. 91.

33. Paczkowski, *Referendum z 30 czerwca 1946*, pp. 221-22.

34. Torańska, *Oni*, pp. 274-75.

35. Krawyczyk, *Pierwsza próba indoktrynacji*, p. 91.

36. Kersten, *Establishment of Communist Rule in Poland*, p. 320.

37. IWM, 다음 인물과의 인터뷰. Brus, pp. 15-20.

38. Mikołajczyk, *Rape of Poland*, p. 198.

39. Anita Prażmowska, *Poland: A Modern History* (London 2010), p. 167.

40. 폴란드 자유노조(솔리다리노스치Solidarność)는 처음에는 지하 운동이었으나 1980년 8월에서 1981년 12월 사이에 합법적인 노동조합으로 인정받았다.

41. Ignác Romsics, *Hungary in the Twentieth Century* (Budapest, 1999), pp. 230-31.

42. Peter Kenez, *Hungary from the Nazis to the Soviets: The Establishment of the Communist Regime in Hungary, 1944-1948* (New York, 2006), p. 96.

43. Volokitina et al., eds., *Vostochnaya Evropa*, vol. I, pp. 271-74.

44. SNL, 역사적 인터뷰 모음: 인터뷰이는 Jenö Széll, Történeti Interjúk Tára, and Országos Széchenyi Könyvtár, 인터뷰 제작자는 András Hegedüs, Gábor Hanák, Gyula Kozák, and Ilona Szabóné Dér, on August 3, 1985.

45. Ibid., 다음 인물과의 인터뷰. Széll.

46. Ibid.

47. György Gyarmati, "'Itt csak az fog történni, amit a kommunista párt akar!': Adalékok az 1947: évi országgyűlési választások történetéhez," *Társadalmi Szemle* 8-9 (1997), pp. 144-61.

48. Volokitina et al., eds., *Vostochnaya Evropa*, vol. I, pp. 271-74.

49. *Sovietskii Faktor*, vol. I, pp. 243-44.

50. Ferenc Nagy, *The Struggle Behind the Iron Curtain* (New York, 1948), p. 369.

51. Ibid., pp. 405-26.

52. Gyarmati, "'Itt csak az fog történni, amit a kommunista párt akar!,'" pp. 144-61.

53. Dezsö Sulyok, *Két éjszaka nappal nélkül* (Budapest, 2004), pp. 387-91.

54. Károly Szerencsés, *A kék cédulás hadművelet* (Budapest, 1992), pp. 59-73.

55. Margit Balogh and Kataline S. Nagy, eds., *Asszonysorsok a 20. Században*, conference papers of BME Szociológia és Kommunikáció Tanszék, 2000, pp. 297-309.

56. Dirk Spilker, *The East German Leadership and the Division of Germany: Patriotism and Propaganda 1945-1953* (Oxford, 2006), pp. 53-54.

57. Peter Greider, *The East German Leadership 1946-1973* (Manchester, 1999), pp. 17-25.

58. 전문은 다음 웹페이지를 볼 것. http://www.marxists.org/archive/lenin/works/1918/prrk/index.htm.

59. Gary Bruce, *The Firm: The Inside Story of the Stasi* (Oxford, 2010), pp. 34-36.

60. Wilfried Loth, *Stalin's Unwanted Child: The Soviet Union, the German Question and the Founding of the GDR*, trans. Robert F. Hogg (London, 1998), p. 31.

61. Spilker, *East German Leadership and the Division of Germany*, pp. 47–50.

62. Andreas-Friedrich, *Battleground Berlin*, p. 130.

63. Ibid., p. 125.

64. Ibid., pp. 114–15.

65. Walter Ulbricht, *On Questions of Socialist Construction in the GDR* (Dresden, 1968), pp. 78–90.

66. Stefan Creuzberger, "The Soviet Military Administration and East German Elections, Autumn, 1946," *The Australian Journal of Politics and History* (1999).

67. Karl-Heinz Hajna, *Die Landtagswahlen 1946 in der SBZ* (Frankfurt am Main, 2000), pp. 119–68.

68. Spilker, *East German Leadership and the Division of Germany*, p. 101.

69. Creuzberger, "Soviet Military Administration and East German Elections."

70. IWM, 다음 인물과의 인터뷰. Benda.

71. Peter Skyba, "Jugendpolitik, Jugendopposition und Jugendwiderstand in der SED-Diktatur," in *Jugend und Diktatur. Verfolgung und Widerstand in der SBZ/DDR*. Dokumentation des XII. Bautzen-Forums am 4. und 5. Mai 2001 (Leipzig, 2001), p. 40.

72. IWM, 다음 인물과의 인터뷰. Benda.

73. Sidney S. Alexander, *The Marshall Plan*, National Planning Association Planning Pamphlets nos. 60–61, February 1948, p. 14.

74. Giuliano Procacci et al., eds., *The Cominform: Minutes of the Three Conferences, 1947/1948/1949* (Milan, 1994), p. 26.

75. *Sovietskii Faktor*, vol. I, p. 459.

76. Geoffrey Roberts, "Moscow and the Marshall Plan: Politics, Ideology and the Onset of the Cold War, 1947," *Europe-Asia Studies* 46, 8 (1994), p. 1,378; *Sovietskii Faktor*, vol. I, pp. 462–65.

77. Procacci et al., eds., *Cominform*, pp. 26, 225–51, 379.

78. Ibid., p. 43.

79. Ibid., p. 129.

80. Kenez, *Hungary from the Nazis to the Soviets*, pp. 277–78.

81. Jenö Randé and János Sebestyén, *Azok a rádiós évtizedek* (Budapest, 1995), pp. 127–29.

82. Ivor Lukes, "The Czech Road to Communism," in Norman Naimark and Leonid Gibianskii, eds., *The Establishment of Communist Regimes in Eastern Europe, 1944-1949* (Boulder, 1997), p. 259.

83. Ekaterina Nikova, "Bulgarian Stalinism Revisited," in Vladimir Tismaneau, ed., *Stalinism Revisited* (New York and Budapest, 2009), pp. 290–94.

10장 경제

1. Giuliano Procacci et al., eds., *The Cominform: Minutes of the Three Conferences, 1947/1948/1949* (Milan, 1994), p. 17.

2. Ingolf Vogeler, "State Hegemony in Transforming the Rural Landscapes of Eastern Germany: 1945-1994," *Annals of the Association of American Geographers* 86, 3 (September 1996), pp. 432-33.

3. Jonathan Osmond, "From *Junker* estate to co-operative farm: East German Agrarian Society 1945-61," in Patrick Major and Jonathan Osmond, eds., *The Workers' and Peasants' State* (Manchester, 2002), pp. 134-37.

4. Gary Bruce, *Resistance with the People* (Oxford, 2003), p. 33.

5. Peter Stachura, *Poland 1918-1945* (London, 2004), pp. 47-49.

6. Nicolas Spulber, "Eastern Europe: The Changes in Agriculture from Land Reforms to Collectivization," *American Slavic and East European Review* 13, 3 (October 1954), pp. 393-94.

7. Krystyna Kersten, *The Establishment of Communist Rule in Poland, 1943-1948* (Berkeley, 1991), p. 166.

8. *Polska-ZSSR: Struktury Podległości* (Warsaw, 1995), pp. 114-15.

9. Iván Szelényi, ed., *Privatizing the Land: Rural Political Economy in Post-Communist Societies* (London, 1998), pp. 24-26.

10. Spulber, "Eastern Europe," pp. 394-98. 또한 Peter Kenez, *Hungary from the Nazis to the Soviets: The Establishment of the Communist Regime in Hungary, 1944-1948* (New York, 2006), pp. 107-18.

11. Stephen Wegren, *Land Reform in the Former Soviet Union and Eastern Europe* (London, 1998), p. 226.

12. PIL, 867/1/H-168.

13. Mark Pittaway, "The Politics of Legitimacy and Hungary's Postwar Transition," *Contemporary European History* 13, 4 (2004), p. 465.

14. Harris L. Coulter, "The Hungarian Peasantry: 1948-1956," *American Slavic and East European Review* 18, 4 (December 1959), pp. 539-54; Corey Ross, "Before the Wall: East Germans, Communist Authority, and the Mass Exodus to the West," *The Historical Journal* 45, 2 (June 2002), pp. 459-80.

15. 다음 인물과의 인터뷰. Ulrich Fest, Wittenberg, April 16, 2008.

16. 전간기 유럽 경제의 상대적 부를 측정하기는 어렵다. 유럽 대륙 전역의 자료 수집 방식이 동일하지 않았기 때문이다. 매우 대략적인 추산으로는 1937년 1인당 GDP가 체코슬로바키아 $1841, 헝가리 $1638, 폴란드 $1241이었고, 당시 영국은 $3610, 프랑스 $2586, 독일 $2736이었다. 더 비교해보자면 아일랜드 $1836, 그리스 $1373이었다. 다음을 볼 것. Mark Harrison, "GDPs of the USSR and Eastern Europe: Towards an Interwar Comparison," *Europe-Asia Studies* 46, 2 (1994), pp. 243-59.

17. V. I. Lenin, *"Left-Wing" Communism: An Infantile Disorder* (Sydney, 1999), p. 30.

18. SAPMO-BA, DY 30 IV 2/6.02 3, pp. 17-25.

19. Primo Levi, *If This Is a Man and The Truce* (London, 1988), pp. 220–21.

20. AAN, MPIH, 2831.

21. 다음 인물과의 인터뷰. Fest.

22. 다음 인물과의 인터뷰. Ulrich Schneider, Wittenberg, April 16, 2008.

23. Anders Åslund, *Private Enterprise in Eastern Europe* (Macmillan, 1985), p. 26.

24. Ibid., pp. 30–31.

25. Ibid., pp. 27–29.

26. 다음 인물과의 인터뷰. Janina Stobniak, Warsaw, November 28, 2007.

27. 다음 인물과의 대화. Krystyna Paszkowska, Chobielin, December 31, 2010.

28. 다음 인물과의 인터뷰. Stefan Grzeszkiewicz, Warsaw, October 12, 2007.

29. György Polák, "Csapás" a feketekereskedelemre—A gazdasági rendörség ténykedése 1945 után," *Korrajz 2002: A XX. Század Intézet Évkönyve* (Budapest, 2004), pp. 128–37.

30. Ibid., p. 135.

31. Ibid., pp. 128–37.

32. MOL, XIX–G5 480/1946.2.

33. Gergö Havadi, *Dokumentumok a fövárosi vendéglátók államosításáról 1949-1953* (ArchívNet 2009/2), 다음 웹페이지를 볼 것. http://www.archivnet.hu/index. phtml?cikk=313.

34. György Majtényi, "Örök a vártán. Uralmi elit Magyarországon az 1950–es, 1960– as években," in Sándor Horváth, ed., *Mindennapok Rákosi és Kádár korában* (Budapest, 2008), pp. 289–316.

35. Margit Földesi, *A megszállók szabadsága* (Budapest, 2002), pp. 108–36.

36. Norman Naimark, *The Russians in Germany: A History of the Soviet Zone of Occupation, 1945-1949* (Cambridge, Mass., 1995), pp. 172–73.

37. Marek Jan Chodakiewicz, John Radziłowski, and Dariusz Tolczyk, eds., *Poland's Transformation: A Work in Progress* (Charlottesville, 2003), pp. 157–93.

38. David Crowley, *Warsaw* (London, 2003), p. 28.

39. Padraic Kenney, *Rebuilding Poland: Workers and Communists 1945-1950* (Ithaca, 1997), p. 30.

40. Naimark, *Russians in Germany*, pp. 184–86.

41. Ignác Romsics, *Hungary in the Twentieth Century* (Budapest, 1999), pp. 248–49.

42. Kenney, *Rebuilding Poland*, p. 81.

43. Kersten, *Establishment of Communist Rule in Poland*, p. 251. 우치, 실레지아, 그단스크는 모두 1980년 독립 노조 연대의 중요한 거점이 되었다.

44. Gyula Belényi, *Az állam szorításában. Az ipari munkásság társadalmi átalakulása 1945-1965* (Budapest, 2009), pp. 49–51 and 158–59.

45. Henryk Różański, *Śladem Wspomnień i Dokumentów* (1943–1948) (Warsaw, 1987), p. 142.

46. Jochen Laufer, "From Dismantling to Currency Reform," in Konrad H. Jarausch,

ed., *Dictatorship as Experience: Towards a Socio-Cultural History of the GDR* (New York, 1999), pp. 73–90.

47. Tamás Lossonczy, *The Vision Is Always Changing* (Budapest, 2004), pp. 98–100.
48. William A. Bomberger and Gail E. Makinen, "Hungarian Hyperinflation and Stabilization of 1945–1946," *The Journal of Political Economy* 91, 5 (October 1983), pp. 801–24.
49. Jeffrey Kopstein, *The Politics of Economic Decline in East Germany, 1945-1989* (Chapel Hill, 1997), p. 21.
50. 다음에서 인용. Kenney, *Rebuilding Poland*, p. 90.
51. 다음에서 인용. Kopstein, *Politics of Economic Decline in East Germany*, p. 26.
52. AAN, MPiH 2832, p. 1.
53. Ibid., MO 568, pp. 2–12.
54. Ibid., p.22; 다음도 볼 것. http://www.drukarnia-anczyca.com.pl/historia/1945-1957.
55. SAPMO–BA, DC 30/IV 2/6.02 116.
56. SAPMO–BA, DY 30 IV 2/6.02 76.
57. SAPMO–BA, DC 20/12046.
58. BStU MfSZ, Sekretariat d. Ministers (Min.) 387, p. 622.
59. Różański, *Śladem Wspomnień i Dokumentów*, p. 145.
60. Jo Langer, *Convictions: My Life with a Good Communist* (London, 2011), pp. 17–19.
61. DRA, F201–00–00/0004, pp. 309–10.
62. DRA, B204–02–01/0364.
63. Peter Grothe, *To Win the Minds of Men: The Story of the Communist Propaganda War in East Germany* (Palo Alto, 1958), pp. 141–42.
64. DRA, F201–00–00/0004, pp. 318–31.
65. Bolesław Bierut, *Sześcoletni Plan Odbudowy Warszawy* (Warsaw, 1950).

11장 반동적인 적들

1. T. V. Volokitina et al., eds., *Vostochnaya Evropa v dokumentakh rossiskikh arkhivov 1944-1953*, vol. II (Moscow and Novosibirsk, 1997), pp. 25–28.
2. Ibid.
3. Elena Zubkova, *Russia After the War: Hopes, Illusions, and Disappointments, 1945-1957*, trans. Hugh Ragsdale (Armonk, 1998), p. 18; 다음도 볼 것. Joseph Brodsky, *Less Than One: Selected Essays* (New York, 1986), pp. 26–29.
4. Robert Service, *A History of Twentieth-Century Russia* (London, 1997), p. 299.
5. 이에 대한 일반적인 논의는 다음을 볼 것. Amir Weiner, "The Empires Pay a Visit: Gulag Returnees, East European Rebellions and Soviet Frontier Politics," *The Journal of Modern History* 78, 2 (June 2006), pp. 333–76.
6. Anne Applebaum, *Gulag: A History of the Soviet Camps* (London, 2003), pp. 414–27.
7. Ivan T. Berend, *Central and Eastern Europe 1944-1993* (Cambridge, 1996), p. 34.
8. 풍선 프로젝트에 관해서는 다음을 볼 것. http://www.psywarrior.com/Radio Free

Europe.html.

9. 자유유럽방송(RFE)의 기원, 역사, 영향력에 관해서는 다음을 볼 것. George Urban, *Radio Free Europe and the Pursuit of Democracy: My War Within the Cold War* (New Haven, 1997).

10. 최근의 일반적인 역사서는 이를테면 다음을 볼 것. John Lewis Gaddis, *The Cold War: A New History* (New York, 2005); Elizabeth Edwards Spalding, *The First Cold Warrior: Harry Truman, Containment, and the Making of Liberal Internationalism* (Louisville, 2006); Martin McCauley, *Origins of the Cold War* (New York, 2008); V. M. Zubok, *A Failed Empire: The Soviet Union in the Cold War from Stalin to Gorbachev* (Chapel Hill, 2008); Jonathan Haslam, *Russia's Cold War* (New Haven and London, 2010).

11. 다음 인물과의 인터뷰. Czesław Kiszczak, Warsaw, May 25, 2007. 로코소프스키의 아버지는 폴란드인이지만 어머니는 러시아인이었다. 로코소프스키의 출생지가 바르샤바라는 전기 작가도 있고 아니라는 전기 작가도 있다. 이에 관해 논의해준 Rodric Braithwaite 대사에게 감사한다.

12. Andrzej Żak, "Tradycje Armii Krakowej w Wojsku Polskim," in Krzysztof Komorowski, ed., *Armia Krajowa: szkice z dziejów Sił Zbrojnych Polskiego Państwa Podziemnego* (Warsaw, 1999); Halmy Kund, "János Mecséri: An Army Officer in the Revolution," 강의, Terror Háza Museum, Budapest, October 2006.

13. 마셜 재단의 자체 소개는 다음을 볼 것. http://marshallfoundation.org/documents/ MarshallPlanArticle OPT.pdf.

14. David E. Murphy, Sergei A. Kondrashev, and George Bailey, *Battleground Berlin: CIA vs. KGB in the Cold War* (New Haven and London, 1997), p. 57.

15. Ibid., pp. 67-69.

16. Ibid., p. 71.

17. V. V. Zakharov, "Mezhdy vlastyiu i veroi," introductory essay in *SVAG i Religioznaya Konfessii Sovetskoi zoni okkupatsii Germanii 1945-49: Sbornik Dokumentov* (Moscow, 2006), pp. 50-51.

18. DRA, F201-00-00/0006, pp. 11-20.

19. József Gyula Orbán, *Katolikus papok békemozgalma Magyarországon 1950-1956* (Budapest, 2001), p. 94.

20. Helmut David Baer, *The Struggle of Hungarian Lutherans Under Communism* (College Station, Tex., 2006), p. 16.

21. Richard Pipes, *Russia Under the Bolshevik Regime, 1919-1924* (London, 1994), pp. 346-52.

22. *SVAG i Religioznaya Konfessii*, pp. 228-31.

23. Ellen Ueberschär, *Junge Gemeinde im Konflikt: Evangelische Jugendarbeit in SBZ und DDR 1945-1961* (Stuttgart, 2003), pp. 63-64.

24. Jan Żaryn, *Dzieje Kościoła Katolickiego w Polsce: 1944-1989* (Warsaw, 2003), pp. 64-69.

25. PIL, f.83, KV.

26. József Mindszenty, *Memoirs* (New York, 1974), p. 31.

27. Gábor Kiszely, *ÁVH: Egy terrorszervezet története* (Budapest, 2000), p. 102.

28. Ibid., p. 104.

29. *Ofensywa kleru a nasze zadania*, 다음 자료에 사본 수록. Jan Żaryn, *Kościól w PRL* (Warsaw, 2004), p. 20.

30. SAPMO-BA, DO 1 11/873 and DY 24 3823.

31. Hermann Wentker, "Kirchenkampf in der DDR: Der Konflikt um die Junge Gemeinde 1950–1953," *Vierteljahrshefte für Zeitgeschichte* (January 1994), p. 116.

32. SAPMO-BA, DY 24 3665.

33. 다음 인물과의 인터뷰. Ulrich Fest, Wittenberg, April 16, 2008.

34. Mary Fulbrook, *Anatomy of a Dictatorship: Inside the GDR, 1949-1989* (Oxford, 1995), pp. 91–99.

35. Ueberschär, *Junge Gemeinde im Konflikt*, pp. 192–200.

36. 다음 인물과의 인터뷰. Fest.

37. Kiszely, *ÁVH*, p. 104.

38. Ibid., pp. 104–7.

39. Orbán, *Katolikus papok békemozgalma Magyarországon*, pp. 56–59.

40. 다음 인물과의 인터뷰. Sándor Keresztes, Budafok, February 12, 2009.

41. Żaryn, *Dzieje Koscioła Katolickiego w Polsce*, p. 94.

42. In Marian S. Mazgaj, Church and State in Communist Poland: A History, 1944–1989 (New York, 2010), pp. 60–61.

43. Żaryn, *Dzieje Koscioła Katolickiego w Polsce*, pp. 101–2.

44. Ibid., pp. 120–21.

45. Ibid., p. 126.

46. Ibid., p. 126.

47. Csaba Szabó, *Egyházügyi hangulatjelentések* (Budapest, 2000), pp. 125, 136.

48. Wentker, "Kirchenkampf in der DDR," p. 116.

49. MOL, 276 f. 65/359.

50. 다음을 볼 것. Wojciech Czuchnowski, *Blizna. Proces Kurii krakowskiej 1953* (Kraków, 2003).

51. 다음을 볼 것. Csaba Szabó, *A Grösz-per elökészítés* (Budapest, 2001).

52. Kiszely, *ÁVH*, pp. 104–5.

53. Mindszenty, *Memoirs*, pp. 1–2.

54. Andrzej Micewski, *Cardinal Wyszyński: A Biography*, trans. William R. Brand and Katzarzyna Mroczowska-Brand (New York, 1984), pp. 1–2.

55. Margit Balogh, *Mindszenty József: 1892-1975* (Budapest, 2002), pp. 60–76.

56. Cardinal Stefan Wyszyński, *A Freedom Within, trans. Barbara Krzywicki-Herburt and Reverend Walter J. Ziemba* (New York, 1982), p. 15.

57. Árpád Pünkösti, "You Are Not Primate Here," *The Hungarian Quarterly* 36, 144

(Winter 1996).

58. Balogh, *Mindszenty József*, p. 100.

59. Mindszenty, *Memoirs*, p. 76.

60. Ibid., p. 100.

61. Wyszyński, *Freedom Within*, pp. 25–26.

62. Micewski, *Cardinal Wyszyński*, p. 66.

63. Żaryn, *Dzieje Kościoła Katolickiego w Polsce*, pp. 134–56.

64. Micewski, *Cardinal Wyszyński*, p. 20.

65. Mindszenty, *Memoirs*, pp. 197–98.

66. Micewski, *Cardinal Wyszyński*, pp. 53–55.

67. Balogh, *Mindszenty József*, pp. 16–18.

68. 다음 인물과의 인터뷰. Hans-Jochen Tschiche, Satuelle, November 18, 2006.

69. Keith Armes, "Chekists in Cassocks," *Demokratisatsiya* 4 (1993), pp. 72–83.

70. OSA, 300/50/6, folder 124.

71. M. Tinz, "Friedenspriester in der Tschechoslowakei. Im Dienste der Partei," *Digest des Ostens* (1977), p. 42.

72. Orbán, *Katolikus papok békemozgalma Magyarországon*, p. 94.

73. Ibid., pp. 103–4.

74. Ibid., pp. 107–8.

75. Ibid.

76. Jacek Żurek, *Ruch "Ksiezy Patriotow"* (Warsaw, 2008), pp. 56–59.

77. Orbán, *Katolikus papok békemozgalma Magyarországon*, pp. 188–89.

78. Tadeusz Isakowicz-Zaleski, *Księza Wobec Bezpieki* (Kraków, 2007), p. 44.

79. OSA, 300/50/6, folder 124.

80. Żurek, *Ruch "Ksiezy Patriotow,"* p. 105.

81. Isakowicz-Zaleski, *Księza Wobec Bezpieki*, p. 46.

82. Ibid.

83. 다음 인물과의 인터뷰. Sándor Ladányi, Budapest, March 12, 2008; 다음도 볼 것. Sándor Ladányi, *A magyar református egyház 1956 tükrében* (Budapest, 2006), and Isakowicz-Zaleski, *Księza Wobec Bezpieki*.

12장 내부의 적

1. Arthur Koestler, *Darkness at Noon* (New York, 2006), p. 244.

2. Csaba Békés, Malcolm Byrne, and János Rainer, eds., *The 1956 Hungarian Revolution: A History in Documents* (Budapest and New York, 2002), p. 16.

3. Joel Kotek and Pierre Rigolout, *Le Siècle des camps* (Paris, 2001), pp. 544–48; Andrzej Paczkowski, "Poland, the Enemy Nation," in Stéphane Courtois et al., eds., *The Black Book of Communism* (Cambridge, 1999), pp. 363–93.

4. Romulus Rusan, *The Chronology and Geography of Repression in Romania* (Bucharest, 2007), pp. 28–30.

5. Paczkowski, "Poland, the Enemy Nation," pp. 237–38.

6. György Gyarmati, "Hungary in the Second Half of the Twentieth Century," in István György Tóth, ed., *A Concise History of Hungary* (Budapest, 2005), pp. 58–581.

7. Rusan, *Chronology and Geography of Repression*, p. 31.

8. Karta, Memoir Archives, Wacław Beynar, II/542.

9. Ibid., Stanisław Szostak, II/2944.

10. Alina Gałan and Zygmunt Mańkowski, eds., *Więzniowie Politcyzni na Zamku Lubelskim* (Lublin, 1996), pp. 20–31.

11. Frank Drauschke, Arseny Roginsky, and Anna Kaminsky, eds., *Erschossen in Moskau* (Berlin, 2005).

12. Barbara Bank, "Az internálás és kitelepítés dokumentumai a történeti levéltárban," *Az átmenet évkönyve*, 2003 (Budapest, 2004), pp. 125–30; Gyarmati, "Hungary in the Second Half of the Twentieth Century," p. 581.

13. Rusan, *Chronology and Geography of Repression*, pp. 31–32.

14. Kotek and Rigolout, *Le Siècle des camps*, pp. 543–44.

15. Dennis Deletant, *Romania Under Communist Rule* (Bucharest, 2006), p. 109.

16. Tzvetan Todorov, *Voices from the Gulag*, trans. Robert Zaretsky (University Park, Pa., 1999), pp. 39–40.

17. Kotek and Rigolout, *Le Siècle des camps*, p. 559.

18. Bank, "Az internálás és kitelepítés dokumentumai a történeti levéltárban," pp. 107–30.

19. 다음을 볼 것. *Magyar tudóslexikon A-tól Zs-ig* (Budapest, 1998), p. 192; *Magyar Internacionalisták* (Budapest, 1980); Rudolf Garasin, *Vörössipkás lovagok* (Budapest, 1967); Rudolf Garasin, *Zrínyi Katonai Kiadó* (Budapest, 1976).

20. PIL, 867/f.11/g–24, pp. 15–58.

21. MOL, 276/65184, pp. 133–39.

22. 다음 인물과의 대화. Mária Schmidt, Sándor M. Kiss, Barbara Bank; 또한 Géza Böszörményi, *Recsk 1950-1953* (Budapest, 2005), p. 49.

23. Bank, "Az internálás és kitelepítés dokumentumai a történeti levéltárban," p. 122.

24. 다음 인물과의 대화. Barbara Bank, Recsk, July 4, 2009.

25. Böszörményi, *Recsk*, p. 261.

26. ABTL, 3.1.9. V–107373.

27. György Faludy, *My Happy Days in Hell*, trans. Kathleen Szasz (London, 2010), p. 304.

28. *Törvénytelen szocializmus: A Tényfeltáró Bizottság jelentése* (Budapest, 1991), p. 96.

29. Faludy, *My Happy Days in Hell*, p. 371.

30. PIL, 962/2.

31. Fitzroy Maclean, *Eastern Approaches* (London, 1991), pp. 82, 94.

32. 나는 이 강좌를 1982년 가을 예일대학교 학부생 시절에 들었다.

33. Mária Schmidt, *Battle of Wits*, trans. Ann Major (Budapest, 2007), p. 171.

34. T. V. Volokitina et al., eds., *Vostochnaya Evropa v dokumentakh rossiskikh arkhivov*

1944-1953 (Moscow and Novosibirsk, 1997), pp. 814-29.

35. Ibid., pp. 936-42.

36. Andrzej Paczkowski et al., *Polska w Dokumentach z archiwow rosyjskich 1949-1953* (Warsaw, 2000), pp. 82-83.

37. Volokitina et al., eds., *Vostochnaya Evropa*, pp. 830-58.

38. Igor Lukes, "The Rudolf Slánský Affair: New Evidence," *Slavic Review* 58, 1 (Spring 1999), pp. 160-66.

39. Ibid., pp. 164-66.

40. Jří Pelikán, ed., *The Czechoslovak Political Trials, 1950-1954: The Suppressed Report of the Dubček Government's Commission of Inquiry, 1968* (Stanford, 1975), pp. 104-9.

41. Igor Lukes, *Rudolf Slánský: His Trials and Trial,* Cold War International History Project (Washington, DC, 2006), p. 52.

42. Zbigniew Blażynski, *Mówi Józef Światło* (Warsaw, 2003), pp. 252-53.

43. Andrzej Werblan, *Stalinizm w Polsce* (Warsaw, 2009), p. 128.

44. George H. Hodos, *Show Trials: Stalinist Purges in Eastern Europe, 1948-1954* (New York, 1987), p. 135.

45. Ibid., p. 28.

46. Schmidt, *Battle of Wits*, p. 108; Lukes, "The Rudolf Slánský Affair," pp. 166-69.

47. Schmidt, *Battle of Wits*, pp. 133-35.

48. *Lászlo Rajk and His Accomplices Before the People's Court,* 헝가리 검찰청의 책자 (Budapest, 1949), pp. 146-63.

49. Béla Szász, *Volunteers for the Gallows* (New York, 1971), p. 123.

50. Karel Kaplan, *Report on the Murder of the General Secretary,* trans. Karel Kovanda (Columbus, 1990), p. 44.

51. Ibid., pp. 152-92; *Lászlo Rajk and His Accomplices*, pp. 146-63; Szász, *Volunteers for the Gallows*, p. 123.

52. Pelikán, *Czechoslovak Political Trials*, p. 81.

53. Konrad Rokicki, "Aparatu obraz Wlasny," in Kazimierz Krajewski and Tomasza Labuszewski, eds., *Zwyczajny Resort: Studia o aparacie bezpieczeństwa 1944-1956* (Warsaw, 2005), p. 112.

54. Tomáš Bouška and Klara Pinerova, *Czechoslovak Political Prisoners* (Prague, 2009), p. 14.

55. Szász, *Volunteers for the Gallows*, pp. 51, 59.

56. Konrad Rokicki, ed., *Departament X MBP: Wzorce—Struktury—Dzialanie* (Warsaw, 2007), p. 113.

57. Ibid., pp. 110-11.

58. Bouška and Pinerova, *Czechoslovak Political Prisoners*, p. 15.

59. István Rév, "Indicting Rajk," 펜실베이니아대학교 슬라브어학과 봄 연구 심포지엄 발표 논문, April 18, 2009, 다음 웹페이지를 볼 것. http://ccat.sas.upenn.edu/slavic/events/

slavic_symposium/Comrades_Please_Shoot_Me/Rev_Rajk.pdf.

60. 이 인용문들은 Mieczysław Rakowski가 소장하고 있던 기록물의 사본에서 발췌한 것으로, 현재 다음에서 볼 수 있다. HIA, Rakowski Collection.

61. Jo Langer, *Convictions: My Life with a Good Communist* (London, 2011), p. 30.

62. Michael Scammell, *Koestler: The Literary and Political Odyssey of a Twentieth-Century Skeptic* (New York, 2009), p. 413.

63. OSA, 23-1-25.

64. József Mindszenty, *Emlékirataim* (Budapest, 1989), p. 100.

65. Szász, *Volunteers for the Gallows*, p. 56.

66. Melissa Feinberg, "Only an Imperialist Could Think Up Such a Notion," 펜실베이니아대학교 슬라브어학과 봄 연구 심포지엄 발표 논문, April 18, 2009.

67. Karta, Memoir Archives, file "Ró żności, 1944-56."

68. *Frage und Antwort* 6 (1950).

69. Karta, Memoir Archives, file "Ró żności, 1944-56." "콜로라도 딱정벌레"는 다음에서도 볼 수 있다. http://www.youtube.com/watch?v=0CYKU9jmBK0.

70. HALT *Amikäfer* (Berlin: Amt für Information der Regierung der DDR, 1950).

71. OSA, 다큐멘터리 영화 컬렉션, *Statarium*, 감독은 András Sipos, 1989.

72. MOL, 276/65/324, p. 36.

73. Faludy, *My Happy Days in Hell*, p. 254.

74. Ibid., p. 240.

75. Langer, *Convictions*, p. 2.

76. 다음 인물과의 인터뷰. Attila Pok, Budapest, February 13, 2009.

77. Zsuzsanna Ágnes Berényi, *A szabadkömüvesség kézikönyve* (Budapest, 2001), pp. 185-87, 193; "*Grossaufseher*: A magyar szabadkömüvesség története 1945 és 1950 között: módszerek és célkitüzések," *Kelet* (January 2008), pp. 62-76.

78. ABTL, O-8511, pp. 1-9.

13장 호모 소비에티쿠스

1. Gyula Schöpflin, *Szélkiáltó* (Budapest, 1985), p. 62.

2. Alexander Zinoviev, *Homo Sovieticus*, trans. Charles Janson (Boston, 1986).

3. Freien Deutschen Jugend und des Institut für Marxismus-Leninismus beim Zentralkommitee der SED, *Partei und Jugend: Dokumente marxistischer-leninistischer Jugendpolitik* (East Berlin, 1986), p. 326.

4. Ulrich Mählert, *Die Freie Deutsche Jugend 1945-1949* (Paderborn, 1995), p. 34.

5. Heinz-Hermann Krüger and Winfried Marotzki, "Pädagogik und Erziehungsalltag in der DDR: Zwischen Systemvorgaben und Pluralität," in *Studien zur Erziehungswissenschaft und Bildungsforschung* 2 (Opladen, 1994), p. 195.

6. 일례로 다음을 볼 것. Janusz Korczak, *Ghetto Diary* (New Haven, 2003); 다음도 볼 것. http://www.holocaustresearchproject.org/ghettos/korczak.html.

7. A. S. Makarenko, *The Road to Life*, vol. II, trans. Ivy and Tatiana Litvinov (Moscow,

1951), p. 206.

8. Leonore Ansorg, *Kinder im Klassenkampf: Die Geschichte der Pionierorganisation von 1948 bis Ende der fünfziger Jahre* (Berlin, 1997), pp. 30–40.

9. Marta Brodala, "Propaganda dla Najmłodszych w Latach 1948–1956," in *Przebudowac Człowieka* (Warsaw, 2001), p. 21.

10. Ibid., pp. 58–63.

11. Ibid., p. 57.

12. Alex Wedding, *Die Fahne des Pfeiferhansleins* (Berlin, 1953), pp. 231–32.

13. Radek Sikorski, *Full Circle: A Homecoming to Free Poland* (New York, 1997), p. 37.

14. AAN, Ministerstwo Edukacji Narodowej, 230, pp. 1–7.

15. Rafal Stobiecki, *Historiografia PRL* (Warsaw, 2007), p. 73.

16. Siegfried Baske and Martha Engelbert, *Dokumente zur Bildungspolitik in der sowjetischen Besatzungszone* (Berlin, 1966), p. 87.

17. Ibid., pp. 4–8.

18. Frederick Taylor, *Exorcising Hitler: The Occupation and Denazification of Germany* (London, 2011), p. 327.

19. AAN, MEN 598, p. 1.

20. Ibid., MEN 587, pp. 4–8.

21. Ibid., MEN 592, pp. 21–26.

22. Ibid., MEN 588, p. 495.

23. Ibid., MEN 241, pp. 5–15.

24. Baske and Engelbert, *Dokumente zur Bildungspolitik*, p. 26.

25. AAN, MEN 238, p. 22.

26. John Connelly, *Captive University: The Sovietization of East German, Czech, and Polish Higher Education 1945-1956* (Chapel Hill and London, 2000), p. 97.

27. Ibid., p. 43.

28. Ibid., p. 71.

29. Ibid., p. 135.

30. Ibid., p. 84.

31. Ibid., p. 178.

32. *Partei und Jugend*, p. 345.

33. Andrzej Gawryszewski, *Ludnosc Polski w XX wieku* (Warsaw, 2005), pp. 328–29.

34. 다음 인물과의 인터뷰. Eugeniusz Mroczowski, Warsaw, May 25, 2007.

35. Connelly, *Captive University*, p. 228.

36. Ibid., pp. 235, 252.

37. Bartosz Cichocki and Krzysztof Józwiak, *Najwa żniejsze są Kadry: Centralna Szkoła Partyjna PPR/PZPR* (Warsaw, 2006), pp. 68–80.

38. Connelly, *Captive University*, p. 239.

39. Ibid., pp. 246–47.

40. James Mark, "Discrimination, Opportunity, and Middle–Class Success in Early

Communist Hungary," *The Historical Journal* 48, 2 (June 2005), p. 506.

41. 다음 인물과의 인터뷰. Krzysztof Pomian, Warsaw, May 2, 2008.

42. 다음 인물과의 인터뷰. Erich Loest, Leipzig, December 12, 2006.

43. 다음 인물과의 대화. Piotr Paszkowski, Warsaw, May 2012.

44. Blazej Brzostek, *Robotnicy Warszawy* (Warsaw, 2002), pp. 45-47.

45. AAN, MEN 581.

46. Brodala, "Propaganda dla Najmłodszych w Latach," pp. 40-44.

47. MOL, 276/65/156, pp. 63-86.

48. SAPMO-BA, DY 30/J IV 2/2 A 415.

49. Brodala, "Propaganda dla Najmłodszych w Latach," p. 48.

50. "Frohe Ferientage für alle Kinder," Beschluss des Politbüros vom 30.3.1951, Anlagenummer fünf: SAPMO-BA, DY 30/IV 2/905/130, Bl. 8ff.

51. SAPMO-BA, DY 25/482.

52. PIL, 286/23, pp. 118-30.

53. Ibid., 286/18, pp. 214-15.

54. 다음 인물과의 인터뷰. Pomian.

55. 1956 Institute, File 22.

56. Więsław Kot, "Wyścigowiec ofiarny," *Wprost* 43 (2007), pp. 86-92; 다음도 볼 것. Padraic Kenney, *Rebuilding Poland: Workers and Communists 1945-1950* (Ithaca, 1997), p. 247.

57. Sándor Horváth, "Élmunkások és sztahanovisták," *História* (August 1998).

58. John Rodden, *Repainting the Little Red Schoolhouse: A History of Eastern German Education, 1945-1995* (New York, 2002), p. 58.

59. Ibid., p. 59.

60. MOL, 276/65/156, p. 35.

61. In Izabella Main, "President of Poland or 'Stalin's Most Faithful Pupil?': The Cult of Bolesław Bierut in Stalinist Poland," in Balász Apor et al., eds., *The Leader Cult in Communist Dictatorships* (New York, 2004), p. 188.

62. Paul Gregory, *The Political Economy of Stalinism: Evidence from the Soviet Secret Archives* (Cambridge, 2004), pp. 103-9.

63. MOL, 276/65/156, pp. 1-6.

64. DRA, F 201-00-00/0002, p. 41.

65. David Priestland, *Stalinism and the Politics of Mobilization: Ideas, Power, and Terror in Inter-war Russia* (New York, 2007), p. 314.

66. 다음에서 인용. Mark Pittaway, "The Reproduction of Hierarchy: Skill, Working-Class Culture, and the State in Early Socialist Hungary," *The Journal of Modern History* 74, 4 (December 2002), p. 742.

67. Dagmar Semmelmann, *"Man war total entwurzelt und musste erst wieder Wurzeln schlagen": Zur Integration von Flüchtlingen und Vertriebenen in der SBZ/DDR aus lebensgeschichtlicher Sicht—dargestellt am Sonderfall Eisenhüttenstadt* (구술사, CD

로 발행, 2005).

68. Pittaway, "Reproduction of Hierarchy," p. 741.

69. MOL, 276/65/186, pp. 10-135.

70. PIL, 286/18, p. 217.

71. 헝가리 민속 박물관은 2012년 3월, 60주년을 맞아 이 전시회를 기념했다. 다음을 볼 것. http://www.neprajz.hu/kiallitasok.php?menu= 3&kiallitas_id=121.

72. Main, "President of Poland or 'Stalin's Most Faithful Pupil?,'" pp. 179-93.

73. SAPMO-BA, DY 30/J IV 2/2/, p. 22.

74. Christian Ostermann, ed., *Uprising in East Germany 1953: The Cold War, the German Question, and the First Major Upheaval Behind the Iron Curtain* (Budapest and New York, 2001), p. 20.

75. SAPMO-BA, DY/30/IV 2/1/61, pp. 136-57.

76. 일례로 다음을 볼 것. SAPMPO-BA, DY 30/IV/2/9.06/173; 다음도 볼 것. DRA, 201-00-0010003, pp. 129-33.

77. BStU MfSZ—Sekretariat d. Ministers (Min.) 387, pp. 502-5.

78. DRA, B012765756; Harry Pross, "On Mann's Political Career," *Journal of Contemporary History* 2, 2 (April 1967), p. 80.

79. Alan Nothnagle, *Building the East Germany Myth* (Ann Arbor, 1999), pp. 63-67.

80. AAN, Ministerstwo Kultury, no. 274.

81. Ibid., nos. 274, 724, 747.

82. Ibid., no. 478.

83. SAPMO-BA, DY 24/2.120, p. 55.

84. Ibid., DY 24/2.414.

85. Ibid., DY 25/248.

86. PIL, 286.19, p. 207.

87. Artur Pasko, *Wyścig Pokoju w dokumentach władz partyjnych i państwowych 1948-1989* (Kraków, 2009), pp. 21-30.

88. Magdolna Baráth, ed., *Szovjet nagyköveti iratok Magyarországról 1953-1956* (Budapest, 2002), p. 175.

89. J.C.C., "The Berlin Youth Festival: Its Role in the Peace Campaign," *The World Today* 7, 7 (July 1951), pp. 306-15.

90. Giles Scott-Smith and Hans Krabbendam, eds., *The Cultural Cold War in Western Europe, 1945-1960* (London, 2003), pp. 172-73.

91. BStU MfSZ, BdL 003465.

92. Ibid., 000012.

93. Ibid., 000015.

94. Ibid., 000012.

95. Ibid., 15194.

96. J.C.C., "The Berlin Youth Festival," p. 311.

97. 다음 웹페이지를 볼 것. http://www.youtube.com/watch?v=oIGa6YcTU8s.

98. 다음 인물과의 인터뷰. Lothar Grimm, Eistenhüttenstadt, April 27, 2007.

99. Jacek Trznadel, *Hańba Domowa* (Paris, 1986), pp. 22–23.

100. 다음 인물과의 인터뷰. Hans Modrow, Berlin, December 7, 2006.

101. 다음 인물과의 인터뷰. Józef Tejchma, Warsaw, June 14, 2007.

102. 다음에서 인용. Hans Modrow, *Ich wollte ein neues Deutschland* (Munich, 1999), p. 59.

14장 사회주의 리얼리즘

1. V. I. Lenin, "Party Organization and Party Literature," *Novaya Zhizn* 12 (November 13, 1905).

2. Andrzej Panufnik, *Composing Myself* (London, 1987), p. 189.

3. 현재 이곳은 독일 재무부가 사용하고 있다.

4. Wolfgang Schivelbusch, *In a Cold Crater: Cultural and Intellectual Life in Berlin, 1945-1948* (Berkeley, 1998), pp. 39–50.

5. Elfriede Brüning, *Und außerdem war es mein Leben* (Berlin, 2004), p. 331.

6. SAPMO-BA, DY 271/213.

7. David Pike, *The Politics of Culture in Soviet-Occupied Germany, 1945-1949* (Stanford, 1992), p. 138.

8. SAPMO-BA, DY 27/2751.

9. Ibid., DY 27/341; Schivelbusch, *In a Cold Crater*, p. 80.

10. 다음에서 인용. Herbert Sandberg 작품 전시회, "Mit spitzer Feder," Berlin, Akademie der Künste, May 2008.

11. Schivelbusch, *In a Cold Crater*, p. 82.

12. SAPMO-BA, DY 27/1512.

13. Ronald Hayman, *Brecht: A Biography* (New York, 1983), pp. 325–26.

14. Anne Hartmann and Wolfram Eggelin, *Sowjetische Präsenz im kulturellen Leben der SBZ und frühen DDR 1945-1953* (Berlin, 1998), pp. 155–56.

15. György Faludy, *My Happy Days in Hell*, trans. Kathleen Szasz (London, 2010), p. 228.

16. AdK ABK, *Max Lingner, 1888-1959*, 전시회 카탈로그, Berlin, 1988.

17. Günter Feist, Eckhart Gillen, and Beatrice Vierneisel, eds., *Kunstdokumentation: 1945-1990, SBZ/DDR* (Berlin, 1996), pp. 104–6.

18. T. V. Volokitina et al., eds., *Vostochnaya Evropa v dokumentakh rossiskikh arkhivov 1944-1953*, vol. 2 (Moscow and Novosibirsk, 1997), pp. 36–41.

19. Ibid., pp. 41–43.

20. Peter Pachnicke는 1940년대의 "형식주의 논쟁"이 1930년대에 벌어진 "표현주의 논쟁"의 재현이었다고 지적했다. 다음 인물과의 대화. Peter Pachnicke, Berlin, April 20, 2008.

21. Laurie S. Koloski, "Painting Kraków Red: Politics and Culture in Poland, 1945-1950," 박사 논문, Stanford University, 1998.

22. 다음을 볼 것. Wojciech Włodarcyzk, *Socrealizm: sztuka polska w latach 1950-1954* (Warsaw, 1986), p. 112.

23. 다음 인물과의 대화. Petra Uhlmann, Michael Krejsa, Akademie der Künste, Berlin, December 5, 2008.

24. Joy Calico, "The Trial, the Condemnation, the Cover-up: Behind the Scenes of Brecht/Dessau's *Lucullus* Opera(s)," *Cambridge Opera Journal* 14, 3 (November 2002), pp. 313-41. 다음도 볼 것. Hayman, *Brecht*, pp. 354-55.

25. Gunter Feist, "Das Wandbild im Bahnhof Friedrichstrasse," in Eckhart Gillen and Diether Schmidt, eds., *Zone 5: Kunst in der Viersektorenstadt, 1945-51*, 전시회 카탈로그 (Berlin, 1989), pp. 92-124.

26. 다음 인물과의 대화. Uhlmann, Krejsa.

27. *Protokoły z posiedzeń Rady Wydziału Malarstwa w ASP w Warszawie*, 01.12.1950-17.02.1954, in the collection of Andrzej Bielawski.

28. AAN, Ministerstwo Kultury, nos. 321, 322, 326.

29. Koloski, "Painting Kraków Red," pp. 200-309.

30. AdK ABK, Otto Nagel collection, III, and Arnold Zweig collection, V, folder 5.

31. Ibid., Max Lingner, IV.A.59.

32. Gerhard Strauss, *Vom Auftrag zum Wandbild* (Berlin, 1953), p. 12.

33. Ibid., pp. 16-20.

34. Ibid., pp. 21-25.

35. AdK ABK, *Max Lingner*, VI.A.124.

36. Günter Feist, with Eckhart Gillen, *Stationen eines Weges: Daten und Zitate zur Kunst und Kunstpolitik der DDR 1945-1998* (Berlin, 1988), p. 24.

37. AdK ABK, Max Lingner, 전시회 카탈로그.

38. Wanda Telakowska, *Twórczość Ludowa w Nowym Wzornictwie* (Warsaw, 1954), p. 5.

39. David Crowley, "Building the World Anew: Design in Stalinist and Post-Stalinist Poland," *Journal of Design History* 7, 3 (1994).

40. Lou Taylor, "The Search for a Polish National Identity, 1945-68," 미출간 원고, Polish National Museum.

41. AAN, Ministerstwo Kultury, no. 321.

42. Krystyna Czerniewska and Tadeusz Reindl, eds., "Sztuka dla Zycia: Wspomnienia o Wandzie Telakowskiej," *Biblioteka Wzornictwa* 10, 88, pp. 11-12.

43. 다음 인물과의 대화. Anna Frąckiewicz, curator of decorative arts, Polish National Museum, November 2007; 또한 Krystyna Czerniewska, "To Oni Tworzyly Wzornictowo," 미출간 원고, Polish National Museum.

44. 이러한 디자인들은 폴란드 국립박물관의 방대한 현대 디자인 컬렉션의 기반을 이룬다. 그 대부분은 반영구적 보관 상태에 있다.

45. Aleksander Wojciechowski, *O Sztuce Użytkowej i Użytecznej* (Warsaw, 1955), p. 65.

46. 다음에서 인용. Piotr Majewski, "Jak zbudować 'Zamek socjalistyczny,'" *Zbudować Warszawę Piękną: O Nowy Krajobraz Stolicy 1944-1956* (Warsaw, 2003), p. 33.

47. 다음 인물과의 인터뷰. Alexander Jackowski, Warsaw, May 15, 2007.

48. Bolesław Szmidt, ed., *The Polish School of Architecture, 1942-1945* (Liverpool, 1945).

pp. 85-95, 186-88.

49. Majewski, "Jak zbudować 'Zamek socjalistyczny,'" p. 36.

50. Bolesław Bierut, *Sześcoletni Plan Odbudowy Warszawy: Referat Na Konferencji Warszawskiej PZPR w dniu 3 lipca, 1949 g* (Warsaw, 1949), pp. 20-21.

51. Krzystof Mordinski, "Marzenia o idealnym mieście—Warszaw socrealistyczna," *Spotkania z Zabytkami* 9, 226, pp. 3-8.

52. 이 디자인은 대중 소비를 위해 묵직하고 화려한 앨범으로 발행되었다. *Sześcioletni Plan Odbudowy Warszawy* (Warsaw, 1950).

53. Anders Åman, *Architecture and Ideology in Eastern Europe During the Stalin Era* (Cambridge, Mass., 1992), p. 49.

54. Waldemar Baraniewski, "Między opresją a obojętnością. Architektura w polsko-rosyjskich relacjach w XX wieku," 다음 웹페이지를 볼 것. http://www.culture.pl/pl/culture/artykuly.

55. Edmund Goldzamt, *William Morris: A Geneza Spoteczna Architektury Nowoczesnej* (Warsaw, 1967).

56. Teresa Torańska, *Oni: Stalin's Polish Puppets*, trans. Agnieszka Kołakowska (London, 1988), pp. 306-7.

57. Konrad Rokicki, "Kłopotliwe Dar: Pałac Kultury I Nauki," *Zbudować Warsawę Piękną: O Nowy Krajobraz Stolicy (1944-1956)* (Warsaw, 2003), pp. 107-15.

58. Bierut, *Sześcoletni Plan*, pp. 20-21.

59. David Crowley, *Warsaw* (London, 2003), p. 54.

60. 다음 인물과의 대화. Frąckiewicz.

61. 다음에서 인용. Wojciechowski, *O Sztuce Użytkowej i Użytecznej*, p. 71.

62. Ibid.

63. 다음 인물과의 인터뷰. Jackowski.

64. 일례로 다음을 볼 것. http://www.youtube.com/watch?v=KI3jZtruxvA.

65. Mira Liehm and Antonin J. Liehm, *The Most Important Art: East European Film After 1945* (Berkeley, 1977).

66. SNL, 역사적 인터뷰 모음: 인터뷰이는 István Szöts, 인터뷰어는 Sándor Csoóri and Gábor Hanák, December 8, 1988.

67. Gábor Szilágyi, *Tűzkeresztség, A magyar játék film története 1945-1953* (Budapest, 1992), p. 219.

68. Vsevolod Pudovkin and András Kovács, eds., *Pudovkin a magyar filmről* (Budapest, 1952), pp. 46, 61, 62.

69. SNL, 다음 인물과의 인터뷰. Szöts.

70. MNFA, Ke 34/10a.

71. Ibid., Ke 34/7.

72. Szilágyi, *Tűzkeresztség*, pp. 233-36.

73. Ibid., p. 234.

74. SNL, 다음 인물과의 인터뷰. Szöts.

75. 다음 인물과의 인터뷰. Andrzej Wajda, Warsaw, May 14, 2009.

76. Jan Ciechowicz and Zbigniew Majchrowski, *Od Shakespeare'a Do Szekspira* (Warsaw, 1993), pp. 24-25.

77. 〈세대〉(1955)는 이미 포스트-스탈린 시대의 영화였고, 〈재와 다이아몬드〉(1958) 역시 마찬가지였다. 훨씬 후대인 1981년에 제작된 〈메피스토〉의 시기에 이르러서는 스탈린주의 테러에 대한 노골적인 암시가 영화 제작이나 상영을 막지 못했다.

78. Wisława Szymborska, "Ten Dzień," *Życie Literackie* 11, 61 (March 15, 1953).

79. 다음 인물과의 인터뷰. Ágnes Heller, Budapest, June 2, 2009.

15장 이상적인 도시

1. Urszula Ciszek-Frankiewicz, *O Nowej to Hucie: Ballady i Wiersze* (Kraków, 1994).

2. Sándor Horváth, "Alltag in Sztálinváros," in Christiane Brenner and Peter Heumos, eds., *Sozialgeschi ht liche Kommunismusforschung Tschechoslowakei, Polen, Ungarn und DDR 1948-1968* (Munich, 2005), p. 512.

3. 이 부분은 다음 인물들과의 인터뷰를 바탕으로 한 것이다. Júlia Horváth and Elek Horváth, Budapest, June 30, 2009; Zsófia Tevan, Budapest, June 4, 2009.

4. István Horváth, ed., *Dunaferr: Dunai Vasmu Kronika* (Dunaújváros, 2000), pp. 31-33.

5. Andreas Ludwig, *Eisenhüttendstadt: Wandel einer industriellen Gründungsstadt in fünfzig* Jahren (Potsdam, 2000), pp. 53-54.

6. 다음 인물과의 인터뷰. Stanisław Juchnowicz, Krakow, June 19, 2007; 또한 *Idealnego*, 카탈로그, Wydawnicze Muzeum Historycznego Miasta Krakowa (Kraków, 2006), p. 26.

7. Tadeusz Golaszewski, *Kronika Nowej Huty* (Kraków, 1955), pp. 34-35; 다음도 볼 것. *Nowa Huta: Architektura I tworcy miasta*, 전시회, Muzeum Historycznego Miasta Krakowa, Nowohucki Odzial.

8. 다음 인물과의 인터뷰. Juchnowicz.

9. Herbert Nicolaus and Lutz Schmidt, *Einblicke: 50 Jahre EKO Stahl* (Eisenhüttenstadt, 2000), p. 47.

10. Jenny Richter, Heike Förster, and Ulrich Lakemann, *Stalinstadt—Eisenhüttenstadt: Von der Utopie zur Gegenwart* (Marburg, 1997), pp. 18-22.

11. 다음 인물과의 대화. Dr. Herbert Nikolaus, EKO archivist, Eisenhüttenstadt, March 5, 2007; Ludwig, *Eisenhüttendstadt*, pp. 28-30; 다음 인물들과의 인터뷰. Andreas Ludwig, Berlin, December 6, 2006, and Axel Drieschner, Berlin, March 5, 2007.

12. Golaszewski, *Kronika Nowej Huty*, pp. 29-31.

13. 다음 인물과의 대화. Leszek Sibila, Nowa Huta branch of the Historical Museum of the City of Kraków, June 19, 2007, Nowa Huta.

14. Richter et al., *Stalinstadt—Eisenhüttenstadt*, p. 14; 또한 다음 인물과의 인터뷰. Juchnowicz.

15. Simone Haine, ed., *Reise nach Moskau* (Berlin, 1995), pp. 45-53.

16. Ludwig, *Eisenhüttendstadt*, pp. 44-50.

17. 다음 인물과의 인터뷰. Juchnowicz.

18. 다음 인물과의 대화. Márta Matussné Lendvai, director of the Intercisa Museum, Dunaújváros, May 19, 2009; Sándor Horváth, *A kapu es a hatar: mindenapi Sztálinváros* (Budapest, 2004), pp. 14-16.

19. Dagmar Semmelmann, *"Man war total entwurzelt und musste erst wieder Wurzeln schlagen": Zur Integration von Flüchtlingen und Vertriebenen in der SBZ/DDR aus lebensgeschichtlicher Sicht—dargestellt am Sonderfall Eisenhüttenstadt* (구술사, CD 로 발행, 2005), p. 82.

20. OSA, 206-1-1:3.

21. Horváth, *A kapu es a hatar*, pp. 35-36.

22. Richter et al., *Stalinstadt—Eisenhüttenstadt*, pp. 32-33.

23. Kurt W. Leucht, *Die erste neue Stadt in der DDR* (Berlin, 1957), pp. 79-83.

24. OSA, 206-1-1:3.

25. Richter et al., *Stalinstadt—Eisenhüttenstadt*, pp. 33-35.

26. 다음 인물과의 인터뷰. Kollár-Horváth.

27. Richter et al., *Stalinstadt—Eisenhüttenstadt*, p. 33.

28. 다음 인물과의 인터뷰. Tevan.

29. Ambrus Borovszky 회고록, Dunaferr company archives.

30. 다음 인물과의 인터뷰. Juchnowicz.

31. Horváth, *A kapu es a hatar*, pp. 158-72.

32. 다음 인물과의 인터뷰. Karl Gass, Kleinmachnow (Berlin), May 7, 2008.

33. Nicolaus and Schmidt, *Einblicke*, pp. 54-55.

34. Tadeusz Konwicki, *Przy Budowie* (Warsaw, 1950).

35. AdK ABK, Nerlinger Collection, folder 141; 또한 다음 인물과의 대화. Petra Ulhmann and Michael Krejsa, Berlin, December 5, 2008.

36. SAPMO-BA, DY 30/IV 2/9.06/175.

37. AdK ABK, Nerlinger Collection, folder 79.

38. Ibid., folders 79, 141.

39. Ibid., folder 79.

40. Günter Feist with Eckhart Gillen, *Stationen eines Weges: Daten und Zitate zur Kunst und Kunstpolitik der DDR 1945-1998* (Berlin, 1988), p. 29.

41. AdK ABK, Nerlinger Collection, folder 103.

42. Horváth, *A kapu es a hatar*, p. 32.

43. Horváth, "Alltag in Sztálinváros," pp. 517-18.

44. 폴란드 인구 조사 데이터로, 수치는 반올림했다.

45. Mark Pittaway, "Creating and Domesticating Hungary's Socialist Industrial Landscape: From Dunapentele to Sztálinváros, 1950-1958," *Historical Archaeology* 39, 3, Landscapes of Industrial Labor (2005), p. 84.

46. 다음 인물과의 인터뷰. Józef Tejchma, Warsaw, June 14, 2007; 또한 Józef Tejchma,

Pożegnanie z władzą (Warsaw, 1997), and Józef Tejchma, *Z notatnika aktywisty ZMP* (Warsaw, 1954).

47. Ryszard Kapuściński, "To tez jest prawda o Nowej Hucie," *Sztandar Młodych* 234 (September 30, 1955).
48. Horváth, *A kapu es a hatar*, pp. 40-52.
49. Ibid., pp. 22-24.
50. Nicolaus and Schmidt, *Einblicke*, pp. 56-58.
51. Richter et al., *Stalinstadt—Eisenhüttenstadt*, p. 31.
52. 다음 인물과의 인터뷰. Tevan.
53. Richter et al., *Stalinstadt—Eisenhüttenstadt*, p. 14.
54. Ferenc Erdös and Zsuzsanna Pongrácz, *Dunaújváros története* (Dunaújváros, 2000), pp. 255-56.
55. Márta Matussné Lendvai, "... a nagy Sztálinról nevezhessük el," *Árgus* (January 1995), pp. 70-74.
56. Nicolaus and Schmidt, *Einblicke*, pp. 65-71.
57. Leucht, *Die erste neue Stadt in der DDR*, p. 86.
58. 다음 인물과의 인터뷰. Tevan.
59. 네덜란드 건축 잡지 *Volume*에 사본 수록. 다음 웹페이지를 볼 것. http://volumeproject. org/volume/2009/00/00/Industrialised+Building+Speech%2C+1954/7783.
60. Ludwig, *Eisenhüttendstadt*, p. 52.
61. Ibid., p. 52.
62. 원문은 다음 웹페이지를 볼 것. http://hamlet.pro.e-mouse.pl/teksty/?id=po 1939&idu=006; 번역은 내가 한 것이다.

16장 마지못해 부역자가 된 사람들

1. 다음 인물과의 인터뷰. Herta Kuhrig, Berlin, November 21, 2006.
2. 다음 웹페이지를 볼 것. http://www.youtube.com/watch?v=JVq8_gRXlpg.
3. Volker Müller, "Es ist so viel Blut umsonst geflossen," *Berliner Zeitung*, January 26, 2001, p. 11.
4. 다음 인물과의 인터뷰. Jerzy Morawski, Warsaw, June 7, 2007.
5. 다음 인물과의 인터뷰. Colonel Ludwik Rokicki, Warsaw, May 25, 2006.
6. 다음 인물과의 인터뷰. Jacek Fedorowicz, Warsaw, March 25, 2009.
7. Anna Bikont and Joanna Szczesna, *Lawina i Kamienia: Pisarze wobec Komunizmu* (Warsaw, 2006), pp. 103-12.
8. 다음을 볼 것. http://fotoforum.gazeta.pl/72,2,746,68832222,74666403.html. 현재 티셔츠와 머그잔에서 피카소의 바르샤바 '인어'를 볼 수 있다.
9. György Majtényi, "Örök a vártán. Uralmi elit Magyarországon az 1950-es, 1960-as években," in Sándor Horváth, ed., *Mindennapok Rákosi és Kádár korában* (Budapest, 2008), p. 289.
10. Joel Agee, *Twelve Years: An American Boyhood in East Germany* (Chicago, 2000), p.

125.

11. OSA, 300/50/6, folders 35, 42, 43.

12. BStU MfSZ, 5960/60, p. 130.

13. Jacek Kuroń, *Kuroń: Autobiografia* (Warsaw, 2009) (다음을 볼 것. http://www. krytykapolityczna.pl/Autobiografia/Awans-spoleczny-i-odbudowa/menu-id-232. html).

14. 다음 인물과의 인터뷰. Wolfgang Lehmann, Berlin, September 20, 2006.

15. 다음 인물과의 인터뷰. Michał Bauer, Warsaw, June 18, 2007.

16. Andrzej Panufnik, *Composing Myself* (London, 1987), p. 183.

17. David Pike, *The Politics of Culture in Soviet-Occupied Germany, 1945-1949* (Stanford, 1992), p. 365.

18. Jacek Trznadel, *Hańba Domowa* (Paris, 1986).

19. Panufnik, *Composing Myself*, p. 191.

20. 유사한 캠페인이 프랑스에서도 시작되었다. 다음을 볼 것. André Heynal, "Die ungarische Psychoanalyse unter totalitären Regimen," in Ágnes Berger et al., *Psychoanalyse hinter dem Eisernen Vorhang* (Frankfurt, 2010), pp. 27-49.

21. Pál Hermat, *Freud, Ferenczi és a magyarországi pszichoanalízis* (Budapest, 1994), pp. 393-440.

22. Ferenc Erös, "Psychoanalysis and Cultural Memory," 심포지엄 발표 논문, "Psychoanlaysis Behind the Iron Curtain," Collegium Hungaricum, Berlin, November 15-16, 2008.

23. Hermat, *Freud*, pp. 393-440.

24. 다음 인물과의 인터뷰. György Hidas, Budapest, March 12, 2009.

25. Heynal, "Die ungarische Psychoanalyse."

26. 다음 인물과의 인터뷰. Judit Mészáros, Budapest, April 20, 2009.

27. 다음 인물과의 인터뷰. Antoni Rajkiewicz, Warsaw, June 3, 2007.

28. 다음 인물과의 인터뷰. Piotr Paszkowski, Warsaw, May 22, 2012.

29. 다음 인물과의 인터뷰. Fedorowicz.

30. 다음 인물과의 인터뷰. Karol Modzelewski, Warsaw, April 28, 2009.

31. 다음 인물과의 인터뷰. Krzysztof Pomian, Warsaw, May 2, 2008.

32. 다음 인물과의 인터뷰. Morawski.

33. John Connelly, *Captive University: The Sovietization of East German, Czech, and Polish Higher Education 1945-1956* (Chapel Hill and London, 2000), pp. 216-17.

34. 다음 인물과의 인터뷰. Iván Vitányi, Budapest, January 2009.

35. 다음 인물과의 인터뷰. Elfriede Brüning, Berlin, November 28 and December 5, 2006.

36. Elfriede Brüning, *Und außerdem war es mein Leben* (Berlin, 2004), pp. 342-45.

37. Ibid., p. 398.

38. Elfriede Brüning, *Lästige Zeugen: Tonbandgespräche mit Opfern der Stalinzeit* (Halle, 1990).

39. Leopold Tyrmand, "Sprawa Piaseckiego," *Swiat* (November 18, 1956).

40. Jan Engelgard, *Wielka Gra Bolesława Piaseckiego* (Warsaw, 2008), p. 7.

41. Andrzej Jaszczuk, *Ewolucja Ideowa Bolesława Piaseckiego* (Warsaw, 2005), pp. 27–28, 56–57.

42. Engelgard, *Wielka Gra Bolesława Piaseckiego*, pp. 66–67.

43. Mikołaj Stanisław Kunicki, "The Polish Crusader: The Life and Politics of Bolesław Piasecki, 1915–1979," Ph.D. thesis, Stanford University, June 2004, pp. 196–203.

44. Czesław Miłosz, *Zdobycie Władzy* (Olsztyn, 1990), pp. 138–39.

45. Engelgard, *Wielka Gra Bolesława Piaseckiego*, p. 85.

46. Ibid., p. 218.

47. 다음 인물과의 인터뷰. Janusz Zabłocki, Warsaw, June 19, 2009.

48. Kunicki, "The Polish Crusader," pp. 241–43.

49. 이는 분명히 피아세츠키 가문의 신념이다. 다음 인물과의 대화. Ładysław Piasecki, Warsaw, February 17, 2012.

50. 다음 인물과의 인터뷰. Zabłocki.

51. 다음 인물과의 인터뷰. Leopold Unger, Brussels, March 21, 2009.

52. 다음 인물과의 인터뷰. Alexander Jackowski, Warsaw, May 15, 2007.

53. SAPMO–BA, ZPA, NY 421/5/53, pp. 263–74.

54. Klaus Polkehn, *Das war die Wochenpost: Geschichte und Geschichten einer Zeitung* (Berlin, 1997), p. 7.

55. 다음 인물과의 인터뷰. Klaus Polkehn, Berlin, October 20, 2006.

17장 소극적으로 반대한 사람들

1. György Faludy, *My Happy Days in Hell*, trans. Kathleen Szasz (London, 2010), p. 207.

2. Celina Budzyńska, *Krytyka i Samokrytyka* (Warsaw, 1954), p. 44.

3. *Daily Worker*, November 20, 1950, p. 2; 다음도 볼 것. Phillip Deery, "The Dove Flies East: Whitehall, Warsaw and the 1950 World Peace Congress," *Australian Journal of Politics and History* (December 2002).

4. *Sheffield Telegraph*, November 19, 1950; Deery, "The Dove Flies East."

5. Stiftung Aufarbeitung, Archiv Unterdruckter Literatur, Edeltraude Eckert file.

6. Joanna Kochanowicz, *ZMP w Terenie* (Warsaw, 2000), pp. 85–102.

7. John Rodden, *Repainting the Little Red Schoolhouse: A History of Eastern German Education, 1945-1995* (New York, 2002).

8. Maciej Chłopek, *Bikiniarze. Pierwsza polska subkultura* (Warsaw, 2005), pp. 69–75; Sándor Horváth, "Hooligans, Spivs and Gangs: Youth Subcultures in the 1960s," in János M. Rainer and György Péteri, eds., *Muddling Through in the Long 1960s: Ideas and Everyday Life in High Politics and the Lower Classes of Communist Hungary*, Trondheim Studies on East European Cultures and Societies 16 (May 2005), pp. 199–223.

9. Chłopek, *Bikiniarze*, p. 101; Kathy Peiss, *Zoot Suit: The Enigmatic Career of an Extreme Style* (Philadelphia, 2011), p. 179.

10. Leopold Tyrmand, *Dziennik 1954* (London 1980), pp. 138–40.

11. Horváth, "Hooligans, Spivs and Gangs."

12. Chłopek, *Bikiniarze*, p. 30.

13. Ibid., pp. 142–43.

14. Jacek Kuroń, *Wiara i wina. Do i od komunizmu* (Wrocław, 1995), p. 54.

15. 다음을 볼 것. Sándor Horváth, "Myths of the Great Tree Gang: Constructing Urban Spaces and Youth Culture in Socialist Budapest," in Joanna Herbert and Richard Rodger, eds., *Testimony of the City: Identity, Community and Change in a Contemporary Urban World* (Aldershot, 2007), pp. 73–93; Horváth, "Hooligans, Spivs and Gangs."

16. 다음 인물과의 인터뷰. Krzysztof Pomian, Warsaw, May 2, 2008.

17. Chłopek, *Bikiniarze*, pp. 130–35.

18. Kuroń, *Wiara i wina*, pp. 54–55.

19. Toby Thacker, "The Fifth Column: Dance Music in the Early German Republic," in Patrick Major and Jonathan Osmond, eds., *The Workers' and Peasants' State* (Manchester, 2002), pp. 227–39.

20. 다음 인물과의 인터뷰. Erich Loest, Leipzig, December 12, 2006.

21. AdK ABK, Arnold Zweig, V.

22. Thacker, "The Fifth Column," pp. 227–39.

23. 다음 인물과의 인터뷰. Marta Stebnicka, Kraków, February 25, 2009.

24. 공산주의 유머에 대한 좋은 비공식적 분석은 다음을 볼 것. Ben Lewis, *Hammer and Tickle* (London, 2009). 요약본은 "Hammer and Tickle," *Prospect* 122 (May 20, 2006).

25. Lewis, *Hammer and Tickle*, p. 11.

26. 여기 인용된 농담은 다양한 사람과 출처에서 나왔다. 자료를 정리해준 피오트르 파슈코프 스키에게 감사한다.

27. PIL, 286.23, p. 122.

28. AAN, Ministerstwo Oswiaty 346, p. 16.

29. Milan Kundera, *The Joke* (London, 1992).

30. 다음을 볼 것. Lewis, *Hammer and Tickle*, p. 132.

31. Jenö Randé and János Sebestyén, *Azok a rádiós évtizedek* (Budapest, 1995), pp. 146–48.

32. *Ulenspiegel: Literatur, Kunst, Satire*, vols. II (1947) and III (1948). 여기서 다룬 헤르베 르트 산트베르크에 관한 논의는 미술사학자 Peter Pachnicke와의 대화에 기반한다.

33. SAPMO-BA, DY 30/IV 2.9.06/23.

34. Lewis, *Hammer and Tickle*, p. 11.

35. 다음 인물과의 인터뷰. Józef Puciłowski, Kraków, March 24, 2009.

36. 다음 인물과의 인터뷰. Hans-Jochen Tschiche, Satuelle, November 18, 2006.

37. Karta, Memoir Archives, 7/IV.

38. Jan Ziółek and Agnieszka Przytuła, *Represje wobec uczestników wydarzeń w Katedrze Lubelskiej w 1949 roku* (Lublin, 1999); 다음도 볼 것. Agnieszka Przytuła,

"Skazani za wiarę w cud," 미출간 원고. 다음 웹페이지를 볼 것. http://tnn.pl/pamie. php.

39. Karta, Memoir Archives, 7/IV.

40. Rudolf Ilona Sántháné, 미출간 원고.

41. 다음 인물과의 인터뷰. Halina Bortnowska, Warsaw, February 5, 2006.

42. Dariusz Stola, *Kraj bez Wyjścia? Migracje z Polski 1949-1989* (Warsaw, 2010), p. 27.

43. William E. Stacy, "US Army Border Operations in Germany 1945-1983" (HQ US Army, Europe and 7th Army, 2002), 다음 웹페이지를 볼 것. http://www.history.army. mil/documents/BorderOps/content.htm.

44. Edith Sheffer, "On Edge: Building the Border in East and West Germany," *Central European History* 40 (2007), pp. 307-33.

45. Stacy, "US Army Border Operations in Germany."

46. Corey Ross, "Before the Wall: East Germans, Communist Authority and the Mass Exodus to the West," *The Historical Journal* 45, 2 (2002), p. 459; Frederick Taylor, *The Berlin Wall* (New York, 2006), p. 77.

47. 다음 인물과의 인터뷰. Herta Kuhrig, Berlin, November 21, 2006.

48. Ross, "Before the Wall," pp. 465-77.

18장 혁명

1. Bertolt Brecht, *Poems 1913-1956*, John Willett and Ralph Manheim, eds. (Methuen, 1976), p. 440.

2. 스탈린은 실제로는 3월 5일 사망했는데 아마도 3월 1일 아침 일찍 발생한 심장마비 때문이었을 것이다. 그러나 그의 죽음은 다음날까지 대중에게 공표되지 않았다.

3. Mark Allinson, *Politics and Popular Opinion in East Germany 1945-68* (Manchester, 2000), pp. 52-54.

4. 오픈 소사이어티 아카이브(Open Society Archives)의 소장 사진들은 다음을 볼 것. http://www.osaarchivum.org/galeria/05031953/sect06/index.html.

5. 잡지 *Life*는 다음 지면에 그들의 모든 사진을 게재했다. March 23, 1953, pp. 33-35.

6. Amy Knight, *Beria: Stalin's First Lieutenant* (Princeton, 1995), p. 182.

7. Mark Kramer, "The Early Post-Stalin Succession Struggle and Upheavals in East-Central Europe: Internal-External Linkages in Soviet Policy Making," *Journal of Cold War Studies* 1, 1 (Winter 1999), pp. 18-21.

8. Ibid., p. 17; 또한 Christian Ostermann, ed., *Uprising in East Germany 1953: The Cold War, the German Question, and the First Major Upheaval Behind the Iron Curtain* (Budapest and New York, 2001), pp. 86-90 (이 문서 중 많은 것들은 다음 웹페이지에서 볼 수 있다. http://legacy.wilson center.org).

9. Ostermann, ed., *Uprising in East Germany 1953*, pp. 10-101.

10. Kramer, "Early Post-Stalin Succession Struggles," p. 17.

11. Ibid., p. 23.

12. Csaba Békés, Malcolm Byrne, and János Rainer, eds., *The 1956 Hungarian*

Revolution: A History in Documents (Budapest and New York, 2002), pp. 15–20.

13. Charles Gati, *Failed Illusions: Moscow, Washington, Budapest, and the 1956 Hungarian Revolt* (Stanford and Washington, 2006), pp. 32–40.

14. Imre Nagy, *On Communism: In Defense of the New Course* (New York, 1957), p. 176.

15. Kramer, "Early Post-Stalin Succession Struggles," p. 31.

16. 다음 인물과의 인터뷰. Lutz Rackow, Berlin, April 1, 2008.

17. 다음 인물들과의 인터뷰. Erich Loest, Leipzig, December 12, 2006, and Elfriede Brüning, Berlin, November 28 and December 5, 2006.

18. 다음 인물과의 인터뷰. Egon Bahr, Berlin, October 26, 2006.

19. Rudolf Herrnstadt, *Das Herrnstadt-Dokument: das Politbüro der SED und die Geschichte des 17. Juni 1953* (Hamburg, 1990), p. 85; Hubertus Knabe, *17 Juni 1953—Ein deutscher Aufstand* (Berlin, 2004), p. 302.

20. 다음 인물과의 인터뷰. Loest.

21. Ibid. 또한 Erich Loest, *Durch die Erde ein Riss: Ein Lebenslauf* (Hamburg, 1981), pp. 196–207; on why the Volkspolizei were absent, 다음을 볼 것. Hubertus Knabe, 17 *Juni 1953—Ein deustscher Aufstand* (Berlin, 2004), p. 318.

22. 다음 인물과의 인터뷰. Karl-Heinz Arnold, Berlin, November 3, 2006.

23. 다음 인물과의 인터뷰. Hans-Walter Bendzko, Berlin, April 2, 2008.

24. Volker Koop는 다음 자료에서 다양한 출처와 수치 설명한다. *Der 17. Juni 1953—Legende und Wirklichkeit* (Berlin, 2003).

25. Ibid., p. 343.

26. Knabe, 17 Juni 1953, p. 83. 이는 1989년 10월 동독 시위 때보다 더 많은 인원이다.

27. 다음 인물과의 인터뷰. Bahr.

28. SAPMO-BA, DY 30/IV 2/1/121, pp. 35–39.

29. Ostermann, ed., *Uprising in East Germany 1953*, p. 186.

30. Mary Fulbrook, *Anatomy of a Dictatorship: Inside the GDR, 1949-89* (Oxford, 1995), pp. 155–61.

31. 다음 인물과의 인터뷰. Günter Schabowski, Berlin, December 7, 2006.

32. Ronald Hayman, *Brecht: A Biography* (New York, 1983), p. 367.

33. 다음 인물과의 인터뷰. Klaus Polkehn, Berlin, October 20, 2006.

34. 다음 인물과의 인터뷰. Rackow.

35. Kramer, "Early Post-Stalin Succession Struggles," part 2, p. 5.

36. Ostermann, ed., *Uprising in East Germany 1953*, pp. 186, 270; Koop, Der 17. Juni 1953, pp. 333–34. 이 주장에 대한 서방의 증거 역시 존재하지 않는다. CIA도 러시아인들만큼이나 폭동에 놀랐으며, 심지어 러시아인들이 폭동을 선동했을 가능성까지 고려했다(Ostermann, ed., *Uprising in East Germany 1953*, pp. 210–12).

37. Kramer, "Early Post-Stalin Succession Struggles."

38. Gati, *Failed Illusions*, pp. 54–55.

39. SAPMO-BA, DY 30/IV 2/1/120, pp. 2–13.

40. Ibid., pp. 25–28.

41. Ibid.

42. Paweł Machewicz, "Polish Regime Countermeasures Against Radio Free Europe," in A. Ross Johnson and R. Eugene Parta, eds., *Cold War Broadcasting: Impact on the Soviet Union and Eastern Europe* (New York, 2010), pp. 174-75.

43. Andrzej Friskze, *Polska: Losy państwa i narodu, 1939-1989* (Warsaw, 2003). 다음도 볼 것. Andrzej Paczkowski, *Trzy twarze Józefaświatły: przyczynek do historii komunizmu w Polsce* (Warsaw, 2009).

44. Gati, *Failed Illusions*, pp. 55, 113-22.

45. Andrzej Krzywicki, *Poststalinowski Karnawał Radości* (Warsaw, 2009), pp. 185-90.

46. *Rzeczpospolita*, December 4, 2007.

47. Krzywicki, *Poststalinowski Karnawał Radości*, p. 231.

48. Jacek Kuroń, *Wiara i wina. Do i od komunizmu* (Wrocław, 1995), p. 56.

49. 다음 인물과의 인터뷰. Jacek Fedorowicz, Warsaw, March 25, 2009.

50. Krzywicki, *Poststalinowski Karnawał Radości*, p. 231.

51. 다음 인물과의 인터뷰. Krzystof Pomian, Warsaw, May 2, 2008.

52. Krzywicki, *Poststalinowski Karnawał Radości*, p. 281.

53. K. Kozniewski, "Sto Wierszy o Festiwalu," *Sztandar Młodych* (August 9, 1955).

54. 다음 인물과의 인터뷰. Fedorowicz.

55. William Griffiths, "The Petöfi Circle: Forum for Ferment in the Hungarian Thaw," *The Hungarian Quarterly* 2, 1 (January 1962), pp. 15-31.

56. István Eörsi, "The Petöfi Circle," in *Intellectuele kringen in de twintigst eeuw* (Utrecht, 1995), p. 110.

57. Tamás Aczél and Tibor Meráy, *The Revolt of the Mind* (London, 1960), pp. 274-82; Békés, Byrne, and Ranier, eds., *The 1956 Hungarian Revolution*, p. 10.

58. Ibid., pp. 345-46.

59. Aczél and Meráy, *Revolt of the Mind*, p. 45.

60. Ibid., pp. 96-113.

61. Iván Vitány, *Önarckép—elvi keretben* (Celldömölk, 2007), pp. 28-32.

62. András Hegedüs, "The Petöfi Circle: The Forum of Reform in 1956," *Journal of Communist Studies and Transition Politics* 113, 2, pp. 108-22.

63. Békés, Byrne, and Ranier, eds., *The 1956 Hungarian Revolution*, p. 10.

64. Aczél and Meráy, *Revolt of the Mind*, pp. 267-68.

65. Eörsi, "The Petöfi Circle," p. 108.

66. 다음 인물과의 인터뷰. Karol Modzelewski, Warsaw, April 28, 2009.

67. Ibid.

68. Eörsi, "The Petöfi Circle," p. 110.

69. Mark Pittaway, "The Reproduction of Hierarchy: Skill, Working-Class Culture, and the State in Early Socialist Hungary," *The Journal of Modern History* 74, 4 (December 2002), p. 728.

70. Griffiths, "The Petöfi Circle," p. 22.

71. 이 연설문은 다음 웹페이지를 볼 것. http://www.marxists.org/archive/khrushchev/1956/02/24.htm.

72. William Taubman, *Khrushchev: The Man and His Era* (New York, 2003), p. 284.

73. 다음 인물과의 인터뷰. Colonel Ludwik Rokicki, Warsaw, May 25, 2006.

74. Griffiths, "The Petöfi Circle," p. 17.

75. Victor Sebestyen, *Twelve Days: Revolution 1956* (London, 2006), pp. 86-87.

76. 라코시의 유해는 한참 후 헝가리로 돌아와 부다페스트 묘지에 묻혔다. 그러나 그의 묘비가 공공 기물 파괴자들에게 좋은 목표가 된 후, 그의 유해는 이니셜로만 표시된 무덤으로 옮겨졌다. 다음 웹페이지를 볼 것. http://www.mult-kor.hu/cikk.php?id=8036&pIdx=4.

77. Gati, *Failed Illusions*, pp. 137-38.

78. 기록 보관소를 잘 활용한 최근의 연구들로는 다음이 있다. Gati, *Failed Illusions*; Sebestyen, *Twelve Days*; Mark Kramer, "The Soviet Union and the 1956 Crises in Hungary and Poland: Reassessments and New Findings," *Journal of Contemporary History* 33, 2 (April 1998), pp. 163-214. Central European Press는 1956 Institute와 협업해 다음의 훌륭한 자료집을 발간했다. *The 1956 Hungarian Revolution*, edited by Csaba Békés, Malcolm Byrne, and János Rainer. 영어로 쓰인 노년의 목격자 기록으로는 George Urban, *Nineteen Days: A Broadcaster's Account of the Hungarian Revolution* (London, 1957); Sándor Kopácsi, *In the Name of the Working Class* (New York, 1987); Endre Márton, *The Forbidden Sky* (New York, 1971); and Tibor Meráy, *Thirteen Days That Shook the Kremlin* (London, 1959).

79. Aczél and Meráy, *Revolt of the Mind*, pp. 437-38.

80. Sebestyen, *Twelve Days*, p. 97.

81. Meráy, *Thirteen Days That Shook the Kremlin*, p. 439.

82. Kramer, "The Soviet Union and the 1956 Crises," pp. 163-214.

83. Békés, Byrne, and Ranier, eds., *The 1956 Hungarian Revolution*, p. 223; Kramer, "The Soviet Union and the 1956 Crises," pp. 169-71.

84. Kramer, "The Soviet Union and the 1956 Crises," p. 172.

85. Urban, *Nineteen Days*, pp. 12-13.

86. Békés, Byrne, and Ranier, eds., *The 1956 Hungarian Revolution*, pp. 188-89.

87. Sebestyen, *Twelve Days*, pp. 110-19.

88. Ibid., p. 192.

89. Gati, *Failed Illusions*, pp. 165-67.

90. Sebestyen, *Twelve Days*, p. 208.

91. 다음을 볼 것. Bill Lomax, ed., *Hungarian Workers' Councils in 1956* (New York, 1990).

92. Békés, Byrne, and Ranier, eds., *The 1956 Hungarian Revolution*, p. 375.

93. Sebestyen, *Twelve Days*, p. 281.

94. Ibid., pp. 299-300.

95. Békés, Byrne, and Ranier, eds., *The 1956 Hungarian Revolution*, p. 70.

맺으며

1. Henryk Domański, "The Middle Class in Transition from Communist to Capitalist Society," in Edmund Mokrzycki and Sven Eliæson, eds., *Building Democracy and Civil Society East of the Elbe* (New York, 2006), p. 95.

2. 다음 인물과의 대화. Roger Scruton, June 6, 2012; 다음도 볼 것. Barbara Day, *The Velvet Philosophers* (London, 1999).

3. Vaclav Havel et al., *The Power of the Powerless: Citizens Against the State in Central-Eastern Europe* (London, 1985), p. 39.

4. 이 말은 프랑스에서 오랫동안 회자되어왔고, 때로 로베스피에르나 나폴레옹이 남긴 말로 잘못 알려졌다. 스탈린이 실제로 한 말로 알려진 러시아어 대응 문장은 "나무를 쪼개면 나뭇조각이 날아간다"(Les rubyat—schepki letyat)이다. 리처드 파이프스(Richard Pipes)는 공산주의에 대한 해명으로 자주 쓰이는 이 말은 허튼소리라고 일축했다. "인간이 달걀이 아니라는 사실을 차치하더라도, 문제는 어떤 오믈렛도 대량학살에서 나오는 게 아니라는 점이다."

5. 다음을 볼 것. Kanan Makiya, *Republic of Fear* (Berkeley, 1998); John K. Cooley, "The Libyan Menace," *Foreign Policy* 42 (Spring 1981); and Gareth Winrow, *The Foreign Policy of the GDR in Africa* (Cambridge, 1990), p. 140. 동독은 또한 에티오피아, 앙골라, 모잠비크를 포함한 여러 아프리카 공산주의 정권의 비밀경찰 조직을 창설하는 데 도움을 주었다.

6. 다음 웹페이지를 볼 것. http://www.lkplodz.pl/.

7. 일례로 러시아 비정부 조직의 입법 혼란에 대한 분석은 다음 웹페이지를 볼 것. http://www.icnl.org/research/monitor/russia.html.

참고문헌

아래는 집필에 참고한 회고록, 소설, 단행본, 기타 2차 자료의 일부 목록이다. 논문, 보고서, 기타 자료는 특정 기록보관소 출처와 함께 출처주에 밝혔다.

Abrams, Bradley, *The Struggle for the Soul of the Nation: Czech Culture and the Rise of Communism* (New York, 2004).

Acheson, Dean, *Present at the Creation* (New York, 1987).

Aczel, Tamás, and Tibor Meráy, *The Revolt of the Mind: A Case History of Intellectual Resistance behind the Iron Curtain* (London, 1960).

Agee, Joel, *Twelve Years: An American Boyhood in East Germany* (Chicago, 2000).

Allinson, Mark, *Politics and Popular Opinion in East Germany, 1945-68* (Manchester, 2000).

Åman, Anders, *Architecture and Ideology in Eastern Europe during the Stalin Era*, trans. Roger and Kerstin Tanner (Cambridge, Mass., 1992).

Andreas-Friedrich, Ruth, *Battleground Berlin: Diaries 1945-48*, trans. Anna Boerresen (New York, 1990).

Anonymous, *A Woman in Berlin*, trans. Philip Boehm (London, 2006).

Ansorg, Leonore, *Kinder im Klassenkampf: Die Geschichte der Pionierorganisation von 1948 bis Ende der fünfziger Jahre* (Berlin, 1997).

Apor, Balázs, et al., eds., *The Leader Cult in Communist Dictatorships* (New York, 2004).

Arendt, Hannah, *The Origins of Totalitarianism* (Cleveland and New York, 1958).

Arp, Agnes, *VEB Vaters ehemaliger Betrieb Privatunternehmer in der DDR* (Leipzig, 2005).

Åslund, Anders, *Private Enterprise in Eastern Europe* (Macmillan, 1985).

Baczoni, Gábor, *Par(t)viadal-A Magyar Államrendörség Vidéki Fökapitányságának Politikai Rendészeti osztálya, 1945-1946* (Budapest, 2002).

Baer, Helmut David, *The Struggle of Hungarian Lutherans under Communism* (College Station, Texas, 2006).

Bajer, Magdalena, *Blizny po Ukąszeniu* (Warsaw, 2005).

Balogh, Gyöngyi, Vera Gyürey, and Pál Honffy, *A magyar játék film története a kezdetektöl 1990-ig* (Budapest, 2004).

Balogh, Margit, *A KALOT es a katolikus tarsadalompolitika 1935-1946* (Budapest, 1998).

_____, *Mindszenty József (1892-1975)* (Budapest, 2002).

Balogh, Margit, and Csaba Szabó, *A Grösz per* (Budapest, 2002).

Bank, Barbara, and Sándor Öze, *A 'német ügy' 1945-1953. A Volksbundtól Tiszalökig*

(Budapest and Munich, 2005).

Barany, Zoltan D., *Soldiers and Politics in Eastern Europe, 1945-1990* (New York, 1993).

Baring, Arnulf, *Uprising in East Germany: June 1, 1953* (London, 1972).

Beevor, Antony, *Berlin: The Downfall, 1945* (London, 2002).

Beevor, Antony, and Luba Vinogradova, eds., *A Writer at War: Vasily Grossman with the Red Army, 1941-1945* (London, 2005).

Beke, László, *A Student's Diary: Budapest, October 1-November 1, 1956*, trans. Leon Kossar and Ralph M. Zoltan (New York, 1957).

Belényi, Gyula, *Az állam szorításában. Az ipari munkásság társadalmi átalakulása 1945-1965* (Budapest, 2009).

Berend, Iván T., *Central and Eastern Europe 1944-1993* (Cambridge, 1996).

Berend, Iván T., and Tamás Csató, *Evolution of the Hungarian Economy, 1848-1948* (Boulder, 2001).

Berényi, Zsuzsanna Ágnes, *A szabadkőművesség kézikönyve* (Budapest, 2001).

Beres, Witold, and Jerzy Skoczyłas, *General Kiszczak Mowi... Prawie Wszytko* (Warsaw, 1991).

Biddiscombe, Alexander P., *Werwolf: The History of the National Socialist Guerrilla Movement, 1944-46* (Toronto, 1998).

Biedrzycka, Anna (ed.), *Nowa Huta-architektura i twórcy miasta idealnego*, 전시회 카탈 로그 (Kraków, 2006).

Bierut, Bolesław, *Sześcoletni Plan Odbudowy Warszawy* (Warsaw, 1950).

_____, *Sześcoletni Plan Odbudowy Warszawy: Refereat Na Konferencji Warszawskiej PZPR w dniu 3 lipca, 1949 g* (Warsaw, 1949).

Bikont, Anna, and Joanna Szczęsna, *Lawina i Kamienie: Pisarze wobec Komunizmu* (Warsaw, 2006).

Błazynski, Zbigniew, *Mówi Józef Światło* (Warsaw, 2003).

Boorm, János, *Arcok és értékek az acélvárosban* (Budapest, 2008).

Borhi, László, *Hungary in the Cold War: 1945-1956* (Budapest and New York, 2004).

Böszörményi, Géza, *Recsk 1950-1953* (Budapest, 2006).

Bouška, Tomáš, and Klara Pinerova, *Czechoslovak Political Prisoners* (Prague, 2009).

Breuning, Eleonore, Jill Lewis, and Gareth Pritchard, eds., *Power and the People: A Social History of Central European Politics, 1945-1956* (Manchester, 2005).

Brodala, Marta, Anna Lisiecka, and Tadeusz Rudzikowski, *Przebudować Człowieka: komunistyczne wysiłki zmiany mentalności* (Warsaw, 2001).

Bruce, Gary, *The Firm: The Inside Story of the Stasi* (Oxford, 2010).

Brüning, Elfriede, *Und außerdem war es mein Leben* (Berlin, 1952).

Brzezinski, Zbigniew, *The Soviet Bloc: Unity and Conflict* (New York, 1967).

Brzezinski, Zbigniew, and Carl J. Friedrich, *Totalitarian Dictatorship and Autocracy* (Cambridge, 1956).

Brzostek, Błażej, *Robotnicy Warszawy* (Warsaw, 2002).

Buber–Neumann, Margarete, *Under Two Dictators*, trans. Edward Fitzgerald (London, 2008).

Burger, Ulrich, *Das sagen wir natürlich so nicht!* (Berlin, 1990).

Celina, Budzyńska, *Krytyka i Samokrytyka* (Warsaw, 1954).

Childs, David, *The GDR: Moscow's German Ally* (London, 1988).

Childs, David, and Richard Popplewell, *The Stasi: The East German Intelligence and Security Services* (New York, 1996).

Chłopek, Maciej, *Bikiniarze. Pierwsza polska subkultura* (Warsaw, 2005).

Chodakiewicz, Marek, *After the Holocaust* (New York, 2003).

Chodakiewicz, Marek, John Radziłowski, and Dariusz Tolczyk, eds., *Poland's Transformation: A Work in Progress* (Charlottesville, 2003).

Cichocki, Bartosz, and Krzyzstof Józwiak, *Najważniejsze są Kadry: Centralna Szkoła Partyjna PPR/PZPR* (Warsaw, 2006).

Cichopek–Gajraj, Anna, *"Jews, Poles and Slovaks: A Story of Encounters, 1944-1948,"* 박사 논문, University of Michigan, 2008.

Colditz, Heinz, and Martin Lücke, *Stalinstadt: neues Leben, neue Menschen* (Berlin, 1958).

Connelly, John, *Captive University: The Sovietization of East German, Czech, and Polish Higher Education, 1945-1956* (Chapel Hill and London, 2000).

Conquest, Robert, *Reflections on a Ravaged Century* (New York, 1999).

Conze, Werner, and Jakob Kaiser, *Politiker zwischen Ost und West, 1945-1949* (Stuttgart, 1969).

Courtois, Stéphane, et al., eds., *The Black Book of Communism* (Cambridge, 1999).

Crampton, R. J., *A Concise History of Bulgaria* (Cambridge, 2006).

Creuzberger, Stefan, *Die Sowjetische Militäradministration in Deutschland (SMAD) 1945-1949* (Melle, 1991).

Crowley, David, *Warsaw* (London, 2003).

Czuchnowski, Wojciech, *Blizna. Proces Kuru krakowskiej 1953* (Kraków, 2003).

Davies, Norman, *Rising '44: The Battle for Warsaw* (New York, 2004).

Davies, Norman, and Roger Moorhouse, *Microcosm: A Portrait of a European City* (New York, 2003).

Deák, István, Jan T. Gross, and Tony Judt, eds., *The Politics of Retribution in Europe* (Princeton, 2000).

Deakin, Frederick W., and Richard Storry, *The Case of Richard Sorge* (New York, 1966).

Djilas, Milovan, *Conversations with Stalin* (New York, 1990).

Doernberg, Stefan, *Befreiung. Ein Augenzeugbericht* (East Berlin, 1985).

_____, *Die Geburt eines neuen Deutschland 1945-1949* (East Berlin, 1959).

_____, *Kurze Geschichte der DDR* (Berlin, 1969).

Dönhoff, Marion Gräfin, *Namen, die keiner mehr nennt: Ostpreußen—Menschen und Geschichte* (Munich, 1964).

Drauschke, Frank, Arseny Roginsky, and Anna Kaminsky, *Erschossen in Moskau...: Die deutschen Opfer des Stalinismus auf dem Moskauer Friedhof Donskoje* (Berlin, 2008).

Fichner, Klaus, and Gotthold Schramm, *Angriff und Abwehr: Die deutschen Geheimdienste nach 1945* (Berlin, 2007).

Engelgard, Jan, *Wielku Gra Bolesława Piaseckiego* (Warsaw, 2008).

Epstein, Catherine, *The Last Revolutionaries: German Communists and Their Century* (Cambridge and London, 2003).

Erdös, Ferenc, and Zszuanna Pongrácz, *Dunaújváros története* (Dunaújváros, 2000).

Erös, Ferenc, *Pszichoanalízis és kulturális emlékezet* (Budapest, 2010).

Faludy, György, *My Happy Days in Hell* (London, 2010).

Farkas, Vladimir, *Nincs mentség* (Budapest, 1990).

Fedorowicz, Jacek, *Dziełka wybrane* (Chicago, 1989).

_____, *Kultura młodych-Teatry studenckie w połowie lat pięćdziesiątych*, maszynopis, s.l., s.a (tekst wygłoszony podczas konferencji naukowej na Uniwersytecie Warszawskim).

Fehér, István, *Az utolsó perchen, Magyarország nemzetiségei 1945-1990* (Budapest, 1993).

Feist, Günter (with Eckhart Gillen), *Stationen eines Weges: Daten und Zitate zur Kunst und Kunstpolitik der DDR 1945-1998* (Berlin, 1988).

Feist, Günter, Eckhart Gillen, and Beatrice Vierneisel, eds., *Kunstdokumentation: 1945-1990, SBZ/DDR* (Berlin, 1996).

Fidelis, Małgorzata, "The New Proletarians: Women Industrial Workers and the State in Postwar Poland, 1945-57," 박사 논문, Stanford University, 2005.

Finkel, Stuart, *On the Ideological Front: The Russian Intelligentsia and the Making of the Soviet Public Sphere* (New Haven, 2007).

Finn, Gerhard, *Die politischen Häftlinge der Sowjetzone: 1945-1959* (Pfaffenhofen, 1960).

Fischer, Ruth, *Stalin and German Communism: A Study in the Origins of the State Party* (New Brunswick, 1982).

Fitzpatrick, Sheila, and Michael Geyer, *Beyond Totalitarianism: Stalinism and Nazism Compared* (Cambridge, 2008).

Földesi, Margit, *A megszállók szabadsága* (Budapest, 2002).

Frazik, Wojciech, Filip Musiał, and Mateusz Szpytma, *Obsada Stanowisk kierowniczych Urzędu Bezpieceństwa i Służby Bezpieczenstwa w Krakowie* (Kraków, 2006).

Friske, Andrzej, *Opozycja Polityczna w PRL, 1945-1980* (London, 1994).

_____, *Polska: Losy państwa i narodu, 1939-1945* (Warsaw, 2003).

Fulbrook, Mary, *Anatomy of a Dictatorship: Inside the GDR, 1949-1989* (Oxford, 1995).

Furet, François, *The Passing of an Illusion: The Idea of Communism in the Twentieth Century*, trans. Deborah Furet (Chicago, 1999).

Gaddis, John Lewis, *The Cold War: A New History* (New York, 2005).

_____, *We Now Know: Rethinking Cold War History* (Oxford, 1997).

Gál, Lajos, ed., *Egységbe ifjúság!* (Budapest, 1973).

Garasin, Rudolf, *Vörössipkás lovagok* (Budapest, 1967).

Garlicki, Andrzej, *Bolesław Bierut* (Warsaw, 1994).

Gaszyński, Marek, *Fruwa Twoja Marynara: lata czterdzieste i pięćdziesiąte—jazz, dancing, rock and roll* (Warsaw, 2006).

Gati, Charles, *Failed Illusions: Moscow, Washington, Budapest, and the 1956 Hungarian Revolt* (Stanford and Washington, 2006).

Gawryszewski, Andrzej, *Ludność Polski w XX wieku* (Warsaw, 2005).

Gergely, Ferenc, *A magyar cserkészet története 1910-1948* (Budapest, 1989).

Gergely, Jenö, *A katolikus egyház Magyarországon 1944-1971* (Budapest, 1985).

Germuska, Pál, "Between Theory and Practice: Planning Socialist Cities in Hungary," in *Urban Machinery: Inside Modern European Cities*, eds. Mikael Hard and Thomas J. Misa (Cambridge, Mass., 2008).

Geyer, Hans-Joachim, *Am Anfang stand das Ende* (Berlin, 1954).

Gieseke, Jens, *Die DDR-Staatssicherheit: Schild und Schwert der Partei* (Bonn, 2000).

———, *The GDR State Security: Sword and Shield*, trans. Mary Carlene Forszt (Berlin, 2004).

Gilbert, Martin, "Churchill and Poland," unpublished lecture, University of Warsaw, February 16, 2010.

Gillen, Eckhart, Das Kunstkombinat *DDR. Zäsuren einer gescheiterten Kunstpolitik* (Köln, 2005).

Gillen, Eckhart, and Diether Schmidt, *Zone 5: Kunst in der Viersektorenstadt 1945-1951* (Berlin, 1989).

Gleason, Abott, *Totalitarianism: The Inner History of the Cold War* (Oxford, 1995).

Gneist, Gisela, and Gunther Heydemann, *"Allenfalls kommt man für ein halbes Jahr in ein Umschul-ungslage"* (Leipzig, 2002).

Goban-Klas, Tomasz, *The Orchestration of the Media: The Politics of Mass Communications in Communist Poland and the Aftermath* (Boulder, 1994).

Golaszewski, Tadeusz, *Kronika Nowej Huty* (Kraków, 1955).

Gontarczyk, Piotr, *Polska Partia Robotnicza: Droga do Władzy, 1941-1944* (Warsaw, 2003).

Graczyk, R., *Bo jestem z Wilna... z Józefą Hennelową rozmawia Roman Graczyk* (Kraków, 2001).

Gregory, Paul, *The Political Economy of Stalinism: Evidence from the Soviet Secret Archives* (Cambridge, 2004).

Greider, Peter, *The East German Leadership 1946-1973: Conflict and Crisis* (Manchester, 1999).

Grodzieńska, Stefania, *Już nic nie muszę* (Lublin, 2000).

Grose, Peter, *Operation Rollback* (New York, 2000).

Gross, Jan, *Fear: Anti-Semitism in Poland after Auschwitz* (New York, 2006).

_____, *Revolution from Abroad: The Soviet Conquest of Poland's Western Ukraine and Western Belorussia* (Princeton, 1998).

_____, "War as Revolution," in *The Establishment of Communist Regimes in Eastern Europe, 1944-1949*, eds. Norman Naimark and Leonid Gibianskii (Boulder, 1997).

Gruschka, Gerhard, *Zgoda, miejsce zgrozy: Obóz koncentracyjny w Świętochłowicach* (Gliwice, 1998).

Gyarmati, György, *Államvédelem a Rákosi-korszakban* (Budapest, 2000).

_____, *Az átmenet évkönyve, 2003* (Budapest, 2004).

Gyarmati, György, ed., *A politika redorsege Magyarorszagon a Rakosikorszakban* (Pécs, 2002).

György, Péter, and Hedvig Turai, eds., *A művészet katonái-Sztálinizmus és kultúra* (Budapest, 1992).

Györi Szabó, Róbert, *A kommunizmus és a zsidóság az 1945 utáni Magyarországon* (Budapest, 2009).

Haine, Simone, ed., *Reise nach Moskau* (Berlin, 1995).

Hajna, Karl–Heinz, *Die Landtagswahlen 1946 in der SBZ* (Frankfurt am Main, 2000).

Halmy Kund, János, *Mecséri: An Army Officer in the Revolution*, lecture, Terror Háza Múzeum, October 2006.

Hantó, Zsuzsa, *Kitiltott családok* (Budapest, 2009).

Harmat, Pál, *Freud, Ferenczi és a magyarországi pszichoanalízis* (Budapest, 1994).

Harrison, Hope, *Driving the Soviets Up the Wall* (Princeton, 2003).

Hartmann, Anne, and Wolfram Eggelin, *Sowjetische Präsenz im kulturellen Leben der SBZ und fr hen DDR 1945-1953* (Berlin, 1998).

Haslam, Jonathan, *Russia's Cold War* (New Haven and London, 2010).

Hayman, Ronald, *Brecht: A Biography* (New York, 1983).

Haynes, John Earl, Harvey Klehr, and Alexander Vassiliev, *Spies: The Rise and Fall of the KGB* (New Haven, 2009).

Herf, Jeffrey, *Divided Memory: The Nazi Past in the Two Germanys* (Cambridge, 1997).

Herrmann, Elisabeth Maria, *Die Presse in der Sowjetischen Besatzungszone Deutschlands* (Bonn, 1957).

Hetényi, Varga Károly, *Papi sorsok a horogkereszt és a vörös csillag árnyékában I-III* (Abaliget, 1992).

Heym, Stefan, *Schwarzenberg* (Munich, 1988).

Hilger, Andreas, Mike Schmeitzner, and Ute Schmidt, eds., *Diktaturdurchsetzung. Instrumente und Methoden der kommunistischen Machtsicherung 1945-1955* (Dresden, 2001).

Hirsch, Helga, *Zemsta Ofiar*, trans. Maria Przybyłowska (Warsaw, 1999).

Hodos, George H., *Show Trials: Stalinist Purges in Eastern Europe 1948-1954* (New York, 1987).

Holm, Hans Axel, *The Other Germans: Report from an East German Town* (New York,

1970).

Holzweißig, Gunter, *DDR—Presse unter Parteikontrolle. Analysen und Berichte des Gesamtdeutschen Instituts*, No. 3 (Bonn, 1991).

Horváth, István, ed., *Dunaferr. Dunai Vasmu Kronika* (Dunaújváros, 2000).

Horváth, Sándor, *A kapu es a hatar: mindenapi Sztálinváros* (Budapest, 2004).

Horváth, Sándor, ed., *Mindennapok Rákosi és Kádár korában* (Budapest, 2008).

Isakowicz–Zaleski, Tadeusz, *Księza Wobec Bezpieki* (Kraków, 2007).

Jackowski, Aleksander, *Na Skróty* (Sejny, 1995).

Jagiełło, Michał, *Próba rozmowy. t. 2.: 'Tygodnik Powszechny' i komunizm 1945-1953* (Warsaw, 2001).

Janics, Kalman, *Czechoslovak Policy and the Hungarian Minority* (New York, 1982).

Jarausch, Konrad H., ed., *Dictatorship as Experience: Towards a Socio-Cultural History of the GDR* (New York, 1999).

Jászberényi, József, *A magyarországi szabadkőművesség története* (Budapest, 2005).

Jaszczuk, Andrzej, *Ewolucja Ideowa Bolesława Piaseckiego* (Warsaw, 2005).

Johnson, A. Ross, and R. Eugene Parta, eds., *Cold War Broadcasting: Impact on the Soviet Union and Eastern Europe* (New York, 2010).

Judt, Tony, *Postwar: A History of Europe since 1945* (New York, 2005).

Judt, Tony, and Timothy Snyder, *Thinking the Twentieth Century* (London, 2012).

Kalinski, Janusz, and Zbigniew Landau, *Gospodarka Polski w XX wieku* (Warsaw, 1998).

Kaminski, Łukasz, and Jan Żaryn, eds., *Wokoł Pogromu Kieleckiego* (Warsaw, 2006).

Kant, Hermann, *Die Aula* (Berlin, 1968).

Kaplan, Karel, *Report on the Murder of the General Secretary*, trans. Karel Kovanda (Columbus, 1990).

———, *The Short March: The Communist Takeover in Czechoslovakia* (New York, 1987).

Karau, Gisela, *Stasiprotokolle* (Frankfurt, 1992).

Kardos, László, ed., "Sej a mi lobogónkat fényes szelek fújják," *Népi Kollégiumok 1939-49* (Budapest, 1977).

Kaser, M. A., and E. A. Radice, *The Economic History of Eastern Europe*, Vol. II: *Interwar Policy, the War and Reconstruction* (Oxford, 1986).

Kassiber aus Bautzen, eds. Liebold Cornelia, Jorg Morre, and Gerhard Salter (Dresden, 2004).

Kecskemeti, Paul, *The Unexpected Revolution* (Stanford, 1981).

Kenez, Peter, *Hungary from the Nazis to the Soviets: The Establishment of the Communist Regime in Hungary, 1944-1948* (Cambridge and New York, 2006).

Kennan, George, *Memoirs: 1920-1950* (New York, 1967).

Kenney, Padraic, *Rebuilding Poland: Workers and Communists 1945-1950* (Ithaca and London, 1997).

Kersten, Krystyna, *The Establishment of Communist Rule in Poland, 1943-1948* (Berkeley, 1991).

Kiss, Sándor M., and Iván Vitányi, *A magyar diákok szabadságfrontja* (Budapest, 1983).

Kiszely, Gábor, *Á VH: Egy terrorszervezet története* (Budapest, 2000).

Klehr, Harvey, John Earl Haynes, and Kirill M. Anderson, *The Soviet World of American Communism* (New Haven and London, 1998).

Klein, Manfred, *Jugend zwischen den Diktaturen: 1945-1956* (Mainz, 1968).

Klein, Thomas, *"Für die Einheit und Reinheit der Partei": Die innerparteilichen Kontrollorgane der SED in der Ära Ullbricht* (Cologne, 2002).

Klessmann, Christoph, *The Divided Past: Rewriting Post-War German History* (New York, 2001).

Klimov, Gregory, *The Terror Machine: The Inside Story of the Soviet Administration in Germany*, trans. H. C. Stevens (New York, 1953).

Knabe, Hubertus, *Juni 17, 1953-Ein deutscher Aufstand* (Berlin, 2004).

Knight, Amy, *Beria: Stalin's First Lieutenant* (Princeton, 1995).

Kochanowicz, Joanna, *ZMP w terenie* (Warsaw, 2000).

Kochanowski, Jerzy, et al., eds., *Zbudować Warsawę Pieknę: O Nowy Krajobraz Stolicy (1944-1956)* (Warsaw, 2003).

Koehler, John O., *Stasi: The Untold Story of the East German Secret Police* (Boulder, 1999).

Koestler, Arthur, *Arrow in the Blue* (London, 2005).

———, *Darkness at Noon* (New York, 2006).

Koloski, Laurie S., "Painting Kraków Red: Politics and Culture in Poland, 1945–1950," 박 사 논문, Stanford University, June 1998.

Komorowski, Krzysztof, ed., *Armia Krajowa: szkice z dziejów Sił Zbrojnych Polskiego Państwa Podziemnego* (Warsaw, 1999).

Konrád, György, *A Guest in My Own Country* (New York, 2007).

Konwicki, Tadeusz, *Przy Budowie* (Warsaw, 1950).

Koop, Volker, *Besetzt: Sowjetische Besatzungspolitik in Deutschland* (Berlin, 2008).

———, *Tagebuch der Berliner Blockade. Von Schwarzmarkt und Rollkommandos, Bergbau und Bienenzucht* (Berlin, 1998).

Kopácsi, Sándor, *In the Name of the Working Class* (New York, 1987).

Kopelev, Lev, *To Be Preserved Forever*, trans. Anthony Austin (New York, 1977).

Kopka, Bogusław, *Obozy Pracy w Polsce, 1944-1950* (Warsaw, 2002).

Kopstein, Jeffrey, *The Politics of Economic Decline in East Germany, 1945-1989* (Chapel Hill and London, 1997).

Kott, Sandrine, Marcin Kula, and Thomas Lindenberger, eds., *Socjalizm w życiu powszednim: dyktatura a społeczeństwo w NRD i PRL* (Warsaw, 2006).

Kovács, Imre, *Magyarország megszállásu* (Budapest, 1990).

Kovály, Heda, *Under a Cruel Star* (Cambridge, Mass., 1986).

Krahulcsán, Zsolt, Rolf Müller, and Mária Palasik, *A politikai rendörség háború utáni megszervezése, 1944-1946* (Budapest, 2009).

Krajewski, Kazimierz, and Tomasz Łabuszewski, eds., *'Zwyczajny' Resort: Studia o aparacie bezpieczeństwa 1944-1956* (Warsaw, 2005).

Kramer, Mark, "The Early Post-Stalin Succession Struggle and Upheavals in East-Central Europe," *Journal of Cold War Studies*, published in three parts, 1/1 (1999), pp. 3-55; 1/2 (1999), pp. 3-38; 1/3 (1999), pp. 3-66.

Krawczyk, Andrzej, *Pierwsza próba indoktrynacji. Działalność Ministerstwa Informacji i Propagandy w latach 1944-1947* (Warsaw, 1994).

Krzywicki, Andrzej, *Poststalinowski Karnawał Radości* (Warsaw, 2009).

Kuby, Erich, *Die Russen in Berlin* (Berlin, 1965).

Kula, Martin, ed., *Przebudować Człowieka: komunistyczne wysiłki zmiany mentalności* (Warsaw, 2001).

Kundera, Milan, *The Joke* (London, 1992).

Kunicki, Mikołaj Stanisław, "The Polish Crusader: The Life and Politics of Boleslaw Piasecki, 1915-1979," 박사 논문, Stanford University, June 2004.

Kuroń, Jacek, *Wiara i wina. Do i od komunizmu* (Wrocław, 1995).

Kuroń, Jacek, and Jacek Żakowski, *PRL dla początkujących* (Wrocław, 1996).

Kwiek, Julian, *Związek Harcerstwa Polskiego w latach 1944-1950. Powstanie, rozwój, likwidacja* (Toruń, 1995).

Ladányi, Sándor, *A magyar református egyház 1956 tükrében* (Budapest, 2006).

Landsman, Mark, *Dictatorship and Demand: The Politics of Consumerism in East Germany* (Cambridge, 2005).

Langer, Jo, *Convictions: My Life with a Good Communist* (London, 1979).

László, Péter, Fehérlaposok—Adalékok a magyar-csehszlovák lakosságcsere egyezményhez (Szekszárd, 2004).

Latotzky, Alexander, *Kindheit hinter Stacheldraht: Mütter mit Kindern in sowjetischen Speziallagern und DDR-Haft* (Leipzig, 2001).

Laufer, Jochen, *Pax Sovietica, Stalin, die Westmächte und die deutsche Frage 1941-1945* (Cologne, 2009).

Leffler, Melvyn, *For the Soul of Mankind: The United States, the Soviet Union and the Cold War* (New York, 2007).

Leonhard, Wolfgang, *Child of the Revolution* (Chicago, 1958).

———, *Spurensuche, 40 Jahre nach 'Die Revolution entläßt ihre Kinder'* (Cologne, 1994).

Leucht, Kurt W., *Die erste neue Stadt in der DDR* (Berlin, 1957).

Lévai, Béla, *A rádió és a televízió krónikája 1945-1978* (Budapest, 1980).

Levi, Primo, *If This Is Man and The Truce* (London, 1988).

Lewis, Ben, *Hammer and Tickle* (London, 2009).

Liebmann, Irina, *Wäre es schön? Es wäre schön! Mein Vater Rudolf Herrnstadt* (Berlin, 2008).

Liebold, Cornelia, Jörg Morré, and Gerhard Sälter, eds., *Kassiber aus Bautzen: Heimliche Briefe von Gefängenen aus dem Sovjetischen Speziallager 1945-1950* (Dresden,

2004).

Liehm, Mira, and Antonin J. Liehm, *The Most Important Art: East European Film After 1945* (Berkeley, 1977).

Lipiński, Piotr, *Bolesław Niejasny* (Warsaw, 2001).

Lipinsky, Jan, and Renate Lipinsky, *Die Straße die in den Tod führte—Zur Geschichte des Speziallagers Nr. 5 Ketschendorf/Fürstenwalde* (Leverkusen, 1999).

Loest, Erich, *Durch die Erde ein Riss: Ein Lebenslauf* (Hamburg, 1981).

Lomax, Bill, ed., *Hungarian Workers' Councils in 1956* (New York, 1990).

Łopuski, Jan, *Pozostać sobą w Polsce Ludowej: życie w cieniu podejrzeń* (Rzeszów, 2007).

Lossonczy, Tamás, *The Vision Is Always Changing* (Budapest, 2004).

Loth, Wilfried, *Die Sowjetunion und die deutsche Frage. Studien zur sowjetischen Deutschlandpolitik* (Göttingen, 2007).

_____, *Stalin's Unwanted Child: The Soviet Union, the German Question, and the Founding of the GDR*, trans. Robert F. Hogg (New York, 1998).

Lotnik, Waldemar, *Nine Lives: Ethnic Conflict in the Polish-Ukrainian Borderlands* (London, 1999).

Lubelski, Tadeusz, *Wajda* (Wrocław, 2006).

Ludwig, Andreas, *Eisenhüttenstadt: Wandel einer industriellen Gründungsstadt in fünfzig Jahren* (Potsdam, 2000).

Lukacs, John, *1945: Year Zero* (New York, 1978).

Maciej, Chłopek, *Bikiniarze. Pierwsza polska subkultura* (Warsaw, 2005).

Mählert, Ulrich, *Die Freie Deutsche Jugend 1945-1949* (Paderborn, 1945).

Mählert, Ulrich, and Stephan Ger-Rudiger, *Blaue Hemden, Rote Fahnen: Die Geschichte der Freien Deutschen Jugend* (Opladen, 1996).

Major, Patrick, and Jonathan Osmond, *The Workers' and Peasants' State: Communism and Society in East Germany under Ulbricht 1945-71* (Manchester, 2002).

Majtényi, György, and Zoltán Szatucsek, *A szabó táje és a cipész dikicse—Dokumentumok a kisipar és kiskereskedelem államosításának történetéböl* (Budapest, 2001).

Makarenko, A. S., *The Road to Life*, Vol. 2, trans. Ivy and Tatiana Litvinov (Moscow, 1951).

Makarewicz, Henryk, and Wiktor Pental, *802 procent normy: pierwsze lata Nowej Huty* (Kraków, 2007).

Márai, Sándor, *Memoir of Hungary: 1944-1948*, trans. Albert Tezla (Budapest, 1996).

_____, *Portraits of a Marriage*, trans. George Szirtes (New York, 2012).

Márton, Endre, *The Forbidden Sky* (New York, 1971).

Marton, Kati, *Enemies of the People: My Family's Journey to America* (New York, 2009).

Marwick, Arthur, *War and Social Change in the Twentieth Century* (London, 1974).

Massing, Hede, *This Deception* (New York, 1951).

Mastny, Vojtech, *The Cold War and Soviet Insecurity: The Stalin Years* (Oxford, 1996).

Matussné Lendvai, Márta, *Új város születik* (Dunaújváros, 2001).

Mazgai, Marian S., *Church and State in Communist Poland: A History, 1944-1989* (New

York, 2010).

McAdams, James, *Germany Divided: From the Wall to Reunification* (Princeton, 1993).

McCauley, Martin, *Origins of the Cold War* (New York, 2008).

McDougal, Alan, *Youth Politics in East Germany: The Free German Youth Movement, 1946-1968* (Oxford, 2005).

Meráy, Tibor, *Thirteen Days That Shook the Kremlin*, trans. Howard L. Katzander (New York, 1959).

Merridale, Catherine, *Ivan's War* (New York, 2006).

Mevius, Martin, *Agents of Moscow: The Hungarian Communist Party and the Origins of Socialist Patriotism 1941-1953* (Oxford, 2005).

Micewski, Andrzej, *Cardinal Wyszyński: A Biography*, trans. William R. Brand and Katzarzyna Mroczowska–Brand (New York, 1984).

_____, *Współrządzić czy nie kłamać. PAX i Znak w Polsce 1945-1976* (Paris, 1978).

Mikołajczyk, Stanisław, *The Rape of Poland* (New York, 1948).

Miłosz, Czesław, *The Captive Mind*, trans. Jane Zielonko (London, 2001).

_____, *Zdobycie Władzy* (Olsztyn, 1990).

Mindszenty, József, *Emlékirataim* (Budapest, 1989).

_____, *Memoirs* (New York, 1974).

Misiło, Eugeniusz, *Akcja Wisła* (Warsaw, 1993).

Mitrovich, Gregory, *Undermining the Kremlin: America's Strategy to Subvert the Soviet Bloc, 1947-1956* (Ithaca, 2000).

Molnar, Virag Eszter, "Modernity and Memory: The Politics of Architecture in Hungary and East Germany after the Second World War," 박사 논문, Princeton University, 2005.

Mong, Attila, *János vitéz a Gulagon* (Budapest, 2008).

Murphy, David E., Sergei A. Kondrashev, and George Bailey, *Battleground Berlin: CIA vs. KGB in the Cold War* (New Haven and London, 1997).

Nagy, Ferenc, *Küzdelem a vassfüggöny mögött* (Budapest, 1990).

_____, *The Struggle behind the Iron Curtain* (New York, 1948).

Nagy, Imre, *On Communism: In Defense of the New Course* (New York, 1957).

Naimark, Norman, *The Russians in Germany: A History of the Soviet Zone of Occupation, 1945-1949* (Cambridge and London, 1995).

_____, "The Sovietization of Eastern Europe, 1944–1953," in *The Cambridge History of the Cold War* (Cambridge, 2010).

Naimark, Norman, and Leonid Gibianskii, eds., *The Establishment of Communist Regimes in Eastern Europe, 1944-1949* (Boulder, 1997).

Nakhimovsky, Alexander, and Alice Nakhimovsky, *Witness to History: The Photographs of Yevgeny Khaidei* (New York, 1997).

Nałkowska, Zofia, *Dzienniki 1945-1954*, Vol. 1 (Warsaw, 2001).

Nawrocki, Zbigniew, *Zamiast Wolności: UB na Rzeszowszczyźnie, 1944-1949* (Rzeszów,

1998).

Nicolaus, Herbert, and Lutz Schmidt, *Einblicke: 50 Jahre EKO Stahl* (Eisenhüttenstadt, 2000).

Nothnagle, Alan L., *Building the East German Myth: Historical Mythology and Youth Propaganda in the German Democratic Republic, 1945-89* (Ann Arbor, 1999).

Nowak, Barbara, "Serving Women and the State: The League of Women in Communist Poland," 박사 논문, Ohio State University, 2004.

Oestreicher, Paul, *Whose Agents?: Church and Society in Communist East Germany* (London, 1995).

Orbán, József Gyula, *Katolikus papok békemozgalma Magyarországon 1950-1956* (Budapest, 2001).

Osęka, Piotr, *Rytuały Stalinizmu* (Warsaw, 2007).

Ostermann, Christian, *The United States, the East German Uprising of 1953, and the Limits of Rollback*, CWIHP, Working Paper No. 11 (December 1994).

Overmans, Rüdiger, *Deutsche militärische Verluste im Zweiten Weltkrieg* (Munich, 2004).

Paczkowski, Andrzej, *Aparat bezpieczeństwa w latach 1944-56: taktyka, strategia, metody, Czesc I. Lata 1945-1947*, Dokumenty do dziejów PRL (Warsaw, 1994).

_____, *Od sfałszowanego zwycięstwa do prawdziwej klęski: szkice do portretu PRL* (Warsaw, 1999).

_____, *Referendum z 30 czerwca 1946: Proba wstępnego bilansu* (Warsaw, 1992).

_____, *The Spring Will Be Ours: Poland and the Poles from Occupation to Freedom* (New York, 2003).

_____, *Trzy twarze Józefa Światły-przyczynek do historii komunizmu w Polsce* (Warsaw, 2009).

_____, "Zydzi w UB: Proba weryfikacji stereotyp," in Tomasz Szarota, ed., *Komunizm: Ideologia, System, Ludzi* (Warsaw, 2001).

Palasik, Mária, *A jogállamiság megteremtésének kísérlete és kudarca Magyarországon, 1944-1949* (Budapest, 2000).

Panufnik, Andrzej, *Composing Myself* (London, 1987).

Panzig, Christel, *Wir schalten uns ein: Zwischen Luftschutzkeller & Stalinbild, Stadt & Region Wittenberg 1945* (Lutherstadt, Wittenberg, 2005).

Pasko, Artur, *Wyścig Pokoju w dokumentach władz partyjnych i państwowych 1948-1989* (Kraków, 2009).

Patai, Raphael, *The Jews of Hungary: History, Culture, Psychology* (Detroit, 1996).

Pataki, Ferenc, *A Nékosz-legenda* (Budapest, 2005).

Pelikán, Jiří, ed., *The Czechoslovak Political Trials, 1950-54: Suppressed Report of the Dubcek Government's Commission of Inquiry, 1968* (Stanford, 1975).

Pelle, János, *Az utolsó vérvádak* (Budapest, 1995).

Persak, Krzysztof, *Odrodzenie harcerstwa w 1956 roku* (Warsaw, 1996).

Persak, Krzysztof, and Łukasz Kaminski, eds., *A Handbook of the Communist Security*

Apparatus in East Central Europe, 1944-1989 (Warsaw, 2005).

Petö, Iván, and Sándor Szakács, *A hazai gazdaság négy évtizedének története, 1945-1985.* I. *Az újjáépítés és a tervutasításos irányítás időszaka. 1945-1968* (Budapest, 1985).

Petrov, Nikita, *Pervyi Predsedatel' KGB: Ivan Serov* (Moscow, 2005).

Pickel, Andreas, *Radical Transitions: The Survival and Revival of Entrepreneurship in the GDR* (Boulder, 1992).

Pike, David, *The Politics of Culture in Soviet-Occupied Germany, 1945-1949* (Stanford, 1992).

Pipes, Richard, *Communism: A History* (New York, 2001).

_____, *Russia under the Bolshevik Regime, 1920-1924* (New York, 1994).

_____, *The Russian Revolution* (New York, 1991).

_____, ed., *The Unknown Lenin* (New Haven, 1996).

Plokhii, Serkhii, *Yalta: The Price of Peace* (New York, 2010).

Pludra, Benno, *Die Jungen von Zelt dreizehn* (Berlin, 1952).

Pöhler, Feliks, *Bonner Berichte aus Mittel- und Ostdeutschland. Der Untergang des privaten Einzelhandels in der Sowjetischen Besatzungszone* (Bonn, 1952).

Poleszak, Sławomir, et al., eds., *Rok Pierwszy: Powstanie i Działalność aparatu bezpieczeństwa publicznego na Lubelszczyźnie (Lipiec 1944-Czerwiec 1945)* (Warsaw, 2004).

Polkehn, Klaus, *Das war die Wochenpost: Geschichte und Geschichten einer Zeitung* (Berlin, 1997).

Prauser, Steffen, and Arffen Rees, eds., *The Expulsion of the 'German' Communities from Eastern Europe at the End of the Second World War,* EUI Working Paper HEC No. 2004/1.

Prażmowska, Anita, *Civil War in Poland, 1942-1948* (New York, 2004).

_____, *Poland: A Modern History* (London, 2010).

Priestland, David, *Stalinism and the Politics of Mobilization: Ideas, Power, and Terror in Inter-War Russia* (New York, 2007).

Pritchard, Gareth, *The Making of the GDR 1945-68* (Manchester, 2000).

Pudovkin, Vsevolod, and András Kovács, eds., *Pudovkin a magyar filmröl* (Budapest, 1952).

Radványi, János, *Hungary and the Superpowers: The 1956 Revolution and Realpolitik* (Stanford, 1972).

Rákosi, Mátyás, *Visszaemlékezések 1940-1956,* Vols. I and II (Budapest, 1997).

Randé, Jenö, and János Sebestyén, *Azok a rádiós évtizedek* (Budapest, 1995).

Redlich, Shimon, *Life in Transit: Jews in Postwar Łódź, 1945-1950* (Boston, 2010).

Richter, Jenny, Heike Förster, and Ulrich Lakemann, *Stalinstadt—Eisenhüttenstadt: Von der Utopie zur Gegenwart* (Marburg, 1997).

Ritchie, Alexandra, *Faust's Metropolis: A History of Berlin* (London, 1998).

Ritscher, Bodo, Spezlager Nr. 2 Buchenwald (Buchenwald, 1993).

Roberts, Andrew, *Masters and Commanders* (London, 2008).

Rodden, John, *Repainting the Little Red Schoolhouse: A History of Eastern German Education, 1945-1995* (New York, 2002).

Rokicki, Konrad, and Sławomir Stępień, eds., *Wobjęciach Wielkiego Brata: Sowieci w Polsce 1944-1993* (Warsaw, 2009).

Rokicki, Konrad, et al., eds., *Departament X MBP: Wzorce-Struktury-Działanie* (Warsaw, 2007).

Romsics, Ignác, *Hungary in the Twentieth Century* (Budapest, 1999).

Romsics, Ignác, ed., *Mítoszok, legendák, tévhitek a 20 századi Magyar történelemröl* (Budapest, 2002).

Ross, Corey, *Constructing Socialism at the Grass Roots: The Transformation of East Germany, 1945-65* (London, 2000).

Rothschild, Joseph, *Return to Diversity: A Political History of East Central Europe since World War II* (New York and Oxford, 2000).

Różański, Henryk, *Śladem Wspomnień i Dokumentów (1943-1948)* (Warsaw, 1987).

Rusan, Romulus, *The Chronology and Geography of Repression in Romania* (Bucharest, 2007).

Sack, John, *An Eye for an Eye* (New York, 1993).

Salamon, Konrád, *A harmadik út küzdelme* (Budapest, 2002).

Sattler, Friederike, *Wirtschaftsordnung im Übergang: Politik, Organisation und Funktion der KPD/SED im Land Brandenburg bei der Etablierung der Zentralen Planwirtschaft in der SBZ/DDR 1945-52* (Münster, 2002).

Scammell, Michael, *Koestler: The Literary and Political Odyssey of a Twentieth Century Skeptic* (New York, 2009).

Schivelbusch, Wolfgang, *In a Cold Crater: Cultural and Intellectual Life in Berlin, 1945-1948* (Berkeley, 1998).

Schmidt, Mária, *Battle of Wits*, trans. Ann Major (Budapest, 2007).

Schöpflin, Gyula, *Szélkiáltó* (Budapest, 1985).

Sebestyen, Victor, *Twelve Days: The Story of the 1956 Hungarian Revolution* (New York, 2006).

Service, Robert, *Comrades* (London, 2007).

_____, *A History of Twentieth-Century Russia* (London, 1997).

_____, *Spies and Commissars: Bolshevik Russia and the West* (London, 2011).

Seton-Watson, Hugh, *The New Imperialism: A Background Book* (London, 1961).

Shirer, William, *End of a Berlin Diary* (New York, 1947).

Shore, Marci, *Caviar and Ashes: A Warsaw Generation's Life and Death in Marxism, 1918-1968* (New Haven and London, 2006).

Sikorski, Radek, *Full Circle: A Homecoming to Free Poland* (New York, 1997).

Silberman, Marc, *What Remains: East German Culture and the Postwar Public*

(Washington, DC, 1997).

Snyder, Timothy, *Bloodlands* (New York, 2011).

_____, *Sketches from a Secret War* (New Haven and London, 2005).

Solberg, Richard, *God and Caesar in East Germany: The Conflicts of Church and State in East Germany since 1945* (New York, 1961).

Solzhenitsyn, Alexander, *Prussian Nights*, trans. Robert Conquest (New York, 1977).

Sowiński, Paweł, *Kommunistyczne Święto: Obchody 1 Maja w latach 1948-1954* (Warsaw, 2000).

Spalding, Elizabeth Edwards, *The First Cold Warrior: Harry Truman, Containment, and the Making of Liberal Internationalism* (Louisville, 2006).

Spilker, Dirk, *The East German Leadership and the Division of Germany: Patriotism and Propaganda 1945-1953* (Oxford, 2006).

Standeisky, Éva, *Gúzsba kötve—A kulturális elit és a hatalom* (Budapest, 2005).

Stark, Tamás, *Magyar hadifoglyok a Szovjetunióban* (Budapest, 2006).

Stern, Carola, *Ulbricht: A Biography*, trans. Abe Farbstein (New York, 1965).

Stobiecki, Rafał, *Historiografia PRL* (Warsaw, 2007).

Stola, Dariusz, *Kraj Bez Wyjscia?* (Warsaw, 2010).

Strauß, Gerhard, *Vom Auftrag zum Wandbild* (Berlin, 1953).

Strunk, Peter, *Zensur und Zensoren* (Berlin, 1996).

Sulyok, Dezsö, *Két éjszaka nappal nélkül* (Budapest, 2004).

Świda-Ziemba, H., *Urwany lot. Pokolenie inteligenckiej młodzieży powojennej w świetle listów i pamiętników z lat 1945-1948* (Kraków, 2003).

Sword, Keith, *Deportation and Exile: Poles in the Soviet Union, 1939-1948* (London, 1996).

_____, ed., *The Soviet Takeover of the Polish Eastern Provinces, 1939-41* (New York, 1991).

Szabó, Csaba, ed., *A Grösz-per előkészítése—1951* (Budapest, 2001).

_____, ed., *Egyházügyi hangulatjelentések* (Budapest, 2000).

Szabó, Robert Györi, *A kommunizmus és a zsidóság az 1945 utáni Magyarországon* (Budapest, 2009).

Szász, Béla, *Volunteers for the Gallows* (New York, 1971).

Szaynok, Bożena, *Pogrom Żydów w Kielcach. 4. VII 1946 r.* (Warsaw, 1992).

_____, *Poland-Israel 1944-1968: In the Shadow of the Past and of the Soviet Union* (Warsaw, 2012).

Szelényi, Iván, ed., *Privatizing the Land: Rural Political Economy in Post-Communist Societies* (London, 1998).

Szent-Miklósy, István, *With the Hungarian Independence Movement, 1943-1947: An Eyewitness Acccount* (New York, 1988).

Szerencsés, Károly, *A kék cédulás hadművelet* (Budapest, 1992).

Szilágyi, Gábor, *Tűzkeresztség, A magyar játékfilm története 1945-1953* (Budapest, 1992).

Szmidt, Bolesław, ed., *The Polish School of Architecture, 1942-1945* (Liverpool, 1945).

Szpilman, Władysław, *The Pianist* (London, 1999).

Taylor, Frederick, *Exorcising Hitler: The Occupation and Denazification of Germany* (London, 2011).

Tejchma, József, *Pożegnanie z władzą* (Warsaw, 1997).

_____, *Z notatniku aktywisty ZMP* (Warsaw, 1954).

'They rocked my cradle then bundled me out'—Ethnic German Fate in Hungary 1939-1948, 전시회 카탈로그, Terror Háza Múzeum (Budapest, 2007).

Thomson, Stewart, in collaboration with Robert Bialek, *The Bialek Affair* (London, 1955).

Tillich, Ernest, *Hefte der Kampfgruppe*, brochure published in Berlin, 1945.

Tismaneanu, Vladimir, ed., *Stalinism Revisited: The Establishment of the Communist Regimes in East Central Europe and the Dynamics of the Soviet Bloc* (New York and Budapest, 2009).

Tóbiás, Áron, *Kettészelt égbolt. A Magyar Rádió regénye. 1945-1956* (Budapest, 2004).

Todorov, Tzvetan, *Voices from the Gulag*, trans. Robert Zaretsky (University Park, Pa., 1999).

Tomka, Ferenc, *Halálra szántak, mégisélünk. Egyházüldözés 1945-1990 és az ügynökkérdés* (Budapest, 2005).

Torańska, Teresa, *Oni: Stalin's Polish Puppets*, trans. Agnieszka Kolakowska (London, 1987).

Tóth, Ágnes, *Hazatértek. A németországi kitelepítésböl visszatért magyarországi németek megpróbáltatásainak emlékezete* (Budapest, 2008).

Toth, István György, ed., *A Concise History of Hungary* (Budapest, 2005).

Trznadel, Jacek, *Hańba Domoим* (Paris, 1986).

Tyrmand, Leopold, *Dziennik 1954* (London, 1980).

Ueberschär, Ellen, *Junge Gemeinde im Konflikt: Evangelische Jugendarbeit in SBZ und DDR 1945-1961* (Stuttgart, 2003).

Ulbricht, Walter, *On Questions of Socialist Construction in the GDR* (Dresden, 1968).

Ungváry, Krisztián, *A második világháború* (Budapest, 2005).

_____, *The Siege of Budapest: 100 Days in World War II* (London, 2002).

Urban, George, *Radio Free Europe and the Pursuit of Democracy: My War within the Cold War* (New Haven, 1997).

Vitány, Iván, *Önarckép—elvi keretben* (Celldömölk, 2007).

Volker, Klaus, *Brecht: A Biography*, trans. John Nowell (New York, 1978).

Volkov, V. K, *Uzlovye problem noveishei istorii stran Tsentralnoi i Ugo-vostochnoi Evropi* (Moscow, 2000).

Wandycz, Piotr, *The Price of Freedom: A History of East Central Europe from the Middle Ages to the Present* (London and New York, 1992).

Wedding, Alex, *Die Fahne des Pfeiferhansleins* (Berlin, 1953).

Wegren, Stephen, *Land Reform in the Former Soviet Union and Eastern Europe* (London,

1998).

Weitz, Eric D., *Creating German Communism, 1890-1990* (Princeton, 1997).

Werblan, Andrzej, *Stalinizm w Polsce* (Warsaw, 2009).

Werner, Ruth, *Sonya's Report: Fascinating Autobiography of One of Russia's Most Remarkable Secret Agents*, trans. Renate Simpson (London, 1991).

Western Belorussia (Princeton, 1988).

Wierzbicki, Marek, *Związek Młodzieży Polskiej i jego członkowie: studium z dziejów funkcjonowania stalinowskiej organizacji młodzieżowej* (Warsaw, 2006).

Williams, William Appleman, *The Tragedy of American Diplomacy* (New York, 1959).

Wir waren schon halbe Russen: Deportiert und uberlebt im GULAG, memoir collection, Gedenkbibliothek zu Ehren der Opfer des Stalinismus (Berlin, 1997).

Włodarcyzk, Wojciech, *Socrealizm: sztuka polska w latach 1950-1954* (Warsaw, 1986).

Wojciechowski, Aleksander, *O Sztuce Użytkowej i Użytecznej* (Warsaw, 1955).

Wójcik, Justyna, ed., *Stawialismy Opor: Antykomunistyczne organizacje młodzieżowe w Małopolsce w latach 1944-1956* (Kraków, 2008).

Wolf, Markus, and Anne McElvoy, *Man without a Face: The Autobiography of Comm unism's Greatest Spymaster* (New York, 1999).

Wyszyński, Cardinal Stefan, *A Freedom Within*, trans. Barbara Krzywicki–Herburt and the Reverend Walter J. Ziemba (New York, 1982).

Zamoyski, Adam, *Warsaw 1920: Lenin's Failed Conquest of Europe* (London, 2008).

Zaremba, Marcin, *Komunizm, legitymizacja, nacjonalizm: Nacjonalistyczna legitymizacja władzy komunistycznej w Polsce* (Warsaw, 2005).

_____, *Wielka Trwoga. Polska 1944-1947. Ludowa reakcja na kryzys* (Warsaw, 2012).

Żaryn, Jan, *Dzieje Kościoła Katolickiego w Polsce (1944-1989)* (Warsaw, 2003).

Zelazko, Joanna, ed., *Rok 1945 w Łodzi. Studia i szkice* (Łódź, 2008).

Zinner, Tibor, *A magyarországi németek kitelepítése* (Budapest, 2004).

Ziółek, Jan, and Agnieszka Przytuła, *Represje wobec uczestników wydarzeń w Katedrze Lubelskiej w 1949 roku* (Lublin, 1999).

Zubkova, Elena, *Poslevoennoe sovetskoe obshchestvo: Politika i povsednevnost', 1945-1953* (Moscow, 2000).

Zubok, V. M., *A Failed Empire: The Soviet Union in the Cold War from Stalin to Gorbachev* (Chapel Hill, 2008).

Żurek, Jacek, *Ruch 'Ksiezy Patriotow'* (Warsaw, 2008).

선별된 글과 문서

A Madisz: 1944-48, ed. Sándor Rákosi (Budapest, 1984).

Armia Radziecka w Polsce 1944-1956: dokumenty i materiały, ed. Mariusz Lesław Krogulski (Warsaw, 2003).

Biuletyny Informacyjne Ministerstwa Bezpieczenstwa Publicznego, 1947, eds. Bernadetta Gronek and Irena Marczak, Vol. 1 (Warsaw, 1993).

Das Herrnstadt Dokument: Das Politburo der SED und die Geschichte des Juni 17, 1953, ed. Nadja Stulz-Herrnstadt (Reinbek bei Hamburg, 1990).

DDR: Dokumente zur Geschichte der Deutschen Demokratischen Republik 1945-1985, ed. Hermann Weber (Munich, 1986).

Diary of Georgii Dimitrov, 1933-1949, ed. Ivo Banac (New Haven and London, 2003).

Dimitrov and Stalin: Letters from the Soviet Archives, 1934-1945, eds. Alexander Dallin and F. I. Firsov (New Haven and London, 2000).

Documents on Germany, 1944-1945, United States Department of State, Office of the Historian, Bureau of Public Affairs, 1985.

Dokumente zur Bildungspolitik in der sowjetischen Besatzungszone, eds. Siegfried Baske and Martha Engelbert (Berlin, 1966).

Dokumentumok a magyar politikai rendörség történetéböl 1. A politikai rendészeti osztályok 1945-1946, eds. Zsolt Krahulcsán and Rudolf Müller (Budapest, 2010).

Dokumenty do dziejow PRL, a series published by the Polish Academy of Sciences. http://www.archivnet.hu/index.php.

http://www.scribd.com/doc/14152546/Soviet-Archival-Documents-on-Hungary-OctoberNovember-1956-Translated-by-Johanna-Granville.

Iratok a magyar-szovjet kapcsolatok történetéhez 1944 október-1948 június-Dokumentumok, ed. István Vida (Budapest, 2005).

László Rajk and His Accomplices before the People's Court, publication of the Hungarian state prosecutor's office (Budapest, 1949).

Megforgatott világmegforgatók—A magyar népi kollégiumi mozgalom ismeretlen dokumentumai, ed. László Svéd (Budapest, 1994).

Moszkvának jelentjük, Titkos dokumentumok 1944-1948, eds. Lajos Izsák and Miklós Kun (Budapest, 1994).

Niemcy w Polsce 1945-1950: Wybór Dokumentów, eds. Włodzimierz Borodziej and Hans Lemberg, Vols. I–IV (Warsaw, 2000–2001).

The 1956 Revolution: A History in Documents, eds. Csaba Békés, Malcolm Byrne, and János Rainer (Budapest and New York, 2002).

NKVD i pol'skoe podpol'e, 1944-1945: Po 'Osobym papkam' I. V. Stalina, eds. A. F. Noskova et al. (Moscow, 1994).

Partei und Jugend: Dokumente marxistischer-leninistischer Jugendpolitik, Zentralrat der Freien Deutschen Jugend und des Institut für Marxismus-Leninismus beim Zentralkommitee der SED (Berlin, 1986).

Politika SVAG v Oblasti Kulturi, nauki I Obrazovaniya: Tseli, Metody, Rezultaty, 1945-1949 gg, Sbornik Dokumentov, eds. N. Timofeeva et al.

Polska w dokumentach z archiwów rosyjskich 1949-1953, eds. Andrzej Paczkowski et al. (Warsaw, 2000).

Polska-ZSRR: struktury podległości: dokumenty [KC] WKP (B) 1944-1949, eds. Andrzej Paczkowski et al. (Warsaw, 1995).

Powstanie Warszawskie 1944 w dokumentach archiwów Słuzb specjalnych, eds. Piotr Mierecki et al., Instytut Pamięci Narodowej (Warsaw, 2007).

Przesiedlenia Polaków i Ukraińców, 1944-1946, Vol. 2, document collection prepared by Archiwum Ministerstwa Wewnetrznych I Administracja RP and Derzahvny Arkhiv Sluzby Bezpeki Ukrainii (Warsaw and Kiev, 2000).

Represje Sowieckie wobec Polaków i obywateli polskich, Ośrodek Karta (Warsaw, 2002).

Soveshania Kominforma, 1947, 1948, 1949: Dokumentii I Materialii, eds. Grant Adibekov et al. (Moscow, 1998); 다음으로도 출간됨. Giuliano Procacci et al., eds., *The Cominform: Minutes of the Sovetskii faktor v Vostochnoi Evrope, 1944-1953: Dokumenty*, 2 vols., Vol. 1: *1944-1948* and Vol. 2: *1949-1953*, eds. T. V. Volokitina et al. (Moscow, 1999 and 2002).

SVAG I Religioznie Konfesii Sovetskoi Zoni Okkupatsii Germanii, 1945-1949: Sbornik Dokumentov, eds. V. V. Zakharov et al.

Szovjet nagyköveti iratok Magyarországról 1953-1956, ed. Magdolna Baráth (Budapest, 2002).

Three Conferences, 1947 / 1948 / 1949 (Milan, 1994).

Uniting Germany: Documents and Debates, 1944-1993, eds. Konrad H. Jarausch and Volker Gransow (Providence, 1994).

Uprising in East Germany, ed. Christian Ostermann (New York, 2001).

Vostochnaya Evropa v dokumentakh rossiiskikh arkhivov, 1944-1953, 2 vols., Vol. 1: *1944-1948* and Vol. 2: *1949-1953*, eds. T. V. Volokitina et al. (Novosibirsk, 1997 and 1999).

Zrzeszenie 'Wolnosc i Niezawislosc'w dokumentach, eds. Jozefa Huchlowa et al. (Wrocław, 1997).

선별된 정기 간행물

Berliner Zeitung

Biuletyn Instytutu Pamięci Narodowej

Gazeta Ludowa

Gazeta Wyborcza

Irodalmi Újság

Junge Welt

Karta

Kis Újság

Neues Deutschland

Polityka

Polska Zbrojna

Pravda

Przekrój

Rzeczpospolita

Der Spiegel
Szabad Nép
Sztandar Mlodych
Tageszeitung
Tägliche Rundschau
Trybuna Ludu
Tygodnik Mazowsze
Ulenspiegel: Literatur, Kunst, Satire
Zycie Warszawy

화보 도판 출처

1. PAP/DPA
1. PAP/DPA
3. PAP/DPA
4. Terror Háza
5. PAP
6. PAP
7. CTK
8. Magyar Nemzeti Múzeum
9. PAP/DPA
10. PAP
11. MTI
11. PAP
13. Magyar Nemzeti Múzeum
14. PAP
15. MTI
16. MTI
17. PAP/DPA
18. PAP
19. PAP
20. MTI
21. PAP/DPA
21. MTI
23. PAP/DPA
24. PAP/DPA
25. PAP
26. PAP
27. PAP
28. (출처 없음)
29. PAP/DPA
30. MTI
31. 촬영: Lisa Larsen/Time & Life Pictures/Getty
31. PAP
33. MTI
34. PAP/DPA

35. MTI
36. MTI
37. PAP/DPA
38. PAP/DPA
39. PAP/DPA
40. PAP
41. PAP
41. PAP/DPA
43. PAP/DPA
44. Terror Háza
45. PAP
46. Bentley Archive/Popperfoto/Getty

찾아보기

호르바트, 엘레크 546, 573

홀로코스트 48, 135, 202, 215, 224, 226,
    231, 233, 238, 241-2, 590-1

홉킨스, 해리 307

화이트, 해리 덱스터 107

회색 군대 268-70

후메르, 아담 237

훈니아 531, 533, 535

훔볼트대학교 339-40, 468

흐루쇼프, 니키타 217, 248, 443, 574, 661-
    2, 674-5, 677, 679-80, 682-5

홀론드, 아우구스트 401, 408

히틀러, 아돌프 23, 25, 28, 31, 34, 46-9,
    53, 57, 61, 70-1, 73, 90, 99, 101, 104,
    107, 111-2, 114-7, 125, 181-2, 191, 200-
    1, 203, 243, 250, 253-4, 256, 259, 281-
    2, 284, 288, 296, 306, 334-5, 437, 456,
    460, 490, 500, 504, 508, 598, 602, 615

히틀러 유겐트 61, 191, 250, 253-4, 259,
    288

히틀러-스탈린 협정 116 → 또한 "몰로토프-
    리벤트로프 협약"을 보라

철의 장막

동유럽 공산 체제의 형성 1944-1956

1판 1쇄 2026년 4월 8일

지은이 | 앤 애플바움
옮긴이 | 허승철

펴낸이 | 류종필
편집 | 노민정, 이정우, 권준, 이은진
경영지원 | 홍정민
표지 디자인 | 석운디자인
본문 디자인 | 이미연

펴낸곳 | (주)도서출판 책과함께
주소 (03961) 서울시 마포구 방울내로 9길 24 동주빌딩 202호
전화 (02) 335-1982
팩스 (02) 335-1316
전자우편 prpub@daum.net
블로그 blog.naver.com/prpub
등록 2003년 4월 3일 제2003-000392호

ISBN 979-11-94263-01-2 03920